U0216199

吉林人民出版社

简体字本二十六史

宋史

卷一——卷五○

（一）

[元] 脱脱等 撰

刘浦江等 标点

目　　录

宋史

宋史卷一
本纪第一

太祖一

　　太祖启运立极英武睿文神德圣功至明大孝皇帝,讳匡胤,姓赵氏,涿郡人也。高祖朓,是为僖祖,仕唐,历永清、文安、幽都令。朓生珽,是为顺祖,历藩镇从事,累官兼御史中丞。珽生敬,是为翼祖,历营、蓟、涿三州刺史。敬生弘殷,是为宣祖。周显德中,宣祖贵,赠敬左骁骑卫上将军。宣祖少骁勇,善骑射,事赵王王镕,为镕将五百骑援唐庄宗于河上有功,庄宗爱其勇,留典禁军。汉乾祐中,讨王景于凤翔,会蜀兵来援,战于陈仓,始合,矢集左目,气弥盛,奋击大败之,以功迁护圣都指挥使。周广顺末,改铁骑第一军都指挥使,转右厢都指挥,领岳州防御使。从征淮南,前军却,吴人来乘,宣祖邀击,败之。显德三年,督军平扬州,与世宗会寿春。寿春卖饼家饼薄小,世宗怒,执十余辈将诛之,宣祖固谏得释。累官检校司徒、天水县男,与太祖分典禁兵,一时荣之。卒,赠武清军节度使、太尉。

　　太祖,宣祖仲子也,母杜氏。后唐天成二年,生于洛阳夹马营,赤光绕室,异香经宿不散,体有金色,三日不变。既长,容貌雄伟,器度豁如,识者知其非常人。学骑射,辄出人上。尝试恶马,不施衔勒,马逸上城斜道,额触门楣坠地,人以为首必碎,太祖徐起,更追马腾上,一无所伤。又尝与韩令坤博土室中,雀斗户外,因竞起掩雀,而室随坏。

　　汉初,漫游无所遇,舍襄阳僧寺,有老僧善术数,顾曰:"吾厚赆汝,北往则有遇矣。"会周祖以枢密使征李守真,应募居帐下。广顺初,补东西班行首,拜滑州副指挥。世宗尹京,转开封府马直军使。世宗即位,复典禁兵。北汉来寇,世宗率师御之,战于高平。将合,指挥樊爱能等先遁,军危,太祖麾同列驰马冲其锋,汉兵大溃。乘胜攻河东城,焚其门,左臂中流矢,世宗止之。还拜殿前都虞候,领严州刺史。

三年春,从征淮南,首败万众于涡口,斩兵马何延锡等。南唐节度皇甫晖、姚凤众号十五万,塞清流关,击走之。追至城下,晖曰:"人各为其主,愿成列以决胜负。"太祖笑而许之。晖整阵出,太祖拥马项直入,手刃晖中脑,并姚凤擒之。宣祖率兵夜半至城下,传呼开门,太祖曰:"父子固亲,启闭,王事也。"诘旦,乃得入。韩令坤平扬州,南唐来援,令坤议退,世宗命太祖率兵二千趋六合,太祖下令曰:"扬州兵敢有过六合者,断其足。"令坤始固守。太祖寻败齐王景达于六合东,斩首万余级。还拜殿前都指挥使,寻拜定国军节度使。

四年春,从征寿春,拨连珠砦,遂下寿州。还拜义成军节度、检校太保,仍殿前都指挥使。冬,从征濠、泗,为前锋。时南唐砦于十八里滩,世宗方议以橐驼济师,而太祖独跃马截流先渡,麾下骑随之,遂破其砦。因其战舰乘胜攻泗州,下之。南唐屯清口,太祖从世宗翼淮东下,夜追至山阳,俘唐节度使陈承昭以献,遂拔楚州。进破唐人于銮江口,直抵南岸,焚其营栅,又破之于瓜步,淮南平。唐主畏太祖威名,用间于世宗,遣使遗太祖书,馈白金三千两,太祖悉输之内府,间乃不行。五年,改忠武军节度使。

六年,世宗北征,为水陆都部署。及莫州,先至瓦桥关,降其守姚内斌,战却数千骑,关南平。世宗在道,阅四方文书,得韦囊,中有木三尺余,题云"点检作天子",异之。时张永德为点检,世宗不豫,还京师,拜太祖检校太傅、殿前都点检,以代永德。恭帝即位,改归德军节度、检校太尉。

七年春,北汉结契丹入寇,命出师御之。次陈桥驿,军中知星者苗训引门吏楚昭辅视日下复有一日,黑光摩荡者久之。夜五鼓,军士集驿门,宣言策点检为天子。或止之,众不听。迟明,逼寝所,太宗入白,太祖起。诸校露刃列于庭,曰:"诸军无主,愿策太尉为天子。"未及对,有以黄衣加太祖身,众皆罗拜,呼万岁,即掖太祖乘马。太祖揽辔谓诸将曰:"我有号令,尔能从乎?"皆下马曰:"唯命。"太祖曰:"太后、主上,吾皆北面事之,汝辈不得惊犯;大臣皆我比肩,不得侵凌;朝廷府库、士庶之家,不得侵掠。用令有重赏,违即孥戮汝。"诸将皆载拜,肃队以入。副都指挥使韩通谋御之,王彦升遽杀通于其第。

太祖进登明德门,令甲士归营,乃退居公署。有顷,诸将拥宰相范质等至,太祖见之,呜咽流涕曰:"违负天地,今至于此!"质等未及对,列校罗彦瑰按剑厉声谓质等曰:"我辈无主,今日须得天子。"质等相顾,计无从出,乃降阶列拜。召文武百僚,至晡,班翰林承旨陶谷出周恭帝禅位制于袖中,宣徽使引太祖就庭,北面拜受已,乃掖太祖升崇元殿,服衮冕,即皇帝位。迁恭帝及符后于西宫,易其帝号曰郑王,而尊符后为周太后。

建隆元年春正月乙巳,大赦,改元,定有天下之号曰宋。赐内外百官军士爵赏,贬降者叙复,流配者释放,父母该恩者封赠。遣使遍告郡国。丙午,诏谕诸镇将帅。戊申,赐书南唐。赠韩通中书令,命以礼收葬。己酉,遣官告祭天地社稷。复安州、华州、兖州为节度。辛亥,论翊戴功,以周义成军节度使、殿前都指挥使石守信为归德军节度使、侍卫亲军马步军副都指挥使,江宁军节度使、侍卫亲军马军都指挥使高怀德为义成军节度使、殿前副都点检,武信军节度使、侍卫亲军步军都指挥使张令铎为镇安军节度使、侍卫亲军马步军都虞候,殿前都虞候王审琦为泰宁军节度使、殿前都指挥使,虎捷右厢都虞候张光翰为江宁军节度使、侍卫亲军马军都指挥使,龙捷右厢都指挥使赵彦徽为武信军节度使,余领军者并进爵。壬子,赐宰相、枢密、诸军校袭衣、犀玉带、鞍马有差。癸丑,放南唐降将周成等归国。乙卯,遣使分振诸州。丁巳,命周宗正郭玘祀周陵庙,仍以时祭享。己未,宰相表请以二月十六日为长春节。癸亥,以周天雄军节度使、魏王符彦卿守太师,雄武军节度使王景守太保、太原郡王,定难军节度使、守太傅、西平王李彝殷守太尉,荆南节度使高保融守太傅,余领节镇者并进爵。甲子,赐皇弟殿前都虞候匡义名光义。己巳,立太庙。镇州郭崇报契丹与北汉军皆遁。

二月乙亥,尊母南阳郡夫人杜氏为皇太后。以周宰相范质依前守司徒、兼侍中,王溥守司空、兼门下侍郎、同中书门下平章事,魏仁浦为尚书右仆射、兼中书侍郎、同中书门下平章事,枢密使吴廷祚同中书门下二品。丙戌,长春节,赐群臣衣各一袭。

三月乙巳,改天下郡县之犯御名、庙讳者。丙辰,南唐主李景、吴越王钱俶遣使以御服、锦绮、金帛来贺。宿州火,遣使恤灾。壬戌,定国运以火德王,色尚赤,腊用戌。癸亥,命武胜军节度使宋延渥率舟师巡江徼。是春,均、房、商、洛鼠食苗。

夏四月癸酉,窦俨上二舞十二乐曲名、乐章。乙酉,幸玉津园。遣使分诣京城门,赐饥民粥。丙戌,浚蔡河。癸巳,昭义军节度使李筠叛,遣归德军节度使石守信讨之。

五月己亥朔,日有食之。庚子,遣昭化军节度使慕容延钊、彰德军节度使王全斌将兵出东道,与守信会讨李筠。壬寅,窦俨上太庙舞曲名。癸卯,石守信败李筠于长平。甲辰,命诸道进讨。丙午,幸魏仁浦第视疾。己酉,西京作周六庙成,遣官奉迁。丁巳,诏亲征,以枢密使吴廷祚留守上都,都虞候光义为大内都点检,命天平军节度使韩令坤屯兵河阳。己未,发京师。丁卯,石守信、高怀德破筠众于泽州,擒伪节度范守图,杀北汉援兵之降者数千人,筠遁入泽州。戊辰,王师围之。

六月癸酉,有星赤色出心。辛未,拔泽州,筠赴火死。命埋胔骼,释河东相卫融,禁剽掠。甲申,免泽州今年租。有星赤色,出太微垣,历上相。乙酉,伐上党。丁亥,筠子守节以城降,赦之。上如潞。辛卯,大赦,减死罪,免附潞三十里今年租,录阵殁将校子孙,丁夫给复三年。甲午,永安军节度使折德扆破北汉沙谷砦。

秋七月戊申，上至自潞。壬子，幸范质第视疾。甲子，遣工部侍郎艾颖拜嵩、庆陵。乙丑，南唐进白金，贺平泽、潞。丁卯，南唐进乘舆御服物。

八月戊辰朔，御崇元殿，行入阁仪。辛未，遣郭玘飨周庙。壬申，复贝州为永清军节度。甲戌，命宰相祷雨。辛巳，以周武胜军节度使侯章为太子太师。壬午，以光义领泰宁军节度，依前殿前都虞候。甲申，立琅琊郡夫人王氏为皇后。戊子，南唐进贺平泽潞金银器、罗绮以千计。

九月壬寅，昭义军节度使李继勋焚北汉平遥县。癸卯，三佛齐国遣使贡方物。丙午，奉玉册谥高祖曰文献皇帝，庙号僖祖，高祖妣崔氏曰文懿皇后；曾祖曰惠元皇帝，庙号顺祖，曾祖妣桑氏曰惠明皇后；祖曰简恭皇帝，庙号翼祖，祖妣刘氏曰简穆皇后；皇考曰武昭皇帝，庙号宣祖。己酉，幸宜春苑。中书舍人赵行逢坐从征避难，贬房州司户参军。己未，淮南节度李重进以扬州叛，遣石守信等讨之。甲子，归太原俘。

冬十月丁卯朔，赐内外文武官冬衣有差。壬申，定县为望、紧、上、中、下，令三年一注。壬午，河决厌次。乙酉，晋州兵马钤辖荆罕儒袭北汉汾州，死之；龙捷指挥石进二十九人坐不救弃市。丁亥，诏亲征扬州，以都虞候光义为大内都部署，枢密使吴廷祚权上都留守。戊子，诏诸道长贰有异政，众举留请立碑者，委参军验实以闻。庚寅，发京师。

十一月丁未，师傅扬州城，拔之，重进尽室自焚。戊申，诛重进党，扬州平。命诸军习战舰于迎銮，南唐主惧甚。其臣杜著、薛良因诡迹来奔，帝疾其不忠，斩著下蜀市，配良卢州牙校。己酉，振扬州城中民人米一斛，十岁以下者半之。胁隶为军者，赐衣履遣还。庚戌，给攻城役夫死者人绢三匹，复三年。乙卯，南唐主遣使来犒师。庚申，遣其子从镒来朝。

十二月己巳，驾还。丁亥，上至自扬。辛卯，泉州节度使留从效称藩。

二年春正月丙申朔，上诣太后宫门称庆。庚子，占城国王遣使来朝。壬寅，幸造船务，观习水战。戊申，以扬州行宫为建隆寺。太仆少卿王承衎坐举官失实，责授殿中丞。壬子，商州鼠食苗，诏免赋。谓宰臣曰："比命使度田，多邀功弊民，当慎其选，以见朕意。"丁巳，导蔡水入颍。巳未，遣郭玘飨周庙。灵武节度使冯继业献马五百、橐驼百、野马二。甲子，泽州刺史张崇诂坐党李重进弃市。

二月丙寅，幸飞山阁阅炮车。壬申，疏五丈河。癸酉，有司奏进士合格者十一人。荆南高保勖进黄金什器。甲戌，幸城南，观修水匮。丁丑，南唐进长春节御衣、金带及金银器。巳卯，赐天雄军节度符彦卿粟。禁春夏捕鱼射鸟。巳丑，定窃盗律。

三月丙申，内酒坊火，酒工死者三十余人，乘火为盗者五十人，擒斩三十八人，余以宰臣谏获免。酒坊使左承规、副使田处岩以酒工为盗，坐弃市。

闰月巳巳，幸玉津园，谓侍臣曰："沉湎非令仪，朕宴偶醉，恒悔之。"壬辰，南唐进谢赐生辰金器、罗绮。丁丑，金、商、房三州饥，振之。癸未，幸迎春苑宴射。

夏四月癸巳朔，日有食之。壬寅，诏郡国置前代帝王、贤臣陵冢户。巳酉，无棣男子赵遇诈称皇弟，伏诛。巳未，商河县令李瑶坐赃杖死，左赞善大夫申文纬坐失觉察除籍。庚申，班私炼货易盐及货造酒曲律。

五月癸亥朔，以皇太后疾，赦杂犯死罪巳下。乙丑，天狗堕西南。丙寅，三佛齐国来献方物。丁丑，以安邑、解两池盐给徐、宿、郓、济。庚寅，供奉官李继昭坐盗卖官船弃市。诏诸道邮传以军卒递。

六月甲午，皇太后崩于滋德殿。巳亥，群臣请听政，从之。庚子，以太后丧，权停时享。辛丑，见百官于紫宸殿门。壬子，祈雨。庚申，释服。

秋七月壬戌，以皇太后殡，不受朝。辛未，晋州神山县谷水泛出铁，方圆二丈三尺，重七千斤。壬申，以光义为开封府尹，光美行兴元尹。己卯,陇州进黄鹦鹉。

八月壬辰朔,不视朝。壬寅,诏诸大辟送所属州军决判。甲辰,南唐主李景死,子煜嗣,遣使请追尊帝号,从之。己酉,执易定节度使、同平章事孙行友,削官勒归私第。辛亥,幸崇夏寺,观修三门。女直国遣使来朝献。大名府永济主簿郭颐坐赃弃市。庚申,《周世宗实录》成。

九月壬戌朔,不御殿。南唐遣使来进金银、缯彩。甲子,契丹解利来降。荆南节度使高保勖遣其弟保寅来朝。戊子,遣使南唐赗祭。

冬十月癸巳,南唐遣其臣韩熙载、田霖来会皇太后葬。丙申,遣枢密承旨王仁赡赐南唐礼物。戊戌,禁边民盗塞外马。辛丑,丹州大雨雹。丙午,葬明宪皇太后于安陵。

十一月辛酉朔,不视朝。甲子,太后祔庙。己巳,幸相国寺,遂幸国子监。癸酉,沙州节度使曹元忠、瓜州团练使曹延继等遣使献玉鞍勒马。

十二月壬申,回鹘可汗景琼遣使来献方物。乙未,李继勋败北汉军,俘辽州刺史傅廷彦、弟勋来献。辛丑,幸新修河仓。庚戌,畋于近郊。癸丑,遣使赐南唐吴越马、羊、橐驼有差。

三年春正月庚申朔,以丧不受朝贺。己巳,淮南饥,振之。庚午,幸迎春苑宴射。甲戌,广皇城。诏郡国长吏劝民播种。丙子,瓜沙归义节度使曹元忠献马。庚辰,女直国遣使只骨来献。诏郡国不得役道路居民。癸未,幸国子监。

二月丙辰,复幸国子监,遂如迎春苑宴从官。庚寅,诏文班官举堪为宾佐、令录者各一人,不当者比事连坐。甲午,诏自今百官朝对,须陈时政利病,无以触讳为惧。乙未,滑州节度使张建丰坐失火免官。己亥,更定窃盗律。壬午,上谓侍臣曰:"朕欲武臣尽读书以通治道,何如?"左右不知所对。甲寅,北汉寇潞、晋,守将击走之。

三月戊午朔,厌次阴霜杀桑。壬戌,三佛齐国遣使来献。癸亥,祷雨。丁卯,幸太清观,遂幸开封尹后园宴射。己巳,大雨。诏申律文谕郡国,犯大辟者刑部审覆。乙亥,遣使赐南唐主生辰礼物。丁丑,女直国遣使来献。丁亥,命徙北汉降人于邢、洺。

夏四月乙未,延州大雨雪,赵、卫二州旱。丙申,宁州大雨雪,沟洫冰。戊戌,幸太清观。庚子,回鹘阿督等来献方物。壬寅,丹州雪二尺。乙巳,赠兄光济为邕王,弟光赞为夔王,追册夫人贺氏为皇后。

五月甲子,幸相国寺祷雨,遂幸迎春苑宴射。乙亥,海州火。开太行运路。癸未,命使检诸州旱。甲申,诏均户役,敢蔽占者有罪。复幸相国寺祷雨。乙酉,广大内。齐、博、德、相、霸五州自春不雨,以旱减膳撤乐。

六月辛卯,振宿州饥。癸巳,吴廷祚以雄武军节度使罢。乙未,赐酒国子监。丁酉,幸太清观。乙亥,减京畿、河北死罪以下。壬寅,京师雨。壬子,蕃部尚波于等争采造务,以兵犯渭北,知秦州高防击走之。乙卯,幸迎春苑宴射。黄陂县有象自南来食稼。

秋七月庚申,南唐遣其臣翟如璧谢赐生辰礼,贡金银、锦绮千万。壬戌,放南唐降卒弱者数千人归国。乙丑,免舒州孤蒲新税。丁卯,潞州大雨雹。索内外军不律者配沙门岛。己卯,北汉捉生指挥使路贵等来降。辛巳,遣从臣十人检河北旱。癸未,兖、济、德、磁、洺五州蝗。

八月癸巳,蔡河务纲官王训等四人坐以糠土杂军粮,磔于市。乙未,用知制诰高锡言,诸行赂获荐者许告讦,奴婢邻亲能告者赏。诏注诸道司法参军皆以律疏试判。诏尚书吏部举书判拔萃科。

九月庚午,吐蕃尚波于等归伏羌县地。壬申,修武成王庙。丙子,占城国来献。禁伐桑枣。

冬十月乙酉朔,赐百官冬服有差。丙戌,幸太清观,遂幸造船务,观习水战。己亥,幸岳台,命诸军习骑射,复幸玉津园。辛丑,以枢密副使赵普为枢密使。辛亥,畋近郊。

十一月癸亥,禁奉使请托。县令考课以户口增减为黜陟。丙寅,南唐遣其臣顾彝来朝。丙子,三佛齐国遣使李丽林等来献,高丽国遣李兴祐等来朝。己卯，畋于近郊。壬午，赐南唐建隆四年历。

十二月丙戌，诏县置尉一员，理盗讼；置弓手，视县户为差。戊戌，蒲、晋、慈、隰、相、卫六州饥，振之。庚子，班捕盗令。甲辰，衡州刺史张文表叛。

是岁，周郑王出居房州。

乾德元年春正月甲寅朔，不御殿。乙卯，发关西乡兵赴庆州。丁巳，修畿内河堤。己未，遣使赐南唐吴越马、橐驼、羊有差。庚申，遣山南东道节度使慕容延钊率十州兵以讨张文表。乙丑，幸造船务，观造战船。甲戌，诏荆南发水卒三千应延钊于潭。乙卯，女直国遣使来献。

二月壬辰，周保权将杨师璠枭文表于朗陵市。甲午，慕容延钊入荆南，高继冲请归朝，得州三，县十七。乙未，克潭州。辛亥，澶、滑、卫、魏、晋、绛、蒲、孟八州饥，命发廪振之。

三月辛未，幸金凤园习射，七发皆中。符彦卿等进马称贺，乃遍赐从臣名马、银器有差。壬申，高继冲籍其钱帛刍粟来上。癸酉，班新定律。戊寅，慕容延钊破三江口，下岳州，克复朗州，湖南平，得州十四，监一，县六十六。

夏四月，旱。甲申，遍祷京城祠庙，夕雨。减荆南朗州、潭州管内死罪一等，掳掠者给主。乙酉，遣使祭南岳。丁亥，幸国子监，遂幸武成王庙，宴射玉津园。庚寅，出内钱募诸军子弟凿习战池。辛卯，《建隆应天历》成，御制序。壬辰，赏湖南立功将士。癸巳，幸玉津园。丙申，兵部郎中曹匪躬弃市，海陵、盐城屯田副使张蔼除名，并坐不法。庚子，荆南节度使高继冲进助宴金银、罗纨、柱衣、屏风等物。癸卯，辰、锦、叙等州归顺。甲辰，诏疏凿三门。禁泾、原、邠、庆等州补蕃人为边镇将。夏西平王李彝兴献牦牛一。乙巳，幸玉津园，阅诸军骑射。丙午，免湖南茶税，禁峡州盐井。辛亥，贷澶州民种食。

五月壬子朔，祷雨京城。甲寅，遣使祷雨岳渎。乙丑，广大内。

庚午,给荆南管内符印。癸酉,幸玉津园。

六月乙酉,免潭州诸县无名配敛。壬辰,暑,罢营造,赐工匠衫履。乙未,诏:荆南兵愿归农者听。丙申,诏历代帝王三年一飨,立汉光武、唐太宗庙。己亥,澶、濮、曹、绛蝗,命以牢祭。庚子,百官三上表请举乐,从之。减左右仗千牛员。丙午,雨。诏蜡祀、庙、社皆用戌腊一日。己酉,命习水战于新池。

秋七月辛亥朔,定州县所置杂职、承符、厅子等名数。甲寅,以湖湘殁王事靳彦朗男承勋等三十人补殿直。丙辰,幸新池,赐役夫钱,遂幸玉津园。丁巳,安国军节度使王全斌等率兵入太原境,以俘来献,给钱米以释之。己未,诏民有疾而亲属遗去者罪之。癸亥,湖南疫,赐行营将校药。丁卯,幸武成王庙,遂幸新池,观习水战。己巳,朗州贼将汪端寇州城,都监尹重睿击走之。诏免荆南管内夏税之半。甲戌,释周保权罪。乙亥,诏缮朗州城,免其管内夏税。丁丑,分命近臣祷雨。己卯,班《重定刑统》等书。

八月壬午,殿前都虞候张琼以陵侮军校史珪、石汉卿等,为所诬谮,下吏,琼自杀。丙戌,遣给事中刘载朝拜安陵。丁亥,王全斌攻北汉乐平县,降之。辛卯,以乐平县为平晋军,降卒千八人为效顺军,人赐钱帛。壬辰,诏九经举人下第者再试。癸巳,女直国遣使献名马。蠲登州沙门岛民税,令专治船渡马。丙申,北汉静阳十八砦首领来降。泉州陈洪进遣使来朝贡。齐州河决。京师雨。己亥,契丹幽州岐沟关使柴廷翰等来降。癸卯,宰相质率百官上尊号,不允。

九月甲寅,三上表请,从之。丙寅,宴广政殿,始用乐。丁卯,责宣徽南院使兼枢密副使李处耘为淄州刺史。戊辰,女直国遣使献海东青名鹰。丙子,禁朝臣公荐贡举人。赐南唐羊万口。磔汪端于朗州。戊寅,北汉引契丹兵攻平晋,遣洺州防御使郭进等救之。

冬十月庚辰,诏州县微科置簿籍。乙亥,畋近郊。丁未,吴越国王进郊祀礼金银、珠器、犀象、香药皆万计。

十一月乙卯,荆南节度使高继冲进郊祀银万两。甲子,有事南郊,大赦,改元乾德。百官奉玉册上尊号曰应天广运仁圣文武至德皇帝。丙寅，南唐进贺南郊、尊号银绢万计。丁卯，赐近臣袭衣、金带、器币、鞍马有差。乙亥，畋近郊。

十二月庚辰，殿前祗候李璘以父仇杀员僚陈友，璘自首，义而释之。辛巳，开封府尹光义、兴元尹光美各益食邑，赐功臣号；宰相质、溥、仁浦并特进，易封，益食邑；枢密使普加光禄大夫，易功臣号；文武臣僚各进阶、勋、爵、邑。甲申，皇后王氏崩。辛卯，罢登州都督。己亥，泉州陈洪进遣使贡白金千两，乳香、茶药皆万计。己巳，南唐主上表乞呼名，诏不允。

闰月乙酉朔，校医官，黜其艺不精者二十二人。甲寅，命近臣祈雪。丁卯，覆试拔萃科，田可封、宋白、谭利用等称旨，赐与有差。辛未，卜安陵于巩县。乙亥，折德扆败北汉军于城下，禽其将杨璘。以太常议，奉赤帝为感生帝。

二年春正月辛巳，谕郡国长吏劝农耕作。有象入南阳，虞人杀之，以齿革来献。京师雨雪，雷。癸未，幸迎春苑宴射。甲申，诏著四时听选式。回鹘遣使献方物。戊子，质以太子太傅、溥以太子太保、仁浦仍尚书左仆射罢。庚寅，以赵普为门下侍郎、同中书门下平章事，李崇矩枢密使。壬辰，诏亲试制举三科，不限官庶，许直诣阁门进状。甲辰，诏诸道狱词令大理、刑部检详，或淹留差失致中书门下改正者，重其罪。乙巳，幸玉津园宴射。丁未，诏县令、簿、尉非公事毋至村落。令、录、簿、尉诸职官有耄耋笃疾者举劾之。

二月戊申朔，北汉辽州刺史杜延韬以城来降。癸丑，遣使振陕州饥。导潩水入京。丁巳，治安陵，隧坏，役兵压死者二百人，命有司瘗恤。庚午，府州俘北汉卫州刺史杨璘来献。甲戌，南唐进改葬安陵银绫绢各万计。浚汴河。

三月辛巳，幸教船池，赐水军将士衣有差，还幸玉津园宴射。乙未，北汉耀州团练使周审玉等来降。丁酉，遣使祈雨于五岳。禁臣僚往来假官军部送。辛丑，遣摄太尉光义奉册宝上明宪皇太后谥曰昭宪，皇后贺氏谥曰孝惠，王氏谥曰孝明。

夏四月丁未朔,策贤良方正直言极谏科,博州判官颖赟中第。戊申,振河中饥。己酉,免诸道今年夏税之无苗者。乙卯,葬昭宪皇太后、孝明皇后于安陵。乙丑,始置参知政事,以兵部侍郎薛居正、吕余庆为之。己巳,灵武饥,转泾粟以饷。壬申,祔二后于别庙。徙永州诸县民之畜蛊者三百二十六家于县之僻处,不得复齿于乡。

五月己卯,知制诰高锡坐受藩镇赂,贬莱州司马。辛巳,宗正卿赵砺坐赃杖、除籍。癸未,幸玉津园宴射。

六月己酉,以光义为中书令,光美同中书门下平章事,子德昭贵州防御使。庚申,幸相国寺,遂幸教船池、玉津园。辛未,河南北及秦诸州蝗,惟赵州不食稼。

秋七月乙亥,春州暴水溺民。庚辰,郃阳雨雹。辛巳,幸玉津园,还幸新池,观习水战。辛卯,诏翰林学士陶谷、窦仪等举堪为藩郡通判者各一人,不当者连坐。

九月甲戌朔,《周易》博士奚屿责乾州司户,库部员外王贻孙责左赞善大夫,并坐试任子不公。戊子,延州雨雹。乙未,幸北郊观稼。辛丑,太子太傅质薨。壬寅,潘美等克郴州。

冬十月戊申,周纪王熙谨薨,辍视朝。

十一月甲戌,命忠武军节度使王全斌为西川行营前军兵马都部署,武信军节度崔彦进副之,将步骑三万出凤州道;江宁军节度使刘光义为西川行营前军兵马都部署,枢密承旨曹彬副之,将步骑二万出归州道以伐蜀。乙亥,宴西川行营将校于崇德殿,示川峡地图,授攻取方略,赐金玉带、衣物各有差。壬辰,畋近郊。

十二月乙巳,释广南郴州都监陈珫等二百人。戊申,刘光义拔夔州,蜀节度高彦俦自焚。丁巳,蠲归、峡秋税。辛酉,王全斌克万仞、燕子二砦,下兴州,连拔石圌等二十余砦。甲子,光义拔巫山等砦,斩蜀将南光海等八千级,擒其战棹都指挥袁德宏等千二百人。全斌先锋史进德败蜀人于三泉砦,擒其节度使韩保正、李进等。南唐进银二万两、金银器皿数百事。庚午,诏招复山林聚匿。辛未,畋北郊。

宋史卷二

本纪第二

太祖二

　　三年春正月癸酉朔,以出师不御殿。甲戌,王全斌克剑门,斩首万余级,擒蜀枢密使王昭远、泽州节度赵崇韬。乙亥,诏瘗征蜀战死士卒,被伤者给缯帛。壬午,全斌取利州。乙酉,蜀主孟昶降。得州四十五、县一百九十八、户五十三万四千三十有九。高丽国王遣使来朝献。戊子,吏部郎中邓守中坐试吏不当,责本曹员外郎。癸巳,刘光义取万、施、开、忠四州,遂州守臣陈愈降。乙未,诏抚西川将吏百姓。丙申,赦蜀,归俘获,除管内逋赋,免夏税及沿征物色之半。

　　二月癸卯,南唐、吴越进长春节御衣、金银器、锦绮以千计。甲辰,遣皇城使窦思俨迎劳孟昶。丁未,全州大水。庚申,王全斌杀蜀降兵二万七千人于成都。

　　三月癸酉,诏置义仓。是月,两川贼群起,先锋都指挥使高彦晖死之,诏所在攻讨。

　　夏四月乙巳,回鹘遣使献方物。癸丑,职方员外郎李岳坐赃弃市。南唐进贺收蜀银绢以万计。戊午,遣中使给蜀臣鞍马、车乘于江陵。癸亥,募诸军子弟导五丈河,通皇城为池。

　　五月辛未朔,诏还诸道幕职、令录经引对者,以涉途远近,差减其选。壬申,幸迎春苑宴射。乙亥,遣开封尹光义劳孟昶于玉津园。丙戌,见孟昶于崇元殿,宴昶等于大明殿。丁亥,赐将士衣服钱帛。戊子,大赦,减死罪一等。壬辰,宴孟昶及其子弟于大明殿。

六月甲辰，以孟昶为中书令、秦国公，昶子弟诸臣锡爵有差。庚戌，孟昶薨。

秋七月，珍州刺史田景迁内附。壬辰，追封孟昶为楚王。丁酉，幸教船池，遂幸玉津园宴射。

八月戊戌朔，诏籍郡国骁勇兵送阙下。癸卯，河决阳武县。庚戌，诏王全斌等廪蜀亡命兵士家。乙卯，河溢河阳，坏民居。戊午，殿直成德钧坐赃弃市。己未，郓州河水溢，没田。辛酉，寿星见。

九月己巳，阅诸道兵，以骑军为骁雄，步军为雄武，并隶亲军。壬申，诏诸郡各置克宁军五百人。辛巳，河决澶州。戊子，幸西水砲。

十月丁酉朔，大雾。己未，太子中舍王治坐受赃杀人，弃市。丙寅，济水溢邹平。

十一月丙子，甘州回鹘可汗遣僧献佛牙、宝器。乙未，剑州刺史张仁谦坐杀降，贬宋州教练。

十二月丁酉朔，诏妇为舅姑丧者齐、斩。己亥，诏西川管内监军、巡检毋预州县事。戊午，甘州回鹘可汗、于阗国王等遣使来朝，进马千匹、橐驼五百头、玉五百团、琥珀五百斤。

四年春正月丙子，遣使分诣江陵、凤翔，赐蜀君臣家钱帛。丁亥，命丁德裕等率兵巡抚西川。己丑，幸迎春苑宴射。

二月癸卯，视皇城役。丙辰，于阗国王遣其子德从来献。安国军节度使罗彦瑰等败北汉于静阳，擒其将鹿英。辛酉，试下第举人。甲子，免西川今年夏税及诸征之半，田不得耕者尽除之。岳州火。

三月癸酉，罢义仓。甲戌，占城国遣使来献。癸未，僧行勤等一百五十七人，各赐钱三万，游西域。

夏四月丁酉，占城遣使来献。丙午，潭州火。壬子，罢光州贡鹰鹞。丁巳，契丹天德军节度使于延超与其子来降。进士李蔼坐毁释氏，辞不逊，黥杖，配沙门岛。庚申，幸燕国长公主第视疾。

五月，南唐贺文明殿成，进银万两。甲戌，光禄少卿郭玘坐赃弃市。乙亥，阅蜀法物、图书。丁丑，诏蜀郡敢有不省父母疾者罪之。辛巳，潭州火。壬午，澶州进麦两歧至六歧者百六十五本。辛卯，荧惑犯轩辕。

六月甲午，东阿河溢。甲辰，河决观城。月犯心前星。丙午，澧州刺史白全绍坐纵纪纲规财部内，免官。诏：人臣家不得私养宦者，内侍年三十以上方许养一子，士庶敢有阉童男者不赦。乙酉，果州贡禾，一茎十三穗。

秋七月丙寅，诏：蜀官将吏及姻属疾者，所在给医药钱帛。戊辰，西南夷首领董暠等内附。己巳，幸造船务，又幸开封尹北园宴射。癸酉，赐西川行营将士钱帛有差。庚辰，罢剑南蜀米麦征。华州旱，免今年租。给州县官奉户。

八月丁酉，诏除蜀倍息。庚子，水坏高苑县城。壬寅，诏宪臣及吏、刑部官三周岁满日，即转授加恩。庚戌，枢密直学士冯瓒、绫锦副使李美、殿中侍御史李楫为宰相赵普陷，以赃论死；会赦，流沙门岛，逢恩不还。辛亥，幸玉津园宴射。京兆府贡野蚕茧。壬子，衡州火。乙卯，录囚。丙辰，河决滑州，坏灵河大堤。普州免食稼。

闰月乙丑，河溢入南华县。己巳，衡州火。乙亥，诏：民能树艺、开垦者不加征，令佐能劝来者受赏。

九月壬辰朔，水。虎捷指挥使孙进、龙卫指挥使吴瑰等二十七人，坐党吕翰乱伏诛，夷进族。庚子，占城献驯象。乙巳，幸教船池，遂幸玉津园观卫士骑射。丙午，诏吴越立禹庙于会稽。

冬十月辛酉朔，命太常复二舞。癸亥，诏诸郡立古帝王陵庙，置户有差。己巳，禁吏卒以巡察扰民。

十二月庚辰，妖人张龙儿等二十四人伏诛，夷龙儿、李玉、杨密、聂赟族。

五年春正月戊戌，治河堤。丁未，合州汉初县上青樗木，中有文曰"大连宋"。甲寅，王全斌等坐伐蜀黩货杀降，全斌责崇义军节度使，崔彦进责昭化军节度使，王仁赡责右卫大将军。丙辰，诏伐蜀将校有受蜀人钱物者,并即还主。丁巳,赏伐蜀功,曹彬、刘光义等进爵有差。

二月庚申朔,幸造船务,遂幸城西观卫士骑射。甲子,薛居正、吕余庆并为吏部侍郎,依前参知政事。己丑,幸教船池。

三月甲辰,诏翰林学士、常参官于幕职、州县及京官内各举堪任常参官者一人,不当者连坐。乙巳,诏诸道举部内官吏才德优异者。丙午,以普为尚书左仆射兼门下侍郎、同中书门下平章事,崇矩检校太傅。是日,幸教船池,又幸玉津园宴射。丙辰,北汉石盆砦招收指挥使阎章以砦来降。五星聚奎。

夏五月乙巳,赐京城贫民衣。北汉鸿唐砦招收指挥使樊晖以砦来降。甲寅,王溥为太子太傅。

六月戊午朔,日有食之。辛巳,幸建隆观,遂幸飞龙院。丁亥,牂牁顺化王子等来献方物。

七月丁酉,禁毁铜佛像。己酉,免水旱灾户今年租。

八月甲申,河溢入卫州城,民溺死者数百。

九月壬辰,仓部员外郎陈郾坐赃弃市。甲午,西南蕃顺化王子部才等遣使献方物。己酉,畋近郊。

十一月乙酉朔,工部侍郎毋守素坐居丧娶妾免。供奉武仁海坐枉杀人弃市。

十二月丙辰,禁新小铁镴等钱、疏恶布帛入粉药者。癸酉,升麟州为建宁军节度。赵普以母忧去位,丙子,起复。

开宝元年春正月甲午,增治京城。陕之集津、绛之垣曲、怀之武陟饥,振之。己亥,北汉偏城砦招收指挥使任恩等来降。

三月庚寅,班县令、尉捕盗令。癸巳,幸玉津园。乙巳,有驯象自至京师。

夏四月乙卯,幸节度使赵彦徽第视疾。

五月丁未,赐南唐米麦十万斛。

六月癸丑朔,诏民田为霖雨、河水坏者,免今年夏税及沿征物。

癸亥,诏:荆蜀民祖父母、父母在者,子孙不得别财异居。丁丑,太白昼见;戊寅,复见。辛巳,龙出单父民家井中,大风雨,漂民舍四百区,死者数十人。

秋七月丙申,幸铁骑营,赐军钱羊酒有差。北汉颍州砦主胡遇等来降。丙午,幸铁骑营,遂幸玉津园。戊申,坊州刺史李怀节坐强市部民物,责左卫率府率。北汉主刘钧卒,养子继恩立。

八月乙卯,按鹘于近郊,还幸相国寺。戊午,又按鹘于北郊,还幸飞龙院。丙寅,遣客省使卢怀忠等二十二人率禁军会潞州。戊辰,命昭化军节度使李继勋等征北汉。

九月辛巳朔,禁钱出塞。癸未,监察御史杨士达坐鞫狱滥杀弃市。庚子,李继勋败北汉于铜温河。己酉,北汉供奉官侯霸荣弑其主继恩,继元立。

冬十月己未,畋近郊,还幸飞龙院。丙子,吴越王遣其子惟浚来朝贡。

十一月癸卯,日南至,有事南郊,改元开宝,大赦,十恶杀人、官吏受赃者不原。宰相普等奉玉册、宝,上尊号曰应天广运大圣神武明道至德仁孝皇帝。

十二月甲子,行庆,自开封兴元尹、宰相、枢密使及诸道蕃侯,并加勋爵有差。乙丑,大食国遣使献方物。

二年春正月己卯朔,以出师,不御殿。

二月乙卯,命昭化军节度使李继勋为河东行营前军都部署,侍卫步军指挥使党进副之,宣徽南院使曹彬为都监,棣州防御使何继筠为石岭关部署,建雄军节度使赵赞为汾州路部署,以伐北汉。宴长春殿。命彰德军节度使韩仲赟为北面都部署,彰义军节度使郭延义副之,以防契丹。戊午,诏亲征。己酉,以开封尹光义为上都留守,枢密副使沈义伦为大内部署、判留司三司事。甲子,发京师。乙亥,雨,驻潞州。

三月壬辰,发潞州。乙未,李继勋败北汉军于太原城下。戊戌,驾傅城下。庚子,观兵城南,筑长连城。辛丑,幸汾河,作新桥。发太原诸县丁数万集城下。癸卯,北汉史昭文以宪州来降。乙巳,临城南,谓汾水可以灌其城,命筑长堤壅之,决晋祠水注之。遂砦城四面,继勋军于南,赞军于西,彬军于北,进军于东,乃北引汾水灌城。辛亥,遣海州刺史孙方进率兵围汾州。

四月戊申,幸城东观筑堤。壬子,复幸城东。己未,何继筠败契丹于阳曲,斩首数千级,俘武州刺史王彦符以献,命陈示所获首级、铠甲于城下。壬戌,幸汾河观造船。戊辰,幸城西上生院。丙子,复幸城西。

五月癸未,韩仲赟败契丹于定州北。自戊子至庚寅,命水军载弩环攻,横州团练使王庭义、殿前都虞候石汉卿死之。甲午,北汉赵文度以岚州来降。甲辰,都虞候赵廷翰奏,诸军欲登城以死攻,上愍之,不允。

闰月戊申,雉坋,水注城中,上遽登堤观。己酉,右仆射魏仁浦薨。壬子,以太常博士李光赞言,议班师。己未,命兵士迁河东民万户于山东。庚申,分命使臣率兵赴镇、潞。壬戌,驾还。戊辰,驻跸于镇州。

六月丙子朔,发镇州。癸巳,至自太原。曲赦京城囚。

秋七月丁巳,幸封禅寺。诏镇、深、赵、邢、洺五州管内镇、砦、县悉城之。甲子,大宴。赐宰相、枢密使、翰林学士、节度、观察使袭衣金带。戊辰,西南夷顺化王子武才等来献方物。癸酉,幸新水砣。汴决下邑。乙亥,寿星见。

八月丁亥,诏川峡诸州察民有父母在而别籍异财者,论死。

九月乙巳朔,幸武成王庙。壬戌,幸玉津园宴射。

冬十月戊子,畋近郊。庚寅,散指挥都知杜延进等谋反伏诛,夷其族。诏:相、深、赵三州丁夫死太原城下者,复其家。庚子,以王溥为太子太师,武衡德为太子太傅。癸卯,西川兵马都监张延通、内臣张屺、引进副使王珏为丁德裕所谮,延通坐不逊诛,屺、珏并杖配。

十一月丙午,幸镇宁军节度使张令铎第视疾。甲寅,畋近郊,还幸金凤园。庚申，回鹘、于阗遣使来献方物。

十二月癸未，幸中书视宰相赵普疾。己亥，右赞善大夫王昭坐监大盈仓，其子与仓吏为奸赃，夺两任，配隶汝州。丁德裕诬奏四川转运使李铉指斥，事既直，犹坐酒失，责授右赞善大夫。

三年春正月癸卯朔，雨雪，不御殿。癸丑，增河堤。辛酉，诏：民五千户举孝弟彰闻、德行纯茂者一人，奇才异行不拘此限，里闾郡国递审连署以闻，仍为治装诣阙。

二月庚寅，幸西茶库，遂幸建隆观。

三月庚戌，诏阅进士十五举以上司马浦等百六人，并赐本科出身。辛亥，赐处士王昭素国子博士致仕。丙辰，殿中丞张颙坐先知颍州政不平，免官。己未，幸宰相赵普第视疾。

夏四月辛未朔，日有食之。丁亥，幸寺观祷雨。辛卯，雨。甲午，幸教船池。己亥，罢河北诸州盐禁。诏郡国非其土产者勿贡。

五月丁未，禁京城民畜兵器。癸丑，幸城北观水碹。癸亥，赐诸班营舍为雨坏者钱有差。

六月乙未，禁诸州长吏亲随人掌厢镇局务。

秋七月乙巳，立报水旱期式。壬子，诏蜀州县官以户口差第省员加禄，寻诏诸路亦如之。戊辰，幸教船池，又幸玉津园宴射。

八月戊子，幸教船池，又幸玉津园。

九月己亥朔，命潭州防御使潘美为贵州道兵马行营都部署，朗州团练使尹崇珂副之。遣使发十州兵会贺州，以伐南汉。甲辰，诏：西京、凤翔、雄耀等州，周文、成、康三王，秦始皇，汉高、文、景、武、元、成、哀七帝，后魏孝文，西魏文帝，后周太祖，唐高祖、太宗、中宗、肃宗、代宗、德、顺、文、武、宣、懿、僖、昭诸帝，凡二十七陵，尝被盗发者，有司备法服、常服各一袭，具棺椁重葬，所在长吏致祭。己酉，幸开宝寺观新钟。丙辰，女直国遣使赍定安国王烈万华表，献方物。丁卯，潘美等败南汉军万众于富州，下之。

十月庚辰，克贺州。

十一月壬寅，下昭、桂二州。乙巳，减桂阳岁贡白金额。癸丑，右领军卫将军石延祚坐监仓与吏为奸赃弃市。癸亥，定州驻泊都监田钦祚败契丹于遂城。丙寅，以曹州举德行孔蟾为章丘主簿。

十二月壬申，潘美等下连州。辛卯，大败南汉军万余于韶州，下之。癸巳，增河堤。

四年春正月戊戌朔，以出师，不视朝。丙午，罢诸州县摄官。丁未，右千牛卫大将军桑进兴坐赃弃市。癸丑，潘美等取英州、雄州。

二月丁亥，南汉刘𬬭遣其左仆射萧漼等以表来上。己丑，潘美克广州，俘刘𬬭，广南平。得州六十、县二百一十四、户十七万二百六十三。辛卯，大赦广南，免二税，伪署官仍旧。

三月乙未，幸飞龙院，赐从臣马。丙申，诏：广南有买人男女为奴婢转佣利者，并放免；伪政有害于民者具以闻，除之。增前代帝王守陵户二。

夏四月丙寅朔，前左监门卫将军赵玼诉宰相赵普，坐诬毁大臣，汝州安置。丁卯，三佛齐国遣使献方物。己巳，诏禁岭南商税、盐、曲，如荆湖法。辛未，幸永兴军节度使吴廷祚第视疾。癸未，幸开宝寺。辛卯，南唐遣其弟从谦来朝贡。发厢军千人修前代陵寝之在秦者。壬辰，监察御史闾丘舜卿坐前任盗用官钱，弃市。

五月乙未朔，御明德门受刘𬬭俘，释之；斩其柄臣龚澄枢、李托、薛崇誉。大宴于大明殿，𬬭预焉。丁酉，赏伐广南功，潘美、尹崇珂等进爵有差。

六月癸酉，遣使祀南海。丁丑，命翰林试南汉官，取书判稍优者，授令、录、簿、尉。壬午，以孝子罗居通为延州主簿。封刘𬬭为恩赦侯。乙酉，罢贺州银场。赐刘𬬭月奉外钱五万、米麦五十斛。河决谷武，汴决穀熟。

秋七月戊戌，赐开封尹光义门戟十四。庚子，幸新修水砲，赐役人钱帛有差。戊午，复著内侍养子令。癸亥，幸建武军节度使何继筠第视疾。汴决宋城。

八月壬申,文武百官上尊号,不允。辛卯,景星见。

冬十月癸亥朔,日有食之。己巳,诏伪作黄金者弃市。庚午,太子洗马王元吉坐赃弃市。辛巳,除广南旧无名配敛。甲申,诏十月后犯强窃盗者郊赦不原。丙戌,放广南民驱充军者。

十一月癸巳朔,南唐遣其弟从善,吴越国王遣其子惟浚,以郊祀来朝贡。南唐主煜表乞去国号呼名,从之。庚戌,诏诸道所罢摄官三任无遗阙者以闻。河决澶州,通判姚恕坐不即上闻弃市。己未,日南至,有事南郊,大赦,十恶、故劫杀、官吏受赃者不原。诏署诸州幕职官奉户。壬戌,蜀班内殿直四十人,援御马直例乞赏,遂挝登闻鼓,命各杖二十;翌日,悉斩于营,都指挥单斌等皆杖、降。

十二月癸亥朔,赐南郊执事官器币有差。丁卯,行庆,开封尹光义、兴元尹光美、贵州防御使德昭、宰相赵普并益食邑。己巳,内外文武官递进勋爵。辛未,赐《九经》李符本科出身。壬午,畋近郊。

宋史卷三
本纪第三

太祖三

五年春正月壬辰朔，雨雪，不御殿。禁铁铸浮屠及佛像。庚子，前卢县尉鄢陵许永年七十有五，自言父琼年九十九，两兄皆八十余，乞一官以便养。因召琼厚赐之，授永鄢陵令。壬寅，省州县小吏及直力人。乙巳，罢襄州岁贡鱼。

二月丙子，诏沿河十七州各置河堤判官一员。庚辰，以凤州七房银冶为开宝监。庚寅，以兵部侍郎刘熙古参知政事。

闰月壬辰，礼部试进士安守亮等诸科共三十八人，召对讲武殿，始放榜。庚戌，升密州为安化军节度。

三月庚午，赐颍州龙骑指挥使仇兴及兵士钱。辛未，占城国王波美税遣使来献方物。壬申，幸教船池习战。乙酉，殿中侍御史张穆坐赃弃市。

夏四月庚寅朔，三佛齐国主释利乌耶遣使来献方物。丙午，遣使检视水灾田。丙寅，遣使诸州捕虎。

五月庚申，赐恩赦侯刘铱钱一百五十万。乙丑，命近臣祈晴。并广南州十三、县三十九。丙寅，罢岭南采珠媚川都卒为静江军。辛未，河决濮阳，命颍州团练使曹翰往塞之。甲戌，以霖雨，出后宫五十余人，赐予以遣之。丁亥，河南、北淫雨，澶、滑、济、郓、曹、濮六州大水。

六月己丑，河决阳武，汴决谷熟。丁酉，诏：淫雨河决，沿河民田有为水害者,有司具闻除租。戊申,修阳武堤。

秋七月己未朔,右拾遗张恂坐赃弃市。癸未,邕、容等州獠人作乱。庚寅,高丽国王王昭远遣使献方物。

八月己亥,广州行营都监朱宪大破獠贼于容州。癸卯,升宿州为保静军节度,罢密州仍为防御。

九月丁巳朔,日有食之。癸酉,李崇矩以镇国军节度使罢。

冬十月庚子,幸河阳节度使张仁超第视疾。甲辰,试道流,不才者勒归俗。

十一月己未,李继明、药继清大破獠贼于英州。癸亥,禁僧道习天文地理。己巳,禁举人寄应。庚辰,命参知政事薛居正、吕余庆兼淮、湖、岭、蜀转运使。

十二月乙酉朔,祈雪。己亥,畋近郊。开封尹光义暴疾,遂如其第视之。甲寅,内班董延谔坐监务盗刍粟,杖杀之。诏合入令录者引见后方注。乙卯,大雨雪。

是岁,大饥。

六年春正月丙辰朔,不御殿。置蜀水陆转运使计度使。癸酉,修魏县河。

二月丙戌朔,棣州兵马、殿直傅延翰谋反伏诛。丙申,曹州饥,漕太仓米二万石振之。己亥,吴越国进银装花舫、金香师子。

三月乙卯朔,周郑王殂于房州,上素服发哀,辍朝十日,谥曰恭帝,命还葬庆陵之侧,陵曰顺陵。己未,复密州为安化军节度。庚申,覆试进士于讲武殿,赐宋准及下第徐士廉等诸科百二十七人及第。乙亥,赐宋准等宴钱二十万。大食国遣使来献。翰林学士、知贡举李昉坐试人失当,责授太常少卿。试朝臣死王事者子陆坦等,赐进士出身。丙子,幸相国寺观新修塔。

夏四月丁亥,如开封尹光仪、天平军节度使石守信等赏花习射于苑中。辛丑,遣卢多逊为江南国信使。甲辰,占城国王悉利陀盘印茶遣使来献方物。丙午,黎州保塞蛮来归。戊申,诏修《五代史》。

五月庚申,刘熙古以户部尚书致仕。诏:中书吏擅权多奸赃,兼用流内州县官。己巳,交州丁琏遣使贡方物。幸玉津园观刈麦。辛巳,杀右拾遗马适。

六月辛卯,阅在京百司吏,黜为农者四百人。癸巳,占城国遣使献方物。隰州巡检使李谦溥拔北汉七砦。癸卯,雷有邻告宰相赵普党堂吏胡赞等不法,赞及李可度并杖、籍没。庚戌,诏参知政事与宰相赵普分知印押班奏事。

秋七月壬子朔,诏诸州府置司寇参军,以进士、明经者为之。丙辰,减广南无名率钱。

八月乙酉,罢成都府伪蜀嫁装税。辛卯,赐布衣王泽方同学究出身。丁酉,泗州推官侯济坐试判假手,杖、除名。甲辰,赵普罢为河阳三城节度使、同平章事。辛酉,幸都亭驿。

九月丁卯,余庆以尚书左丞罢。己巳,封光义为晋王、兼侍中,德昭同中书门下平章事,薛居正为门下侍郎、同平章政事,户部侍郎、枢密副使沈义伦为中书侍郎、同平章政事,石守信兼侍中,卢多逊中书舍人、参知政事。壬申,诏晋王光义班宰相上。

冬十月甲申,葬周恭帝,不视朝。丁亥,幸玉津园观稼。戊子,流星出文昌、北斗。甲辰,特赦诸官吏奸赃。

十一月癸丑,诏常参官进士及第者各举文学一人。

十二月壬午,命近臣祈雪。丙午,前中书舍人、参知政事多逊起复视事。行《开宝通礼》。限度僧法,诸州僧帐及百人岁许度一人。

七年春正月庚戌,不御殿。庚申,占城国王波美税遣使献方物。齐州野蚕成茧。癸亥,左拾遗秦宣、太子中允吕鹄并坐赃,宥死,杖、除名。

二月庚辰朔,日有食之。丙戌,日有二黑子。癸卯,命近臣祈雨。诏:《诗》、《书》、《易》三经学究,依三经、三传资叙入官。乙巳,太子中舍胡德冲坐隐官钱,弃市。

三月乙丑,三佛齐国王遣使献方物。

夏四月丙午,遣使检岭南民田。

五月戊申朔,殿中侍御史李莹坐受南唐馈遗,责授左赞善大夫。甲寅,以布衣齐得一为章丘主簿。乙丑,诏市二价者以枉法论。丙寅,幸讲武池观习水战。丙子,又幸讲武池,遂幸玉津园。

六月丙申,河中府饥,发粟三万石振之。己亥,淮溢入泗州城;壬寅,安阳河溢,皆坏民居。

秋七月壬子,幸讲武池观习水战,遂幸玉津园。丙辰,南丹州溪洞酋帅莫洪燕内附。诏减成都府盐钱。庚午,太子中允李仁友坐不法,弃市。

八月戊寅,吴越国王遣使来朝贡。丁亥,谕吴越伐江南。戊子,陈州贡芝草,一本四十九茎。己丑,幸讲武池,赐习水战军士钱。戊戌,殿中丞赵象坐擅税,除名。甲辰,幸讲武池观习水战,遂幸玉津园。

九月癸亥,命宣徽南院使、义成军节度使曹彬为西南路行营马步军战棹都部署,山南东道节度使潘美为都监,颍州团练使曹翰为先锋都指挥使,将兵十万出荆南,以伐江南。将行,召曹彬、潘美戒之曰:“城陷之日,慎无杀戮;设若困斗,则李煜一门,不可加害。”丁卯,以知制诰李穆为江南国信使。

冬十月甲申,幸迎春苑,登汴堤观战舰东下。丙戌,又幸迎春苑,登汴堤观诸军习战,遂幸东水门,发战棹东下。江南进绢数万,御衣、金带、器用数百事。壬辰,曹彬等将舟师步骑发江陵,水陆并进。丁酉,命吴越王钱俶为升州东南行营招抚制置使。己亥,曹彬收下峡口,获指挥使王仁震、王宴、钱兴。

闰月己酉,克池州。丁巳,败江南军于铜陵。庚申,命宰相、参知政事更知日历。壬戌,彬等拔芜湖、当涂两县,驻军采石。癸亥,诏减湖南新制茶。甲子,薛居正等上新编《五代史》,赐器币有差。丁卯,彬败江南军于采石,擒兵马部署杨收、都监孙震等千人,为浮梁以济。

十一月癸未,黥李从善部下及江南水军一千三百九十人为归化军。甲申,诏省剑南、山南等道属县主簿。丁亥,秦、晋旱,免蒲、陕、晋、绛、同、解六州逋赋,关西诸州免其半。己丑,知汉阳军李恕败江南水军于鄂。甲午,曹彬败江南军于新林砦。辛丑,命知雄州孙全兴答涿州修好书。壬寅,大食国遣使献方物。

十二月己酉,彬败江南军于白鹭州。辛亥,命近臣祈雪。甲子,吴越王帅兵围常州,获其人马,寻拔升城砦。丙寅,彬败江南军于新林港。己巳,左拾遗刘祺坐受赂,黥面、杖配沙门岛。庚午,北汉寇晋州,守臣武守琦败之于洪洞。壬申,吴越王败江南军于常州北界。

八年春正月甲戌朔,以出师,不御殿。丙子,知池州樊若水败江南军于州界;田钦祚败江南军于溧水,斩其都统使李雄。乙酉,御长春殿,谓宰相曰:“朕观为臣者比多不能有终,岂忠孝薄而无以享厚福耶?”宰相居正等顿首谢。庚寅,彬拔升州城南水砦。

二月癸丑,彬败江南军于白鹭洲。乙卯,拔升州关城。丁巳,太子中允徐昭文坐抑人售物,除籍。甲子,知扬州侯陟败江南军于宣化镇。戊辰,覆试进士于讲武殿,赐王嗣宗等三十一人、诸科纪自成等三十四人及第。

三月乙酉,赐王嗣宗等宴钱二十万。己丑,命祈雨。庚寅,彬败江南军于江中。己亥,契丹遣使克沙骨慎思以书来讲和。知潞州药继能拔北汉鹰涧堡。辛丑,召契丹使于讲武殿观习射。壬寅,遣内侍王继恩领兵赴升州。大食国遣使来朝献。

夏四月乙巳,幸东水砲。癸丑,幸都亭驿阅新战船。丁巳,吴越王拔常州。壬戌,彬等败江南军于秦淮北。戊辰,幸玉津园观种稻,遂幸讲武池观习水战。庚午,诏岭南盗赃满十贯以上者死。幸西水砲。

五月壬申朔,以吴越国王钱俶守太师、尚书令,益食邑。知桂阳监张侃发前官隐没羡银,追罪兵部郎中董枢、右赞善大夫孔璘,杀之,太子洗马赵瑜杖配海岛;侃受赏,迁屯田员外郎。辛巳,祈晴。甲申,江南宁远军及沿江砦并降。乙酉,诏武冈、长沙等十县民为贼卤掠者蠲其逋租,仍给复一年。甲午,安南都护丁琏遣使来贡。

六月壬寅,曹彬等遣使言,败江南军于其城下。辛丑,河决濮州。丁未,宋州观察判官崔绚、录事参军马德休并坐赃弃市。辛亥,河决澶州顿丘。甲子,彗出柳,长四丈,辰见东方。

秋七月辛未朔,日有食之。庚辰,遣阁门使郝崇信、太常丞吕端使契丹。癸未,西天东印土王子穰结说罗来朝献。甲申,诏吴越王班师。己亥,山后两林鬼主、怀化将军勿尼等来朝献。

八月乙卯,幸东水砲观鱼,遂幸北园。辛酉,诏权停今年贡举。壬戌,契丹遣左卫大将军耶律霸德等致御衣、玉带、名马。西南蕃顺化王子若废等来献名马。癸亥,丁德裕败润州兵于城下。

九月壬申,狩近郊,逐兔,马蹶坠地,因引佩刀刺马杀之。既而悔之,曰:“吾为天下主,轻事畋猎,又何罪马哉!”自是遂不复猎。戊寅,润州降。

冬十月己亥朔,江南主遣徐铉、周惟简来乞缓师。辛亥,诏郡国令佐察民有孝悌力田、奇材异行或文武可用者遣诣阙。丁巳,修西京宫阙。江南主贡银五万两、绢五万匹,乞缓师。戊午,改润州镇江军节度为镇海军节度。幸晋王北园。己未,曹彬遣都虞候刘遇破江海军于皖口,擒其将朱令赟、王晖。

十一月辛未,江南主遣徐铉等再奉表乞缓师,不报。甲申,曹彬夜败江南军于城下。丙戌,以校书郎宋准、殿直邢文庆充贺契丹正旦使。乙未,曹彬克升州,俘其国主煜,江南平。凡得州十九、军三、县一百八十、户六十五万五千六十。临视新龙兴寺。

十二月庚子,幸惠民河观筑堰。辛丑,赦江南,复一岁;兵戈所经,二岁。戊申,三佛齐遣使来献方物。己酉,幸龙兴寺。辛亥,免开封府诸县今年秋租十之三。己未,以恩赦侯刘𬭚为彭城郡公。甲子,契丹遣使耶律乌正来贺正旦。丁卯,吴越国王乞以长春节朝觐,从之。

九年春正月辛未,御明德门,见李煜于楼下,不用献俘仪。壬申,大赦,减死罪一等。乙亥,封李煜为违命侯,子弟臣僚班爵有差。己卯,江南昭武军节度使留后卢绛焚掠州县。庚辰,诏郊西京。癸巳,晋王率文武上尊号,不允。

二月癸卯,三上表,不允。庚戌,以曹彬为枢密使。辛亥,命德昭迎劳吴越国王钱俶于宋州。契丹遣使耶律延颎以御衣、玉带、名马、散马、白鹘来贺长春节。乙卯,吴越王奏内客省使丁德裕贪很,贬房州刺史。丁巳,观礼贤宅。戊午,以卢多逊为吏部侍郎,仍参知政事。己未,吴越国王钱俶偕子惟浚等朝于崇德殿,进银绢以万计。赐俶衣带鞍马,遂以礼贤宅居之,宴于长安殿。壬戌,钱俶进贺平升州银绢、乳香、吴绫、䌷绵、钱茶、犀象、香药,皆亿万计。甲子,召晋王、吴越国王并其子等射于苑中,俶进御衣、寿星、通犀带及金器。丁卯,幸礼贤宅,赐俶金器及银绢倍万。

三月己巳,俶进助南郊银绢、乳香以万计。庚午,赐俶剑履上殿,诏书不名。癸酉,以皇子德芳为检校太保、贵州防御使,中书侍郎、同平章事沈义伦为大内都部署,右卫大将军王仁赡权判留司、三司兼知开封府事。丙子,幸西京。己卯,次巩县,拜安陵,号恸陨绝者久之。庚辰,赐河南府民今年田租之半,奉陵户复一年。辛巳,至洛阳。庚寅,大雨,分命近臣诣诸祠庙祈晴。辛卯,幸广化寺,开无畏三藏塔。

夏四月己亥,雨霁。庚子,有事圜丘,回御五凤楼大赦,十恶、故杀者不原,贬降责免者量移叙用,诸流配及逋欠悉放,诸官未赠恩者悉覃赏。壬寅,大宴,赐亲王、近臣、列校袭衣金带鞍马器币有差。丙午,驾还。辛亥,上至自洛。丁巳,曹翰拔江州,屠之,擒牙校宋德明、胡则等。诏益晋王食邑,光美、德昭并加开府仪同三司,德芳益食邑,薛居正、沈义伦加光禄大夫,枢密使曹彬、宣徽北院使潘美加特进,吴越国王钱俶益食邑,内外文武臣僚咸进阶封。己未,著令旬假为休浴。丙寅,大食国王珂黎拂遣使蒲希密来献方物。

五月己巳,幸东水砲,遂幸飞龙院,观渔金水河。甲戌,遣司勋员外郎和岘往江南路采访。杀卢绛。庚辰,幸讲武池,遂幸玉津园观稼。宋州大风,坏城楼官民舍几五千间。甲申,以阁门副使田守奇等充贺契丹生辰使。晋州以北汉岚、石、宪三州巡检使王洪武等来献。

六月庚子,步至晋王邸,命作机轮。挽金水河注邸中为池。癸卯,吴越王进银、绢、绵以倍万计。乙卯,荧惑入南斗。

秋七月戊辰,幸晋王第观新池。丙子,幸京兆尹光美第视疾。戊寅,再幸光美第。泉州节度使陈洪进乞朝觐。丙戌,命近臣祈晴。丁亥,命修先代帝王及五岳四渎祠庙。庚寅,幸光美第。

八月乙未朔,吴越国王进射火箭军士。己亥,幸新龙兴寺。辛丑,太子中允郭思齐坐赃弃市。乙巳,幸等觉院,遂幸东染院,赐工人钱。又幸控鹤营观习射,赐帛有差。又幸开宝寺观藏经。丁未,遣侍卫马军都指挥使党进、宣徽北院使潘美伐北汉。丙辰,遣使率兵分五道入太原。

九月甲子,幸绫锦院。庚午,权高丽国事王伷遣使来朝献。党进败北汉军于太原城北。辛巳,命忻、代行营都监郭进迁山后诸州民。庚寅,幸城南池亭,遂幸礼贤宅,又幸晋王第。

冬十月甲午朔旦,赐文武百官衣有差。丁酉,兵马监押马继恩率兵入河东界,焚荡四十余砦。己亥,幸西教场。庚子,镇州巡检郭进焚寿阳县,俘九千人。辛丑,晋、隰巡检穆彦璋入河东,俘二千余人。党进败北汉军于太原城北。己酉,吴越王献驯象。癸丑夕,帝崩于万岁殿,年五十,殡于殿西阶,谥曰英武圣文神德皇帝,庙号太祖。太平兴国二年四月乙卯,葬永昌陵。大中祥符元年,加上尊谥曰启运立极英武睿文神德圣功至明大孝皇帝。

帝性孝友节俭,质任自然,不事矫饰。受禅之初,颇好微行,或谏其轻出。曰:"帝王之兴,自有天命,周世宗见诸将方面大耳者皆杀之,我终日侍侧,不能害也。"既而微行愈数,有谏,辄语之曰:"有天命者任自为之,不汝禁也。"一日,罢朝,坐便殿,不乐者久之。左右请其故。曰:"尔谓为天子容易耶?早作乘快误决一事,故不乐耳。"汴京新宫成,御正殿坐,令洞开诸门,谓左右曰:"此如我心,少有邪曲,人皆见之。"

吴越钱俶来朝,自宰相以下咸请留俶而取其地,帝不听,遣俶归国。及辞,取群臣留俶章疏数十轴,封识遗俶,戒以途中密观,俶届途启视,皆留己不遣之章也。俶自是感惧,江南平,遂乞纳土。南汉刘鋹在其国,好置酖以毒臣下,既归朝,从幸讲武池,帝酌卮酒赐鋹,鋹疑有毒,捧杯泣曰:"臣罪在不赦,陛下既待臣以不死,愿为大梁布衣,观太平之盛,未敢饮此酒。"帝笑而谓之曰:"朕推赤心于人腹中,宁肯尔耶?"即取鋹酒自饮,别酌以赐鋹。

王彦升擅杀韩通,虽预佐命,终身不与节钺。王全斌入蜀,贪恣杀降,虽有大功,即加贬绌。

宫中苇帘,缘用青布;常服之衣,浣濯至再。魏国长公主襦饰翠羽,戒勿复用,又教之曰:"汝生长富贵,当念惜福。"见孟昶宝装溺器,春而碎之,曰:"汝以七宝饰此,当以何器贮食?所为如是,不亡何待!"

晚好读书,尝读《二典》,叹曰:"尧、舜之罪四凶,止从投窜,何近代法纲之密乎!"谓宰相曰:"五代诸侯跋扈,有枉法杀人者,朝廷置而不问。人命至重,姑息藩镇,当若是耶?自今诸州决大辟,录案闻奏,付刑部覆视之。"遂著为令。

乾德改元,先谕宰相曰:"年号须择前代所未有者。"三年,蜀平,蜀宫人入内,帝见其镜背有志"乾德四年铸"者,召窦仪等诘之。仪对曰:"此必蜀物,蜀主尝有此号。"乃大喜曰:"作相须读书人。"由是大重儒者。

受命杜太后,传位太宗。太宗尝病亟,帝往视之,亲为灼艾,太宗觉痛,帝亦取艾自灸。每对近臣言:太宗龙行虎步,生时有异,他日必为太平天子,福德吾所不及云。

赞曰:昔者尧、舜以禅代,汤、武以征伐,皆南面而有天下。四圣人者往,世道升降,否泰推移。当斯民涂炭之秋,皇天眷求民主,亦惟责其济斯世而已。使其必得四圣人之才,而后以行其事畀之,则生民平治之期，殆无日也。

　　五季乱极，宋太祖起介胄之中，践九五之位，原其得国，视晋、汉、周亦岂甚相绝哉？及其发号施令，名藩大将，俯首听命，四方列国，次第削平，此非人力所易致也。建隆以来，释藩镇兵权，绳赃吏重法，以塞浊乱之源；州郡司牧，下至令录、幕职，躬自引对；务农兴学，慎罚薄敛，与世休息，迄于丕平；治定功成，制礼作乐。在位十有七年之间，而三百余载之基，传之子孙，世有典则。遂使三代而降，考论声明文物之治，道德仁义之风，宋于汉、唐，盖无让焉。呜呼，创业垂统之君，规模若是，亦可谓远也已矣！

宋史卷四
本纪第四

太宗一

　　太宗神功圣德文武皇帝讳炅,初名匡义,改赐光义,即位之二年,改今讳,宣祖第三子也,母曰昭宪皇后杜氏。初,后梦神人捧日以授,已而有娠,遂生帝于浚仪官舍。是夜,赤光上腾如火,闾巷闻有异香,时晋天福四年十月七日甲辰也。

　　帝幼不群,与他儿戏,皆畏服。及长,隆准龙颜,望之知为大人,俨如也。性嗜学,宣祖总兵淮南,破州县,财物悉不取,第求古书遗帝,恒饬厉之,帝由是工文业,多艺能。

　　仕周至供奉官都知。太祖即位,以帝为殿前都虞候,领睦州防御使。亲征泽、潞,帝以大内点检留镇,寻领泰宁军节度使。征李重进,为大内都部署,加同平章事,行开封尹,再加兼中书令。征太原,改东都留守,别赐门戟,封晋王,序班宰相上。

　　开宝九年冬十月癸丑,太祖崩,帝遂即皇帝位。乙卯,大赦,常赦所不原者咸除之。丙辰,群臣表请听政,不许;丁巳,宰相薛居正等固请,乃许,即日移御长春殿。庚申,以弟廷美为开封尹兼中书令,封齐王;先帝子德昭为永兴军节度使兼侍中,封武功郡王;德芳为山南西道节度使、兴元尹、同平章事。薛居正加左仆射,沈伦加右仆射,卢多逊为中书侍郎,曹彬仍枢密使,并同平章事。楚昭辅为枢密使,潘美为宣徽南院使,内外官进秩有差。诏茶、盐、榷酤用开宝八年额。

十一月癸亥朔,帝不视朝。甲子,追册故尹氏为淑德皇后,越国夫人符氏为懿德皇后。戊辰,罢州县奉户。庚午,诏诸道转运使察州县官吏能否,第为三等,岁终以闻。命诸州大索知天文术数人送阙下,匿者论死。乙亥,命权知高丽国事王伷为高丽国王。癸未,幸相国寺。己丑,遣著作郎冯正、佐郎张玘使契丹告哀。诏文武官由谴累不齿者,有司毋得更论前过。

十二月己亥,置直舍人院。甲寅,御乾元殿受朝,乐县而不作。大赦,改是岁为太平兴国元年。命太祖子及齐王廷美子并称皇子,女并称皇女。丁巳,置三司副使。戊午,契丹遣使来赙。己未,幸讲武池,遂幸玉津园。庚申,节度使赵普、向拱、张永德、高怀德、冯继业、张美、刘廷让来朝。

二年春正月壬戌,以大行殡,不视朝。丙寅,禁居官出使者行商贾事。戊辰,亲试礼部举人。甲戌,上大行皇帝谥曰英武圣文神德,庙号太祖。丙子,幸相国寺,还御东华门观灯。庚辰,阅礼部贡士十举至十五举者百二十人,并赐出身。戊子,命邕州广源州酋长坦坦绰侬民富为检校司空、御史大夫、上柱国。辛卯,幸讲武池。置江南榷茶场。

二月甲午,契丹遣使来贺即位及正旦。吴越国遣使来贡。罢南唐铁钱。庚子,帝改名炅。壬寅,大宴崇德殿,不作乐。乙巳,幸新凿池,遂幸讲武池,宴射玉津园。丁未,占城国遣使来贡。己酉,令江南诸州盐先通商处悉禁之。戊午,幸太平兴国寺,遂幸造船务,还幸建隆观。

三月壬戌朔,始立试衔官选限。己卯,以河阳节度使赵普为太子少保。己丑,幸开宝寺。置威胜军。禁江南诸州铜。许契丹互市。

夏四月辛卯,大食国遣使来贡。丁酉,契丹遣使来会葬。乙卯,葬太祖于永昌陵。

五月壬戌,河南法曹参军高丕、伊阙县主簿翟嶙、郑州荥泽令申廷温坐不勤事并免。癸亥,向拱、张永德、张美、刘廷让皆罢节镇,为诸卫上将军。乙丑,幸新水硙,遂幸玉津园宴射。丙寅,诏继母杀子及妇者同杀人论。庚午,宴崇德殿,不作乐。遣辛仲甫使契丹。甲戌,以十月七日为乾明节。己卯,祔太祖神主于庙,以孝明皇后王氏配;又以懿德皇后符氏、淑德皇后尹氏祔别庙。庚辰,诏作北帝宫于终南山。癸未,幸新水硙,遂宴射玉津园。

六月辛卯朔,白龙见邠州要策池中。乙卯,幸开宝寺,遂幸飞龙院,赐从官马。是月,磁州保安等县墨虫生,食桑叶殆尽。颍州大水。

秋七月庚午,诏诸库藏敢变权衡以取羡余者死。癸未,钜鹿、沙河步屈食桑麦,河决荥泽、顿丘、白马、温县。

闰月己亥,幸白鹊桥,临金水河。己酉,河溢开封等八县,害稼。甲寅,诏发潭州兵击梅山洞贼。丁巳,有司上闰年舆地版籍之图。令支郡得专奏事。

八月癸亥,黎州两林蛮来贡。乙丑,平海军节度使陈洪进来朝。癸酉,以观灯遂幸相国寺。戊寅,诏作崇圣殿。是月,陕、澶、道、忠、寿诸州大水,钜鹿步蝻生,景城县雹。

九月乙未,幸弓箭院,遂幸新修三馆。壬寅,幸新水硙,遂幸西御园宴射。丁未,渤尼国遣使来贡,山后两林蛮来献马。辛亥,幸讲武台大阅。容州初贡珠。乙卯,镇海、镇东军节度使钱惟浚来朝。丙辰,狩近郊。丁巳,吴越王遣使乞呼名,不允。是月,兴州江水溢,濮州大水,汴水溢。

冬十月戊午朔,赐百官及在外将校、长吏冬服。辛酉,契丹来贺乾明节。己巳,幸京城西北,观卫士与契丹使骑射,遂宴苑中。己巳,群臣请举乐,表三上,从之。丙子,诏禁天文卜相等书,私习者斩。辛巳,畋近郊。初榷酒酤。

十一月丁亥朔,日有食之,既。庚寅,日南至,帝始受朝。甲午,遣李溥等贺契丹正旦。丁酉,禁江南诸州新小钱,私铸者弃市。癸丑,幸御龙弓箭直营,赐军士钱帛有差。

十二月丁巳朔,试诸州所送天文术士,隶司天台,无取者黥配海岛。庚午,畋近郊。癸酉,诏定晋州矾法,私煮及私贩易者罪有差。

辛巳，幸新水磑。高丽国王使其子元辅来贺即位。

三年春正月丙戌朔，不受朝，群臣诣阁贺。庚寅，殿直霍琼坐募兵劫民财，腰斩。甲午，浚汾河。雅州西山野川路蛮来朝。戊戌，开襄、汉漕渠，渠成而水不上，卒废。己亥，光禄丞李之才坐擅入酒邀同列饮殿中，除名。庚子，罢陈州蔡河舟算。辛丑，浚广济、惠民及蔡三河。治黄河堤。乙巳，浚汴口。己酉，命修太祖实录。辛亥，命群臣祷雨。癸丑，京畿雨足。

二月丙辰，幸郑国公主第。以三馆新修书院为崇文院。丁巳，诏班诸州录事、县令、簿尉历子合书式。甲子，罢昌州七井虚额盐。丙寅，泗州录事参军徐璧坐监仓受贿出虚券，弃市。辛未，幸西绫锦院，命近臣观织室机杼，还幸崇文院观书。诏凿金明池。甲申，禁沿边诸郡阑出铜钱。制西京新修殿名。

三月乙酉朔，贝州清河民田祚十世同居，诏旌其门闾，复其家。辛丑，监海门戍、殿直武裕坐奸赃弃市。壬寅，秦州言，戎酋王泥猪寇八狼戍，巡检刘崇让击败之，枭其首以徇。己酉，吴越国王钱俶来朝。壬子，幸开宝寺。是月，寿州甘露降。

夏四月乙卯朔，命群臣祷雨。召华山道士丁少微。丙辰，禁民白春及秋毋捕猎。庚午，幸建隆观，遂幸西染院，又幸造船务。乙亥，置诸道转运判官。己卯，陈洪进献漳、泉二州，凡得县十四、户十五万一千九百七十八、兵万八千七百二十七。庚辰，幸城南观麦，遂幸玉津园宴射。辛巳，侍御史赵承嗣坐监市征隐官钱，弃市。癸未，以陈洪进为武宁军节度使、同平章事。钱俶乞罢所封吴越国王，及解天下兵马大元帅，并寝书诏不名之命，归其兵甲，求还，不许。是月，河决获嘉县。

五月乙酉，赦漳、泉，仍给复一年。钱俶献其两浙诸州，凡得州十三、军一、县八十六、户五十五万六百八十、兵一十一万五千三十六。丁亥，封钱俶为淮海国王，其子惟浚徙淮南军节度使，惟治徙镇国军节度使。戊子，赦两浙，给复如漳、泉。癸巳，遣李从吉等使契

丹。乙未,占城国遣使献方物。壬寅,定难军节度使李克睿卒,子继
筠立。乙巳,以继筠袭定难军节度使。幸殿前都指挥使杨信第视疾。
戊申,以秦州节度判官李若愚子飞雄矫制乘驿至清水县,缚都巡检
周承瑶及刘文裕、马知节等七人,将劫守卒据城为叛,文裕觉其诈,
擒缚飞雄按之,尽得其状,诏诛飞雄及其父母妻子同产,而哀若愚
宗奠无主;申戒中外臣庶,自今子弟有素怀凶险、屡戒不悛者,尊长
闻诸州县,锢送阙下,配隶远处,隐不以闻,坐及期功以上。

六月戊午,复给乘驿银牌。壬午,秦州清水监军田仁朗击破西
羌,斩获甚众。癸未,诏:太平兴国元年十月乙卯以来诸职官以赃致
罪者,虽会赦不得叙,永为定制。是月,泗州大水,汴水决宁陵县。

秋七月乙酉,大雨震电,西窑务药聚焚。壬辰,右千牛卫上将军
李煜卒,追封吴王。戊戌,金乡县民李光袭十世同居,诏旌其门。庚
戌,改明德门为丹凤门。壬子,中书令史李知古坐受贿擅改刑部所
定法,杖杀之。

八月癸丑,幸南造船务,遂幸玉津园宴射。滑州黄河清。丙辰,
诏两浙发淮海王缌麻以上亲及管内官吏赴阙。辛未,夷州蛮任朗政
来贡。癸酉,詹事丞徐选坐赃,杖杀之。甲戌,群臣请上尊号曰应运
统天圣明文武皇帝,许之。

九月甲申,亲试礼部举人。壬子,以布衣张遁为襄邑县主簿,张
文旦濮阳县主簿。

冬十月癸丑朔,契丹遣使来贺乾明节。高丽国王遣使来贡。庚
申,幸武功郡王德昭邸,遂幸齐王邸,赐齐王银万两、绢万匹,德昭、
德芳有差。辛酉,复兖州曲阜县袭封文宣公家。庚午,畋近郊。是
月,河决灵河县。

十一月丙申,祀天地于圜丘,大赦。御乾元殿受尊号。庚子,幸
齐王邸。丙午,以郊祀中外文武加恩。

十二月乙丑,幸讲武台观机石连弩。庚午,畋近郊。戊寅,契丹
遣使来贺正旦。己卯,置三司推官、巡官。

四年春正月丁亥,命太子中允张洎、著作佐郎句中正使高丽,告以北伐。遣官分督诸州军储输太原行营。庚寅,以宣徽南院使潘美为北路都招讨制置使,分命节度使河阳崔彦进、彭德李汉琼、彰信刘遇、桂州观察使曹翰,副以卫府将直,四面进讨。侍卫马军都虞候米信、步军都虞候田重进并为行营指挥使,将其军以从,西上阁门使郭守文、顺州团练使梁迥监护之。辛卯,命云州观察使郭进为太原石岭关都部署,以断燕蓟援师。癸巳,置签署枢密院事,以石熙载为之。乙未,宴潘美等于长春殿,赐以袭衣、金带、鞍马。癸卯,新浑仪成。

二月壬子,幸国子监,遂幸玉津园宴射。甲寅,以齐王廷美予德恭为贵州防御使。丙辰,以中书侍郎、尚书右仆射、同平章事沈伦为东京留守兼判开封府事,宣徽北院使王仁赡为大内都部署,枢密承旨陈从信副之。癸亥,赐扈从近臣鞍马、衣服、金玉带有差。甲子,帝发京师。戊寅,次澶州,观鱼于河。

三月庚辰朔,次镇州。丁亥,郭进破北汉西龙门砦,擒获甚众。乙未,郭进大破契丹于关南。庚子,左飞龙使史业破北汉鹰扬军,俘百人来献。乙巳,夏州李继筠乞帅所部助讨北汉。诏泉州发兵护送陈洪进亲属赴阙。

夏四月己酉朔,岚州行营与北汉军战,破之。庚戌,盂县降。以石熙载为枢密副使。辛酉,以孟玄哲、刘廷翰为兵马都钤辖,崔翰总马步军,并驻泊镇州。壬戌,帝发镇州。折御卿克苛岚军,获其军使折令图。乙丑,克隆州,获其招讨使李询等六人。己巳,折御卿克岚州,杀其宪州刺史郭翊,获夔州节度使马延忠。庚午,次太原,驻跸汾东行营。辛未,幸太原城,诏谕北汉主刘继元使降。壬申夜,帝幸城西,督诸将发机石攻城。甲戌,幸诸砦。乙亥,幸连城,视攻城诸洞。

五月己卯朔,攻城西南,遂陷羊马城,获其宣徽使范超,斩纛下。辛巳,攻城西北。壬午,其骑帅郭万超来降,遂移幸城南,手诏赐继元。癸未,进攻,将士尽奋,若将屠之。是夜,继元遣使纳款。甲申，继元降，北汉平，凡得州十、县四十、户三万五千二百二十。命祠部郎中刘保勋知太原府。乙酉，赦河东常赦所不原者，命录死事将校子孙，瘗战士。戊子，以榆次县为新并州。优赏归顺将校，尽括僧道隶西京寺观，官吏及高赀户授田河南。北汉节度使蔚进卢逐以汾州降。己丑，以继元为右卫上将军、彭城郡公。帝作平晋诗，令从臣和。辛卯，继元献官妓百余，以赐将校。乙未，筑新城。送刘继元缌麻以上亲赴阙。丙申，幸城北，御沙河门楼。尽徙余民于新城，遣使督之，既出，即命纵火。丁酉，以行宫为平晋寺，帝作平晋记刻寺中。废隆州，隳其城。庚子，发太原。丁未，次镇州。

六月甲寅，以将伐幽蓟，遣发京东、河北诸州军储赴北面行营。庚申，帝复自将伐契丹。丙寅，次金台顿，募民为乡导者百人。丁卯，次东易州，刺史刘宇以城降，留兵千人守之。戊辰，次涿州，判官刘厚德以城降。己巳，次盐沟顿，民得近界马来献，赐以束帛。庚午，次幽州城南，驻跸宝光寺。契丹军城北，帝率众击走之。壬申，命节度使定国宋偓、河阳崔彦进、彰信刘遇、定武孟玄喆四面分兵攻城。以潘美知幽州行府事。契丹铁林厢主李札卢存以所部来降。癸酉，移幸城北，督诸将进兵，获马三百。幽州神武厅直并乡兵四百人来降。乙亥，范阳民以牛酒犒师。丁丑，帝乘辇督攻城。

秋七月庚辰，契丹建雄军节度使、知顺州刘廷素来降。壬午，知蓟州刘守恩来降。癸未，帝督诸军及契丹大战于高梁河，败绩。甲申，班师。庚寅，命孟玄喆屯定州，崔彦进屯关南。乙巳，帝至自范阳。

八月壬子，西京留守石守信坐从征失律，贬崇信军节度使。甲寅，彰信军节度使刘遇贬宿州观察使。癸亥，命潘美屯河东三交口。甲戌，汴水决宋城县。武功郡王德昭自杀。诏作太清楼。是月，秦州大水。

九月己卯，河决汲县。丁亥，置皇子侍读。己亥，幸新城，观铁林军人射强弩。庚子，华山道士丁少微诣阙献金丹及巨胜、南芝、玄芝。癸卯，山后两林蛮以名马来献。丙午，镇州都钤辖刘廷翰及契丹战于遂城西,大败之,斩首万三百级,获三将、马万匹。

冬十月乙亥,以平北汉功,齐王廷美进封秦王,薛居正加司空,沈伦加左仆射,卢多逊兼兵部尚书,曹彬兼侍中,白进超、崔翰、刘廷翰、田重进、米信并领诸军节度使,楚昭辅、崔彦进、李汉琼并加检校太尉,潘美加检校太师,王仁赡加检校太傅,石熙载加刑部侍郎,文武从臣进秩有差。

十一月庚辰,放道士丁少微归华山。己丑,畋近郊。辛卯,忻州言与契丹战,破之。关南言破契丹,斩首万余级。

十二月丁未,占城国遣使来贡。丁卯,畋近郊。置诸州司理判官。

五年春正月庚辰,诏宣慰河东诸州。壬午,新作天驷左右监,以左右飞龙使为左右天厩使,闲厩使为崇仪使。庚寅,改端明殿学士为文明殿学士。

二月戊辰,斩徐州妖贼李绪等七人。废顺化军。

三月戊子,会亲王、宰相、淮海国王及从臣蹴鞠大明殿。己丑,左监门卫上将军刘铢卒,追封南越王。癸巳,代州言,宣徽南院使潘美败契丹之师于雁门,杀其驸马侍中萧咄李,获都指挥使李重海。

闰三月丙午,幸水碾,因观鱼。甲寅,亲试礼部举人。丁巳,亲试诸科举人。庚午,幸讲武池观习楼船。辛未,甘、沙州回鹘遣使以橐驼名马来献。

夏四月癸未,亲试应百篇举赵昌国,赐及第。壅汾河晋祠水灌太原,隳其故城。日月,寿州风雹,冠氏县雨雹。

五月癸卯朔,大霖雨。辛酉,命宰相祈晴。

六月壬午,高丽国王遣使来贡。是月,颖州大水,徐州白沟溢入城。

秋七月丁未,讨交州黎桓,命兰州团练使孙全兴、八作使张浚、左监门卫将军崔亮、宁州刺史刘澄、军器库副使贾湜、阁门祗候王僎并为部署。全兴、浚、亮由邕州,澄、湜、僎由廉州,各以其众致讨。

庚申,北海好蚄生。

八月甲申,西南蕃主龙琼琚使其子罗若从并诸州蛮来贡。

九月癸卯,黎醒遣使为丁璇上表求袭位。甲辰,史馆上《太祖实录》。壬戌,敗近郊。

冬十月戊寅,大发兵屯关南及镇、定州。

己丑,发京师至雄州民治道。甲午,命侍卫马军都指挥使米信护定州屯兵。

十一庚子朔,安南静海军节度行军司马、权知州事丁璇上表求袭位,不报。丙午,以秦王廷美为东京留守,王仁赡为大内都部署,陈从信副之。己酉,帝伐契丹。壬子,发京师。癸丑,次长垣县。关南与契丹战,大破之。以河阳三城节度使崔彦进为关南都部署。戊午,驻跸大名府。诸军及契丹大战于莫州,败绩。

十二月甲戌,大阅。遂宴幄殿。卫士有盗获獐者当坐,诏特释之。戊寅,以保静军节度使刘遇、威塞军节度使曹翰为幽州东、西路部署。庚辰,发大名府,因校猎。乙酉,帝至自大名府。交州行营与贼战,大破之。

六年春正月癸卯,置平塞、静戎二军。辛亥,易州破契丹数千众。丙寅,改静戎军为安静军。

二月己卯,命宰臣祷雨。

三月己酉,兴元尹德芳薨,追封岐王。癸丑,诏命诸路转运使察官吏贤否以闻。丙辰,置破虏、平戎二军。丁巳,高昌国遣使来贡。壬戌,交州行营破贼于白藤江口,获战舰二百艘,知邕州侯仁贵死之。会炎瘴,军士多死者,转运使许仲宣驿闻,诏班师。诏斩刘澄、贾湜于军中,征孙全兴下狱。令诸州长吏五日一虑囚。

夏四月辛未,幸太平兴国寺祷雨。丙戌,高丽国遣使来贡。禁西川诸州白衣巫师。罢湖州织罗,放女工。

五月己未,雨。降死罪囚,流以下释之。平塞军与契丹战,破之。

六月甲戌,司空、平章事薛居正薨。

七月丙午，诏渤海琰府王助讨契丹。是月，延州、鄜、宁、河中大水，宋州蝗。

九月乙未朔，日有食之。甲辰，左拾遗田锡上疏极谏，诏嘉奖之。丙午，置京朝官差遣院，初令中书舍人郭贽等考校课绩。辛亥，以赵普为司徒，石熙载为枢密使。壬子，诏求直言。丙辰，易州言破契丹。斩绵州妖贼王禧等十人。

冬十月癸酉，群臣三奉表上尊号曰应运统天睿文英武大圣至明广孝皇帝，许之。甲申，以河阳三城节度使崔彦进为关南都部署，侍卫马军都指挥使米信为定州都部署。丙戌，校历代医书。甲午，诏作苏州太一宫成。

十一月丁酉，监察御史张白坐知蔡州日假官钱籴粜，弃市。甲辰，改武德司为皇城司。女真遣使来贡。辛亥，祀天地于圜丘，大赦。御乾元殿受尊号，内外文武加恩。壬子，令诸州监临官有所闻见传闻须面陈者，俟报。丁巳，交州行营部署孙全兴弃市。辛酉，以枢密使楚昭辅为左骁卫上将军。

十二月癸酉，购求医书。己卯，畋近郊。己丑，诸道节度州置观察支使，奉料同掌书记，仍不得并置。辛卯，禁民私市近界部落马。

七年春正月甲午朔，不受朝，群臣诣阁称贺。壬戌，定舆服等差及婚取丧葬仪制。

二月甲申，改关南为高阳关，徙并州治唐明镇。乙酉，特贷卢州管内逋米万七千二百四十石。

三月癸巳朔，日有食之。乙未，以秦王廷美为西京留守。乙巳，以旱分遣中黄门遍祷方岳。交州以王师致讨遣使来谢。壬子，赐秦王袭衣、通犀带、钱十万。是月，舒州上玄石，有白文曰“丙子年出赵号二十一帝”。宣州雪霜杀桑害稼。北阳县蝗，飞鸟数万食之尽。

夏四月甲子，以枢密直学士窦偁、中书舍人郭贽并参知政事，如京使柴禹锡为宣徽北院使兼枢密副使。戊辰，中书侍郎兼兵部尚书、平章事卢多逊罢为兵部尚书。丁丑，西京留守、秦王廷美罢归第,复其子德恭、德隆名皇侄,女韩氏妇落皇女、云阳公主之号。卢多逊褫职流崖州,并徙其家,期周以上亲悉配远裔。庚辰,左仆射、平章事沈伦罢为工部尚书。禁河南诸州私铸铅锡恶钱及轻小钱。是月,润州大水。

五月辛丑,崔彦进败契丹于唐兴。戊申,虑囚。己酉,夏州留后李继捧献其银、夏、绥、宥四州。辛亥,三交行营言,潘美败契丹之师于雁门,破其垒三十六。丙辰,秦王廷美降封涪陵县公,房州安置。以崇化副使阎彦进知房州,监察御史袁廓通判军州事,各赐白金三百两。己未,府州破契丹于新泽砦,获其将校以下百人。是月,陕州蝗,芜湖县雨雹。

六月乙亥,遣使发李继捧缌麻已上亲赴阙,其弟继迁奔地斤泽。丙子,置译经院。是月,河决临济县,汉阳军大水。

秋七月甲午,以子德崇为检校太傅、同平章事,封卫王;德明为检校太保、同平章事,封广平郡王。乙卯,工部尚书沈伦以左仆射致仕。是月,河决范济口,淮水、汉水、易水皆溢,阳谷县蝗,关、陕诸州大水。

八月庚申朔,太子太师王溥薨。己卯,诏川峡诸州官织锦绮、鹿胎、透背、六铢、欹正、龟壳等悉罢之,民间勿禁。

九月己丑朔,西京诸道系籍沙弥,令祠部给牒。甲寅,贵妃孙氏薨。邠州蝗。

冬十月癸亥,诏:河南吏民不得阑出边关侵挠略夺,违者论罪;有得羊马生口者还之。戊辰,幸金明池,御龙舟观习水战。河决武德县,蠲临河民租。己卯,左谏议大夫、参知政事窦偁卒。癸卯,乾元历成。是月,岳州田鼠食稼。

十一月己酉,以李继捧为彰德军节度使。禁民丧葬作乐。

十二月戊午朔,日有食之。庚午,蠲两浙诸州太平兴国六年以前逋租。戊寅,高丽国王伷卒,其弟治遣使求袭位,诏立治为高丽国王。

闰月戊子朔,丰州与契丹战,破之,获其天德军节度使萧太。占城国献驯象。丙申,狩近郊。辛亥,诏赦银、夏等州常赦所不原者。诸州置农师。

八年春正月己卯,以东上阁门使王显为宣徽南院使,酒坊使弭德超为北院使,并兼枢密副使。癸未,诏令州县长吏延问高年耆德。

二月戊子朔,日有食之。丁酉,禁内属部落私市女口。

三月庚申,以右谏议大夫宋琪为参知政事。丰州破契丹兵,降三千余帐。癸亥,分三司,各置使。癸酉,幸金明池,观习水战。丙子,亲试礼部举人。甲申,除福建诸州盐禁。

夏四月壬寅,班外官戒谕辞。壬子,流枢密副使弭德超于琼州,并徙其家。乙卯,幸枢密使石熙载第视疾。

五月丁卯,诏作太一宫于都城南。黎桓自称三使留后,遣使来贡,并上丁璇让表。诏谕桓送璇母子赴阙,不听。丁亥,流威塞军节度使曹翰于登州。乙亥,诏长吏诱致关、陇流亡。是月,河决滑州,过澶、濮、曹、济,东南入于淮。相州风雹。

六月己亥,以王显为枢密使,柴禹锡为宣徽南院使兼枢密副使。乙酉,兖州泰山父老及瑕丘等七县民诣阙请封禅。是月,谷、洛、缠、涧溢,坏官民舍万余区,溺死者以万计,巩县坏殆尽。

秋七月辛未,参知政事郭贽罢为秘书少监。庚辰,加宋琪刑部尚书,以工部尚书李昉参知政事。是月,河、江、汉、滹沱及祁之资、沧之胡卢、雄之易恶池水,皆溢为患。

八月壬辰,以大水故,释死罪以下。丁酉,山后两林蛮来贡。溪、锦、叙、富四州蛮来附。庚戌,以枢密使石熙载为右仆射。辛亥,增谥法。诏:军国政要令参知政事李昉及枢密院副使一人录送史馆。

九月癸丑朔,占城国献驯象。初置水陆路发运于京师。是月,睢溢,浸田六十里。

冬十月戊戌,改卫王德崇名元佐,广平郡王德明名元祐,德昌名元休,德严名元隽,德和名元杰。己酉,进元佐为楚王、元佑陈王、封元休韩王、元隽冀王、元杰益王,并检校太保、同平章事。司徒、兼侍中赵普罢为武胜军节度使。

十一月壬子朔，以参知政事宋琪、李昉并平章事。癸丑，除川峡民祖父母父母在别籍异财弃市律。己未，太一宫成。壬申，以翰林学士李穆、吕蒙正、李至并参知政事，枢密直学士张齐贤、王沔并同签署枢密院事。庚辰，置侍读官。

十二月壬午朔，诏绥、银、夏等州官吏招诱没界外民归业，仍给复三年。丁亥，赐河北、河东缘边戍卒襦，京城诸军米。淮海国王钱俶三上表乞解兵马大元帅、国王、尚书中书令、太师等官。罢元帅名，余不许。西人寇宥州，巡检使李询击走之。是月，醴泉县水中草变为稻，滑州河决。

雍熙元年春正月壬子朔，不受朝，群臣诣阁拜表称贺。戊午，右仆射石熙载薨。壬戌，购逸书。丁卯，涪陵县公廷美薨，追封涪陵王。壬申，蠲诸州民去年官所贷粟。癸酉，左谏议大夫、参知政事李穆卒。

三月丁巳，滑州河决既塞，帝作平河歌赐近臣，蠲水所及州县今年租。癸未，以涪陵王子德恭、德隆为刺史，婿韩崇业为静难军司马。是月，甘露降太一宫庭。

夏四月乙酉，泰山父老诣阙请封禅。戊子，群臣表请凡三上，许之。甲午，幸金明池，观习水战，因幸讲武台观射，赐武士帛。

五月庚戌朔，除江南盐禁。辛亥，幸城南观麦，赐刈者钱帛。罢诸州农师。壬子，西州回鹘与波斯外道来贡。丁丑，乾元、文明二殿灾。己卯，以京官充堂后官。

六月丁亥，诏求直言。己丑，遣使按察两浙、淮南、西川、广南狱讼。镇安军节度使、守中书令石守信薨。庚子，令诸州长吏十日一虑囚。壬寅，诏罢封泰山。甲辰，禁边臣境外种莳。

秋七月壬子，改乾元殿为朝元殿，文明殿为文德殿，丹凤门为乾元门；改匦院为登闻鼓院，东延恩匦为崇仁检院，南招谏匦为思谏检院，西申冤匦为申明检院，北通玄匦为招贤检院。

八月丁酉,亲祠太一宫。壬寅,河水溢。是月,淄州大水。

九月壬戌,群臣表三上尊号曰应运统天睿文英武大圣至仁明德广孝皇帝,不许;宰相叩头固请,终不许。丙寅,幸并河新仓。

冬十月甲申,赐华山隐士陈抟号希夷先生。夏州言,掩击李继迁,获其母妻,俘千四百余帐,继迁走。壬辰,禁布帛不中度者。癸巳,岚州献牝兽一角。并瑞物六十三种图付史馆。戊戌,忠州录事参军卜元干坐受赇枉法,杖杀之。

十一月壬子,高丽国王遣使来贡。丁巳,祀天地于圜丘,大赦,改元,中外文武官进秩有差。癸酉,以浦城童子杨亿为秘书省正字。

十二月庚辰,淮海国王钱俶徙封汉南国王。癸未,赐京畿高年帛。丁亥,罢岭南采珠场。壬辰,立德妃李氏为皇后。丙申,御乾元门,赐京师大酺三日。戊戌,大雨雪。

宋史卷五
本纪第五

太宗二

二年春正月丙辰,以德恭为左武卫大将军判济州,封定安侯;德隆为右武卫大将军判沂州,封长宁侯。右补阙刘蒙叟通判济州,起居舍人韩俭通判沂州。乙丑,赐德恭、德隆常奉外支钱三百万。

二月戊寅,权交州留后黎桓遣使来贡。乙未,夏州李继迁诱杀汝州团练使曹光实。己亥,占城遣使来贡。

三月己未,亲试礼部举人。江南民饥,许渡江自占。

夏四月乙亥朔,遣使行南诸州,振饥民及察官吏能否。戊寅,遣忠武军节度使潘美复屯三交口。己卯,诏以帝所生官舍作启圣院。己丑,殿前承旨王著坐监资州兵为奸赃,弃市。庚子,甘露降后苑。辛丑,夏州行营破西蕃息利族,斩其代州刺史折罗遇并弟埋乞,又破保、洗两族,降五十余族。

五月甲于,幸城南观麦,赐田夫布帛。天长军蝗生。

六月甲戌朔,河西行营言,获岌罗赋等十四族,焚千余帐。戊子,复禁盐、榷酤。

秋七月庚申,诏诸道转运使及长吏,宜乘丰储廪以防水旱。

八月癸酉朔,遣使按问两浙、荆湖、福建、江南东西路、淮南诸州刑狱,仍察官吏勤惰以闻。癸巳,西南奉化王子以慈来贡。是月,瀛、莫二州大水。

九月丙午,以岁无兵凶,除十恶、官吏、犯赃、谋故劫杀外,死罪减降,流以下释之,及蠲江、浙诸州民逋租。庚戌,重九,赐近臣饮于李昉第,召诸王、节度使宴射苑中。是夕,楚王宫火。辛亥,废楚王元佐为庶人,均州安置。丁巳,群臣请留元佐养疾京师,许之。己未,西南蕃王遣使来贡。己巳,禁海贾。

闰月癸未,太白入南斗。甲申,幸天驷监,赐从臣马。乙未,禁邕管杀人祭鬼及僧人置妻孥。己亥,均州献一角兽。

冬十月辛丑朔,虑囚。丙午,以天竺僧天息灾、施护、法天并为朝请大夫、试鸿胪少卿。己酉,汴河主粮胥吏坐夺漕军口粮,断腕徇于河畔三日,斩之。甲寅,黎邛部蛮王子来贡。

十一月壬午,狩于近郊,以所获献太庙,著为令。戊子,祷雪。辛卯,诏在官丁父母忧者并放离任。

十二月庚子朔,日有食之。癸卯,南康军言,雪降三尺,大江冰合,可胜重载。丁未,遣中使赐缘边戍卒襦袴。丙辰,门下侍郎兼刑部尚书、平章事宋琪罢守本官。

三年春正月辛未,右武卫大将军、长宁侯德隆薨,以其弟德彝嗣侯,仍知沂州。庚辰,夜漏一刻,北方有赤气如城,至明不散。己丑,知雄州贺令图等请伐契丹,取燕蓟故地。庚寅,北伐,以天平军节度使曹彬为幽州道行营前军马步水陆都部署,河阳三城节度使崔彦进副之;侍卫马军都指挥使、彰化军节度使米信为西北道都部署,沙州观察使杜彦圭副之,以其众出雄州;侍卫步军都指挥使、静难军节度使田重进为定州路都部署,出飞狐。戊戌,参知政事李至罢为礼部侍郎。

二月壬子,以检校太师、忠武军节度使潘美为云、应、朔等州都部署,云州观察使杨业副之,出雁门。

三月癸酉,曹彬与契丹兵战固安南,克其城。丁丑,田重进战飞狐北,又破之。潘美自西陉入,与契丹兵遇,追至寰州,破之,其刺史赵彦辛以城降。辛巳,曹彬克涿州。潘美围朔州,其节度副使赵希赞以城降。癸未,田重进战飞狐北,获其西南面招安使大鹏翼、康州刺史马頵、马军指挥使何万通。乙酉，曹彬败契丹于涿州南，杀其相贺斯。丁亥，潘美师至应州，其节度副使艾正、观察判官宋雄以城降。司门员外郎王延范与秘书丞陆坦、戎城县主簿田辩、术士刘昂，坐谋不轨弃市。庚寅，武宁军节度使、同平章事、岐国公陈洪进卒。辛卯，田重进攻飞狐，其守将吕行德、张继从、刘知进等举城降，以其县为飞狐军。占城国遣使来贡。丙申，进围灵丘，其守将穆超以城降。

夏四月辛丑，潘美克云州。田重进战飞狐北，破其众。壬寅，曹彬、米信战新城东北，又破之。己酉，田重进再战飞狐北，再破之，杀二将。乙卯，重进至蔚州，其牙校李存璋、许彦钦杀大将萧啜理，执其监城使、同州节度使耿绍忠，以城降。

五月庚午，曹彬之师大败于岐沟关，收众夜渡拒马河，退屯易州，知幽州行府事刘保勋死之。丙子，召曹彬、崔彦进、米信归阙，命田重进屯定州，潘美还代州。徙云、应、寰、朔吏民及吐浑部族，分置河东、京西。会契丹十万众复陷寰州，杨业护送迁民遇之，苦战力尽，为所禽，守节而死。

六月戊戌朔，日有食之。甲辰，以御史中丞辛仲甫为参知政事。

秋七月庚午，贬曹彬为右骁卫上将军，崔彦进为右武卫上将军，米信为右屯卫上将军，杜彦圭为均州团练使。应群臣、列校死事及陷敌者，录其子孙。壬午，徙山后降民至河南府、许汝等州。丁亥，以签署枢密院事张齐贤为给事中，知代州。癸巳，阶州福津县有大山飞来，自龙帝峡壅江水逆流，坏民田数百里。甲午，诏改陈王元祐为元僖，韩王元休为元侃，冀王元隽为元份。

八月丁酉朔，以王沔、张宏并为枢密副使。丁未，大雨，遣使祷岳渎，至夕雨止。剑州民饥，遣使振之，因督捕诸州盗贼。辛亥，降潘美为检校太保，赠杨业太尉、大同军节度使。

九月丙寅朔，减两京诸州系囚流以下一等，杖罪释之。赐所徙寰、应、蔚等州民米，升、宣等十四州雍熙二年官所振贷并蠲之。戊寅，赐北征军士阵亡者家三月粮。

冬十月甲辰,以陈王元僖为开封尹。壬子,高丽国王遣使来贡。庚申,诏以权静海军留后黎桓为本军节度。

十一月丙戌,幸建隆观、相国寺祈雪。

十二月乙未朔,大雨雪,宴群臣玉华殿。己亥,定州田重进入契丹界,攻下岐沟关。壬寅,契丹败刘廷让军于君子馆,执先锋将贺令图,高阳关部署杨重进死之。壬子,建房州为保康军,以右卫上将军刘继元为节度使。代州副部署卢汉赟败契丹于土镫堡,斩获甚众,杀监军舍利二人。

是岁,寿州大水,濮州蝗。

四年春正月甲子朔,不受朝,群臣诣阁拜表称贺。己卯,遣使按问西川、岭南、江、浙等路刑狱。丙戌,诏:“应行营将士战败溃散者并释不问,缘边城堡御有劳可纪者所在以闻。瘗暴骸,死事者廪给其家,录死事文武官子孙。蠲河北雍熙三年以前逋租,敌所蹂践者给复三年,军所过二年,余一年。”

二月丙申,以汉南国王钱俶为武胜军节度使,徙封南阳国王。丁酉,缮治河北诸州、军城隍。甲寅,钱俶改封许王。

三月庚辰,诏申严考绩。

夏四月癸巳朔,以御史中丞赵昌言为右谏议大夫、枢密副使。乙未,诏:诸州郡署月五日一涤囹圄,给饮浆,病者令医治,小罪即决之。丁未,幸金明池观水嬉,遂习射琼林苑,登楼,掷金钱缯彩于楼下,纵民取之。并水陆发运为一司。

五月丙寅,遣使市诸道民马。庚辰,改殿前司日骑为捧日,骁猛为拱辰,雄勇为神勇,上铁林为殿前司虎翼,腰弩为神射,侍卫步军司铁林为侍卫司虎翼。丁亥,诏诸州送医术人校业太医署。赐诸将阵图。

六月丁酉,以右骁卫上将军刘廷让为雄州都部署。戊戌,以彰国军节度使、驸马都尉王承衍为贝、冀都部署,郭守文及郓州团练使田钦祚并为北面排阵使。庚子,定国军节度使崔翰复为高阳关兵马都部署。是月,郦州献马,前足如牛。

秋七月丙寅,幸讲武池观鱼。是月,置三班院。

八月庚子,免诸州吏所逋京仓米二十六万七千石。

九月癸亥,校医术人,优者为翰林学生。

冬十月丙午,流雄州都部署刘廷让于商州。壬子,左仆射致仕沈伦薨。

十一月庚辰,诏以实数给百官奉。

十二月壬寅,幸建隆观、相国寺祈雪。庚戌,畋近郊。丁巳,大雨雪。

端拱元年春正月己未朔,不受朝,群臣诣阁拜表称贺。乙亥,亲耕籍田。还御丹凤楼,大赦,改元,除十恶、官吏犯赃至杀人者不赦外,民年七十以上赐爵一级。癸未,幸玉津园习射。乙酉,禁用酷刑。是月,澶州黄河清。

二月乙未,改左右补阙为左右司谏,左右拾遗为左右正言。丙申,禁诸州献珍禽奇兽。己亥,诏瀛州民为敌所侵暴者赐三年租,复其役五年。庚子,以籍田,开封尹、陈王元僖进封许王,元侃襄王,元份越王,钱俶邓王,中书门下平章事李昉为尚书右仆射,参知政事吕蒙正同中书门下平章事,枢密使王显加检校太傅,给事中许国公赵普守太保兼侍中,参知政事辛仲甫加户部侍郎,枢密副使赵昌言加工部侍郎,枢密副使王沔为参知政事,御史中丞张宏为枢密副使,余内外并加恩。甲辰,升建州为建宁军节度。庚戌,以子元偓为左卫上将军、徐国公,元偶为右卫上将军、泾国公。

三月甲戌,贬枢密副使赵昌言为崇信军行军司马。乙亥,郑州团练使侯莫陈利用坐不法,配商州禁锢,寻赐死。癸未,幸玉津园习射。废水陆发运司。

夏四月丁亥,赐京城高年帛。己丑,加高丽国王治、静海军节度使黎桓并检校太尉。

五月辛酉,置秘阁于崇文院。辛未,感德军节度使李继捧赐姓赵氏,名保忠。壬申,以保忠为定难军节度使。

闰五月辛卯,以洺州防御使刘福为高阳关兵马都部署,濮州防御使杨赞为贝州兵马都部署。乙未,赐诸州高年爵公士。丁酉,交州黎桓遣使来贡。壬寅,亲试礼部进士及下第举人。

六月丙辰朔,右领军卫大将军陈廷山谋反伏诛。丁丑,改湖南节度为武安军节度。亲试进士诸科举人。

秋七月丙午,除西川诸州盐禁。辛亥,忠武军节度使潘美知镇州。

八月乙卯,寿星见丙地。甲子,以宣徽南院使郭守文为镇州路都部署。戊寅,太师、邓王钱俶薨,追封秦国王,谥忠懿。庚辰,幸太学,命博士李觉讲《易》,赐帛;遂幸玉津园习射。是月,凤凰集广州清远县廨合欢树,树下生芝三茎。

九月乙酉朔,以侍卫马军都指挥使李继隆为定州都部署。

冬十月壬午,以侍卫步军都指挥使戴兴为澶州都部署。癸未,诏罢游猎,五方所畜鹰犬并放之,诸州毋以为献。

十一月甲申朔,高丽王遣使来贡。己丑,郭守文破契丹于唐河。

十二月辛未,以夏州蕃落使李继迁为银州刺史,充洛苑使。

二年春正月癸未朔,不受朝,群臣诣阁拜表称贺。壬辰,以涪州观察使柴禹锡为澶州兵马部署。癸巳,诏议北伐。

二月壬子朔,令河北东、西路招置营田。癸丑,诏录将校官吏功及死事使臣、官吏子孙,士卒廪给其家三月。平塞、天威、平定、威房、静戎、保塞、宁边等军,祁、易、保、定、镇、邢、赵等州民,除雍熙四年正月丙戌诏给复外,更给复二年;霸、代、洺、雄、莫、深等州,平房、岢岚军,更给复一年。戊午,罢乘传银牌,复给枢密院牒。以太仓粟贷京畿饥民。癸亥,作方田。戊辰,以国子监为国子学。

三月辛卯,命高琼为并代都部署。壬寅,亲试礼部举人。

夏四月丁巳,置富顺监。辛未,幸赵普第视疾。

五月戊戌,以旱虑囚,遣使决诸道狱。是夕,雨。

秋七月甲申，以知代州张齐贤为刑部侍郎、枢密副使，盐铁使张逊为宣徽北院使、签署枢密院事。戊子，有彗出东井，上避正殿，减常膳。辛丑，契丹犯威虏军，崇仪使尹继伦击破之，杀其相皮室，大将于越遁去。

八月丙辰，大赦，是夕彗不见。癸亥，诏作开宝寺舍利塔成。

九月壬午，邛部川、山后百蛮来贡。

冬十月辛未，以定难军节度使赵保忠同平章事。以岁旱、彗星谪见，诏曰："朕以身为牺牲，焚于烈火，亦未足以答谢天谴。当与卿等审刑政之阙失、稼穑之艰难，恤物安人，以祈玄祐。"

十二月辛亥，置三司都磨勘官。丙辰，大雨雪。庚申，诏令四方所上表只称皇帝。群臣请复尊号，不许。辛酉，上法天崇道文武皇帝，诏去"文武"二字，余许之。三佛齐国遣使来贡。

淳化元年春正月戊寅朔，减京畿系囚流罪以下一等。改元，内外文武官并加勋阶爵邑，中书舍人、大将军以上各赐一子官。赐鳏寡孤独钱，除逋负。受尊号，改乾明节为寿宁节。戊子，诏作清心殿。

二月丁未朔，除江南、两浙、淮西、岭南诸州渔禁。己酉，改大明殿为含光殿。

三月丙子朔，乙未，幸西京留守赵普第视疾。

夏四月庚戌，遣中使诣五岳祷雨，虑囚，遣使分决诸道狱。甲寅，诏尚书省四品、两省五品以上举转运使及知州、通判。五溪蛮田汉权来附。戊午，建婺州为保宁军节度。丙寅，命殿前副都指挥使戴兴为镇州都部署。

五月甲午，给致仕官半奉。辛卯，置详覆、推勘官。

六月丙午，罢中元、下元张灯。庚午，太白昼见。

秋七月丁丑，太白复见。是月，吉、洪、江、蕲、河阳、陇城大水。开封、陈留、封丘、酸枣、鄢陵旱，赐今年田租之半，开封特给复一年。京师贵籴，遣使开廪减价分粜。

八月乙巳，毁左藏库金银器皿。己巳，禁川峡、岭南、湖南杀人祀鬼，州县察捕，募告者赏之。庚午，西南蕃主使其子龙汉兴来贡。是月，京兆长安八县旱，赐今年租十之六。蠲舒州、宿松等三处鱼池税。

九月辛巳，荧惑入太微垣。大宴崇政殿。禁川峡民父母在出为赘婿。是月，蠲沧、单、汝三州今年租十之六。

冬十月甲辰，交州黎桓遣使来贡。乙巳，荧惑陵左执法。乙丑，知白州蒋元振、知须城县姚益恭并以清干闻，下诏褒谕，赐粟帛。是月，以乾郑二州、河南寿安等十四县旱，州蠲今年租十之四，县蠲其税。

十一月戊戌，太白昼见。是月，蠲大名府管内今年租十之七。

十二月乙巳，占城遣使来贡。乙卯，高丽国遣使来贡。辛酉，诏中外所上书疏及面奏制可者，并下中书、枢密、三司中覆颁行。

是岁，洪、吉、江、蕲诸州水，河阳大水。曹、单二州有蝗，不为灾。开封、大名管内及许、沧、单、汝、乾、郑等州，寿安、长安、天兴等二十七县旱。深冀二州、文登牟平两县饥。

二年春正月壬申朔，不受朝，群臣诣阁拜表称贺。丙子，遣商州团练使翟守素帅兵援赵保忠于夏州。乙酉，置内殿崇班、左右侍禁，改殿前承旨为三班奉职。丙戌，荧惑犯房。己丑，诏陕西诸州长吏设法招诱流亡，复业者计口贷粟，仍给复二年。

二月癸丑，尽易宫殿彩绘以赭垩。监察御史祖吉坐知晋州日为奸赃，弃市。乙丑，斩夔州乱卒谢荣等百余人于市。

闰月辛未朔，日有食之。戊寅，祷雨。丁亥，诏内外诸军，除木枪、弓弩矢外不得蓄他兵器。己丑，诏：京城蒲博者开封府捕之，犯者斩。命近臣兼差遣院流内铨。是月，河水溢，鄄城县蝗，汴河决。

三月乙卯，幸金明池御龙舟，遂幸琼林苑宴射。己巳，以岁蝗旱祷雨弗应，手诏宰相吕蒙正等："朕将自焚，以答天谴。"翌日而雨，蝗尽死。

夏四月庚午，罢端州贡砚。辛巳，以张齐贤、陈恕并参知政事，张逊兼枢密副使，温仲舒、寇准并为枢密副使。是月，河水溢，虞乡等七县民饥。

五月己亥朔，诏减两京诸州系囚流以下一等，杖罪释之。庚子，置诸路提点刑狱官。丙辰，左正言谢泌以敢言擢右司谏，赐金紫、钱三十万。

六月甲戌，忠武军节度使、同平章事潘美卒。命张永德为并、代都部署。乙酉，以汴水决浚仪县，帝亲督卫士塞之。

庚寅，禁陕西缘边诸州阑出生口。是月，楚丘、鄄城、淄川三县蝗，河水、汴水溢。

秋七月己亥，诏陕西缘边诸州，饥民鬻男女入近界部落者官赎之。李继迁奉表请降，以为银州观察使，赐国姓，改名保吉。是月，乾宁军蝗，许、雄、嘉三州大水。

八月己卯，置审刑院。己丑，雅州言登辽山崩。

九月丁酉朔，户部侍郎、参知政事王沔，给事中、参知政事陈恕，并罢守本官。己亥，中书侍郎兼户部尚书、平章事吕蒙正罢为吏部尚书，以右仆射李昉、参知政事张齐贤并平章事，翰林学士贾黄中、李沆并为给事中、参知政事。帝飞白书“玉堂之署”四字，以赐翰林承旨苏易简。壬寅，邛部川蛮来贡。癸卯，罢枢密使王显为崇信军节度使。甲辰，以张逊知枢密院事，温仲舒、寇准同知院事。

十一月丙申朔，复百官次对。乙巳，罢京城内外力役土功。己酉，幸建隆观、相国寺祈雪。

十二月丙寅朔，行入阁仪。乙亥，赐秦州童子谭孺卿本科出身。癸未，保康军节度使刘继元卒，追封彭城郡王。大雨无冰。

是岁，女真表请伐契丹，诏不许，自是遂属契丹。大名、河中、绛、濮、陕、曹、济、同、淄、单、德、徐、晋、辉、磁、博、汝、兖、虢、汾、郑、亳、庆、许、齐、滨、棣、沂、贝、卫、青、霸等州旱。

三年春正月癸卯，大雨雪。乙巳，诏常参官举可任升朝官者。丙午，诏宰相、侍从举可任转运使者。

二月乙丑朔,日有食之。

三月乙未朔,以赵普为太师,封魏国公。戊戌,亲试礼部举人。辛丑,亲试诸科举人。戊午,以高丽宾贡进士四十人并为秘书省秘书郎,遣还。庚申,帝幸金明池观水戏,纵京城观者,赐高年白金器皿。

夏四月丁丑,诏江南、两浙、荆湖吏民之配岭南者还本郡禁锢。癸未,上作刑政、稼穑诗赐近臣。

五月甲午朔,御文德殿,百官入阁。壬寅,诏御史府所断徒罪以上狱具,令尚书丞郎、两省给舍一人虑问。丁未,户部郎中田锡、通判殿中丞郭渭坐稽留刑狱,并责州团练副使,不签署州事。戊申,诏:太医署良医视京城病者,赐钱五十万具药,中黄门一人按视之。己酉,以旱遣使行诸路决狱。是夕,雨。辛亥,置理检司。甲寅,诏作秘阁。

六月丁丑,大风昼晦,京师疫解。戊寅,虑囚。甲申,飞蝗自东北来,蔽天,经西南而去。是夕,大雨,蝗尽死。庚寅,以殿前都虞候王昭远为并、代兵马都部署。辛卯,置常平仓。

秋七月己酉,太师、魏国公赵普薨,追封真定王。是月,许、汝、兖、单、沧、蔡、齐、贝八州蝗,洛水溢。

八月戊辰,以秘阁成赐近臣宴。壬申,召终南山隐士种放,不至。庚辰,阇婆国遣使来贡。丁丑,释岭南东、西路罚作荷校者。

九月丙申,遣官祈晴京城诸寺观。甲寅,幸天驷监,赐从臣马。乙卯,群臣上尊号曰法天崇道明圣仁孝文武皇帝,凡五表,终不许。

冬十月辛酉朔,折御卿进白花鹰,放之,诏勿复献。戊寅,始置京朝、幕职、州县官考课,并校三班殿最。戊子,高丽、西南蕃皆遣使来贡。

十一月己亥,许王元僖薨。甲申,虑囚,降徒流以下一等,释杖罪。赵保忠贡鹘,号"海东青",还之。己未,禁两浙诸州巫师。置三司主辖收支官。是月,蔡州建安大火。

十二月丁卯,大雨雪。己卯,占城国王阳陀排遣使来贡。是月,雄州言大火。

是岁，润州丹徒县饥，死者三百户。

四年春正月庚寅朔，享太室，群臣诣斋宫拜表称贺。辛卯，祀天地于圜丘，以宣祖、太祖配，大赦。乙未，大雨雪。高丽国遣使来贡。乙巳，藏才西族首领罗妹以良马来献。

二月己未朔，日有食之。壬戌，召赐京城高年帛，百岁者一人加赐涂金带。是日，雨雪大寒，再遣中使赐孤老贫穷人千钱、米炭。置昭宣使。癸亥，废沿江榷货八务。乙丑，加高丽国王王治检校太师、静海军节度使黎桓封交阯郡王。己卯，诏以江、浙、淮、陕饥，遣使巡抚。诏：分遣近臣巡抚诸道，有可惠民者得便宜行事，吏罢软、苛刻者上之，诏令有未便者附传以闻。丙戌，置审官院、考课院。永康军青城县民王小波聚徒为寇，杀眉州彭山县令齐元振。是月，商州大雨雪。

三月壬子，诏权停贡举。

四月己卯，诸司奉行公事不得辄称圣旨。

五月戊申，罢盐铁、户部、度支等使，置三司使。

六月戊午朔，诏中丞已下皆亲临鞫狱。丙寅，吏部侍郎、平章事张齐贤罢为尚书左丞。壬申，宣徽北院使、知枢密院事张逊贬右领军卫将军，右谏议大夫、同知院事寇准罢守本官。以涪州观察使柴禹锡为宣徽北院使、知枢密院事，枢密直学士吕端参知政事，刘昌言同知枢密院事。戊寅，初复给事中封驳。

七月丁酉，大雨。戊戌，复沿江务，置诸路茶监制置使。

八月丙辰朔，日有食之。癸酉，以向敏中、张咏始同知银台、通进司，视章奏案牍以稽出入。

九月丙申，诏：诸杂除禁锢人，州县有阙得次补以责效，能自新勤干者具闻再叙。乙巳，以给事中封驳隶银台、通进司。丙午，命侍从举任才堪五千户以上县令者二人。自七月雨，至是不止。是月，河水溢，坏澶州；江溢，陷涪州。诏：溺死者给敛具，澶人千钱，涪人铁钱三千,仍发廪以振。

冬十月壬戌,罢诸路提点刑狱司。庚午,始分天下州县为十道,两京为左右计,各署判官领之,置三司使二员。辛未,右仆射、平章事李昉,给事中、参知政事贾黄中、李沆,左谏议大夫、知枢密院事温仲舒,并罢守本官。以吏部尚书吕蒙正平章事,翰林学士苏易简为给事中、参知政事;枢密都承旨赵镕为宣徽北院使,枢密直学士向敏中为右谏议大夫,并同知枢密院事。丁丑,以右谏议大夫赵昌言为给事中、参知政事。辛巳,遣使按行畿县,民田被水者蠲其租。是月,河决澶州,西北流入御河。

闰月辛卯,幸水磑观鱼。己酉,置三司总计度使。

十一月丁巳,万安州献六眸龟。癸酉,还陇西州所献白鹰。

十二月辛丑,大雨雪。戊申,西川都巡使张玘与王小波战江原县,死之。小波中流矢死,众推其党李顺为帅。

五年春正月甲寅朔,不受朝,群臣诣阁拜表称贺。戊午,李顺陷汉州,己未,陷彭州。乙丑,虑囚,流罪以下释之。己巳,李顺陷成都,知府郭载奔梓州,顺入据之,贼兵四出攻劫州县。遣使振宋、亳、陈、颖州饥民,别遣决诸路刑狱,应因饥劫藏粟,诛为首者,余减死。癸酉,以侍卫马军都指挥使李继隆为河西行营都部署,讨李继迁。甲戌,命昭宣使王继恩为两川招安使,讨李顺。诏诸州能出粟贷饥民者赐爵。辛巳,诏除两京诸州淳化三年逋负。

二月乙未,李顺分攻剑州,都监西京作坊副使上官正、成都监军供奉官宿翰合击大破之,斩馘殆尽。丙午,幸南御庄观稼。己酉,以益王元杰为淮南、镇江等军节度使,徙封吴王。辛亥,诏除剑南东西川、峡路诸州主吏民卒淳化五年以前逋负。

三月乙亥,赵保忠为赵保吉所袭,奔还夏州,指挥使赵光嗣执之以献。李继隆帅师入夏州。交阯郡王黎桓遣使来贡。

夏四月壬午朔,诏除天下主吏逋负。甲申,削赵保吉所赐姓名。丙戌,置起居院,初复起居注。以国子学复为国子监。辛卯,虑囚。

大食国王遣使来贡。戊戌，赦诸州，除十恶、故劫杀、官吏犯正赃外，降死罪以下囚。己亥，王继恩帅师过绵州，贼溃走，追杀及溺死者甚众。庚子，复绵州。内殿崇班曹习破贼于老溪，复阆州。绵州巡检使胡正远帅兵进击，复巴州。壬寅，西川行营击贼于研口寨，破之，复剑州。癸卯，大雨。

五月丁巳，西川行营破贼十万众，斩首三万级，复成都，获贼李顺。其党张余复攻陷嘉、戎、泸、渝、涪、忠、万、开八州，开州监军秦传序死之。丙寅，河西行营送赵保忠至阙下，释其罪，授右千牛卫上将军，封宥罪侯。己巳，以知梓州张雍、都巡检使卢斌尝坚守却贼，斌进击解阆州围，遂平蓬州，雍加给事中，斌领成州刺史。以少府监雷有终为谏议大夫、知成都府。庚午，贼攻夔州，峡路都大巡检白继赟、夔州巡检使解守颙大败其众于西津口，斩首二万级，获舟千余艘。辛未，降成都府为益州。壬申，右仆射李昉以司空致仕。甲戌，诏利州、兴元府、洋州、西县民并给复一年。丙子，磔李顺党八人于凤翔市。庚辰，初伏，帝亲书绫扇赐近臣。

六月辛卯，诏赦李顺胁从诖误。是月，都城大疫，分遣医官煮药给病者。贼攻施州，指挥使黄希逊击走之。戊戌，峡路行营破贼于广安军，又破贼张罕二万众于嘉陵江口，又破于合州西方溪，俘斩甚众。戊申，以侍卫步军都指挥使高琼为镇州都部署。贼攻陵州，知州张旦击破之。高丽遣使，以契丹来侵乞师。

秋七月辛亥朔，贼攻眉州，知州李简等坚守逾月，贼引去。癸亥，置江、淮、两浙发运使。丙寅，除两浙诸州民钱帛日逋负。甲戌，置威塞军。乙亥，李继迁遣使来贡。

八月甲申，诏有司讲求大射仪注。癸巳，以内班为黄门。甲午，置宣政使，以宦者昭宣使王继恩为之。乙未，诏释剑南、峡路诸州亡命。戊戌，以通远军复为环州，置清远军。庚子，大雨。贝州言骁捷卒劫库兵为乱，推都虞候赵咸雍为帅，转运使王嗣宗率屯兵击败之，擒咸雍，磔于市。辛丑，诏遣知益州张咏赴部，得便宜从事。癸卯，以参知政事赵昌言为西川、峡路招安马步军都部署，寻诏昌言驻凤翔,遣内侍押班卫绍钦往行营指挥军事。峡路行营破贼帅张余,复云安军。李继迁使其弟奉表待罪。

九月庚戌朔,户部尚书辛仲甫以太子少保致仕。甲寅,赐三司钱百万,募能言司事之利便者,量事赏之,尽则再给以备赏。己未,罢诸州榷酤。改黄门院为内侍省,以黄门班院为内侍省内侍班院,入内黄门班院为内侍省入内侍班院。辛酉,遣使分行宋、亳、陈、颍、泗、寿、邓、蔡等州按行民田,被水及种莳不及者并蠲其租。壬申,以襄王元佐为开封尹,改封寿王。大赦,除十恶、故谋劫斗杀、官吏犯正赃外,诸官先犯赃罪配隶禁锢者放还。乙亥,以左谏议大夫寇准参知政事。丁丑,以蜀部渐平,下诏罪己,戊寅,西川行营言卫绍钦破贼于学射山,别将杨琼复蜀州,曹习等又破贼于安国镇,诛其帅马太保。

冬十月庚辰,诏释殿前司逃军亲属之禁锢者。西川行营指挥使张嶙杀其将王文寿以叛,遣使招抚其众,遂共斩嶙首以降。乙未,杨琼等复邛州。乙巳,改青州平卢军为镇海军,杭州镇海军为宁海军。

十一月庚戌,遣使谕李继迁,赐以器币、茶药、衣服。丙辰,赐近臣飞白书。庚申,诏:江南西路及荆湖南北路、岭南溪洞接连,及蕃商、外国使诱子女出境者捕之。癸亥,贼攻眉州,崇仪使宿翰等击败之,斩其伪中书令吴蕴。丙寅,幸国子监,赐直讲孙奭绯鱼,因幸武成王庙,复幸国子监,令奭讲《尚书》,赐以束帛。大寒,赐禁卫诸军缗钱有差。

十二月戊寅朔,日当食,云阴不见。辛巳,命枢密直学士张鉴、西京作坊副使冯守规安抚西川。丙戌,命诸王畋近郊。弛忠、靖二州刑徒。庚寅,宿翰等引兵趋嘉州,伪知州王文操以城降。乙未,秘书丞张枢坐知荣州降贼,弃市。辛丑,以三司两京、十道复归三部,各置使一员,每部置判官、推官、都监,分勾院为三。

至道元年正月戊申朔,改元,赦京畿系囚,流罪以下递降一等,杖罪释之。蠲诸州逋租,蠲陕西诸州去年秋税之半。丙辰,诏作上清宫成。丁巳，凉州吐蕃当尊以良马来献。戊午，占城国王杨陀排遣使来贡。辛酉，上御乾元门观灯。癸亥，契丹大将韩德威诱党项勒浪、鬾族自振武犯边，永安节度使折御卿邀击，败之于子河汊，勒浪等乘乱反击德威，遂杀其将突厥大尉、司徒、舍利等，获吐浑首领一人，德威仅以身免。戊辰，以翰林学士钱若水为右谏议大夫、同知枢密院事，枢密副使刘昌言罢为给事中。以宣祖旧第作洞真宫成。甲戌，李继迁遣使以良马、橐驼来贡。

二月甲申，命宰相祷雨。令川峡诸州瘗暴骸。戊戌，以旱虑囚，减流罪以下。丙午，雨。嘉州函贼帅张余首送西川行宫，余党悉平。蠲襄、唐、均、汝、随、邓、归、峡等州去年逋租。振亳州、房州、光化军饥，遣使贷之。

三月庚申，诏求直言。辛酉，以会州观察使、知清远军田绍斌为灵州兵马都部署。已巳，废邠武军归化县金坑。

夏四月癸未，吏部尚书、平章事吕蒙正罢为右仆射，以参知政事吕端为户部侍郎、平章事。宣徽北院使、知枢密院事柴禹锡罢为镇宁军节度使，参知政事苏易简为礼部侍郎，以翰林学士张洎为给事中、参知政事。甲申，以宣徽北院使、同知枢密院事赵镕知枢密院事。乙酉，契丹犯雄州，知州何承矩击败之，斩其铁林大将一人。辛丑，遣使分决诸路刑狱，劫贼止诛首恶，降流罪以下一等。壬寅，虑囚。甲辰，大雨，雷电。开宝皇后宋氏崩。

六月乙酉，购求图书。丙戌，遣使谕李继迁，授以鄜州节度使，继迁不奉诏。丁亥，以银州左都押衙张浦为银青光禄大夫、检校工部尚书、郑州刺史、兼御史大夫，充本州团练使。已亥，许士庶工商服紫。是月，大热，民有暍死者。

秋七月丙寅，除陈、许等九州及光化军今年夏税。

八月壬辰，诏立寿王元侃为皇太子，改名恒，兼判开封府。大赦，文武常参官子为父后见任官者，赐勋一转。癸巳，以尚书左丞李至、礼部侍郎李沆并兼太子宾客。癸卯，禁西北缘边诸州民与内属戎人昏娶。

九月丙午，西南蕃牂牁诸蛮来贡，诏封西南蕃主龙汉瑶为归化王。丁卯，御朝元殿册皇太子。庚午，清远军言李继迁入寇，率兵击走之。

冬十月甲戌朔，皇太子让宫僚称臣，许之。乙丑，陕西转运使郑文宝坐挠边，责授蓝山县令。

十一月乙未，阅武便殿。是月，以峰州团练使上官正、右谏议大夫雷有终并为西川招安使，召王继恩归阙。

十二月甲戌，群臣奉表加上尊号曰法天崇道上圣至仁皇帝，凡五上，不许。契丹犯边，折御卿率兵御之，卒于师。斩马步军都军头孙赞于军中。庚辰，新浑仪成。

二年春正月辛亥，祀天地于圜丘，大赦，中外文武加恩。丁卯，废诸州司理判官。

二月壬申朔，司空致仕李昉薨。戊寅，以越王元份为杭州大都督兼领越州，吴王元杰为扬州大都督兼领寿州。己卯，以徐国公元偓为洪州都督、镇南军节度使，泾国公元偁为鄂州都督、武清军节度使。庚辰，以御史中丞李昌龄为给事中、参知政事。辛巳，以吕蒙正为左仆射，宋琪为右仆射。乙未，定任子官制。

三月丙寅，以京师旱，遣中使祷雨。戊辰，命宰臣祀郊庙、社稷，祷雨。

夏四月甲戌，命侍卫马军都指挥使李继隆为环、庆等州都部署，殿前都虞候范廷召副之，讨李继迁。癸未，雨。

五月癸卯，李继迁寇灵州。

六月戊戌，黔州言蛮寇盐井，巡检使王惟节战死。是月，亳州蝗。

秋七月己亥朔，命殿前都指挥使王超为夏、绥、麟、府州都部署。庚子，诏作寿宁观成。丙寅，给事中、参知政事寇准罢守本官。戊辰，蠲峡路诸州民去年逋租。是月，汴水决谷熟县，许、宿、齐三州蝗抱草死。

闰月庚寅,诏江、浙、福建民负人钱没入男女者还其家,敢匿者有罪。

八月辛丑,密州言蝗不为灾。

九月戊寅,右仆射宋琪薨。诏川峡诸州民家先藏兵器者,限百日悉送官,匿不以闻者斩。己卯,夏州、延州行营言破李继迁于乌白池,获未幕军主、吃啰指挥使等二十七人,继迁遁。甲申,会州观察使、环庆副都部署田绍斌贬右监门卫率府副率,虢州安置。丙戌,秦、晋诸州地昼夜十二震。丙申,诏废衢州冶。

冬十月己未,诏以池州新铸钱监为永丰监。

十一月丁卯朔,增司天新历一百二十甲子。戊寅,置签署提点枢密、宣徽院诸房公事。辛卯,许州群盗劫郾城县居民,巡检李昌习斗死,都巡检使王正袭击之,获贼首宋斌及余党,皆斩于市。甲午,禁淮南通行盐税。

十二月,命宰相以下百官诣诸寺观祷雪。甲寅,雨雪。

大有年。是岁,处州稻再熟。

三年春正月丙子,以户部侍郎温仲舒、礼部侍郎王化基并参知政事,给事中李惟清同知枢密院事,参知政事张洎罢为刑部侍郎。乙酉,孝章皇后陪葬永昌陵。辛卯,以侍卫马步军都虞候傅潜为延州路都部署,殿前都虞候王昭远为灵州路都部署。

二月丙申朔,灵州行营破李继迁。辛丑,帝不豫。甲辰,降京畿死罪囚,流以下释之。壬戌,大食、宾同陇国并来贡。

三月丁卯,占城国来贡。壬辰,不视朝。癸巳,追班于万岁殿,宣诏令皇太子枢前即位。是日崩,年五十九,在位二十二年,殡于殿之西阶。群臣上尊谥曰神功圣德文武皇帝,庙号太宗。十月己酉,葬永熙陵。

赞曰:帝沈谋英断,慨然有削平天下之志。既即大位,陈洪进、钱俶相继纳土。未几,取太原,伐契丹,继有交州、西夏之役。干戈不息,天灾方行,俘馘日至,而民不知兵;水旱螟蝗,殆遍天下,而民不思乱。其故何也? 帝以慈俭为宝,服澣濯之衣,毁奇巧之器,却女乐之献,悟畋游之非。绝远物,抑符瑞,闵农事,考治功。讲学以求多闻,不罪狂悖以劝谏士,哀矜恻怛,勤以自励,日晏忘食。至于欲自焚以答天谴,欲尽除天下之赋以纾民力,卒有五兵不试、禾稼荐登之效。是以青、齐耆耋之叟,愿率子弟治道请登禅者,接踵而至。君子曰:"得乎丘民而为天子",帝之谓乎。故帝之功德,炳焕史牒,号称贤君。若夫太祖之崩不逾年而改元,涪陵县公之贬死,武功王之自杀,宋后之不成丧,则后世不能无议焉。

宋史卷六

本纪第六

真宗一

　　真宗应符稽古神功让德文明武定章圣元孝皇帝，讳恒，太宗第三子也，母曰元德皇后李氏。初，乾德五年，五星从镇星聚奎。明年正月，后梦以裾承日有娠，十二月二日生于开封府第，赤光照室，左足指有文成"天"字。

　　幼英睿，姿表特异，与诸王嬉戏，好作战阵之状，自称元帅。太祖爱之，育于宫中。尝登万岁殿，升御榻坐，太祖大奇之，抚而问曰："天子好作否？"对曰："由天命耳。"比就学受经，一览成诵。

　　初名德昌，太平兴国八年，授检校太保、同中书门下平章事，封韩王，改名元休。端拱元年，封襄王，改元侃。淳化五年九月，进封寿王，加检校太傅、开封尹。至道元年八月，立为皇太子，改今讳，仍判府事。

　　故事，殿庐幄次在宰相上，官僚称臣，皆推让弗受。见宾客李至、李沆，必先拜，迎送降阶及门。开封政务填委，帝留心狱讼，裁决轻重，靡不称惬，故京狱屡空，太宗屡诏嘉美。

　　三年三月，太宗崩，奉遗制即皇帝位于枢前。

　　夏四月乙未，尊皇后为皇太后，赦天下，常赦所不原者咸除之。丙申，群臣请听政，表三上，从之。戊戌，始见群臣于崇政殿西序，寻赐器币。癸卯，门下侍郎兼兵部尚书、平章事吕端加右仆射；弟越王

元份进封雍王,吴王元杰进封兖王,并兼中书令;徐国公元偓进封
彭城郡王,泾国公元偁进封安定郡王,并同平章事;元俨封曹国公;
侄阆州观察使惟吉为武信军节度使;侍卫马步军都虞候傅潜、殿前
都指挥使王超、侍卫马军都指挥使李继隆、侍卫步军都指挥使高琼
并领诸军节度;驸马都尉王承衍、石保吉、魏咸信并为诸军节度使。
甲辰,宣徽北院使、知枢密院事赵镕加南院使,左丞李至、礼部侍郎
李沆并参知政事。丁未,中外群臣进秩一等。罢盐铁、度支、户部副
使。癸丑,置镇戎军。乙卯,静海军节度使、交趾郡王黎桓加兼侍中,
进封南平王。

　　五月丁卯,诏求直言。庚午,命两制议丰盈之术以闻。甲戌,户
部侍郎、参知政事李昌龄责授忠武行军司马。甲申,放宫人给事岁
久者。丙戌,以镇安军节度使李继隆同平章事。封姊秦国、晋国二
公主并为长公主,齐国公主改许国长公主,妹宣慈、贤懿、寿昌、万
寿四公主并为长公主。丁亥,立秦国夫人郭氏为皇后。

　　六月乙未,以太宗墨迹赐天下名山。戊戌,追复涪王廷美西京
留守兼中书令、秦王,赠兄魏王德昭太傅、岐王德芳太保。己亥,上
大行皇帝谥曰神功圣德文武皇帝,庙号太宗。辛丑,诏罢献祥瑞。甲
辰,复封兄亿佐为楚王。乙巳,追册莒国夫人潘氏为皇后,谥庄怀。
以工部侍郎、同知枢密院事钱若水为集贤院学士。赠弟元亿为代国
公。

　　秋七月乙丑,诏转运使更迭赴阙,访以民事。癸酉,诏访孔子嫡
孙。乙亥,以殿前都虞候范廷召领河西军节度使,葛霸保顺军节度
使,王汉忠威塞军节度使,康保裔彰国军节度使,王昭远保静军节
度使。甲申,以范廷召、葛霸为定州、镇州驻泊都部署,王汉忠为高
阳关行营都部署,康保裔为并、代州都部署。

　　八月丙申,罢盐井役。己亥,以镇海军节度使曹彬为枢密使,知
枢密院事赵镕为寿州观察使,同知枢密院事李惟清为御史中丞,户
部侍郎向敏中、给事中夏侯峤并为枢密副使。庚子,命以十二月二
日为承天节。戊申,太白犯太微。己酉,封乳母齐国夫人刘氏为秦

国延寿保圣夫人。先是，帝以汉、唐封乳母为夫人、县君故事付中书，已乃有是命。戊午，荧惑入东井。庚申，西川广武卒刘旴逐巡检使韩景祐，掠蜀、汉等州，招安使上官正、钤辖马知节讨平之。

九月丁丑，二星陨西南。戊寅，以孔子四十五世孙延世为曲阜县令，袭封文宣公。

冬十月，夏人寇灵州，合河都部署杨琼击走之。己酉，葬太宗于永熙陵。丁巳，赐山陵使而下银帛有差。岁星入氐。

十一月甲子，祔太宗神主于太庙，以懿德皇后配，祔庄怀皇后于别庙。丙寅，诏两京死罪以递减一等，缘山陵役民赐租有差。己巳，诏工部侍郎钱若水修《太宗实录》。己卯，赐帛西鄙运饷士卒。阅骑射，擢精锐者十人迁职。乙酉，废理检院。

十二月癸巳，承天节，群臣上寿于崇德殿。丙申，追尊母贤妃李氏为皇太后。辛丑，诏诸路转运使申饬令长劝农。甲辰，以银州观察使赵保吉为定难军节度使。

咸平元年春正月辛酉，诏改元。丙寅，上皇太后李氏谥曰元德。丁丑，召学官崔颐正讲《书》，因命宰臣选明经术者以闻。戊寅，阅御龙直。辛巳，僧你尾尼等自西天来朝，称七年始达。甲申，彗出营室北。

二月癸巳，吕端等言彗出之应，当在齐、鲁分。帝曰：“朕以天下为忧，岂直一方耶？”甲午，诏求直言，避殿减膳。乙未，虑囚老幼疾病，流以下听赎，杖以下释之。丁酉，彗灭。

三月己巳，置太平州。壬申，赐进士孙仅等宴琼林。辛巳，以赵保吉归顺，遣使谕陕西，纵绥、银流民还乡，家给米一斛。

夏四月，旱。壬辰，祷白鹿山。壬寅，赵保吉遣弟继瑗入谢。己酉，遣使按天下吏民逋负悉除之。

五月戊午朔，日有食之。甲子，幸大相国寺祈雨，升殿而雨。

六月辛卯，诏近臣举常参官才堪转运使者。丙辰，以旱免开封、二十五州军田租。

秋七月甲子，诏民供亿山陵者赐租什二。己巳，诏沿淮诸州藏瘗遗骸。

八月癸卯，禁新小钱。己酉，幸诸王宫。

九月己巳，诏吕端、钱若水重修《太祖实录》。壬申，赐终南隐士种放粟帛缗钱。己卯，以左卫上将军张永德为太子太师。

冬十月丙戌朔，日有食之。戊子，吕端为太子太保，户部尚书张齐贤、参知政事李沆并平章事，李至为武胜军节度使。己丑，参知政事温仲舒罢为礼部尚书，枢密副使夏侯峤罢为户部侍郎、翰林侍读学士，以枢密副使向敏中为兵部侍郎、参知政事，翰林学士杨砺、宋湜并为枢密副使。丙午，许群臣著述诣阁献，令两制铨简。

十一月丙辰，龙钵贡马二千骑。甲子，诏葺历代帝王陵庙。

十二月庚寅，幸许国长公主第视疾。癸卯，令三司判官举才堪知州者各一人。

是岁，溪峒、吐蕃诸族、勒浪十六府大首领、甘州回鹘、西南蕃黎州山后蛮来贡。定州雹伤稼，遣使振恤，除是年租。

二年春正月甲子，诏：尚书丞、郎、给、舍，举升朝官可守大郡者各一人。丙子，定诸司使以下至三班使臣有罪品听赎。

二月丙申，以赵普配飨太祖庙庭。诏群臣迎养父母，蠲天下逋负，释系囚。己酉，戒百官比周奔竞，有弗率者御史台纠之。

三月丙辰，江、浙发廪振饥。戊辰，置荆湖南路转运使。壬申，王汉忠为泾、原、分、宁、灵、环都部署。

闰月丁亥，以久不雨，帝谕宰相曰："凡政有阙失，宜相规以道，毋惜直言。"诏天下系囚非十恶、枉法及已杀人者，死以下减一等。幸许国长公主第视疾，又幸北宅视德愿疾。诏两京诸路收瘗暴骸，营塞破冢。戊子，幸太一宫、天清寺祈雨。己丑，上皇太后宫名曰万安。庚寅，罢有司营缮之不急直。诏中外臣直言极谏。从弟德愿卒。壬辰，雨。辛丑，江南转运使言宣、歙竹生米，民采食之。丙午，诏江、浙饥民入城池渔采勿禁。

夏四月丙寅,许国长公主薨。

五月丁亥,严服用之制。乙巳,幸曹彬第视疾。

六月丁巳,宰臣进重修太祖实录。戊午,曹彬薨。庚辰,大食国遣使来贡。

七月甲申,以傅潜为镇、定、高阳关行营都部署,张昭允为都钤辖。给外任官职田。己丑,以横海军节度使王显为枢密使。壬寅,制《圣教序》赐传法院。甲辰,幸国子监,召学官崔偓佺讲《尚书·大禹谟》。还幸崇文院,赐秘书监、祭酒以下器币。丙午,置翰林侍读学士,以兵部侍郎杨徽之等为之;置翰林侍讲学士,以国子祭酒邢昺为之。

八月辛亥,御文德殿,文武百官入阁。乙卯,群臣上尊号曰崇文广武圣明仁孝皇帝。丁巳,大宴崇德殿,始作乐。戊午,社宴近臣于中书。丙寅,大阅于东北郊。癸酉,杨砺卒。乙亥,以太师赠济阳郡王曹彬配飨太祖庙庭,司空赠太尉中书令薛居正、忠武军节度使赠中书令潘美、右仆射赠侍中石熙载配飨太宗庙庭。

九月庚辰朔,日有食之。戊子,召宗室宴射后苑。甲午,奉安太宗圣容于启圣院新殿,帝拜而恸,左右皆掩泣。赐修殿内侍缗钱。癸卯,幸骐骥院,赐从官马,还宴射后苑。镇、定都部署言败契丹兵于廉良路,杀获甚众。

冬十月壬子,宜州执溪峒蛮酋三十余人诣阙,诏释其罪,遣还。癸丑,放澧州蛮界归业民租。戊午,置福建路惠民仓。

十一月壬午,诏亲王领大都府节镇者勿兼长史。乙酉,飨太庙。丙戌,祀天地于圜丘,以太祖、太宗配,大赦天下,录功臣子孙之无禄者。御朝元殿受尊号册。丁亥,赐群臣带服、鞍马、器币有差。庚寅,大宴含光殿。壬辰,张齐贤加门下侍郎,李沆加中书侍郎,中外臣悉加恩。甲午,以左神武军大将军德恭为左卫大将军,左卫大将军德彝为左神武军大将军。乙未,诏:幸河北,所次顿舍给用,毋泛及州县。以周莹为驾前军都部署,石保吉为行营先锋都部署。己亥,狩近郊。辛丑,赐京城父老衣帛。戊申,以魏咸信为贝冀行营都部署。己酉,以李沆为东京留守。

十二月辛亥,赐近臣戎服厩马。甲寅,驾发京师,次陈桥。王昭远卒。戊午,驻跸澶州。冀州言败契丹兵于城南,杀千余人,夺马百余匹。辛酉,宴从臣于行宫。以王超等督先锋,仍示以阵图,俾识部分。壬戌,赐近臣甲胄弓剑。幸浮桥,登临河亭,赐澶州父老锦袍、茶帛。甲子,次大名,躬御铠甲于中军。契丹攻威房军,本军击败之,杀其酋帅。府州言官军入契丹五合州,拔黄太尉砦,歼其众,焚其车帐,获马牛万计。丁卯,召见大名府父老,劳赐之。

是岁,沙州蕃族首领、邛部川蛮、西南蕃、占城、大食国来贡。江、浙、广南、荆湖旱,岚州春霜害稼,分使发粟振之。

三年春正月己卯朔,驻跸大名府。诏并代都部署高琼等分屯冀州、邢州。辛巳,临视枢密副使宋湜疾。癸未,以葛霸为贝冀、高阳关前军行营都部署。莱州防御使田绍斌凡十人以功进秩。契丹犯河间,高阳关都部署康保裔死之。乙酉,流忠武军节度使傅潜于房州、都钤辖张昭允于通州,并削夺官爵。丁亥,幸紫极宫,还登子城阅骑射。高阳关、贝冀路都部署范廷召等追契丹至莫州,斩首万余级。庚寅,赦河北及淄、齐州罪人,非持杖劫盗、谋故杀、枉法赃、十恶至死者并释之。录将吏死事者子孙,民被焚掠者复其租。罢缘边二十三州军榷酤。令诸州举吏民有武艺及材力过人者。壬辰,宋湜卒。甲午,发大名府。益州军变,害钤辖符昭寿,逐知州牛冕等,推都虞候王均为首作乱。诏户部使雷有终为泸州观察使,帅师会李惠等讨之,均闭城门固守。庚子,至自大名府。戊申,幸吕端第视疾。

二月庚申,宴含光殿。辛酉,诏:"近臣并知杂御史、尚书省五品及带馆阁三司职者,各举升朝官有武干堪边任一人。"癸亥,以周莹为宣徽南院使,王继英为北院使,并知枢密院事;王旦为给事中,同知枢密院事。乙丑,以王显为定州路行营都部署,王超为镇州路行营都部署。丁卯,益州王均开城伪遁,雷有终等入城为所败,退保汉州,李惠死之。戊辰,京畿旱,虑囚。癸酉,大雨。甲戌,置静乐军。

丙子,赏花苑中,召从臣宴射。

三月戊申朔,日有食之。甲午,御崇政殿试礼部贡举人。

夏四月戊寅朔,赐进士陈尧咨等袍笏。庚戌,吕端薨。甲寅,阅河北防城举人康克勤等击射。乙卯,葬元德皇太后。丁巳,以葛霸为邠宁环庆都部署。壬申,前知益州牛冕、西川转运使张适并削籍,冕流儋州,适为连州参军。

五月丁卯,诏天下死罪减一等,流以下释之,十恶至死、谋故劫杀、坐赃枉法者论如律。幸玉津园观刈麦。己丑,幸金明池观水嬉,遂幸琼林苑宴射。壬寅,御试河北举人。河决郓州,诏徙州城。

六月己未,太白昼见。丁卯,以向敏中为河北、河东宣抚使,按巡郡国,存慰士民。

秋七月己亥,以翰林侍读学士夏侯峤、侍讲邢昺为江、浙巡抚使。

八月辛亥,京东水灾,遣使安抚。

九月庚辰,赐契丹降人萧肯头名怀忠,为右领军卫将军、严州刺史;招鹘名从化,为右监门卫将军;虫哥名从顺,为千牛卫将军。九月壬辰,幸大相国寺,遂宴射玉津园。壬寅,卫国公张永德薨。

冬十月甲辰,雷有终大败贼党,复益州,杀三千余人。壬子,绵、汉都巡检、澄州刺史张思钧削籍流封州。乙卯,幸元份宫视疾。令诸州兼群牧。己未,滨州防御使王英削籍流均州。己丑,雷有终追斩王均于富顺监,擒其党六千余人。诏原川峡路系囚杂犯死罪以下。雷有终等以功进秩有差。丙寅,以翰林学士王钦若、知制诰梁颢分为川、峡安抚使。延州言破大卢、小卢等十族,获人畜二十万。

十一月甲戌,环庆副部署徐兴削籍配郓州。乙亥,灵州副部署孙进责授复州团练副使。郓州决河塞。戊寅,均畿内田税。壬午,诏群臣尽言无讳,常参官转对如故事,未预次对者听封事以闻。辛卯,日南至,御朝元殿受朝。丙申,张齐贤罢为兵部尚书。

十二月戊申,狩近郊,以亲获禽献太庙。甲寅,大宴含光殿。乙卯,幸元份宫视疾。丁巳,阅武艺,遂宴射苑中。庚申,罢京畿均田税。育吾蕃部贡牦牛。甲子,契丹税木监使黄颙等率属内附,赐冠带。丙寅,开封府奏狱空,诏嘉之。丁卯,诏河东、北缘边吏民斩边寇首一级支钱五千,擒者倍之,获马者给帛二十匹。

是岁,高丽、大食国、高州蛮来贡。畿内、江南、荆湖旱,果、阆州水,并振之。

四年春正月甲戌朔,诏天下系囚死罪已下减一等,杖罪释之。辛巳,幸范廷召第视疾。甲申,命枢密直学士冯拯、陈尧叟详中外封事。诏应益州军民因城乱杀伤劫盗,除官吏外皆释不问。乙酉,命收瘗西川遗骸。丁亥,幸开宝寺,还御乾天门观灯。庚子,谒启圣院太宗神御殿。

二月丁未,祈雨。戊申,交州黎桓贡驯犀象。癸丑,决天下狱。丁巳,幸大相国寺、上清宫祈雨。戊午,雨,帝方临轩决事,沾服不御盖。壬戌,诏群臣子弟奏补京官者试一经。甲子,释逋负官物者二千六百余人,蠲逋负物二百六十余万;已纳而非理者以内府钱还之,没者给其家。丙寅,诏学士、两省御史台五品、尚书省诸司四品以上,举贤良方正直言敢谏一人。己巳,置永利监。

三月甲戌,抚水州蛮酋蒙瑛等来纳兵器、毒药箭,誓不复犯边。乙亥,诏史馆韩瑗等举御史台推勘官。丁丑,风雪,帝谓辛相曰:"霾曀颇甚,卿等思阙政,以佐予治。"李沆等乞免官,不许。辛巳,分川峡转运使为益、利、梓、夔四路。召终南隐士种放,辞疾不至。庚寅,左仆射吕蒙正、兵部侍郎向敏中并平章事,中书侍郎、平章事李沆加门下侍郎;高琼为殿前都指挥使,葛霸为侍卫马军都指挥使,王汉忠为殿前副都指挥使,并领节度。司天监进《仪天历》。辛卯,以参知政事王化基为工部尚书,同知枢密院事王旦为工部侍郎、参知政事,枢密直学士冯拯、陈尧叟并为右谏议大夫、同知枢密院事。

夏四月丙午,葛霸为并代行营都部署。壬子,诏亲老无兼侍者特与近任。回鹘可汗禄胜贡玉勒鞍、名马、宝器,愿以兵助讨继迁。丙辰,审官院引对京朝官,阅殿最而黜陟之。己未,以王钦若为左谏议大夫、参知政事。庚申,幸元份宫视疾,遂幸诸王宫。辛未,御试制科举人。

五月壬申朔,御乾元殿受朝。京畿系囚罪流以下递减一等,杖罪释之。癸酉,以元俨为平海军节度使。甲申,工部侍郎致仕朱昂对便殿,赐器币。戊子,亳州贡白兔,还之。乙未,大同军留后桑赞为侍卫步军副都指挥使,领河西军节度。

六月癸卯,有司言减天下冗吏凡十九万五千余人。丁巳,诏东川民田先为江水所害者除其租。丁卯,诏州县学校及聚徒讲诵之所,并赐《九经》。戊申,出阵图示宰相,命督将练士,以备北边。

秋七月庚午,以河朔馈运劳民,诏转运使减徭役存恤。己卯,边臣言契丹谋入寇。以王显为镇、定、高阳关三路都部署,王超为副都部署,王汉忠为都排阵使。

八月辛丑,张齐贤为泾、原等路安抚经略使。戊申,出环庆至灵州地图险要示宰相,议战守方略。己酉,御试制科举人。壬子,幸开宝寺。又幸御龙营阅武艺,赐缗钱有差。遂观稼北郊,宴射于含芳园。丁卯,遣使巴蜀,廉察风俗、官吏能否。戊辰,社宴宰相于中书。

九月,庆州地震。李继迁陷清远军。

冬十月,曹璨以蕃兵邀李继迁辎重于唐龙镇。己未,张斌破契丹于长城口。

十一月壬申,知阶州窦玭献白鹰,还之。王显奏破契丹,戮二万人,获统军铁林寺等。癸未,京城民获金牌,有"赵为君万年"字。庚寅,畋近郊。甲午,龟兹国来贡。

十二月丁未,诏:蜀贼王均既平,除追捕亡命,余诖误之民并释不问。讹言动众者有司斩以闻。丙寅,太白昼见南斗。丁卯,诏罢三路都部署兼河北转运使。

闰月己巳,幸大相国寺。丁丑,邠宁副都部署杨琼等七将流岭南。戊寅,李继迁蕃族讹遇等归顺。己卯,以兵部尚书张齐贤为右仆射。壬午,灵州言河外寨主李琼等以城降西夏。上念其力屈就擒,特释其亲属。乙酉,李继迁部族讹猪等率属来附。庚寅,河北饥,蠲赋减役,发廪振之。

是岁,龟兹、丹眉流、宜高上溪抚水州蛮来贡。梓州水,遣使振恤。

五年春正月壬寅,李继迁部将卧浪己等内附,给田宅。壬戌,环庆部署张凝袭诸蕃,焚族帐二百余,斩首五千级,降九百余人。

二月乙酉,诏边士疾病战没者,冬春衣听给其家。己丑,幸上清宫。以王汉忠为邠宁环庆路都部署。

三月丁酉,李继迁陷灵州,知州裴济死之。庚戌,比部员外郎洪湛削籍流儋州,工部尚书赵昌言责授安远军司马,知杂御史范正辞滁州团练副使。己未,御试礼部举人。

夏四月壬申,诏陕西民挽送缘边刍粮者,赐租之半。壬午,命三司岁较户口。丙戌,赐深、霸九州民租有差。癸巳,复雄州榷场。

五月庚子,减河北冗官。壬寅,知荣州褚德臻坐盗取官银弃市。癸卯,置宪州。代州进士李光辅善击剑,诣阙,帝曰:“若奖用之,民悉好剑矣。”遣还。甲辰,诏申明内侍养一子制。乙巳,蠲天下逋负。丙午,以王显河阳三城节度使。

六月癸酉,继迁围麟州,曹璨请济师,诏发并、代、石、隰州兵援之。乙亥,以侍卫马军都虞候王超为定州路驻泊行营都部署。己卯,以宣徽南院使、知枢密院事,周莹为永清军节度使。己酉,诏益兵八千分屯环庆、泾原。知麟州卫居实言继迁以众二万来攻,城兵出击走之,杀伤过半。是月,都城大雨,坏庐舍,民有压死者,振恤其家。

秋七月甲午朔,日有食之。戊戌,幸启圣院、太平兴国寺、上清宫致祷,雨霁,遂幸龙卫营视所坏垣室,劳赐有差。乙巳,召终南隐士种放。疏丁冈河。癸丑,诏许高州蛮田彦伊子承宝等入朝,赐器帛、冠带。乙卯,募河北丁壮。壬戌,契丹大林寨使王昭敏等来降。戎人寇洪德,守将击走之。癸亥,增川峡官奉钱。

八月,群臣三表上尊号,不允。丙子,沙州曹宗寿遣使入贡,以宗寿为归义军节度使。乙酉,石隰部署言河西蕃族拽浪南山等四百人来归。

九月戊申，种放对于便殿，授左司谏、直昭文馆。乙卯，赐种放第宅。

冬十月己巳，遣使赍药赐镇戎军将士。戊寅，诏河西戎人归顺者，给内地闲田处之。又诏诸州长吏与佐职官同录问大辟罪人。辛巳，泾原部署系内属蕃族数叛者九十一人，请诛之，诏释其罪。丁亥，平章事向敏中罢为户部侍郎，右仆射张齐贤为太常卿。庚寅，修丰州城。

十一月壬辰，诏麟州给复一年。甲午，六谷首领潘罗支等贡马，第给其直。辛丑，享太庙。壬寅，祀天地于圜丘，大赦。丁未，白州民黄受百余岁，赐粟帛。己酉，封子玄祐为信国公。庚戌，吕蒙正加司空，李沆加右仆射，楚王元佐为右羽林军上将军，雍王元份守太傅，兖王元杰守太保，曹国公元俨同平章事。

十二月壬午，赐京城百岁老人祝道嵓爵一级。癸未，迁麟州内属人于楼烦。

是岁，河北、郑曹滑州饥，振之。

宋史卷七
本纪第七

真宗二

六年春二月戊寅,幸飞山雄武营,观发机石、连弩,遂宴射潜龙园。己卯,以京东西、淮南水灾,遣使振恤贫民,平决狱讼。幸北宅视德润疾。庚辰,以西凉府六谷首领潘罗支为朔方军节度、灵州西面都巡检使。甲申,封贤懿长公主为郑国长公主。蕃部叶市族罗埋等内附。己丑,德润卒。庚寅,屯田员外郎盛梁坐受赇枉法,流崖州。

三月辛卯朔,钦州言交州八州使黄庆集等来归。石、隰都巡检使言绥州东山蕃部军使拽曰等内属。己酉,饩种放还山。乙卯,幸惟吉第视疾。戊午,幸元份宫视疾。

四月,李继迁寇洪德寨,蕃官庆香、乩骨庆等击走之。以庆香等领刺史。契丹来侵,战望都县,副都部署王继忠陷于敌,发河东广锐兵赴援。辛巳,信国公玄祐薨。

五月甲午,太白昼见。辛亥,录望都战没将士子孙。癸丑,镇州副都部署李福坐望都之战临阵退衄,削籍流封州。京城疫,分遣内臣赐药。

六月丁卯,诏命官流窜没岭南者,给缗钱归葬。丰州瓦窑没剂、如罗、昧克等族以兵济河击李继迁,败之。丁丑,陇山西首领秃逋等贡马,愿附大兵击贼。丁亥,寇准为三司使。复盐铁、度支、户部副使。

秋七月癸丑,兖王元杰薨。

八月庚午，太白昼见。辛未，原、渭等州言西番八部二十五族纳质来归。丙子，诏：环庆秋田经寇践伤者，顷赐粟十五斛；民被掠者口赐米一斛。蠲棣州民租十之三。

九月己丑，蒲端国献红鹦鹉。丙申，出内府缯帛，市谷实边。甲辰，以吕蒙正为太子太师、莱国公。

十月丁丑，狐出皇城角楼，获之。戊寅，给军中传信牌。

十一月癸巳，虑囚，杂犯死罪以下递减一等，杖释之。苦寒，令诸路休役兵。己亥，阅捧日军士教三阵于崇政殿。壬寅，幸大相国寺。庚戌，雨木冰。甲寅，有星孛于井、鬼。

十二月庚申，遣使西北，劳赐将士。甲子，诏求直言。西面部署言李继迁攻西凉，知府丁维清没焉。庚午，以李继隆为山南东道节度使。甲戌，万安太后不豫，诏求良医。戊寅，赦天下，死罪减一等，流以下释之。

是岁，西凉府暨龙野马族、三佛齐、大食国来贡。河北、兴元府、遂郢州大熟。

景德元年春正月丙戌朔，大赦，改元。丁亥，麟府路言契丹言塈族拔黄三百余帐内属。癸巳，幸天驷监，赐从官马。丙申，京师地震。辛丑，诏：民间天象器物谶候禁书，并纳所司焚之，匿不言者死。石、隰州言河西番部四十五族首领率属内附。京师地再震。乙巳，废高州。丁未，京师地复震。壬子，开定州河通漕。

二月，环庆部署言西凉府潘罗支集六谷番部合击李继迁败之，继迁中流矢死。罗支使来献捷。戊寅，太常卿张齐贤为兵部尚书。冀、益、黎、雅州地震。

三月，威虏军守将破契丹于长城口，追北过阳山，斩获甚众。柳谷川番部入寇，麟府击败之，擒千余人。己亥，皇太后崩。辛丑，君臣三上表请听政，不允。乙巳，李沆等诣宫门，见帝毁瘠过甚，退上五表求见，言西北军事方殷，力请听政，从之。麟府路言败西人于神堆，破其寨栅。己酉，帝始于崇政殿西庑衰服恸哭见群臣。

夏四月甲寅,上大行皇太后谥曰明德。群臣三请御正殿,从之。丙辰,邢州地震不止。以溪蛮宁息,民多复业,蠲澧州石门县租二年。丁卯,以隆暑,休北边役兵。瀛州地震。

五月甲申,邢州地连震不止,赐民租之半。蒲端国遣使来贡。丁巳,诏:诸路转运使代还日,在任兴除利害、升黜能否,凡所经画事悉条上以闻。

六月己未,幸北宅视德钦疾。洪德寨言继迁部将都尾等率属归附。甲子,诏罢川峡、闽、广州军贡承天节,自今三千里外者罢之。镇戎军言败戎人于石门川。庚午,德钦卒。洪德寨言蕃部罗泥天王本族诸首领各率属归附。赵保忠卒。壬午,暑甚,罢京城工役,遣使赐暍者药。

秋七月癸未,班用兵诛赏格。丙戌,李沆薨。庚寅,以翰林学士毕士安为吏部侍郎、参知政事。庚子,益都民李仁美、国凝母皆百余岁,诏赐粟帛。

八月,泾原部署言击万子军主族帐,斩首二百余级。己未,以毕士安、寇准并平章事,宣徽南院使王继英为枢密使,同知枢密院事冯拯、陈尧叟并签署枢密院事。壬申,诏常参官二人共举州县官可任幕职者一人。丙子,以保平军节度石保吉为武宁军节度、同平章事。庚辰,遣使广南东、西路疏决系囚,犒劳军校父老,访民间便宜。

九月癸未,罢北面赍御剑内臣,以剑属主将。丙戌,令诸路转运使考察官吏能否。己丑,诏翰林学士承旨宋白等举文武官可任藩郡者各一人。丁酉,召宰相议亲征。契丹耶律吴欲来降。宋州汴水决。乙巳,置祈州。河决澶州,遣使具舟济民,给以粮饷。

闰月乙卯,诏河北吏民杀契丹者,所至援之,仍颁赏格。壬申,江南旱,遣使决狱,访民疾苦,祠境内山川。癸酉,明德皇太后殡沙台。北平寨、威房军合兵大破契丹。乙亥,参知政事王钦若判天雄军府兼都部署。契丹统军挞览率众攻威房、顺安军,三路都部署击败之,斩偏将,获其辎重。又攻北平寨及保州,复为州、寨兵所败。挞览与契丹主及其母并众攻定州,宋兵拒于唐河,击其游骑。契丹驻阳城淀,因王继忠致书于瀛州石普以讲和。丙子,以天雄军都部署周莹为驾前贝冀路都部署,侍卫马军都指挥使葛霸为驾前邢洺路都部署。己卯,高继祖率兵击败契丹数万骑于苛岚军。

冬十月壬午,诏修葺历代圣贤陵墓。癸未,麟府路率部兵入朔州,破大狼水寨。乙酉,令漕运所经州军长吏兼辇运事。戊子,祔明德皇后于太庙。庚寅,命张齐贤兼青、淄、潍安抚使,丁谓兼郓、齐、濮安抚使。癸巳,幸故郑国长公主第。乙未,诏王超等率兵赴行在。丁酉,诏魏能、张凝、田敏屯定州。癸卯,以厮铎督为朔方军节度、灵州西面巡检、西凉府六谷大首领。保莫州、威虏苛岚军及北平寨皆击败契丹。既而王继忠上言契丹请和,命阁门祗侯曹利用往答之。丁未,以雍王元份为东京留守。己酉,置龙图阁待制。

十一月辛亥,太白昼见。乙卯,遣使抚河北。契丹攻瀛州,知州李延渥率兵败之,杀伤十余万众,遁去。官吏进秩、赐物有差。己未,遣使安抚河东诸州。契丹逼冀州,知州王屿击走之。甲子,校猎近郊。丙寅,遣使安集河北流民。戊辰,以山南东道节度、同平章事李建隆为驾前东面排阵使,武宁军节度、同平章事石保吉为驾前西面排阵使。石州地震。庚午,车驾北巡。司天言:日抱珥,黄气充塞,宜不战而却。癸酉,驻跸韦城县。甲戌,寒甚,左右进貂帽毳裘,却之曰:"臣下皆苦寒,朕安用此。"王继忠数驰奏请和,帝谓宰相曰:"继忠言契丹请和,虽许之,然河冰已合,且其情多诈,不可不为之备。"契丹兵至澶州北,直犯前军西阵,其大帅挞览耀兵出阵,俄中伏弩死。丙子,帝次澶州。渡河,幸北寨,御城北楼,召诸将抚慰。郓州得契丹谍者,斩之。戊寅,曹利用使契丹还。

十二月庚辰朔,日有食之。契丹使韩杞来讲和。辛巳,遣使安抚河北、京东。壬午,幸城南临河亭,赐凿凌军绵襦。癸未,幸北寨,又幸李继隆营,命从官将校饮,犒赐诸军有差。诏谕两京以将班师。甲申,契丹使姚东之来献御衣食物。乙酉,御行营南楼观河,遂宴从官及契丹使。丙戌,遣使抚谕怀、孟、泽、潞、郑、滑等州,放强壮归农。遣监西凉左藏库李继昌使契丹定和,戒诸将勿出兵邀其归路。

丁亥，遣使安集河北流民，瘗暴骸。以阁门祗候曹利用为东上阁门使、忠州刺史。戊子，幸北寨劳军，召李继隆、石保吉宴射行宫西亭。壬辰，赦河北诸州死罪以下，民经蹂践者给复二年，死事官吏追录子孙。癸巳，雍王元份疾，命参知政事王旦权东京留守。甲午，车驾发澶州，大寒，赐道傍贫民襦袴。乙未，契丹使丁振以誓书来。丁酉，契丹兵出塞。戊戌，至自澶州。己亥，幸雍王元份宫视疾。辛丑，录契丹誓书颁河北、河东诸州。癸卯，遣使抚问河北东、西路官吏将卒，访察功状。甲辰，改威虏诸军名。戊申，诏恤河北伤残。

是岁，交州、西凉府、西高丰甘沙州、占城大食蒲端龟兹国来贡。江南东、西路饥，陕、滨、棣州蝗害稼，命使振之。

二年春正月庚戌朔，以契丹讲和，大赦天下，非故斗杀、放火、强盗、伪造符印，犯赃官恶、十典至死者，悉除之。壬子，放河北诸州强壮归农，令有司市耕牛给之。癸丑，罢诸路行营，合镇、定两路都部署为一。乙卯，罢北面部署、钤辖、都监、使臣二百九十余员。振河北饥。遣监察御史朱搏赴德清军收瘗战没遗骸，致祭。罢江、淮、荆、浙增榷酤钱。丙辰，幸雍王元份宫视疾。甲子，诏淮南以上供军储振饥民。戊辰，以天平军节度使王超为崇信军节度。省河北戍兵十之五，缘边三之一。所在量军储馈给，勿调民飞挽。癸酉，幸李继隆第视疾。京西民转送军储者赐租十二。丁丑，诏河北转运使察官属不任职者以名闻。戊寅，取淮、楚间踏犁式颁之河朔。

二月，嘉、邛州铸大铁钱。置霸州、安肃军榷场。癸未，李继隆卒。甲申，定入粟实边授官等级。乙酉，遣使安抚交州。甲午，诏缘边得契丹马牛，悉纵还之；没蕃汉口归业者，给资粮。弛边民铁禁。环州言戎人入寇，击走之，俘其军主。癸卯，遣太子中允孙仅等使契丹。丁未，吕蒙正对便殿。

三月甲寅，御试礼部贡举人。戊午，郑州防御使魏能坐归师不整，责授右羽林将军。庚申，禁边民入外境掠夺。

夏四月，赐进士李迪等琼林宴。丁酉，枢密直学士刘师道责授忠武军行军司马,右正言、知制诰陈尧咨单州团练使,俱坐考试不公。己亥,葺河北城池。癸卯,置资政殿学士,以王钦若为之。冯拯为参知政事。甲辰,以宁国军留后、驸马都尉吴元扆为武胜军节度。戎人寇环州,击败之,执其酋庆柰,请戮之,诏释其罪,配淮南。

五月戊申,幸国子监。丁巳,司天少监史序上《乾坤宝典》。己未,幸元份宫视疾。庚申,御试河北举人。丁卯,宴近臣于资政殿。钱种放游嵩山。癸酉,诏天下榷利勿增羡为额。

六月丁丑,诏劝学。幸诸王宫。己卯,命法直官用士人。己丑,曹州民赵谏、赵谔以恐喝赃钜万伏诛。辛卯,以赵德明归款,谕河西诸蕃各守疆界。高琼求板本经史,诏给之。

秋七月庚戌,刘质进《兵要论》,召试中书。甲子,诏复贤良方正能直言极谏等六科。

八月戊寅,雍王元份薨。丙戌,有司上新定权衡法。遣内臣奉安太祖圣容于扬州建隆寺。丁亥,翰林学士晁迥先为郓王元份留守官属,坐辅导无状,责授右司郎中。辛丑,幸南宫及恭孝太子宫。有星孛于紫微。

九月丁未,以向敏中为鄜延路都部署。庚戌,淮南旱,诏转运使疏理系囚。癸亥,三司上新编敕。群臣三表上尊号,不允。庚午,幸兴国寺传法院观新译经。辛未,命近臣虑开封府系囚。壬申,诏:荆湖溪峒民为蛮人所掠而归者,勿限年月,给还旧产。

冬十月庚辰,丁谓上《景德农田编敕》。乙酉,毕士安薨。丙戌,遣职方郎中韩国华等使契丹。

十一月戊申,诏翰林侍讲学士邢昺等举堪为学官者十人。丙辰,享太庙。丁巳,祀天地于圜丘。大赦。庚申,大宴含光殿。癸亥,寇准加中书侍郎兼工部尚书,楚王元佐为右卫上将军,彭城郡王元偓进封宁王,安定郡王元偁进封舒王,曹国公元俨进封广陵郡王,安定郡公惟吉加同平章事。癸酉,契丹使来贺承天节。

十二月辛巳,置资政殿大学士,以王钦若为之。癸未,以高琼为忠武军节度,葛霸为昭德军节度。对京畿父老于长春殿,赐帛有差。

契丹遣使贺明年正旦。

是岁，夏州、西凉府、邛部川蛮来贡。淮南、两浙、荆湖北路饥，京东蝻生，闽飓风不害稼，遣使分振。

三年春正月丁巳，亲释逋负系囚。振畿县贫民，收瘗遗骸。丁卯，诏缘边归业民给复三年。辛未，置常平仓。

二月甲戌，幸北宅省德恭疾。乙亥，诏京东西、淮南、河北振乏食客户。己卯，谒明德皇后攒宫，赐守奉人缗帛。甲申，禁民开近陵域地。以宋州为应天府。丁亥，王继英卒。戊戌，以中书侍郎、兼工部尚书、平章事寇准为刑部尚书，左丞、参知政事王旦为工部尚书、平章事。己亥，王钦若、陈尧叟并知枢密院事。翰林学士赵安仁参知政事。枢密都承旨韩崇训、马知节并签署枢密院事。

三月乙巳，客星出东南。辛亥，免随州光化民贷粮。己未，诏徼谏臣悉心献替。

夏四月癸酉，幸秦国长公主第。丙子，幸开宝寺，遂幸御龙直班院，观教阅弓刀。又幸左骐骥院，赐从官马、群牧使等器币。还幸崇文院观图籍，赐编修官金帛有差。己卯，置清平、宣化二军。乙酉，置河北缘边安抚使副、都监于雄州。壬辰，命使巡抚益、利、梓、夔、福建诸路，决狱及犒设将吏、父老。乙未，种放赐告归终南山。己亥，遣使巡抚江、浙路。

五月壬寅，日当食不亏。周伯星见。辛亥，置京东五路巡检。丁巳，幸北宅视德恭疾。己未，德恭卒。西凉府厮铎督部落多疾，赐以药物。渭州妙娥族三千余帐内附。复置高州。

六月丙子，群臣固请听乐，从之。诏三班考较使臣以七年为限。知广州凌策请发兵定交阯乱，帝以黎桓素修职贡，不欲伐丧，命遵前诏安抚。戊寅，罢两川税课金二分。乙未，汴水暴涨，赐役兵钱。丙申，遣使振应天府水灾及瘗溺死者。

秋七月壬寅，减鄜延戍兵。乙巳，太白昼见。庚戌，诏渭州、镇戎军收获蕃部牛送给内地耕民。壬子，赐广南圣惠方，岁给钱五万，市药疗病者。邵晔上邕州至交阯水陆路及控制宜州山川等图,帝曰:"祖宗辟土广大,唯当慎守,不必贪无用地,苦劳兵力。"甲子,大宴含光殿,始用乐。丙寅,大风,遣中使视稼。

八月甲戌,阅太常新集雅乐。丁丑,幸宝相院。戊寅,诏川峡戍兵二年者代之。庚辰,工部侍郎董俨坐躁竞倾狡,责授山南东道行军司马。

九月甲寅,宴射含芳园。丙辰,御试贤良方正直言极谏科。壬戌,幸元偓宫视疾。甲子,置诸陵斋宫。乙丑,放西州纳质人。夏州赵德明奉表归款。

冬十月庚午,以赵德明为定难军节度兼侍中,封西平王。甲午,两浙转运使姚铉坐不法除名,为连州文学。丁酉,葬明德皇后。

十一月壬寅,周伯星再见。

十二月癸酉,太白昼见。戊寅,高琼卒。乙酉,狩近郊,以亲获兔付有司荐庙。戊子,诏牛羊司畜有挈乳者放牧勿杀。辛卯,朝陵,缘路禁乐。壬辰,幸秦国长公主第,又幸北宅视德钧疾。

是岁,西凉府龛谷十族、高溪州、风琶溪洞诸蛮酋来贡。凉东西、河北、陕西饥,振之。博州蝗,不为灾。

四年春正月己亥朔,御朝元殿受朝。诏:京畿系囚流以下减一等。甲辰,以陈尧叟为东京留守。德钧卒。乙巳,契丹使辞归国。以丁谓为随驾三司使。己未,车驾发京师。庚申,次中牟县,除逋负,释系囚,赐父老衣币,所过如之。王显卒。丙寅,次永安镇。丁卯,帝素服诣诸陵。减西京及诸路系囚罪,如己亥诏。置永安县及三陵副使都监。

二月己巳,幸西京,经汉将军纪信冢、司徒鲁恭庙,赠信太尉、恭太师。命吏部尚书张齐贤祭周六庙。诏从官先茔在洛者赐告祭拜。癸酉,诏西京建太祖神御殿。置国子监、武成王庙。甲戌,幸上清宫。诏赐酺三日。辛巳,录唐白居易孙利用为河南府助教。壬午,幸吕蒙正第。甲申,御五凤楼观酺,召父老五百人,赐饮楼下。丁亥,幸元偓宫。戊子，葺周六庙。加号列子。增封唐孝子潘良瑗及其子季通墓，仍禁樵采。庚寅，诏河南府置五代汉高祖庙。辛卯，车驾发西京。甲午，次郑州，遣使祀中岳及周嵩、懿二陵。丁酉，赐隐士杨璞缯帛。

三月己亥，至自西京。甲辰，谒启圣院太宗神御殿。癸丑，赵德明遣使来谢廪给，因贡驼马，优赐答之。丁巳，诏天下收瘗遗骸，致祭。庚申，蠲河南府仓库吏逋负刍粮缯帛四十五万。

夏四月癸酉，诏岭南官除赴以时，以避炎瘴。辛巳，皇后郭氏崩。甲午，诏榷酤不得增课。

五月丙申朔，日有食之。辛亥，有司上大行皇后谥曰庄穆。减并、代戍兵屯河东，以省馈运。戊午，幸元偓宫视疾。兖州增二千户守孔子坟。

闰月戊辰，减剑、陇等三十九州军岁贡物，夔、贺等二十七州军悉罢之。己巳，幸秦国长公主第省疾。壬申，御试制科举人。丙戌，诏张齐贤等各举供奉官、侍禁、殿直有谋略武干知边事者二人。癸巳，诏：开封府断狱，虽被旨仍覆奏。

六月，盛署，减京城役工日课之半。丁未，令翰林讲读、枢密直学士各举常参官一人充御史。司天监言五星聚而伏于鹑火。乙卯，葬庄穆皇后。

秋七月丁卯，庄穆皇后祔别庙。庚午，置灵台令。壬申，增置开封府判官、推官各一员。甲戌，宜州兵乱，军校陈进杀知州刘永规等，劫判官卢成均为首。诏阁门使曹利用等讨之。乙亥，交州来贡，赐黎龙廷九经及佛氏书。辛巳，以龙廷为静海军节度、交阯郡王，赐名至忠。癸巳，复置诸路提点刑狱。

八月壬寅，幸大相国寺，遂幸崇文院观书，赐修书官器币。又幸内藏库。丁未，中书门下言庄穆皇后祥除已久，秋宴请举乐，不允。己酉，颁宜州立功将士赏格。益州地震。辛亥，赐文宣王四十六世孙圣佑同学究出身。壬子，邢昺加工部尚书。中书门下再表请秋宴听乐，又不允。丙辰，泾原路言瓦亭寨地震。丁巳，诏王旦、杨亿等修太祖、太宗史。罢龙图阁直学士，以右谏议大夫杜镐为之。丁谓上《景德会计录》。

九月己巳，赐交阯郡王印及安南旌节。壬申，赐畿县圣惠方。丁亥，幸舒王宫视疾。辛卯，赐监修国史王旦宴。壬辰，日上有五色云。

冬十月甲午朔，日当食，云阴不见。曹利用破贼于象州，擒卢成均，斩陈进。优赐将士，利用等进秩赐物有差。乙巳，颁考试进士新格。祠祭置监祭使二员，以御史充。诏翰林学士晁迥等举常参官可知大藩者二人。丁未，升象州为防御。甲寅，诏："宜柳象州、怀远军死罪以下，非十恶、谋故斗杀、官吏犯枉法赃者，并原之。广南东、西路杂犯死罪以下递减一等，胁从受署者勿理。蠲宜柳象州、怀远军丁钱及夏秋租，桂、昭秋租。"乙卯，毁诸道官司非法讯囚之具。

十一月戊辰，日南至，御朝元殿受朝。曹利用等言招安贼党，其馈贼食物者，请追捕减死论，诏释不问。

十二月己亥，赐近臣、契丹锦骑绫縠等物。癸卯，废兖州铁冶。己未，甘州僧翟大秦等献马，给其直。

是岁，河西六谷、夏州、沙州、大食、占城、蒲端国、西南蕃溪峒蛮来贡。雄州、安肃、广信饥。宛丘、东阿、须城县蝗，不为灾。诸路丰稔，淮、蔡间麦斗十钱，粳米斛二百。

大中祥符元年春正月乙丑，有黄帛曳左承天门南鸱尾上，守门卒涂荣告，有司以闻。上召群臣拜迎于朝元殿启封，号称天书。丁卯，紫云见，如龙凤覆宫殿。戊辰，大赦，改元，群臣加恩，赐京师酺。幽州旱，求市麦种；夏州饥，请易粟，并许之。己巳，诏：黎、雅、维、茂四州官以瘴地二年一代。甲戌，大雪，停汴口、蔡河夫役。戊寅，蠲畿内贷粮。己卯，诏以天书之应，申儆在位。乙酉，制加交阯郡王黎至忠功臣食邑。

二月壬辰，御乾元门观酺，赐父老千五百人衣服、茶彩。丁酉，分遣中使六人锡边臣宴。丙午，申明非命服勿服销金，及不许以金银为箔之制。

三月甲戌，兖州父老千二百人诣阙请封禅；丁卯，兖州并诸路进士等八百四十人诣阙请封禅；壬午，文武官、将校、蛮夷、耆寿、僧道二万四千三百七十余人诣阙请封禅：不允。自是表凡五上。

夏四月甲午，诏以十月有事于泰山，遣官告天地、宗庙、岳渎诸祠。乙未，以知枢密院事王钦若、参知政事赵安仁为泰山封禅经度制置使。丙申，以王旦为封禅大礼使，冯拯、陈尧叟分掌礼仪使。庚子，幸元偶宫视疾。壬寅，御试礼部贡举人。丙午，作昭应宫。戊申，幸秦国长公主第省疾。又幸晋国、鲁国长公主第，并赐白金千两，彩二千匹。曹济州、广济军耆老二千二百人诣阙请临幸。

五月壬戌，王钦若言泰山醴泉出，锡山苍龙见。丙子，诏瘗汴、蔡、广济河流尸暴骸，仍致祭。丁丑，幸南宫视惟能疾。壬午，诏缘路行宫旧屋止加涂塈，毋别创。癸未，置天书仪卫使副、扶侍使都监、夹侍，凡有大礼即命之。诏离京至封禅以前不举乐，所经州县勿以声伎来迎。甲申，放后宫一百二十人。戊子，诏：除乘舆供帐，存于礼文者如旧，自今宫禁中外进奉物，勿以销金文绣为饰。

六月乙未，天书再降于泰山醴泉北。丁酉，诏宫苑皇亲臣庶第宅饰以五彩，及用罗制幡胜、缯帛为假花者，并禁之。壬寅，迎泰山天书于含芳园，云五色见，俄黄气如凤驻殿上。庚戌，曲赦兖州系囚流罪以下。辛亥，群臣表上尊号曰崇文广武仪天尊道宝应章感圣明仁孝皇帝。

秋七月庚申，太白昼见。丙寅，诏：诸州市上供物，非土地所宜者罢之。

八月己丑，上太祖尊谥曰启运立极英武圣文神德玄功大孝皇帝，太宗曰至仁应道神功圣德文武大明广孝皇帝。庚寅，诏东封道路军马毋犯民稼，开封府毋道役民。庚子，置河东缘边安抚司。乙巳，黔州言磨嵯、洛浦蛮首领龚行满等率族二千三百人内附。己酉，王钦若献芝草八千余本。

九月戊午，令有司勿奏大辟案。岳州进三脊茅。庚申，以向敏中权东京留守。甲子，奉天书告太庙，悉陈诸州所上芝草、嘉禾、瑞

木于仗内。戊辰,幸元偓宫视疾。壬申,知晋州齐化基坐贪暴削籍,
流崖州。乙亥,幸潜龙园宴射。丁丑,幸惟吉宫视疾。戊寅,西京诸
州民以车驾东巡贡献,召对劳赐之。己卯,以马知节为行营都部署。
庚辰,赵安仁献五色金玉丹、紫芝八千七百余本。乙酉,亲习封禅仪
于崇德殿。

　　冬十月戊子,上御蔬食。庚寅,以巡幸置考制度使、副,凡巡幸
则命之。是夕,五星顺行同色。辛卯,车驾发京师,扶侍使奉天书先
道。丙申,次澶州,宴周莹于行宫。戊戌,许、郓、齐等州长吏赴泰山
陪位。辛丑,驻跸郓州,神光起昊天玉册上。甲辰,诏扈从人毋坏民
舍、什器、树木。丁未,法驾入乾符县奉高宫。戊申,王钦若等献泰
山芝草三万八千余本。己酉,五色云起岳顶。庚戌,法驾临山门,黄
云覆辇,道圈险峻,降辇步进。先夕大风,至是顿息。辛亥,享昊天
上帝于圜台,陈天书于左,以太祖、太宗配。帝衮冕奠献,庆云绕坛,
月光有黄光;命群臣享五方帝诸神于山下封祀坛,上下传呼万岁,
振动山谷。降谷口,日有冠,黄气纷郁。壬子,禅社首,封祀仪。紫
气下覆,黄光如星绕天书匣。纵四方所献珍禽奇兽。还奉高宫,日
重轮,五色云见。作会真宫。癸丑,御朝觐坛之寿昌殿,受群臣朝贺。
大赦天下,常赦所不原者咸赦除之。文武并进秩。赐致仕官本品全
奉一季,凉朝官衣绯绿十五年者改赐服色。令开封府及所过州军考
送服勤词学、经明行修举人,其怀材抱器沦于下位,及高年不仕德
行可称者,所在以闻。三班使臣经五年者与考课。两浙钱氏、泉州
陈氏近亲,蜀孟氏、湖南马氏、荆南高氏、广南河东刘氏子孙未食禄
者,听叙用。赐天下酺三日。改乾封县为奉符县。泰山七里内禁樵
采。大宴穆清殿。又宴近臣、泰山父老于殿门,赐父老时服、茶帛。
甲寅,复常膳。次太平驿,赐从官辟寒丸、花茸袍。丙辰,次兖州,以
州为大都督府。

　　十一月戊午,幸曲阜县,谒文宣王庙,靴袍再拜。幸叔梁纥堂。
近臣分奠七十二弟子。遂幸孔林,加谥孔子曰玄圣文宣王,遣官祭
以太牢,给近便十户奉茔庙,赐其家钱三十万,帛三百匹。以四十六

世孙圣佑为奉礼郎，近属授官、赐出身者六人。追谥齐太公曰昭烈武成王，令青州立庙；周文公曰文宪王，曲阜县立庙。辛酉，赐诸蕃使袍笏。壬戌，次东都县，幸广相寺。癸亥，次郓州，幸开元寺。丁卯，赐曲阜孔子庙经史。辛未，幸河渎庙，加封。癸酉，曲宴永清军节度使周莹，赐兵士缗钱。丁丑，帝至自泰山，奉天书还宫。壬午，诏以正月三日为天庆节。甲申，命王旦奉上太祖、太宗谥册，亲享太庙。乙酉，大宴含光殿。

十二月辛卯，御乾元殿受尊号。庚子，葛霸卒。辛丑，王旦加中书侍郎兼刑部尚书；楚王元佐加太傅；宁王元偓为护国军节度，舒王元偁为平江、镇江军节度，并兼侍中；广陵郡王元俨进封荣王；安定郡公惟吉为威德军节度，余进秩有差。癸卯，幸上清宫、景德开宝寺。王钦若加礼部尚书。甲辰，张齐贤为右仆射，温仲舒、寇准并为户部尚书，王化基、邢昺、郭贽并为礼部尚书。诏：天下宫观陵庙，名在地志，功及生民者，并加崇饰。戊申，以德雍、德文、德存、惟正、惟忠、惟叙、惟和、惟宪并领诸州刺史，允升、允言、允成、允宁、允中并为各卫将军。庚戌，幸元偁宫视疾。又幸元偓宫。辛亥，交阯郡王黎至忠加同平章事。壬子，幸元偓宫。契丹使上将军萧智可等来贺。

是岁，西凉府、甘州、三佛齐、大食国、西南蕃等贺封禅。诸路言岁稔，米斗七八钱。

二年春正月癸亥，以封禅庆成，赐宗室、辅臣袭衣、金带、器币。乙丑，置内殿承制。戊辰，诏："诱人子弟析家产，或潜举息钱，辄坏坟域者，令所在擒捕流配。"庚午，诏："读非圣之书及属辞浮靡者，皆严遣之。已镂板文集，令转运司择官看详，可者录奏。"乙酉，以陕西民饥，遣使巡抚。

二月己丑，改定入内内侍省内侍名职。壬辰，诏立曲阜县孔子庙学舍。乙未，赐抚州高年黄泰粟帛。甲辰，蠲同、华民租。乙巳，幸大相国等寺、上清宫祈雨。戊申，遣使祠太一，祀玄冥。己酉，雨。癸丑，禁毁金宝塑浮屠像。甲寅，以丁谓为三司使。

三月丙辰，日当食，阴晦不见。辛未，赐京城酺。己卯，左屯卫将军允言坐称疾不朝，降太子左卫率。

夏四月戊子，升州火，遣御史访民疾苦，蠲被火屋税。己丑，饯种放还山。乙未，河北旱，遣使祠北岳。己亥，以丁谓为修昭应宫使。壬寅，诏禁中外群臣非休暇无得群饮废职。诏医官院处方并药赐河北避疫边民。丙午，试服勤词学、经明行修国监生。丁未，振陕西民饥。

五月乙卯，追封孔子弟子七十二人。罢韶州献频婆果。丁卯，遣使陕西决狱，流罪以下减一等，死罪情可悯者上请。庚辰，陕西旱，遣使祷太平宫、后土、西岳、河渎诸祠。代州地震。

六月乙酉，颁幕职、州县官招集户口赏条。甲午，幸昭应宫，赐修宫使器币。辛卯，保州增屯田务兵三百人。戊戌，麟府言社庆族依唐龙镇为援，数扰别部，请出兵袭之。帝曰："均吾民也。"不许。壬寅，诏量留五坊鹰鹘，备诸王从时展礼，余悉纵之。罢邕、宜州岁贡药箭。庚戌，御试东封路服勤词学、经明行修贡举梁固等九十二人。

秋七月甲寅，诏张齐贤等各举才堪御史者一人。丁巳，置纠察在京刑狱司。辛酉，复以万安宫为滋福殿。己巳，幸惟吉宫视疾。辛未，以昭应宫为玉清昭应宫。乙亥，蠲京东徐、济七州水灾田租。戊寅，诏孔子庙配享鲁史左丘明等十九人加封爵。庚辰，蠲天下封禅赦前逋负千二百六十六万缗。

八月丙戌，京东惠民河溢，居民避水所过津渡，戒有司勿算。甲辰，西南蕃龙汉珧来贡，贺东封，加汉珧宁德大将军。

九月戊午，赐秦州被水民粟人一斛。壬戌，合镇、定部署为一。甲子，浚汴口。命工部侍郎冯起为契丹国信使。乙丑，幸潜龙园宴射。甲戌，遣使赐戎、泸军民辟瘴药。乙亥，无为军言大风拔木，坏城门、营垒、民舍，压溺者千余人。诏内臣恤视，蠲来年租，收瘗死者，家赐米一斛。丁丑，发官廪振凤州水灾。

冬十月癸未，优赏宁朔军士。戊子，诏江、浙运粮兵卒经冬停役两月。甲午，诏天下置天庆观。甲辰，兖州霖雨害稼，振恤其民。

十一月丙辰，作《文武七条》戒官吏。甲子，诏：诸路官吏蠹政害民，转运使、提点刑狱官不举察者坐之。癸酉，蕃部阿黎等来朝贡，授阿黎怀化司戈。

十二月辛巳，诏：晋国大长公主丧，罢承天节上寿及明年元旦朝会。交州黎至忠驯犀。乙未，幸惟吉宫视疾。辛丑，丁谓上《封禅朝觐祥瑞图》，刘承珪上《天书仪仗图》。甲辰，幸惟吉宫视疾。契丹国母萧氏卒，辍视朝。

是岁，于阗、西凉府、西南蕃罗崑州蛮来贡。雄州虫食苗即死，遣使振恤。

三年春正月丁巳，赐建安军父老江禹锡粟帛。

二月乙酉，丁谓请承天节禁屠宰刑罚，从之。癸巳，交州黎至忠卒，大校李公蕴自称留后。己亥，禁方春射猎，每岁春夏所在长吏申明之。辛丑，以张齐贤判河阳。

闰月辛亥，帝御文德殿，群臣入阁。甲寅，冬官正韩显符上新造铜候仪。乙卯，诏转运司贷恤黎州夷人。丁卯，幸开封府射堂宴射，赐开封府将吏器币。戊辰，诏：“东京畿内死罪以下递减一等。将吏逮事太宗藩府者并赐予。赤县父老本府宴犒，年九十者授摄官，赐粟帛终身；八十者爵一级。”甲戌，以射堂为继照堂。丁丑，召宰臣于宜圣殿，谒太宗圣容、玉皇像。戊寅，幸韩国长公主第视疾。

三月壬辰，以权静海军留后李公蕴为静海军节度，封交阯郡王，赐衣带器币。丙申，幸石保吉第视疾。辛丑，诏戎、泸州给复一年，艰食者振之。

夏四月辛亥，左屯卫将军允言坐狂率责授太子左卫副率。壬子，石保吉卒。乙卯，陕西民疫，遣使赍药赐之。丁巳，诏中书以五月一日进中外文武升朝官及奉使岁举官名籍。辛酉，赐泰山隐士秦辨号贞素先生，放还山。甲子，契丹国母葬，废朝，禁边城乐。甲戌，加王旦兵部尚书，知枢密院事王钦若户部尚书，陈尧叟工部尚书。

五月己卯，幸惟吉宫视疾。壬午，以西凉府觅诺族瘴疫，赐药。

丙辰,惟吉卒。辛丑,京师大雨,平地数尺,坏庐舍,民有压死者,赐
布帛。

六月庚戌,边臣言契丹饥,来市籴,诏雄州籴粟二万石振之。河
中府父老千余人请祀后土,不许。丙辰,颁天下《释奠先圣庙仪》并
《祭器图》。诏:前岁陕西民饥,有鬻子者,官为购赎还其家。壬戌,
幸邢昺第视疾,赐金帛。乙丑,幸元偶宫视疾。

秋七月丙申,温仲舒卒。己亥,以右丞向敏中为工部尚书、资政
殿大学士。置龙图阁学士,以直学士杜镐为之。诏南宫北宅大将军
以下,各勤讲肄,诸子十岁以上并受经学书,勿令废惰。辛丑,文武
官、将校等三上表请祠汾阴后土。

八月丁未朔,诏:明年春有事于汾阴,州府长吏勿以修贡助祭
烦民。戊申,陈尧叟为祀汾阴经度制置使。己酉,王旦为祀汾阴大
礼使,王钦若为礼仪使。庚戌,诏汾阴路禁弋猎,不得侵占民田,如
东封之制。辛亥,以江南旱,诏转运使决狱。壬子,幸元偶宫视疾。
升、洪、润州屡火,遣使存抚,祠境内山川。戊午,赐占城国主马及器
甲。庚申,幸天驷监,赐从官马。解州池盐不种自生。辛酉,给郓州
牧马草地还民。甲子,罢江、淮和籴,所在系囚递减一等,盗谷食者
量行论决。丁卯,群臣五表上尊号,不许。戊辰,诏升、洪、杨、庐州
长吏兼安抚使。甲戌,以澄州团练使朱能为左龙武军大将军。乙亥,
河中府父老千七百人来迎,上劳问之,赐以缗帛。

九月癸未,赐钱三十万给故卢多逊子葬其父母。丁亥,作宗室
座右铭赐诸王。华州言父老二千余人请幸西岳。癸巳,杖杀入内高
品江守恩于郑州,知州俞献卿坐论救削一任。乙未,幸崇真资圣院
视吴国长公主疾。甲辰,内出绥抚十六条颁江、淮南安抚使。

冬十月辛亥,契丹使耶律宁告征高丽。河中民获《灵宝真文》。
庚申,丁谓等上《大中祥符封禅记》。

十一月庚寅,遣内臣奉安宣祖、太祖圣容于二陵。乙未,甘州回
鹘来贡。己亥,幸太一宫。陕州黄河清。

十二月,陕州黄河再清。庚戌,集贤校理晏殊献河清颂。癸丑,

诏天下贫民及渔采者过津渡勿算。乙卯,告太庙。诏自今谒庙入东偏门。以资政殿大学士向敏中权东京留守。丁巳,翰林学士李宗谔等上《诸道图经》。辛酉,谒玉清昭应宫。丙寅,诏沙门岛流人特给口粮。已巳,作《奉天庇民述》示宰相。禁扈从人燔道路草木。辛未,以太宗御书赐交州李公蕴。

是岁,龟兹、占城、交州来贡。陕西饥。江、淮南旱。

宋史卷八

本纪第八

真宗三

四年春正月辛巳，诏执事汾阴懈怠者，罪勿原。乙酉，习祀后土仪。丁亥，将祀汾阴，谒启圣院太宗神御殿、普安院元德皇后圣容。丙申，诏以六月六日天书再降日为天贶节。丁酉，奉天书发京师。日上有黄气如匹素，五色云如盖，紫气翼仗。庚子，右仆射、判河阳张齐贤见于汜水顿。陈尧叟献白鹿。辛丑，陈幄殿于訾村，望拜诸陵。甲辰，至慈涧顿，赐道傍耕民茶荈。

二月戊申，赐扈驾诸军缗钱。华州献芝草。东京狱空。壬子，出潼关，渡渭河，遣近臣祠西岳。癸丑，次河中府。丁巳，黄云随天书辇。次宝鼎县奉祇宫，戊午，登后圃延庆亭。己未，潘泉涌，有光如烛。辛酉，祀后土地祇。是夜，月重轮，还奉祇宫，紫气四塞，幸开元寺，作大宁宫。壬戌，甘州回鹘、蒲端、三麻兰、勿巡、蒲婆、大食国、吐蕃诸族来贡。大赦天下，常赦不原者咸赦除之。文武官并迁秩，该叙封欲回授祖父母者听；四品以上，追事太祖、太宗潜藩或尝更边任家无食禄者，录其子孙。建宝鼎县为庆成军。建隆佐命及公王将相丘冢，所在致祭。给西京分司官实奉三分之一。令法官慎刑名，有情轻法重者以闻。赐天下酺三日。大宴群臣于穆清殿，赐父老酒食衣币。作《汾阴配飨铭》、《河渎四海赞》。召草泽李渎、刘巽，渎以疾辞，授巽大理评事。乙丑，观酺。加号西岳。诏葺夷、齐祠。丁卯，赐宁王元偓服带鞍马有加。乙巳，次华州，幸云台观。庚午，宴宣泽亭,紫云如龙,起岳上。召见隐士郑隐、李宁,赐茶果束帛。辛未,次阌乡县,召见道士柴又玄,问以无为之要。壬申,宴虢州父老于湖城行宫。

三月甲戌,次陕州,召草泽魏野,辞疾不至。乙亥,赐运船卒时服。己卯,次西京。庚辰,罢河北缘边工役。壬午,幸上清宫。甲申,幸崇法院,移幸吕蒙正第,赐服御金币。丙戌,大宴大明殿。丁亥,诏葺所经历代帝王祠庙。己丑,御五凤楼观酺。壬辰,诏朝陵自西京至巩县不举乐。癸巳,禁扈从人践田稼。甲午,发西京。丙申,谒安陵、永昌诸陵。壬寅,幸列子庙,表潘孝子墓。

夏四月甲辰朔,上至自汾阴。壬子,幸元偁宫视疾。驸马都尉李遵勖责授均州团练副使。峡路钤辖执为乱夷人王群休等,帝悯其异俗,免死配隶。丙辰,大宴含光殿。己未,饯种放归终南。甲子,王旦加右仆射,元佐为太尉,元偓进封相王。乙丑,幸元偓宫视疾。葺尚书省。加王钦若吏部尚书,陈尧叟户部尚书,冯拯工部尚书。丙寅,以张齐贤为左仆射。丁卯,许国公吕蒙正薨。

五月丙子,加交阯郡王李公蕴同平章事。癸未,庐、宿、泗等州麦自生。辛卯,幸北宅视德存疾。京兆旱,诏振之。癸巳,诏州城置孔子庙。乙未,加上五岳帝号,作奉神述。丁酉,虑囚,死罪流徒降等,杖以下释之。辛丑,视德存疾。

八月丙午,太白昼见。亳州二龙见禹祠。德存卒。丙寅,遣使安抚江、淮南水灾,许便宜从事。诏授交甘等州、大食、蒲端、三麻兰,勿巡国奉使官。

秋七月壬申朔,除闽、浙、荆湖、广南岁丁钱四十五万。壬午,韩国、吴国、随国长公主进封卫国、楚国、越国长公主。镇、眉、昌等州地震。己丑,诏先蠲滨、棣州水灾田租十之三,今所输七分更除其半。丙申,江、洪、筠、袁江涨,没民田。

八月乙巳,太白昼见。丙午,幸南宫视惟叙疾。诏除畲田租。庚戌,曲宴诸王、宰相。癸丑,赐青州孤老独民帛。惟叙卒。丙辰,录唐长孙无忌、段秀实等孙,授官。丁巳,诏文武官有言刑政得失、边防机事者并赐对。癸亥,甘州回纥可汗夜落纥奉表诣阙。乙丑,刻御制《大中祥符颂》于大承天祥符门。决通利军,合御河,坏州城及伤田庐,遣使发粟振之。

九月丁丑,泾原钤辖曹玮言笼竿川熟户蕃部以间田输官,请于要害地募兵以居,从之。戊子,幸太乙宫祈晴。辛卯,向敏中等为五岳奉册使。癸巳,御乾元殿观醩。

冬十月戊申,御朝元殿发五岳册。丁巳,定江、淮盐酒价,有司虑失岁课,帝曰:“苟便于民,何顾岁入也。”

十一月庚午,占城国贡狮子。丙子,御试服勤词学、经明行修贡举人。

十二月乙巳,诏:楚、泰州潮害稼,复租;没溺人赐千钱、粟一斛。

是岁,西凉府、夏丰交州、甘州、诸溪峒蛮来贡。畿内蝗。河北、陕西、剑南饥。吉州、临江军江水溢,害民田舍。兖州蚼蝥虫不为灾。

五年正月乙亥,赐处州进士周启明粟帛。戊寅,雨木冰。壬午,幸元偶宫视疾。河决棣州。

二月庚戌,诏贡举人公罪听赎。丙寅,诏官吏安抚滨、棣被水农民。

三月己丑,御试礼部举人。丁未,峒酋田仕琼等贡溪布。庚戌,王旦等并加特进、功臣。丁巳,免滨、棣民物入城市者税一年。

夏四月戊申,以向敏中为平章事。有司请违法贩茶者许同居首告,帝谓以利败俗非国体,不许。壬子,除通、泰、楚州盐亭户积负丁额课盐。乙丑,枢密直学士边肃责授岳州团练副使。

五月辛未,江、淮、两浙旱,给占城稻种,教民种之。戊寅,修仪刘氏进封德妃。丁亥,免棣州租十之三。戊子,赐近臣金华殿所种麦。

六月庚申,赐杭州草泽林逋粟帛。壬戌,诏常参官举幕职、州县官充京官。癸亥,赐邵武军被水者钱粟。

秋七月戊辰,作保康门。

八月丙申朔,日有食之。丁酉,禁周太祖葬冠剑地樵采。戊戌,张齐贤为司空致仕。甲辰,诏枢密直学士限置六员。庚戌,淮南旱,减运河水灌民田,仍宽租限;州县不能存恤致民流亡者罪之。己未,作五岳观。

九月辛未,张齐贤入对。壬申,观新作延安桥。幸大相国寺、上清宫。射于宜春苑。癸酉,徙澄海三指挥屯岭北州郡。戊子,王钦若、陈尧叟并为枢密使、同平章事,丁谓为户部侍郎、参知政事。庚寅,幸故郓王、兖王宫。

冬十月戊午,延恩殿道场,帝瞻九天司命天尊降。己未,大赦天下,赐致仕官全奉。辛酉,作崇儒术论,刻石国学。

闰月己巳,上圣祖尊号。辛未,谢太庙。壬申,立先天、降圣节,五日休沐、辍刑。乙亥,诏上圣祖母懿号,加太庙六室尊谥。丙子,群臣上尊号曰崇文广武感天尊道应真佑德上圣钦明仁孝皇帝。丁丑,出舒州所获瑞石,文曰"志公记"。戊寅,建景灵宫、太极观于寿丘。辛巳,建安军铸圣像。龙见云中。戊子,御制配享乐章并二舞名,文曰发祥流庆,武曰降真观德。

十一月丙申,亲祀玉皇于朝元殿。甲辰,加王旦门下侍郎,向敏中中书侍郎,楚王元佐太师,相王元偓太傅,舒王元偁太保。内外官加恩。置玉清昭应宫使,以王旦为之。丁未,作《汴水发原文》。庚戌,诏允言朝参。乙卯,罢献珍禽异兽。

十二月甲子,置景福殿使。戊辰,作景灵宫。京师大寒,鬻官炭四十万,减市直之半以济贫民。壬申,改谥玄圣文宣王曰至圣文宣王。戊寅,溪峒张文乔等八百人来朝。己卯,知天雄军寇准狱空,诏奖之。乙酉,振泗州饥。丙戌,诏:天庆等节日,民犯罪情轻者释之。丁亥,立德妃刘氏为皇后。

是岁,交州、甘州、西凉府、溪峒蛮来贡。京城、河北、淮南饥,减直鬻谷以济流民。

六年春正月癸巳朔，上御朝元殿受朝。司天监言五星同色。庚子，诏减配隶法十二条。戊申，禁内臣出使预民政。己酉，赐京师酺五日。辛亥，进封卫国、楚国、越国长公主三人为徐国、邠国、宿国。庚申，置淑仪、淑容、顺仪、顺容、婉仪、婉容，在昭仪上。置司书令，在尚宫上。以婕妤杨氏为婉仪，贵人戴氏为修仪，美人曹氏为婕妤。辛酉，诏宗正寺以帝籍为玉牒。

二月戊辰，观酺。己亥，泰州言海陵草中生圣米，可济饥。

三月丁未，诏沙门岛流人罪轻者徙近地。乙卯，建安军铸玉皇、圣祖、太祖、太宗尊像成，以丁谓为迎奉使。

夏四月庚辰，诏淮南给饥民粥，麦登乃止。壬午，太白昼见。癸未，幸元偁宫视疾。丙戌，诏诸州死罪可疑者详审以闻。

五月壬辰，诏伎术官未升朝特赐绯紫者勿佩鱼。甲辰，圣像至。丙午，诏：圣像所经郡邑减系囚死罪，流以下释之。升建安军为真州。乙卯，谒圣像，奉安于玉清宫。丁巳，遣使奏告诸陵。

六月壬戌，惟和卒。赵州黑龙见。丁卯，寿丘献紫茎金芝。癸酉，保安军雨，河溢，兵民溺死，遣使振之。丙子，诏翰林学士陈彭年等删定《三司编敕》。丁丑，崇饰诸州黄帝祠庙。

秋七月癸巳，上清宫道场获龙于香合中。己亥，中书门下表请元德皇后祔庙。庚子，行配祔礼。癸卯，诏天下勿税农器。己酉，亳州官吏父老三千三百人诣阙请谒太清宫。

八月庚申，诏来春亲谒亳州太清宫。辛酉，以丁谓为奉祀经度制置使。丙寅，禁太清宫五里内樵采。庚午，加号太上老君混元上德皇帝。置礼仪院。

九月庚寅，幸元偁宫视疾。丁酉，出玉宸殿种占城稻示百官。

冬十月辛酉，元德皇后祔庙。甲子，亳州太清宫枯桧再生。真源县菽麦再实。癸酉，谒玉清昭应宫。己卯，作步虚词付道门。壬午，降圣节赐会如先天节仪。

十一月辛亥，幸元偁宫视疾。癸丑，赐御史台九经、诸史。甲寅，判亳州丁谓献芝草三万七千本。乙卯，龟兹遣使来贡。

十二月戊午朔,日有食之。庚申,泾原钤辖曹玮言发兵讨原州界拨藏族违命者,捕获甚众。回鹘遣使来贡。己巳,天书于扶侍使赵安仁等上奉天书车辂、鼓吹、仪仗。壬申,献天书朝元殿,遂告玉清昭应宫及太庙。乙亥,幸开宝寺、上清宫。己卯,幸太一宫。戎、泸蛮寇平。

是岁,西蕃、高州蛮、龟兹来贡。

七年春正月辛丑,虑囚。壬寅,车驾奉天书发京师。丙午,次奉元宫。判亳州丁谓献白鹿一,芝九万五千本。戊申,王旦上混元上德皇帝册宝。己酉,朝谒太清宫。天书升辂,雨雪倏霁,法驾继进,佳气弥望。是夜,月重轮,幸先天观、广灵洞霄宫。曲赦亳州及车驾所经流以下罪。升亳州为集庆军节度,减岁赋十之二。改奉元宫为明道宫。太史言含誉星见。庚戌,御均庆楼,赐酺三日。壬子,诏所过顿、递侵民田者,给复二年。丙辰,建南京归德殿,赦境内及京畿车驾所过流以下罪。追赠太祖幕府元勋僚旧,录常参官逮事者并进秩,欲授子孙者听。作鸿庆宫。

二月戊午,次襄邑县,皇子来朝。庚申,夏州赵德明遣使诣行阙朝贡。辛酉,至自亳州。丙寅,诏天地坛非执事辄临者斩。辛未,飨太庙。壬申,恭谢天地,大赦天下。乙亥,益州铸大铁钱。

三月,城淯井监。癸巳,雄州甲仗库火。甲午,制加宰相王旦、向敏中、楚王元佐、相王元偓、舒王元偁、荣王元俨枢密使、同平章事。乙未,宴翔鸾阁。辛丑,发粟振仪州饥。复诸州观察使兼刺史。甲辰,幸元偁宫视疾。丁未,封皇子庆国公。青州民赵嵩百一十岁,诏存问之。

夏四月丁巳,西凉府厮铎督遣使来贡。己未,赐淮南诸州民租十之二。癸亥,河南府狱空,有鸠巢其户,生二雏。甲子,以归义军留后曹贤顺为归义军节度使。丙子,舒王元偁薨。

五月壬辰,王旦为兖州景灵宫朝修使,乙未,又为天书刻玉使。泾原言叶施族大首领艳般率族归顺。

六月乙卯,禁文字斥用黄帝名号故事。丙辰,眉州通判董荣受赇鬻狱,长安知县王文龟酗酒滥刑,并投荒裔。戊午,戒州县官吏决罪逾法。壬申,封婉仪杨氏为淑妃。乙亥,枢密使王钦若罢为吏部尚书,陈尧叟为户部尚书。以寇准为枢密使、同平章事。丙子,诏:棣州经水,流民归业者给复三年。

秋七月辛丑,交州李公蕴败鹤柘蛮,献捷。癸卯,太白昼见。甲辰,以同州观察使王嗣宗、内客省使曹利用并为枢密副使。

八月甲寅,置景灵宫使,以向敏中为之。乙卯,除江、淮、两浙被灾民租。丁巳,杨光习坐擅领兵出寨,又诬军中谋杀司马张从吉,配隶邓州。乙丑,给河东沿边将士皮裘毡袜。甲戌,河决澶州。丁丑,命内臣奉安太祖、太宗圣像于鸿庆宫。辛巳,诏岭南戍兵代还日人给装钱五百。

九月丙戌,含誉星再见。辛卯,尊上玉皇圣号曰太上开天执符御历含真体道玉皇大天帝。戊戌,御试服勤词学、经明行修举人。辛丑,幸五岳观。

冬十一月乙酉,滨州河溢。玉清昭应宫成,诏减诸路系囚罪流以下一等。已丑,加王旦司空,修宫使。壬辰,御乾元门观酺。

十二月癸丑朔,日当食不亏。丙辰,诏王钦若等五人各举京朝、幕职、州县官详练刑典、晓时务、任边寄者二人。丁巳,诏川峡闽广转运、提点刑狱官察属吏贪墨惨刻者。己未,作元符观。庚申,契丹使萧延宁等辞归国。辛酉,加楚王元佐尚书令,相国元偓太尉,荣王元俨兼中书令,忠武军节度使魏咸信同平章事,余并进秩。泾原路请筑笼竿城。

是岁,夏州、西凉府、高丽、女真来贡。淮南、江、浙饥,除其租。天下户九百五万五千七百二十九,口二千一百九十七万六千九百六十五。

八年春正月壬午朔,谒玉清昭应宫,奉表告尊上玉皇大天帝圣号,奉安刻玉天书于宝符阁,还御崇德殿受贺,赦天下,非十恶、枉法赃及已杀人者咸除之。文武官满三岁者有司考课以闻。乙酉,诏环州缘边卒人赐薪水钱。庚寅,置清卫二指挥奉宫观。乙未,皇女入道。戊戌,徙棣州城。庚戌,诏王钦若等举供奉官至殿直有武干者一人。

二月,泗州周宪百五岁,诏赐束帛。甲寅,宗正寺火。丙辰,唃厮啰、立遵贡名马。丙寅,以元佐为天策上将军、兴元牧,赐剑履上殿,诏书不名。丁卯,遣使巡抚淮、浙路。癸酉,祈雨。丙子,诏进士六举、诸科九举者,许奏名。庚辰,大雨。

三月乙酉,幸元偓宫视疾。戊戌,宴宗室,射于苑中。壬寅,御试礼部贡举人。

夏四月辛酉,赐宰相五臣论。壬戌,以寇准为武胜军节度使、同平章事,王钦若、陈尧叟并为枢密使、同平章事。戊辰,德彝卒。壬申,荣王元俨宫火,延及殿阁内库。癸酉,诏求直言。命丁谓为大内葺使。戊寅,王膺坐准诏言事乖缪贬。

五月壬午,荣王元俨罢武信军节度使,降封端王。庚寅,荧惑犯轩辕。壬辰,废内侍省黄门。禁金饰服器。庚子,放宫人一百八十四人。

六月己酉朔,日有食之。辛未,诏诸州以御制七条刻石。乙亥,惟忠卒。

闰月己卯,赦天下。庚辰,王钦若上《彤管懿范》。

七月丙辰,以诸州牛疫免牛税一年。戊午,王嗣宗为大同军节度使。丙寅,幸相王元偓新宫。以宫城火,诏诸王徙宫于外。丙子,幸瑞圣园观稼,宴射于水心殿。

八月己卯,大理少卿阎允恭、开封判官韩允坐枉狱除名。戊戌,诏京兆河中府、陕同华虢等州贷贫民麦种。

九月,注辇国贡土物、珍珠衫帽。甲寅,唃厮啰聚众数十万,请讨平夏人以自效。丁卯,宴宗室,射于后苑。己巳,赐注辇使袍服、牲酒。

冬十月乙巳,王钦若上《圣祖先天纪》。戊申,回鹘呵罗等来贡。

十一月辛酉，相王元偓加兼中书令，端王元俨进封彭王。癸亥，高丽使同东女真来贡。

十二月戊寅，皇子冠。丁亥，侍禁杨承吉使西蕃还，以地理图进。辛卯，太子庆国公封寿春郡王。

是岁，占城、宗哥族及西蕃首领来贡。坊州大雨，河溢。陕西饥。

九年春正月丙辰，置会灵观使，以丁谓为之，加刑部尚书。壬申，以张士逊、崔遵度为寿春郡王友。

二月丁亥，王旦等上《两朝国史》。戊子，加旦守司徒，修史官以下进秩赐物有差。甲午，诏以皇子就学之所名资善堂。延州蕃部饥，贷以边谷。

三月丙午，除雷州无名商税钱。秦州曹玮抚捍蕃境得宜，诏嘉之。己酉，王钦若上《宝文统录》。辛酉，以西蕃宗哥族李立遵为保顺军节度使。壬戌，诏举官必择廉能。癸亥，置修玉牒官。乙丑，著作佐郎高清以赃贿杖脊，配沙门岛。

夏四月庚辰，周伯星见。丙申，赐天下酺。振延州蕃族饥。庚子，辛陈尧叟第视疾。壬寅，以唐相元稹七世孙为台州司马。

五月乙巳，邠宁环庆部署王守斌言夏州蕃骑千五百来寇庆州，内属蕃部击走之。癸丑，幸南宫视惟宪疾。甲寅，惟宪卒。乙卯，毛尸等三族蕃官冯移埋率属来归，诏抚之。丙辰，诏天下系囚死罪减等，流以下释之。丁巳，向敏中为宫观庆成使。甲子，左天厩草场火。庚午，太白昼见。

六月戊寅，幸会灵观，宴祝禧殿。癸未，京畿蝗。

秋七月，抚水蛮寇宜州，广南西路请便宜掩击，许之。丁未，增筑京师新城。丙辰，开封府祥符县蝗附草死者数里。戊午，停京城工役。癸亥，以畿内蝗下诏戒郡县。甲子，诏京城禁乐一月。丁卯，幸太乙宫、天清寺。

八月壬申，知秦州曹玮言伏羌寨蕃部厮鸡波与宗哥族连结为乱，以兵夷其族帐。丙子，令江、淮发运司留上供米五十万以备饥年。磁、华、瀛、博等州蝗不为灾。丙戌，制玉皇圣号册文。以陈尧叟为右仆射。戊子，以旱罢秋宴。壬辰，群臣请受尊号册宝，表五上，从之。

九月癸卯，雄、霸河溢。甲辰。以丁谓为平江军节度使。丙午，陈彭年、王曾、张知白并参知政事。丁未，曹玮言宗哥、唃厮啰、蕃部马波叱腊鱼角蝉等寇羌伏寨，击败之，斩首千余级。庚戌，以不雨罢重阳宴。利州水漂栈阁。甲寅，雨。督诸路捕蝗。丁巳，诏以旱蝗得雨，宜务稼穑省事及罢诸营造。戊午，禁诸路贡瑞物。戊辰，青州飞蝗赴海死，积海岸百余里。己巳，诏：民有出私廪振贫乏者，三千石至八千石第授助教、文学、上佐之秩。

冬十月己卯，王钦若表上《翊圣保德真君传》。壬申，诏冯拯等各举殿直以上武干者一人。壬辰，置直龙图阁。

十一月，会灵观甘露降。乙巳，诏河、陕诸路州简禁军五百人。丁未，河西节度使石普坐妄言灾异，除名流贺州。丁卯，以唐裴度孙坦为郑州助教。

是岁，西番宗哥族、邛部山后蛮、夏州、甘州来贡。诸州有陨霜害稼及水灾者，遣使振恤，除其租。

天禧元年春正月辛丑朔，改元。诣玉清昭应宫荐献，上玉皇大天帝宝册、衮服。壬寅，上圣祖宝册。己酉，上太庙谥册。庚戌，享六室。辛亥，谢天地于南郊。大赦，御天安殿受册号。乙卯，宰相读天书于天安殿，遂幸玉清昭应宫，作《钦承宝训述》示群臣。壬戌，诏以四月旦日为天祥节。丙寅，命王旦为兖州太极观奉上册宝使。

二月庚午，诏振灾，发州郡常平仓，壬申，御正阳门观酺。丁丑，置谏官、御史各六员，每月一员奏事，有急务听非时入对。戊寅，王旦加太保、中书侍郎、平章事，向敏中加吏部尚书；楚王元佐领雍州牧；相王元偓加尚书令兼中书令，进封徐王；彭王元俨加太保；寿春郡王祯兼中书令。王钦若加右仆射，赵德明加太傅，中外官并加恩。辛巳，考课京朝官改秩及考者。壬午，定宗室子授官之制。庚寅，进封李公蕴为南平郡王。秦州神武军破宗哥族、马波叱腊等于野吴谷,多获人马。己亥,陈彭年卒。

三月辛丑,以不雨祷于四海。壬寅,不雨,罢上巳宴。庚申,免潮州逋盐三百七十万有奇。辛酉,令作淖糜济怀、卫流民。

夏四月庚辰,陈尧叟卒。戊子,邵州野竹生实,以食饥。

五月戊戌,诏所在安恤流民。戊申,以王旦为太尉、侍中,五日一入中书,旦恳辞不拜。己酉,荧惑犯太微。乙卯,纵岁献鹰犬。己未,奉太祖圣容于西京应天院,向敏中为礼仪使。诸路蝗食苗,诏遣内臣分捕,仍命使安抚。

六月壬申,赦西京系囚,死罪减一等,流以下释之。父老年八十者赐茶帛,除其课役。戊寅,除升州后湖租钱五十余万,听民溉田。陕西、江淮南蝗,并言自死。庚辰,盗发后汉高祖陵,论如律,并劾守土官吏,遣内侍王克让以礼治葬,知制诰刘筠祭告。因诏州县,申前代帝王陵寝樵采之禁。乙酉,免大食国蕃客税之半。龟兹国使张复延等贡玉勒鞍马,令给其直。己丑,王旦对于崇政殿。

秋七月丁未,霖雨,放朝。己未,幸魏咸信第视疾。甲子,魏咸信卒。

八月庚午,以王钦若为左仆射兼中书侍郎、平章事。壬申,向敏中加右仆射兼门下侍郎。王旦对于便殿。丙子,诏京城禁围草地听民耕牧。丁丑,禁采狨。戊寅,免牛税一年。

九月癸卯,以参知政事王曾为礼部侍郎,李迪为参知政事,马知节知枢密院事,曹利用、任中正、周起并同知枢密院事。丙午,幸王旦第视疾。戊申,以蝗罢秋宴。己酉,王旦薨。甲寅,诏能拯救汴渠覆溺者给赏,或溺者贫者以官钱给之。丁未,教卫士骑射。

冬十月辛未,诏阁门,自今审官、三班院、流内铨,后殿日引公事,勿过两司。壬申,谕诸州非时灾沴不以闻者论罪。己卯,罢京东上贡物。辛卯,赐寿春郡王及王友张士逊等诗。

十一月己亥,诏曲宴日辍后殿视事。辛丑,曹玮平鬼留家族。壬寅,诏淮、浙、荆湖治放生池,禁渔采。乙卯,幸太一宫,大雪,帝谓宰相曰:"雪固丰稔之兆,第民力未充,虑失播种。卿等其务振劝,毋遗地利。"壬戌,契丹使耶律准来贺承天节。高丽使徐讷率女真首领入对崇政殿,献方物。

十二月丙寅,京城雪寒,给贫民粥,并瘗死者。乙亥,罢京城工役。丙子,严寒,放朝。丁丑,放逋负,释系囚。己卯,女真国人归,给装钱。高丽使徐讷赐射瑞圣园。辛卯,诏陕西缘边籴谷者勿算。壬辰,遣使缘汴河收瘗流尸。

是岁,三佛齐、龟兹国来贡。诸路蝗,民饥。镇戎军风雹害稼,诏发廪振之,蠲租赋,贷其种粮。

二年春正月乙未,真游殿芝草生。壬寅,振河北、京东饥。辛亥,赐寿春郡王《恤民歌》。戊午,王钦若等上《天禧记》四十卷。己未,遣使谕京东官吏安抚饥民,又命诸路振以淖糜。

二月丙寅,甘州来贡。丁卯,寿春郡王加太保,进封升王。诏近臣举常参官堪任御史者。庚午,右正言刘烨请自今言事许升殿,从之。庚辰,振京西饥。乙酉,幸徐王元偓宫视疾。

三月辛丑,修京城。丙辰,先贷贫民粮种止勿收。

夏四月戊子,幸飞山雄武教场,宴赐从臣将士。庚寅,赦天下,死罪减一等,流以下释之。

闰月,辰州讨下溪州蛮,斩首六十余级,降千余人。己亥,诏户部尚书冯拯等举幕职、令录堪充京官者各二人。癸卯,马知节为彰德军留后。丁未,灵泉出京师,饮者愈疾。作祥源观。壬子,幸徐王元偓宫视疾。

五月壬戌,诏长吏恤孝弟力田者。甲子,徐王元偓薨。丁卯,释下溪州蛮彭儒猛罪。丙戌,西京讹言妖如帽,夜蜚,民甚恐。

六月壬辰,诏三班使臣经七年者考课迁秩。己亥,诏诸州上佐、文学、参军谪降十年者,听还乡。乙巳,讹言帽妖至京师,民夜叫噪达曙,诏捕尝为邪法人耿概等弃市。辛亥,彗出北斗魁。

秋七月壬申,以星变赦天下,流以下罪减等,左降官羁管十年以上者放还京师,京朝官丁忧七年未改秩者以闻。丁亥,彗没。

八月庚寅,群臣请立皇太子,从之。壬寅,下溪州彭儒猛纳所掠汉生口、器甲等,诏赐袍带。甲辰,立皇子升王为皇太子。大赦天下,宗室加恩,群臣赐勋一转。戊申,黎州山后两林百蛮都王李阿善遣使来贡。壬子,彭王元俨进封通王。以李迪兼太子宾客。癸丑,作《元良箴》赐皇太子。甲寅,楚王元佐加兴元牧,徐国长公主进封福国,邠国长公主进封建国,宿国长公主进封鄂国。乙卯,诏畎索河水入金水河。丙辰,以德雍、德文、惟政并为诸州防御使,允成、允升、允宁并为诸州团练使。

九月丁卯,册皇太子。庚午,诏全给外戍诸军物。庚辰,御乾元门观酺。

冬十月庚子,御玉宸殿,召近臣观刈占城稻,遂宴安福殿。

十二月辛丑,以张旻为武宁军节度使、同平章事。

是岁,占城国、甘州、溪峒、黎州山后蛮来贡。陕西旱,振之。江阴军蝻不为灾。

三月春正月癸亥,贡举人郭积等见崇政殿。积冒丧赴举,命典谒诘之,即引咎,殿三举。

二月乙未,河南府地震。

三月戊午朔,日有食之。遣吕夷简体访陕、亳民讹言。丙寅,御试礼部贡举人。癸未,翰林学士、工部尚书钱惟演等坐知举失实,降一官。甲申,颍州石陉出泉,饮之愈疾。

夏四月甲午,西上阁门使高继勋坐市马亏直削官。

五月丁巳,大食国来贡。乙丑,左谏议大夫戚纶坐讪上,贬岳州副使。辛未,虑囚。

六月癸未,浚淮南漕渠,废三堰。甲午,王钦若为太子太保。河决滑州。戊戌,以寇准为中书侍郎兼吏部尚书、平章事,丁谓为吏部尚书、参知政事。滑州决河,泛澶、濮、郓、齐、徐境,遣使救被溺者,恤其家。

秋七月壬申，曹璨卒。群臣表上尊号曰体元御极感天尊道应真宝运文德武功上圣钦明仁孝皇帝。

八月丁亥，大赦天下。普度道释童行。滑州龙见，河决。辛卯，太白昼见。己亥，庆州亡去熟户委乞等来归。庚戌，遣使抚恤京东西、河北水灾。

九月乙丑，庆州骨咩、大门等族归附。辛巳，遣中官存问高丽贡使之被溺者。

冬十一月己巳，谒景灵宫。庚午，飨太庙。辛未，祀天地于圜丘，大赦天下。选两任五考无责罚者试身、言、书、判。丁丑，御天安殿受尊号册。

十二月丙戌，富州蛮酋向光泽表纳土，诏却之。辛卯，向敏中加左仆射、中书侍郎兼礼部尚书、平章事，寇准加右仆射，通王元俨进封泾王，曹利用、丁谓并为枢密使，百官加恩。癸巳，以任中正、周起并为枢密副使。

是岁，高丽、女真来贡。江、浙及利州路饥，诏振之。

四年春正月乙丑，以华州观察使曹玮为镇国军留后、金署枢密院事。丙寅，开扬州运河。己巳，幸元符观。庚午，赠处士魏野著作郎，赐其家粟帛。

二月，帝不豫。癸未，遣使安抚淮南、江、浙、利州饥民。滑州决河塞。辛丑，发唐、邓八州常平仓振贫民。

三月戊午，以淄州民饥贷牛粮。甲子，振蕃部粟。庚午，诏：川峡致仕官听还本贯。癸酉，川、广举人勿拘定额。己亥，振益、梓民饥。己卯，向敏中薨。

夏四月丁亥，大风，昼晦。庚寅，分江南转运使为东西路。丙申，杖杀前定陶县尉麻士瑶于青州。

五月丁巳，发粟振秦、陇。

六月丙申，以寇准为太子太傅、莱国公。河决滑州。壬寅，御试礼部奏名举人九十三人。

秋七月丁巳，太白昼见。辛酉，京城大雨，水坏庐舍大半。丙寅，以李迪为吏部侍郎兼太子少傅、平章事，冯拯为枢密使、吏部尚书、同平章事。以霖雨坏营舍，赐诸军缗钱。庚午，以丁谓为平章事，曹利用同平章事。癸酉，入内副都知周怀政伏诛。丁丑，太子太傅寇准降授太常卿，翰林学士盛度、枢密直学士王曙并罢职。

八月，永兴军都巡检使朱能杀中使叛。乙酉，以任中正、王曾并参知政事。诏利、夔路置常平仓。丙戌，朱能自杀。壬寅，寇准贬道州司马。甲辰，赐诸军器币。入内押班郑志诚坐交朱能削两任，配隶房州。

九月己酉，分遣近臣张知白、晁迥、乐黄目等各举常参官，诸路转运及劝农使各举堪京官、知县者二人，知制诰、知杂御史、直龙图阁各举堪御史者一人。丙辰，始御崇德殿视事，治朱能党，死、流者数十人。己未，久雨，放朝。壬戌，给事中朱巽、工部郎中梅询坐不察朱能奸谪官。丁卯，赦天下。己巳，遣使安抚永兴军。壬申，赐京城酺。

冬十月戊寅，命依唐制双日不视事。壬午，幸正阳门观酺。帝自不豫，浸少临行，至是人情大悦。壬辰，以王钦若为资政殿大学士。甲辰，减水灾州县秋租。丙午，召皇子、宗室、近臣玉宸殿观稻，赐宴。

十一月戊午，召近臣于龙图阁观御制文词，帝曰：“朕听览之暇，以翰墨自娱，虽不足垂范，亦平生游心于此。”宰臣丁谓请镂板宣布。庚申，内出御制七百二十二卷付宰臣。丙寅，丁谓加门下侍郎兼太子太傅，李迪加中书侍郎兼尚书左丞，依前少傅。迪、谓忿争于帝前。戊辰，罢谓为户部尚书，迪为户部侍郎。任中正、王曾、钱惟演并兼太子宾客，张士逊、林特并兼太子詹事，晏殊为太子左庶子。己巳，诏谓赴中书视事如故。庚午，诏自今除军国大事仍旧亲决，余皆委皇太子同宰相、枢密使等参议行之。太子上表陈让，不允。以丁谓兼太子少师，冯拯兼少傅，曹利用兼少保。辛未，诏自今群臣五日于长春殿起居，余只日视朝于承明殿。甲戌，丁谓等请作天章阁奉安御集。

十二月乙酉，皇太子亲政，诏内臣传旨须覆奏。丁亥，龟兹、甘州回鹘遣使来贡。己丑，王钦若加司空。庚寅，议事资善堂，命张景宗侍皇太子。丁酉，以王钦若为山南东道节度使、同平章事。

闰月丁卯，以唃厮啰为边患，诏陈尧叟等巡抚。庚午，京城谷贵，减直发常平仓。乙亥，帝不豫，力疾御承明殿，赐手书宰相，谕以辅导储贰之意。

是岁，京西、陕西、江、淮、荆湖诸州稔。

五年春正月己丑，帝疾愈，出幸启圣院。癸巳，诏天下死罪降，流以下释之。乙未，遣使抚京东水灾。丁酉，以张士逊为枢密副使。己亥，宴近臣承明殿。

二月甲寅，审刑院言天下无断狱。丙寅，赐天下酺。庚午，以孔子四十七世孙圣佑袭封文宣公。

三月辛巳，御正阳门观酺。辛丑，京东、西水灾，赐民租十之五。壬寅，丁谓加司空，冯拯加左仆射，曹利用加右仆射，任中正工部尚书。

夏四月丙辰，客星出轩辕。

五月乙亥，虑囚，降天下死罪。

六月丙午，太白昼见。

秋七月甲戌朔，日有食之。戊寅，新作景灵宫万寿殿。

八月壬戌，荧惑犯南斗。

九月戊寅，唃厮啰请降。

冬十月癸卯，蠲京东西、淮、浙被灾民租。壬子，依汉、唐故事，五日一受朝，遇庆会，皇太子押班。

十一月戊子，王钦若以山南东道节度使坐擅赴阙，降司农卿，分司南京。

是岁，高丽遣使来贡。京东、河北、两川、荆湖稔。

乾兴元年春正月辛未朔,改元。丁亥,御东华门观灯。戊戌,蠲秀州水灾民租。

二月庚子,大赦天下。癸卯,上尊号曰应天尊道钦明仁孝皇帝。诏苏、湖、秀州民饥,贷以廪粟。甲辰,制封丁谓为晋国公,冯拯为魏国公,曹利用为韩国公。庚戌,诏徐州振贫民。甲寅,对宰相于寝殿。帝不豫增剧,祷于山川神祇。戊午,帝大渐,遗诏皇太子于枢前即皇帝位。尊皇后为皇太后,权处分军国事,淑妃为皇太妃。

帝是日崩于延庆殿,年五十五,在位二十六年。十月己酉,葬永定陵。己未,祔太庙。天圣二年十一月,上尊谥曰文明武定章圣元孝皇帝,庙号真宗。庆历七年,加谥膺符稽古神功让德文明武定章圣元孝皇帝。

赞曰:真宗英晤之主。其初践位,相臣李沆虑其聪明必多作为,数奏灾异以杜其侈心,盖有所见也。及澶渊既盟,封禅事作,祥瑞沓臻,天书屡降,导迎奠安,一国君臣如病狂然,吁,可怪也。他日修辽史,见契丹故俗而后推求宋史之微言焉。

宋自太祖幽州之败,恶言兵矣。契丹其主称天,其后称地,一岁祭天不知其几,猎而手接飞雁,鸨自投地,皆称为天赐,祭告而夸耀之。意者宋之诸臣,因知契丹之习,又见其君有厌兵之意,遂进神道设教之言,欲假是以动敌人之听闻,庶几足以潜消其窥觎之志欤?然不思修本以制敌,又效尤焉,计亦末矣。仁宗以天书殉葬山陵,鸣呼贤哉。

宋史卷九
本纪第九

仁宗一

仁宗体天法道极功全德神文圣武睿哲明孝皇帝,讳祯,初名受益,真宗第六子,母李宸妃也。大中祥符三年四月十四日生。章献皇后无子,取为己子养之。天性仁孝宽裕,喜愠不形于色七年,封庆国公。八年封寿春郡王,讲学于资善堂。天禧元年兼中书令,明年进封升王,九月丁卯,册为皇太子,以参知政事李迪兼太子宾客。癸酉,谒太庙。四年,诏五日一开资善堂,太子秉笏南乡立,听辅臣参决诸司事。

乾兴元年二月戊午,真宗崩,遗诏太子即皇帝位,尊皇后为皇太后,权处分军国事。遣使告哀契丹。己未,大赦,除常赦所不原者。百官进官一等,优赏诸军。山陵诸费,毋赋于民。庚申,命丁谓为山陵使。出遗留物赐近臣、宗室、主兵官。甲子,听政于崇政殿西庑。乙丑,以生日为乾元节。丙寅,遣使以先帝遗留物遗契丹。进封泾王元俨为定王,赐赞拜不名。以丁谓为司徒兼侍中、尚书左仆射,冯拯为司空兼侍中、枢密使、尚书右仆射,曹利用为尚书左仆射兼侍中。戊辰,贬道州司马寇准为雷州司户参军,尚书户部侍郎李迪为衡州团练副使,宣徽南院使曹玮为左卫大将军。

三月乙酉,作受命宝。庚寅,初御崇德殿,太后设幄次于承明殿,垂帘以见辅臣。

夏四月壬子,遣使以即位告契丹。丙寅,交州来贡。

五月乙亥,录系囚,杂犯死罪递降一等,杖以下释之。

六月乙酉,命参知政事王曾按视山陵皇堂。丁巳,契丹使来祭奠吊慰。庚申,入内内侍省押班雷允恭坐擅移皇堂伏诛。丁谓罢为太子少保,分司西京。甲子,改命冯拯为山陵使。丙寅,降参知政事任中正为太子宾客。

秋七月辛未,冯拯加昭文馆大学士,王曾为中书侍郎、同中书门下平章事、集贤殿大学士,吕夷简、鲁宗道参知政事。乙亥,遣使报谢契丹。丙子,枢密副使钱惟演为枢密使。戊寅,改翼祖定陵为靖陵。辛卯,贬丁谓为崖州司户参军。

八月壬寅,遣使贺契丹主及其妻生日、正旦。乙巳,皇太后同御承明殿垂帘决事。

九月壬申,告大行皇谥于天地、宗庙、社稷。癸酉,上谥册于延庆殿。己卯,命以天书从葬。

冬十月壬寅,契丹使来贺即位。己酉,葬真宗皇帝于永定陵。诏中外避皇太后父讳。己未,祔真宗神主于太庙,庙乐曰大明之舞,以庄穆皇后配。辛酉,降东、西京囚罪一等,杖以下释之。蠲山陵役户及灵驾所过民田租。

十一月丁卯朔,钱惟演罢。甲戌,唃厮啰、立遵求内附。乙亥,以皇太后生日为长宁节。辛巳,初御崇政殿西阁讲筵,命侍讲孙奭、冯元讲《论语》。壬午,以张知白为枢密副使。

十二月壬戌,契丹使来贺明年正旦。

是岁,苏州水、沧州海潮溢,诏振恤被水及溺死之家。南平王李公蕴遣使进贡。

天圣元年春正月丙寅朔,改元。庚午,契丹使初来贺长宁节。癸未,命三司节浮费,遂立计置司。戊子,以东京、淮南水灾,遣使安抚。辛卯,发卒增筑京城。

二月戊戌,许唃厮啰岁一入贡。丁巳,奉安太祖、太宗御容于南京鸿庆宫。壬戌,减诸节斋醮道场。

三月甲戌，奉安真宗御容于西京应天院。丙子，诏减西京囚罪一等，徒以下释之。赐城中民八十以上者茶帛，仍复其家。甲申，诏自今营造，三司度实给用。辛卯，司天监上崇天历。行淮南十三山场贴射茶法。

夏四月辛丑，罢礼仪院。丁未，乾元节，百官及契丹使初上寿于崇德殿。癸丑，诏文武官奏荫亲属从本资。丁巳，诏近臣举谏官、御史各一人。

五月甲子，行陕西、河北入中刍粮见钱法。庚午，诏礼部贡举。辛未，录系囚。甲戌，命鲁宗道按视滑州决河。庚寅，议皇太后仪卫制同乘舆。

六月甲辰，罢江宁府溧水县采丹砂。乙卯，禁毁钱铸钟。

秋七月壬申，除戎、泸州虚估税钱。诏：职田遇水旱蠲租如例。辛巳，蠲天下逋负。

八月乙未，募民输芟塞滑州决河。丙申，下德音，减天下囚罪一等，杖以下释之。废郓州东平马监，以牧地赋民。甲寅，芝生天安殿柱。

九月丙寅，冯拯罢，以王钦若为门下侍郎、同中书门下平章事、昭文馆大学士。辛巳，诏凡举官未改转而坐赃者，举主免劾。庚寅，宴崇德殿。

闰月甲午，诏裁造院女工及营妇配南北作坊者，并释之。戊戌，寇准卒于雷州。己亥，冯拯卒。丁未，禁彭州九陇县采金。丁巳，禁伎术官求辅臣、宗室荐举。

冬十月辛酉朔，徙陕西缘边军马屯内地。

十一月丁酉，诏诸州配囚，录具狱与地里，上尚书刑部详覆。禁两浙、江南、荆湖、福建、广南路巫觋挟邪术害人者。戊午，置益州交子务。

是岁，甘、沙州来贡，泾原咩迷卜吃家族纳质内附。

二年春二月庚午，遣内臣收瘗汴口流尸，仍祭奠之。

三月丁酉,奉安真宗御容于景灵宫奉真殿。癸卯,王钦若上真宗实录。是月,赐礼部奏名进士、诸科及第出身四百八十五人。

夏四月辛酉,诏三司岁市䌷、绢非土产者罢之。乙酉,录晋石氏后。

五月乙未,录系囚。

六月壬申,罢天庆、天祺、天贶、先天、降圣节宫观然灯。

秋七月癸丑,奉安真宗御容于玉清昭应宫安圣殿。

八月丙辰朔,宴崇德殿,初用乐之半。诏举官已迁改而贪污者,举主以状闻;闻而不以实者,坐之。己卯,幸国子监,谒孔子,遂幸武成王庙。甲申,太白入太微垣。

九月辛卯,祠太一宫,赐道左耕者茶帛。

冬十月丙辰,奉安真宗御容于洪福院。

十一月甲午,加上真宗谥。乙未,朝飨玉清昭应、景灵宫。丙申,飨太庙。丁酉,祀天地于圜丘,大赦。百官上尊号曰圣文睿武仁明孝德皇帝,上皇太后尊号曰应元崇德仁寿慈圣皇太后。赐百官诸军加等。乙巳,立皇后郭氏。辛亥,加恩百官。

十二月庚午,诏开封府每岁正旦、冬至禁刑三日。

是岁,龟兹、甘肃来贡。

三年春正月辛卯,长宁节,近臣及契丹使初上皇太后寿于崇政殿。

二月戊寅,诏陕西灾伤州军,盗廪谷伤主者,刺配邻州牢城,徒减一等。

夏四月丁丑,诏三馆缮书藏太清楼。

五月庚寅,录系囚。癸巳,幸御庄观刈麦,闻民舍机杼声,赐织妇茶帛。己亥,赐隐士林逋粟帛。己酉,禁臣僚奏荐无服子弟。

六月壬戌,太白昼见。癸酉,环、原州属羌叛寇边,环庆都监赵士隆等死之,遣使者安抚陕西。

秋七月戊子,诏诸路转运使察举知州、通判不任事者。丙午,诏边户为羌所扰者蠲租,复役二年。

八月戊午,以忠州盐井岁增课、夔州奉节巫山县旧籍民为营田、万州户有税者岁籴其谷,皆为民害,诏悉除之。辛未,蠲陕西州军旱灾租赋。

九月乙巳,诏司天监奏灾异据占书以闻。

冬十月乙卯,太白犯南斗。辛酉,晏殊为枢密副使。

十一月己卯朔,罢贴射茶法。辛卯,以襄州水蠲民租。晋、绛、陕、解州饥,发粟振之。戊申,王钦若卒。

十二月癸丑,王曾为门下侍郎、昭文馆大学士,张知白同中书门下平章事、集贤殿大学士。乙丑,张旻为枢密使。戊寅,太白昼见。

是岁,龟兹、甘州、于阗来贡。环庆蕃部鬼通等内附。补泾原降羌首领潘征为本族军主。

四年春正月己亥,命张得象与流内铨同试百司人。庚子,泾原兵破康奴族。

二月甲寅,诏吏犯赃至流,按察官失举者,并劾之。庚午,置西界和市场。

三月甲申,诏转运使、提点刑狱罢劝农司。己亥,鄜延蕃部首领曹守贵等内附。

夏四月壬子,诏京东西、河北、淮南平谷价。

五月己卯,诏礼部贡举。壬午,诏大辟疑者奏谳,有司毋辄举驳。戊子,录系囚。己亥,诏士有文而行不副者,州郡毋得荐送。

闰月戊申,减江、淮岁漕米五十万石。除舒州太湖等九茶场民通钱十三万缗。己酉,诏补太庙室长、斋郎。辛亥,复陕西永丰渠以通解盐。

六月丁亥,建、剑、邵武等州军大水,诏赐被灾家米二石,溺死者官瘗之。庚寅,大雨震电,京师平地水数尺。辛卯,避正殿,减常膳。丁酉,降天下囚罪一等,徒以下释之。畿内、京东西、淮南、河北被水民田蠲其租。癸卯,诏官物漂失,主典免偿。流徒徙者,所在抚存之。

秋七月戊申,御长春殿复常膳。辛未,减两川岁输锦绮,易绫纱为绢,以给边费。壬申,诏诸路转运使举所部官通经术者。

八月丁亥,筑泰州捍海堰。己丑,诏施州溪峒首领三年一至京师。

九月乙卯,诏孙奭、冯元举京朝官通经术者。庚申,诏礼都贡院,诸科通三经者荐擢之。录周世宗从孙柴元亨为三班奉职。辛未,废襄、唐州营田务,以田赋民。

冬十月甲戌朔,日有食之。壬辰,诏:郎中以上致仕,赐一子官。甲午,昏雾四塞。丙申,奉安真宗御容于鸿庆宫。

十二月丁丑,发米六十万斛贷畿内饥。丁亥,帝白太后,欲元日先上太后寿乃受朝,太后不可。王曾奏曰:"陛下以孝奉母仪,太后以谦全国体,请如太后令。"

五年春正月壬寅朔,初率百官上皇太后寿于会庆殿,遂御天安殿受朝。己未,晏殊罢。戊辰,以夏竦为枢密副使。

二月癸酉,命吕夷简、夏竦修先朝国史,王曾提举。丙子,诏振京东流民。丁丑,西域僧法吉祥等来献梵书。

三月戊申,赐礼部奏名进士、诸科及第出身一千七十六人。秦州地震。罢琼州岁贡玳瑁、鼍皮、紫贝。

夏四月壬辰,寿宁观火。

五月庚子朔,诏武臣子孙习文艺者,听奏文资。壬寅,太白昼见。丙午,阅诸班骑射。辛亥,录系囚。辛酉,命吕夷简等详定编敕。癸亥,楚王元佐薨。是月,京畿旱,磁州虫食桑。

六月甲戌,祈雨于玉清昭应宫、开宝寺。丙子,诏决畿内系囚。丁丑,雨。癸未,罢诸营造之不急者。

秋七月己亥朔,振秦州水灾,赐被溺家钱米。丙辰,发丁夫三万八千、卒二万一千、缗钱五十万塞滑州河决。诏察京东被灾县吏不职者以闻。

九月庚戌，阅龙卫神勇军习战。

冬十月辛未，罢陕西青苗钱。癸酉，奉安真宗御容于慈孝寺崇真殿。己丑，颁新定五服敕。甲午，同皇太后幸御书院，观太宗、真宗御书。乙未，诏西川、广南在官物故者，遣人护送其家属还乡，官为给食。丙申，滑州言河平。

十一月丁酉朔，以陕西旱蝗，减其民租赋。庚子，遣使河北体量安抚。壬寅，复作指南车。辛亥，朝飨景灵宫。壬子，飨太庙。癸丑，祀天地于圜丘，大赦。贺皇太后于会庆殿。丁巳，恭谢玉清昭应宫。

十二月辛未，加恩百官。甲戌，诏辅臣南郊恩例外，更改一子官。丁亥，诏：百官宗室受赇，冒为亲属奏官者，毋赦。

是岁，甘州及南平国王李公蕴遣人来贡。京兆府、邢洺州蝗。华州旱，蚼蚄虫食苗。

六年春正月己酉，罢两川乾元节岁贡织佛。戊午，罢提点刑狱。

二月庚辰，大风昼晦。壬午，张知白薨。

三月丙申朔，日有食之。壬子，以张士逊同中书门下平章事、集贤殿大学士。癸丑，以姜遵为枢密副使。己未，以范雍为枢密副使。壬戌，作西太一宫。

夏四月戊辰，诏审官、三班院、吏部流内铨、军头司各引对所理公事。自帝为皇太子，辅臣参决诸司事于资善堂，至是始还有司。丁丑，贷河北流民复业者种食，复是年租赋。癸未，命官减三司岁调上供物。甲申旦，有星大如斗，自北流至西南，光烛地，有声如雷。庚寅，下德音，以星变斋居，不视事五日；降畿内囚死罪，流以下释之；罢诸土木工；振河北流民过京师者。

五月乙未朔，交阯寇边。

六月丙寅，罢戎、泸诸州谷税钱。

秋七月壬子，江宁府、杨真润州江水溢，坏官民庐舍，遣使安抚振恤。

八月乙丑，诏免河北水灾州军秋税。乙亥，河决澶州王楚埽。丙戌,录唐张九龄后。

九月己亥,诏:京朝官任内,五人同罪奏举者,减一任。癸卯,祠西太一宫。甲辰,诏:河北灾伤,民质桑土与人者悉归之,候岁丰偿所贷。乙巳,遣使修诸路兵械。

冬十月甲申,除福州民逋官庄钱十二万八千缗。

十一月戊午,京西言谷斗十钱。

十二月癸亥,祠西太一宫。

是岁,甘州、三佛齐来贡。

七年春正月癸卯,曹利用罢。丙辰,降利用为左千牛卫上将军。

二月庚申朔,鲁宗道卒。甲子,诏:文臣历边有材勇、武臣之子有节义者,与换官,三路任使。丙寅,张士逊罢,以吕夷简同中书门下平章事、集贤殿大学士。丁卯,以夏竦、薛奎参知政事,陈尧佐为枢密副使。癸酉,贬曹利用为崇信军节度副使,房州安置,未至自杀。乙酉,以河北水灾,委转运使察官吏,不任职者易之。癸巳,募民入粟以振河北。

闰月戊申,禁京城创造寺观。壬子,复制举六科,增高蹈丘园、沉沦草泽、茂才异等科,置书判拔萃科及试武举。癸酉,置理检使,以御史中丞为之。

三月乙丑,诏吏胥受赇毋用荫。辛巳,诏:契丹饥民,所过给米,分送唐、邓等州,以闲田处之。癸未,诏百官转对,极言时政阙失,在外者实封以闻。

夏四月庚寅,赦天下,免河北被水民租赋。辛卯,南平王李公蕴卒,其子德政遣人来告,以为交阯郡王。

五月乙未朔,诏礼部贡举。庚申,诏戒文弊。己巳,颁新令。庚午,诏先朝文武官自刺史、少卿监以上,并录其后。癸酉,录系囚。庚辰,御承明殿,臣僚请对者十九人,日昃乃罢。

六月壬辰,置益、梓、广南路转运判官。丁未,大雷雨,玉清昭应宫灾。甲寅,王曾罢。

秋七月癸亥,以玉清昭应宫灾,遣官告诸陵,诏天下不复缮修。乙亥,诏殿直以上毋得换文资。乙酉,罢诸宫观使。

八月丁亥朔,日有食之。诏罢天下职田,官收其入,以所直均给之。己丑,以吕夷简为昭文馆大学士。辛卯,夏竦复为枢密副使,陈尧佐、王曙并参知政事。己亥,诏命官犯正入赃,毋使亲民。

冬十月壬寅,阅虎翼武骑卒习战。丙午,京师地震。诏知州军岁举判、司、簿、尉可县令者一人。

十一月癸亥,冬至,率百官上皇太后寿于会庆殿,遂御天安殿受朝。庚午,诏天下孤独疾病者,致医药存视。诏:周世宗后,凡经郊祀,录其子孙一人。

是岁,河北水。遣使决囚,振贫,瘗溺死者,给其家缗钱,察官吏贪暴不恤民者。龟兹、下溪州黔州蛮来贡。

八年春正月甲戌,曹玮卒。辛巳,作会圣宫于西京永安县。

二月戊子,诏:五代时官三品以上告身存者,子孙听用荫。

三月壬申,幸后苑,遂宴太清楼。乙亥,禁以财冒士族娶宗室女者。诏河北被水州县毋税牛。是月,赐礼部奏名进士、诸科及第出身八百二十二人。

五月甲寅,赐信州龙虎山张乾曜号澄素先生。丙辰,大雨雹。辛酉,录系囚。

六月癸巳,吕夷简上新修国史。己亥,诏御史台狱勿关纠察司。乙巳,亲试书判拔萃科及武举人。

秋七月丙子,策制举人。

八月丙戌,诏详定盐法。丁亥,诏近臣宗室观祖宗御书于龙图、天章阁,又观瑞谷于元真殿,遂宴蕊珠殿。戊子,诏流配人道死者,其妻子给食送还乡里。

九月癸丑,复置诸路提点刑狱官。丙辰,罢转对。乙丑,姜遵卒。己巳,以赵稹为枢密副使。

冬十月壬辰,奉安太祖御容于太平兴国寺开先殿。丙申,驰三京、河中府、颍许汝郑郓济卫晋绛虢亳宿等二十八州军盐禁。壬寅，置天章阁待制。

十一月丙寅，朝飨景灵宫。丁卯，飨太庙。戊辰，祀天地于圜丘，大赦。贺皇太后于会庆殿。

十二月癸未，加恩百官。辛丑，西平王赵德明、交阯王李德政并加赐功臣。

是岁，高丽、占城、邛部川蛮来贡。

九年春正月辛亥，诏诸路转运判官、员外郎以上遇郊听任子弟。丙辰，长宁节，百官初上皇太后寿于会庆殿。辛未，减畿内民租。

二月癸巳，诏复郡县职田。

三月甲寅，奉安太祖、太宗、真宗御容于会圣宫。

夏四月戊寅，诏以陇州论平民五人为劫盗抵死，主者虽更赦，并从重罚。乙巳，阅大乐。

五月乙丑，录系囚。

六月庚辰，宋绶上皇太后仪制。

秋七月丙午朔，契丹使来告其主隆绪殂，遣使祭奠吊慰，及贺宗真立。

九月癸亥，祠西太一宫，赐道左耕者茶帛。

冬十月丙戌，诏公卿大夫励名节。乙未，诏常参官已授外任，毋得奏举选人。辛丑，罢益、梓、广南路转运判官。

闰月戊辰，翰林侍读学士孙奭请老，命知兖州，曲宴太清楼送之。

十一月丁亥，弛两川矾禁。己丑，祈雪于会灵观。丁酉，出知杂御史曹修古，御史郭劝、杨偕，推直官段少连。

十二月甲寅，诏吏部铨：选人父母年八十以上者，权注近官。辛酉，大风三日。

是岁，契丹主及其国母遣使来致遗留物及谢吊。南平王李德政遣人谢加恩。龟兹、沙州来贡。女真晏端等百八十四人内附。

宋史卷一〇
本纪第一〇

仁宗二

　　明道元年春二月癸卯,吕夷简上《三朝宝训》。丙午,诏仕广南者毋过两注,以防贪黩。庚戌,以张士逊同中书门下平章事、集贤殿大学士。戊午,录故宰臣孙并试将作监主簿。甲子,诏员外郎以上致仕者,录其子校书郎,三丞以上斋郎。丁卯,以真宗顺容李氏为宸妃,是日妃薨。

　　三月戊子,颁天圣编敕。戊戌,以江、淮旱,遣使与长吏录系囚,流以下减一等,杖笞释之。己亥,除婺、秀州丁身钱。

　　夏四月丙午,录系囚。戊午,知棣州王涉坐冒请官地为职田,配广南牢城。

　　五月癸酉,遣使点检河北城池器甲,密访官吏能否。壬午,废杭、秀二州盐场。

　　秋七月丙申,诏诸路转运使举国子监讲官。丁酉,王曙罢。太白昼见,弥月乃灭。

　　八月辛丑,以晏殊为枢密副使。丙午,晏殊参知政事。甲寅,以杨崇勋为枢密副使。辛酉,授唃厮啰为宁远大将军、爱州团练使。壬戌,大内火,延八殿。癸亥,移御延福宫。甲子,以吕夷简为修内使。乙丑,诏群臣直言阙失。丁卯,大赦。

　　九月庚寅,重作受命宝。丙申,皇太后出金银器易左藏缗钱二十万,以助修内。

冬十月庚子,黄白气五贯紫微垣。丁巳,诏汉阳军发廪粟以振饥民。

十一月甲戌,以修内成,恭谢天地于矢安殿,谒太庙,大赦,改元,百官进秩,优赏诸军。是日还宫。己卯,冬至,率百官贺皇太后于文德殿,御大安殿受朝。壬辰,延州言夏王赵德明卒。癸巳,以德明子元昊为定难军节度使、西平王。

十二月壬寅,以杨崇勋为枢密使。戊午,诏获劫盗者奏裁,毋擅杀。壬戌,西北有苍白气亘天。

是岁,京东、淮南、江东饥。

二年春正月己卯,诏发运使以上供米百万斛振江、淮饥民,遣使督视。

二月戊戌,含誉星见东北方。庚子,诏江、淮民饥死者,官为之葬祭。乙巳,皇太后服衮衣、仪天冠飨太庙,皇太妃亚献,皇后终献。是日,上皇太后尊号曰应元齐圣显功崇德慈仁保寿皇太后。丁未,祀先农于东郊,躬耕籍田,大赦。百官上尊号睿圣文武体天法道仁明孝德皇帝。

三月庚午,加恩百官。丁亥,祈雨于会灵观、上清宫、景德开宝寺。庚寅,以皇太后不豫,大赦,除常赦所不原者;乾兴以来贬死者复官,谪者内徙。甲午,皇太后崩,遗诏尊皇太妃为皇太后。吕夷简为山陵使。

夏四月丙申朔,出大行皇太后遗留物赐近臣。壬寅,追尊宸妃李氏为皇太后,至是帝始知为宸妃所生。甲辰,以大行皇太后五使并兼追尊皇太后园陵使。戊申,听政于崇政殿西厢。己酉,罢乾元节上寿。壬子,诏臣僚、宗戚、命妇毋得以进献祈恩泽,及缘亲戚通表章。罢创修寺观。帝始亲政,裁抑侥幸,中外大悦。癸丑,召还宋绶、范仲淹。丙辰,内侍江德明等并坐交通请谒黜。己未,吕夷简、张耆、夏竦、陈尧佐、范雍、赵稹、晏殊皆罢。以张士逊为昭文馆大学士,李迪同中书门下平章事、集贤殿大学士,王随参知政事,李谘为枢密副使,王德用签书枢密院事。壬戌,御紫宸殿,以张士逊为山陵使兼园陵使。癸亥,上大行太后谥曰庄献明肃,追尊宸妃李氏为皇太后,谥曰庄懿。

五月戊辰,诏礼部贡举。癸酉,诏中外勿辄言皇太后垂帘日事。乙亥,罢群牧制置使。丙子,命宰臣张士逊撰《谢太庙》及《躬耕籍田记》。检讨宋祁言,皇太后谒庙非后世法,乃止撰籍田记。戊寅,录系囚。

六月甲午朔,日有食之。壬寅,录周世宗及高季兴、李煜、孟昶、刘继元、刘𬬮后。癸卯,命审刑、大理详定配隶刑名。戊午,减天下岁贡物。

秋七月丁丑,诏知耀州富平县事张龟年增秩再任,以其治行风告天下。戊子,诏以蝗旱去尊号“睿圣文武”四字,以告天地宗庙,仍令中外直言阙政。

八月甲午朔,契丹使来吊慰祭奠。壬寅,作奉慈庙。甲辰,诏中外毋避庄献明肃太后父讳。丁巳,置端明殿学士。

九月甲戌,幸洪福院,临庄懿太后梓宫。丙子、壬午,临如之。

冬十月癸巳朔,太白犯南斗。甲午,禁登州民采金。丁酉,祔葬庄献明肃皇太后、庄懿皇太后于永定陵。甲辰,诏以两川岁贡绫绵罗绮纱,以三分之二易为䌷绢,供军须。己酉,祔庄献明肃太后、庄懿太后神主于奉慈庙。癸丑,下德音,降东、西京囚罪一等,徒以下释之。缘二太后陵应奉民户,免租赋科役有差。丙辰,赠周王祐为皇太子。戊午,张士逊、杨崇勋罢,以吕夷简为门下侍郎、同中书门下平章事、昭文馆大学士,王曙为枢密使,王德用为枢密副使,宋绶参知政事,蔡齐为枢密副使。

十一月癸亥朔,薛奎罢。诏增宗室奉。太白犯南斗。乙丑,追册美人张氏为皇后。甲戌,赠寇准为中书令。

十二月丙申,复置提点刑狱。丁酉,诏诸路转运使、副,岁遍历所部,仍令州军具所至月日以闻。甲辰,以京东饥,出内藏绢二十万代其民岁输。乙巳,诏修周庙。丁未,诏台官非中丞、知杂保荐者勿任。戊申，出宫人二百。乙卯，废皇后郭氏为净妃、玉京冲妙仙师，居长宁宫。御史中丞孔道辅率谏官、御史，大呼殿门请对，诏宰相告以皇后当废状。丙辰，出道辅及谏官范仲淹，仍诏台谏自今毋相率请对。丁巳，诏明年改元。禁边臣增置堡寨。

是岁，畿内、京东西、河北、河东、陕西蝗，淮南、江东、两川饥，遣使安抚，除民租。注辇国来贡。

景祐元年春正月甲子，发江、淮漕米振京东饥民。丙寅，诏开封府界诸县作糜粥以济饥民，诸灾伤州军亦如之。戊辰，诏三司铸景祐元宝钱。甲戌，诏执政大臣议兵农可更制者以闻。诏募民掘蝗种，给菽米。癸未，诏：礼部所试举人十取其二；进士三举、诸科五举尝经殿试，进士五举年五十、诸科六举年六十，及曾经先朝御试者，皆以名闻。甲申，淮南饥，出内藏绢二十万代其民岁输。丁亥，置崇政殿说书。庚寅，诏停淮南上供一年。

二月乙未，罢书判拔萃科。辛丑，诏礼部贡院，诸科举人七举者，不限年，并许特奏名。甲辰，权减江、淮漕米二百万石。戊申，诏麟、府州振蕃汉饥民。

三月壬午，免诸路灾伤州军今年夏税。癸未，诏解州畦户逋盐蠲其半。是月，赐礼部奏名进士、诸科及第出身七百八十三人。

夏四月丁酉，开封府判官庞籍言，尚美人遣内侍称教旨免工人市租。帝为杖内侍，仍诏有司，自今宫有传命，毋得辄受。癸丑，诏置殿中侍御史、监察御史里行。

五月辛酉，出布十万端易钱籴河北军储。丁卯，禁民间织锦刺绣为服饰。西川岁织锦上供亦罢之。癸酉，诏：台谏未曾历郡守者，与郡。壬午，录系囚。是月，契丹主宗真之母还政于子，出居庆陵。

六月壬辰，交州民六百余人内附。庚子，免畿内被灾民税之半。己酉，策制举、武举人。乙卯，诏州县官非理科决罪人至死者，并奏听裁。

闰月甲子，泗州淮、汴溢。己巳，常州无锡县大风发屋。乙亥，毁天下无额寺院。壬午,罢造玳瑁、龟筒器。

秋七月丙申,赐寿州下蔡县被溺之家钱有差。己亥,枢密使王曙加同平章事。辛丑,诏文武提刑毋得互相荐论。壬子,诏转运使与长史,举所部官专领常平仓粟。甲寅,河决澶州横陇埽。

八月庚申,薛奎卒。壬戌,有星孛于张、翼。癸亥,王曙卒。甲子,月犯南斗。戊辰,帝不豫。庚午,以王曾为枢密使。辛未,以星变大赦、避正殿、减常膳,辅臣奏事延和殿阁。壬申,诏净妃郭氏出居于外,美人尚氏入道,杨氏安置别宅。

九月壬辰,百官请只日御前殿,如先帝故事,诏可。丁酉,帝康复,御正殿,复常膳。甲辰,诏立皇后曹氏。丙午,荧惑犯南斗。

冬十月庚申,罢淮南、江、浙、荆湖制置发运使,诏淮南转运兼发运事。乙亥,作郊庙景安、兴安、祐安之曲。

十一月己丑,册曹氏为皇后。癸丑,作大安之曲以飨圣祖。

十二月癸酉,赐西平王赵元昊佛经。

是岁,南平王李德政献驯象二,诏还之。开封府、淄州蝗。

二年春正月癸丑,置迩英、延义二阁,写《尚书·无逸篇》于屏。

二月戊午,御延福宫观大乐。癸亥,旧给事资善堂者皆推恩。戊辰,李迪罢,以王曾为门下侍郎、同中书门下平章事、集贤殿大学士,王随、李谘知枢密院事,蔡齐、盛度参知政事,王德用、韩亿同知枢密院事。

三月戊申,出内库珠赐三司,以助经费。

夏四月庚午,诏天下有知乐者,所在荐闻。

五月甲午,猺、獠寇雷、化州,诏桂、广会兵讨之。丙申,录系囚。庚子,议太祖、太宗、真宗庙并万世不迁;南郊升侑上帝,以太祖定配,二宗迭配。丙午,降天下系囚罪一等,杖以下释之。丁未,广西言镇宁州蛮入寇。

六月丁巳,诏幕职官初任未成考,毋荐。乙亥,颁一司一务及在京敕。镇宁蛮请降。

秋七月戊申,废西京采柴务,以山林赋民,官取十之一。

八月壬子朔,诏轻强盗法。甲寅,宴紫宸殿,初用乐。甲戌,幸安肃门炮场阅习战。己卯,置提点刑狱铸钱官。

九月壬寅,按新乐。己酉,作睦亲宅。命中丞杜衍等汰三司胥吏。宋绶上《中书总例》。

冬十月辛亥朔,复置朝集院。癸亥,复群牧制置使。丁卯,诏诸路岁输缗钱,福建、二广易以银,江东以帛。庚午,荧惑犯左执法。

十一月戊子,废后郭氏薨。癸巳,朝飨景灵宫。甲午,飨太庙、奉慈庙。乙未,祀天地于圜丘,大赦。录五代及诸国后。宗室任诸司使以下至殿直者,换西班官。百官上尊号曰景祐体天法道钦文聪圣神孝德皇帝。丁未,加恩百官。

十二月壬子,加唃厮啰为保顺军留后。丙子,诏长吏能导民修水利辟荒田者赏之。

是岁,以镇戎军荐饥,贷弓箭手粟麦六万石。

三年春正月壬辰,追复郭氏为皇后。丁酉,葬皇后郭氏。

二月丙辰,命官较太常钟律。壬戌,诏两制、礼官详定京师士民服用、居室之制。甲子,以广南兵民苦瘴毒,为置医药。丁卯,修陕西三白渠。

三月癸巳,复商贾以见钱算请官茶法。乙未,观新定钟律。戊戌,诏两省、卿监、刺史、阁门以上致仕,给奉如分司官,长吏岁时劳赐。改维州为威州。

夏五月庚辰,购求馆阁逸书。丙申,录系囚。丙戌,天章阁待制范仲淹坐讥刺大臣,落职知饶州。集贤校理余靖、馆阁校勘尹洙、欧阳修并落职补外。诏戒百官越职言事。

六月壬申,虔、吉州水溢,坏城郭庐舍,赐被溺家钱有差。

秋七月丁亥,禁民间私写编敕、刑书。乙未,置大宗正司。庚子,大雨震电。太平兴国寺灾。辛丑,降三京罪囚一等,徒以下释之。

八月己酉,班民间冠服、居室、车马、器用犯制之禁。乙卯,月犯南斗。

九月庚辰,幸睦亲宅宴宗室。癸巳,荧惑犯南斗。是月,定申心丧解官法。

冬十月丁未,命章得象等考课诸路提刑。甲寅,作朝集院。

十一月戊寅,保庆皇太后杨氏崩。辛卯,上保庆太后谥曰庄惠。

十二月丙寅,李谘卒。丁卯,王德用知枢密院事,章得象同知枢密院事。

是岁,南平王李德政、西南蕃来贡。南丹州莫淮戬内附。

四年春正月壬午,诏均诸州解额。

二月己酉,葬庄惠皇后于永定陵。己未,祔神主于奉慈庙。庚申,德音:降东、西京及灵驾所过州县囚罪一等,徒以下释之。乙丑,置赤帝像于宫中祈嗣。

三月甲戌,置天章阁侍讲。戊寅,诏礼部贡举。

夏四月乙巳,吕夷简上《景祐法宝新录》。甲子,吕夷简、王曾、宋绶、蔡齐罢,以王随为门下侍郎、同中书门下平章事、昭文馆大学士,陈尧佐同中书门下平章事、集贤殿大学士,盛度知枢密院事,韩亿、程琳、石中立参知政事,王鬷同知枢密院事。

五月庚戌,皇子生,录系囚,降死罪一等,流以下释之。是日皇子薨。乙卯,以旱遣使决三京系囚。丙寅,芝生化成殿楹。

六月乙亥,杭州江潮坏堤,遣使致祭。戊子,出《神武秘略》赐边臣。己丑,奉安太祖御容于扬州建隆寺。

秋七月丁未,诏河东、河北州郡密严边备。戊申,有星数百西南流至壁东,大者其光烛地,黑气长丈余,出毕宿下。

八月甲戌,越州水,赐被溺民家钱有差。甲午,诏三司、转运司毋借常平钱谷。

冬十一月癸亥,罢登、莱买金场。

十二月甲申,并、代、忻州并言地震,吏民压死者三万二千三百六人,伤五千五百人,畜扰死者五万余。遣使抚存其民,赐死伤之家钱有差。

是岁,滑州民蚕成被,长二大五尺。唃厮啰、龟兹、沙州来贡。

宝元元年春正月甲辰,雷。丙辰,以地震及雷发不时,诏转运使、提举刑狱按所部官吏,除并、代、忻州压死民家去年秋粮。

二月壬申,诏复日御前殿。甲午,安化蛮寇宜、融州。

三月戊戌朔,王随、陈尧佐、韩亿、石中立罢,以张士逊为门下侍郎、同中书门下平章事、昭文馆大学士,章得象同中书门下平章事、集贤殿大学士,王鬷、李若谷并参知政事,王博文、陈执中同知枢密院事。己亥,发邵、澧、潭三州驻泊兵讨安化州蛮。是月,赐礼部奏名进士、诸科及第出身七百二十四人。

夏四月癸酉,王博文卒。乙亥,以张观同知枢密院事。壬辰,除宜、融州夏税。

五月乙巳,录系囚。

六月戊寅,罢举童子。己卯,建州大水,坏民庐舍,赐死伤家钱有差,其无主者官葬祭之。甲申,诏天下诸州月上雨雪状。

秋七月壬戌,策制举人。癸亥,策武举人。

八月丁卯,复淮南、江、浙、荆湖制置发运使。庚辰,荧惑犯南斗。

九月戊申,诏应祀事,已受誓戒而失虔恭者,毋以赦原。赐宜、融州讨蛮兵缗钱。

冬十月丙寅,诏戒百官朋党。

十一月甲辰,诏广西钤辖进兵讨安化蛮。乙巳,诏宜、融州民尝从军役者,免今夏税,运粮者免其半。戊申,朝飨景灵宫。己酉,飨太庙及奉慈庙。庚戌,祀天地于圜丘,大赦,改元。百官上尊号曰宝元体天法道钦文聪武圣神孝德皇帝。乙卯,复奏举县令之法。王曾薨。

十二月癸亥朔,加恩百官。甲子,京师地震。丙寅,鄜延路言赵元昊反。甲戌,禁边人与元昊互市。己卯,奉宁军节度使、知永兴军夏竦兼泾原秦凤路安抚使,振武军节度使、知延州范雍兼鄜延环庆路安抚使。

是岁,达州大水,黎州蛮来贡。

二年春正月己酉,王随卒。辛亥,安化蛮平。癸丑,赵元昊表请称帝改元。

三月丁未,铸皇宋通宝钱。乙卯,阅试卫士。戊午,赐陕西缘边军士缗钱。

夏四月癸亥,授唃厮啰二子瞎毡、磨角毡转团练使。乙丑,放宫女二百七十人。壬申,免昭州运粮死蛮寇者家徭二年、赋租一年。丁亥,募河东、陕西民入粟实边。

五月癸巳,诏近臣举方略材武之士各二人。己亥,禁皇族及诸命妇、女冠、尼等非时入内。癸卯,命近臣同三司议节省浮费。丙午,遣使体量安抚陕西、河东。己酉,录系囚。壬子,王德用罢,以夏守赟知枢密院事。

六月壬戌,诏省浮费,自乘舆服御及宫掖所须,宜从简约,若吏兵禄赐,毋概行裁减。戊辰,诏诸致仕官尝犯赃者,毋推恩子孙。丁丑,益州火,焚庐舍三千余区。壬午,削赵元昊官爵,除属籍。

秋七月丁巳,诏宗室遇南郊及乾元节恩,许官一子,余五岁授官。戊午,以夏竦知泾州兼泾原秦凤路沿边经略安抚使、泾原路马步军都总管,范雍兼鄜延环庆路沿边经略安抚使、鄜延路马步军都总管。

八月丁卯,以筚篥城唃厮波补本族军主。甲戌,皇子生。丙子,降三京囚罪一等,徒以下释之。辛巳,命辅臣报祠高禖。

九月壬寅,诏河北转运使兼都大制置营田屯田事。乙卯,出内库银四万两,易粟振益、梓、利、夔路饥民。

十月庚午,赐麟、府州及川、陕军士缗钱。甲申,诏两川饥民出剑门关者勿禁。

十一月戊子朔,出内库珠,易缗钱三十万籴边储。丁酉,盛度、程琳罢,出御史中丞孔道辅。壬寅,以王鬷知枢密院事,宋庠参知政事。

十二月庚申,诏审刑院、大理寺、刑部毋通宾客。壬申,诏御史
阙员朕自择举。

是岁,曹、濮、单州蝗。

康定元年春正月丙辰朔,日有食之。壬戌,赐国子监学田五十
顷。是月,元昊寇延州,执鄜延、环庆两路副都总管刘平,鄜延副都
总管石元孙。诏陕西运使明镐募强壮备边。

二月丁亥,以夏守赟为宣徽南院使,陕西马步军都总管、经略
安抚使。诏潼关设备。辛卯,月、太白俱犯昴。壬辰,夏守赟兼沿边
招讨使。出内藏缗钱十万赐戍边禁兵之家。知制诰韩琦安抚陕西。
白气如绳贯日。甲午,括畿内、京东西、淮南、陕西马。丙申,诏诸路
转运使、提刑,访知边事者以闻。丁酉,诏枢密院同宰臣议边事。辛
丑,出内藏缗钱八十万陕西市籴军储。丙午,德音:释延州保安军流
以下罪,寇所攻掠地除今夏税,戍兵及战死者赐其家缗钱。是日改
元,去尊号“宝元”字。许中外臣庶上封章言事。丁未,诏陕西量民
力,蠲所科刍粮。癸丑,降范雍为尚书吏部侍郎、知安州。甲寅,出
内库珠偿民马直。

三月丙辰,诏大臣条陕西攻守策。癸亥,命韩琦治陕西城池。乙
丑,阅虎翼军习战。辛未,诏延州录战没军士子孙,月给粮。丙子,
大风,昼暝,是夜有黑气长数丈,见东南。丁丑,罢大宴。诏中外言
阙政。戊寅,王随、陈执中、张观罢,以晏殊、宋绶知枢密院事,王贻
永同知枢密院事。诏按察官举才堪将帅者。庚辰,诏参知政事同议
边事。辛巳,德音:降天下囚罪一等,徒以下释之。赐京师、河北、陕
西、河东诸军缗钱,蠲陕西夏税十之二,减河东所科粟。

夏四月丙戌,省陕西沿边堡寨。癸巳,诏诸戍边军月遣内侍存
问其家,病致医药,死为敛葬之。甲午,遣使籍陕西强壮军。乙未,
契丹国母复遣使来贺乾元节。乙巳,增补河北强壮军。丙午,鄜延
路兵马都监黄德和坐弃军要斩。丁未,赠刘平、石元孙官,录其子

孙。辛亥,筑延州金明栲栳寨。

五月甲寅朔,诏前殿奏事毋过五班,余对后殿。命大官赐食。壬戌,张士逊致事,吕夷简为门下侍郎、同中书门下平章事、昭文馆大学士。癸酉,诏夏守赟进屯鄜州。戊寅,以夏竦为陕西马步军都总管兼招讨使。是月,元昊陷塞门寨,兵马监押王继元死之,又陷安远寨。

六月丙戌,诏假日御崇政殿视事如前殿。丁亥,以夏守赟同知枢密院事。甲午,降三京囚罪一等,徒以下释之。乙未,南京鸿庆宫神御殿火。壬寅,遣使体量安抚京东、西。甲辰,增置陕西、河北、河东、京东西弓手。

秋七月乙丑,遣使以讨元昊告契丹。庚午,阅诸军习战。戊寅,皇子昕为忠正军节度使,封寿国公。

八月戊戌,禁以金箔饰佛像。癸卯,遣尚书屯田员外郎刘涣使邈川。戊申,夏守赟罢,以杜衍同知枢密院事。辛亥,诏范仲淹、葛怀敏领兵驱逐塞门等寨蕃骑出境,仍募弓箭手,给地居之。

九月甲寅,滑州河溢。戊午,李若谷罢,以宋绶、晁宗悫参知政事,郑戬同知枢密院事。戊辰,以晏殊为枢密使,王贻永、杜衍、郑戬并枢密副使。甲戌,诏使臣、诸班、诸军有武艺者自陈。辛巳,阅诸军习战。是月,元昊寇三川寨,都巡检杨保吉死之;又围师子、定川堡,战士死者五十余人,遂陷乾沟、乾河、赵福三堡。环庆路兵马副都总管任福破白豹城。

冬十月乙未,制铜木契、传信牌。甲辰,寻方略士六十一人,授官有差。

十一月壬戌,有大星流西南,声如雷者三。

十二月癸未,出内藏库绢一百万助籴军储。诏南京祠大火。丙戌,诏以常平缗钱助籴军储。癸卯,宋绶卒。戊申,铸当十钱权助边费。

宋史卷一一

本纪第一一

仁宗三

庆历元年春正月辛亥朔，御大庆殿受朝。己未，加啰厮啰河西节度使。壬申，诏岁以春分祠高禖。是月，元昊请和。

二月己亥，寿国公昕薨。辛亥，罢大宴。京东西、淮、浙、江南、荆湖置宣毅军。甲辰，诏：臣僚受外任者，毋得因临遣祈恩。丙午，京师雨药。是月，元昊寇渭州，环庆路马步军副总管任福败于好水川，福及将佐军士死者六千余人。

三月庚戌朔，修金堤。乙卯，诏止郡国举人，勿以边机为名希求恩泽。

夏四月甲申，以资政殿学士陈执中同陕西马步军都总管兼经略安抚沿边招讨等使，知永兴军。诏夏竦仍判永兴军。乙巳，下德音：降陕西囚死罪一等，流以下释之；特支军士缗钱；振抚边民被钞略者亲属。

五月丁巳，录系囚。甲子，出内藏缗钱一百万助军费。乙丑，追封皇长子为褒王，赐名昉。丁卯，罢陕西经略安抚沿边招讨都监。辛未，宋庠、郑戬罢，以王举正参知政事，任中师、任布为枢密副使。诏夏竦屯军鄜州，陈执中屯军泾州。癸酉，阅试卫士。

六月壬辰，诏陕西诸路总管司严边备，毋辄入贼界，贼至则御之。乙巳，诏近臣举河北陕西河东知州、通判、县令。

秋七月丙辰，月掩心后星。戊午，月掩南斗。壬戌，置万胜军凡二十指挥。是月,元昊寇麟、府州。

八月戊寅,诏鄜延部署以兵授麟、府。甲申,河北置场括市战马,缘边七州军免括。乙未,毁潼关新置楼橹。庚子,月掩岁星。乙巳,募民间材勇者补神捷指挥。是月,元昊寇金明寨,破宁远寨,寨主王世宣、兵马监押王显死之;陷丰州,知州王余庆、兵马监押孙吉死之。

九月壬子,命河东铸大铁钱。乙亥,复置义仓。

冬十月甲午,诏罢都部署,分四路置使。置陕西营田务。己亥,罢铜符、木契。是月,修河北城池。

十一月壬子,置泾原路强壮弓箭手。丙辰,发廪粟,减价以济京城民。甲子,朝飨景灵宫。乙丑,飨太庙、奉慈庙。丙寅,祀天地于圜丘,大赦,改元。蠲陕西来年夏税十之二,及麟、府民二年赋租。臣僚许立家庙,功臣不限品数赐戟。增天下解额。弛京东八州盐禁。是月,令江、饶、池三州铸铁钱。

十二月丙子,加恩百官。丁丑,司天监上崇天万年历。戊寅,诏陕西四路总管及转运使兼营田。甲午,置陕西护塞军。

是岁,湖南洞蛮知徽州杨通汉贡方物。

二年春正月丁巳,复京师榷盐法。壬戌,诏以京西闲田处内附番族九亲属者。遣使河北募兵,及万人者赏之。癸亥,诏磨勘院考提点刑狱功罪为三等,以待黜陟。

二月乙未,诏:河北强壮刺手背为义勇军。

三月甲辰朔,诏殿前指挥、两省都知举武臣才堪为将者。丁巳,杜衍宣抚河东。辛酉,晁宗悫罢。己巳,契丹遣萧英、刘六符来致书求割地。是月,赐礼部奏名进士、诸科及第出身八百三十九人。

夏四月戊寅,命御史中丞、谏官同较三司用度,罢其不急者。庚辰,知制诰富弼报使契丹。

五月辛亥,录系囚。壬子,减皇后及宗室妇郊赐之半。甲寅,诏三馆臣僚上封及听请对。丙辰,诏医官毋得换右职。戊午,建大名府为北京。降河北州军系囚罪一等,杖、笞以下释之。乙丑,罢左藏库月进钱。戊辰,禁销金为服饰。是月,契丹集兵幽州,声言来侵,河北、京东皆为边备。

六月甲戌,出内藏银、䌷、绢三百万助边费。癸未,以特奏名武艺人补三班。丙戌,置北平军。丙申,阅蕃落将士骑射。戊戌,诏省南郊臣僚赐与。

秋七月丙午,任布罢。丁未,诏:军校战没无子孙者,赐其家缗钱。戊午,大雨雹。以吕夷简兼判枢密院事,章得象兼枢密使,晏殊加平章事。癸亥,富弼再使契丹。诏:京官告病者,一年方听朝参。

八月丁丑,策制举人。戊寅,策武举人试骑射。甲申,白气贯北斗。戊子,出内藏库缗钱十万修北京行宫。己亥,遣使安抚京东,督捕盗贼。

九月丙午,吕夷简改兼枢密使。乙丑,契丹遣耶律仁先、刘六符持誓书来。

闰月戊戌,罢河北民间科徭。是月,元昊寇定川砦,泾原路马步军副都总管葛怀敏战没,诸将死者十四人,元昊大掠渭州而去。

冬十月庚戌,刺陕西保捷军。甲寅,遣使安抚泾原路。丙辰,知制诰梁适报使契丹。戊午,发定州禁军二万二千人屯江原。庚申,诏恤将校阵亡,其妻女无依者养之宫中。丙寅,契丹遣使来再致誓书,报撤兵。

十一月壬申,黑气贯北斗柄。辛巳,复都部署兼招讨等使。命韩琦、范仲淹、庞籍分领之。甲申,以泰山处士孙复为国子监直讲。

是岁,占城献驯象三。

三年春正月庚午朔,封皇子曦为鄂王。辛未,曦薨。丙子,减陕西岁市木三分之一。辛巳,诏辅臣议蠲减天下赋役。戊子,诏录将校死王事而无子孙者亲属。辛卯,置德顺军。壬辰,录唐狄仁杰后。癸巳,元昊自名曩霄,遣人来纳款,称夏国。

二月丙午,赐西招讨韩琦、范仲淹、庞籍钱各百万。辛酉,立四门学。

三月壬申,阅衙士武技。戊子,吕夷简罢为司徒、监修国史,与议军国大事。以章得象为昭文馆大学士,晏殊为集贤殿大学士并兼为枢密使,夏竦为枢密使,贾昌朝参知政事。

夏四月戊戌朔,幸琼林苑阅骑士。癸卯,遣保安军判官邵良佐使元昊,许封册为夏国主,岁赐绢十万匹、茶三万斤。甲辰,以韩琦、范仲淹为枢密副使。乙巳,诏夏竦还本镇,以杜衍为枢密使。丙辰,以春夏不雨,遣使祠祷于岳渎。甲子,吕夷简罢议军国大事。

五月丁卯朔,日有食之。庚午,录系囚。戊寅,诏诸路转运使并兼按察使,岁具官吏能否以闻。庚辰,祈雨于相国寺、会灵观。癸未,置御史六员,罢推直官。丁亥,置武学。戊子,雨。己丑,谢雨。辛卯,筑钦天坛于禁中。乙未,近臣荐试方略者六人,授官有差。是月,忻州地大震。虎翼卒王伦叛于沂州。

六月甲辰,诏诸路漕臣令所部官吏条茶、盐、矾及坑冶利害以闻。

秋七月辛未,诏许二府不限奏事常制,得敷陈留对。丙子,王举正罢。壬午,罢陕西管内营田。甲申,命任中师宣抚河东,范仲淹宣抚陕西。乙酉,获王伦。

八月乙未朔,命官详定编敕。戊戌,诏谏官日赴内朝。丁未,以范仲淹参知政事,富弼为枢密副使。壬子,白气贯北斗魁。癸丑,韩琦代范仲淹宣抚陕西。甲寅,太白昼见。戊午,罢武学。

九月丁卯,诏辅臣对天章阁。戊辰,吕夷简以太尉致仕。乙亥,任中师罢。丁丑,诏执政大臣非假休不许私第受谒。是月,桂阳洞蛮寇边,湖南提刑募兵讨平之。

冬十月丙午,诏中书、枢密同选诸路转运使。丁未,诏县令佐能根括编户隐伪以增赋入者,量其数赏之。戊申,诏二府同选诸路提刑。甲寅,复诸路转运判官。乙卯,诏修兵书。壬戌,诏二府颁新定磨勘式。甲子,筑水洛城。是月,光化军乱,讨平之。

十一月丙寅,上清宫火。癸未,诏馆职有阙,以两府、两省保举,然后召试补用。丁亥,更荫补法。壬辰,限职田。是月,五星皆在东方。

十二月乙巳,杜阳监猺贼复寇边。丁巳,大雨雪,木冰。河北雨赤雪。交阯献驯象五。安化州蛮来贡。

四年春正月庚午,京城雪寒,诏三司减价出薪米以济之。壬申,西蕃磨毡角入贡。乙亥,荆王元俨薨。辛卯,太常礼仪院上新修《礼书》及《庆历祀仪》。

二月丙申,出奉宸库银三万两振陕西饥民。己酉,白虹贯日。甲寅,罢陕西四路马步军都总管、经略安抚招讨使,复置随路都总管、经略安抚招讨使。

三月癸亥朔,以旱遣内侍祈雨。辛未,省广济河岁漕军储二十万石。乙亥,诏天下州县立学,更定科举法,语在《选举志》。己卯,出御书治道三十五事赐讲读官。庚辰,录唐郭子仪后。甲申,免衡道州、桂阳监民经猺贼劫略者赋役一年。

夏四月丙申,诏湖南民误为征猺军所杀者,赐帛存抚其家。丁酉,宜州蛮欧希范叛,诏广西转运钤辖司发兵讨捕。壬子,以锡庆院为太学。

五月庚午,录系囚。壬申,幸国子监谒孔子,有司言旧仪止肃揖,帝特再拜。赐直讲孙复五品服。遂幸武成王庙,又幸玉津园观种稻。乙亥,抚州献生金山。丙子,诏西川知州军监,罢任未出界而卒者,录其子孙一人。戊寅,诏募人纳粟振淮南饥。乙酉,忻州言地震有声如雷。丙戌,曩霄遣人来,复称臣。

六月壬子,降天下系囚流、徒罪一等,杖、笞释之。范仲淹宣抚陕西、河东。癸丑,诏诸军因战伤废停不能自存及死事之家孤老,月给米人三斗。

秋七月戊寅,封宗室德文等十人为郡王、国公。壬午,月犯荧惑。癸未,契丹遣使来告伐夏国。甲申,夷人寇三江寨,淯井监官兵击走之。丙戌,诏诸路转运、提刑察举守令有治状者。

八月辛卯,命贾昌朝领天下农田,范仲淹领刑法事。甲午,富弼宣抚河北。戊戌,命右正言余靖报使契丹。保州云翼军杀官吏据城叛。庚子,命右正言田况度视保州,仍听便宜行事。丙午,进宗室官有差。戊午,诏辅臣所荐官,毋以为谏官、御史。

九月辛酉,保州平。壬戌,诏:"保州官吏死乱兵而无亲属者,官为殡敛,兵官被害及战没,并优赐其家。民田遭蹂践者,蠲其租。"癸亥,以真宗贤妃沈氏为德妃,婉仪杜氏为贤妃。戊辰,吕夷简薨。庚午,晏殊罢。乙亥,遣使安抚湖南。甲申,以杜衍同中书门下平章事兼枢密使、集贤殿大学士,贾昌朝为枢密使,陈执中参知政事。丁亥,宴宗室太清楼,射于苑中。

冬十月庚寅,赐曩霄誓诏,岁赐银、绢、茶、彩凡二十五万五千。陈尧佐薨。丙申,命范仲淹提举三馆秘阁缮校书籍。癸丑,桂阳蛮降,授蛮酋三人奉职。

十一月壬戌,以西界内附香布为团练使。己巳,诏戒朋党相讦,及按察恣为苛刻、文人肆言行怪者。己卯,改上庄穆皇后谥曰章穆,庄献明肃皇太后曰章献明肃,庄懿皇太后曰章懿,庄怀皇后曰章怀,庄惠皇太后曰章惠。庚辰,朝飨景灵宫。辛巳,飨太庙、奉慈庙。壬午,冬至,祀天地于圜丘,大赦。

十二月壬辰,加恩百官。乙未,封曩霄为夏国主。丁酉,诏州县以先帝所赐七条相诲敕。辛亥,置保安、镇戎军榷场。

是岁,黎州邛部川山前、山后百蛮都鬼主牟黑来贡。

五年春正月甲戌,罢河东、陕西诸路招讨使。乙亥,复置言事御史。丙子,契丹遣使来告伐夏国还。庚辰,命知制诰余靖报使契丹。癸未,诏:京朝官因被弹奏,虽不曾责罚,但有改移差遣,并四周年磨勘。乙酉,范仲淹、富弼罢。丙戌,杜衍罢,以贾昌朝同中书门下平章事兼枢密使、集贤殿大学士,王贻永为枢密使,宋庠参知政事,吴育、庞籍并为枢密副使。

二月辛卯,诏罢京朝官用保任叙迁法,又罢荫补限年法。壬辰,曩霄初遣人来贺正旦。癸卯,以久旱,诏州县毋得淹系刑狱。辛亥,祈雨于相国天清寺、会灵祥源观。癸丑,桂阳监言唐和等复内寇。乙卯,谢雨。

三月己未,诏大宗正励诸宗子授经务学。辛酉,韩琦罢。癸亥,诏礼部贡举。甲子,宜州蛮贼欧希范平。庚午,东方有黄气如虹贯月。甲戌,诏监司按察属吏,毋得差官体量。甲申,诏陕西以曩霄称臣,降系囚罪一等,笞释之;边兵第赐缗钱;民去年逋负皆勿责,蠲其租税之半,麟、府州尝为羌所掠,除逋负租税如之。丙戌,罢入粟补官。

夏四月丁亥朔,司天言日当食,阴晦不见。录系囚,遣官录三京囚。辛卯,曩霄初遣人来贺乾元节。戊申,章得象罢,以贾昌朝为昭文馆大学士,陈执中同中书门下平章事、集贤殿大学士兼枢密使。庚戌,以吴育参知政事,丁度为枢密副使。

五月己巳,罢诸路转运判官。

闰月丙午,曩霄遣人来谢册命。

六月丁卯,减益、梓州上供绢岁三之一,红锦、鹿胎半之。

秋七月戊申,广州地震。

八月庚午,荆南府、岳州地震。

九月庚寅,诏:文武官已致仕而举官犯罪当连坐者,除之。辛卯,以重阳曲宴近臣、宗室于太清楼,遂射苑中。

冬十月乙卯,契丹遣使来献九龙车及所获夏国羊马。辛酉,祔章献明肃皇后、章懿皇后神主于太庙,大赦。罢转运使兼按察。庚午,幸琼林苑,遂畋杨村,遣使以所获驰荐太庙,召父老赐以饮食、茶帛。辛未,颁历于夏国。庚辰,罢宰臣兼枢密使。

十一月丁亥,冬至,宴宗室于崇政殿。己酉,诏河北长吏举殿直、供奉官有武才者。

是岁,施州溪洞蛮、西南夷龙以特来贡。

六年春正月戊申,徙广南戍兵善地,以避瘴毒。

二月戊申，青州地震。诏陕西经略安抚及转运司，议裁节诸费及所置官员无用者以闻。

三月辛巳朔，日有食之。录系囚。庚寅，登州地震，岠嵎山摧，自是屡震，辄海底有声如雷。甲午，月犯岁星。是月，赐礼部奏名进士、诸科及第出身八百五十三人。

夏四月甲寅，遣使赐湖南戍兵方药。

五月甲申，京师雨雹，地震。丙戌，录系囚。戊子，减邛州盐井岁课缗钱一百万。丙申，诏陕西市蕃部马。丁酉，京东人刘彤、刘沔、胡信谋反伏诛。

六月庚戌朔，诏夏竦与河北监司察帅臣、长吏之不职者。丁巳，有流星出营室南，其光烛地，隐然有声。丙寅，以久旱，民多渴死，命京城增凿井三百九十。丁丑，诏制科随礼部贡举。

秋七月丁亥，月犯南斗。庚寅，河东经略司言雨坏忻、代等州城壁。

八月癸亥，策试贤良方正能直言极谏，并试武举人。癸酉，以吴育为枢密副使，丁度参知政事。

九月甲辰，登州言有巨木三千余浮海而出。

冬十月辛未，诏发兵讨湖南猺贼。

十一月己卯，遣官议夏国公封界。癸未，湖南猺贼寇英、韶州界。辛丑，畋东韩村，乘舆所过及围内田，蠲其租一年。

是岁，邈川首领唃厮啰、西蕃瞎毡磨毡角、安化州蛮蒙光速等来贡。交趾献驯象十。道州部泷酋李石壁等降。

七年春正月丙子朔，御大庆殿受朝。丁亥，诏：河北所括马死者，限二年偿之。己亥，颁庆历编敕。壬寅，诏减连州民被猺害者来年夏租。

二月己酉，诏取益州交子三十万，于秦州募人入中粮。丙辰，令内侍二人提举月给军粮。

三月壬午，录系囚。癸未，诏："天下有能言宽恤民力之事者，有司驿置以闻,以其副上之转运司,详其可行者辄行之。"毁后苑龙船。丁亥,以旱罢大宴。癸巳,诏:避正殿,减常膳;许中外臣僚实封条上三事。乙未,贾昌朝罢,以陈执中为昭文馆大学士,夏竦同中书门下平章事、集贤殿大学士,吴育为给事中归班,文彦博枢密副使。罢出猎。丁酉,以夏竦为枢密使,文彦博为参知政事,高若讷为枢密副使。辛丑,祈雨于西太一宫,及远遂雨。壬寅,陈执中、宋庠、丁度以旱降官一等。

夏四月丁未,谢雨。己酉,诏:"前京东转运使薛绅专任文吏伺察郡县细过,江东转运使杨纮、判官王绰、提点刑狱王鼎苛刻相尚,并削职知州,自今毋复用为部使者。"壬子,御正殿,复常膳。乙卯,复执中、庠、度官。己巳,诏谏官非公事毋得私谒。

五月戊寅,诏:武臣非历知州军无过者,毋授同提点刑狱。己丑,补降徭唐和等为峒主。己亥,命翰林学士杨察蠲放天下逋负。辛丑,诏西北二边有大事,二府与两制以上杂议之。

六月乙巳,诏禁畜猛兽害人者。辛酉,诏天下知县非鞫狱毋得差遣。壬戌,诏臣僚朝见者,留京毋过十日。

秋七月癸未,奉安太祖、太宗、真宗御容于南京鸿庆宫。甲申,德音:降南京畿内囚罪一等,徒以下释之;赐民夏税之半;除灾伤倚阁税及欠折官物非侵盗者。辛丑,禁贡余物馈近臣。

八月乙丑,析河北为四路,各置都总管。

九月丁酉,诏删定《一州一县敕》。

冬十月壬子,李迪薨。甲子,幸广亲宅,谒太祖、太宗神御殿,宴宗室,赐器币有差。乙丑,河阳、许州地震。

十一月乙未,加上真宗谥。丙申,朝飨景灵宫。丁酉,飨太庙、奉慈庙。戊戌,冬至,祀天地于圜丘,大赦。贝州宣毅卒王则据城反。

十二月戊申,加恩百官。庚戌,枢密直学士明镐体量安抚河北。癸丑,诏贝州有能引致官兵获贼者,授诸卫上将军。甲寅,遣内侍以敕榜招安贝贼。

是岁,西蕃磨毡角来贡。

八月春正月丁丑,文彦博宣抚河北,明镐副之。壬午,江宁府火。乙未,日赤无光。

闰月辛丑,贝州平。甲辰,曲赦河北,赐平贝州将士缗钱,战没者官为葬祭,兵所践民田蠲其税,改贝州为恩州。戊申,文彦博同中书门下平章事、集贤殿大学士,官吏将士有功者迁擢有差。辛酉,亲从官颜秀等四人夜入禁中谋为变,宿卫兵捕杀之。丙寅,磔王则于都市。丁卯,知贝州张得一坐降贼伏诛。

二月癸酉,颁《庆历善救方》。夏国来告曩霄卒。己卯,赐瀛、莫、恩、冀州缗钱二万,赎还饥民鬻子。丁酉,奉安宣祖、太祖、太宗御容于睦亲宅。

三月甲辰,诏礼部贡举。辛亥,遣使体量安抚陕西。甲寅,幸龙图、天章阁,诏辅臣曰:“西陲备御,兵冗赏滥,罔知所从,卿等各以所见条奏。”又诏翰林学士、三司使、知开封府、御史中丞曰:“朕躬阙失,左右朋邪,中外险诈,州郡暴虐,法令有不便于民者,朕欲闻之,其悉以陈。”壬戌,以霖雨,录系囚。癸亥,以朝政得失、兵农要务、边防备豫、将帅能否、财赋利害、钱法是非与夫谗人害政、奸盗乱俗及防微杜渐之策,召知制诰、谏官、御史等谕之,使悉对于篇。

夏四月己巳朔,封曩霄子谅祚为夏国主。壬申,丁度罢,明镐参知政事。

五月辛酉,夏竦罢,宋庠为枢密使,庞籍参知政事。

六月戊辰朔,诏近臣举文武官材堪将帅者。丙子,河决澶州商胡埽。壬辰,以久雨斋祷。甲午,明镐卒。乙未,诏馆阁官须亲民一任,方许入省、府及转运、提点刑狱差遣。丙申,章得象薨。

秋七月戊戌,以河北水、令州县募饥民为军。辛丑,罢铸铁钱。

八月己丑,以河北、京东西水灾,罢秋宴。

九月戊午,诏三司以今年江、淮漕米转给河北州军。

冬十一月己亥,作“皇帝钦崇国祀之宝”。壬戌,出廪米减价以济畿内贫民。

十二月乙丑朔，以霖雨为灾，颁德音，改明年元，减天下囚罪一等，徒以下释之。出内藏钱帛赐三司，贸粟以济河北，流民所过，官为舍止之，所赍物毋收算。丁卯，册美人张氏为贵妃。戊子，遣使体量安抚利州路。

是岁，庐州合肥县稻再实。交州来贡。

皇祐元年春正月甲戌朔，日有食之。以河北水灾，罢上元张灯，停作乐。庚戌，张士逊薨。己未，诏以缗钱二十万市谷种分给河北贫民。辛酉，诏台谏非朝廷得失、民间利病，毋风闻弹奏。

二月戊辰，以河北疫，遣使颁药。辛未，发禁军十指挥使赴京东、西路备盗。

三月丁巳，录系囚。己未，契丹遣使来告伐夏国。庚申，翰林院学士钱明逸报使契丹。是月，赐礼部奏名进士、诸科及第出身千三百九人。

四月癸未，梓州转运司言淯井监夷人平。

六月甲子，蠲河北复业民租赋二年。甲戌，始置观文殿大学士。戊寅，诏中书、枢密非聚议毋通宾客。戊子，诏转运使、提点刑狱，所部官吏受赃失觉察者，降黜。

秋七月丁酉，诏臣僚毋得保荐要近内臣。己未，诏诸州岁市药以疗民疾。

八月壬戌，陈执中罢。以文彦博为昭文馆大学士，宋庠同中书门下平章事、集贤殿大学士，庞籍为枢密使，高若讷参知政事，梁适为枢密副使。甲申，策制举、武举人。

九月乙巳，广源州蛮侬智高寇邕州，诏江南、福建等路发兵以备。戊午，太白犯南斗。己未，罢武举。

冬十一月丙申，诏：河北被灾民八十以上及笃疾不能自存者，人赐米一石、酒一斗。辛丑，诏民有冤、贫不能诣阙者，听诉于监司以闻。

十二月甲子，遣入内供奉高怀政督捕邕州盗贼。

是岁,大留国来贡。

宋史卷一二
本纪第一二

仁宗四

二年春正月癸卯,以岁饥罢上元观灯。壬子,命近臣同三司较天下财赋出入之数。

二月甲申,出内库绢五十万,下河北、陕西、河东路,以备军赏。

三月戊子朔,诏季秋有事于明堂。己丑,以大庆殿为明堂。甲午,遣官祈雨。丁酉,月犯轩辕大星。戊戌,诏明堂礼成,群臣毋上尊号。庚子,契丹遣使以伐夏师还来告。丙午,雨。己酉,诏两浙流民听人收养。翰林学士赵概报使契丹。

夏五月丁亥朔,新作明堂礼神玉。己亥,旌定州义民李能。

六月己未,出新制明堂乐八曲。丁卯,以自制黄钟五音五曲,并肆于太常。庚午,定选举县令法。壬申,月犯填星。癸未,录系囚。荧惑入舆鬼,犯积尸。癸亥,出内藏绢百万市籴军储。壬申,深州大雨,坏庐舍。

九月丁亥,阅雅乐。己酉,朝飨景灵宫。庚戌,飨太庙。辛亥,大飨天地于明堂,以太祖、太宗、真宗配,如圜丘。大赦,百官进秩一等。诏:“自今内降指挥,百司执奏毋辄行。敢因缘干请者,谏官、御史察举之。”

冬十月庚午,荧惑犯太微上将。乙亥,宴京畿父老于锡庆院。

闰十一月己未,诏后妃之家毋得除二府职任。丙寅,秀州地震,有声如雷。丁卯,诏中书门下省、两制及太常官详定太乐。河北水,诏蠲民租,出内藏钱四十万缗、绢四十万匹付本路,使措置是岁刍粮。

十二月甲申,定三品以上家庙制。啰厮啰、西蕃瞎毡、西南蕃龙光瀧、占城、沙州来贡,泾原路生户都首领那龙男阿日丁内附。

三年春正月乙丑,辛魏国大长公主第视疾。

二月丙戌,宰臣文彦博等进《皇祐大飨明堂记》。己亥,复行河北沿边州军入中粮草见钱法。

三月庚申,宋庠罢,以刘沆参知政事。癸酉,侬智高表献驯象及金银,却之。

夏四月癸未,诏:“河北流民相属,吏不加恤,而乃饰厨传,交赂使客,以取名誉。自今非犒设兵校,其一切禁之。”丙申,太白昼见。

五月庚戌,以恩、冀州旱,诏长吏决系囚。壬申,置河渠司。乙亥,颁《简要济众方》,命州县长吏按方剂以救民疾。丁丑,录系囚。

六月丁亥,无为军献芝草,帝命姑免知军茹孝标罪,戒州郡自今勿复献。

秋七月癸丑,诏:“少卿、监以下,年七十不任厘务者,御史台、审官院以闻。尝任馆阁、台谏及提刑者,中书裁处。待制以上能自引年,则优加恩礼。”丙辰,以孔氏子孙复知仙源具事。丁巳,两制、礼官上大乐,名曰大安。辛酉,河决大名府郭固口。乙丑,罢、徙州县长吏不任事者十有六人。丙子,减郴永州、桂阳监丁身米岁十万余石。

八月丙戌,遣使安抚京东、淮南、两浙、荆湖、江南饥民。辛卯,诏诸路监司具所部长吏治状能否以闻。是月,汴河绝流。

冬十月庚子,文彦博罢,以庞籍同中书门下平章事、昭文馆大学士,高若讷为枢密使,梁适参知政事,王尧臣为枢密副使。

十一月辛亥,减漳州、泉州、兴化军丁米。

十二月庚辰,新作浑仪。庚子,诏文武官七十以上未致仕者,更不考课迁官。甲辰,罢灾伤州军贡物。

是岁,泾原樊家族密厮歌内附。

四年春正月己巳,诏诸路贷民种。乙亥,塞大名府决河。

二月庚子,蠲湖州民所贷官米。

三月己酉,诏礼部贡举。丙辰,蠲江南路民所贷种数十万斛。辛酉,录系囚。辛未,诏官禁市物给实直,非所阙者毋市。

夏四月庚辰,诏:修河兵夫逃亡死伤,会其数,以议官吏之罚。文源州蛮侬智高反。

五月乙巳朔,智高陷邕州,遂陷横、贵等八州,围广州。壬申,命知桂州陈曙率兵讨智高。

六月乙亥,起前卫尉卿余靖为秘书监、湖南安抚使、知潭州,前尚书屯田员外郎、直史馆杨畋体量安抚广南、提举经制盗贼事。庚辰,改余靖为广西安抚使、知桂州,命同提点广东刑狱李枢与陈曙讨智高,广东转运钤辖司发兵援之。丁亥,以狄青为枢密副使。

秋七月乙巳,出内藏钱绢助河北军储。丙午,命余靖经制广南盗贼事。丁巳,大风拔木。壬戌,智高引众去广州,广东兵马钤辖张忠、知英州苏缄邀击于白田,忠战殁。甲子,广东兵马钤辖蒋偕又败于路田。

八月癸未,诏开封府,比大风雨,民庐摧圮压死者,官为祭敛之。辛卯,命枢密直学士孙沔安抚湖南、江西,内侍押班石全斌副之。

九月丁巳,命余靖提举广南兵甲经制贼盗事。庚申,广西兵马钤辖王正伦讨智高于昭州馆门驿,战殁。智高入昭州。庚午,以狄青为宣徽南院使、宣抚荆湖路、提举广南经制贼盗事。是月,智高袭杀蒋偕于太平场。

冬十月丙子,太白犯南斗。诏鄜延、环庆、泾原路择蕃落广锐军各五千人赴广南行营。丁丑,智高入宾州。甲申,复入邕州。丁亥,以诸路饥疫并征徭科调之烦,令转运使、提点刑狱、亲民官条陈救恤之术以闻。

十一月壬寅朔，日有食之。戊午，诏免江西、湖南、广南民供军须者今年秋租十之三。

十二月壬申朔，广西兵马钤辖陈曙讨智高兵，战于金城驿。壬辰，观新乐。乙未，录唐颜真卿后。

是岁，河北路及郴州水，蠲河北民积年逋负、郴州民税役。

五年春正月壬寅朔，御大庆殿受朝。庚戌，以广南用兵，罢上元张灯。白虹贯日。丁巳，会灵观火。戊午，狄青败智高于邕州，斩首五千余级，智高遁去。甲子，遣使抚问广南将校，赐军士缗钱。

二月癸未，狄青复为枢密副使。甲申，赦广南。凡战殁者，给槥椟送还家，无主者葬祭之。贼所过郡县，免其田租一年，死事家科徭二年。贡举人免解至礼部，不预奏名者亦以名闻。丙戌，诏广西都监萧注等追捕智高。丁亥，下德音：减江西、湖南系囚罪一等，徒以下释之。丁壮馈运广南军须者，减夏税之半，仍免差徭一年。戊子，诏：百官遇南郊奏荐，无子孙者听奏期亲一人。乙未，诏：宗室通经者，大宗正司以闻。

三月癸亥，遣使奉安太祖御容于滁州，太宗御容于并州，真宗御容于澶州。是月，赐礼部奏名进士、诸科及第出身千四十二人。

夏四月甲午，命刘沆、梁适监议大乐。

五月乙巳，诏辅臣凡有大政，许复对后殿。高若讷罢，以狄青为枢密使。丁未，孙沔为枢密副使。戊申，诏转运使毋取羡余以助三司。庚戌，诏：智高所至州，无城垒，若兵力不敌而弃城者，奏裁。壬子，录系囚。丁巳，诏转运司振邕州贫民，户贷米一石。甲子，诏谏官、御史毋挟私以中善良，及臣僚言机密事毋得漏泄。

六月乙亥，御紫宸殿按大安乐，观宗庙祭器。丙戌，作集禧观成。乙未，诏："河北荐饥，转运使察州县长吏能招辑劳来者，上其状；不称职者，举劾之。"

秋七月乙巳，诏：荆湖北路民因灾伤所贷常平仓米免偿。己酉，诏：荐举非其人者，令御史台弹奏，见任监司以上弗许荐论。戊午，诏太常定谥，毋为溢美。

闰月戊辰，诏：广南民逃未还者，限一年归业，其复三岁。壬申，庞籍罢，以陈执中同中书门下平章事、昭文馆大学士，梁适同中书门下平章事、集贤殿大学士。乙亥，诏武臣知州军，须与僚属参议公事，毋专决。庚辰，秦凤路言总管刘焕等破蕃部，斩首二千余级。

八月丁酉朔，诏：民诉灾伤而监司不受者，听州军以状闻。辛酉，策制举、武举人。壬戌，诏：南郊以太祖、太宗、真宗并配。

九月乙酉，观新乐。

冬十月丙申朔，日有食之。壬子，作“镇国神宝”。丁巳，诏：以蝗旱，令监司谕亲民官上民间利害。

十一月丁卯，朝飨景灵宫。戊辰，飨太庙、奉慈庙。己巳，祀天地于圜丘，大赦。丁丑，加恩百官。戊子，放天下逋负。

十二月戊午，诏转运官毋得进羡余。壬戌，以曹、陈、许、郑、滑州为辅郡，隶畿内，置京畿转运使。

是岁，占城国来贡。

至和元年春正月辛未，诏：“京师大寒，民多冻馁死者，有司其瘗埋之。”壬申，碎通天犀和药以疗民疫。癸酉，贵妃张氏薨，辍视朝七日，禁京城乐一月。丁丑，追册为皇后，赐谥温成。辛卯，录系囚，减三京、辅郡杂犯死罪一等，徒以下释之。

二月庚子，诏：“治河堤民有疫死者，蠲户税一年；无户税者，给其家钱三千。”壬戌，孙沔罢，以田况为枢密副使。

三月己巳，王贻永罢，以王德用为枢密使。辛未，命曾公亮等同试入内医官。壬申，赐边臣攻守图。置京畿提点刑狱。乙亥，太史言日当食四月朔。庚辰，下德音，改元，减死罪一等，流以下释之。癸未，易服，避正殿，减常膳。乙酉，诏：京西民饥，宜令所在劝富人纳粟以振之。

夏四月甲午朔，日有食之，用牲于社。辛丑，御正殿，复常膳。祥源观火。

五月戊寅，以河北流民稍复，遣使安抚。壬辰，太白昼见。

秋七月丁卯，以程戡参知政事。立温成园。戊辰，梁适罢。己巳，出御史马遵、吕景初、吴中复。

八月丁酉，诏："前代帝王后尝仕本朝，官八品以下，其祖父母、父母、妻子犯流以下罪，听赎；未仕而尝受朝廷赐者，所犯非凶恶，亦听赎。"丙午，以刘沆同中书门下平章事、集贤殿大学士。命修起居注官侍经筵。

九月乙亥，契丹遣使来告夏国平。辛巳，遣三司使王拱辰报使契丹。己丑，太白昼见。

冬十月辛卯朔，太白昼见。壬辰，诏："士庶家毋得以尝佣顾之人为姻，违者离之。"丁酉，葬温成皇后。丙午，温成皇后神主入庙。戊午，幸城北炮场观发炮，宴从臣，赐卫士缗钱。

十一月甲子，出太庙祫、祫、时飨及温成皇后乐章，肄于太常。

十二月丙午，诏司天监天文算术官毋得出入臣僚家。癸丑，诏：内侍传宣，令都知司札报，被旨者覆奏。

是岁，融州大丘洞杨光朝内附。

二年春正月丁卯，奉安真宗御容于万寿观。减畿内、辅郡囚罪一等，徒以下释之。赐诸军缗钱。戊辰，邕州言苏茂州蛮内寇，诏广西发兵讨之。丁亥，晏殊薨。

二月壬辰，汾州团练推官郭固上车战法，既试之，授卫尉丞。

三月丁卯，诏修起居注立于讲读官之次。丙子，封孔子后为衍圣公。是月，以旱除畿内民逋刍及去年秋遭税，罢营缮诸役。

夏四月己亥，契丹遣使贺乾元节，以其主之命持本国三世画像来求御容。辛亥，定差衔前法。乙卯，出米京城门，下其价以济流民。

五月己未，录系囚。辛酉，诏中书公事并用祖宗故事。戊寅，诏戒百官务饬官守。

六月戊戌，陈执中罢。以文彦博同中书门下平章事、昭文馆大学士，刘沆监修国史，富弼同中书门下平章事、集贤殿大学士。乙巳,侬智高母侬氏、弟智光、子继宗继封伏诛。

秋八月戊子,减畿内、辅郡囚罪一等,徒以下释之。乙未,置台谏章奏簿。壬子,诏中书、枢密院第宗姓服属,自明堂覃恩后及十年者,咸与进官。

九月戊午,契丹使来告其国主宗真殂,帝为发哀,成服于内东门幕次,遣使祭奠、吊慰及贺其子洪基立。戊辰,诏:试医官须引《医经》、《本草》以对,每试十道,以六通为合格。辛巳,罢辅臣、宣徽、节度使乾元节任子恩。

冬十月丙戌,录唐长孙无忌后。己丑,诏京畿毋领辅郡,罢京畿转运使、提点刑狱。癸丑,下溪州蛮彭仕羲内寇,诏湖北路发兵捕之。

十一月乙卯,交趾来告李德政卒,其子日尊上德政遗贡物及驯象。己未,行并边见钱和籴法。

十二月丁亥,修六塔河。丁酉,诏:武臣有赃滥者毋得转横行,其立战功者许之。庚子,契丹遣使致其主宗真遗留物及谢吊祭。庚戌,太白昼见。壬子,作醴泉观成。

是岁,西界阿讹等内附,诏遣还。龙赐州彭师党以其族来归,大食国、西蕃、安化州蛮来贡。

嘉祐元年春正月甲寅朔,御大庆殿受朝。是日,不豫。辛酉,辅臣祷祠于大庆殿,斋宿殿庑。近臣祷于寺观,及遣诸州长吏祷于岳渎诸祠。壬戌,御崇政殿。癸亥,赐在京诸军缗钱。甲子,赦天下,蠲被灾田租及倚阁税。戊辰,罢上元张灯。辛未,命辅臣祷天地、宗庙、社稷。是月,大雨雪,木冰。

二月甲辰,帝疾愈,御延和殿。

三月丁巳,诏礼部贡举。辛未,司天监言:自至和元年五月,客星晨出东方守天关,至是没。壬申,遣官谢天地、宗庙、社稷、寺观诸祠。癸酉,契丹遣使来谢。闰月未癸朔,以王尧臣参知政事,程戡为枢密副使。诏前后殿间日视事。

夏四月壬子朔,六塔河复决。丙辰,裁定补荫选举法。甲戌,录系囚。是月,大雨,水注安上门,门关折,坏官私庐舍数万区。诸路言江、河决溢,河北尤甚。

六月辛亥朔,诏:双日不御殿,伏终如旧。辛未,免畿内、京东西、河北被水民赋租。乙亥,雨坏太社、太稷坛。戊寅,遣使安抚河北。己卯,诏群臣实封言时政阙失。

秋七月乙酉,命京东西、湖北监司分行水灾州军振饥蠲租。丙戌,赐河北流民米,压溺死者赐其家钱有差。己丑,出内藏银绢三十万振贷河北。月入南斗。乙巳,贷被水灾民麦种。是月,彗灭紫微垣,长丈余。环州小遇族叛,知州张揆破降之。

八月庚戌朔,日有食之。癸亥,狄青罢,以韩琦为枢密使。是夕彗灭。甲子,出恭谢乐章,肄于太常。乙亥,朝谒景灵宫,减京城系囚徒罪一等,杖笞释之。戊寅,诏湖北招安彭仕羲。

九月庚寅,命宰臣摄事于太庙。辛卯,恭谢天地于大庆殿,大赦,改元。丁酉,加恩百官。庚子,赐致仕卿、监以上及曾任近侍之臣粟帛酒馔。癸卯,举行御史迁次格。自京至泗州置汴河木岸。

十一月辛巳,王德用罢,贾昌朝为枢密使。

十二月壬子,刘沆罢,以曾公亮参知政事。甲子,白虹贯日。

是岁,西蕃磨毡角、占城、大食国来贡。融、桂州蛮杨克端等内附。

二年春二月己酉,梓夔路三里村夷人寇淯井监。庚戌,录系囚,降罪一等,徒以下释之。遣使录三京、辅郡系囚。壬戌,杜衍薨。澧州罗城洞蛮内寇,发兵击走之。癸酉,王德用卒。是月,雄、霸州地震。

三月戊寅,振河北被灾民。乙未,契丹使耶律防、陈觊来求御容。戊戌,淮水溢。遣张昇报使契丹。癸卯,狄青卒。是月,赐礼部奏名进士、诸科及第出身八百七十七人。亲试举人免黜落始此。

夏四月丁未,以河北地数震,遣使安抚。丙寅,幽州地大震,坏城郭,覆压死者数万人。己巳,邕州火峒蛮侬宗旦入寇。癸酉,以彭仕羲未降,遣官安抚湖北。

五月庚辰,管勾麟府军马公事郭恩为夏人所袭,殁于断道坞。己亥,诏举行磨勘法。

六月戊午,夏国主谅祚遣人来谢使吊祭。戊辰,以淑妃苗氏为贤妃。

秋七月辛巳,诏河北诸道总管分遣兵官教阅所部军。辛卯,命孙抃、张昇磨勘转运使及提点刑狱课绩。丁酉,诏陕西、河北诸路经略安抚举文武官材堪将领者各一人。

八月己酉,诏:每岁赐诸道节镇、诸州钱有差,命长吏选官和药,以救民疾。壬子,命富弼等详定《编敕》。庚申,录系囚,降罪一等,徒以下释之。癸亥,策制举人。丁卯,置广惠仓。

九月庚子,契丹再使萧扈、吴湛来求御容。

冬十月乙巳,遣胡宿报使契丹。丙午,班《禄令》。

十一月丙申,诏三司使体量判官才否以闻。

十二月戊申,诏:"自今间岁贡举,天下进士、诸科解旧额之半,置明经科,罢说书举人。"辛亥,立内降关白二府法。

是岁,西蕃瞎毡并诸族、西平州黔南道王石自品、西南蕃鹣州来贡。

三年春正月戊戌,凿永通河。

二月癸卯,契丹使来告其祖母哀,辍视朝七日,遣使祭奠吊慰。癸丑,录系囚,降罪一等,徒以下释之。

三月甲戌,诏礼部贡举。

夏四月甲子,吴育卒。乙丑,罢睦亲宅祖宗神御殿。丙辰,诏:"守令或贪恣耄昏,以弛为宽,以苛为察,以增赋敛为劳,以出入刑罚为能,而部使者莫之举劾。自今其各思率职,毋挠权幸,毋纵有罪,以称朕意。"

五月壬申,增国子监生员。甲午,契丹遣使致其祖母遗留物。

六月丙午，文彦博、贾昌朝罢，以富弼为昭文馆大学士，韩琦同中书门下平章事、集贤殿大学士，宋庠、田况为枢密使，张昇为枢密副使。甲寅，诏学士院编国朝制诰。丁卯，交阯贡异兽。

秋七月丙子，诏："广济河溢，原武县河决，遣官行视民田，振恤被水害者。"癸巳，以夔州路旱，遣使安抚。

八月己亥朔，日有食之。己未，王尧臣卒。庚申，彭仕羲率众降。

九月癸酉，议罢榷茶法。己丑，契丹遣使来谢。

冬十月癸亥，除河北坊郭客户乾食盐钱。

十一月癸酉，议减冗费。己丑，置都水监，罢三司河渠司。

十二月己巳，诏三司岁上天下税赋之数，三岁一会亏赢以闻。

闰月丁卯朔，诏："吏人及伎术官职，毋得任知州军、提点刑狱，自军班出至正任者，方得知边要州军。"丁丑，诏裁定制科及进士高第人恩数。庚辰，诏：明年正旦日食，其自丁亥避正殿，减常膳。宴契丹使，毋作乐。壬午，录系囚，降三京囚罪一等，徒以下释之。

是岁，安化上中下州、北遰镇蛮人来贡。

四年春正月丙申朔，日有食之。用牲于社。辛丑，御正殿，复常膳。以自冬雨雪不止，遣官分行京城，赐孤穷老疾钱，畿县委令佐为糜粥济饥。壬寅，赐在京诸军班缗钱。颁《嘉祐驿令》。

二月己巳，罢榷茶。庚午，广南言交阯寇钦州。乙亥，以广惠仓隶司农寺。戊子，白虹贯日。

三月戊戌，命近臣同三司减定民间科率。是月，赐进士、诸科及第出身三百三十九人。

夏四月丁卯，诏孟冬大祫太庙。癸酉，封柴氏后为崇义公，给田十顷，奉周室祀。丙子，复银台司封制。癸未，陈执中薨。辛卯，诏："中外臣庶居室、器用、冠服、妾媵，有违常制，必罚毋贷。"壬辰，录系囚，降罪一等，徒以下释之。大震电，雨雹。

五月戊戌，诏："两制臣僚旧制不许诣执政私第，所举荐不得用为御史，今除其法。"庚子，诏内臣员多，权罢进养子入内。壬子，遣官经界河北牧地,余募民种艺。

六月己巳,群臣请加尊号曰"大仁至治",表五上,不许。癸酉,诏诸路经略安抚、转运使、提点刑狱,各举本部官有行实政事者三人,以备升擢。尝任两府者,许举内外官。丁丑,诏转运司,凡邻州饥而辄闭粜者,以违制论。辛卯,放宫女二百十四人。

秋七月丁未,放宫女二百三十六人。

八月乙亥,策制举人。

冬十月壬申,朝飨景灵宫。癸酉,大祫于太庙,大赦。诏诸路监司察士有学行为乡里所推者,同长吏以闻。民父母年八十以上,复其一丁。复益州为成都府,并州为太原府。戊寅,加恩百官。

十一月庚子,汝南郡王允让薨。

十二月丁丑,白虹贯日。

是岁,唃厮啰来贡。

五年春正月辛卯朔,日虹贯日,太白犯岁星。己亥,录刘继元后。

二月壬戌,录系囚。

三月壬辰,诏礼部贡举。癸巳,刘沆薨。乙未,岁星昼见。壬子,诏以蝗涝相仍,敕转运使、提点刑狱督州县振济,仍察不称职者。

夏四月癸未,程戡罢,以孙抃为枢密副使。丙戌,命近臣同三司议均税。

五月戊子朔,京师民疫,选医给药以疗之。己丑,京师地震。丁酉,诏三司置宽恤民力司。己酉,王安石召入为三司度支判官。丁巳,录系囚,降罪一等,徒以下释之。

六月乙丑,诏戒上封告讦人罪或言赦前事,及言事官弹劾小过不关政体者。乙亥,遣官分行天下,访宽恤民力事。

秋七月癸巳,邕州言交阯与甲峒蛮合兵寇边,都巡检宋士尧拒战死之,诏发诸州兵讨捕。丙申,诏待制、台谏官、正刺史以上各举诸司使至三班使臣堪将领及行阵战斗者三人。戊戌,翰林学士欧阳修上新修《唐书》。庚戌,诏中书门下采端实之士明进诸朝,辨激巧伪者放黜之。

八月壬申,诏求逸书。庚辰,置陕西估司马。乙酉,罢诸路同提点刑狱使臣。丙戌,置江、湖、闽、广、四川十一路转运判官。

九月己丑,太白昼见。

冬十月乙酉,深州言野蚕成茧,被于原野。

十一月辛卯,罢内臣寄迁法。辛丑,宋庠罢。以曾公亮为枢密使,张昇、孙抃为参知政事,欧阳修、陈升之、赵概为枢密副使。

十二月己卯,苏茂州蛮寇邕州。辛巳,补诸州父老百岁以上者十二人为州助教。

是岁,大食国来贡。

六年春正月乙未,许两制与台谏相见。

二月丁巳,诏宗室赐名授官者,须年及十五方许转官。乙丑,诏良民子弟或为人诱隶军籍,自今两月内父母诉官者还之。丙寅,录系囚,降罪一等,徒以下释之。

三月己亥,富弼以母丧去位。庚子,以富弼母丧罢大宴。戊申,给西京周庙祭享器服。是月,赐进士、诸科及第同出身二百九十五人。

夏四月辛酉,诏:岭南官吏死于侬贼而其家流落未能自归者,所在给食,护送还乡。庚辰,陈升之罢,以包拯为枢密副使。出谏官唐介、赵抃、御史范师道、吕诲。

五月丙戌,官诸路敦遣行义文学之士七人。庚戌,录系囚,降罪一等,徒以下释之。分命官录三京系囚。

六月壬子朔,日有食之。乙丑,太白昼见。壬申,岁星昼见。丙子,以司马光知谏院,入对。戊寅,以王安石知制诰。

秋七月乙酉,泗州淮水溢。丙戌,诏淮南、江、浙水灾,差官体量蠲税。戊子,录昭宪皇太后、荐明孝惠荐章淑德皇后家子孙,进秩授官者十有九人。癸巳,诏:"台谏为耳目之官,乃听险陂之人兴造飞语,中伤善良,非忠孝之行也。中书门下其申儆百工,务敦行实,循而弗改者绌之。”

八月乙亥,策制举人。丁丑,诏:“诸路刺举之官,未有以考其贤否,比令有司详定厥制,其各务祗新书,以称朕意。仍令考校转运、提刑课绩院以新定条目施行。”戊寅,诏:州县长吏有清白不挠而实惠及民者,令本路监司保荐再任,政迹尤异,当加奖擢。

闰月乙酉,复以成都府为剑南西川节度。庚子,以韩琦为昭文馆大学士,曾公亮同中书门下平章事、集贤殿大学士,张昇为枢密使。辛丑,以胡宿为枢密副使。

冬十月壬午,定内侍磨勘法。丙戌,诏京西、淮、浙、荆湖增置都同巡检。壬辰,起复皇侄前右卫大将军岳州团练使宗实为泰州防御使,知宗正寺。辞以丧不拜。

十一月己巳,许夏国用汉衣冠。癸酉,赐昭宪皇太后家信陵坊第。戊寅,许康州刺史李枢以己官封赠父母。

十二月丙戌,复丰州。庚寅,命诸路总管集随军功过簿,以备迁补。

是岁,冬无冰。占城国献驯象,安化州蛮来贡。

七年春正月辛未,复命皇侄宗实为泰州防御使,知宗正寺。乙亥,诏南郊以太祖配为定制。改温成皇后庙为祠殿。

二月己卯朔,更江西盐法。诏开封府市地于四郊,给钱瘗民之不能葬者。癸未,录系囚,命官录被水诸州系囚。

三月辛亥,诏礼部贡举。乙卯,孙昇罢,以赵概参知政事,吴奎为枢密副使。甲子,以旱罢大宴。乙丑,祈雨于西太一宫。庚午,谢雨。壬申,徐州彭城、濠州钟离地生面十余顷,民皆取食。

夏四月壬午,颁《嘉祐编敕》。己丑,夏国主谅祚进马求赐书,诏赐九经,还其马。

五月戊午,太白昼见。庚午,包拯卒。

六月丙子朔,岁星昼见。

秋七月戊申,太白经天。壬子,诏季秋有事于明堂。

八月乙亥朔,出明堂乐章,肄于太常。己卯,诏以宗实为皇子。癸未,赐名曙。丁亥,奉安真宗御容于寿星观。庚子,以立皇子告天地宗庙诸陵。

九月乙巳朔,以皇子为齐州防御使,进封钜鹿郡公。己酉,朝飨景灵宫。庚戌,飨太庙。辛亥,大飨明堂,奉真宗配,大赦。己未,加恩百官。

冬十月乙亥,皇子表辞所除官,赐诏不允。丙戌,白虹贯日。乙未,太白昼见。丙申,诏内藏库、三司共出缗钱一百万,助籴天下常平仓。

十二月甲午,德妃沈氏为贵妃,贤妃苗氏为德妃。丙申,幸龙图、天章阁,召群臣宗室观祖宗御书。又幸宝文阁,为飞白书分赐从臣。作《观书诗》,命韩琦等属和,遂宴群玉殿。庚子,再召从臣于天章阁观瑞物,复宴群玉殿。

是岁,冬无冰。占城来贡。

八年春正月辛亥,交阯贡驯象九。

二月癸未,帝不豫。甲申,下德音,减天下囚罪一等,徒以下释之。丙戌,中书、枢密奏事于福宁殿之西阁。

三月戊申,庞籍薨。癸亥,御内东门幄殿,优赐诸军缗钱。甲子,御延和殿,赐进士、诸科及第同出身三百四十一人。辛未,帝崩于福宁殿,遗制皇子即皇帝位,皇后为皇太后,丧服以日易月,山陵制度务从俭约。谥曰神文圣武明孝皇帝,庙号仁宗。十月甲午,葬永昭陵。

赞曰:仁宗恭俭仁恕,出于天性,一遇水旱,或密祷禁廷,或跣立殿下。有司请以玉清旧地为御苑,帝曰:"吾奉先帝苑囿,犹以为广,何以是为?"燕私常服浣濯,帷帝衾裯,多用缯𬘓。宫中夜饥,思膳烧羊,戒勿宣索,恐膳夫自此戕贼物命,以备不时之须。大辟疑者，皆令上谳，岁常活千余。吏部选人，一坐失入死罪，皆终身不迁。每谕辅臣曰："朕未尝罟人以死，况敢滥用辟乎！"至于夏人犯边，御之出境；契丹渝盟，增以岁币。在位四十二年之间，吏治若偷惰，而任事蔑残刻之人；刑法似纵弛，而决狱多平允之士。国未尝无弊幸，而不足以累治世之体；朝未尝无小人，而不足以胜善类之气。君臣上下恻怛之心，忠厚之政，有以培壅宋三百余年之基。子孙一矫其所为，驯致于乱。《传》曰："为人君，止于仁。"帝诚无愧焉！

宋史卷一三
本纪第一三

英　宗

英宗体乾应历隆重功盛德宪文肃武睿圣宣孝皇帝,讳曙,濮安懿王允襄第十三子,母曰仙游县君任氏。明道元年正月三日,生于宣平坊第。初,王梦两龙与日并堕,以衣承之。及帝生,赤光满室,或见黄龙游光中。四岁,仁宗养于内。宝元二年,豫王生,乃归濮邸。

帝天性笃孝,好读书,不为燕嬉亵慢,服御俭素如儒者。每以庙服见教授,曰:"师也,敢弗为礼。"时吴王宫教吴充进《宗室六箴》,仁宗付宗正,帝书之屏风以自戒。

景祐三年,赐名宗实,授左监门卫率府副率,累迁右羽林军大将军、宜州刺史。皇祐二年,为右衞大将军、岳州团练使。嘉祐中,宰相韩琦等请建储,仁宗曰:"宗子已有贤知可付者,卿等其勿忧。"时帝方服濮王丧终。六年十月辛卯,起为秦州防御使、知宗正寺,帝以终丧辞。奏四上,乃听。丧终,复授前命,又辞。七年八月,许罢宗正,复为岳州团练使。戊寅,立为皇子。癸未,改今名。帝闻诏称疾,益坚辞。诏同判大宗正事安国公从古等往喻旨,即卧内起帝以入。甲辰,见清居殿。自是,日再庙,或入侍禁中。九月,迁齐州防御使、钜鹿郡公。

八年,仁宗崩。夏四月壬申朔,皇后传遗诏,命帝嗣皇帝位。百官入,哭尽哀。韩琦宣遗制。帝御东楹见百官。癸酉,大赦,赐百官爵一等,优赏诸军,如乾兴故事。遣王道恭告哀于契丹。帝欲亮阴三年,命韩琦摄冢宰,宰臣不可,乃止。乙亥,帝不豫。遣韩贽等告即位于契丹。丙子,尊皇后曰皇太后。己卯,诏请皇太后同听政。壬午,皇太后御小殿垂帘,宰臣复奏事。乙酉,作受命宝。丁亥,以皇子右千牛衞将军仲针为安州观察使、光国公。荧惑自七年八月庚辰不见,命宰臣祈禳,至是月己丑见于东方。庚子,立京兆郡君高氏为皇后。

五月戊午,以富弼为枢密使。戊辰,初御延和殿。以疾未平,命宰臣祈福于天地、宗庙、社稷及寺观,又祷于岳渎名山。

六月辛卯,契丹遣萧福延等来祭吊。

秋七月壬子,初御紫宸殿。帝自六月癸酉不御殿,至是始见百官。癸亥,岁星昼见。乙丑,星大小数百西流。戊辰,百官请大行皇帝谥于南郊。

八月癸巳,以生日为寿圣节。九月辛亥,以光国公仲针为忠武军节度使、同中书门下平章事、淮阳郡王,改名顼。戊午,上仁宗谥册于福宁殿。

冬十月甲午,葬仁宗于永昭陵。

十一月丙午,祔于太庙。大风霾。己酉,减东西二京罪囚一等,免山陵役户及灵驾所过民租。辛亥,契丹遣萧素等来贺即位。

十二月己巳,初御迩英阁,召侍臣讲读经史。乙亥,淮阳郡王顼出阁。

是岁,于阗、西南蕃来贡。

治平元年春正月丁酉朔,改元。戊戌,太白昼见。乙亥,寿圣节,百官及契丹使初上寿于紫宸殿。甲寅,赏知唐州赵尚宽修沟堰、增户口,进一官,赐钱二十万。

三月壬寅,命修秦悼王冢,置守护官。戊午,录囚。辛酉,雨土。

夏四月癸未,放宫女百三十五人。甲午,祈雨于相国天清寺、醴泉观。赐诸军钱有差。

五月乙亥,浚二股河。戊申,皇太后还政。庚戌,初日御前后殿。

壬子,诏:"皇太后称圣旨,出入仪卫如章献太后故事。其有所须,内侍录圣旨付有司,复奏即行。"丙辰,上皇太后宫殿名曰慈寿。己未,荧惑犯太微上将。壬戌,以病愈,命宰臣谢天地、宗庙、社稷及宫观。

闰月戊辰,辅臣进爵一等。

六月己亥,以淮阳郡王颂为颍王,祁国公颢为保宁军节度使、同中书门下平章事、东阳郡王,雯国公頵为左卫上将军。增宗室教授。丁未,增同知大宗正事一员。辛亥,作睦亲、广亲宅。辛酉,太白昼见。壬戌,岁星昼见。

八月甲辰,禄周世宗后。甲寅,太白入太微垣。乙卯,遣兵部员外郎吕诲等四人充贺契丹太后生辰、正旦使,刑部郎中章岷等四人充贺契丹主生辰、正旦使。丙辰,内侍都知任守忠坐不法,贬保信军节度副使,蕲州安置。丁巳,以上供米三万石振宿、亳二州水灾户。

九月丁卯,复武举。庚午,诏夏国精择使人,戒励毋率彝章。

冬十月丙申,诏中外近臣、监司举治行素著可备升擢者二人。

十一月乙亥,科陕西户三丁之一,刺以为义勇军,凡十三万八千四百六十五人,各赐钱二千。谏官司马光累上疏谏之,不允。戊寅,复内侍养子令。

十二月乙巳,雨土。丙辰,契丹遣耶律烈等来贺寿圣节,萧禧等来贺明年正旦。

是岁,畿内、宋亳陈许汝蔡唐颍曹濮济单濠泗庐楚杭宣洪鄂施渝州、光化高邮军大水,遣使行视,疏治振恤,蠲其赋租。西蕃瞎毡子瞎欺米征内附。

二年春正月甲戌,振蔡州。

二月甲辰,大风,书冥。丁未,禄囚。是月,赐礼部奏名进士、明经诸科及第出身三百六十一人。

三月己巳,班《明天历》。

夏四月戊戌,诏议崇奉濮安懿王典礼。辛丑,诏监司、知州岁荐吏毋徒充数。丙午,奉安仁宗御容于景灵宫。丁未,白气起于西方。

五月癸亥,诏以综核名实励臣下。丙子,诏自今皇子及宗室属卑者,勿授以检校师傅官。乙酉,诏宗室封王者,子孙袭爵。

六月壬辰,录囚。己酉,诏尚书集三省、御史台议奉濮安懿王典礼。甲寅,罢尚书省集议,令有司博求典故,务在合经。诏遣官与契丹定疆界。

秋七月癸亥,富弼罢。丙寅,诏减乘舆服御。丙子,放宫女百八十人。丁丑,太白昼见。己卯,群臣五上尊号,不允。庚辰,张升罢,以文彦博为枢密使。

八月庚寅,京师大雨,水。癸巳,赐被水诸军米,遣官视军民水死者千五百八十人,赐其家缗钱,葬祭其无主者。乙未,以雨灾诏责躬乞言。初,学士草诏曰:“执政大臣,其惕思天变。”帝书其后曰:“雨灾专以戒朕不德,可更曰‘协德交修’。”己亥,以水罢开业乐宴。壬子,以工部郎中蔡抗等充贺契丹生辰使,侍御史赵鼎等充贺契丹正旦使。乙卯,减衮冕制度。丙辰,陕西置壮城兵。

九月壬戌,雨,罢大宴。己巳,以灾异风俗策制举人。壬午,太白犯南斗。乙酉,以久雨,遣使祈于岳渎名山大川。

冬十月乙巳,雨木冰。

十一月庚午,庙飨景灵宫。辛未,飨太庙。壬申,有事南郊,大赦。上皇太后册。册皇后。以齐州为兴德军节度。辛巳,加恩百官。

十二月辛亥,太白书见。

是岁,蒋、波、绣、云、龙赐等州来贡。

三年春正月丙辰朔,契丹遣使耶律仲达等来贺正旦。戊午,契丹遣使萧惟辅等来贺寿圣节。丙寅,幸降圣院,谒神御殿。癸酉,契丹改国号为辽。己卯,温州火,烧民屋万四千间,死者五千人。丁丑,皇太后下书中书门下:“封濮安懿王宜如前代故事,王夫人王氏、韩氏、任氏,皇帝可称亲。尊濮安懿王为皇,夫人为后。”诏遵慈训。以茔为园,置守卫吏,即园立庙,俾王子孙主祠事,如皇太后旨。辛巳,诏臣民避濮安懿王讳,以王子宗懿为濮国公。壬午,黜御史吕诲、范纯仁、吕大防。

二月乙酉朔,白虹贯日。

三月庚甲,彗星晨见于室。辛酉,黜谏官傅尧俞、御史赵鼎赵瞻。戊辰,上亲录囚。庚午,以彗避正殿,减膳。辛未,以黜吕诲等诏内外。癸酉,以灾异责躬,诏转运使察狱讼、调役利病大者以闻。辛巳,彗晨见于昴,如太白,长丈有五尺。壬午,字于毕;如月。

夏四月丙午,诏有司察所部左道、淫祀及贼杀善良不奉令者。罪毋赦。

五月甲子,罢知杂御史、观察使以上岁举人。乙丑,彗至张而没。戊辰,谓宰相曰:"朕欲公等日论治道,中书常务有定制者,付有司行之。"

六月己酉,录囚。

秋七月乙丑,进濮王子孙及鲁王孙爵一等。

八月庚子,遣傅卞等贺辽主生辰,张师颜等贺正旦。

九月壬子朔,日有食之。癸亥,定待制、谏官、庙官少卿郎中迁选岁月补员格。庚辰,禁妃嫔、公主以下荐服亲之夫。

冬十月壬午朔,以仙游县君任氏坟域为园。乙酉,诏两日一御迩英阁。丁亥,诏礼部三岁一贡举。甲午,诏宰臣、参知政事举才行士可试馆职者各五人。

十一月戊午,帝不豫,祷于大庆殿。己未,宰相始奏事。辛酉,降天下囚死罪一等,流以下释之。

十二月乙未,宰相祈于天地、宗庙、社稷。壬寅,立颖王顼为皇太子。癸卯,大赦。赐文武官子为父后者勋一转。辽遣萧靖等来贺正旦、寿圣节。

是岁,遣使以违约数寇责夏国,谅祚献方物谢罪。

四年春正月庚戌朔,群臣上尊号曰体乾膺历文武圣孝皇帝。降天下囚罪一等,徒以下释之。大风霾。辛亥,蠲京师逋麦钱。丁巳,帝崩于福宁殿,寿三十六。谥曰宪文肃武宣孝皇帝,庙号英宗。

帝自居睦亲宅,孝德著闻。濮安懿王薨,以所服玩物分诸子,帝所得悉以与王府旧人既葬而辞去者。宗室有假金带而以铜带归,主吏以告,帝曰:"真吾带也。"受之。命殿侍鹨犀带,直钱三十万,亡之,帝亦不问。

初辞皇子,请潭王宫教授周孟阳作奏,孟阳有所劝戒,即谢而拜之。奏十余不允,始就召,戒舍人曰:"谨守吾舍,上有适嗣,吾归矣。"既为皇子,慎静恭默,无所猷为,而天下阴知其有圣德。即位,每命近臣,必以官而不以名,大臣从容以为言,帝曰:"朕虽宫中命小臣,亦未尝以名也。"

一日,语神宗曰:"国家旧制,士大夫之子有尚帝女,皆升行以避舅姑之尊,义甚无谓。朕尝思此,瘝瘰不平,岂可以富贵之故,屈人伦长幼之序也?可诏有司革之。"会疾不果,神宗述其事焉。

赞曰:昔人有言,天之所命,人不能违,信哉!英宗以明哲之资,膺继统之命,执心回让,若将终身,而卒践帝位,岂非天命乎?及其临政,臣下有奏,必问庙廷故事与古治所宜,每有裁决,皆出群臣意表。虽以疾疢不克大有所为,然使百世之下,钦仰高风,咏叹至德,何其盛也!彼隋晋王广、唐魏王泰窥觎神器,矫揉夺嫡,遂启祸原,诚何心哉!诚何心哉!

宋史卷一四
本纪第一四

神宗一

　　神宗绍天法古运德建功英文烈武钦仁圣孝皇帝，讳顼，英宗长子，母曰宣仁圣烈皇后高氏。庆历八年四月戊寅，生于濮王宫，祥光照室，群鼠吐五色气成云。八月，赐名仲针。授率府副率，三迁至右千牛卫将军。嘉祐八年，侍英宗入居庆宁宫，尝梦神人捧之登天。英宗即位，授安州观察使，封光国公。是年五月壬戌，受经于东宫。

　　帝隆准龙颜，动止皆有常度。而天性好学，请问至日晏忘食，英宗常遣内侍止之。帝正衣冠拱手，虽大暑未尝用扇。侍讲王陶入侍，帝率弟颢拜之。九月，加忠武军节度使、同中书门下平章事，封淮阳郡王，改今讳。治平元年六月，进封颍王。三年三月，纳故相向敏中孙女为夫人。十月，英宗不豫，帝引仁宗故事，请两日一御迩英阁讲读，以安人心。十二月壬寅，立为皇太子。

　　四年正月丁巳，英庙崩，帝即皇帝位。戊午，赦天下常赦所不原者。遣冯行己告哀于辽。己未，尊皇太后曰太皇太后。检校太傅张升，改河阳三城节度使，宗谔同中书门下平章事，改集庆军节度使，命宰相韩琦为山陵使。辛酉，遣孙坦等告即位于辽。以大行皇帝诏赐夏国主及西蕃唃厮啰。丙寅，群臣表三上，始御迎阳门幄殿听政。内医侍先帝疾者，皆坐不谨贬之。诏东平郡王允弼、襄阳郡王允良朝朔望。以吴奎终丧，复授枢密副使。戊辰，以韩琦守司空兼侍中，

曾公亮行门下侍郎兼吏部尚书,进封英国公;文彦博行尚书左仆
射、检校司徒兼中书令;富弼改武宁军节度使,进封郑国公;曹修改
昭庆军节度使、检校太傅张升改河阳三城节度使,宗谔同中书门下
平章事,改集庆军节度使,检校尚书左仆射;欧阳修、赵概并加尚书
左丞,仍参知政事;陈升之为户部侍郎;吕公弼为刑部侍郎;允弼、
允良并加守太保;弟东阳郡王颢进封昌王,雩国公頵进封乐安郡
王。群臣进秩有差。

二月乙酉,初御紫宸殿。立向氏为皇后。丁亥,诏入内内侍省、
皇城司合覆奏事并执条覆奏。戊子,进封交阯郡王李日尊为南平
王。加邈川首领董毡检校太保。诏山陵所须,应委三司、转运司计
置,毋辄扰民。诏提举医官院试堪诊御脉者六人。庚寅,以四月十
日为同天节。辛卯,白虹贯日。壬辰,诏公主下嫁者行见舅姑礼。甲
辰,西蕃首领拽罗钵、鸠令结二人诱蕃部三百余帐投夏国,捕获,斩
之以徇。

三月壬子,曹佾加检校太尉兼侍中。赐礼部进士及第、出身四
百六十一人。甲寅,陕西宣抚使郭达讨蕃部党令征等,平之。赐昌
王颢公使钱岁万缗,半给之。丙辰,昌王颢、乐安郡王頵乞解官行
服,不许。癸亥,诏入内内侍省官已经寿圣节任子者,同天节权罢奏
荐。壬申,欧阳修罢知亳州。癸酉,吴奎参知政事。乙亥,允良薨。

闰月癸未,太白昼见。甲申,夏国主谅祚遣使谢罪。辛卯,诏:
齐、密、登、华、邠、耀、郿、绛、润、婺、海、宿、饶、歙、吉、建、汀、潮等
十八州知州,庆、渭、秦、延四州通判,其选并从中书,毋以恩例奏
授。乙未,张昇以太子太师致仕。庚子,诏求直言。御史中丞王陶
乞许举知县资序人为御史里行,从之。癸卯,王安石出知江宁府。甲
辰,诏:诸路帅臣及副总管,或有移易,依庆历故事。乙巳,诏以孟夏
农劳之时,令监司戒伤州县省事,劝民力田,民有艰食者振之。

夏四月庚戌,请大行皇帝谥于南郊。辛酉,诏内外所上封事,令
张方平、司马光详定以闻。丙寅,录囚。御史中丞王陶、侍御史吴申
吕景以过毁大臣,陶出知陈州,申、景各罚铜二十斤。吴奎罢知青

州。遣使循行陕西、河北、京东、京西路,体量安抚。壬申,奎复位。
罢州郡岁贡饮食果药。癸酉,诏陕西、河东经略转运司,察主兵臣僚
怯儒老病者以闻。

五月辛巳,以久旱,命宰臣祷雨。乙巳,宝文阁成,置学士、直学
士、待制官。

六月乙酉,辽遣萧余庆等来吊祭。己未,振河北流民。辛未,诏
天下官吏有能知徭役利病可议宽减者以闻。乙亥,诏中书、枢密细
务归之有司。

秋七月庚辰,诏察富民与妃嫔家昏因夤缘得官者。甲申,石蕃
来贡。己丑,命尚书户部郎中赵抃、刑部郎中陈荐同详定中外封事。
辛卯,告英宗宪文肃武宣孝皇帝谥于天地、宗庙、社稷。壬辰,上宝
册于福宁殿。丙午,文州曲水县令宇文之邵上书指陈得失。

八月丁未朔,太白昼见。戊午,复西夏和市。己巳,京师地震。
癸酉,葬英宗于永厚陵。

九月丁丑,诏减诸路逃田税额。壬午,祧僖祖及文懿皇后。乙
酉,祔英宗神主于太庙,乐曰《大英之舞》。戊子,减两京、畿内、郑孟
州囚罪一等,民役山陵者蠲其赋。辛卯,徙封颢为岐王,郡为高密郡
王。富弼为尚书左仆射。遣孙思恭等报谢于辽,且贺生辰、正旦。壬
辰,录周世宗从曾孙贻廓为三班奉职。甲午,辽遣耶律好谋等来贺
即位。戊戌,以王安石为翰林学士。辛丑,韩琦罢为司徒、镇安武胜
军节度使、判相州。吴奎、陈升之罢。枢密副使吕公弼为枢密使,张
方平、赵抃并参知政事,邵亢为枢密副使。壬寅,以曾公亮为尚书左
仆射,文彦博为司空。潮州地震。癸卯,以权御史中丞司马光为翰
林学士。

冬十月丙午,漳、泉诸州地震。丁未,富弼罢判河阳。戊申,建
州、邵武兴化军地震。己酉,初御迩英阁,召侍臣讲读经史。以右谏
议大夫、权御史中丞滕甫考诸路监司课绩。张方平以父忧去位。庚
戌,给陕西转运司度僧牒,令籴谷振霜旱州县。癸丑,诏翰林学士、
御史中丞、侍御史知杂事举材堪御史者各二人。诏将作监主簿常秩

赴阙。甲寅,制《资治通鉴》序赐司马光。癸酉,知青涧城种谔复绥州。

十一月丁丑,诏近臣各举才行可任使者一人。戊寅,诏求进言。丙戌,诏二府各举所知。丁亥,令课院详定诸州所上县令治状。戊子,命宰臣祈雪。置马监于河东交城县。庚寅,诏:“近臣以举官不当,经三劾者,中书别奏取旨。”乙未,诏令内外文武官各举有材德行能者。

十二月丙辰,西南龙蕃来贡。辛酉,以来岁日食正旦,自乙丑避殿减膳,罢庙贺。壬戌,诏起居日增转对官二人。丙寅,诏:州县吏并缘为奸,致狱多瘐死,岁终会死者多寡,以制其罪。著为令。己巳,辽遣萧杰等来贺正旦。

熙宁元年春正月甲戌朔,日有食之。诏改元。丁丑,以旱,减天下囚罪一等,杖以下释之。壬午,令州县掩暴骸。丁亥,命宰臣曾公亮等极言阙失。庚寅,御殿复膳。壬辰,幸寺观祈雨。丙申,赵概罢知徐州,三司使唐介参知政事。丁酉,诏修《英宗实录》。壬寅,增太学生百人。

二月辛亥,令诸路每季上雨雪。乙卯,孔若蒙袭封衍圣公。壬戌,贷河东饥民粟。

三月庚辰,夏主谅祚卒,遣使来告哀。丙戌,诏恤刑。戊子,作太皇太后庆寿宫、皇太后宝慈宫。丁酉,简州木连理,潭州雨毛。

夏四月乙巳,诏翰林学士王安石越次入对。戊申,命宰臣祷雨。以枢密直学士李参为尚书右丞,判西京留守司御史台。辛亥,同天节,群臣及辽使初上寿于紫宸殿。

五月甲戌,募饥民补厢军。庚辰,诏两制及国子监举诸王宫学官。戊戌,废庆成军。

六月癸卯,录唐魏徵、狄仁杰后。丁未,占城来贡。辛亥,诏诸路兴水利。乙亥,河决枣强县。丙寅,命司马光、滕甫裁定国用。

秋七月癸酉,诏:谋杀已伤,案问欲举自首者,从谋杀减二等。

乙亥，名秦州新筑大甘谷口砦曰甘谷城。丁丑，诏诸路帅臣、监司及两制、知杂御史已上，各举武勇谋略三班使臣二名。赐布衣王安国进士及第。己卯，群臣三表请上奉元宪道文武仁孝之号，不许。陈升之知枢密院事。给濮州雷泽县尧陵守户。壬午，以恩、冀州河决，赐水死家缗钱及下户粟。甲申，京师地震。乙酉，又震，大雨。辛卯，以河朔地大震，命边安抚司及雄州刺史候辽人动息以闻。赐压死者缗钱。京师地再震。壬辰，遣御史中丞滕甫、知制诰吴充安抚河北。癸巳，疏深州溢水。甲午，减河北路囚罪一等。丁酉，赐河北安抚司空名诰敕，募民入粟。己亥，回鹘来贡。

八月壬寅，诏京东、西路存恤河北流民。京师地震。甲辰，又震。乙卯，赐河东及鄜延路转运司空名诰敕，募民入粟实边。甲子，诏中书门下，考属近行尊者一人，王之。丙寅，罢宗谔平章事。丁卯，遣张宗益等贺辽主生辰、正旦。

九月辛未，太祖曾孙舒国公从式进封安定郡王。丁亥，减后妃臣僚荐奏推恩。戊子，莫州地震，有声如雷。丁酉，诏三司裁定宗室月料，嫁娶、生日、郊礼给赐。

冬十月辛丑，给天下系囚衣食薪炭。乙卯，出奉宸库珠，付河北买马。戊辰，禁销金服饰。

十一月癸酉，太白昼见。癸未，命宰臣祷雪。丙戌，庙飨太庙，遂斋于郊宫。废青城后苑。丁亥，祀天地于圜丘，大赦，群臣进秩有差。乙未，京师及莫州地震。

十二月己亥朔，命宰臣祷雪。癸卯，瀛州地大震。庚戌，赐夏国主秉常诏，许纳塞门、安远二砦，归其绥州。辛亥，录唐段秀实后。癸丑，祷雪于郊庙、社稷。庚申，以判汝州富弼为集禧观使，诏乘驿赴阙。壬戌，雪。甲子，辽遣耶律公质等来贺正旦。

二年春正月甲午，奉安英宗神御于景灵宫英德殿。

二月己亥，以富弼同中书门下平章事。庚子，以王安石参知政事。命翰林学士吕公著修英宗实录。乙巳，帝以灾变避正殿，减膳撤乐。甲子，陈升之、王安石创置三司条例，议行新法。

三月乙酉，诏漕运监铁等官各具财用利害以闻。丙戌，命宰臣祷雨。戊子，秉常上誓表，纳塞门、安远二砦，乞绥州，诏许之。乙未，以旱虑囚。

四月丁酉朔，群臣再上尊号，不许。戊戌，省内外土木工。壬寅，辽遣耶律昌等来贺同天节。丁未，唐介薨，临其丧。戊申，宰臣富弼、曾公亮以旱上表待罪，诏不允。癸丑，命曾公亮为西京奉安仁宗、英宗御容礼仪使。丁巳，遣使诸路，察农田水利赋役。戊午，外任大使臣年七十以上，令监司体量，直除致仕者，更不与子孙推恩。甲子，御殿复膳。免河北归业流民夏税。

五月辛未，宴紫宸殿，初用乐。己卯，赐河北役兵支钱。癸未，翰林学士郑獬罢知杭州，宣徽北院使王拱辰罢判应天府，知制诰钱公辅罢知江宁府。丁亥，奉安仁宗、英宗御容于会圣宫及应天院。甲午，减西京囚罪一等。台州民延赞等九人，年各百岁以上，并授本州助教。

六月丁巳，右谏议大夫、御史中丞吕诲以论王安石，罢知邓州。以翰林学士吕公著为御史中丞。命龙图阁直学士张掞兼编排录用功臣子孙。壬戌，太白昼见。

秋七月乙丑朔，日当食，云阴不见。庚午，诏御史中丞举推直官及可兼权御史者。甲戌，东平郡王允弼薨。辛巳，立淮、浙、江、湖六路均输法。壬午，振恤被水州军，仍蠲竹木税及酒课。癸未，诏："自今文臣换右职者，须实有谋勇，曾著绩效，即得取旨。"甲申，日下有五色云。己丑，韩琦上《仁宗实录》，曾公亮上《英宗实录》。

八月癸卯，侍御史刘琦贬监处州盐酒务，御史里行钱颛贬监衢州盐税，亦以论安石故。乙巳，殿中侍御史孙昌龄以论新法，贬通判蕲州。丙午，同修起居注范纯仁以言事多忤安石，罢同知谏院。戊申，河徙东行。夏国请从旧蕃仪，诏许之。己酉，范纯仁知河中府。甲寅，朝神御殿。辛酉，以秘书省著作佐郎程颢、王子韶并为太子中允、权监察御史里行。壬戌，侍御史知杂事刘述、同判刑部丁讽坐受刑名敕不即下,述贬知江州,讽贬通判复州。审刑院详议官王师元坐言许遵所议刑名不当,贬监安州税。

九月甲子朔,交州来贡。乙丑,以古勿峒效顺首领侬智会为右千牛卫大将军。丁卯,立常平给敛法。戊辰,出内库缗钱百万籴河北常平粟。丁丑,遣孙固等贺辽主生辰、正旦。辛卯,废奉慈庙。壬辰,以秘书省著作佐郎吕惠卿为太子中允、崇政殿说书。

冬十月丙申,富弼罢为武宁军节度使、判亳州。曾公亮、陈升之并同中书门下平章事。城绥州,命郭逵选将置守具。逵遣赵卨交夏人所纳安远、塞门二砦,就定地界。夏人渝初盟,卨请城绥州,不以易二砦,因改名绥德城。戊戌,以蕃官礼宾使折继世为忠州刺史;左监门卫将军嵬名山为供备库使,仍赐姓名赵怀顺。丙辰,诏御史请对并许直由阁门上殿。戊午,宗谔复平章事。己未,夏人来谢封册。辛酉,录杨承信曾孙立、田重进曾孙章为三班借职。

十一月乙丑,命韩绛制置三司条例。甲戌,诏:祖宗之后世袭补外官,非祖免亲罢赐名授官。丙子,罢诸路提刑武臣。颁农田水利约束。壬午,御迩英阁听讲。赐汴口役兵钱。己丑,减天下囚罪一等,徒以下释之。

闰月庚子,浚御河。壬子,置交子务。是月,差官提举诸路常平、广惠仓,兼管勾农田水利差役事。

十二月癸亥朔,复减后妃公主及臣僚推恩。癸酉,增失入死罪法。丙戌,增三京留司御史台、国子监及宫观官,以处卿监、监司、知州之老者。戊子,辽遣萧惟禧来贺正旦。

是岁,交州来贡。

宋史卷一五

本纪第一五

神宗二

三年春正月癸丑,录唐李氏、周柴氏后。乙卯,诏诸路散青苗钱禁抑配。戊午,判尚书省张方平罢知陈州。

二月壬申,以翰林学士司马光为枢密副使,凡九辞,诏收还敕诰。甲戌,以河州刺史瞎欺丁木征为金紫光录大夫、检校刑部尚书。乙酉,韩琦罢河北安抚使,为大名府路安抚使。

三月丙申,孙觉、吕公著、张戬、程颢、李常上疏极言新法,不听。己亥,始策进士,罢诗、赋、论三题。戊申,李常言青苗敛散不实,有旨具析,翰林学士兼知通进、银台司范镇封还诏书,以为不当,坐罢职,守本官。壬子,赐礼部奏名进士、明经及第八百二十九人。乙卯,诏诸路毋有留狱。丙辰,立试刑法及详刑官。右正言孙觉以奉诏反覆贬知琼德军。

夏四月癸亥,幸金明池观水嬉,宴射琼林苑。丙寅,辽遣耶律宽来贺同天节。丁卯,给两浙转运司度僧牒,募民入粟。戊辰,御史中丞吕公著贬知颍州。己卯,赵抃罢知杭州,以韩绛参知政事。监察御史里行程颢罢为京西路同提点刑狱。壬午,右正言李常贬通判滑州,监察御史里行张戬贬知公安县,王子韶贬知上元县。癸未,侍御史知杂事陈襄罢为同修起居注,程颢签书镇宁军节度判官公事,前秀州军事判官李定为太子中允、监察御史里行。

五月癸巳,诏并边州郡毋给青苗钱。太白昼见。壬寅,诏令司马光详定转对封事。甲辰,诏罢制置三司条例归中书。辛亥,赐进士苏丕号安退处士。壬子,罢入阁仪。丁巳,诏以审官院为东院,别置西院。

六月癸酉,日有五色云。丁丑,封宗室秦、鲁、蔡、魏、并、陈、越七王后为公。戊寅,诏修武成王庙。丙戌,知谏院胡宗愈贬通判真州。

秋七月辛卯,欧阳修徙知蔡州。壬辰,吕公弼罢枢密使,以知太原府冯京为枢密副使。罢潞州交子务。戊戌,雨雹。癸丑,详定宗室袭封制度。甲寅,置三班院主簿。

八月戊午,罢看详银台司文字所。丙寅,以旱虑囚,死罪以下递减一等,杖笞者释之。以卫州旱,令转运司振恤,仍蠲租赋。戊寅,诏:川峡、福建、广南七路官令转运司立格就注,具为令。遣张景宪等贺辽主生辰、正旦。己卯,夏人犯大顺城,知庆州李复圭以方略授环庆路钤辖李信、庆州东路都巡检刘甫、监押种咏出战,兵少取败。复圭诬信等违其节制,斩信及刘甫,种咏死于狱。是月,庆州巡检姚兕败夏人于荔原堡。钤辖郭庆、都监高敏死之。

九月戊子朔,中书置检正官。乙未,韩绛罢为陕西宣抚使。己亥,始试法官。庚子,曾公亮罢为司空兼侍中、河阳三城节度使。辛丑,以冯京参知政事,翰林学士吴充为枢密副使。乙巳,亲策贤良方正及武举。壬子,太白昼见。癸丑,作东西府以居执政。司马光罢知永兴军。诏环庆阵亡义勇余丁当刺者,悉免之。

冬十月辛酉,诏延州毋纳夏使。甲子,雨木水。壬申,庙谒神御殿。丙子。知庆州李复圭擅兴兵败绩,诬裨将李信、刘甫、种咏以死,御史劾之,贬保静军节度副使。戊寅,陈升之以母忧去位。乙酉,诏罢诸场务内侍监当。

十一月戊子,振河北饥民徙京西者。己丑,官节行之士二十一人。壬辰,蠲陕西蕃部贷粮。癸卯,授布衣王存下班殿侍、三班差使、宣抚司指挥使。甲辰,夏人寇大顺城,都监燕达等击走之。庚戌,诏:升庙官除南郊赦封赠父母外,不得以加恩转官。乙卯,以韩绛兼河东宣抚使。梓州路转运使韩琦等以能兴利除害,赐帛有差。

十二月己未,诏立诸路更戍法,旧以他路兵杂戍者遣还。乙丑,立保甲法。丁卯,以韩绛、王安石并同中书门下平章事,王珪参知政事。赐布衣陈知彦进士出身,知县王辅同进士出身。庚午,夏人寇镇戎军三川砦,巡检赵普伏兵邀击,败之,丁丑,增广南摄官奉。戊寅,初行免役法。赐西蕃董毡诏并衣带、鞍马。庚辰,命王安石提举编修三司令式。壬午,辽遣萧遵道等来贺正旦。癸未,命宋敏求详定命官、使臣过犯。

是岁,振河北、陕西旱饥,除民租。交阯入贡,广源、下溪州蛮来附。

四年春正月丁亥朔,不视庙。己丑,种谔袭夏兵于啰兀北,大败之。遂城啰兀。自是夏人日聚兵为报复计,言者以谔为稔边患不便。壬辰,王安石请鬻天下广惠仓田为三路及京东常平仓本,从之。乙未,渝州夷贼李光吉叛,巡检李宗闵等战死,命夔州路转运使孙构讨平之。诏详定大辟覆谳法。丁酉,庙谒太祖、太宗神御殿。庚子,幸集禧观宴从臣,又幸大相国寺,御宣德门观灯。韩绛等言种谔领兵入西界,斩获甚众,诏遣使抚问。乙巳,停括牧地。丁未,立京东、河北贼盗重法。庚戌,罢永兴军买盐钞场。甲寅,定文德殿朔望视庙仪。

二月丁巳朔,罢诗赋及明经诸科,以经义、论、策试进士。置京东西、陕西、河东、河北路学官,使之教导。辛酉,诏治吏沮青苗法者。戊辰,诏振河北民乏食者。赙恤西界战死军人。庚午,于阗国来贡。壬申,进封高密郡王顼为嘉王。癸酉,诏审官院所定人赴中书,察堪任者引见。甲戌,赐讨渝州夷贼兵特支钱。丁丑,祷雨。诏增漳河等役兵。

三月丁亥,夏人陷抚宁堡。戊子,庆州广锐卒叛,寻讨平之。庚寅,诏给诸路学田,增教官员。辛卯,遣使察奉行新法不职者。癸卯,减河东、陕西路囚罪一等,徒以下释之。民缘军事科役者,蠲其租赋。丙午，种谔坐陷抚宁堡，责授汝州团练使，潭州安置。丁未，韩绛坐兴师败衄罢，以本官知邓州。辛亥，录唐李氏后。

夏四月丙辰朔，恤刑。辛酉，辽遣萧广等来贺同天节。壬戌，遣环庆都钤辖开赟以兵屯邠泾、河中，以备西夏。癸亥，罢陕西交子法。癸酉，司马光权判西京留台。种谔再贬贺州别驾。甲戌，诏司农寺月进诸路所上雨雪状。丙子，遣使按视宿、亳等州灾伤，仍令修饬武备。壬午，定进士考转官。

五月甲午，右谏议大夫吕晦卒。壬寅，诏许富弼养疾西京。丙午，高丽国来贡。辛亥，诏：宗室率府副率以上，遭父母丧及嫡孙承重，并解官行服。壬子，诏：恩、冀等州灾伤，遣使振恤，蠲其税。

六月丁巳，河北饥民为盗者，减死刺配。庚申，群臣三上尊号曰绍天法古文武仁孝皇帝，不许。甲子，欧阳修以太子少师致仕。丙寅，虑囚。甲戌，富弼坐格青苗法，徙判汝州。

秋七月戊子，层檀国来贡。甲午，振恤两浙水灾。乙未，录死事将校崔达子遇为三班奉职。丁酉，监察御史里行刘挚罢盐衡州盐仓，御史中丞杨绘贬知郑州。庚子，诏宗室不得祀祖宗神御。丁未，诏唐、邓给流民田。

八月癸丑朔，高丽来贡。遣官体量陕西差役新法及民间利害。甲寅，诏郡县保甲与贼斗死伤者，给钱有差。庚申，复春秋三传明经取士。癸酉，遣楚建中等贺辽主生辰、正旦。置洮河安抚司，命王韶主之。

九月丙戌，河决郓州。辛卯，大飨明堂，以英宗配。赦天下，内外官进秩有差。庚子，夏人入贡。癸卯，增选人奉。

冬十月壬子朔，罢差役法，使民出钱募役。立选人及任子出官试法。丙辰，置枢密院检详官。戊辰，立太学生内、外、上舍法。丙子，诏：罪人配流，遇冬者至中春乃遣。

十一月壬午朔，诏凡赏功罚罪，事可惩者，月颁之天下。甲申，诏蠲逋租。丁亥，作中太一宫。壬寅，开洪泽河达于淮。

十二月辛亥朔，诏增赐国子监钱四千缗。戊午，归夏俘。己未，

安定郡王从式薨。甲子，封越国公世清为会稽郡王。丙寅，省诸路
厢军。乙亥，崇义公柴咏致仕，子若讷袭封。丙子，辽遣耶律纪等来
贺正旦。

五年春正月己丑，诏听降羌归国。己亥，诏：太庙时飨，以宗室
使相已上摄事。置京城逻卒，察谤议时政者收罪之。

二月壬子，龟兹来贡。以两浙水，赐谷十万石振之，仍募民兴水
利。壬戌，诏罢陕西递运铜锡。癸亥，太白昼见。丙寅，以知郑州吕
公弼为宣徽南院使，判秦州，龙图阁直学士蔡挺为枢密副使。

三月甲午，李日尊卒，子乾德嗣，遣使吊赠。戊戌，富弼以司空
致仕，进封韩国公。立文武换官法。丙午，以内藏库钱置市易务。

夏四月庚戌朔，立殿前马步军春秋校试殿最法。乙卯，辽遣耶
律适等来贺同天节。己未，括闲田。置弓箭手。辛未，塞北京决河。

五月辛巳，诏以古渭砦为通远军，命王韶兼知军，行教阅法。宗
室非祖免亲者许应举。庚寅，以青唐大首领俞龙珂为西头供奉官，
赐姓名包顺。壬辰，以赵尚宽等前守唐州辟田疏水有功，增秩以劝
天下。丙午，太白昼见。行保马法。

六月壬子，曾公亮以太傅致仕。癸亥，诏以四场试进士。丙寅，
作京城门铜鱼符。乙亥，置武学。

秋七月壬寅，初以文臣兼枢密都承旨。

闰月庚戌，遣中书检正官章惇察访荆湖北路。诏：入内供奉官
以下，已有养子，更养次子为内侍者斩。

八月甲申，太子少师致仕欧阳修薨。秦凤路沿边安抚王韶复武
胜军。丁亥，诏求欧阳修所撰《五代史》。壬辰，以武胜军为镇洮军。
癸巳，遣崔台符等贺辽主生辰、正旦。乙未，诏侍从及诸路司各举有
才行者一人。甲辰，王韶破木征于巩令城。颁方田均税法。

九月癸丑，许宗室试换文资。癸亥，始御便殿，旬校诸军武技。
丙寅，少华山崩，诏压死者赐钱，贫者官为葬祭。淮南分东西路。

冬十月戊戌，升镇洮军为熙州镇洮军节度，置熙河路。减秦凤

囚罪一等。

十一月癸丑,河州首领瞎药等来降,以为内殿崇班,赐姓名包约。丁卯,贬权监察御史里行张南英监荆财税。壬申,分陕西为永兴、秦凤路,仍置六路经略司。章惇开梅山,置安化县。

十二月丙子,赦亡命荆湖溪洞者。丁丑,诏太原置弓箭手。戊寅,诏寺观奉圣祖及祖宗陵寝神御者免役钱。改温成庙为祠。壬午,陈升之为枢密使。癸未,雨土。乙未,筑熙州南北关及诸堡砦。己亥,辽遣萧瑜等来贺正旦。

六年春正月辛亥,复僖祖为太庙始祖,以配感生帝。祧顺祖于夹室。

二月辛卯,夏人寇秦州,都巡检使刘惟吉败之。丙申,永昌陵上宫东门火。王韶复河州,获木征妻子。壬寅,以韩绛知大名府。

三月己酉,诏赠熙河死事将田琼礼宾使,录其子三人、孙一人。庚戌,亲策进士。置经局,命王安石提举。辛亥,试明经诸科。丙辰,以四月朔日当食,自丁巳避殿减膳。降天下囚罪一等,流以下释之。己未,置诸路学官。壬戌,赐奏名进士、诸科及第出身五百九十六人。甲子,交州来贡。丁卯,宰相上表请复膳,不许。诏进士、诸科并试明法注官。戊辰,置刑狱检法官。庚午,封李日尊子乾德为交阯郡王。

夏四月甲戌朔,日食,不见。乙亥,御殿复膳。西南龙蕃诸夷来贡。置律学。丁丑,辽遣耶律宁等来贺同天节。甲午,定齐、徐等州保甲。戊戌,裁定在京吏禄。

五月癸卯朔,播州杨贵迁遣子光震来贡,以光震为三班奉职。戊申,祷雨。乙丑,诏京东路察士人有行义者以闻。遣中书检正官熊本措置泸夷。西京左藏库副使景思忠等攻烧遂州夷囤战殁,录其子昌符等七人,军士死者,赐其家钱帛有差。辛未,西南龙蕃来贡。

六月乙亥,置军器监。

秋七月乙巳,诏京西、淮南、两浙、江西、荆湖等六路各置铸钱监。丙午，大食陀婆离来贡。己酉，祷雨。甲寅，录在京囚，死罪以下降一等，杖罪释之。丁巳，诏：沿边吏杀熟户以邀赏者戮之。乙丑，分河北为东西路。丙寅夜，西北有声如砲。

八月壬申朔，遣贾昌衡等贺辽主生辰、正旦。甲申，罢简州岁贡绵䌷。甲午，赐熙河、泾原军士特支钱。戊戌，复比闾族党之法。

九月壬寅，置两浙和籴仓，立敛散法。戊申，诏兴水利。辛亥，策武举。戊午，岷州首领本令征以其城降，王韶入岷州。丙寅，太白犯斗。戊辰，诏祷雨，决狱。

冬十月辛未，章惇平懿、洽州蛮。辛巳，以复熙、河、洮、岷、叠、宕等州，御紫宸殿受群臣贺，解所服玉带赐安石。甲申，庙献景云宫。丙戌，振两浙、江、淮饥。壬辰，行折二钱。丁酉，遣使瘗熙河战骨。

十一月癸丑，中太一宫成，减天下囚罪一等，流以下释之。乙卯，亲祀太一宫。丙寅，大雪，诏京畿收养老弱冻馁者。

十二月戊子，诏决开封府囚。丙申，辽遣耶律洞等来贺正旦。

七月春正月辛亥，赏复岷、洮等州功，西京左藏库使桑湜等迁官有差。壬子，幸中太一宫宴从臣，又幸大相国寺，御宣德门观灯。乙卯，封皇子俊为永国公。甲子，熊本平泸夷。

二月辛未，于阗来贡。发常平米振河阳饥民。癸未，诏三司岁会天下财用出入之数以闻。己丑，祷雨。辛卯，置客省、引进、四方馆、阁门使副等员。乙未，知河州景思立等与青宜结鬼章战于踏白城，败死。废辽州。

三月壬寅，木征、鬼章寇岷州，高遵裕遣包顺等击走之。虑囚，减死罪一等，杖以下释之。癸卯，以旱避殿减膳。乙巳，白虹贯日。丙午，遣使分行诸路，募武士赴熙河。庚戌，诏熙河死事者家给钱有差。罢两浙增额预置绢。令诸路监司察留狱。癸丑，群臣表请复膳，不许。丙辰，辽遣林牙萧禧来言河东疆界，命太常少卿刘忱议之。己未，行方田法。甲子，遣使报聘于辽。乙丑，诏以灾异求直言。

夏四月癸酉,以旱罢方田。是日,雨。辽遣耶律永宁等来贺同天节。乙亥,王韶破西蕃于结河川。丙子,御殿复膳。己卯,以高遵裕为岷州团练使。甲申,诏:边兵死事无子孙者,廪其亲属终身。乙酉,王韶进筑珂诺城,与蕃兵连战破之,斩首七千余级,焚三万余帐,木征率酋长八十余人诣军门降。雨雹。丙戌,王安石罢知江宁府。以韩绛同中书门下平章事、监修国史,翰林学士吕惠卿参知政事。置沅州。丁酉,诏王韶发木征及其家赴阙。辽遣枢密副使萧素议疆界于代州境上。

五月戊戌朔,减熙河路囚罪一等,流以下释之。辛丑,诏河州瘗蕃部暴骸。壬寅,雨雹。癸卯,大雨雹。辛亥,罢贤良方正等科。乙丑,大雨水,坏陕、平陵二县。

六月戊寅,赐讨洮州将士特支钱。丁亥,作浑仪、浮漏。广州凤凰见。以木征为荣州团练使,赐姓名赵思忠。

秋七月癸卯,群臣五上尊号曰绍天宪古文武仁孝皇帝,不许。癸亥,诏河北两路捕蝗。又诏开封淮南提点、提举司检覆蝗旱。以米十五万石振河北西路灾伤。

八月丁丑,赐环庆安抚司度僧牒,以募粟振汉蕃饥民。遣张匐等贺辽主生辰、正旦。辛卯,诏免淮南、开封府来年春夫,除放邢、洛等州秋税。癸巳,置场于南薰、安上门,给流民米。集贤院学士宋敏求上编修阁门仪制。

九月戊戌,以时雨降,诏河北、京西、陕西、淮南等路劝民趋耕,有因事拘系者释之。壬子,三司火。癸丑,置京畿、河北、京东西路三十七将。甲寅,诏枢密院议边防。

冬十月壬申,诏韩琦、富弼、文彦博、曾公亮条代北事宜以闻。戊寅,诏浙西路提举司出米振常、润州饥。庚辰,置三司会计司,以韩绛提举。辛巳,以河北灾伤,减州军文武官员。癸巳,以常平米于淮南西路易饥民所掘蝗种,以振河北东路流民。

十一月己未,祀天地于园丘,赦天下。

十二月丙寅,省熙、河、岷三州官百四十一员。丁卯,文武官加恩。己丑,辽遣耶律宁等来贺正旦。

是岁,高丽入贡。湣井、长宁夷十郡及武都夷内附。

八年春正月庚子,蔡挺罢判南京留司御史台,冯京罢知亳州。丙午,分京东为东西路。辍江南东路上供米,均给灾伤州军。丁未,御宣德门观灯。乙卯,诏出使廷臣,所至采吏治能否以闻。雨木冰。戊午,诏所在流民愿归业者,州县赍遣之。己未,洮西安抚司以岁旱请为粥以食羌户饥者。

二月甲子,增陕西钱监改铸大钱。癸酉,以王安石同中书门下平章事。戊寅,诏枢密副都承旨张诚一等,以李靖营阵法教殿前马步军。乙酉,初行河北户马法。丙戌,停京畿土功七年。

三月丁酉,振润州饥。戊戌,知河州鲜于师中乞置蕃学,教蕃酋子弟,赐田十顷,岁给钱千缗,增解进士二人,从之,庚子,辽萧禧再来,遣韩缜往河东会议。癸丑,知制诰沈括报聘。复振常、润饥民。戊午,太白昼见。

夏四月乙丑,诏减将作监冗官。丁卯,辽遣耶律景熙等来贺同天节。乙亥,正僖祖褅祫东向位。戊寅,以吴充为枢密使。壬午,湖南江水溢。

闰月乙未,陈升之罢为镇江军节度使,判扬州。广源州刘纪寇邕州,归化州侬智会败之。壬寅,沈括上奉元历。癸卯,以宣徽北院使张方平判永兴军。分秦凤路兵为四将。壬子,沂州民朱唐告前余姚县主簿李逢谋反,辞连右羽林大将军世居及河中府观察推官徐革,命御史中丞邓绾、知谏院范百录、御史徐禧杂治之。狱具,世居赐死,逢、革等伏诛。甲寅,录赵普后。乙卯,诏西南蕃五姓蛮五年一入贡。

五年辛酉朔,虑囚,降死罪一等,杖以下释之。甲子,分环庆兵为四将。丁丑,雨土及黄毛。甲申,熙河路蕃官殿直顿埋谋叛伏诛。己丑,遣使振鄜延、环庆饥。

六月乙未,日上有五色云。丙午,酾汴水入蔡河以通漕。己酉,颁王安石《诗》、《书》、《周礼》、义于学官。辛亥，以安石为尚书左仆射兼门下侍郎。戊午，太师魏国公韩琦薨。己未，以琦配飨英宗庙庭。

秋七月甲子，处州江水溢。戊寅，太白昼见。戊子，分泾原兵为五将。命韩缜如河东割地。

八月庚寅朔，日当食，云阴不见。癸巳，募民捕蝗易粟，苗损者偿之，仍复其赋。丙申，遣谢景温等贺辽主生辰、正旦。减官户役钱之半。诏："发运司体实淮南、江东、两浙米价，州县所存上供米毋过百万石，减直予民，斗钱勿过八十。"庚戌，韩绛罢。发河北、京东兵及监牧卒修都城。丁巳，大阅。

九月庚申朔，王安石兼修国史。立武举绝伦法。

冬十月庚寅，吕惠卿罢知陈州。乙未，彗出轸。己亥，诏以灾异数见，不御前殿，减常膳，求直言。壬寅，赦天下。罢手实法。丁未，彗不见。丙辰，御殿复膳。

十一月戊寅，交阯陷钦州。壬午，立陕西蕃丁法。甲申，交阯陷廉州。丙戌，渝州改南平军。

十二月丙申，浚河。壬寅，以翰林学士元绛参知政事，龙图阁直学士曾孝宽签书枢密院事。辛亥，天章阁待制赵卨为安南道招讨使，嘉州防御使李宪副之，以讨交阯。癸丑，辽遣耶律世通等来贺正旦。甲寅，熙河路木宗城首领结彪谋叛，熟羌日脚族青斯扒斩其首来献，补下班殿侍。

九年春正月乙丑，雨木冰。戊辰，交阯陷邕州，知州苏缄死之。己卯，下溪州刺史彭师晏及天赐账降。庚辰，遣使祭南狱、南海，告以南伐。辛巳，赠苏缄奉国军节度使，谥忠勇，以其子子元为西头供奉官、阁门祗候。

二月戊子，宣徽南院使郭逵为安南道招讨使，罢李宪，以赵卨副之。诏占城、占腊合击交阯。己丑，宗哥首领鬼章寇五牟谷，蕃官蔺毡讷支等邀击，大破之。己亥，以出师罢春宴。乙卯，雨雹。

三月丙辰朔，进仁宗婉容周氏为贤妃。辛酉，御集英殿策进士。恤钦、廉、邕三州死事家，瘴战亡士，贼所蹂践除其田征。甲戌，赐进士、诸科及第出身五百九十六人。丁丑，以广西进士徐伯祥为右侍禁、钦廉白州巡检。宗哥首领鬼章寇五牟谷，熙河钤辖韩存宝败之。庚辰，以种谔知岷州。

夏四月辛卯，辽遣耶律庶几等来贺同天节。乙未，以辽主母丧，罢同天节上寿。戊戌，复广济河漕。癸卯，诏：广南亡没士卒及百姓为贼残破者，转运、安抚司具实并议振恤以闻。甲辰，给空名告身付安南，以招降赏功。诏诸路募武勇赴广西。赠广西死事将士官有差。丙午，遣王克臣等吊慰于辽。辛亥，茂州夷寇边，遣副侍押班王中正经制。甲寅，辽遣耶律孝淳以国母丧来告，帝发哀成服，辍视庙七日。

五月丙辰朔，诏：邕州沿边州峒首领来降者周惠之。癸亥，诏试医学生。丙寅，分两浙为东西路。丁卯，城茂州。壬申，诏安南诸军过岭有疾者所至护治。丙子，大理国来贡。庚辰，静州下首领董整白等来降。

六月丁亥，诏安南将吏，视军士有疾者月以数闻。己丑，绵州都监王庆、崔昭用、刘珪、左侍禁张义援战茂州，死之。诏：庆等子与借职，女出嫁夫与奉职；白丁王禹锡等二人，赐钱其家。辛卯，诏宾海富民得养蚕户，毋致为外夷所诱。己亥，虑囚，降死罪一等，杖以下释之。癸卯，以水源等洞蛮主侬贺等七人为定远、宁远将军。

秋七月丙辰，朱崖军黎贼黄婴入寇，诏广南西路严兵备之。庚申，关以西蝗蝻、虸蚄生。壬戌，筑下溪州，改名会溪城。癸亥，静州将杨文绪结蕃部谋叛，王中正斩之以徇。诏广西死事官无子孙者许立后。乙丑，诏：自今遇大礼推恩，官昭宪太后族一人。是月，安南行营次桂州，郭逵遣钤辖和赟等督水军涉海自广东入，诸军自广南入。

八月甲申朔，齐州监务左班殿直孙纪死贼，录其一子为三班借职。戊子，以文彦博守太保兼侍中，行太原尹。己丑，遣程师孟等贺辽主生辰、正旦。罢禜祠庙钱。丁酉，禁北边民阑出谷粟。庚子，占城来贡。

九月戊午，浚汴河。丙寅，诏罢都大制置河北河防水利司。己卯，辽遣使回谢。诏恤岭南死事家，表将士墓。

冬十月乙酉，太白昼见。乙未，诏东南诸路教阅新军。丙午，王安石罢判江宁府。以吴充监修国史，王珪为集贤殿大学士，并同中书门下平章事，资政殿学士冯京知枢密院。辛亥，除放沅州归明人户去年倚阁秋税。

十一月乙卯，赐广南东路空名告敕，募入钱助军。辛酉，录唐相魏徵后同州司士参军道严，流内铨特免试注官。乙亥，以安南行营将士疾疫，遣同知太常礼院王存祷南岳，遣中使建祈福道场。己卯，洮东安抚司言包顺等破鬼章兵于多移谷。壬午，鬼章寇诏岷州，知州种谔等败之铁城。

十二月丙戌，安南伪观察使刘纪降。置司农丞。庚寅，子傭生。丁酉，岷州界经鬼章兵燹者赐钱，胁从来归者释其罪。癸卯，郭逵败交阯于富良江，获其伪太子洪真，李乾德遣人奉表诣军门降，逵遂班师。丁未，辽遣耶律运等来贺正旦。庚戌，诏：有得鬼章、冷鸡朴首者，赏之。置威戎军。

十年春正月乙丑，御宣德门观灯。戊辰，仙韶院火，不视庙。己巳，白虹贯日。

二月甲申，以崇信军节度使宗旦同中书门下平章事。戊子，以鬼章败，种谔等赏官有差。辛卯，日中有黑子。甲午，诏：宗室使相虽及十年，更不取旨磨勘。丁酉，诏诸州岁以十一月给老疾贫乏者粟，尽三月乃止。己亥，以王韶知洪州。丙午，以复文源、苏茂等州，群臣表贺，赦广州囚罪一等，徒以下释之。赐行营诸军钱，民缘征役者恤其家。以广源州为顺州，赦李乾德罪。以郭逵判潭州，赵离知桂州。己酉，以交阯降，赦广南东路、荆湖南路系囚，余各降一等，徒以下释之。

三月辛未,虑囚,降死罪一等,杖以下释之。壬申,诏州县捕蝗。

夏四月辛巳,复置宪州。乙酉,辽遣萧仪等来贺同天节。癸巳,文州蕃贼寇边,州兵击走之。丁酉,赐熙河路兵特支钱,战死者赐帛,免夏秋税。

五月戊午,诏修仁宗、英宗史。甲戌,太白昼见。

六月壬午,注辇国朝贡。癸巳,王安石以使相为集禧观使。丁未,置岷州铁城堡。

秋七月甲寅,祷雨。丁巳,令诸路岁上县令课绩。辛酉,群臣五上尊号曰奉天宪古文武仁孝皇帝,不许。己亥,郭逵以安南失律,贬为左卫将军。丙子,河决澶州曹村埽。

八月壬寅,诏潭州置将及增武臣一员。遣苏颂等贺辽主生辰、正旦。甲辰,诏侍从、台谏、监司各举文臣有才行者一人。

九月庚戌,诏:"河决害民田,所属州县疏瀹,仍蠲其税,老幼疾病者振之。"乙卯,诏:"诸传宣、内批、面谕,事无法守,并从中书、枢密覆奏。其祈恩泽规免罪者劾之。"辛酉,诏镇戎、德顺军各置都监一员。癸酉,立义仓。甲戌,宗朴兼侍中,封濮阳郡王。

冬十月戊寅朔,宗朴薨。癸巳,昭化军节度使宗谊封濮国公。诏濮王子以次袭封奉祀。戊戌,太子太师张升卒。

十一月庚午,以西蕃邈川首领董毡、都首领青宜结鬼章为廓州刺史,阿令骨为松州刺史。甲戌,祀天地于圜丘,赦天下。

十二月丁丑朔,占城国献驯象。壬午,诏改明年为元丰。甲申,以郊祀,文武官加恩。丁亥,封子备为均国公。辛丑,辽遣耶律孝淳等来贺正旦。

元丰元年春正月乙卯,以王安石为尚书左仆射、舒国公、集禧观使。戊午,命详定郊庙礼仪。诏减陈留捧日、天武等军剩员。庚申,御宣德门,召从臣观灯。乙丑,以太皇太后疾,驿召天下医者。

闰月辛巳,以翰林侍读学士、宝文阁学士、提点中太一宫吕公著兼端明殿学士。己丑,诏赠尚书令韩琦依赵普故事。壬辰,枢密直学士孙固同知枢密院事。己亥,太傅兼侍中曾公亮薨。庚子,日中有黑子。癸卯,以公亮配飨英宗庙庭。

二月庚戌,濮国公宗谊薨。甲寅,以邕州观察使宗晖为淮康军节度使,封濮国公。戊辰,诏赦安南战棹都监杨从先等,仍论功行赏。

三月辛巳,虑囚,降死罪一等,杖以下释之。御迩英阁,沈季长进讲《周礼》八法。癸未,诏内外文武官各举堪应武举一人。广南西路经略司乞教阅峒丁,从之。乙未,御崇政殿阅诸军。辰、沅猺贼寇边,州兵击走之。

夏四月己酉,辽遣耶律永宁等来贺同天节。丙辰,诏增置两浙路提举官。庚申,诏除九经外,余书不得出界。癸亥,太白昼见。乙丑,封虢国公宗谔为豫章郡王。戊辰,塞曹村决河,名其埽曰云平。

五月甲戌朔,赐塞河役死家钱。乙亥,诏试中刑法官以次推恩。

六月癸卯朔,日有食之。乙巳,诏以云平功迁太常博士苗师中等各一官。

秋七月癸酉朔,命西上阁门使、忠州团练使韩存宝经制泸州纳溪夷。己亥,诏齐州预备水灾。辛丑,夔州言甘露降。

八月癸卯,西边将讷儿温、录尊谋反伏诛。丁未,诏河北被水者蠲其租。甲寅,遣黄履等贺辽主生辰、正旦。戊午,以韩绛为建雄军节度使。己巳,诏滨、棣、沧三州被水民以常平粮贷之。庚午,诏:青、齐、淄三州给流民食。

九月癸酉,交阯来贡。癸未,李乾德表乞还广源等州,诏不许。乙酉,以端明殿学士吕公著、枢密直学士薛向并同知枢密院事。诏祀天地及配帝并用特牲。是月,武康军嘉禾生,河中府甘露降。

冬十月庚戌,定秋试诸军赏格。侍禁仵全死事,录其弟宣为三班借职。辛亥,韩存宝破泸夷后城十有三囤。癸亥,于阗来贡。

十一月己丑,命龙图阁直学士宋敏求等详定正旦御殿仪注。癸巳,辰州猺贼叛,诏沅州兵讨之。己亥,罢广武功臣号。是月,梁县嘉禾生。

十二月丙午,日中有黑子,凡十二日。辛亥,录囚,降死罪一等,杖以下释之。丙辰,诏:青州民王赟以复父雠免死,刺配邻州。戊午,置大理寺狱。己未,诏罢都大提举在京诸司库务司。甲子,以婉仪邢氏为贤妃。诏罢三司推勘公事官,减军器监勾当公事,审官东院、流内铨及将作监、三班院主簿,左右军巡判官。丙寅,辽遣耶律隆重等来贺正旦。

二年春正月乙亥,罢岢岚、火山军市马。丙子,诏立高丽交易法。壬午,以容州管内观察使、上柱国、南阳郡开国公杨遂为宁远军节度使。癸未,诏知沅州谢麟督捕徭贼。甲申,御宣德门观灯。丁亥,诏以经义、论试宗室。甲午,京兆府学教授蒋夔乞以十哲从祀孔子,从之。诏辰州叙浦县置龙潭堡。是月,颍州、寿州甘露降。

二月甲寅,诏瘗汉州暴骸。日中有黑子。乙卯,以泸州夷乞弟犯边,诏王光祖等讨之。丙辰,诏定解盐岁额。乙丑,沧州饥,发仓粟振之。

三月庚午朔,董毡遣使来贡。辛未,诏给地葬畿内寄敤之丧,无所归者官瘗之。庚辰,亲试礼部进士。壬午,试特奏名进士及武举。癸未,试诸科明法。赐董毡缗钱、银帛、对衣、金带等物。丙戌,诏雄州两输户南徙者谕令复业。庚寅,疏汴、洛。

夏四月辛丑,幸金明池观水嬉,宴射琼林苑。甲辰,辽遣萧晟等来贺同天节。丁巳,陈升之以检校太尉依前同中书门下平章事、镇江军节度使、上柱国、秀国公致仕。己未,陈升之卒。癸亥,定正旦御殿仪。甲子,诏增审刑院详议、详断官,罢刑部检法官。是月,南康军甘露降,眉州生瑞竹。

五月丙子,顺州蛮叛,峒兵讨平之。庚辰,诏以濮安懿王三夫人并称王夫人,祔濮园。辛巳,太子太师致仕赵概上所集《谏林》。甲申,元绛罢知亳州。乙酉,诏安南军死事孤寡廪给之。戊子,御史中丞蔡确参知政事。

六月甲辰,广西捕斩侬智春,执其妻子以献。戊申,命蔡确参定编修《传法宝录》。癸丑,诏五路帅臣、副总管军臣僚各举任将领及大使臣者二人。甲寅,清汴成。辛酉,诏镇宁军节度使、魏国公宗懿追封舒王。是月,南康军甘露降,忠州雨豆。

秋七月甲戌,张方平以太子少师致仕。戊寅,详定庙会仪。己卯,命中书句考四方诏狱。庚辰,以淮康军节度使宗晖同书门下平章事。丁亥,详定郊庙礼仪。是月,陈州芝草生,南宾县雨豆,琼州甘露降。

八月丙申朔,夏人寇绥德城,都监李浦败之。辛丑,分泾原路兵为十一将。壬寅,复八作司为东西两司,各置监官,文臣一员,武臣二员。遣李清臣等贺辽主生辰、正旦。甲寅,诏:"增太学生舍为八十斋,斋三十人,外舍生二千人,内舍生三百人。月一私试,岁一公试,补内舍生。间岁一舍试,补上舍生。"以颍州为顺昌军节度。是月,曹州生瑞谷,河阳生芝草。

九月癸未,降顺昌军囚罪一等,徒以下释之。甲申,西南龙蕃来贡。丁亥,大宴集英殿。己丑,进婕妤朱氏为昭容。壬辰,出《马步射格斗法》颁诸军。甲午,西南罗蕃、方蕃来贡。

冬十月丙申,西南石蕃来贡。癸卯,置籍田令。诏立水居船户,五户至十户为一甲。戊申,交阯归所掠民,诏以顺州赐之。己酉,太皇太后疾,上不视事。庚戌,罢庙谒景灵宫,命辅臣祷于天地、宗庙、社稷。减天下囚死罪一等,流以下释之。乙卯,太皇太后崩。戊午,诏易太皇太后园陵曰山陵。辛酉,以群臣七上表,始听政。命王圭为山陵使。

十一月癸未,始御崇政殿。丁亥,雨土。

十二月乙巳,御史中丞李定上《国子监敕式令》并《学令》,凡百四十条。丙午,复置御史六察。庚申,辽遣萧宁等来贺正旦。是月,全州芝草生,桂州甘露降。

宋史卷一六

本纪第一六

神宗三

三年春正月乙丑朔，以大行太皇太后在殡，不视庙。癸酉，升许州为颍昌府。丙子，降颍昌囚罪一等，徒以下释之。戊寅，上太皇太后谥曰慈圣光献。戊子，诏审刑院、刑部断议官失入者，岁具数罚之。己丑，高丽国遣使来贡。白虹贯日。辛卯，于阗国大首领阿令颖颗温等来贡。癸巳，白虹贯日。

二月丙午，以翰林学士章惇参知政事。丙辰，始御崇政殿视庙。丁巳，命辅臣祷雨。

三月乙丑，工部侍郎同平章事吴充罢为观文殿大学士、西太一宫使。癸酉，葬慈圣光献皇后于永昭陵。丙子，南丹州入贡，以刺史印赐之。乙酉，祔慈圣光献皇后神主于太庙。戊子，降两京、河阳囚罪一等，民缘山陵役者，蠲其赋。己丑，以慈圣光献皇后弟昭德军节度使曹佾为司徒兼中书令，改护国军节度使，余亲属加恩有差。

夏四月乙未，观文殿大学士吴充薨。丁酉，封宗晖为濮阳郡王，濮安懿王子孙皆进官一等。己亥，辽遣耶律永芳等来贺同天节。乙巳，以泸州夷乞弟侵扰，诏边将讨之。戊申，乞弟寇戎州，兵官王宣等战殁。甲寅，罢群牧行司，复置提举买马牧司。乙卯，令御史分案诸路监司。庚申，诏御史台六察以纠劾多寡为殿最，任满取旨升黜。辛酉，增国子监岁赐钱六千缗。

五月乙丑，诏：自今三伏内，五日一御前殿。辛巳，以颍昌进士刘堂上制盗十策，授徐州萧县尉。甲申，复命韩存宝经制泸夷。诏改都大提举导洛通汴司为都提举汴河提岸司。是月，青州临朐、益都石化为面。

六月甲午，日有五色云。戊戌，诏省宗室教授，存十三员。丙午，诏中书详定官制。罢兵部勾当公事官。诏河北、河东、陕西路各选文武官一员提举义勇保甲。壬子，诏罢中书门下省主判官，归其事于中书。是月，安州、临江军产芝及连理麦。

秋七月庚午，河决澶州。甲戌，诏自今遇大礼罢上尊号。癸未，彗出太垣。丙戌，避殿减膳，诏求直言。丁亥，罢群神从祀明堂。戊子，太白昼见。

八月乙巳，罢省、寺、监官领空名者。癸丑，遣王存等贺辽主生辰、正旦。戊午，彗不见。

九月壬戌，增宣祖定州东安坟地二十顷及守园户。丙寅，御殿复膳。乙亥，正官名。以开府仪同三司易中书令、侍中、同平章事，特进易左右仆射，自是以下至承务郎易秘书省校书郎、正字、将作监主簿有差，检校仆射以下及阶散宪衔并罢，详在《职官志》。辛巳，大飨明堂，以英宗配，赦天下。癸未，薛向、孙固并为枢密副使。乙酉，诏即景灵宫作十一殿，以时王礼祠祖宗。以王安石为特进，改封荆国公。丙戌，进封岐王颢为雍王，嘉王頵为曹王，并为司空。文彦博为太尉。封曹佾为济阳郡王，宗旦为华阴郡王。冯京为枢密使。薛向罢知颍州。丁亥，以吕公著为枢密副使。

闰九月乙卯，加文彦博河东、永兴军节度使，以富弼为司徒。

十一月己丑朔，日当食，云阻不见。

十二月甲辰，辽遣萧伟等来贺正旦。

四年春正月乙未，命步军都虞候林广代韩存宝经制泸夷。庚子，诏试进士加律义。辛亥，于阗来贡。冯京罢知河阳。孙固知枢密院，龙图阁直学士韩缜同知枢密院事。

二月辛未，置秦州铸钱监。己卯，分东南团结诸军为十三将。

三月乙未，诏在京官毋举辟执政有服亲。癸卯，章惇罢知蔡州。甲辰，以翰林学士张璪参知政事。乙巳，命官阅九军营阵法于京城南。戊申，大阅。丙辰，董毡遣使来贡。

夏四月癸亥，辽遣耶律祐等来贺同天节。御延和殿阅试保甲。己巳，诏罢南郊合祭天地，自今亲祀北郊如南郊仪，有故不行则以上公摄事。壬申，虑囚。山阴县主簿余行之谋反伏诛。乙酉，河决澶州小吴埽。

五月丁酉，诏河东路提点刑狱刘定专振被水民。戊申，封晋程婴为成信侯；公孙杵臼为忠智侯，立庙于绛州。

六月戊午，河北诸郡蝗生。癸未，命提点开封府界诸县公事杨景略、提举开封府界常平等事王得臣督诸县捕蝗。

秋七月己丑，太白昼见。庚寅，西边守臣言夏人囚其主秉常，诏陕西、河东路讨之。甲午，鄜延、泾原、环庆、熙河、麟府路各赐金银带、绵袄、银器、鞍辔、象笏。甲辰，韩存宝坐逗留无功伏诛。丁未，大军进攻米脂砦。己酉，诏曾巩充史馆修撰，专典史事。诏内外官司举官悉罢。令大理卿崔台符同尚书史部，审官东西、三班院议选格。

八月乙卯朔，罢中书堂选，悉归有司。丙辰，诏蠲河北东路灾伤州军今年夏料役钱。辛酉，夏人寇临川堡，诏董毡会兵伐之。以金州刺史燕达为武康军节度使。己巳，复置滑州。丁丑，熙河经制李宪败夏人于西市新城，获酋首三人，首领二十余人。庚辰，又袭破于女遮谷，斩获甚众。辛巳，司马光、赵彦若上所修《百官公卿年表》十卷，《宗室世表》三卷。

九月乙酉，董毡遣使来贡，且言已遣首领洛施军笃乔阿公等将兵三万会击夏国。李宪复兰州古城。戊子，兰州新顺首领巴令谒等三族率所部兵攻夏人撒逋宗城，败之。己亥，王珪上国朝会要。壬寅，阅河北保甲于崇政殿，官其优者三十六人。甲辰，详定郊庙奉祀礼仪。丙午，诏谕夏主左右并鬼名部族诸部首领，并许自归。戊申，太白犯斗。庚戌，夏兵救米脂砦，鄜延经略副使种谔率众击破之。辛亥,种谔又败夏人于无定川。

十月丁巳,米脂砦降。己未,拂菻国来贡。庚申,熙河兵至女遮谷,与夏人遇,战败之。乙丑,泾原兵至磨哆隘,遇夏人,与其统军梁大王战,败之。追奔二十里,斩大首领没啰卧沙、监军使梁格嵬等十五级,获首领统军偍讫多埋等二十二人。己巳。入银州。庚午,环庆行营经略使高遵裕复清远军。种谔遣曲珍等领兵通黑水安定堡路,遇夏人,与战破之。斩获甚众。癸酉,复韦州。乙亥,李宪败夏人于屈吴山。丁丑,曲珍与夏人战于蒲桃山。败之。戊寅,种谔入贡州。诏诸将存抚降人。辛巳,史馆修撰曾巩乞收采名臣高士事迹遗文,诏从之。泾原节制王中正入宥州。

十一月癸未朔,日有食之。丁亥,诸军合攻云州,种谔败夏人于黑水。己丑,李宪败夏人于啰逋川。辛卯,种谔降横河平人户,破石堡城,斩获甚众。辛丑,师还。癸卯,种谔至夏州索家平,兵众三万人,以无食而溃。丙午,高遵裕以师还,夏人来追,遂溃。

十二月辛未,林广破乞弟于纳江。乙亥,慈圣光献皇后禫祭,宰臣王珪等上表请听乐,不许,自是五表,乃从之。戊寅,辽遣萧福全等来贺正旦。

五年春正月癸未朔,不受朝。丙申,御宣德门观灯。己亥,白虹贯日。庚子,责授高遵裕郢州团练副使,本州安置。乙巳,作新浑仪、浮漏。辛亥,诏再议西讨,以熙河经制李宪为泾原、熙河兰会安抚制置使,李浩权安抚副使。

二月癸丑朔,颁三省、枢密、六曹条制。诏鄜延军士病不能归者,赐其家绢十匹。丙辰,以乞弟平班师。辛酉,诏董毡首领结邻死,其朝物给其子董讷支蔺毡,增赐绢百匹。癸亥,华阴郡王宗旦薨。丁卯,封武昌军节度观察留后宗惠为江夏郡王。癸酉,以出师赦梓州路,减囚罪一等,民缘军事役者蠲其赋。封董毡为武威郡王。丙子,渤泥来贡。

三月壬辰,亲策进士。甲午,策武举。己亥,以日当食,避殿减膳,赦天下,降死罪一等,流以下原之。诏杭州岁修吴越王坟庙。壬寅,鄜延路副总管曲珍败夏人于金汤。乙巳,赐进士、诸科出身千四百二十八人。丙午,雨土。

夏四月壬子朔,日食不见。甲寅,御殿复膳。丁巳,辽遣耶律永端等来贺同天节。己未,沈括奏遣曲珍将兵绥德城,应援讨葭芦寨左右见聚羌落,诏从之。乙丑,以直龙图阁徐禧知制诰、权御史中丞。癸酉,官制成。以王珪为尚书左仆射兼门下侍郎,蔡确为尚书右仆射兼中书侍郎。甲戌,太中大夫章惇为门下侍郎,张璪为中书侍郎,翰林学士蒲宗孟为尚书左丞,翰林学士王安礼为尚书右丞。录唐段秀实后,复其家。丁丑,同知枢密院吕公著罢知定州。

五月辛巳朔,行官制。丁亥,赏平蛮将士有差。癸巳,丰州卒张世矩等作乱伏诛。其党王安以母老,诏特原之。作尚书省。戊戌,诏两省官人举可任御史者各二人。甲辰,遣给事中徐禧治鄜延边事。

六月辛亥朔,环庆经略司遣将与夏人战,破之,斩其统军鬼名妹精鬼、副统军讹勃遇。甲寅,王珪上两庙史。戊午,诏修两庙宝训。诏以成都路供给泸州边事,曲赦,免二税。甲子,改翰林医官院为医官局。壬申,交阯献驯犀二。癸酉,豫章郡王宗谔薨。戊寅,曲珍等败夏人于明堂川。作天源河。

秋七月辛巳,广西经略司言知宜州王奇与贼战,败绩。壬午,诏罢大理寺官赴中书省谳案。戊子,诏御史中丞舒亶举任言事或察官十人。辛卯,诏尚书考功员外郎蔡京编手诏。庚子,以蔡京为起居郎,仍同详定官制。丁未,垂拱殿宴修史官。己酉,始建雩坛祀上帝,以太宗配。

八月庚戌朔,封御侍武氏为才人。壬子,进封均国公傭为延安郡王。以昭容朱氏为贤妃。庚申,帝有疾。诏岁以四孟月庙献景灵宫。辛未,遣韩忠彦等贺辽主生辰、正旦。凤州团练使种谔以行军迁道,降授文州刺史。壬申,诏罢增减幕职、州县官奉。甲戌,城永乐。戊寅,河决原武。

九月丁亥,夏人三十万众寇永乐,曲珍战不利,裨将寇伟等死之,夏人遂围城。己丑,帝以疾愈,降京畿囚罪一等,徒以下释之。壬辰,遣使行视畿县民被水患者。乙未,诏张世矩等将兵救永乐砦。戊戌,永乐陷,给事中徐禧、内侍李舜举、陕西转运判官李稷死之。己亥,诏客省、引进、四方馆、东西上阁门各置使、副等职。庚子,安化蛮寇宜州,知州王奇死之,诏赠忠州防御使。辛丑,赏董毡将士有差。癸卯,滑州河水溢。

冬十月辛亥,洛口、广武大河溢。甲寅,知延州沈括以措置乖方,责授均州团练副使,随州安置;鄜延路副都总管曲珍以城陷败走,降授皇城使。丙辰,修定景灵宫仪。乙丑,诏赠永乐死事臣徐禧金紫光禄大夫、吏部尚书,李舜举昭化军节度使,并赐谥忠愍;李稷朝奉大夫、工部侍郎;入内高品张禹勤皇城使:各推恩赐有差。癸酉,贬知太原府、资政殿大学士吕惠卿知单州。

十一月戊寅朔,罢御史察诸路。壬午,景灵宫成,告迁祖宗神御。癸未,初行酌献礼。乙酉,以奉安神御赦天下,官与享大臣子若孙一人。庚寅,紫宸殿宴侍祠官。

十二月丁巳,新乐成。以贤妃周氏为德妃。辛酉,塞原武决河。丙寅,休日御延和殿,引进对官十人。辛未,西南龙蕃来贡。壬申,辽遣耶律仪等来贺正旦。丙子,录永乐死事将皇城使寇伟等十三人及东上阁门副使景思谊等九十人,赠赐有差。

六年春正月丁丑朔,御大庆殿受庙,始用新乐。仪鸾司撤幕屋坏,毁玉辂。甲申,白虹贯日。丁亥,庙献景灵宫。己丑,层檀入贡。庚寅,御宣德门观灯。癸巳,诏御史六察罢上下半年更易法。乙未,诏修周、汉以来陵庙。乙巳,御崇政殿阅武士。丙午,封楚三闾大夫屈平为忠洁侯。

二月丁未,夏人数十万众攻兰州,钤辖王文郁率死士七百余人击走之。丙辰,以夏人犯兰州,贬熙河经略使李宪为经略安抚都总管,以王文郁为西上阁门使、知兰州,副使李浩为四方馆使。甲子,诏供备库使高遵治、西京左藏库副使张寿各降一官。

三月辛卯,夏人寇兰州,副总管李浩以卫城有功,复陇州团练使。乙未,休日御延和殿,引进对官八人。丙申,河东将薛义败夏人于葭芦西岭。戊戌,以检校太尉、上柱国、太原郡开国公王拱辰为武安军节度使。麟、府州将郭忠诏等败夏人于㕎离抑部,诏行赏有差。己亥,河东将高永翼败夏人于真卿流部。

夏四月己酉,庙献景灵宫。辛亥,辽遣萧固等来贺同天节。甲子,礼部郎中林希上《两朝宝训》。李浩败夏人于巴义溪。辛未,雨土。壬申,御迩英阁。蔡卞进讲《周礼》。

五月丙子朔,于阗入贡。甲申,以时暑趣决开封大理狱。庚寅,以旱虑囚。甲午,夏人寇兰州,右侍禁韦定死之。癸卯,诏赐资州孝子支渐粟帛。是月,夏人寇麟州,知州訾虎败之。

六月乙巳朔,诏御史台六察各置御史一员。癸丑,诏御史中丞、两省官各举可任言事或监察御史五人。

闰月乙亥朔,夏主秉常请修贡,许之。戊寅,诏陕西、河东毋辄出兵。丙戌,诏内外文武各举应武举一人。汴水溢。丙申,太师、守司徒、韩国公富弼薨,谥文忠。

秋七月乙卯,祔孝惠、孝章、淑德、章怀皇后于庙。丙辰,以四后祔庙,降京畿囚罪一等,流以下原之。孙固罢知河阳。以同知枢密院韩缜知枢密院,户部尚书安焘同知枢密院。戊午,庙献景灵宫。

八月丙子,赐升祔陪祠官宴于尚书省。乙卯,太白昼见。乙酉,遣蔡京等贺辽主生辰、正旦。辛卯,蒲宗孟罢,王安礼为尚书左丞,吏部尚书李清臣为尚书右丞。

九月癸卯朔,日有食之。

冬十月癸酉朔,秉常遣使上表,请复修职贡,乞还旧疆。戊子,封孟轲为邹国公。癸巳,会稽郡王世清薨。庚子,尚书省成。辛丑,封马援为忠显王。

十一月癸卯,加上仁宗谥曰体天法道极功全德神文圣武睿哲明孝皇帝,英宗曰体乾应历隆功盛德宪文肃武睿神宣孝皇帝。甲辰,庙献景灵宫。乙巳,庙享太庙。丙午,祀昊天上帝于园丘,赦天下。甲寅,文彦博以太师致仕。乙卯,以观文殿大学士韩绛为建雄军节度使。庚申,幸尚书省,官执政五服内未仕者一人,进尚书以下官一等。

七年春正月丙午,封洺州防御使世准为安定郡王。癸丑,夏人寇兰州,李宪等击走之。甲寅,以贤妃朱氏为德妃。

二月甲戌,太师文彦博入觐,置酒垂拱殿。癸未,进封濮阳郡王宗晖为嗣濮王,封宗晟为高密郡王,宗绰为建安郡王,宗隐为安康郡王,宗瑗为汉东郡王,宗愈为华原郡王。

三月辛丑,赐文彦博宴于琼林苑,帝制诗以赐之。庚申,御崇政殿大阅。壬戌,诏赐鬼章写经纸,还其所献马。癸亥,白虹贯日。

夏四月辛未,大食国来贡。乙亥,辽遣萧浃等来贺同天节。丁丑,赐饶州童子朱天锡五经出身。丙戌,景灵宫天元殿门生芝草六本。壬辰,朝献景灵宫。癸巳,夏人寇延州安塞堡,将官吕真败之。

五月壬子,虑囚,降死罪一等,杖以下释之。辛酉,白虹贯日。壬戌,以孟轲配食文宣王,封荀况、杨雄、韩愈为伯,并从祀。诏诸路帅臣、监司等举大使臣为将领。

六月丙子,夏人寇德顺军,巡检王友死之。辛卯,江夏郡王宗惠薨。

秋七月甲辰,伊、洛溢,河决元城。丙午,遣使振恤,赐溺死者家钱。壬子,庙献景灵宫。甲寅,王安礼罢。

八月庚午,诏王光祖遣人招谕乞弟,许出降免罪补官,是岁乞弟死。辛巳,遣陈睦等贺辽主生辰、正旦。

九月壬寅,西南龙蕃来贡。乙巳,三佛齐来贡。乙丑,夏人围定西城,熙河将秦贵败之。

冬十月乙亥,夏人寇熙河。庚辰,饶州童子朱天申对于睿思殿,赐五经出身。辛巳,庙献景灵宫。戊子,诏分画交阯界,以六县二峒赐之。乙未,夏人寇静边砦,泾原将彭孙败之。

十一月丁酉朔，寇清边砦，队将白玉、李贵死之。甲辰，夏国主秉常遣使来贡。乙卯，太白昼见。

十二月戊辰，端明殿学士司马光上《资治通鉴》，以光为资政殿学士，降诏奖谕。庚寅，诏门下、中书外省官同举言事御史。辛卯，辽遣耶律襄等来贺正旦。

是岁，河东饥，河北水，坏洺州庐舍，蠲其税。

八年春正月戊戌，帝不豫。甲辰，赦天下。乙巳，命辅臣代祷景灵宫。乙卯，分遣群臣祷于天地、宗庙、社稷。

二月辛巳，开宝寺贡院火。丁亥，命礼部锁试别所。癸巳，上疾甚，迁御福宁殿，三省、枢密院入见，请立皇太子及请皇太后权同听政，许之。

三月甲午朔，立延安郡王傭为皇太子，赐名煦，皇太后权同处分军国事。乙未，赦天下，遣官告于天地、宗庙、社稷、诸陵。丁酉，皇太后命吏部尚书曾孝宽为册立皇太子礼仪使。戊戌，上崩于福宁殿，年三十有八。皇太子即皇帝位，尊皇太后为太皇太后，皇后为皇太后，德妃朱氏为皇太妃。太皇太后权同处分军国事。

九月己亥，上大行皇帝谥曰英文烈武圣孝皇帝，庙号神宗。

十月乙酉，葬于永裕陵。

赞曰：帝天性孝友，其入事两宫，必侍立终日，虽寒暑不变。尝与岐、嘉二王读书东宫，侍讲王陶讲论经史，辄相率拜之，由是中外翕然称贤。其即位也，小心谦抑，敬畏辅相；求直言，察民隐，恤孤独，养耆老，振匮乏；不治宫室，不事游幸，历精图治，将大有为。未几，王安石入相。安石为人，悻悻自信，知祖宗志吞幽蓟、灵武，而数败兵，帝奋然将雪数世之耻，未有所当，遂以偏见曲学起而乘之。青苗、保甲、均输、市易、水利之法既立，而天下汹汹骚动，恸哭流涕者接踵而至。帝终不觉悟，方断然废逐元老，摈斥谏士，行之不疑。卒致祖宗之良法美意，变坏几尽。自是邪佞日进，人心日离，祸乱日起,惜哉!

宋史卷一七
本纪第一七

哲宗一

　　哲宗宪元继道显德定功钦文睿武齐圣昭孝皇帝,讳煦,神宗第六子也,母曰钦圣皇后朱氏。熙宁九年十二月七日己丑,生于宫中,赤光照室。初名佣,授检校太尉、天平军节度使,封均国公。元丰五年,迁开府仪同三司、彰武军节度使,进封延安郡王。七年三月,神宗宴群臣于集英殿,王侍立,天表粹温,进止中度,宰相而下再拜贺。八年二月,神宗寝疾,宰相王珪乞早建储,为宗庙社稷计,又奏请皇太后权同听政,神宗首肯。三月甲午朔,皇太后垂帘于福宁殿,谕珪等曰:“皇太子性庄重,从学颖悟,自皇帝服药,手写佛书,为帝祈福。”因出以示珪等,所书字极端谨,珪等称贺,遂奉制立为皇太子。初,太子宫中常有赤光,至是光益炽如火。

　　戊戌,神宗崩,太子即皇帝位。己亥,大赦天下常赦所不原者。群臣进秩,赐赉诸军。遣使告哀于辽。白虹贯日。庚子,尊皇太后曰太皇太后,皇后曰皇太后,德妃朱氏曰皇太妃。命宰臣王珪为山陵使。甲寅,以群臣固请,始同太皇太后听政。己未,赐叔雍王颢、曹王頵赞拜不名。令中外避太皇太后父遵甫名。诏边事稍重者,枢密院与三省同议以进。庚申,尚书左仆射、郇国公王珪进封岐国公。颢进封扬王,頵为荆王,并加太保。弟宁国公佶为遂宁郡王,仪国公似为大宁郡王,成国公俣为咸宁郡王,和国公偲为普宁郡王。高密郡王宗晟、汉东郡王宗瑗、华原郡王宗愈、安康郡王宗隐、建安郡王宗绰并为开府仪同三司。太师、潞国公文彦博为司徒,济阳郡王偁为太保,特进王安石为司空,余进秩,赐致仕、服带、银帛有差。辛酉,诏颜子、孟子配享孔子庙庭。

夏四月丙寅,初御紫宸殿。辛未,蠲元丰六年以前逋赋。甲戌,加李乾德同中书门下平章事,董毡检校太尉。诏曰:"先皇帝临御十有九年,建立政事以泽天下,而有司奉行失当,几于烦扰,或苟且文具,不能布宣实惠。其申谕中外,协心奉令,以称先帝惠安元元之意。"乙亥,诏以太皇太后生日为坤成节。丁丑,召吕公著侍读。谕枢密、中书通,议事都堂。诏遵先帝制,遣官察举诸路监司之法。庚辰,吕惠卿遣兵入西界,破六砦,斩首六百余级。辛巳,遣使以先帝遗留物遗辽国及告即位。甲申,水部员外郎王谔非职言事,坐罚金。丙戌,以蕃官高福战死,录其子孙。丁亥,复蠲旧年逋赋。

五月丙申,诏百官言朝政阙失。资政殿学士司马光过阙入见。丁酉,群臣请以十二月八日为兴龙节。壬寅,城熙、兰、通远军,赐李宪、赵济银帛有差。甲辰,作受命宝。丙午,京师地震。复置辽州。庚戌,王珪薨。改命蔡确为山陵使。丙辰,赐礼部奏名进士、诸科及第出身四百六十一人。戊午,以蔡确为左仆射兼门下侍郎,韩缜为尚书右仆射兼中书侍郎,章惇知枢密院,司马光为门下侍郎。

六月庚午,赐楚州孝子徐积绢米。丁亥,诏中外臣庶许直言朝政阙失、民间疾苦。

秋七月戊戌,以资政殿大学士吕公著为尚书左丞。诏府界、三路保甲罢团教。丙午,辽人来吊祭。丙辰,白虹贯日。吏部侍郎熊本奏归化侬智会异同,坐罚金。罢沅州增修堡砦。

八月乙丑,诏:按察官所至,有才能显著者以名闻。己巳,镇江军节度使韩绛进开府仪同三司。癸酉,遣使贺辽主生辰、正旦。乙亥,以供奉王英战死葭芦,录其子。

九月戊戌,以神宗英文烈武圣孝皇帝之谥告于天地、宗庙、社稷。己亥,上宝册于福宁殿。己酉,遣使报谢于辽。

冬十月甲子,夏国遣使进助山陵马。癸酉,诏仿《唐六典》置谏官。丁丑,令侍从各举谏官二人。诏监察御史兼言事,殿中侍御史兼察事。罢义仓。己卯,诏:均宽民力,有司或致废格者,监司御史纠劾之。河决大名。乙酉,葬神宗皇帝于永裕陵。丙戌,罢方田。以夏国主母卒,遣使吊祭。

十一月癸巳,诏按问强盗,欲举自首者毋减。丁酉,祧翼祖,祔神宗于太庙,庙乐曰《大明之舞》。辛丑,减两京、河阳囚罪一等,杖已下释之,民缘山陵役者蠲其赋。己酉,辽遣使贺即位。

十二月壬戌,于阗进狮子,诏却之。开经筵,讲《鲁论》,读《三朝宝训》。罢太学保任同罪法。丙寅,夏人以其母遗留物、马、白驼来献。辛未,左仆射蔡确、右仆射韩缜并迁秩加食邑,扬王颢、荆王頵并为太傅。壬申,章惇、司马光等进秩有差。甲戌,罢后苑西作院。乙亥,诏执政、侍臣讲读。戊寅,罢增置铸钱监十有四。乙酉,辽遣萧睦等来贺正旦。

是岁,日有五色云者六。高丽、大食入贡。

元祐元年春正月庚寅朔,改元。丙午,录在京囚,减死罪以下一等,杖罪者释之。丁未,诏回赐高丽王鞍马、服带、器币有加。罢陕西、河东元丰四年后凡缘军兴添置官局。丙辰,久旱,幸相国寺祈雨。立神宗原庙。戊午,甘露降。

二月辛酉,以河决大名坏民田,民艰食者众,诏安抚使韩绛振之。乙丑,修神宗实录。丁卯,诏左右侍从各举堪任监司者二人,举非其人有罚。庚午,禁边民与夏人为市。辛未,董毡卒,以其子阿里骨袭河西军节度使、邈川首领。庚辰,夏人入贡。辛巳,刑部侍郎蹇周辅坐变盐法落职。

闰月庚寅,蔡确罢。以司马光为尚书左仆射、门下侍郎。诏韩维、吕大防、孙永、范纯仁详定役法。壬辰,以吕公著为门下侍郎。丙午,守尚书右丞李清臣为尚书左丞,试吏部尚书吕大防为尚书右丞。白虹贯日。丁未,群臣上太皇太后宫名曰崇庆,殿曰崇庆寿康;皇太后宫曰隆祐,殿曰隆祐慈徽。庚戌,赐于阗国王服带、器币。辛亥,章惇罢。甲寅,诏侍从、御史、国子司业各举经明行修可为学官者二人。乙卯,以吏部尚书范纯仁同知枢密院事。丙辰,掩京城暴骸。罢诸州常平管勾官。

三月辛未,诏毋以堂差冲在选已注官。置诉理所,许熙宁以来得罪者自言。命太学公试,司业、博士主之,如春秋补试法。癸酉,置开封府界提点刑狱一员。乙亥,罢熙河兰会路经制财用司。己卯,复广济河辇运。辛巳,诏民间疾苦当议宽恤者监司具闻。以程颐为崇政殿说书。乙酉,许职事官带职。

夏四月己丑,韩缜罢。辛卯,诏诸路旱伤蠲其租。壬辰,以旱虑囚。癸巳,王安石薨。辛丑,诏执政大臣各举可充馆阁者三人。壬寅,以吕公著为尚书右仆射兼中书侍郎,文彦博平章军国重事。乙巳,诏户部裁冗费,著为令。李宪等以用兵失利为刘挚所劾,贬秩奉祠。辛亥,扬王颢、荆王頵并特授太尉。诏:遇科举,令升朝官各举经明行修之士一人,俟登第日与升甲。罢谒禁之制。知诚州周士隆抚纳溪洞民一千三百余户,赐士隆银帛。癸丑,定六曹郎官员数。

五月丁巳朔,以资政殿大学士韩维为门下侍郎。罢诸路重禄,复熙宁前旧制。庚申,夏人来贺即位。壬戌,诏侍从、台官、监司各举县令一人。戊辰,命程颐同修立国子监条制。己巳,幸扬王、荆王第,官其子九人。癸酉,复左右天厩坊。壬午,诏文彦博班宰相之上。

六月甲辰,置《春秋》博士。吕惠卿落职,分司南京,苏州居住。戊申,以富弼配享神宗庙庭。庚戌,太白昼见。甲寅,诏正风俗,修纪纲,勿理隐疵细故。复置通利军。程颐上疏论辅养君德。

秋七月丁巳,置检法官。辛酉,设十科举士法。刘恕同修《资治通鉴》,未沾恩而卒,诏官其子。乙丑,夏国主秉常卒。庚午,夏国遣使贺坤成节。

八月辛卯,诏常平依旧法,罢青苗钱。壬辰,封弟偲为祁国公。甲午,占城国遣使入贡。壬子,日傍有五色灵。磁州谷异垄同穗。

九月丙辰朔,司马光薨。己未,庙献景灵宫。辛酉,大享明堂,以神宗配,赦天下。丁卯,试中书舍人苏轼为翰林学士、知制诰。己卯,张璪罢。

冬十月丙戌,改衍圣公为奉圣公。庚寅,太白昼见。壬辰,夏人来告哀。庚子,遣使吊祭。

十一月戊午,以尚书左丞吕大防为中书侍郎,御史中丞刘挚为尚书右丞。乙亥,于阗国遣使入贡。庚辰,蠲盐井官溪钱。

十二月庚寅,诏:将来服除,依元丰三年故事,群臣勿上尊号。戊戌,华州郑县小敷谷山崩。戊申,诏以冬温无雪,决系囚。

是岁,河北、楚海诸州水。

二年春正月乙丑,封秉常子乾顺为夏国主。戊辰,诏:举人程试,主司毋得于《老》、《庄》、《列子》书命题。辛巳,诏苏辙、刘攽编次神宗御制。白虹贯日。

二月丁亥,遣左司谏朱光庭使河北,振民被灾者。诏施、黔、戎、泸等州保甲监司免岁阅。丁酉,加赐于阗国金带、锦袍、器币。己亥,命吏部选人改官岁以百人为额。辛丑,诏陕西、河东行策应牵制法。是月,代州地震。

三月壬戌,太皇太后手诏,止就崇政殿受册。戊辰,诏中外侍从岁举郡守各一人。令御史台察民俗奢僭者。夏人遣使入谢。癸酉,奉安神宗神御于景灵宫宣光殿。庚辰,诏内侍省供奉官以下百人为额。

夏四月丙戌,交阯入贡。丁亥,鬼章子结吼龊寇洮东。戊子,虑囚。己丑,诏太师文彦博十日一议事都堂。辛卯,诏:冬夏旱暵,海内被灾者广,避殿减膳,责躬思过,以图消复西西,以四方牒诉上尚书者,或抑不得直,令御史分察之。己亥,太皇太后以旱权罢受册礼。癸卯,雨。乙丑,以徐州布衣陈师道为亳州司户参军。丁未,复制科。戊申,御殿复膳。李清臣罢。

五月癸丑,夏人围南川砦。丁卯,以刘挚为尚书左丞,兵部尚书王存为尚书右丞。壬申,于阗入贡。丁丑,诏:御史官阙,御史中丞、翰林学士、两省谏议大夫以上杂举。

六月辛丑,以安焘知枢密院事。壬寅,有星如瓜出文昌。丙午,邈川首领结药来降,授三班奉职。

秋七月辛亥,诏户部修《会计录》。韩绛以司空致仕。夏人寇镇戎军。诏府界、三路教阅保甲。复课利场务亏额科罚。丙辰,罢诸州数外岁贡。戊午,以辽萧德崇等贺坤成节,曲宴垂拱殿,始用乐。庚申,进封李乾德为南平王。辛酉,改诚州为渠阳军。辛未,韩维罢。

八月辛巳,程颐罢经筵,权同管勾西京国子监。癸未,以西蕃寇洮、河,民被害者给钱粟,死者赐帛其家。诏复进纳人改官旧法。乙酉,命吕大防为西京安奉神宗御容礼仪使。庚寅,西南蕃遣人入贡。癸巳,以夏国政乱主幼,强臣乙逋等擅权逆命,诏诸路帅臣严兵备之。庚子,授西蕃首领心牟钦毡银州团练使,温溪心瓜州团练使。辛丑,泾原言夏人寇三川诸砦,官军败之。丁未,岷州行营将种谊复洮州,执蕃酋鬼章青宜结。

九月乙卯,发太皇太后册宝于大庆殿。丙辰,发皇太后、皇太妃册宝于文德殿。己未,夏人寇镇戎军。丁卯,禁私造金箔。

冬十月壬午,奉安神宗御容于会圣宫及应天院。癸未,日有五色云。戊子,恭谢景灵宫。辛卯,减西京囚罪一等,杖已下释之。己亥,西南龙、张蕃遣人入贡。庚子,论复洮州功,种谊等迁秩,赐银绢有差。

十一月丙辰,复置涟水军。庚申,献鬼章于崇政殿,以罪当死,听招其子及部属归以自赎。乙亥,大雪甚,民冻多死,诏加振恤,死无亲属者官瘗之。罢内殿承制试换文资格。丙子,决囚。

十二月乙酉,赐诸军及贫民钱。丙戌,兴龙节,初上寿于紫宸殿。己丑,大寒,罢集英殿宴。壬辰,兀征声延部族老幼万人渡河南,遣使廪食之,仍谕声延勿失河北地。乙未,白虹贯日。壬寅,颁元祐敕令式。

是冬,始闭汴口。

三年春正月己酉朔,不受朝。庚戌,复广惠仓。己未,庙献景灵

宫。庚申，雪寒，发京西谷五十余万石，损其直以纾民。辛酉，诏广
南西路朱崖军开示恩信，许生黎悔过自新。壬戌，罢上元游幸。壬
申，阿里骨奉表诣阙谢罪。令边将无出兵，仍罢招纳。甲戌，决囚。

二月甲申，罢修金明池桥殿。乙酉，德音“减囚罪一等，从以下
释之，工役权放一年，流民饥贫量与应副。”丙戌，诏河东苦寒，量度
存恤戍兵。癸巳，罢春宴。乙未，白虹贯日。辛丑，太白昼见。乙巳，
广东兵马监童政坐擅杀无辜伏诛。

三月丙辰，韩绛薨。丁巳，御集英殿策进士。戊午，策武举。己
巳，赐礼部奏名进士、诸科及第出身一千一百二十二人。乙亥，夏人
寇德靖砦，将官张诚等败之。

夏四月戊寅，令诸路郡邑具役法利害以闻。辛巳，以吕公著为
司空、同平章军国事，吕大防为尚书左仆射兼门下侍郎，范纯仁为
尚书右仆射兼中书侍郎。壬午，以观文殿学士孙固为门下侍郎，刘
挚为中书侍郎，王存为尚书左丞，御史中丞胡宗愈为尚书右丞，户
部侍郎赵瞻签书枢密院事。癸巳，诏定职事官岁举升陟人数。丁酉，
职里骨来贡。庚子，诏天下郡城以地里置壮城兵额，禁勿他役。

五月癸亥，汉东郡王宗瑗薨。

六月癸未，诏：司谏、正言、殿中、监察御史，仿故事以升朝官通
判资序历一年者为之。辛丑，夏人寇塞门砦。甲辰，五色云见。

秋七月戊申，荆王頵薨。戊辰夜，东北方明如昼，俄成赤气，中
有白气经天。辛未，太白昼见。癸酉，忠州言临江涂井镇雨黑黍。

八月戊寅，阿里骨入贡。己卯，进封扬王颢为徐王。辛巳，复置
荆门军。丙戌，罢吏试断刑法。丁酉，渠阳蛮入寇。辛丑，降系囚罪
一等，杖以下释之。

九月庚申，禁宗室联姻内臣家。乙丑，阿里骨复迁职，加封邑。
诏观察使以上给永业田。丁卯，御集英殿策贤良方正能直言极谏
科。

十月丙戌，诏罢新创诸堡砦，废渠阳军。戊戌，复南、北宣徽院。

十一月甲辰，遣吏部侍郎范百禄等行河。丁卯，大食麻啰拔国

入贡。诏岁以十月给巡城兵衣裘。

十二月丁酉，渝州獠人寇小溪。壬寅，白虹贯日。

闰月癸卯朔，颁《元祐式》。甲辰，范镇定铸律、度量、钟磬等以进，令礼部、太常参定。戊申，减宰执赐予。庚申。置六曹尚书权官。丙寅，诏史部详定六曹重复利害以闻。

是岁，三佛齐、于阗、西南蕃入贡。天下上户部：主户二百一十三万四千七百三十三，丁二千八百五十三万三千九百三十四；客户六百一十五万四千六百五十二，丁三百六二二万九千八十三。断大辟二千九百一十五人。

四年春正月壬申朔，不受朝，群臣及辽使诣东上阁门、内东门拜表贺。丙子，宴辽使于紫宸殿。甲申，以夏人通好，诏边将毋生事。

二月甲辰，吕公著薨。庚戌，白虹费日。乙卯，夏人来谢封册。

三月己卯，作浑天仪。胡宗俞薨。丁亥，以不雨罢春宴。己丑，诏自今大礼毋上尊号。辛卯，昼有流星出东方。癸巳，录囚。乙未，罢幸琼林苑、金明池。

夏四月乙巳，吕大防等以久旱求罢，不允。丁未，曹佾薨。戊申，罢大礼使及奏告执政加赐。戊午，立试进士四场法。壬戌，弛在京牧地与民。

五月癸酉，诏自今侍读以三人为额。中丞李常、侍御史盛陶坐不论蔡确，改官。辛巳，贬观文殿学士蔡确为光禄卿。丁亥，复贬确为英州别驾，安置新州。丁酉，于阗国来贡。

六月甲辰，范纯仁、王存罢。丙午，以赵瞻同知枢密院事，户部尚书韩忠彦为尚书左丞，翰林学士许将为尚书右丞。丁未，夏国来贡。癸丑，邈黎国般次冷移、四林栗迷等赍于阗国黑汗王及其国蕃王表章来贡。

秋七月丙子，诏复外都水使者。丁丑，辽国使萧寅等来贺坤成节，曲宴垂拱殿。庚辰，安焘以母忧去位。

八月壬寅，敕郡守贰以"四善三最"课县令，吏部岁上监司考察知州状。辛酉,太皇太后诏:今后明堂大礼,毋令百官拜表称贺。

九月戊寅,致斋垂拱殿。己卯,朝献景灵宫。辛巳,大飨明堂,赦天下,百官加恩,赐赍士庶高年九十以上者。乙酉,加赐韩缜、范纯仁器币有差。乙未,检举先朝文武七条,戒谕百官遵守。

冬十月辛丑,西南程蕃入贡。丁未,龙蕃入贡。戊申,翰林学士苏辙上《神宗御集》,藏宝文阁。癸丑,御迩英殿,讲官进讲三朝宝训。

十一月庚午,敕朝请大夫以下进士为左,余为右。溪洞彭儒武等进溪洞布。癸未,以孙固知枢密院事,刘挚为门下侍郎,吏部尚书傅尧俞为中书侍郎。乙酉,有星色赤黄,尾迹烛地。己丑,太皇太后却元日贺礼,令百官拜表。庚寅,章惇买田不法,降官。辛卯,改发运、转运、提刑预妓乐宴会徒二年法。

十二月庚子,辽使耶律常等贺兴龙节,曲宴垂拱殿。癸丑,更定朝仪二舞曰《威加四海》、《化成天下》。甲寅,减鄜延等路戍兵归营。戊午,以御史阙,令中丞、两省各举二人。

是岁,夏国,邈黎、大食麻啰拔国入贡。

五年春正月丁卯朔,御大庆殿视庙。丁丑,朝献景灵宫。

二月丁酉,罢诸州军通判奏举改官。己亥,夏人归永乐所掠吏士百四十九人。庚子,加溪洞人田忠进等九十二人检校官有差。辛丑,以旱罢修黄河。癸卯,祷雨岳渎,罢浚京城壕。丁未,减天下囚罪,杖以下释之。庚戌,文彦博以太师充护国军、山南西道节度等使致仕,令所司备礼册命。壬子,彦博乞免册礼,从之。甲子,宴饯文彦博于玉津园。

三月丙寅朔,赵瞻薨。丁卯,诏赐故孙觉家缗钱,令给丧事。壬申,以韩忠彦同知枢密院事,翰林学士承旨苏颂为尚书左丞。癸未,罢春宴。壬辰,罢幸金明池、琼林苑。

夏四月癸卯,诏郑穆、王岩叟等同举监察御史二员。甲辰,吕大防等以旱求退,不允。丙午,孙固薨。癸丑,诏讲读官御经筵退,留二员奏对迩英阁。丁巳,诏以旱避殿减膳,罢五月朔日文德殿视朝。辛酉,以保宁军节度使冯京为检校司空。

五月壬申,诏差役法有未备者,令王岩叟等具利害以闻。乙亥,雨。己卯,御殿复膳。

六月辛丑,录囚。癸亥,昼有五色云。

七月壬申,泾原路经略司言:诸人违制典买蕃部田土,许以免罪,自二顷五十亩以下,责其出刺弓箭手及买马备边用各有差。乙酉,夏人来议分画疆界。

九月丁丑,诏复置集贤院学士。

冬十月癸巳,罢提举修河司。丁酉,诏定州韩琦祠载祀典。

十二月辛卯朔,许将罢。安康郡王宗隐薨。丙辰,禁军大阅,赐以银楪、匹帛,罢转资。

是岁,东北旱,浙西水灾。赐宗室子授官者四十四人。断大辟四千二百六十有一。高丽、于阗、龙蕃、三佛齐、阿里骨入贡。

六年春正月辛酉朔,不受朝,群臣及辽使诣东上阁门、内东门拜表贺。癸酉,诏祠祭、游幸毋用羔。

二月辛卯,以刘挚为尚书右仆射兼中书侍郎,龙图阁待制王岩叟签书枢密院事。癸巳,以苏辙为尚书右丞,宗室士伿追封魏国公。庚子,拂箖国来贡。丁丑,授阿里骨男溪邦彪籛为化外庭州团练使。

三月癸亥,吕大防上神宗实录。己巳,御集英殿策进士。庚午,策武举。癸酉,诏:御史中丞举殿中侍御史二人,翰林学士至谏议大夫同举监察御史二人。丙子,吕大防特授右正议大夫。壬午,赐礼部奏名进士、诸科及第出身九百五十七人。丁亥,罢幸金明池、琼林苑。

夏四月乙未,复置通礼科。丙申,诏恤刑。辛丑,诏:"大臣堂除差遣,非行能卓异者不可轻授;仍搜访遗材,以备擢任。"夏人寇熙河兰岷、鄜延路。壬寅,太白昼见。壬子,赐南平王李乾德袍带、金帛、鞍马。

五月己未朔，日有食之，罢文德殿视朝。庚辰，诏："娶宗室女得官者，毋过朝请大夫、皇城使。"丁亥，后省上元祐敕令格。

六月壬辰，录囚。甲辰，置国史院修撰官。乙卯，诏以田思利为银青光禄大夫，充溪洞都巡检。

秋七月癸亥，复张方平宣徽南院使致仕。乙丑，复制置解盐使。己卯，振两浙水灾。

八月己丑，三省进纳后六礼仪制。辛卯，诏御史台：臣僚亲亡十年不葬，许依条弹奏及令吏部检察。己亥，改宗正属籍曰宗藩庆系录。令文武臣出入京城门书职位、差遣、姓名及所往。己酉，修神宗宝训。癸丑，诏："鄜延路都监李仪等以违旨夜出兵入界，与夏人战死，不赠官，余官降等。"乙卯，夏人寇怀远砦。

闰月壬戌，严饬陕西、河东诸路边备。甲子，太白昼见。庚午，诏御史中丞举殿中侍御史二人，翰林学士、中书舍人、给事中举监察御史四人。壬申，太子太保致事张方平辞免宣徽使，不允。甲申，刑部侍郎彭汝砺与执政争狱事。自乞贬逐，诏改礼部侍郎。

九月丁亥，夏人寇麟、府二州。壬辰，诏：州民为寇所掠，庐舍焚荡者给钱帛，践稼者振之，失牛者官贷市之。癸巳，御集英殿策贤良方正能直言极谏科。丁酉，御试方正王普等迁官有差。岁出内库缗钱五十万以备边费。甲辰，幸上清储祥宫。壬子，宫成，减天下囚罪一等，徒以下释之。癸丑，以执政官行谒禁法非便，诏有利害陈述勿禁。

冬十月丁卯，有流星昼出东北。庚午，朝献景灵宫，还幸国子监，赐祭酒丰稷三品服，监学官赐帛有差。庚辰，令诸宫院建小学。贵妃苗氏薨。癸未，编修神宗御制官转秩加赏。诏京西提刑司岁给钱物二十万缗以奉陵寝。

十一月乙酉朔，刘挚罢。壬辰，作元祐观天历。尚书右丞苏辙罢知绛州。辛丑，傅尧俞薨。

十二月戊辰，开封府火。壬申，范纯仁以前御敌失策降官。

是岁，两浙水，定州野蚕成茧。高丽、交阯、三佛齐入贡。

七年春正月甲辰,以辽使耶律迪卒,辍朝一日。乙巳,张诚一以穿父墓取犀带,责授左武卫将军,提举亳州明道宫。

二月丁卯,诏陕西、河东边要进筑守御城砦。

三月己亥,录囚。

夏四月己未,立皇后孟氏。甲子,命吕大防为皇后六礼使。甲戌,立考察县令课绩法。

五月戊戌,御文德殿册皇后。庚子,罢侍从官转对。丙午,王岩叟罢知郑州。大食进火浣布。

六月辛酉,以吕大防为右光禄大夫,苏颂为尚书右仆射兼中书侍郎,韩忠彦知枢密院事,苏辙为门下侍郎,翰林学士范百禄为中书侍郎,翰林学士梁焘为尚书左丞,御史中丞郑雍为尚书右丞,户部尚书刘奉世签书枢密院事。甲子,置广文馆解额。戊辰,浑天仪象成。甲戌,日旁五色云见。

七月癸巳,诏修神宗史。复翰林侍讲学士。己酉,诏诸路安抚钤辖司及西京、南京各赐《资治通鉴》一部。庚戌,宗室幼麻以上者禁析居。

八月丙辰,罢监酒税务增剩给赏法。己未,诏西边诸将严备,毋轻出兵。乙亥,戒边将毋掊克军士。前陷交阯将吏苏佐等十七人自拔来归。

九月戊戌,诏:"冬至日南郊宜依故事设皇地祇位,礼毕,别议方泽之仪以闻。"己酉,永兴军、阆州、镇戎军地震。

冬十月庚戌朔,环州地震。丁巳,陕西有前代帝王陵庙处,给民五家充守陵户。丁卯,夏人寇环州。

十一月辛巳,太白昼见。甲申,诏大中大夫以上许占永业田。丙戌,于阗入贡。庚寅,帝斋大庆殿。辛卯,朝献景灵宫。壬辰,飨太庙。癸巳,祀天地于园丘,赦天下,群臣中外加恩。罢南京榷酒。民罹亲丧者户以差等与免徭。辛丑,赐徐王剑履上殿。

十二月辛亥,阿里骨、李乾德加食邑实封。甲子,罢饮福宴。庚午,祈雪。

是岁,兖州仙源县生瑞谷。高丽、占城、西南蕃龙氏罗氏入贡。

八年春正月己卯朔,不受朝。甲申,蔡确卒。丁亥,御迩英阁,召宰臣读宝训。庚寅,诏复范纯仁大中大夫。壬辰,幸太乙宫。庚子,诏颁高丽所献《黄帝针经》于天下。

二月己酉,诏西南蕃龙氏迁秩补官。辛亥,礼部尚书苏轼言:"高丽使乞买历代史及《策府元龟》等书,宜却其请不许。"省臣许之。轼又疏陈五害,极论其不可。有旨:"书籍曾经买者听。"壬子,诏刑部不得分禁系人数,瘐死数多者申尚书省。癸丑,诏大宁郡王以下出就外学。

三月甲申,苏颂罢。辛卯,范百禄罢。庚子,诏御试举人复试赋、诗、论三题。

夏四月丁未朔,夏人来谢罪,愿以兰州易塞门砦,不许。癸丑,诏恤刑。甲寅,令范祖禹依先朝故事止兼侍讲。丁巳,诏南郊合祭天地,罢礼部集官详议。

五月癸未,置蕲州罗田县。丁亥,罢二广铸折二钱。己丑,录囚。辛卯,监察御史董敦逸、黄庆基以论苏轼、苏辙,罢为湖北、福建转运判官。己亥,祁国公偲为开府仪同三司。

六月戊午,梁焘罢。壬戌,中书后省上《元祐在京通用条贯》。

秋七月丙子朔,以观文殿大学士范纯仁为尚书右仆射兼中书侍郎。戊寅,令陕西沿边铁钱铜钱悉还近地。

八月丁未,久雨,祷山川。辛酉,以太皇太后疾,帝不视事。壬戌,遣使按视京东西、河南北、淮南水灾。癸亥,减京师囚罪一等,徒以下释之。丁卯,祷于岳渎、宫观、祠庙。戊辰,赦天下。庚午,诏陕西复铸小铜钱。辛未,祷于天地、宗庙、社稷。乙亥,祷于诸陵。

九月戊寅,太皇太后崩。己卯,诏以太皇太后园陵为山陵。庚辰,遣使告哀于辽。甲申,命吕大防为山陵使。壬辰,诏山陵修奉从约,诸道毋妄有进助。

冬十月戊申，群臣七上表请听政。戊辰，徐王颢乞解官给丧，诏不允。庚午，复内侍刘瑗等六人。

十一月丙子，始御垂拱殿。乙未，以雪寒振京城民饥。壬寅，赐劳修奉山陵兵士。

十二月乙巳，范纯仁乞罢，不允。甲寅，仿《唐六典》修官制。丁巳，辽人遣使来吊祭。出钱粟十万振流民。己巳，上太皇太后谥曰宣仁圣烈皇后。

是岁，河入德清军，决内黄口。

宋史卷一八
本纪第一八

哲宗二

绍圣元年春正月癸酉朔,群臣诣西上阁门进名奉慰。丙申,夏
人来贡。辛丑,遣中书舍人吕希纯等行河。罢河东大铜钱。

二月丁未,以户部尚书李清臣为中书侍郎,兵部尚书邓润甫为
尚书右丞。己酉,葬宣仁圣烈皇后于永厚陵。己未,祔神主于太庙。
癸亥,减两京、河阳、郑州囚罪一等,民缘山陵役者蠲其赋。甲子,诏
依章献明肃皇后故事,罢避高遵惠讳。

三月壬申朔,日有食之。乙亥,吕大防罢。庚辰,诏太学合格上
舍生推恩免省试,附科场春榜。乙酉,御集英殿策进士。丁亥,策武
举。戊子,以徐王颢为太师,徙封冀王。癸巳,诏振京东、河北流民,
贷以谷麦种,谕使还业。蠲是年租税。丁酉,赐礼部奏名进士、诸科
及第出身九百七十五人。苏辙罢。

夏四月乙巳朔,阿里骨进狮子。丙午,以旱诏恤刑。己酉,诏中
外决狱。庚戌,诏有司具医药治京师民疾。壬子,苏轼坐前掌制命
语涉讥讪,落职知英州。癸丑,改元。白虹贯日。甲寅,以王安石配
飨神宗庙庭。蔡确追复右正议大夫。戊午,复新城两厢。庚申,减
四京囚罪一等。杖以下释之。壬戌,以资政殿学士章惇为尚书左仆
射兼门下侍郎。范纯仁罢。丙寅,罢五路经、律、通礼科。丁卯,诏
诸路复元丰免役法。戊辰,同修国史蔡卞请重修《神宗实录》。

闰月壬申,复提举常平官。癸酉,罢十科举士法。甲申,以观文

殿学士安焘为门下侍郎。丙戌，复义仓。丁亥，诏神宗随龙人赵世长等迁秩赐赉有差。戊子，诏在京诸司，所受传宣中批，并候朝廷覆奏以行。乙未，西南张蕃遣人入贡。丙申，命左仆射章惇提举修神宗国史。丁酉，诏添差徐州兵马都监。

五月壬寅，罢修官制局。甲辰，罢进士习试诗赋，令专二经，立宏词科。己酉，修国史曾布请以王安石《日录》载之《神宗实录》。太白昼见。辛亥，刘奉世罢。癸丑，诏中外学官，非制科、进士、上舍生入官者并罢。编类元祐群臣章惇及更改事条。甲寅，右正言张商英言先帝谓天地合祭非古，诏礼部、太常详议以闻。乙丑，邓润甫卒。丁卯，嗣濮王宗晖薨。

六月甲戌，来之邵等疏苏轼诋斥先朝，诏谪惠州。丙子，罢制置解盐使。壬午，封高密郡王宗晟为嗣濮王。癸未，以翰林学士承旨曾布同知枢密院事。甲申，除进士引用王安石《字说》之禁。

秋七月丁巳，以御史黄履周秩、谏官张商英言，夺司马光、吕公著赠谥，王岩叟赠官；贬吕大防为秘书监，刘挚为光禄卿，苏辙为少府监，并分司南京；梁焘提举舒州灵仙观。戊午，诏：“大臣朋党，司马光以下各轻重议罚，布告天下。余悉不问，议者亦勿复言。”

八月丙戌，召辅臣观稼后苑。日有五色云。壬辰，应制科赵天启以累上书狂妄黜。

九月癸卯，遣御史刘拯按河北水灾，振饥民。丙午，御集英殿，策贤良方正能直言极谏科。庚戌，罢制科。罢广惠仓。癸丑，令监司岁察守臣课绩优者以闻。甲寅，知广州唐义问坐弃渠阳砦，责授舒州团练副使。庚申，太白昼见。丁卯，诏京东西、河北振恤流民。戊辰，流星出紫微垣。

冬十月丙申，三佛齐遣使入贡。丁酉，河北流。

十一月己亥朔，复八路差官法。壬子，以冬温无雪。决系囚。蔡确特追复观文殿大学士。甲寅，开封男子吕安斥乘舆当斩，贷之。丁巳，诏河北振饥，诸路恤流亡，官吏有善状才能显著者以闻。

十二月辛未，申严铜钱出外界法。庚辰，命诸路祈雪。丙戌，滑州浮桥火。己丑,漳河决溢,浸洺、磁等州,令计置堙塞。甲午,范祖禹、赵彦若、黄庭坚坐史事责授散官,永、丰、黔州安置。

是岁,京师疫,洛水溢,太原地震,河北水,发京东粟振之。

二年春正月甲辰,诏国史院增补先帝御集。丙午,立宏词科。已未,迁奉太平兴国寺三朝御容于天章阁。乙丑,殿前司奏狱空,诏赐缗钱。

二月乙亥,吕大防以监修史事贬秩,分司南京,安州居住。辛巳,出内库钱帛二十万助河北振饥。甲午,罢广文馆解额。

三月已亥,宗晟薨。已未,试宏词黄符等五人各循一资。

夏四月戊辰,诏职事官罢带职,朝请大夫以下勿分左右,易集贤院学士为集贤殿修撰,直集贤院为直秘阁,集贤校理为秘阁校理。壬申,封华容郡王宗愈为嗣濮王。诏许将等七人,不限资格,各举才行堪备任使者二人。丁亥,诏依元丰条置律学博士二员。

五月乙巳,命蔡卞详定国子监三学及外州州学制。乙卯,上皇太妃宫名曰圣瑞。

六月壬辰,禁京城士人兴轿。

秋七月丙辰,诏大理寺复置右治狱,仍依元丰例添置官属。

八月壬申,命彰信军节度使宗景为开府仪同三司,封济阴郡王。甲申,宗愈薨。乙酉,录赵普后希庄为阁门祗候。

九月甲午,以安定郡王宗绰为嗣濮王。壬寅,告迁神宗神御于景灵宫显承殿。癸卯,诣景灵宫行奉安礼。戊申,加上神宗谥曰绍天法古运德建功英文烈武钦仁圣孝皇帝。已酉,朝献景灵宫。庚戌,朝飨太庙。辛亥,大飨明堂,赦天下。

冬十月甲子,郑雍罢。癸酉,告迁宣仁圣烈皇后神御于景灵宫徽音殿。甲戌,诣宫行奉安礼。以吏部尚书许将为尚书左丞,翰林学士蔡卞为尚书右丞。辛巳,进封冀王颢为楚王。辛卯,河南府地震。

十一月乙未,安焘罢知河南府。丙申,太白昼见。戊戌,范锷自转运使入对，言有捕盗功，乞赐章服。帝曰："捕盗常职也，何足言功。"黜知寿州。甲寅，梁惟简除名，全州安置。丙辰，赠蔡确为太师，赐谥忠怀。

十二月乙丑，复置监察御史三人，分领六察，不言事。令翰林学士蔡京、御史中丞黄履各举御史二人。壬申，白虹贯月。戊子，诏如元丰例孟月朝献景灵宫。

是岁，苏州夏秋地震。桂阳监庆云见。出宫九十一人。交籥、三佛齐、韦蕃、阿里骨入贡。

三年春正月庚子，韩忠彦罢知真定府。甲辰，酌献景云宫，遍诣诸殿如元丰礼。庚戌，引见蕃官包顺、包诚等，赐赉有差。诏：鞫狱非本章所指而蔓求他罪者论如律。乙卯，诏户部尚书勿领右曹。戊午，诏罢合祭，间因大礼之岁，夏至日躬祭地祇于北郊。

二月癸亥，出元丰库缗钱四百万于陕西、河东籴边储。辛未，复元丰恤孤幼令。癸酉，罢富弼配飨神宗庙庭。癸未，诏封濮王子未王者三人：宗楚为南阳郡王，宗祐为景城郡王，并开府仪同三司；宗汉为东阳郡王。乙酉，宗绰薨。丙戌，诏三岁一取旨，遣郎官、御史按察监司职事。丁亥，夏人寇义合砦。

三月壬辰，以禁中屡火，罢春宴及幸池苑，不御垂拱殿三日。癸巳，夏人围塞门砦。丁酉，尚书省火。戊午，剑南东川地震。己亥，封宗楚为嗣濮王。辛亥，封大宁郡王佖为申王，遂宁郡王佶为端王。丁巳，幸申王、端王府。

夏四月辛酉，罢宣徽使。丙子，诏：自今景灵宫四孟庙献，分为二日。

五月壬子，太白昼见。丙辰，录囚。

六月癸亥，令真定立赵普庙。乙酉，立北郊斋宫于瑞圣园。

秋七月庚戌，依元丰职事官以行、守、试三等定禄秩。罢元祐所增聚议钱。甲寅，令熙河立王韶庙。

八月辛酉，夏人寇宁顺砦。壬戌，日上有五色晕，下有五色气。

己卯,复置检法官。庚辰,以范祖禹、刘安世在元祐中构造诬谤,祖禹责授昭州别驾,贺州安置;安世新州别驾,英州安置。

九月己亥,邈川首领阿里骨卒。己酉,滁、沂二州地震。壬子,楚王颢薨。乙卯,废皇后孟氏为华阳教主、玉清妙静仙师,赐名冲真。

冬十月丁巳朔,以楚王薨,罢文德殿视朝。壬戌,夏人寇鄜、延,陷金明砦。戊辰,诏被边诸路相度城砦要害,增严守备。辛未,西南方雷声,雨雹。癸酉,钟传言筑汝遮,诏以为安西城。

十一月丁未,章惇上《神宗实录》。庚戌,宴修实录官。

十二月辛酉,宗景坐以立姜冈上,罢开府仪同三司,判大宗正司事。癸酉,置施州铸钱广积监。甲戌,蔡京《上新修大学敕令式》、《详定重修敕令》。遗弃饥贫小儿三岁以下,听收养为真子孙。

是岁,于阗、大食、龟兹师王国、西南蕃龙氏罗氏入贡。宗室子授官者四十六人。

四年春正月丙戌朔,不受朝。群臣及辽使诣东上阁门拜表贺。班内外学制。庚寅,以阿里骨子瞎征袭河西军节度使、邈川首领。甲午,泾原路钤辖王文振败夏人于没烟峡。庚戌,李清臣罢。

二月己未,以三省言,追贬吕公著为建武军节度副使,司马光为清远军节度副使,王岩叟为雷州别驾,夺赵瞻、傅尧俞赠谥,追韩维到任及孙固、范百禄、胡宗愈遗表恩。诏江、淮巡检依旧法招置土兵。癸亥,于阗来贡。黑汗王攻夏人三州,遣其子以闻。丙寅,夏人寇绥德城。庚午,诏国信使毋得以非例之物遗人使,仍著条禁。癸酉,诏申王佖、端王佶岁赐钱各六千五百缗。丙子,进神宗婉仪宋氏为贤妃。己卯,复元丰榷茶法。庚辰,罢春秋科。癸未,以三省言,追贬吕大防为舒州团练使,刘挚为鼎州团练副使,苏辙为化州别驾,梁焘为雷州别驾,范纯仁为安武军节度副使,安置于循、新、雷、化、永五州;刘奉世为光禄少卿,分司南京;黜韩维以下三十人轻重有差。甲申,降文彦博为太子少保。

闰月丙戌朔,张天说坐上书诋讪先朝处死。壬寅,以曾布知枢密院事,许将为中书侍郎,蔡卞为尚书左丞,吏部尚书黄履为尚书右丞,翰林学士林希同知枢密院事。癸卯,大雨雹。甲辰,苏轼责授琼州别驾,移昌化军安置。范祖禹移宾州安置,刘安世移高州安置。己酉,御集英殿策进士。庚戌,策武举。

三月壬戌,夏人犯麟州神堂堡,出兵讨之,及进筑胡山砦。癸亥,赐礼部奏名进士、诸科及第出身六百九人。甲子,诏武举谢师古等以远人赐帛,李惟岳以高年赐帛。丁卯,诏泸南安抚司、南平军毋擅诱杨光荣献纳播州疆土。庚午,夏人大至葭卢城下,知石州张构等击走之。甲戌,幸金明池。丙子,克胡山新砦成,赐名平羌砦。辛巳,西上阁门使折克行破夏人于长波川,斩首三千余级,获牛马倍之。壬午,命官编类司马光等改废法度论奏事状。

夏四月丁亥,令诸狱置气楼凉窗,设浆饮荐席,杻械五日一浣,系囚以时沐浴,遇寒给薪炭。甲午,熙河筑金城关。丙申,诏发解省试添策一道。丁酉,进编臣僚章疏一百四十三帙。己亥,昌大防卒于处州。庚子,知保安军李沂伐夏国,破洪州。壬寅,环庆钤辖张存入盐州,俘馘甚众,及还,夏人追袭之,复多亡失。甲辰,置克戎砦、平夏城,置灵平砦。丁未,以西边板筑有劳,曲赦陕西、河东路。追贬王珪为万安军司户参军。己酉,复文德殿侍从转对。

五月丁巳,文彦博薨。辛酉,以皇太妃服药及亢旱,决四京囚。壬戌,诏陕西添置蕃落马军十指挥。丁卯,废卫州淇水第二马监、颍昌府单镇马监。辛未,韩缜薨。丁丑,贬韩维为崇信军节度副使。

六月癸未朔,日有食之。丁亥,太白犯太微垣。戊子,宗楚薨。丙申,诏翰林学士、吏部尚书各举监察御史二人。丁酉,环庆路安疆砦成,诏防托蕃汉官赐帛有差。甲辰,熙河进筑青石峡毕工,赐名西平。乙巳,保宁军观察留后宗汉为开府仪同三司,徙封安康郡王。己酉,太原地震。太白昼见。

秋七月壬子朔,太白昼见。

八月乙酉,封湖州观察使世开为安定郡王。丙戌,鄜延将王愍复宥州。戊戌,封宗祐为嗣濮王。筑威戎城。已酉,彗出西方。

九月壬子,以星变避殿减膳,罢秋宴,诏公卿悉心修政,以辅不逮,求中外直言。乙卯,赦天下,出元丰库缗钱四百万付陕西广籴,诏归明人未给田者舍以官屋。戊辰,彗灭。癸酉,谒中太一宫为民祈福。丙子,御殿复膳。命宗景为开府仪同三司。己卯,封婉仪刘氏为贤妃。

冬十月戊戌,宗景薨。壬寅,废安国、安阳、淇水监及洛阳、原武监。

十一月丁卯,诏谏议大夫以上各举监察御史一人。癸酉,贬刘奉世为隰州团练副使,柳州安置。丁丑,诏放归田里程颐涪州编管。

十二月癸未,刘挚卒。甲申,曲宴辽使于垂拱殿。乙酉,侍御史董敦坐奏对不实贬秩,知兴国军。

是岁,两浙旱饥,诏行荒政,移粟振贷。出宫女二十四人。宣城民妻一产四男子。于阗、西地蕃罗氏入贡。播州夷杨光荣等内附。户部主户一千三百六万八千七百四十一,丁三千三十四万四千二百七十四;客户六百三十六万六千八百二十九,丁三百六万七千三百三十二。大辟三千一百九十二人。

元符元年春正月庚戌朔,不视朝。丙寅,咸阳民段义得玉印一纽。甲戌,幸瑞圣园,观北郊斋宫。

二月丙戌,白虹贯日。庚寅,诏建五王外第。壬辰,复罢翰林侍读、侍讲学士。丁酉,宗祐薨。戊申,知兰州王舜臣讨夏人于塞外。筑兴平城。

三月壬子,令三省、枢密吏三岁一试刑法。甲寅,开楚州通涟河。丙辰,米脂砦成。丁巳,五王外第成,赐名懿亲宅。戊午,封宗汉为嗣濮王。杀朱崖流人陈衍。壬戌,申王佖、端王佶并为司空。令太常寺与阁门修定刘麦仪。乙丑,诏翰林学士承旨蔡京等辩验段义所献玉玺,定议以闻。戊辰,吏部郎中方泽等坐谒后族宴聚,罚金补外。庚午,幸申王府。辛未,幸端王府。甲戌,进封咸宁郡王俣为莘王,普宁郡王似为简王,祁国公偲为永宁郡王。丙子,筑熙河通会关。

夏四月庚辰,世开薨。甲申,幸睿成宫及莘王、简王府。丙戌,章惇等进神宗帝纪。梁焘卒于化州。壬辰,林希罢。丙申,建显谟阁,藏《神宗御集》。庚子,幸睿成宫。壬寅,学士院上《宝玺》、《灵光》、《翔鹤》乐章。癸卯,诏学官增习两经。丁未,曾布上《删修军马敕例》。

五月戊申朔,御大庆殿,受天授传国受命宝,行朝会礼。己酉,班德音于天下,减囚罪一等,徒以下释之。癸丑,受宝,恭谢景灵宫。戊午,宴紫宸殿。庚申,诏献宝人段义为右班殿直,赐绢二百匹。

六月戊寅朔,改元。丙戌,遣官分诣鄜延、泾原、河东、熙河按验所筑城砦。甲午,蔡京等《上常平免役敕令》。

秋七月乙卯,诏增置大府丞一员。乙丑,敕:大礼五使,自今并差执政官,定为令。丁卯,令学官试三经。庚午,诏范祖禹移化州安置,刘安世梅州安置,王岩叟、朱光庭诸子并勒停不叙。壬申,京师地震。

八月丙子朔,熙河兰岷路复为熙河兰会路。庚辰,诏:"自今三省、枢密院进拟在京文臣、开封推判官、武臣横班使副及诸路监司、帅守,并取旨召对。"丁亥,诏:"侍从中书舍人以上各举所知二人,权侍郎以上举一人,仍指言所堪职任。"

九月丁未,以霖雨罢秋宴。庚戌,秦观除名,移雷州编管。癸亥,赐王安石第于京师。

冬十月乙未,诏武官试换文资。丁酉,以河北、京东河溢,遣官振恤。己亥,夏人寇平夏城。癸卯,驸马都尉张敦礼坐元祐初上疏誉司马光,夺留后,授环卫官。

十一月壬戌,朝献景灵宫。癸亥,朝飨太庙。甲子,祀昊天上帝于圜丘,赦天下。

是岁,澶州河溢,振恤河北、京东被水者。真定府、祁州野蚕成茧。泾原路禽夏国统军鬼名阿埋等。高丽、瞎征、西南蕃张氏罗氏程氏入贡。西蕃首领李讹啰、巴离支、吕承信等内附。

二年春正月甲辰朔，御大庆殿，以雪罢朝群臣及辽使诣东上阁门拜表贺。群臣又诣内东门，贺如仪。丁卯，出内金帛二百万，备陕西边储。

二月甲戌朔，令监司举本路学行优异者各二人。韦蕃入贡。己卯，诏许高丽国王遣士宾贡。辛巳，增置神臂弓。诏："自今应被旨举官，所举不当，具举主姓名以闻。"甲申，夏人以国母卒，遣使告哀，且谢罪，却其使不纳。戊子，鄜延钤辖刘安败夏人于神堆。甲午，大食入贡。乙未，诏吏部：守令课绩，从御史台考察，黜其不实者。

三月丙辰，辽人遣签书枢密院事萧德崇来为夏人请缓师，仍献玉带。筑环庆路定边城。丁巳，秦凤经略司言吴名革率部族、孳畜归顺。诏名革补内殿承制，首领李啰补右侍禁及赐钱帛有差。庚申，知府州折克行获夏国钤辖令王皆保。乙丑，祈雨。己巳，莘王俣为司空。

夏四月庚辰，幸莘王府。令广西提点刑狱司兼领监事。丙戌，筑鄜延、河东路暖泉，乌龙砦。丁亥，以旱，减四京囚罪一等，杖以下释之。辛卯，诏鞫狱，徒以上须结案及审覆奏，然后断遣，不如令者坐之。癸巳，封永嘉郡王偲为睦王。遣中书舍人郭知章报聘于辽。丁酉，筑威羌城。

五月甲辰，太白昼见。庚戌，筑鄜延路金汤城。癸亥，奉迁真宗神御于万寿观延圣殿。曲赦陕西、河东路，减囚罪一等，流以下释之。建西安州及天都等砦。乙丑，进章惇官五等，曾布三等，许将、蔡卞、黄履皆二等。辛未，诏莘王俣、睦王偲母进封婕妤。

六月庚辰，赐兰、会州新砦名会川城。甲午，赐环庆路之字平曰清平关。戊戌，筑定边、白豹城讫工，阁门使张存等转官，赐金帛有差。

秋七月乙巳，盛暑，中外决系囚。丁未，放在京工役。庚戌，河北河涨，没民田庐，遣官振之。甲子，知环州种朴获夏国监军讹勃啰。丙寅,洮西安抚使王赡复邈川城,西蕃首领钦彪阿成以城降。

八月癸酉,章惇等进新修敕令式。惇读于帝前,其间有元丰所无而用元祐敕令修立者,帝曰:"元祐亦有可取乎?"惇等对曰:"取其善者。"甲戌,太原地震。戊寅,皇太子生。辛巳,降德音于诸路,减囚罪一等,流以下释之。乙酉,赐熙河路缗钱百万抚纳部族。丁亥,修复会州。癸巳,太白昼见。瞎征降。甲午,建葭芦戍为晋宁军。丙申,保宁军节度吕惠卿特授检校司空。

九月庚子朔,夏人来谢罪。癸卯,命御史点检三省、枢密院,并依元丰旧制。甲辰,幸储祥宫。乙巳,幸醴泉观。丁未,立贤妃刘氏为皇后。己未,青唐酋陇拶以城降。壬戌,雨,罢秋宴。甲子,右正言邹浩论刘氏不当立,特除名勒停,新州羁管。丙寅,御文德殿册皇后。

闰月癸酉,置律学博士员。诏详议庙制。以青唐为鄯州,陇右节度;邈川为湟州,宗哥城为龙支城,俱隶陇右。戊寅,以廓州为宁砦城。丙戌,果州团练使仲忽进古方鼎,志曰:"鲁公作文王尊彝。"甲午,荧惑犯太微垣左执法。己未,越王茂兑。

冬十月壬子,诏河北大名二十二州军置马步军指挥,以广威、保捷为名。甲寅,日有食之,既。

十一月丁亥,诏绥德城为绥德军。壬辰,诏河北黄河退滩地听民耕垦,免租税三年。乙未,诏诸州置教授者,依太学三舍法考选生徒升补。是月,河中猗氏县民妻一产四男子。

三年春正月辛未,帝有疾不视朝。丁丑,奉安太宗皇帝御容于景灵宫大定殿。戊寅,大赦天下,蠲民租。己卯,帝崩。皇太后谕遗制,立弟端王即位于枢前,皇太后权同处分军国事。

四月己未,上谥曰钦文睿武昭孝皇帝,庙号曰哲宗。七月丁卯,以谥号册宝奏告天地、宗庙、社稷。八月壬寅,葬于永泰陵。癸亥,祔太庙。崇宁三年七月,加谥曰宪元继道世德扬功钦文睿武齐圣昭孝皇帝。政和三年,改谥宪元继道显德定功钦文武齐圣昭孝皇帝。

　　赞曰：哲宗以冲幼践阼，宣仁同政。初年召用马、吕诸贤，罢青苗，复常平，登俊良，辟言路，天下人心，翕然向治。而元祐之政，庶几仁宗。奈何熙、丰旧奸栝去未尽，已而媒孽复用，卒假绍述之言，务反前政，报复善良，驯致党籍祸兴，君子尽斥而宋政益敝矣。吁，可惜哉！

宋史卷一九
本纪第一九

徽宗一

徽宗体神合道骏烈逊功圣文仁文德宪慈显孝皇帝,讳佶,神宗第十一子也,母曰钦慈皇后陈氏。元丰五年十月丁巳,生于宫中。明年正月赐名,十月授镇宁军节度使,封宁国公。哲宗即位,封遂宁郡王。绍圣三年,以平江、镇江军节度使封端王,出就傅。五年,加司空,改昭德、彰信军节度。

元符三年正月己卯,哲宗崩,皇太后垂帘,哭谓宰臣曰:"家国不幸,大行皇帝无子,天下事须早定。"章惇厉声对曰:"在礼律当立母弟简王。"皇太后曰:"神宗诸子,申王长而有目疾,次则端王当立。"惇又曰:"以年则申王长,以礼律则同母之弟简王当立。"皇太后曰:"皆神宗子,莫难如此分别,十次端王当立。"知枢密院曾布曰:"章惇未尝与臣等商议,如皇太后圣谕极当。"尚书左丞蔡卞、中书门下侍郎许将相继曰:"合依圣旨。"皇太后又曰:"先帝尝言,端王有福寿,且仁孝,不同诸王。"于是惇为之默然。乃召端王入,即皇帝位,皇太后权同处分军国事,庚辰,赦天下常赦所不原者,百官进秩一等,赏诸军。遣宋渊告哀于辽。辛巳,尊先帝后为元符皇后。癸未,追尊母贵仪陈氏为皇太妃。甲申,命章惇为山陵使。乙酉,出先帝遗留物赐近臣。丙戌,以申王佖为太傅,进封陈王,赐赞拜不名。丁亥,进仁宗淑妃周氏、神宗淑妃邢氏并为贵妃,贤妃宋氏为德妃。戊子,以章惇为特进,封申国公。己丑,进封莘王俣为卫王,守太保;

简王似为蔡王，睦王偲为定王，并守司徒。罢增八厢逻卒。

二月己亥，始听政。尊先帝妃朱氏为圣瑞皇太妃。壬寅，以南平王李乾德为检校太师。丁未，立顺国夫人王氏为皇后。庚戌，向宗回、宗良迁节度使，太后弟侄未仕者俱授以官。癸丑，初御紫宸殿。庚申，以吏部尚书韩忠彦为门下侍郎，资政殿大学士黄履为尚书右丞。辛酉，名懿亲宅潜邸曰龙德宫。甲子，毁承极殿。丙寅，遣吴安宪、朱孝孙以遗留物遗辽国主。

三月戊辰朔，诏宰臣、执政、侍从官各举可任台谏者。庚午，遣韩治、曹谱告即位于辽。辛未，诏追封祖宗诸子光济等三十三人为王，女四十八人为公主。甲申，以西番王陇拶为河西军节度使，寻赐姓名曰赵怀德，邈川首领瞎征为怀远军节度使。己丑，以日当食降德音于四京，减囚罪一等，流以下释之。庚寅，录赵普后。辛卯，诏求直言。癸巳，以宁远军节度观察留后世雄为崇信军节度使，封安定郡王。乙未，却永兴民王怀所进玉器。

夏四月丁酉朔，日有食之。己亥，令监司分部决狱。甲辰，以韩忠彦为尚书右仆射兼中书侍郎，礼部尚书李清臣为门下侍郎，翰林学士蒋之奇同知枢密院事。乙巳，录曹佾后。丁未，以帝生日为天宁节。己酉，长子寘生。辛亥，大赦天下，应元符二年己前系官逋负悉蠲之。癸丑，鹿敏求等以应诏上书迁秩。乙卯，请大行皇帝谥于南郊。丁巳，诏范纯仁等复官宫观，苏轼等徙内郡居住。癸亥，罢编类臣僚章疏局。乙丑，赐礼部奏名进士及第、出身五百五十八人。

五月丁卯朔，罢理官失出之罚。丙子，诏复废后孟氏为元祐皇后。乙酉，蔡卞罢。己丑，诏追复文彦博、王珪、司马光、吕公著、吕大防、刘挚等三十三人官。辛卯，还司马光等致仕遗表恩。癸巳，河北、河东、陕西饥，诏帅臣计度振恤。

六月丙申朔，辽主遣萧进忠、萧安世等来吊祭。

秋七月丙寅朔，奉皇太后诏，罢同听政。丁卯，告哲宗钦文睿武昭孝皇帝谥于天地、宗庙、社稷。戊辰，上宝册于福宁殿。癸酉，以皇太后还政，减天下囚罪一等，流以下释之。癸未，遣陆佃、李嗣徽报谢于辽。罢管句陕西、京西、川路坑冶及江西、广东、湖北、夔、梓、成都路管句措置监事官。辛卯,封子亶为韩国公。

八月戊戌,诏诸路遇民有疾,委官监医往视疾给药。庚子,作景灵西宫,奉安神宗神御,建哲宗神御殿于其西。辛丑,出内库金帛二百万余西军储。壬寅,葬哲宗皇帝于永泰陵。丙午,遣董敦逸贺辽主生辰,吕仲甫贺正旦。戊申,高丽王王熙遣使奉表来慰。庚戌,诏以仁宗、神宗庙永世不祧。戊午,以蔡王似为太保。癸亥,附哲宗神主于太庙,庙乐曰《大成之舞》。

九月甲子,诏修哲宗实录。丙寅,辽遣萧穆来贺即位。丁卯,减两京、河阳、郑州囚罪一等,民缘山陵役者蠲其赋。己巳,幸龙德宫。辛未,章惇罢。丙子,以陈王似为太尉。丁丑,诏修神宗史。己丑,复均给职田。

冬十月乙未,夏国入贡。丙申,蔡京出知永兴军,贬章惇为武昌军节度副使。丁酉,以韩忠彦为尚书左仆射兼门下侍郎。壬寅,以曾布为尚书右仆射兼中书侍郎。乙卯,升端州为兴庆军。己未,诏禁曲学偏见、妄意改作以害国事者。辛酉,罢平准务。

十一月丁卯,诏修六朝宝训。降德音于端州,减囚罪一等,徒以下释之。庚午,诏改明年元。戊寅,以观文殿学士安焘知枢密院事。庚辰,黄履罢。己丑,置《春秋》博士。辛卯,令陕西兼行铜铁钱。以礼部尚书范纯礼为尚书右丞。

十二月甲午,以皇太后不豫,祷于宫观、祠庙、岳渎。戊戌,出廪粟减价以济民。辛丑,虑囚。甲辰,诏修《国朝会要》。戊申,降德音于诸路,减囚罪一等,流以下释之。戊午,辽人来贺正旦。

是岁,出宫女六十九人。

建中靖国元年春正月壬戌朔,有赤气起东北,亘西南,中函白气;将散,复有黑祲在旁。癸亥,有星自西南入尾,其光烛地。癸酉,范纯仁薨。甲戌,皇太后崩,遗诰追尊皇太妃陈氏为皇太后。丁丑,易大行皇太后园陵为山陵,命曾布为山陵使。己卯,令河、陕募人入粟,免试注官。

二月丙申,雨雹。己亥,汰秦凤路土兵。甲辰,始听政。乙巳,出内库及诸路常平钱各百万,备河北边储。丁巳,贬章惇为雷州司户参军。

三月甲子,始御紫宸殿。乙丑,辽使萧恭来告其主洪基殂,遣谢文瓘上官均等往吊祭,黄审贺其子延禧立。丁丑,诏以河西军节度使赵怀德知湟州。壬午,以日当食避殿减膳,降天下囚罪一等,流以下释之。

夏四月辛卯朔,日食不见。甲午,上大行皇太后谥曰钦圣宪肃。乙未,上追尊皇太后谥曰钦慈。丁酉,御殿复膳。壬寅,诏:“诸路疑狱当奏而不奏者科罪,不当奏而辄奏者勿坐,著为令。”

五月辛酉朔,大雨雹。诏三省减吏员节冗费。丙寅,葬钦圣宪肃皇后、钦慈皇后于永裕陵。庚辰,苏颂薨。丙戌,祔钦圣宪肃皇后、钦慈皇后神主于太庙。戊子,减两京、河阳、郑州囚罪一等,民缘山陵役者蠲其赋。

六月庚寅朔,以韩国公寘为开府仪同三司,封京兆颢王。戊申,封向宗回为永阳郡王,向宗良为永嘉郡王。甲寅,封吴王颢子孝骞为广陵郡王,郡子孝参为信都郡王。戊午,范纯礼罢。己未,诏颁《斗杀情理轻重格》。

秋七月辛巳,内郡置添差宗室阙。丙戌,安焘罢。丁亥,以蒋之奇知枢密院事,吏部尚书陆佃为尚书右丞,端明殿学士章楶同知枢密院事。

九月己巳,诏诸路转运、提举司及诸州军,有遗利可以讲求及冗员浮费当裁损者,详议以闻。丙戌,子栐薨。

冬十月乙未,李清臣罢。丁酉,天宁节,群臣及辽使初上寿于垂拱殿。

十一月庚申,以陆佃为尚书左丞,吏部尚书温益为尚书右丞。壬戌,以西蕃赊罗撒为西平军节度使、邈川首领。辛未,出御制南郊亲祀乐章。戊寅,朝献景灵宫。己卯,飨太庙。庚辰,祀天地于圜丘,赦天下。改彰信军为兴仁军,昭德军为隆德军。改明年元。

十二月壬辰,赐陈王俟诏书不名。癸卯,进神宗昭仪武氏为贤妃。丙午,奉安神宗神御于景灵西宫大明殿。丁未,诣宫行礼。己酉,降德音于四京,减囚罪一等,徒以下释之。

是岁,辽人来献遗留物。河东地震,京畿蝗,江、淮、两浙、湖南、福建旱。

崇宁元年春正月丁丑,太原等十一郡地震,诏死者家赐钱有差。

二月丙戌朔,以圣瑞皇太妃疾,虑囚。甲午,子亶改名烜。以蔡确配飨哲宗庙庭。戊戌,诏:"士有怀抱道德久沈下僚及学行兼备可厉风俗者,待制以上各举所知二人。"奉议郎赵谂谋反伏诛。庚子,封子焕为魏国公。辛丑,圣瑞皇太妃薨,追尊为皇太后。庚戌,追封孔鲤为泗水侯,孔及为沂水侯。

三月丁巳,奉安哲宗神御于景灵西宫宝庆殿。戊午,诣宫行礼。壬戌,以定王偲为太保。壬申,幸定王第。

夏四月己亥,上皇太后谥曰钦成。

五月丁巳,荧惑入斗。庚申,韩忠彦罢。己巳,瞎征卒。庚午,降复太子太保司马光为正议大夫,太保文彦博为太子太保,余各以差夺官。辛未,诏待制以上举能吏各二人。乙亥,黜后苑内侍请以箔金饰宫殿者。丙子,诏:"元祐诸臣各已削秩,自今无所复问,言者亦勿辄言。"戊寅,葬钦成皇后于永裕陵。己卯,陆佃罢。庚辰,以许将为门下侍郎,温益为中书侍郎,翰林学士承旨蔡京为尚书左丞,吏部尚书赵挺之为尚书右丞。

六月己丑,祔钦成皇后神主于太庙。壬辰,减西京、河阳、郑州囚罪一等,民缘山陵役者蠲其赋。癸卯,诏:六曹尚书有事奏陈,许独员上殿。己酉,太白昼见。壬子,改渝州为恭州。癸丑,诏仿《唐六典》修神宗所定官制。封伯夷为清惠侯,叔齐为仁惠侯。

闰月甲寅朔,更名哲宗神御殿曰重光。辛酉,虑囚。壬戌,曾布罢。甲子,诏:诸路州县官有治绩最著者,许监司、帅臣各举一人。壬午,追贬李清臣为武安军节度副使。癸未,诏监司、帅臣于本路小使臣以上及亲民官内,有智谋勇果可备将帅者,各举一人。

秋七月甲申朔,建长生宫以祠荧惑。丙戌,诏:省、台、寺、监及监司、郡守,并以三年成任。戊子,以蔡京为尚书右仆射兼中书侍郎。己丑,焚元祐法。甲午,诏于都省置讲议司。诏杭州、明州置市舶司。庚子,章楶罢。甲辰,以雨水坏民庐舍,诏开封府振恤压溺者。辛亥,罢《春秋》博士。

八月乙卯,子烜改名桓,焕改名楷。乙丑,罢权侍郎官。辛未,置安济坊养民之贫病者,仍令诸郡县并置。甲戌,诏天下兴学贡士,建外学于国南。丙子,诏司马光等二十一人子弟毋得官京师。己卯,以赵挺之为尚书左丞,翰林学士张商英为尚书右丞。

九月戊子,京师置居养院以处鳏寡孤独,仍以户绝财产给养。乙未,诏中书籍元符三年臣僚章疏姓名为正上、正中、正下三等,邪上、邪中、邪下三等。丁酉,治臣僚议复元祐皇后及谋废元符皇后者罪,降韩忠彦、曾布官,追贬李清臣为雷州司户参军,黄履为祁州团练副使,窜曾启以下十七人。己亥,籍元祐及元符末宰相文彦博等、侍从苏轼等、余官秦观等、内臣张士良等、武臣王献可等凡百有二十人,御书刻石端礼门。庚子,以元符末上书人钟世美以下四十一人为正等,悉加旌擢;范柔中以下五百余人为邪等,降责有差。时世美已卒,诏赠官,仍官其子一人。壬寅,贬曾布为武泰军节度副使。甲辰,诏:"元符三年、建中靖国元年责降臣僚已经牵复者,其元责告命并缴纳尚书省。"

冬十月癸亥,蒋之奇罢。戊辰,诏:责降宫观人不得同一州居住。甲戌,以御史钱遹、石豫、左肤及辅臣蔡京、许将、温益、赵挺之、张商英等言,罢元祐皇后之号,复居瑶华宫。丙子,刘奉世等二十七人坐元符末党与变法,并罢祠禄。戊寅,以资政殿学士蔡卞知枢密院事。

十一月乙酉,邵州言知溪洞徽州杨光衍内附。戊子,以婉仪郑氏为贤妃。辛卯，置河北安济坊。癸巳，置西、南两京宗正司及敦宗院。戊戌，置显谟阁学士、待制官。戊申，子楷为开府仪同三司，封高密郡王。己酉，立卿监、郎官三岁黜陟法。

十二月癸丑，论弃湟州罪，贬韩忠彦为崇信军节度副使，曾布为贺州别驾，安焘为宁国军节度副使，范纯礼分司南京。庚申，铸当五钱。辛酉，赠哲宗子邓王茂为皇太子，谥献愍。丁丑，诏："诸邪说诐行非先圣贤之书，及元祐学术政事，并勿施用。"

是岁，京畿、京东、河北、淮南蝗。江、浙、熙河漳泉潭衡郴州、兴化军旱。辰、沅州猺入寇。出宫女七十六人。

二年春正月辛巳朔。乙酉，窜任伯雨、陈瓘、龚夬、邹浩于岭南，马涓等九人分贬诸州。知荆南舒亶平辰、沅州猺贼，复诚、徽州，改诚州为靖州，徽州为莳竹县。壬辰，温益卒。乙巳，以复荆湖疆土曲赦两路。丙午，以冱寒令监司分部决狱。丁未，以蔡京为尚书左仆射兼门下侍郎。

二月辛亥，安化蛮入寇，广西经略使程节败之。壬子，遣官相度湖南、北猺地，取其材植入供在京营造。甲寅，进元符皇后为太后，宫名崇恩。辛酉，置殿中监。癸亥，奉安哲宗御容于西京会圣宫及应天院。丙子，置诸路茶场。

三月壬午，进仁宗充仪张氏为贤妃。乙酉，减西京囚罪一等。诏："党人子弟毋得擅到阙下，其应缘趋附党人罢任在外指射差遣及得罪停替臣僚，亦如之。"丁亥，御集英殿策进士。癸卯，赐礼部奏名进士及第、出身五百三十八人，其尝上书在正等者升甲，邪等者黜之。

夏四月甲寅，诏侍从官各举所知二人。乙卯，于阗入贡。丁卯，诏毁吕公著、司马光、吕大防、范纯仁、刘挚、范百禄、梁焘、王岩叟景灵西宫绘像。己巳，以初谒景灵宫赦天下。乙亥，诏毁刊行《唐鉴》并三苏、秦、黄等文集。戊寅，以赵挺之为中书侍郎，张商英为尚书左丞，户部尚书吴居厚为尚书右丞，兵部尚书安惇同知枢密院事。夺王珪赠谥,追毁程颐出身文字,其所著书令监司觉察。

五月辛巳,以贤妃郑氏为淑妃。癸未,以陈王佖为太师。丙戌,贬曾布为廉州司户参军。己亥,封子楗为楚国公。丙午,册元符皇后刘氏为太后。

六月壬子,册王氏为皇后。庚申,诏:“元符末上书进士,类多诋讪,令州郡遣入新学,依太学自讼斋法,候及一年,能革心自新者,许将来应举,其不变者,当屏之远方。”壬戌,虑囚。是月,中太一宫火。复湟州。

秋七月己卯,学士院火。辛巳,以复湟州进蔡京官三等,蔡卞以下二等。壬午,白虹贯日。甲申,降德音于熙河兰会路,减囚罪一等,流以下释之。庚寅,曾启责授濮州团练副使。辛卯,诏上书进士见充三舍生者罢归。丁酉,诏:“自今戚里宗属勿复为执政官,著为令。”乙巳,诏责降人子弟毋得任在京及府界差遣。

八月丁未朔,再论弃湟州罪,贬韩忠彦为磁州团练副使,安焘为祁州团练副使,范纯礼为静江军节度副使,削蒋之奇秩三等。戊申,张商英罢。辛酉,诏张商英入元祐党籍。

九月辛巳,诏宗室不得与元祐奸党子孙为婚姻。庚寅,封子枢为吴国公。诏:“上书邪等人,知县以上资序并与外祠,选人不得改官及为县令。”壬辰,置医学。癸巳,令天下郡皆建崇宁寺。辛丑,改吏部选人自承直郎至将仕郎七阶。令天下监司长吏厅各立元祐奸党碑。甲辰,诏郡县谨祀社稷。

冬十一月庚辰,以元祐学术政事聚徒传授者,委监司察举,必罚无赦。

十二月癸亥,祧宣祖皇帝、昭宪皇后。丙寅,诏六曹长贰岁考郎官治状,分三等以闻。

是岁,诸路蝗。纂府蛮杨晟铜、融州杨晟天、邵州黄聪内附。

三年春正月己卯,安化蛮降。辛巳,诏:上书邪等人毋得至京师。戊子,铸当十大钱。壬辰,增县学弟子员。甲午,赐蔡京子攸进士出身。癸卯，太白昼见。甲辰，铸九鼎。

二月丙午，以淑妃郑氏为贵妃。以刊定元丰役法不当，黜钱通以下九人。丁未，置漏泽园。己酉，诏：王珪、章惇别为一籍，如元祐常。诏：自今御后殿，许起居郎、舍人侍立。壬子，以楚国公楄为开府仪同三司，封南阳郡王。庚申，令天下坑冶金银复尽输内藏。辛未，雨雹。

三月辛巳，置文绣院。丁亥，作圜土以居强盗贷死者。甲午，跻钦成皇后神主于钦慈皇后之上。辛丑，大内灾。

夏四月乙巳，以火灾降德音于四京，减囚罪一等，流以下原之。乙卯，复鄯州，建为陇右都护府。辛酉，徙封楄为乐安郡王。复廓州。乙丑，罢讲议司。己巳，曲赦陕西。壬申，楄薨。

五月戊寅，罢开封权知府，置牧、尹、少尹。改定六曹，以士、户、仪、兵、刑、工为序，增其员数，仿《唐六典》易胥吏之称。己卯，以复鄯、廓，蔡京为守司空，封嘉国公。庚辰，许将、赵挺之、吴居厚、安惇、蔡卞各转三官。甲申，改鄯州为西宁州，仍为陇右节度。辛丑，诏黜守臣进金助修宫庭者。

六月壬寅朔，图熙宁、元丰功臣于显谟阁。癸卯，以王安石配飨孔子庙。丙午，增诸州学未立者。壬子，置书、画、算学。占城入贡。戊午，诏重定元祐、元符党人及上书邪等者合为一籍，通三百九人，刻石庙堂。余并出籍，自今毋得复弹奏。辛酉，复置太医局。癸亥，虑囚。乙丑，诏："内外官毋得越职论事侥幸奔竞，违者御史台弹奏。"

秋七月癸酉，以婉仪王氏为德妃。庚辰，诏：自今大礼不受尊号，群臣毋上表。辛卯，行方田法。

八月庚子，诏诸路知州、通判增入"主管学事"四字。壬寅，大雨坏民庐舍，令收瘗死者。甲辰，蔡京上神宗史。丙午，许将罢。

九月乙亥，以赵挺之为门下侍郎，吴居厚为中书侍郎，翰林学士承旨张康国为尚书左丞，刑部尚书邓洵武为尚书右丞。壬辰，诏诸路州学别置斋舍，以养材武之士。

冬十月辛丑朔,大雨雹。丁未,贤妃张氏薨。丙辰,命官编类六朝功臣。戊午,夏人入泾原,围平夏城,寇镇戎军。庚申,熙河兰会路经略安抚使王厚言,河西军节度使赵怀德等出降。己巳,立九庙,复翼祖、宣祖。庚午,贵妃邢氏薨。

十一月甲戌,幸太学,官论定之士十六人,遂幸辟雍,赐国子司业吴细、蒋静四品服,学官推恩有差。丙戌,封子杞为冀国公。丁亥,诏:取士并由学校,罢发解及省试法,科场如故事。癸巳,更上神宗谥曰体元显道帝德王功英文烈武钦仁圣孝皇帝,加上哲宗谥曰宪元继道显德定功钦文睿武齐圣昭孝皇帝。甲午,朝献景灵宫。乙未,飨太庙。丙申,祀昊天上帝于圜丘,赦天下。升兴仁、隆德军为府,还彰信、昭德旧节。

十二月乙巳,升通远军为巩州。戊午,赐陈王俣入朝不趋。

是岁,诸路蝗。出宫女六十二人。广西黎洞杨晟免等内附。

宋史卷二〇

本纪第二〇

徽宗二

　　四年春正月庚午朔，改熙河兰会路为熙河兰湟路。丙戌，筑溪哥城。壬辰，诏察诸路监司贪虐者论其罪。丙申，诏京畿路必置转运使、提点刑狱官。蔡卞罢。立武学法。丁酉，秦凤蕃落献邦、潘、垒三州。以内侍童贯为熙河兰湟、秦凤路经略安抚制置使。

　　二月乙巳，筑御谋城。己酉，置亲卫功卫翊卫郎、中郎等官，以勋戚近臣之兄弟子孙有官者试充。甲寅，以张康国知枢密院事，兵部尚书刘逵同知枢密院事，吏部尚书何执中为尚书左丞。乙卯，颁方田法。庚申，诏西边用兵能招纳羌人者与斩级同赏。壬戌，升赵州为庆源军。甲子，雨雹。乙丑，改三卫郎为侍郎。

　　闰月壬申，复元丰铨试断按法。令州县仿尚书六曹分六案。甲申。置陕西、河东、河北、京西监，铸当二夹锡铁钱。己丑，御端门，受赵怀德降，授感德军节度使，封安化郡王。壬辰，曲赦熙河兰湟路。

　　三月壬寅，置青海马监。甲辰，以赵挺之为尚书右仆射兼中书侍郎。丙午，诏建王古砦为怀远军。庚戌，令吕惠卿致仕。戊午，复银州。乙丑，诏州县属乡聚徒教授者，非经书、子、史毋习。丁卯，牂牁、夜郎首领以地降。是月，夏人攻塞门砦。

　　夏四月辛未，辽遣萧良来，为夏人求还侵地及退兵。戊寅，夏人攻临宗砦。辛巳，诏诸路走马承受毋得预军政及边事。己丑，夏人

寇顺延砦,鄜延第二副将刘宁庆击破之;复攻湟州北蕃市城,知州
辛叔献等击却之。

五月戊申,除党人父兄子弟之禁。壬子,遣林摅报聘于辽。赐
张继先号虚靖先生。癸丑,罢转运司检察钩考法。辛酉,命官分部
决狱。

六月丙子,复解池盐,占城入贡。丁丑,虑囚。罢陕西、河东力
役。甲申,曲赦熙河、陕西、河东、京西路。戊子,赵挺之罢。

秋七月丙申朔,罢三京国子监官,各置司业一员。辛丑,置荧惑
坛。置四辅郡,以颍昌府为南辅,襄邑县为东辅,郑州为西辅,澶州
为北辅。甲寅,诏夺元祐辅臣坟寺。丁巳,还上书流人。户部尚书
曾孝广坐钱帛皆阙,出知杭州。

八月戊辰,以德妃王氏为淑妃。庚午,以王、江、古州归顺,置提
举溪洞官二员。改怀远军为平州。丙子,以东辅为拱州。甲申,奠
九鼎于九成宫。乙酉,诣宫酌献。辛卯,赐新乐名大晟,置府建官。
壬辰,遣刘正夫使辽。

九月己亥,赦天下。乙巳,诏元祐人贬谪者以次徙近地,惟不得
至畿辅。诏京畿、三路保甲并于农隙时教阅。乙卯,赐上舍生三十
五人及第。丙辰,诏自今非宰臣毋得除特进。

冬十月,自七月雨,至是月不止。甲申,以左右司所编绍圣、元
符以来申明断例颁天下,刑名例颁刑部、大理司。丁亥,升武冈县为
军。戊子,诏上书进士未获者限百日自陈免罪。壬辰,日中有黑子。

十一月戊戌,安定郡王世雄薨。丙辰,置诸路提举学事官。己
未,章惇卒。

十二月癸酉,升拱州为保庆军。甲申,分平州置允州、格州。

是岁,苏、湖、秀三州水,赐乏食者粟。泰州禾生穟。五年春正
月戊戌,彗出西方,其长竟天。庚子,复置江、湖、淮、浙常平都仓。甲
辰,以吴居厚为门下侍郎,刘逵为中书侍郎。乙巳,以星变避殿损
膳,诏求直言阙政。毁元祐党人碑。复谪者仕籍,自今言者勿复弹

纠。丁未,太白昼见,赦天下,除党人一切之禁。权罢方田。戊申,诏侍从官奏封事。己酉,罢诸州岁贡供奉物。庚戌,诏:崇宁以来左降者,各以存殁稍复其官,尽还诸徙者。辛亥,御殿复膳。壬子,罢圜土法。丁巳,罢书、画、算、医四学。壬戌,复书、画、算学。

二月甲子朔,诏监司条奏民间疾苦。丙寅,蔡京罢为开府仪同三司、中太一宫使。以观文殿大学士赵挺之为特进、尚书右仆射兼中书侍郎。庚午,诏翰林学士、两省官及馆阁自今并除进士出身人。壬申,省内外冗官,罢医官兼宫观者。蒲甘国入贡。丁丑,以前后所降御笔手诏模印成册,颁之中外。州县不遵奉者监司按劾,监司推行不尽者诸司互察之。

三月丙申,诏星变已消,罢求直言。辛丑,改威德军为石堡砦。封眉州防御使世福为安定郡王。癸卯,御集英殿策进士。丁未,罢诸州武学。乙卯,废银州为银川城。丙辰,蔡王似薨。己未,赐礼部奏名进士及第、出身六百七十一人。

夏四月丁丑,停免两浙水灾州郡夏税。

五月丁未,班纪元历。辛亥,封子栩为鲁国公。乙卯,罢辟举,尽复元丰选法。

六月癸亥,立诸路监司互察法,庇匿不举者罪之,仍令御史台纠劾。改格州为从州。甲子,诏求隐之士,令监司审覆保奏,其缘私者御史察之。丁卯,诏辅臣条具东南守备策。壬申,虑囚。

秋七月庚寅朔,日当食不亏。壬寅,诏改明年元。

九月辛丑,河南府嘉禾与芝草同本生。

冬十月乙卯,升澶州为开德府。庚辰,降德音于开德府,减囚罪一等,徒以下释之。

十一月辛卯,陈王似薨。乙巳,诏立武士贡法。辛亥,并京畿提刑入转运司。

十二月戊午朔,日当食不亏,群臣称贺。己未,刘逵罢。壬戌,诏臣僚休日请对,特御便殿。己巳,诏:监司按事,有怀奸挟情不尽实者,流窜不叙。

是岁,广西黎洞韦晏闹等内附。

大观元年春正月戊子朔,赦天下。甲午,以蔡京为尚书左仆射兼门下侍郎。戊戌,幸兴德禅院。复废官。庚子,复置议礼局于尚书省。甘露降于帝廧内,群臣称贺。壬寅,吴居厚罢。戊申,进封卫王俣为魏王,定王偲为邓王。壬子,以何执中为中书侍郎,邓洵武为尚书左丞,户部尚书梁子美为尚书右丞。乙卯,封仲损为南康郡王,种御为汝南郡王。

二月壬戌,以向宗回为开府仪同三司,徙封安康郡王。甲子,以黎洞纳土,曲赦广西。乙亥,复医学。己卯,复行方田。丙戌,以平昌郡君韦氏为才人。

三月丁酉,赵挺之罢。以何执中为门下侍郎,邓洵武为中书侍郎,梁子美为尚书左丞,吏部尚书朱谔为右丞。甲辰,立八行取士科。癸丑,赵挺之卒。

夏四月乙丑,以淑妃王氏为贵妃。

五月己丑,封子楲为扬国公。朝议郎吴储、承议郎吴侔坐与妖人张怀素谋反,伏诛。贬吕惠卿为祁州团练副使。庚寅,邓洵武罢。甲午,诏班新乐于天下。癸卯,诏:自今凡总一路及监司之任,勿以元祐学术及异意人充选。以安化蛮犯边,益兵赴广西讨之。乙巳,子构生。

六月己未,以梁子美为中书侍郎。壬戌,诏景灵宫建僖祖殿室。甲子,以黎人地为庭、孚二州。癸酉,赐上舍生二十九人及第。乙亥,朱谔卒。丁丑,虑囚。甲申,以才人韦氏为婕妤。

秋七月乙酉朔,伊、洛溢。戊子,诏括天下漏丁。壬寅,班祭服于州郡。乙巳,贤妃武氏薨。

八月乙卯,曾布卒。丁巳,封子构为蜀国公。庚申,以户部尚书徐处仁为尚书右丞。吏部尚书林摅同知枢密院事。己巳,降德音于淮、海、吴、楚二十六州,减囚罪一等,流以下释之。

九月庚寅,建显烈观于陈桥。己酉,加上僖祖谥曰立道启基积德起功懿文宪武睿和至孝皇帝,朝献景灵宫。庚戌,飨太庙。辛亥,大飨明堂,赦天下。升永兴军为大都督府。章綖坐冒法窜海岛。李景直等四人以上书观望罪,并编管岭南。

冬十月己未,诏:士有才武绝伦者,岁贡准文士上舍上等法。辛酉,苏州地震。乙丑,贬张商英为安化军节度副使。己巳,大雨雹。

闰月丙戌,以林摅为尚书左丞,资政殿学士郑居中同知枢密院事。乙未,诏守令以户口为殿最。升桂州为大都督府,镇州为靖海军节度。壬寅,禁用翡翠。乙巳,升太原府、郓州并为大都督府。

十一月壬子朔,日有食之,蔡京等以不及所当食分,率群臣称贺。乙丑,置符宝郎。己巳,升瀛州为河间府、瀛海军节度。戊寅,南丹州刺史莫公佞降。徐处仁以母忧去位。

十二月庚寅,以蔡京为太尉,进何执中以下官二等。癸巳,以江宁、荆南、扬、杭、越、洪、福、潭、广、桂并为帅府。置黔南路。丁酉,置开封府府学。己亥,以婉容乔氏为贤妃。开溵河。

是岁,秦凤旱。京东水,河溢,遣官振济,贷被水户租。庐州雨豆。汀、怀二州庆云见。乾宁军、同州黄河清。于阗、夏国入贡。涪州夷骆世华、骆文贵内附。

二年春正月壬子朔,受八宝于大庆殿,赦天下,文武进位一等。蔡京表贺符端。乙卯,以婉仪刘氏为德妃。己未,蔡京进太师;加童贯节度使,仍宣抚。庚申,进封魏王俣为燕王,邓王偲为越王,并为太尉;京兆郡王桓为定王,高密郡王楷为嘉王,并为司空;吴国公枢为建安郡王,冀国公杞为文安郡王,楚国公栩为安康郡王,扬国公槤为济阳郡王,蜀国公构为文平郡王,并为开府仪同三司。甲子,以神宗德妃宋氏、刘氏为淑妃,贤妃乔氏为德妃。庚午,徙仲损为齐安郡王,仲御为华阳郡王,孝骞为晋康郡王,孝参为豫章郡王,并开府仪同三司;封仲增为信安郡王,仲忽为普安郡王,仲癸为咸安郡王,仲仆为同安郡王,仲糜为淮安郡王。戊寅,徙封向宗回为汉东郡王,向宗良为开府仪同三司。仲损薨。河东、北盗起。

二月甲申，置诸州曹掾官。甲午，诏建徽猷阁，藏哲宗御集，置学士、直学士、待制官。己亥，以安德军节度使钱景臻为开府仪同三司。庚戌，以婕好韦氏为修容。

三月庚申，班金箓灵宝道场仪范于天下。甲子，封子材为魏国公。乙亥，封子模为镇国公。戊寅，赐上舍生十三人及第。升乾宁军为清州。诏监司岁举所部郡守二人，县令四人，赴三省审察。

夏四月甲辰，复洮州。

五月庚戌朔，日有食之。辛亥，虑囚。以复洮州功，赐蔡京玉带，加童贯检校司空，仍宣抚。甲寅，复诸路岁贡供奉物。壬戌，溪哥王子臧征扑哥降，复积石军。戊辰，诏官蔡京子孙一人，进执政官一等。

六月乙酉，以涪夷地为珍州。甲午，以平夏城为怀德军。乙未，以殿中六尚、算学、太官局、翰林仪鸾司皆隶六察。

秋七月庚戌，罢建僖祖殿室。乙卯，以婉容王氏为贤妃。

八月辛巳，邢州河水溢，坏民庐舍，复被水者家。丙申，中书侍郎梁子美罢知郓州。己亥，置保州敦宗院。

九月辛亥，以林摅为中书侍郎，吏部尚书余深为尚书左丞。壬戌，贬向宗回为太子少保致仕。壬申，封子植为吴国公。癸酉，皇后王氏崩。削向宗回官爵。丙子，曲赦熙河兰湟、秦凤、永兴军路。

冬十一月丁未朔，太白昼见。乙丑，上大行皇后谥曰靖和。

十二月壬寅，陪葬靖和皇后于永裕陵。

是岁，同州黄河清。出宫女七十有七人。于阗、夏国入贡。涪夷任应举、杨文贵，湖南徭杨再光内附。

三年春正月乙卯，祔靖和皇后神主于别庙。己未，减两京、河阳、郑州囚罪一等，民缘园陵役者蠲其赋。丁卯，以涪夷地为承州。甲戌，升湟州为向德军节度使。

二月丙子朔，播州杨文贵纳土，以其地置遵义军。丁丑，韩忠彦致仕。

三月丙午，立海商越界法。庚戌，御集英殿策进士。辛酉，诏：四川郡守并选内地人任之。壬戌，并黔南入广西路。乙丑，赐礼部奏名进士及第、出身六百八十五人。壬申，张康国卒。

夏四月戊寅，林摅罢。戊子，以淑妃刘氏为贵妃。癸巳，以郑居中知枢密院事，吏部尚书管师仁同知枢密院事。癸卯，以余深为中书侍郎，兵部尚书薛昂为尚书左丞，工部尚书刘正夫为尚书右丞。

五月乙巳朔，孟翊献所画卦象，谓宋将中微，宜更年号，改官名，变庶事在厌之。帝不乐，诏窜远方。丙辰，令辟雍宴用雅乐。丁巳，虑囚。戊辰，大雨雹。辛未，以德妃乔氏为贵妃。

六月甲戌朔，诏修乐书。管师仁罢。丁丑，蔡京罢。辛巳，以何执中为特进、尚书左仆射兼门下侍郎。以泸夷地为纯、滋二州。庚寅，冀州河水溢。

秋七月丁未，诏：谪籍人除元祐奸党及得罪宗庙外，余并录用。丙辰，诏罢都提举茶事司，在京令户部、在外令转运司主之。

八月乙酉，封子仆为雍国公。己丑，嗣濮王宗汉薨。甲午，以仲增为开府仪同三司，封嗣濮王。丙申，升融州为清远军节度。己亥，韩忠彦薨。

九月癸丑，封子棣为徐国公。己未，赐天下州学藏书阁名"稽古"。

冬十月癸巳，减六尚局供奉物。

十一月丁未，诏算学以黄帝为先师，风后等八人配飨，巫咸等七十人从祀。己巳，蔡京进封楚国公致仕，仍提举哲宗实录，朝朔望。

十二月己亥，罢东南铸夹锡钱。

是岁，江、淮、荆、浙、福建旱。秦、凤、阶、成饥，发粟振之，蠲其赋。陕州、同州黄河清。阇婆、占城、夏国入贡。泸州夷王募弱内附。

四年春正月癸卯，罢改铸当十钱。辛酉，诏：士庶拜僧者，论以大不恭。丁卯，夏国入贡。

　二月庚午朔，禁然顶、炼臂、刺血、断指。庚辰，罢京西钱监。甲申，诏自今以赏进秩者毋过中奉大夫，己丑，以余深为门下侍郎，资政殿学士张商英为中书侍郎，户部尚书侯蒙同知枢密院事。壬辰，罢河东、河北、京东铸夹锡铁钱。

　三月庚子，募饥民补禁卒。诏：医学生并入太医局，算入太史司，书入翰林书艺局，画入翰林画图局，学官等并罢。甲寅，赦所在振恤流民。癸亥，诏：罪废人稍加甄叙，能安分守者，不俟满岁各与叙进，以责来效。丙寅，赐上舍生十五人及第。戊辰，诏：上书邪下等人可依无过人例，今后改官升任并免检举。

　夏四月己卯，班乐尺于天下。癸未，蔡京上《哲宗实录》。丙申，立感生帝坛。丁酉，诏修哲宗史。

　五月壬寅，停僧牒三年。丁未，彗出奎、娄。甲寅，立词学兼茂科。丙辰，诏以彗见避殿减膳。令侍从官直言指陈阙失。戊午，赦天下。壬戌，改广西黔南路为广南西路。癸亥，治广西妄言拓地罪，追贬帅臣王祖道为昭信军节度副使。甲子，贬蔡京为太子少保。丙寅，余深罢。

　六月庚午，御殿复膳，乙亥，以张商英为尚书右仆射兼中书侍郎。壬辰，复向宗回为开府仪同三司、汉东郡王。乙未，虑囚。丙申，薛昂罢。

　秋七月辛丑，复罢方田。戊申，封子樗为冀国公。

　八月乙亥，以刘正夫为中书侍郎，侯蒙为尚书左丞，翰林学士承旨邓洵仁为尚书右丞。戊寅，省内外冗官。庚辰，以资政殿学士吴居厚为门下侍郎。丁亥，行内外学官选试法。

　闰月辛丑，诏：诸路事有不便于民者，监司条奏之。癸卯，改陵井监为仙井监。辛酉，诏戒朋党。以张阁知杭州，兼领花石纲。

　九月丙寅朔，日有食之。

　冬十月丁酉，立贵妃郑氏为皇后。郑居中罢。戊戌，太白昼见。以吴居厚知枢密院事。

　十一月乙丑朔，朝景灵宫。丙寅，飨太庙。丁卯，祀昊天上帝于圜丘,赦天下,改明年元。丙戌,罢拱州为襄邑县。

十二月庚戌,改谥靖和皇后为惠恭。

是岁,夔州江水溢。海水清。出宫女四百八十六人。南丹州首领莫公晟内附。

政和元年春正月己巳,以贤妃王氏为德妃。壬申,毁京师淫祠一千三十八区。戊寅,封子桸为定国公。丙戌,废白、龚二州。壬辰,诏百官厉名节。

二月壬寅,册皇后。诏陕西、河东复铸夹锡钱。丙午,以太子少师郑绅为开府仪同三司。

三月己巳,诏监司督州县长吏劝民增桑柘,课其多寡为赏罚。癸酉,以吏部尚书王襄同知枢密院事。

夏四月乙卯,罢陕西、河东铸夹锡钱。丙辰,虑囚。立守令劝农黜陟法。丁巳,以淮南旱,降囚罪一等,徒以下释之。

五月癸亥,诏四川羡余钱物归左藏库。戊辰,改当十钱为当三。己卯,东南有星昼陨。丁亥,解池生红盐。

六月甲寅,复蔡京为太子少师。

秋七月壬申,以疾愈赦天下。癸未,废平、从二州为砦。

八月乙未,复蔡京为太子太师。丁巳,张商英罢。戊午,诏:“监司部内官吏,一岁中有犯罪至三人以上,虽不及三人而或有曾荐举者,罪及监司。”

九月戊寅,王襄罢。丁亥,封子栻为广国公。是月,郑允中、童贯使辽,以李良嗣来,良嗣献取燕之策,诏赐姓赵。

冬十月辛卯,以用事之臣多险躁朋比,下诏申儆。庚戌,封昭化军节度使宗粹为信安郡王。辛亥,贬张商英为崇信军节度副使。

十一月壬戌,以上书邪等及曾经入籍人并不许试学官。丙子,封子榛为福国公。

十二月己酉,诏台谏以直道核是非,毋惮大吏,毋比近习。辛亥,废镇州,升琼州为靖海军。

　　是岁,虔州芝草生。蔡州瑞麦连野。河南府嘉禾生,野蚕成茧。出宫女八十人。交趾、夏国入贡。

宋史卷二一
本纪第二一

徽宗三

二年春正月甲子,制:上书邪等人并不除监司。

二月戊子朔,蔡京复太师致仕,赐第京师。庚子,以婉容崔氏为贤妃。

三月戊午朔,定国公桄薨。己巳,御集英殿策进士。己卯,赐礼部奏名进士及第、出身七百十三人。

夏四月己丑,诏县令以十二事劝农于境内,躬行阡陌,程督勤惰。辛卯,复行方田。日中有黑子。甲午,宴蔡京等于太清楼。乙巳,以定国军节度使仲忽为开府仪同三司。庚戌,以何执中为司空。壬子,赐张商英自便。

五月癸亥,虑囚。丁卯,封子椿为庆国公。己巳,蔡京落致仕,三日一至都堂议事。

六月己丑,以资政殿学士余深为门下侍郎。乙卯,白虹贯日。

秋七月壬申,访天下遗书。丙子,置礼制局。

九月壬午,改太尉以冠武阶。癸未,正三公、三孤官。改侍中为左辅,中书令为右弼,左右仆射为太宰、少宰,罢尚书令。

冬十月乙巳,得玉圭于民间。

十一月己未,置知客省、引进、四方馆、东西上阁门事。戊寅,日南至,受元圭于大庆殿,赦天下。辛巳,蔡京进封鲁国公。以何执中为少傅、太宰兼门下侍郎。执政皆进秩。

十二月甲申，行给地牧马法。乙酉，以郑居中为特进。丙戌，以武信军节度使童贯为太尉。乙巳，定命妇名为九等。丙午，燕辅臣于延福宫。辛亥，封子椐为卫国公。

是岁，成都府、苏州火。出宫女三百八十三人。高丽入贡。成都路夷人董舜咨、董彦博内附，置祺、亨二州。

三年春正月己未，以定王桓、嘉王楷并为太保。庚申，以广平郡王构为检校太保。甲子，诏以天锡元圭，遣官册告永裕、永泰陵。丙寅，以燕王俣为太傅。癸酉，追封王安石为舒王，子为临川伯，配飨文宣王庙。丁丑，吴居厚罢，以观文殿学士郑居中知枢密院事。己卯，以越王偲为太傅，封子楃为韩国公。

二月甲申，以德妃王氏为淑妃。庚寅，罢文臣勋官。辛卯，崇恩太后暴崩。甲午，以辽、女真相持，诏河北治边防。丁酉，诏百官奉祠禄者并以三年为任。乙巳，增定六朝功臣一百一十六人。

三月壬子朔，日有食之。戊辰，进神宗淑妃宋氏为贵妃。升永安县为永安军。癸酉，赐上舍生十九人及第。

夏四月戊子，作保和殿。庚寅，以复溱、播等州降德音于梓夔路。癸巳，邓洵仁罢。乙巳，以福宁殿东建玉清和阳宫。丙午，升定州为中山府。己酉，以资政殿学士薛昂为尚书右丞。庚戌，班五官新仪。

闰月丙辰，改公主为帝姬。戊午，复置医学。辛酉，上崇恩太后谥曰昭怀。庚午，庆国公椿薨。

五月乙酉，虑囚。丙申，升苏州为平江府。庚子，大盈仓火。壬寅，以筑溱、播进执政官一等。丙午，葬昭怀皇后于永泰陵。丁未，诏尚书内省分六司，以掌外省六曹所上之事；置内宰、副宰、内史、治中等官及都事以下吏员。己酉，班新燕乐。

六月癸亥，祔昭怀皇后神主于太庙。戊辰，降两京、河阳、郑州囚罪一等，民缘园陵役者蠲其赋。

秋七月癸未，升赵城县为庆祚军。甲申，还王珪、孙固赠谥，追复韩忠彦、曾布、安焘、李清臣、黄履等官职。庚子,贵妃刘氏薨。壬寅,复置白州。

八月甲戌,以燕乐成进执政官一等。丙子,以何执中为少师。丁丑,升润州为镇江府。戊寅,封四镇山为王。

九月庚寅,诏大理寺、开封府不得奏狱空,其推恩支赐并罢。戊戌,追册贵妃刘氏为皇后,谥曰明达。

冬十月乙丑,阅新乐器于崇政殿,出古器以示百官。戊辰,诏冬祀大礼及朝景灵宫,并以道士百人执威仪前导。

冬十一月辛丑,朝献景灵宫。壬午,飨太庙,加上神宗谥曰体元显道法古立宪帝德王功英文烈武钦仁圣孝皇帝,改上哲宗谥曰宪元继道世德扬功钦文睿武齐圣昭孝皇帝。癸未,祀昊天上帝于圜丘,大赦天下。升端州为兴庆府。乙酉,以天神降,诏告在位,作《天真降临示现记》。己丑,以贤妃崔氏为德妃。壬辰,筑祥州。己亥,诏有官人许举八行。

十二月癸丑,诏天下访求道教仙经。乙卯,诏天下贡医士。辛酉,太白昼见。

是岁,江东旱,温、封、滋三州火。出宫女二百七十有九人。

四年春正月戊寅朔,置道阶,凡二十六等。辛丑,追封濮王子宗祖为祁王,宗咏为莱王,宗师为温王,宗辅为楚王,宗博为萧王,宗沔为霍王,宗荩为建王,宗胜为衮王。

二月丁巳,赐上舍生十七人及第。癸亥,改渭井监为长宁军。癸酉,长子桓冠。

三月丙子朔,以淑妃王氏为贵妃。

夏四月庚戌,幸尚书省,以手诏训诫蔡京、何执中,各官迁秩,吏赐帛有差。癸丑,阅太学、辟雍诸生雅乐。甲子,改戎州为叙州。

五月丙戌,始祭地于方泽,以太祖配。降德音于天下。子机薨。

六月戊午,虑囚。壬申,以广西溪洞地置隆、兖二州。

秋七月丁丑,置保寿粹和馆以养宫人有疾者。戊寅,焚苑东门所储毒药可以杀人者,仍禁勿得复贡。甲午,祔明达皇后神主于别庙。

八月乙巳,改端明殿学士为延康殿学士,枢密直学士为述古殿直学士。癸亥,定武臣横班,以五十员为额。

九月己卯,以安静军节度使王宪为开府仪同三司。己亥,诏诸路兵应役京师者并以十月朔遣归。

冬十月乙巳,复置拱州。

十一月丁丑,封子楗为相国公。

十二月巳酉,以禁中神御殿成,减天下囚罪一等。癸丑,定朝议,奉直大夫以八十员为额。己未,诏广南市舶司岁贡真珠、犀角、象齿。

是岁,相州野蚕成茧。出宫女六十八人。

五年春正月庚辰,泸南晏州夷反,寻诏梓州路转运使赵遹等督兵讨平之。己丑,令诸州县置医学,立贡额。甲午,改龙州为政州。

二月乙巳,立定王桓为皇太子。甲寅,册皇太子,赦天下。庚午,以童贯领六路边事。

三月辛未朔,太白昼见。己卯,御集英殿策进士。甲申,追论至和、嘉祐定策功,封韩琦为魏郡王,复文彦博官。丁亥,诏以立皇太子,见责降文武臣僚并与牵复甄叙,凡千五百人。壬辰,升舒州为德庆军。癸巳,赐礼部奏名进士出身六百七十人。

夏四月甲辰,作葆真宫。丁未,诣景灵宫,还幸秘书省,进馆职官一等。庚戌,改集贤殿为右文殿。癸亥,置宣和殿学士。诏东宫讲读官罢读史。

五月壬辰,虑囚。

六月癸丑,以修三山河桥,降德音于河北、京东、京西路。

秋七月戊辰朔,日有食之。乙亥,升汝州为陆海军。丁丑,诏建明堂于寝殿之南。甲申,昭庆军节度使蔡卞为开府仪同三司。丁亥,封子朴为瀛国公。

八月己酉,以秘书省地为明堂。辛亥,升通利军为浚州平川军节度。嗣濮王仲增薨。

九月己卯,封仲御为嗣濮王。丙戌,封子横为惠国公。

冬十月癸卯,以嵩山道人王仔昔为冲隐处士。戊午,夏国入贡。

十一月癸酉,录昭宪皇后杜氏之裔。庚寅,高丽遣子弟入学。

十二月己亥,升遂州为遂宁府。庚申,以平晏夷曲赦四川。癸亥,置缘边安抚司于泸州。

是岁,平江府、常湖秀州水。出宫女五十人。

六年春正月戊子,以泸南献捷转宰执一官。以童贯宣抚陕西、河北。

闰月壬寅,升颍州为顺昌府。丁未,置道学。

二月丁亥,诏增广天下学舍。庚寅,诏广京城。

三月癸丑,赐上舍生十一人及第。

夏四月乙丑,会道士于上清宝箓宫。辛未,以何执中为太傅致仕,朝朔望。丁丑,诏:“天宁诸节及壬戌日,杖已下罪听赎。”丙戌,却监司、守臣进献。庚寅,诏蔡京三日一朝,正公相位,总治三省事。

五月丁酉,废锡钱。庚子,以郑居中为少保、太宰兼门下侍郎,刘正夫为特进、少宰兼中书侍郎。壬寅,以保大军节度使邓洵武知枢密院事。

六月丙寅,班中书官制格。庚午,虑囚。甲戌,诏堂吏迁官至奉进大夫止。癸未,皇太子纳妃朱氏。

秋七月壬辰朔,以震武城为震武军。甲午,以德妃崔氏为贵妃。辛亥,以河阳三城节度使王荐为开府仪同三司。诸盗晏州卜漏、沅州黄安俊、定边军李吐啰诛,诏函首于甲库。壬子,曲赦湖北。己未,解池生红盐。辛酉,改走马承受公事为廉访使者。

八月壬戌朔,戒北边帅臣毋生事。壬午,诏天下监司、郡守搜访岩谷之士,虽恢诡谲怪自晦者悉以名闻。丁亥,幸蔡京第。己丑,升晋州为平阳、寿州为寿春、齐州为济南府。

九月辛卯朔,诣玉清和阳宫,上太上开天执符御历含真体道昊天玉皇上帝徽号宝册。丙申,赦天下。令洞天福地修建宫观,塑造圣像。以西内成曲赦京西。己未,以童贯为开府仪同三司。

冬十月乙丑,太白昼见。

十一月丁酉,朝献景灵宫。戊戌,飨太庙。己亥,祀昊天上帝于圜丘,赦天下。庚子,以礼部尚书白时中为尚书右丞。辛丑,魏公材薨。戊申,以侯蒙为中书侍郎,薛昂为尚书左丞。己未,徙封卫国公楃为郓国公。增横班为十三阶。

十二月己巳,以婉仪刘氏为贤妃。戊寅,以熙河进筑功成,进执政一官。乙酉,奠九鼎于圜像徽调阁。刘正夫为开府仪同三司致仕。戊子,以宗粹为开府仪同三司。

是岁,冀州三山黄河清。出宫女六百人。高丽、占城、大食、真腊、大理、夏国入贡,茂州夷王永寿内附。

七年春正月丁酉,于阗入贡。庚子,以殿前都指挥使高俅为太尉。

二月癸亥,以大理国主段和誉为云南节度使、大理国王。甲子,会道士二千余人于上清宝箓宫,诏通真先生林灵素谕以帝君降临事。丁卯,御集英殿策高丽进士。辛未,改天下天宁万寿观为神霄玉清万寿宫。乙亥,幸上清宝箓宫,命林灵素讲道经。

三月庚寅,赐高丽祭器。高丽进士权适等四人赐上舍及第。乙未,以童贯权领枢密院。丙申,升鼎州为常德军。

夏四月庚申,帝讽道录院上章,册己为教主道君皇帝,止于教门章疏内用。辛酉,升温州为应道军。

五月戊子朔,升庆州为庆阳军、渭州为平凉军。己丑,如玉清和阳宫,上承天效法厚德光大后土皇地祇徽号宝册。辛卯,命蔡攸提举秘书省并左右街道录院。乙未,诏权罢宫室修造。辛丑,祭地于方泽,降德音于诸路。以监司州县共为奸贼,令廉访使者察奏,仍许民径赴尚书省陈诉。癸卯,改玉清和阳宫为玉清神霄宫。

六月戊午朔,以明堂成,进封蔡京为陈、鲁国公。戊辰,以嘉王楷为太傅。改节度观察留后为承宣使。己巳,蔡京辞两国不拜,诏官其亲属二人。壬午,诏禁巫觋。丙戌,贵妃宋氏薨。

秋七月壬辰,熙河、环庆、泾原地震。庚子,诏八宝增定命宝。

八月癸亥,诏明堂并祠五帝。郑居中以母忧去位。

九月戊子,诏湖北民力未纾,胡耳西道可罢进筑。辛卯,大飨明堂,赦天下。乙未,刘正夫卒。丁酉,西蕃王子益麻党征降,见于紫宸殿。壬寅,进宰执官一等。甲辰,以薛昂为特进。癸丑,贵妃王氏薨。

冬十月乙卯朔,初御明堂,班朔布政。戊寅,侯蒙罢。

十一月庚寅,命蔡京五日一赴都堂治事。辛卯,郑居中起复。以余深为特进、少宰兼中书侍郎,白时中为中书侍郎。壬辰,复置醴州。丙申,何执中卒。升石泉县为军。

十二月戊申朔,有星如月。丁巳,以薛昂为门下侍郎。戊辰,诏天神降于坤宁殿,刻石以纪之。庚午,以童贯领枢密院。命户部侍郎孟揆作万岁山。

是岁,三山河水清。出宫女六十八人。

重和元年春正月甲申朔,受定命宝于大庆殿。戊子,封孙谌为崇国公。己丑,赦天下。应元符末上书邪中等人,依无过人例。乙巳,封侄有奕为和义郡王。庚戌,以翰林学士承旨王黼为尚书左丞。

二月戊辰,增诸路酒价。庚午,遣武义大夫马政由海道使女真,约夹攻辽。甲戌,升六安县为六安军。丁丑,诏:监司辄以禁钱买物为苞苴馈献,论以大不恭。

三月丙戌,诏:监司、郡守自今须满三岁乃得代,仍毋得通理。癸巳,令嘉王楷赴廷对。丙申,以茂州蕃族平,曲赦四川。丁酉,知建昌陈并等改建神霄宫不虔及科决道士,诏并勒停。戊戌,御集英殿策进士。戊申,赐礼部奏名进士及第、出身七百八十三人。有司以嘉王楷第一,帝不欲楷先多士,遂以王昂为榜首。

夏四月癸丑朔，筑靖夏城、制戎城。录吕余庆后。癸亥，减捶刑。己卯，诏：每岁以季秋亲祠明堂，如孟月朝献礼。以太上混元上德皇帝二月十五日生辰为贞元节。

五月壬午朔，日有食之。乙酉，诏诸路选漕臣一员，提举本路神霄宫。丁亥，以林灵素为通真达灵元妙先生，张虚白为通元冲妙先生。壬辰，班御制圣济经。以青华帝君八月九日生辰为元成节。庚戌，手敕两浙漕司，以权添酒钱尽给御前工作。

六月乙卯，以贤妃刘氏为淑妃。己巳，以淮西盗平曲赦。庚午，虑囚。甲戌，以西边献捷，曲赦陕西、河东路。

秋七月壬午，以西师有功，加蔡京恩，官其一子，郑居中为少傅，余深为少保，邓洵武为特进，进执政官一等。己酉，遣廉访使者六人振济东南诸路水灾。

八月甲寅，以童贯为太保。辛酉，诏班御注《道德经》。壬申，诏执政非入谢及丐去，毋得独留奏事。癸酉，封子椅为嘉国公。乙亥，升兖州为袭庆府。

九月辛巳，大飨明堂。壬午，诏罢拘白地、禁榷货、增方田税、添酒价、取醋息、河北加折耗米、东南水灾强籴等事。丙戌，诏太学、辟雍各置《内经》、《道德经》、《庄子》、《列子》博士二员。己丑，以岁当戌，月当壬为元命，降德音于天下。庚寅，薛昂罢。以白时中为门下侍郎，王黼为中书侍郎，翰林学士承旨冯熙载为尚书左丞，刑部尚书范致虚为尚书右丞。壬辰，禁州郡遏籴及边将杀降以幸功赏者。癸巳，禁群臣朋党。丁酉，用蔡京言，集古今道教事为纪志，赐名《道史》。辛丑，郑居中罢，乞持余服，诏从之。诏察县令治行、诸路监司能改正州县事者，较为殿最。诏：视中大夫林灵素，视中奉大夫张虚白，并特授本品真官。

闰月庚申，诏江、淮、荆、浙、闽、广监司督责州县还集流民。丁卯，进封楷为郓王。丙子，诏：周柴氏后已封崇义公，复立恭帝后以为宣义郎，监周陵庙，世世为国三恪。

冬十月己卯朔，太白昼见。己亥，改兴庆军为启庆府。甲辰，置道官二十六等,道职八等。

十一月己酉朔,改元,大赦天下。辛亥,日中有黑子。丙辰,以婉容王氏为贤妃。辛酉,补上书人安尧臣官。己巳,升梓州为潼川府。

十二月戊寅朔,复京西钱监。己丑,置裕民局。

是岁,江、淮、荆、浙、梓州水。出宫女百七十八人。黄岩民妻一产四男子。于阗、高丽入贡。

宋史卷二二

本纪第二二

徽宗四

　　宣和元年春正月戊申朔，日下有五色云。壬子，进建安郡王枢为肃王，文安郡王杞为景王，并为太保。乙卯，诏："佛改号大觉金仙，余为仙人、大士。僧为德士，易服饰，称姓氏。寺为官，院为观。"改女寇为女道，尼为女德。丁巳，金人使李善庆来，遣赵有开报聘，至登州而还。戊午，以余深为太宰兼门下侍郎，王黼为特进、少宰兼中书侍郎。乙丑，改湟州为乐州。癸酉，封子栋为温国公，侄有恭为永宁郡王。乙亥，躬耕籍田。罢裕民局。

　　二月庚辰，改元。易宣和殿为保和殿。戊戌，以邓洵武为少保。

　　三月庚戌，蔡京等进安州所得商六鼎。己未，以冯熙载为中书侍郎，范致虚为尚书左丞，翰林学士张邦昌为尚书右丞。诏天下知宫观道士与监司、郡县官以客礼相见。童贯遣知熙州刘法出师攻统安城，夏人优兵击之，法败殁，震武军受围。甲子，知登州宗泽坐建神霄宫不虔，除名编管。辛未，赐上舍生五十四人及第。甲戌，皇后亲蚕。

　　夏四月丙子朔，日有食之。庚寅，童贯以鄜延、环庆兵大破夏人，平其三城。己亥，曲赦陕西、河东路。辛丑，进辅臣官一等。

　　五月丙午朔，有物如龙形，见京师民家。丁未，诏德士并许入道学，依道士法。丙辰，败夏人于震武。壬申，班御制九星二十八宿朝元冠服图。甲戌，虑囚。是月，大水犯都城，西北有赤气亘天。

六月壬午,诏西边武臣为经略使者改用文臣。甲申,诏封庄周为微妙元通真君,列御寇为致虚观妙真君,仍行册命,配享混元皇帝。己亥,夏国遣使纳款,诏六路罢兵。

秋七月甲寅,以童贯为太傅。

八月戊寅,诏诸路未方田处并令方量,均定租课。丁酉,以神霄宫成降德音于天下。范致虚以母忧去位。

九月甲辰朔,燕蔡京于保和新殿。辛亥,大飨明堂。癸亥,幸道德院观金芝,遂幸蔡京第。丁卯,以淮康军节度使蔡攸为开府仪同三司。

冬十月甲戌朔,以《绍述熙丰政事书》布告天下。

十一月癸丑,朝献景灵宫。甲寅,飨太庙。乙卯,祀昊天上帝于园丘,赦天下。甲子,诏:东南诸路水灾,令监司、郡守悉心振救。戊辰,以淮甸旱,饥民失业,遣监察御史察访。张邦昌为尚书左丞,翰林学士王安中为尚书右丞。时朱勔以花石罔媚上,东南骚动,太学生邓肃进诗讽谏,诏放归田里。

十二月甲戌,诏:京东东路盗贼窃发,令东、西路提刑督捕之。辛卯,大雨雹。丙申,帝数微行,正字曹辅上书极论之,编管郴州。

是岁,京西饥,淮东大旱,遣官振济。岗州黄河清。升邢州为信德,陈州为淮宁,襄州为襄阳,庆州为庆阳,安州为德安,郓州为东平,赵州为庆源府;泸州为泸川,睦州为建德,岳州为岳阳,宁州为兴宁,宜州为庆远,光州为光山,均州为武当军。

二年春正月癸亥,追封蔡确为汝南郡王。甲子,罢道学。

二月乙亥,遣赵良嗣使金国。唐恪罢。庚辰,以宁远军节度使梁子美为开府仪同三司。戊子,令所在赡给淮南流民,谕还之。甲午,诏别修哲宗史。

三月壬寅,赐上舍生二十人及第。乙卯,改熙河兰湟为熙河兰廓路。

夏四月丙子,诏:江西、广东两界,群盗啸聚,添置武臣提刑、路分都监各一员。

五月庚子朔,以淑妃刘氏为贵妃。己酉,日中有黑子。丁巳,祭地于方泽,降德音于诸路。布衣朱梦说上书论宦寺权太重,编管池州。戊辰,诏宗室有文行才术者,令大宗正司以闻。

六月癸,诏开封府振济民。丁丑,太白昼见。振济饥民。丁丑,太白昼见。戊寅,蔡京致仕。仍朝朔望。辛巳,诏:自今冲改元丰法制,论以大不恭。丙戌,诏:“三省、枢密院额外吏职,并从裁汰。及有妄言惑众,稽违诏令者,重论之。”诏:诸司总辖、提点之类,非元丰法并罢西亥,复寺院额。甲午,罢礼制局并修书五十八所。

秋七月壬子,罢文臣起复。乙未,罢医、算学。丙寅,封子楒为英国公。

八月庚辰,诏减定医官额。乙未,诏监司所举守令非其人,或废法不举,令廉访使者劾之。

九月壬寅,金人遣勃董等来。乙己,复德士为僧。辛亥,大明堂。丙辰,遣马政使金国。癸亥,余深加少傅。宴童贯第。

冬十月戊辰朔,日有食之。以河东节度使梁师成为太尉。降德军青溪妖贼方腊反,命谭稹讨之。

十一月己亥,余深罢,仍少傅,授镇西军节度使、知福州。庚戌,以王黼为少保、太宰兼门下侍郎。己未,两浙都监蔡遵、颜坦击方腊,死之。

十二月丁亥,改谭稹为两浙制置使,以童贯为江、淮、荆、浙宣抚使,讨方腊。己丑,以少傅郑居中权领枢密院。庚寅,诏访两浙民疾苦。是月,方腊陷建德,又陷歙州,东南将郭师中战死;陷杭州,知州赵霆遁,廉访使者赵约诟贼死。

是岁,淮南旱。夏国、真腊入贡。

三年春正月壬寅,邓洵武卒。戊午,以安康郡王栩为太保,进封济王;镇国公模为开府仪同三司,进封乐安郡王。己未,诏淮南、江东、福建各权添置武臣提刑一员。辛酉,罢苏、杭州造作局及御前纲运。乙丑,罢西北兵更戍。罢木石彩色等场务。是月,方腊陷婺州,又陷衢州,守臣彭汝方死之。

二月庚午,赵震坐弃杭州,贬吉阳军。罢方田。甲戌,降诏招抚方腊。乙酉,罢天下三舍及宗学、辟雍、诸路提举学事官。癸巳,赦天下。是月,方腊陷处州。淮南盗宋江等犯淮阳军,遣将讨捕,又犯京东、河北,入楚、海州界,命知州张叔夜招降之。

三月丁未,御集英殿策进士。庚申,赐礼部奏名进士及第、出身六百三十人。

夏四月丙寅,贵妃刘氏薨。甲戌,青溪令陈光以盗发县内弃城,伏诛。庚寅,忠州防御使辛兴宗擒方腊于青溪。诏二浙、江东被贼州县给复三年。癸巳,汝州牛生麒麟。

五月戊戌,以郑居中领枢密院。己亥,诏杭、越、江宁守臣并带安抚使。甲辰,追册贵妃刘氏为皇后,谥曰明节。改睦州建德军为严州遂安军,歙州为徽州,丙午,金人再遣曷鲁等来。戊申,以兴宁军节度使刘宗元为开府仪同三司。癸亥,诏:三省觉察台谏罔上背公者,取旨谴责。陈过庭、张汝霖以乞罢御前使唤及岁进花果,为王黼所劾,并窜贬。

闰月丙寅,减诸州曹掾官。辛未,立医官额。甲戌,复应奉司,命王黼及内侍梁师成领之。戊寅,虑囚。

六月,河决恩州清河埽。

秋七月丁卯,振温、处等八州。丁亥,废纯、滋等十二州。戊子,童贯等俘方腊以献。是月,洛阳、京畿讹言有黑眚如人,或如犬,夜出掠小儿食之,二岁乃息。

八月甲辰,曲赦两浙、江东、福建、淮南路。乙巳,以童贯为太师,谭稹加节度。丁未,祔明节皇后神主于别庙。丙辰,方腊伏诛。

九月丙寅,以王黼为少傅,郑居中为少师。庚午,进执政官一等。辛未,大飨明堂。

冬十月甲寅,诏自今赃吏狱具,论决勿贷。童贯复领陕西、两河宣抚。

十一月丁丑，冯熙载罢。以张邦昌为中书侍郎，王安中为尚书左丞。翰林学士承旨李邦彦为尚书右丞。辛巳，封子桐为仪国公。壬午，张商英卒。

十二月辛卯朔，日中有黑子。壬子，进封广平郡王构为康王，乐安郡王模为祁王，并为太保。

是岁，诸路蝗。

四年春正月丁卯，以蔡攸为少保，梁师成为开府仪同三司。癸酉，金人破辽中京，辽主北走。

二月丙申，以旱祷于广圣宫，即日雨。癸卯，雨雹。丙午，以吴国公植为开府仪同三司，进封信都郡王。

三月辛酉，幸秘书省，遂幸太学，赐秘书少监翁彦深王时雍、国子祭酒韦寿隆、司业权邦彦章服，馆职、学官、诸生恩锡有差。丙子，辽人立燕王淳为帝。金人来约夹攻，命童贯为江北、河东路宣抚使，屯兵于边以应之，且招谕幽燕。

夏四月丙午，诏置补完校正文籍局，录三馆书置宣和殿及太清楼、秘阁。又令郡县访遗书。

五月壬戌，以高俅为开府仪同三司。丁卯，封子柄为昌国公。甲戌，嗣濮王仲御薨。乙亥，以蔡攸为河北、河东宣抚副使。庚辰，以常德军节度使谭稹为太尉。童贯至雄州，令都统制种师道等分道进兵。癸未，辽人击败前军统制杨可世于兰沟甸。乙酉，封开府仪同三司、江夏郡王仲爰为嗣濮王。丙戌，虑囚。杨可世与辽将萧斡战于白沟，败绩。丁亥，辛兴宗败于范村。

六月己丑，种师道退保雄州，辽人追击至城下。帝闻兵败惧甚，遂诏班师。壬寅，以王黼为少帅。是月，辽燕王淳死，萧斡等立其妻萧氏。

秋七月己未，废贵妃崔氏为庶人。壬午，王黼以耶律淳死，复命童贯、蔡攸治兵，以河阳三城节度使刘延庆为都统制。甲申，种师道责授右卫将军致仕，和诜散官安置。

九月戊午，朝散郎宋昭上书谏北伐，王黼大恶之，诏除、勒停，广南编管。己未，金人遣徒孤且乌歇等来议师期。辛酉，大飨明堂。己巳，高丽国王王俣薨，遣路允迪吊祭。甲戌，遣赵良嗣报聘于金国。己卯，辽将郭药师等以涿、易二州来降。

冬十月庚寅，改燕京为燕山府，涿、易八州并赐名。癸巳，刘延庆与郭药师等统兵出雄州。戊戌，曲赦所复州县。己亥，耶律淳妻萧氏上表称臣纳款。甲辰，师次涿州。己酉，郭药师与高世宣、杨可世等袭燕，萧斡以兵入援，战于城中，药师等屡败，皆弃马缒城而出，死伤过半。癸丑，以蔡攸为少傅、判燕山府。甲寅，刘延庆自卢沟河烧营夜遁，众军遂溃，萧斡追至涿水上乃还。

十一月丙辰朔，行新玺。戊辰，朝献景灵宫。己巳，飨太庙。庚午，祀昊天上帝于圜丘，赦天下。东南官吏昨缘寇贬责者并次第移放，上书邪上等人特与磨勘。戊寅，金人遣李靖等来许山前六州。以彰德军节度使郑详为太尉。

十二月丁亥，郭药师败萧斡于永清县。戊子，遣赵良嗣报聘于金国。庚寅，以郭药师为武泰军节度使。辛卯，金人入燕，萧氏出奔。壬辰，使来献捷。乙未，诏监司未经陛对毋得之任。丙申，贬刘延庆为率府率，安置筠州。壬寅，进封植为莘王。

五年春正月戊午，金人遣李靖来议所许六州代租钱。己未，遣赵良嗣报聘，求西京等州。辛酉，以王安中为庆远军节度使、河北河东燕山府路宣抚使、知燕山府。甲申，录富弼后。

二月乙酉朔，以李邦彦为尚书左丞，翰林学士赵野为尚书右丞。丙戌，金人以议未合，断桥梁，焚次舍。丁酉，进封雍国公朴为华原郡王，徐国公棣为高平郡王，并为开府仪同三司。

三月乙卯，金人再遣宁术割等来。己未，遣卢益报聘，皆如其约。

夏四月癸巳，金人遣杨璞以誓书及燕京、涿易檀顺景蓟州来归。庚子，童贯、蔡攸入燕，时燕之职官、富民、金帛、子女先为金人尽掠而去。乙巳，童贯表奏抚定燕城。庚戌，曲赦河北、河东、燕、云路。是日，班师。

五月己未，以收复燕云，赐王黼玉带。庚申，以王黼为太傅，郑居中为太保，进宰执官二等。辛酉，王黼总治三省事。癸亥，童贯落节钺，进封徐、豫国公。蔡攸为少师。乙丑，诏：正位三公立本班，带节钺若领他职者仍旧班，著为令。癸酉，祭地于方泽。是月，金人许朔、武、蔚三州。金主阿骨打殂，弟吴乞买立。

六月乙酉，郭药师加检校少傅。丙戌，辽人张觉以平州来附。己丑，仲爰薨。乙未，诏今后内外宗室并不称姓。丁酉，以安国军节度使仲理为开府仪同三司，进封嗣濮王。己亥，虑囚。戊申，郑居中卒。辛亥，以蔡攸领枢密院。

秋七月戊午，以梁师成为少保。己未，童贯致仕。起复谭稹为河北、河东、燕山府路宣抚使。庚午，太傅、楚国公王黼等上尊号曰继天兴道敷文成武睿明皇帝，不允，禁元祐学术。

八月辛巳朔，日当食不见。辛丑，命王安中作复燕云碑。壬寅，太白昼见。是月，萧斡破景州、苏州，寇掠燕山，郭药师败之。斡寻为其下所杀，传首京师。

九月辛酉，大飨明堂。

冬十月乙酉，雨木冰。壬寅，罢诸路提举常平之不职者。

十一月乙卯，以郑绅为太师。丙寅，幸王黼第观芝。诸路漕臣坐上供钱物不足，贬秩者二十二人。丁卯，王安中、谭稹并加检校少傅，郭药师为太尉。华原郡王朴薨。壬申，王黼子弟亲属推恩有差。是月，金人取平州，张觉走燕山，金人索之甚急，命王安中缢杀，函其首送之。

十二月乙巳，金人遣高居庆等来贺正旦。戊申，以高平郡王楝为太保，进封徐王。

是岁，秦凤旱，河北、京东、淮南饥，遣官振济。

六年春正月乙卯，为金主辍朝。戊午，置书艺所。癸亥，藏萧斡首于大社。戊寅，遣连南夫吊祭金国。

二月丁亥，以冀国公为开府仪同三司，进封河间郡王；韶州防御使令汤为婺州观察使，封安定郡王。己亥，躬耕藉田。丙午，诏："自今非历台阁、寺监、监司、郡守、开封府曹官者，不得为郎官、卿监，著为令。"李邦彦以父忧去位。

三月己酉朔，以钱景臻为少师。金人来丐粮，不与。

闰月辛巳，皇后亲蚕。庚子，御集英殿策进士。

夏四月癸丑，赐礼部奏名进士及第、出身八百五人。丁巳，李邦彦起复。

五月壬寅，虑囚。癸卯，金人遣使来告嗣位。

六月壬子，诏以收复燕云以来，京东、两河之民困于调度，令京西、淮、浙、江、湖、四川、闽、广并纳免夫钱，期以两月纳足，违者从军法。

秋七月戊子，遣许亢宗贺金国嗣位。丁酉，诏：应系御笔断罪，不许诣尚书省陈诉改正。壬寅，诏宗室、后妃戚里、宰执之家概蠲免夫钱。甲辰，置玑衡所。

八月乙卯，谭稹落太尉，罢宣抚使，童贯落致仕，领枢密院代之。丁巳，以溢机堡为安羌城。壬戌，以复燕云赦天下。

九月乙亥，以白时中为特进、太宰兼门下侍郎，李邦彦为少宰兼中书侍郎。蔡攸落节钺。辛巳，大飨明堂。丁亥，以赵野为尚书左丞，翰林学士承旨宇文粹中为尚书右丞，开封尹蔡懋同知枢密院。庚寅，以金芝产于艮狱万寿峰，改名寿岳。庚子，金人遣富谟弼等以遗留物来献。

冬十月庚午，诏：有收藏习用苏、黄之文者，并令焚毁，犯者以大不恭论。癸酉，诏内外官并以三年为任，治绩著闻者再任，永为式。

十一月丙子，王黼致仕。太白昼见。乙酉，罢应奉局。丙戌，令尚书省置讲议司。壬辰，诏："监司择县令有治绩者保奏，召赴都堂审察录用，毋过三人。"

十二月甲辰朔,蔡京领讲议司。诏百官遵行元丰法制。丁未,诏内外侍从以上各举所知二人。癸亥,蔡京落致仕,领三省事。

是岁,河北、山东盗起,命内侍梁方平讨之。京师、河东、陕西地大震,两河、京东西、浙西水,环庆、邠宁、泾原流徙,令所在振恤。夏国、高丽、于阗、罗殿入贡。

七年春正月癸酉朔,诏赦两河、京西流民为盗者,仍给复一年。癸巳,诏罢诸路提举常平官属,有罪当黜者以名闻,仍令三省修已废之法。

二月甲辰,复置铸钱监。诏御史察赃史。己酉,雨木冰。庚戌,诏京师运米五十万斛至燕山,令工部侍郎孟揆亲往措置。己巳,进封广国公械为南康郡王、福国公榛为平阳郡王,并开府仪同三司。壬申,京东转运副使李孝昌言招安群盗张万仙等五万余人,诏补官犒赐有差。

三月癸酉朔,雨雹。甲申,知海州钱伯言奏招降山东寇贾进等十万人,诏补官有差。丙戌,以惠国公模为开府仪同三司,进封建安郡王。

夏四月丙辰,降德音于京东、河北路。庚申,蔡京复致仕。复州县免行钱。戊辰,诏行元丰官制。复尚书令之名,虚而勿授;三公但为阶官,毋领三省事。

五月壬午,封子枞为润国公。丁亥,诏诸路帅臣举将校有才略者,监司举守令有政绩者,岁各三人。

六月辛丑朔,诏宗室复著姓。丙午,封童贯为广阳郡王。戊申,诏臣僚辄与内侍来往者论罪。辛亥,虑囚。己未,以蔡攸为太保。癸亥,诏吏职杂流出身人,毋得陈请改换。乙丑,罢减六尚岁贡物。

秋七月庚午朔,诏士庶毋以“天”、“王”、“君”、“圣”为名字,及以壬戌日辅臣焚香。甲戌,以河间郡王楂为太保,进封沂王。是月,河东义胜军叛。熙河、河东路地震。

九月辛巳,大飨明堂。壬辰,金人以擒辽主遣李孝和等来告庆。

是月,河东言粘罕至云中,诏童贯复宣抚。有狐升御榻而坐。

冬十月辛亥,赐曾布谥曰文肃。戊午,罢京畿和籴。

十一月庚午,诏:无出身待制以上,年及三十通历任满十岁,乃许任子。乙亥,遣使回庆金国。甲申,朝献景灵宫。乙酉,飨太庙。丙戌,祀昊天上帝于圜丘,赦天下。庚寅,以保静军节度使种师道为河东、河北路制置使。

十二月乙巳,童贯自太原遁归京师。己酉,中山奏金人斡离不、粘罕分两道入攻,郭药师以燕山叛,北边诸郡皆陷。又陷忻、代等州,围太原府。太常少卿傅察奉使不屈,死之。丙辰,罢浙江诸路花石纲、延福宫、西城租课及内外制造局。金兵犯中山府,詹度御之。戊午,皇太子桓为开封牧。罢修蕃衍北宅,令诸皇子分居十位。己未,下诏罪己。令中外直言极谏,郡邑率师勤王;募草泽异才有能出奇计及使疆外者;罢道官,罢大晟府、行幸局;西城及诸局所管缗钱,尽付有司。以保和殿大学士宇文虚中为河北、河东路宣谕使。庚申,诏内禅,皇太子即皇帝位。尊帝为教主道君太上皇帝,居于龙德宫;尊皇后为太上皇后。

靖康元年正月己巳,诣亳州太清宫,行恭谢礼,遂幸镇江府。四月己亥还京师。明年二月丁卯,金人胁帝北行。绍兴五年四月甲子,崩于五国城,年五十有四。七年九月甲子,凶问至江南,遥上尊谥曰圣文仁德显孝皇帝,庙号徽宗。十二年八月乙酉,梓宫还临安。十月丙寅,权攒于永祐陵。十二月丁卯,祔太庙第十一室。十三年正月己亥,加上尊谥曰体神合道骏烈逊功圣文仁德宪慈显孝皇帝。

赞曰:宋中叶之祸,章、蔡首恶,赵良嗣厉阶。然哲宗之崩,徽宗未立,惇谓其轻佻不可以君天下;辽天祚之亡,张觉举平州来归,良嗣以为纳之失信于金,必启外侮。使二人之计行,宋不立徽宗,不纳张觉,金虽强,何衅以伐宋哉? 以是知事变之来,虽小人亦能知之,而君子有所不能制也。

迹徽宗失国之由,非若晋惠之愚、孙皓之暴,亦非有曹、马之篡

夺，特恃其私智小慧，用心一偏，疏斥正士，狎近奸谀。于是蔡京以
狡薄巧佞之资，济其骄奢淫佚之志。溺信虚无，崇饰游观，困竭民
力。君臣逸豫，相为诞谩，怠弃国政，日行无稽。及童贯用事，又佳
兵勤远，稔祸速乱。他日国破身辱，遂与石晋重贵同科，岂得诿诸数
哉。

　　昔西周新造之邦，召公犹告武王以不作无益害有益，不贵异物
贱用物，况宣、政之为宋，承熙、丰、绍圣椓丧之余，而徽宗又躬蹈二
事之弊乎？自古人君玩物而丧志，纵欲而败度，鲜不亡者，徽宗甚
焉，故特著以为戒。

宋史卷二三
本纪第二三

钦　宗

　　钦宗恭文顺德仁孝皇帝，讳桓，徽宗皇帝长子，母曰恭显皇后王氏。元符三年四月己酉，生于坤宁殿。初名亶，封韩国公，明年六月进封京兆郡王。崇宁元年二月甲午，更名烜，十一月丁亥，又改今名。大观二年正月，进封定王。政和元年三月，讲学于资善堂。三年正月，加太保。四年二月癸酉，冠于文德殿。

　　五年二月乙巳，立为皇太子，大赦天下。丁巳，谒太庙。诏乘金辂，设卤簿，如至道、天禧故事，及宫僚参谒并称臣，皆辞之。六年六月癸未，纳妃朱氏。

　　宣和七年十二月戊午，除开封牧。庚申，徽宗诏皇太子嗣位，自称曰道君皇帝，趣太子入禁中，被以御服。泣涕固辞，因得疾。又固辞，不许。辛酉，即皇帝位，御垂拱殿见群臣。是日，日有五色晕，挟赤黄珥，重日相荡摩久之。乃引道君皇帝出居龙德宫，皇帝出居撷景园。以少宰李邦彦为龙德宫使，太保领枢密院事蔡攸、门下侍郎吴敏副之。是时，金人已分道犯境。壬戌，赦大逆、反叛以下罪，进百官秩一等，赏诸军，立妃朱氏为皇后，以太子詹事耿南仲签书枢密院事。癸亥，诏太傅燕王、越王入朝不趋，赞拜不名。诏非三省、枢密院所得旨，有司勿行。甲子，斡离不陷信德府，粘罕围太原。诏京东、淮西、浙募兵入卫。太学生陈东等上书，数蔡京、童贯、王黼、梁师成、李彦、朱勔罪，谓之六贼，请诛之。丙寅，上道君皇帝尊号曰教主道君太上皇帝,皇后曰道君太上皇后。诏改元。

靖康元年春正月丁卯朔,受群臣朝贺,退诣龙德宫,贺道君皇帝,诏中外臣庶实封言得失。金人破相州。戊辰,破浚州。威武军节度使梁方平师溃,河北、河东路制置副使何灌退保滑州。己巳,灌奔还,金人济河,诏亲征。道君皇帝东巡,以领枢密院事蔡攸为行宫使,尚书左丞宇文粹中副之。诏自今除授、黜陟及恩数等事,并参酌祖宗旧制。罢内外官司、局、所一百五处,止留后苑,以奉龙德宫。以门下侍郎吴敏在知枢密院事,吏部尚书李梲同知枢密院事。贬太傅致仕王黼为崇信军节度副使,安置永州。赐翊卫大夫、安德军承宣使李彦死,并籍其家。放宁远军节度使朱勔归田里。帝欲亲征,以李纲为留守,以李梲为副。给事中王寓谏亲征,罢之。庚午,道君皇帝如亳州,百官多潜遁。宰相欲奉帝出襄、邓,李纲谏止之。以纲为尚书右丞。辛未,以李纲为亲征行营使,侍卫亲军马军都指挥使曹曚副之。太宰兼门下侍郎白时中罢,李邦彦为太宰兼门下侍郎,守中书侍郎张邦昌为少宰兼中书侍郎,尚书左丞赵野为门下侍郎,同知枢密院事蔡懋侍郎,尚书左丞赵野为门下侍郎,翰林学士承旨王孝迪为中书侍郎,同知枢密院事蔡懋为尚书左丞。壬申,金人渡河,遣使督诸道兵入援。癸酉,诏两省、枢密院官制一遵元丰故事。金人犯京师,命尚书驾部员外郎郑望之、亲卫大夫康州防御使高世则使其军。诏从官举文武臣僚堪充将帅有胆勇者。是夜,金人攻宣泽门,李纲御之,斩获百余人,至旦始退。甲戌,金人遣吴孝民来议和,命李梲使金军。金人又使萧三宝奴、耶律忠、张愿恭来。以吏部尚书唐恪同知枢密院事。乙亥,金人攻通津、景阳等门,李纲督战,自卯至酉,斩首数千级,何灌战死。李梲与萧三宝奴、耶律忠、王汭来索金帛数千万,且求割太原、中山、河间三镇,并宰相亲王为质,乃退师。丙子,避正殿,减常膳。括借金银,籍倡优家财。庚辰,命张邦昌副康王构使金军,诏称金国加“大”字。辛巳,道君皇帝幸镇江。以兵部尚书路允迪签书枢密院事。金人陷阳武,知县事蒋兴祖死之。壬午,大风走石,竟日乃止。封子谌为大宁郡王。甲申,省廉访使者官,罢钞旁定贴钱及诸州免行钱,以诸路赡学户绝田产归常平司。统制官马忠以京西募兵至,击金人于顺天门外,败之。乙酉,路允迪使粘罕军于河东。平阳府将刘嗣初以城叛。丁亥,靖难军节度使、河北河东路制置使种师道督泾原、秦凤兵入援,以师道同知枢密院事,为京畿、河北、河东宣抚使,统四方勤王兵及前后军。庚寅,盗杀王黼于雍丘。癸巳,大雾四塞。乙未,贬少保、淮南节度使梁师成为彰化军节度副使,行及八角镇,赐死。

二月丁酉朔,命都统制姚平仲将兵夜袭金人军,不克而奔。戊戌,罢李纲以谢金人,废亲征行营司。金人复来议和。庚子,命驸马都尉曹晟使金军。辛丑,又命资政殿大学士宇文虚中、知东上阁门事王球使之,许割三镇地。太学诸生陈东等及都民数万人伏阙上书,请复用李纲及种师道,且言李邦彦等疾纲,恐其成功,罢纲正堕金人之计。会邦彦入朝,众数其罪而骂。吴敏传宣,众不退,遂挝登闻鼓,山呼动地。殿帅王宗濋恐生变,奏上勉从之。遣耿南仲号于众曰:“已得旨宣纲矣。”内侍朱拱之宣纲后期,众脔而磔之,并杀内侍数十人。乃复纲右丞,充京城防御使。壬寅,追封范仲淹魏国公,赠司马光太师,张商英太保,除元祐党籍学术之禁。诏诛士民杀内侍为首者,禁伏阙上书,废苑圃宫观可以与民者。金人使王汭米,癸卯,命肃王枢使金军。以观文殿学士、大名尹徐处仁为中书侍郎,宇文虚中签书枢密院事。蔡懋罢。乙巳,宇文虚中、王球复使金军,康王至自金军。金人遣韩光裔来告辞,遂退师,京师解严,丙午,康王构为太傅、静江奉宁军节度使。省明堂班朔布政官。丁未,日有两珥。戊申,赦天下。诏谕士民,自今庶事并遵用祖宗旧制,凡蠹国害民之事一切寝罢。己酉,罢宰执兼神霄玉清万寿宫使及殿中监、符宝郎。诏用祖宗故事,择武臣得军心者为同知、签书枢密院,边将有威望者为三衙。以金人请和,诏官民昔尝附金而复归本朝者,各还其乡国。庚戌,李邦彦罢,以张邦昌为太宰兼门下侍郎,吴敏为少宰兼中书侍郎,李纲知枢密院事,耿南仲为尚书左丞,李棁为尚书右丞。辛亥，诏监察御史言事如祖宗法。宇文粹中罢知江宁府。癸丑，种师道罢为中太一宫使。赠右正言陈瑨为右谏议大夫。甲寅，贬太师致仕蔡京为秘书监、分司南京，太师、广阳郡王童贯为左卫上将军，太保、领枢密院事蔡攸为太中大夫、提举亳州明道宫。先是，粘罕遣人来求赂，大臣以勤王兵大集，拘其使人，且结约余睹以图之。至是，粘罕怒，及攻太原不克，分兵趣京师，过南、北关，权威胜军李植以城降。乙卯，陷隆德府，知府张确、通判赵伯臻、司录张彦遹死之。丙辰，有二流星，一出张宿入浊没，一出北河入轸。己未，诏遥郡承宣使有功应除正任者，自今除正任刺史。辛酉，梁方平坐弃河津优诛。王孝迪罢。命给事中王云、侍卫亲军马军都指挥使曹曚使金国，镇洮军节度使、中太乙宫使种师道为河南、河东路宣谕使，保静军节度使、前副都指挥使姚古为制置使。乙丑，御殿复膳。丙寅，下哀痛之诏于陕西、河东。是月，金人犯泽州之高平，知州高世由往犒之，乃去。

三月丁卯朔，遣徽猷阁待制宋焕奉表道君皇帝行宫。诏侍从言事。诏非三省、枢密院所奉旨，诸司不许奉行。罢川路岁所遣使。募人掩军民遗骸，遣使分就四郊致祭。戊辰，李棁罢为鸿庆宫使。己巳，张邦昌罢为中太一宫使。徐处仁为太宰兼门下侍郎，唐恪为中书侍郎，翰林学士何㮚为尚书右丞，御史中丞许翰同知枢密院事。庚午，宇文虚中罢知青州。癸酉，诣景灵东宫行恭谢礼。命赵野为道君皇帝行宫奉迎使。甲戌，恭谢景灵西宫及建隆观。乙亥，诣阳德观、凝祥池、中太一宫、佑神观、相国寺。丙子，改撷景园为宁德宫。录司马光后。己卯，燕王俣、越王偲为太师。壬午，诏：金人叛盟深入，其元主和议李邦彦、奉使许地李棁李邺郑望之悉行罢黜。又诏种师道、姚古、种师中往援三镇，保塞陵寝所在，誓当固守。癸未，遣李纲迎道君皇帝于南京，以徐处仁为礼仪使。殿中侍御史李擢、左司谏李会罢。乙酉，迎道君皇帝于宜春苑，太后入居宁德宫。丙戌，知中山府詹度为资政殿大学士，知太原府张孝纯、知河间府陈进并为资政殿学士，知泽州高世由直龙图阁，赏城守之劳也。丁亥,朝于宁德宫。诏:"扈从行宫官吏,候还京日优加赏典;除有罪之人迫于公议已行遣外,余令台谏勿复用前事纠言。"庚寅,肃王枢为太傅。姚古复隆德府。辛卯,复威胜军。壬辰,太保景王杞、济王栩为太傅。有流星出紫微垣。甲午,康王构为集庆、建雄军节度使,尚书户部侍郎钱盖为陕西制置使。命陈东初品官,赐同进士出身,辞不拜。籍朱勔家。乙未,诏:金归朝官民未发遣者,止之。丙申,贬蔡京为崇信军节度副使。是春,夏人取天德、云内、武州及河东八馆。

夏四月戊戌,夏人陷震威城,摄知城事朱昭死之。己亥,迎太上皇帝入都门。壬寅,朝于龙德宫。癸卯,立子谌为皇太子。耿南仲为门下侍郎。乙巳,置《春秋》博士。戊申,置详议司于尚书省,讨论祖宗法。己酉,乾龙节,群臣上寿于紫宸殿。庚戌,赵野罢。壬子,金人使贾霆、冉企弓来。癸丑,封太师、沂国公郑绅为乐平郡王。贬童贯为昭化军节度副使,安置郴州。减宰执俸给三之一及支赐之半。诏开经筵。令吏部稽考庶官,凡由杨戬、李彦之公田,王黼、朱勔之应奉,童贯西北之师,孟昌龄河防之役,夔蜀、湖南之开疆,关陕、河东之改弊,及近习所引,献颂可采,特赴殿试之流,所得爵赏,悉夺之。甲寅,种师道加太尉、同知枢密院事、河北河东路宣抚使。乙卯,诏:自今假日特坐,百司毋得休务。以平凉军节度使范讷为右金吾卫上将军。丙辰,诏:有告奸人妄言金人复至以恐动居民者,赏之。戊午,进封南康郡王械为和王,平阳郡王榛为信王。己未,复以诗赋取士,禁用庄、老及王安石《字说》。壬戌,诏:亲擢台谏官,宰执勿得荐举,著为令。追政和以来道官、处士、先生封赠奏补等敕书。甲子,令在京监察御史,在外监司、郡守及路分钤辖已上,举曾经边任或有武勇可以统众出战者,人二员。东兵正将占沇与金人战于交城县,死之。乙丑,诏三衙并诸路帅司各举谙练边事、智勇过人并豪俊奇杰众所推服堪充统制将领者各五名。贬蔡攸节度副使,安置朱勔于循州。

五月丙寅朔,朝于龙德宫,令提举官日具太上皇帝起居平安以闻。丁卯,诏天下有能以财谷佐军者,有司以名闻,推恩有差。以少傅、镇西军节度余深为特进、观文殿大学士。戊辰,罢王安石配享孔子庙庭。庚午,少傅、安武军节度使钱景臻,镇安军节度使、开府仪同三司刘宗元,并为左金吾卫上将军。保信军节度使刘敷、武成军节度使刘敏、向德军节度使张楙、岳阳军节度使王舜臣、应道军节度使朱孝孙、泸川军节度使钱忱并为右金吾卫上将军。是日,寒。辛未,申铜禁。诏:无出身待制已上,年及三十而通历任实及十年者,乃得任子。监察御史徐应求坐言事迎合大臣,罢知卫州。甲戌,曲赦河北路。乙亥,申销金禁。丁丑,诏以俭约先天下,澄冗汰贪,为民除害,授监事、郡县奉行所未及者,凡十有六事。姚古将兵至威胜,闻粘罕将至,众惊溃,河东大振。河东路制置副使种师中与金人战于榆次,死之。已卯,借外任官职田一年。开府仪同三司高俅卒。辛巳,损太官日进膳。追削高俅官。甲申。罢详议司。已丑,以河东经略安抚使张孝纯为检校少保、武当军节度使。壬辰,诏天下举习武艺,兵书者。乙未,诏姚古援太原。

六月丙申朔,以道君皇帝还朝,御紫宸殿,受群臣朝贺。诏谏官极论阙失。戊戌,令中外举文武官才堪将帅者。时太原围急,群臣欲割三镇地,李纲沮之,乃以李纲代种师道为宣抚使援太原。辛丑,以资政殿学士刘韐为宣抚副使,陕西制置司都统制解潜为制置副使。太白犯岁星。壬寅,封郓国公楃为安康郡王,韩国公楗为广平郡王,并开府仪同三司。诏:“今日政令,惟遵奉上皇诏书,修复祖宗故事。群臣庶士亦当讲孔、孟之正道,察安石旧说之不当者,羽翼朕志,以济中兴。”癸卯,以侍卫亲军马军副都指挥使、镇西军承宣使王禀为建武军节度使,录坚守太原之功也。甲辰,路允迪罢为醴泉观使。乙巳,左司谏陈公辅以言事责监合州酒务。壬子,天狗堕地,有声如雷。癸丑,虑囚。丙辰,太白、荧惑、岁、镇四星合于张。辛酉,罢都水、将作监承受内侍官。熙河都统制焦安节坐不法,李纲斩之。壬戌,姚古坐拥兵逗留,贬为节度副使,安置广州,彗出紫微垣。

秋七月乙丑朔,除元符上书邪等之禁。宋昭政和中上书谏攻

辽,贬连州;庚午,诏赴都堂。乙亥,安置蔡京于儋州;攸,雷州;童
贯,吉阳军。己卯,免借河北、河东、陕西路职田。乙酉,诏:蔡京子
孙二十三人已分窜远地,遇赦不许量移。是日,京死于潭州。丁亥,
令侍从官共议改修宣仁圣烈皇后谤史。辛卯,遣监察御史张澂诛童
贯,广西转运副使李升之诛赵良嗣,并窜其子孙于海南。壬辰,侍御
史李光坐言事贬监当。是月,解潜与金人战于南关,败绩。刘韐自
辽州引兵与金人战,败绩。

八月甲午朔,录陈瓘后。丙申,复命种师道以宣抚使巡边,召李
纲还。庚子,诏以彗星避殿减膳,令从臣具民间疾苦以闻。河东察
访使张灏与金人战于文水,败绩。辛丑,诏求民之疾苦者十七事,悉
除之。丁未,斡离不复攻广信军、保州,不克,遂犯真定。戊申,都统
制张思正等夜袭金人于文水县,败之。己酉,复战,师溃,死者数万
人,思正奔汾州。都统制折可求师溃于子夏山。威胜、隆德、汾、晋、
泽、绛民皆渡河南奔,州县皆空。金人乘胜攻太原。录张庭坚后。乙
卯,遣徽猷阁待制王云、阁门宣赞舍人马识远使于金国,秘书著作
佐郎刘岑、太常博士李若水分使其军议和。戊午,许翰罢知亳州。己
未,太宰徐处仁罢知东平,少宰吴敏罢知扬州。以唐恪为少宰兼中
书侍郎,何㮚为中书侍郎,礼部尚书陈过庭为尚书右丞,开封尹聂
昌同知枢密院事,御史中丞李回签书枢密院事。庚申,遣王云使金
军,许以三镇赋税。是月,福州军乱,杀其知州事柳庭俊。

九月丙寅,金人陷太原,执安抚使张孝纯,副都总管王禀、通判
方笈皆死之。辛未,贬吴敏为崇信军节度副使,安置涪州。移蔡攸
于万安军,寻与弟脩及朱勔皆赐死。乙亥,诏编修敕令所取靖康以
前蔡京所乞御笔手诏,参祖宗法及今所行者,删修成书。丁丑,礼部
尚书王寓为尚书左丞。戊寅,有赤气随日出。李纲罢知扬州。壬午,
枭童贯首于都市。癸未,赐布衣尹焞为和靖处士。甲申,日有两珥、
背气。丙戌,建三京及邓州为都总管府,分总四道兵。庚寅,以知大
名府赵野为北道都总管,知河南府王襄为西道都总管,知邓州张叔
夜为南道都总管,知应天府胡直孺为东道都总管。又罢李纲提举洞

霄宫。辛卯,遣给事中黄锷由海道使金国议和。是月,夏人陷西安州。

　　冬十月癸巳朔,御殿复膳。贬李纲为保静军节度副使,安置建昌军。丁酉,金人陷真定,都钤辖刘竧死之,有流星如杯。戊戌,金人使杨天吉、王汭来。庚子,日有青、赤、黄戴气。金人陷汾州,知州张克戬、兵马都监贾宣死之;又攻平定军。辛丑,下哀痛诏,命河北、河东诸路帅臣传檄所部,得便宜行事。壬寅,天宁节,率群臣诣龙德宫上寿。甲辰,诏用蔡京、王黼、童贯所荐人。丙午,集从官于尚书省,议割三镇。召种师道还。丁未,以礼部尚书冯澥知枢密院事。己酉,阅砲飞山营。庚戌,以范讷为宁武军节度使、河北河东路宣抚使。辽故将小鞨辈攻陷麟州建宁砦,知砦杨震死之。壬子,诏太常礼官集议金主尊号。命尚书左丞王寓副康王使斡离不军,寓辞。乙卯,雨木冰。丙辰,金人陷平阳府,又陷威胜、隆德、泽州。丁巳,高丽入贡,令明州递表以进,遣其使还。戊午,贬王寓为单州团练副使,命冯澥代行。庚申,日有两珥及背气。侍御史胡舜陟请援中山,不省。辛酉,种师道薨。

　　十一月丙寅,夏人陷怀德军,知军事刘铨、通判杜翊世死之。籍谭稹家。戊辰,康王未至金军而还。冯澥罢。己巳,集百官议三镇弃守。庚午,诏河北、河东、京畿清野,令流民得占官舍寺观以居。辛未,有流星如杯。壬申,禁京师民以浮言相动者。癸酉,右谏议大夫范宗尹以首议弃地罢。金人至河外,宣抚副使折彦质领师十二万拒之。甲戌,师溃。金人济河,知河阳燕瑛、西京留守王襄弃城遁。乙亥,命刑部尚书王云副康王使斡离不军,许割三镇,奉衮冕、车辂,尊其主为皇叔,且上尊号。丙子,金人度河,折彦质兵尽溃,提刑许高兵溃于洛口。金人来言,欲尽得河北地。京师戒严。遣资政殿学士冯澥及李若水使粘罕军。丁丑,何㮚罢。以尚书左丞陈过庭为中书侍郎,兵部尚书孙傅为尚书右丞。命成忠郎郭京领六甲正兵所。签书枢密院事李回以万骑防河,众溃而归。是日,塞京城门。戊寅,进龙德宫婉容韦氏为贤妃,康王构为安国、安武军节度使。罢清野。

辛巳，以知怀州霍安国为徽猷阁待制，通判林渊直徽猷阁，赏守御之功也。壬午，御离不使杨天吉、王汭、勃堇撒离母来。命耿南仲使斡离不军，聂昌使粘罕军，许画河为界。康王至磁州，州人杀王云，止王勿行，王复还相州。甲申，以尚书右丞孙傅同知枢密院事，御史中丞曹辅签书枢密院事。以京兆府路安抚使范致虚为陕西五路宣抚使，令督勤王兵入援。乙酉，斡离不军至城下。遣书间行出关召兵，又约康王及河北守将来援，多为逻兵所获。丁亥，大风发屋折木。李回罢。戊子，金人攻通津门，范琼出兵焚其砦。己丑，南道总管张叔夜将兵勤王，至玉津园，以叔夜为延康殿学士。斡离不遣刘晏来。庚寅，幸东壁劳军。诏三省长官名悉依元丰旧制。领开封府何㮚为门下侍郎。

闰月壬辰朔，金人攻善利门，统制姚仲友御之。奇兵作乱，杀使臣，王宗濋斩数十人乃定。唐恪出都，人欲击之，因求去，罢为中太一宫使。以门下侍郎何㮚为尚书右仆射兼中书侍郎。刘韐坐弃军，降五官予祠。癸巳，京师苦寒，用日者言，借土牛迎春。朱伯友坐弃郑州，降三官罢。西道总管王襄弃西京去。知泽州高世由以城降于金。燕瑛欲弃河阳，为乱兵所杀。河东诸郡，或降或破殆尽。都民杀东壁统制官辛亢宗。罢民乘城，代以保甲。粘罕军至城下。甲午，时雨雪交作，帝被甲登城，以御膳赐士卒，易火饭以进，人皆感激流涕。金人攻通津门，数百人缒城御之，焚其砲架五、鹅车二。驿召李纲为资政殿大学士，领开封府。金人陷怀州，霍安国、林渊及其钤辖张彭年、都监赵士𧫬、张谌皆死之。乙未，金人入青城，攻朝阳门。冯澥与金人萧庆、杨真诰来。丙申，帝幸宣化门，以障泥乘马，行泥淖中，民皆感泣。张叔夜数战有功，帝如安上门召见，拜资政殿学士。金人执胡直孺，又陷拱州。丁酉，赤气亘天。以冯澥为尚书左丞。戊戌，殿前副都指挥使王宗濋与金人战于城下，统制官高师旦死之。庚子，以资政殿学士张叔夜签书枢密院事。金人攻宣化门，姚仲友御之。辛丑，金人攻南壁，杀伤相当。壬寅，召河北守臣尽起军民兵，倍道入援。癸卯，金人攻南壁，张叔夜、范琼分兵袭之，遥见金兵，奔还,自相蹈藉,溺隍死者以千数。甲辰,大雨雪。金人陷亳州。遣间使召诸道兵勤王。乙巳,大寒,士卒噤战不能执兵,有僵仆者。帝在禁中徒跣祈晴。时勤王兵不至,城中兵可用者惟卫士三万,然亦十失五六。金人攻城急。丙午,雨木冰。丁未,始避正殿。己酉,遣冯澥、曹辅与宗室仲温、士𧗦使金军请和。命康王为天下兵马大元帅,速领兵入卫。辛亥,金人来议和,要亲王出盟。壬子,金人攻通津、宣化门,范琼以千人出战,渡河冰裂,没者五百余人,自是士气益挫。甲寅,大风自北起,俄大雨雪,连日夜不止。乙卯,金人复使刘晏来,趣亲王、宰相出盟。丙辰,妖人郭京用六甲法,尽令守御人下城,大启宣化门出攻金人,兵大败。京托言下城作法,引余兵遁去。金兵登城,众皆披靡。金人焚南薰诸门。姚仲友死于乱兵,宦者黄经国赴火死,统制官何庆言、陈克礼、中书舍人高振力战,与其家人皆被害。秦元领保甲斩关遁,京城陷。卫士入都亭驿,执刘晏杀之。丁巳,奉道君皇帝、宁德皇后入居延福宫。命何㮚及济王栩使金军。戊午,何㮚入言,金人邀上皇出郊。帝曰:“上皇惊忧而疾,必欲之出,朕当亲往。”自乙卯雪不止,是日霁。夜有白气出太微,彗星见。庚申,日赤如火无光。辛酉,帝如青城。

十二月壬戌朔,帝在青城。萧庆入居尚书省。是日,康王开大元帅府于相州。癸亥,帝至自青城。甲子,大索金帛。丙寅,遣陈过庭、刘韐使两河割地。辛未,定京师米价,劝粜以振民。癸酉,斩行门指挥使蒋宣、李福。乙亥,康王如北京。丙子,尚书省火。庚辰,雨雹。癸未,大雪寒。纵民伐紫筠馆花木为薪。庚寅,康王如东平。

二年春正月辛卯朔,命济王栩、景王杞出贺金军,金人亦遣使入贺。壬辰,金人趣召康王还。遣聂昌、耿南仲、陈过庭出割两河地,民坚守不奉诏,凡累月,止得石州。甲午,诏两河民开门出降。乙未,有大星出建星,西南流入于蜀没。丁酉,雨木冰。己亥,阴晴,风迅发;夜,西北阴云中有如火光。庚子,金人索金银急。何㮚、李若水劝帝亲至军中,从之,以太子监国而行。乙巳,籍梁师成家。丙午,刘韐自经于金军。太学生徐揆上书，乞守门请帝还阙。金人取至军中，揆抗论为所杀。至夜，金人劫神卫营。丁未，大雾四塞。金人下含辉门剽掠，焚五岳观。

二月辛酉朔，帝在青城，自如金军，都人出迎驾。丙寅，金人堑南薰门路，人心大恐。已而金人令推立异姓，孙傅方号恸，乞立赵氏，不允。丁卯，金人要上皇如青城。以内侍邓述所具诸王孙名，尽取入军中。辛未，金人逼上召皇后、皇太子入青城。庚辰，康王如济州。癸未，观文殿大学士唐恪仰药自杀。乙酉，金人以括金未足，杀户部尚书梅执礼、侍郎陈知质、刑部侍郎程振、给事中安扶。

三月辛卯朔，帝在青城。丁酉，金人立张邦昌为楚帝。庚子，金人来取宗室，开封尹徐秉哲令民结保，毋藏匿。丁巳，金人胁上皇北行。

夏四月庚申朔，大风吹石折木。金人以帝及皇后、皇太子北归。凡法驾、卤簿，皇后以下车辂、卤簿、冠服、礼器、法物、大乐、教坊乐器、祭器、八宝、九鼎、圭璧、浑天仪、铜人、刻漏、古器、景灵宫供器、太清楼秘阁三馆书、天下州府图及官吏、内人、内侍、技艺、工匠、娼优、府库畜积，为之一空。辛酉，北风大起，苦寒。

五月庚寅朔，康王即位于南京，遥上尊号曰孝慈渊圣皇帝。绍兴三十一年五月辛卯，帝崩问至。七月己丑，上尊谥曰恭文顺德仁孝皇帝，庙号钦宗。三十二年闰二月戊寅，祔于太庙。

赞曰：帝在东宫，不见失德。及其践阼，声技音乐一无所好。靖康初政，能正王黼、朱勔等罪而窜殛之，故金人闻帝内禅，将有卷甲北旆之意矣。惜其乱势已成，不可救药；君臣相视，又不能同力协谋，以济斯难，惴惴然讲和之不暇。卒致父子沦胥，社稷芜弗。帝至于是，盖亦巽懦而不知义者欤！享国日浅，而受祸至深，考其所自，真可悼也夫！真可悼也夫！

宋史卷二四

本纪第二四

高宗一

高宗受命中兴全功至德圣神武文昭仁宪孝皇帝,讳构,字德基,徽宗第九子,母曰显仁皇后韦氏。大观元年五月乙巳,生东京之大内,赤光照室。八月丁丑,赐名,授定武军节度使、检校太尉,封蜀国公。二年正月庚申,封广平郡王。宣和三年十二月壬子,进封康王。资性朗悟,博学强记,读书日诵千余言,挽弓至一石五斗。宣和四年,始冠,出就外第。

靖康元年春正月,金人犯京师,军于城西北,遣使入城,邀亲王、宰臣议和军中。朝廷方遣同知枢密院事李棁等使金,议割太原、中山、河间三镇,遣宰臣授地,亲王送大军过河。钦宗召帝谕指,帝慷慨请行。遂命少宰张邦昌为计议使,与帝俱。金帅斡离不留之军中旬日,帝意气闲暇。

二月,会京畿宣抚司都统制姚平仲夜袭金人砦不克,金人见责,邦昌恐惧涕泣,帝不为动,斡离不异之,更请肃王。癸卯,肃王至军中,许割三镇地。进邦昌为太宰,留质军中,帝始得还。

金兵退,复遣给事中王云使金,以租赋赎三镇地。又以蜡书结辽降将耶律余睹,为金人所得。八月,金帅粘罕复引兵深入,陷太原。斡离不破真定。冬十月,王云从吏自金先还,言金人须帝再至乃议和。云归,言金人坚欲得地,不然,进兵取汴都。十一月,诏帝使河北,奉衮冕、玉辂,尊金主为伯,上尊号十八字。被命,即发京师。以门下侍郎耿南仲主和议,请与俱,乃以其子中书舍人延禧为参议官偕行。帝由滑、浚至磁州,守臣宗泽请曰:"肃王去不返,金兵已迫,复去何益?请留磁。"磁人以云将挟帝入金,遂杀云。时粘罕、斡离不已率兵渡河,相继围京师。从者以磁不可留,知相州汪伯彦亦以腊书请帝还相州。

闰月,耿南仲驰至相,见帝致辞,以面受钦宗之旨,尽起河北兵入卫,帝乃同南仲募兵勤王。初,朝廷闻金兵渡河,欲拜帝为元帅。至是,殿中侍御史胡唐老复申元帅之议,尚书右仆射何㮚拟诏书以进,钦宗遣阁门祗候秦仔持蜡诏至相,拜帝为河北兵马大元帅,知中山府陈亨伯为元帅,汪伯彦、宗泽为副元帅。仔于顶发中出诏,帝读之呜咽,兵民感动。

十二月壬戌朔,帝开大元帅府,有兵万人,分为五军,命武显大夫陈淬都统制军马。阁门祗候侯章赍蜡书至自京师,诏帝尽发河北兵,命守臣自将。帝乃下令诸郡守与诸将,议引兵渡河。乙亥,帝率兵离相州。丙子,履冰渡河。丁丑,次大名府。宗泽以二千人先诸军至,知信德府梁扬祖以三千人继至,张俊、苗傅、杨沂中、田师中皆在麾下,兵威稍振。会签书枢密院事曹辅赍蜡诏至,云金人登城不下,方议和好,可屯兵近甸,毋轻动。汪伯彦等皆信和议,惟宗泽请直趋澶渊为壁,次第解京城之围。伯彦、南仲请移军东平。帝遂遣泽以万人进屯澶渊,扬言帝在军中。自是泽不复预府中谋议。帝决意趋东平。庚寅,帝发大名。

建炎元年春正月癸巳,帝至东平。初,帝军在相州,京城围久,中外莫知帝处。及是,陈请四集,取决帅府。壬寅,高阳关路安抚使黄潜善、总管杨惟忠亦部兵数千至东平。命潜善进屯兴仁,留惟忠为元帅都统制。金人闻帝在澶渊,遣甲士及中书舍人张澂来召。宗泽命壮士射之,澂乃遁。伯彦等请帝如济州。二月庚辰,发东平。癸未,次济州。时帅府官军及群盗来归者,号百万人,分屯济、濮诸州府,而诸路勤王兵不得进。二帝已在金人军中。三月丁酉,金人立张邦昌为帝,称大楚。黄潜善以告,帝恸哭,僚属欲奉帝驻军宿州,谋渡江左,帝闻三军籍籍遂辄。承制以宗泽为徽猷阁待制,充元帅;潜善为徽猷阁待制,充副元帅。夏四月,粘罕退师,钦宗北迁。癸亥,邦昌尊元祐皇后为太后,遣人至济州访帝,又遣吏部尚书谢克家来迎。耿南仲率幕僚劝进,帝避席流涕,逊辞不受。伯彦等引天命人心为请,且谓靖康纪元,为十二月立康之兆。帝曰:“当更思之。”以知淮宁府赵子崧为宝文阁学士、元帅府参议官、东南道总管,统东南勤王兵。邦昌遣阁门宣赞舍人蒋师愈等持书诣帝,自言从权济事,及将归宝避位之意。帝亦贻诸帅书,以未得至京,已至者毋辄入。闻资政殿大学士、领开封府事李纲在湖北,遣刘默持书访之。又谕宗泽等,以受伪命之人义当诛讨,然虑事出权宜,未可轻动。泽复书,谓邦昌篡乱踪迹,已无可疑,宜早正天位,兴复社稷,不可不断。门下侍郎吕好问亦以蜡书来,言帝不自立,恐有不当立而立者。丁卯,谢克家以“大宋受命之宝”至济州,帝恸哭跪受,命克家还京师,趣办仪物。戊辰,济州父老诣军门,言州四旁望见城中火光属天,请帝即位于济。会宗泽来言,南京乃艺祖兴王之地,取四方中,漕运尤易。遂决意趋应天。是夕,邦昌手书上延福宫太后尊号曰元祐皇后,入居禁中,以尚书左丞冯澥为奉迎使。皇后又遣兄子卫尉少卿孟忠厚持手书遗帝。皇后垂帘听政。邦昌权尚书左仆射,率在京百官上表劝进,不许。甲戌,皇后手书告中外,俾帝嗣统。乙亥,百官再上表,又不许。丁丑,冯澥等至济州,百官三上表,许以权听国事。戊寅,命宗泽先勒兵分驻长垣、韦城等县,以备非常。东道副总管朱胜非至济州,宣抚司统制官韩世忠以兵来会。庚辰,帝发济州,鄜延副总管刘光世自陕州来会,以光为五军都提举。辛巳,次单州。壬午,次虞城县。西道都总管王襄自襄阳来会。癸未,至应天府。皇后诏有司备法驾仪仗。乙酉,张邦昌至,仆地恸哭请死,帝慰抚之。承制以汪伯彦为显谟阁直学士,黄潜善为徽猷阁直学士。权吏部尚书王时雍等奉乘舆服御至,群臣劝进者益众,命有司筑坛府门之左。

　　五月庚寅朔,帝登坛受命,礼毕恸哭,遥谢二帝,即位于府治。

改元建炎。大赦，常赦所不原者咸赦除之。张邦昌及应干供奉金国之人，一切不问。命西京留守司修奉祖宗陵寝。罢天下神霄宫。住散青苗钱。应死节及殁于王事者并推恩。奉使未还者，录其家一年。应选人并循资，已系承直郎者，改次等京官。臣僚因乱去官者，限一月还任。溃兵、群盗咸许自新。免系官欠负，蠲南京及元帅府常驻军一月以上州县夏税。应天府特奏名举人并与同进士出身，免解人与免省。诸路特奏名三举以上及宗室尝预贡者，并推恩。应募兵勤王人以兵付州县主兵官，听赴行在。中外臣庶许言民间疾苦，虽诋讦亦不加罪。命官犯罪，更不取特旨裁断。蔡京、童贯、朱勔、李彦、孟昌龄、梁师成、谭稹及其子孙，更不收叙。内外大臣，限十日各举布衣有材略者一人。余如故事。以黄潜善为中书侍郎，汪伯彦同知枢密院事。元祐皇后在东京，是日撤帘。辛卯，遥尊乾龙皇帝为孝慈渊圣皇帝，元祐皇后为元祐太后。诏史官辨宣仁圣烈皇后诬谤。筑景灵宫于江宁府。壬辰，以张邦昌为太保、奉国军节度使、同安郡王，五日一赴都堂参决大事。以河东、北宣抚使范讷为京城留守。癸巳，遥尊帝母韦贤妃为宣和皇后，遥立嘉国夫人邢氏为皇后。耿南仲罢。甲午，以李纲为尚书右仆射兼中书侍郎，趣赴行在；杨惟忠为建武军节度使，主管殿前司公事。罢诸盗及民兵之为统制者，简其士马隶五军。乙未，以生辰为天申节。冯澥罢，以兵部尚书吕好问为尚书右丞。命中军统制马路民、后军统制张焕率兵万人，趣河间府追袭金人。丙申，以吕好问兼门下侍郎。丁酉，以黄潜善兼御营使，汪伯彦副之，真定府路副总管王渊为都统制，鄜延路副总管刘光世提举一行事务。王时雍黄州安置。命统官薛广、张琼率兵六千人会河北山水砦义兵，共复磁、相。戊戌，以资政殿学士路允迪为京城抚谕使，龙图阁学士耿延禧副之。赠吏部侍郎李若水观文殿学士，谥忠愍。己亥，召太学生陈东赴行在。李纲至江宁，诛叛卒周德等。庚子，诏：以靖康大臣主和误国，责广南诸州并安置。辛丑，诏：张邦昌知几达变，勋在社稷，如文彦博例，月两赴都堂。壬寅，李邦彦为建宁军节度副使，浔州安置；徙吴敏柳州，蔡懋英州；李梲、宇

文虚中、郑望之、李邺皆以使金请割地,责广南诸州并安置。壬寅,
封后宫潘氏为贤妃。以江、淮发运使梁扬祖提领东南茶监事。癸卯,
天申节,罢百官上寿。乙巳,赐诸路勤王兵还营者钱,人三千。丙午,
以诬谤宣仁圣烈皇后,追贬蔡确、蔡卞、邢恕、蔡懋官。以保静军节
度使姚古知河南府。金人陷河中府,权府事郝连死之。丁未,徽宗
至燕山府。庚戌,以宗泽为龙图阁学士、知襄阳府。壬子,进张邦昌
太傅。丙辰,罢监察御史张所,寻责江州安置。丁巳,诏成都京兆襄
阳荆南江宁府、邓扬二州储资粮,修城垒,以备巡幸。以签书枢密院
事张叔夜尝援京城力战,从徽宗北行,遥命为观文殿大学士、醴泉
观使。戊午,右谏议大夫范宗尹罢。遣太常少卿周望使河北军前通
问二帝。西道总管王襄、北道总管赵野坐勤王稽缓,并分司,襄阳
府、青州居住。寻责襄永州,野邵州,并安置。

六月己未朔,李纲入见,上十议,曰国是、巡幸、赦令、僭逆、伪
命、战、守、本政、责成、修德。以前殿前副都指挥使王宗濋引卫兵遁
逃,致都城失守,责官邵州安置。徽猷阁直学士徐秉哲假资政殿学
士,为大金通问使,秉哲辞。庚申,封靖康军节度使仲湜嗣濮王。粘
罕还屯云中。辛酉,命新任郎官未经上殿者并引对。御史中丞颜岐
罢。徐秉哲责官梅州安置。诏河北、京、陕、淮、湖、江、浙州军县镇
募人修筑城壁。壬戌,置登闻检鼓院。癸亥,以黄潜善为门下侍郎
兼权中书侍郎。张邦昌坐僭逆,责降昭化军节度副使,潭州安置。及
受伪命臣僚王时雍,高州;吴幵,永州;莫俦,全州;李擢,柳州;孙
觌,归州;并安置。颜博文、王绍以下,论罪有差。以知怀州霍安国、
河东宣抚使刘铪死节,赠安国延康殿学士,铪资政殿大学士。甲子,
命李纲兼御营使。乙丑,以龙、神卫四厢都指挥使马忠为河北经制
使,措置民兵。洪刍罢左谏议大夫,下台狱。丁卯,以祠部员外郎喻
汝砺为四川抚谕,督漕计羡缗及常平钱物。罢开封诸州、军、府司录
曹掾官。州军通判二员者省其一。权减宰执奉赐三之一。省诸路
提举常平司,两浙、福建提举市舶司。贼李孝忠寇襄阳,守臣黄叔敖
弃城遁。立格买马。辛未,以子旉生,大赦。籍天下神霄宫钱谷充

经费。拘天下职田钱隶提刑司。还元祐党籍及上书人恩数。癸酉，诏陕西、山东诸路帅臣团结军民，互相应援。乙亥，增诸县弓手，置武尉领之。宗室叔向以所募勤王兵屯京师，或言为变，命刘光世捕诛之。戊寅，以汪伯彦知枢密院事。遣宣义郎傅雱使河东军前，通问二帝。己卯，置沿河、沿淮、沿江帅府十有九，要郡三十九，次要郡三十八，帅守兼都总管，守臣兼钤辖、都监，总置军九十六万七千五百人。别置水军七十七将，造舟江、淮诸路。置三省、枢密院赏功司。东京留守范讷落节钺，淄州居住。庚辰，以二帝未还，禁州县用乐。辛巳，置沿河巡察六使。壬午，以户部尚书张悫同知枢密院事兼提举措置户部财用。癸未，吕好问罢。甲申，并尚书户部右曹所掌归左曹，命尚书总领。乙酉，以宗泽为东京留守，杜充为北京留守。罢监司州郡职田。丙戌，诏陕西、河北、京东西路募兵合十万人，更番入卫行在。命京东、西路造战车。丁亥，以张所为河北西路招抚使。括买官民马，劝出财助国。戊子，以钱盖为陕西经制使，封赵怀恩为安化郡王，因召五路兵赴行在。

秋七月己丑朔，以枢密副都承旨王瓌为河东经制使。庚寅，诏王渊、刘光世、统制官张俊乔仲福韩世忠分讨陈州军贼杜用、京东贼李昱及黎驿、鱼台溃兵，皆平之。辛卯，籍东南诸州神霄宫及赡学钱助国用。叙右监门卫大将军、贵州团练使士琚以磁、洺义兵复洺州。乙未，以温州观察使范琼为定武军承宣使、御营司同都统制。丙申，赐诸路强壮巡社名为"忠义巡社"，专隶安抚司。戊戌，钦宗至燕山府。以忻州观察使张换为河北制置使。东都宣武卒杜林谋据成都叛，伏诛。巳亥，诏台省、寺监繁简相兼，学官、馆职减旧制之半。辛丑，复议吴玕、莫俦等十一人罪，并广南、江、湖诸州安置，余递贬有差。壬寅，诏："奉元祐太后如东南，六宫及卫士家属从行，朕当独留中原，与金人决战。"以延康殿学士许翰为尚书右丞。甲辰，以右谏议大夫宋齐愈当金人谋立异姓，书张邦昌姓名，斩于都市。乙巳，手诏："京师未可往，当巡幸东南。"丙午，诏定议巡幸南阳。以观文殿学士范致虚知邓州，修城池，缮宫室，输钱谷以实之。丁未，遣官诣京师迎奉太庙神主赴行在。己酉，罢四道都总管。以尚书虞部员外郎张浚为殿中侍御史。庚戌，征诸道兵，期八月会行在。丙辰，徽宗自燕山密遣阁门宣赞舍人曹勋至，赐帝绢半臂，书其领曰："便可即真，来援父母。"帝泣以示辅臣。张所、傅亮军发行在。是月，关中贼史斌犯兴州，僭号称帝。

八月戊午朔，洪刍等坐围城日括金银自盗，及私纳宫人，刍及余大均、陈冲贷死，流沙门岛，余五人罪有差。胜捷军校陈和乱于杭州，执帅臣叶梦得，杀漕臣吴昉。己未，元祐太后发京师。庚申，以刘光世为奉国军节度使，韩世忠、张俊皆进一官。辛酉，右司谏潘良贵罢。壬戌，以李纲为尚书左仆射兼门下侍郎，黄潜善为右仆射兼中书侍郎，张勋兼御营副使。癸亥，命御营使、副大阅五军。庚午，更号元祐太后为隆祐太后。辛未，罢傅亮经制副使，召赴行在。壬申，召布衣谯定赴行在。命御营统制辛道宗讨陈通。是夕，东北方有赤气。癸酉，以耿南仲主和误国，南雄州安置。乙亥，用张浚言，罢李纲左仆射。丙子，隆祐太后发南京；命侍卫马军都指挥使郭仲荀护卫如江宁，兼节制江、淮、荆、浙、闽、广诸州，制置东南盗贼。丁丑，以龙图阁直学士钱伯言知杭州，节制两浙、淮东将兵及福建枪杖手，讨陈通。庚辰，降榜招谕杭州乱兵。壬午，用黄潜善议，杀上书太学生陈东、崇仁布衣欧阳澈。乙酉，遣兵部员外郎江端友等抚谕闽、浙、湖、广、江、淮、京东西诸路，及体访官吏贪廉、军民利病。许翰罢。丁亥，博州卒宫仪作乱，犯莱州。

九月己丑，建州军校张员等作乱，执守臣张动，转运副使毛奎、判官曹仔为所杀，婴城自守。范琼捕斩李孝忠于复州，壬辰，以金人犯河阳、氾水，军诏择日巡幸淮甸。铸建炎通宝钱。命淮、浙沿海诸州增修城壁，招训民兵，以备海道。甲午，命扬州守臣吕熙浩缮修城池。宗泽往河北视师，七日还。是夜，辛道宗兵溃于嘉兴县。丁酉，诏荆襄、关陕、江淮皆备巡幸。戊戌，罢买马。己亥，以子旉为检校少保、集庆军节度使，封魏国公。诏内外官司参用嘉祐、元丰敕，以俟新书。庚子，二帝徙居雷郡。辛丑，陈通劫提点刑狱周格营，杀格，执提点刑狱高士瞳。壬寅,遣徽猷阁待制孟忠厚迎奉太庙神主赴扬州。以直秘阁王圭为招抚判官代张所,寻责所广南安置。乙巳,宗泽表请车驾还阙。戊申,河北招抚司都统制王彦渡河击金人破之,复新兴县。己酉,以谍报金人欲犯江、浙,诏暂驻淮甸捍御,稍定即还京阙。募民入赀授官。军贼赵万入常州,执守臣何衮。罢诸路经制招抚使。庚戌,始通当三大钱于淮、浙、荆湖诸路。壬子,命湖南抚谕官马伸持诏赐张邦昌死于潭州,并诛王时雍。癸丑,诏:有敢妄议惑众沮巡幸者,许告而罪之,不告者斩。乙卯,王彦及金人战,败绩,奔太行山聚众,其裨将岳飞引其部曲自为一军。赵万陷镇江府,守臣赵子崧弃城渡江保瓜洲。

是秋,金人分兵据两河州县,惟中山庆源府、保莫邢洺冀磁绛相州久之乃陷。

冬十月丁巳朔,帝登舟幸淮甸。戊午,太后至扬州。己未,罢诸路劝诱献纳钱物。庚申,罢诸路召募溃兵忠义等人,及寄居官擅集勤王兵者。癸亥,募群盗能并减贼众者官之。甲子,以张浚论李纲不已,落纲观文殿大学士,止奉宫祠。知秀州兼权浙西提点刑狱赵叔近入杭州招抚陈通。乙丑,罢帅府、要郡、次要郡新军及水军。丁卯,以王渊为杭州制置盗贼使,统制官张俊从行。庚午,次泗州,幸普照寺。甲戌,太白昼见。己卯,次楚州宝应县。从军将孙琦等作乱,逼左正言卢臣中堕水死。庚辰,命刘光世讨镇江叛兵。辛巳,以光世为滁和濠州、江宁府界招捉盗贼制置使,御营统制官苗傅为使司都统制。朝请郎李棫提举广西左、右两江峒丁公事。癸未,至扬州,禁内侍统兵官相见。丙戌,王渊、张俊诱赵万等悉诛之。

十一月戊子,李纲鄂州居住,真定军贼张遇入池州,守臣滕祐弃城遁。己丑,诏:杂犯死罪有疑及理可悯者,抚谕官同提刑司酌情减降,先断后闻。壬辰,遣王伦等为金国通问使。乙未,以张悫为尚书左丞,工部尚书颜岐同知枢密院事。丙申,曲赦应天府、亳宿扬泗楚州、高邮军。丙午,以张悫为中书侍郎。戊申,以颜岐为尚书左丞兼权门下侍郎,御史中丞许景衡为右丞,刑部尚书郭三益同知枢密院事。权密州赵野弃城遁，军校杜彦据州，追野杀之。辛亥，命福建路增招弓手。金人陷河间府。是月，军贼丁进围寿春府，守臣康允之拒却之。

十二月丙辰朔，命从臣四员充讲读官，就内殿讲读。丁巳，诏诸路提刑司选官，即转运司所在州类省试进士，以待亲策。辛酉，王渊入杭州，执陈通等诛之。壬戌，青州败将王定以兵作乱，杀帅臣曾孝序。癸亥，粘罕犯汜水关，西京留守孙昭远遣将拒之，战殁，昭远引兵南遁，寻命部将王仔奉启运宫神御赴行在。甲子，改授后父徽猷阁待制邢焕为光州观察使。乙丑，诏：凡刑赏大政并经三省，其干请墨敕行下者罪之。丙寅，张遇犯江州。戊辰，金人围棣州，守臣姜刚之固守，金兵解去。甲戌，金人陷同州，守臣郑骧死之。张遇犯黄州。己卯，金人陷汝州，入西京。庚辰，金人陷华州。辛巳，破潼关。河东经制使王璱自同州引兵遁入蜀。丁进诣宗泽降。乙酉，增置广西弓手以备边。以户部尚书黄潜厚为延康殿学士、同提举措置财用。

宋史卷二五
本纪第二五

高宗二

　　二年春正月丙戌朔，帝在扬州。丁亥，录两河流亡吏士。沿河给流民官田、牛、种。戊子，金人陷邓州，安抚刘汲死之。辛卯，置行在榷货务。壬辰，金人犯东京，宗泽遣将击却之。癸巳，复明法新科。甲午，诣寿宁寺谒祖宗神主。乙未，金人破永兴军，前河东经制副使傅亮以兵降，经略使唐重、副总管杨宗闵、提举军马陈迪、转运副使桑景询、判官曾谓、提点刑狱郭忠孝、经略司主管机宜文字王尚及其子建中俱死之。东平府兵马钤辖孔彦舟叛，渡淮犯黄州，守臣赵令崴拒之。丙申，诏："自今犯枉法自盗赃者，中书籍其姓名，罪至徒者，永不录用。"金人陷均州，守臣杨彦明遁去。丁酉，金人陷房州。己亥，张遇焚真州。秘阁修撰孙昭选为乱兵所害。庚子，遣主客员外郎谢亮为陕西抚谕使兼宣谕。持诏赐夏国。张遇陷镇江府，守臣钱伯言弃城走。辛丑，内侍邵成章坐辄言大臣除名，南雄州编管。金人陷郑州，通判赵伯振死之。癸卯，金帅窝里嗢陷潍州，又陷青州，寻弃去。丁未，诏谕流民、溃兵之为盗贼者，释其罪。己酉，禁诸将引溃兵入蜀，置大散关使以审验之。庚戌，遣考功员外郎傅雱为淮东京东西抚谕使。辛亥，王渊招降张遇，以所部万人隶韩世忠。改授显谟阁直学士孟忠厚为常德军承宣使。诏：凡后族毋任侍从官，著为令。金人焚邓州。是月，以中奉大夫刘豫知济南府。金人陷颍昌府，守臣孙默为所杀。经制司僚属王择仁复永兴军。金人陷秦州，经略使李复降；又犯熙河，经略使张深遣兵马都监刘惟辅与战于新店，败之，斩其帅黑锋。

二月丙辰，金人再犯东京，宗泽遣统制阎中立等拒之，中立战死。戊午，移耿南仲于临江军。金人陷唐州。壬戌，安化军节度副使宇文虚中应诏使绝域，复中大夫，召赴行在。癸亥，罢市易务。甲子，金人犯滑州，宗泽遣张扴救之，战死。乙丑，泽遣判官范世延等表请帝还阙。河北贼杨进等诣泽降。丁卯，复延康、述古殿直学士为端明、枢密直学士。辛未，诏：自今犯枉法自盗赃罪至死者，籍其赀。壬申，赦福州叛卒张员等。癸酉，金人陷蔡州，执守臣阎孝忠。丙子，金人陷淮宁府，守臣向子韶死之。丁丑，遣王觌等充金国军前通问使。戊寅，责降知镇江府赵子崧为单州团练副使，南雄州安置。己卯，夺秘书正字胡珵官，送梧州编管。朝奉大夫刘正彦应诏使绝域，授武德大夫、威州刺史，寻为御营右军副统制。庚申，以王渊为向德军节度使。辛巳，武功大夫、和州防御使马扩奔真定五马砦聚兵，得皇弟信王榛于民间，奉之总制诸砦。壬年，诏京畿、京东西、河北、淮南路，置振华军八万人。是月，成都守臣卢法原修城成。

三月辛卯，金人陷中山府。壬辰，诏诸路安抚使许便宜节制官吏。丁酉，初立大小使臣呈试弓马出官格，先阅试然后奏补。粘罕焚西京去。庚子，河南统制官翟进复西京，宗泽奏进为京西北路安抚制置使。丙午，遥授尚书右仆射何㮚为观文殿大学士，中书侍郎陈过庭为资政殿大学士，同知枢密院事聂昌为资政殿大学士，并主管宫观。时㮚已卒于金，昌为人所杀，朝廷未之知；过庭亦在金军中。丁未，罢内外权局官之不应法者。遣杨应诚为大金、高丽国信使。己酉，张员等复作乱，拥众突城出，命本路提点刑狱李芘讨捕之。辛亥，以范琼权同主管侍卫步军司公事，屯真州。是月，金人陷凤翔府，守臣刘清臣弃城去；又犯泾原，经略使曲端遣将拒战败之，金兵走同、华。石濠尉李彦仙举兵复陕州。

夏四月丙辰，诏文臣从官至牧守、武臣管军至遥郡，各举所知二人。戊午，禁州县责邻保代输逃户税役。宗泽遣将赵世兴复滑州。

乙丑，翟进以兵袭金帅兀室于河南，兵败，其子亮死之。进又率御营统制韩世忠、京城都巡检使丁进等兵战于文家寺，又败，世忠收余兵南归。兀室复入西京，寻弃去。陇右都护张严及金人战于五里坡，败绩，死之。丁卯，金人入洛州。壬辰，军贼孙琦焚随州。癸未，入唐州。信王榛遣马扩来奏事。是月，以榛为河外兵马都元帅，扩为元帅府马步军都总管。

五月乙酉，许景衡罢。孙琦犯德安符。丙戌，命参酌元祐科举条制，立诗赋、经义分试法。戊子，以翰林学士朱胜非为尚书右丞。辛卯，以金兵渡河，遣韩世忠、宗泽等逆战。甲午，曲赦河北、陕西、京东路。福建转运判官谢如意执张员等六人诛之。丙申，复命宇文虚中为资政殿大学士，充金国祈请使。贼靳赛寇光山县。戊戌，河北制置使王彦部兵渡河，屯滑州之沙店。癸卯，张愻薨。甲辰，金帅娄宿陷绛州。丁未，复置两浙、福建提举市舶司。己酉，秀州卒徐明等作乱，执守臣朱芾，迎前守赵叔近复领州事。命御营中军统制张俊讨之。癸丑，罢借诸路职田。

六月乙卯，邛州铸钱，增印钱引。癸亥，建州卒叶浓等作乱，寇福州。甲子，亲虑囚。乙丑，张俊至秀州，杀赵叔近，执徐明斩之。甲戌，叶浓陷福州。丁丑，诏江、浙沿流州军练水军，造战舰。京畿、淮甸蝗。是月，以知延安府王庶节制陕西六路军马，泾原经略使曲端为节制司都统制。永兴军经略使郭琰逐王择仁，择仁奔兴元。

秋七月甲申，叶浓入宁德县，复还建州，命张俊同两浙提点刑狱赵哲率兵讨之。丙戌，诏吏部审量京官，非政和以后进书颂及直赴殿试人，乃听参选。宗泽薨。丁亥，诏：百官坐蔡京、王黼拟授而废者，许自新复用。戊子，禁军中抉目剜心之刑。壬辰，选江、浙州军正兵、士兵六之一赴行在。乙未，以郭仲荀为京城副留守。戊戌，录内外诸军将士功。辛丑，以春霖夏旱蝗，诏监司、郡守条上阙政，州郡灾甚者蠲田赋。甲辰，以降授北京留守杜充复枢密直学士，为开封尹、东京留守。

八月甲寅，初铸御宝三。甲戌，御集英殿策试礼部进士。罢殿中侍御史马伸，寻责濮州。河北、京东捉杀使李成叛；辛巳，犯宿州。是月，二帝徙居韩州。

九月甲申，丁进叛，复寇淮西。庚寅，赐礼部进士李易以下四百五十一人及第、出身，特奏名进士皆许调官。壬辰，召侍从所举褚宗谔等二十一人驿赴行在。癸巳，金人陷冀州，将官李政死之。甲午，金人再犯永兴军，经略使郭琰弃城，退保义谷。辛丑，陕西节制司兵官贺师范及金人战于八公原，败绩，死之。丙午，复所减京官奉。丁未，东京留守统制官薛广及金人战于相州败死。己酉，郭三益薨。

是秋，窝里嗢、挞懒破五马山砦，信王榛不知所终。马扩军败于北京之清平。

冬十月甲寅，命扬州浚隍修城。阅江、淮州郡水军。杨应诚还自高丽。戊午，遣刘光世讨李成。壬戌，禁江、浙闭籴。癸亥，粘罕围濮州，遣韩世忠、范琼领兵至东平、开德府，分道拒战，又命马扩援之。甲子，命孟忠厚奉隆祐太后幸杭州。杨进复叛，攻汝、洛，命翟进击于鸣皋山，翟进战死。丙子，罢吏部审量崇宁、大观以来滥赏，止令自陈。是月，刘正彦击丁进，降之。

十一月辛巳朔，提举嵩山崇福宫李纲责授单州团练副使，万安军安置。刘光世及李成战于新息县，成败走。高丽国王王楷遣其臣尹彦颐入见。金人围陕州，守臣李彦仙拒战却之。壬辰，金人陷延安府，权知府刘选、总管马忠皆遁，通判府事魏彦明死之。癸巳，赵哲大破叶浓于建州城下，浓遁而降，复谋为变，张俊禽斩之。乙未，金人陷濮州，执守臣杨粹中；又陷开德府，守臣王棣死之。以魏行可充金国军前通问使。庚子，诣寿宁寺朝飨祖宗神主。壬寅，冬至，祀昊天上帝于圜丘，以太祖配，大赦。金人陷相州，守臣赵不试死之。甲辰，陷德州，兵马都监赵叔皎死之。庚戌，立士庶子弟习射补官法。是月，节制陕西军马王庶为都统制曲端所拘，夺其印。四川茶马赵开罢官买卖茶，给引通商如政和法。金人犯晋宁军，守臣徐徽言拒却之，知府州折可求以城降。金人陷淄州。泾原兵马都监吴玠袭斩史斌。滨州贼盖进陷棣州，守臣姜刚之死之。京东贼李民诣行在请降,王渊歼其众,留民为将。

十二月乙卯,太后至杭州,扈从统制苗傅以其军八千人驻奉国寺。庚申,金人犯东平府,京东西路制置使权邦彦弃城去;又犯济南府,守臣刘豫以城降。甲子,金人陷大名府,提点刑狱郭永骂敌不屈,死之,转运判官裴仪降;又陷袭庆府。乙丑,陷虢州。丙寅,初命修国史。己巳,以黄潜善为尚书左仆射兼门下侍郎,汪伯彦右仆射兼中书侍郎,颜岐门下侍郎,朱胜非中书侍郎,兵部尚书卢益同知枢密院事。辛未,金人犯青州。丁丑,特进致仕余深、金紫光禄大夫致仕薛昂并分司,进昌军、徽州居住。耿南仲再责单州别驾,唐恪追落观文殿大学士。戊寅,以礼部侍郎张浚兼御营参赞军事,教习长兵。

是冬,杜充决黄河,自泗入淮以阻金兵。

三年春正月庚辰朔,帝在扬州。以京西北路兵马钤辖翟兴为河南尹、京西北路安抚制置兼招讨使。京西贼贵仲正陷岳州。甲申,以资政殿学士路允迪签书枢密院事。丁亥,金人再陷青州,又陷潍州,焚城而去。京东安抚刘洪道入青州守之。己丑,奉安西京会圣宫累朝御容于寿宁寺。占城国入贡。趣大金通问使李邺、周望、宋彦通、吴德休等往军前。辛卯,陕州都统邵兴及金人战于潼关败之,复虢州。乙未,杜充遣岳飞、桑仲讨其叛将张用于城南,其徒王善救之,官军败绩。庚子,张用、王善寇淮宁府,守臣冯长宁却之。诏:"百官闻警遣家属避兵,致物情动摇者,流。"丙午,粘罕陷徐州,守臣王复及子倚死之,军校赵立结乡兵为兴复计。御营平寇左将军韩世忠军溃于沭阳,其将张遇死,世忠奔盐城。金兵执淮阳守臣李宽。杀转运副使李跋,以骑兵三千取彭城,间道趣淮甸。戊申,至泗州。

二月庚戌朔,始听士民从便避兵。命刘正彦部兵卫皇子、六宫如杭州。江、淮制置使刘光世阻淮拒金人,敌未至自溃。金人犯楚州,守臣朱琳降。辛亥,金人陷天长军。壬子,内侍邝询报金兵至,帝被甲驰幸镇江府。是日,金兵过杨子桥。癸丑,游骑至瓜洲,太常少卿季陵奉太庙神主行，金兵追之，失太祖神主。王渊请幸杭州。命留朱胜非守镇江；以吏部尚书吕颐浩为资政殿大学士、江淮制置使；都巡检使刘光世为殿前都指挥使，充行在五军制置使，驻镇江府，控扼江口；主管马军司杨惟忠节制江东军马，驻江宁府。是夕，发镇江，次吕城镇。金人入真州。甲寅，次常州。御营统制王亦谋据江宁，不克而遁。御营平寇前将范琼军自东平引兵至寿春，其部兵杀守臣邓绍密。丙辰，次平江府。丁巳，金人犯泰州，守臣曾班以城降。丁进纵兵剽掠，王渊诱诛之。戊午，次吴江县，命朱胜非节制平江府、秀州控扼军马，礼部侍郎张浚副之。又命胜非兼御营副使。留王渊守平江。以忠训郎刘俊民为阁门祗候，赍书使金军。诏录用张邦昌亲属，仍命俊民持邦昌贻金人约和书稿以行。金人陷沧州，守臣刘锡弃城走。己未，次秀州。命吕颐浩往来经制长江，以龙图阁待制、知江州陈彦文为沿江措置使。庚申，次崇德县。吕颐浩从行，即拜同签书枢密院事，江淮两浙制置使，以兵二千还屯京口。又命御营中军统制张俊以兵八千守吴江，吏部员外郎郑资之为沿江防托，监察御史林之平为沿海防托，募海舟守隘。壬戌，驻跸杭州。金人陷晋宁军，守臣徐徽言死之。癸亥，下诏罪己，求直言。令有司具舟常、润，迎济衣冠、军民家属；省仪物、膳羞，出宫人之无职掌者。乙丑，降德音，赦杂犯死罪以下囚，放还士大夫被窜斥者，惟李纲罪在不赦，更不放还。盖用黄潜善计，罪纲以谢金人。置江宁府榷货务都茶场。丁卯，百官入见，应迪功郎以上并赴朝参。戊辰，出米十万斛，即杭秀常湖州、平江府损直以粜，济东北流寓之人。金人焚扬州。己巳，用御史中丞张澂言，罢黄潜善、汪伯彦，以户部尚书叶梦得为尚书左丞，澂为右丞。庚午，诏平江镇江府、常、湖、杭、越州，具寓居京朝官已上姓名以备简拔。分命浙西监司等官，募土豪守千秋、垂脚、襄阳诸岭，以扼宣、常诸州险要。金人去扬州。辛未，诏御营使司唯掌行在五军，凡边防经制并归三省、枢密。金人过高邮军，守臣赵士瑗弃城走。溃兵宋进犯泰州，守臣曾班遁。壬申，罢军期司掊敛民财者。吕颐浩遣将陈彦渡江袭金余兵，复扬州。癸酉，靳赛犯通州。韩世忠小校李在叛据高邮。甲戌,黄潜善、汪伯彦并落职。乙亥,召朱胜非赴行在,留张浚驻平江。赠陈东、欧阳澈承事郎,官有服亲一人,恤其家。召马伸赴行在,卒,赠直龙图阁。丙子,诏士民直言时政得失。是月,以王庶为陕西节制使、知京兆府,节制司都统制曲端为鄜延经略使、知延安府。张用据确山,号"张莽荡"。

三月己卯朔,日中有黑子。庚辰,以朱胜非为尚书右仆射兼中书侍郎。辛巳,叶梦得罢,以卢益为尚书左丞,未拜,复罢为资政殿学士。御营都统制王渊同签书枢密院事。吕颐浩为江南东路安抚制置使、知江宁府。壬午,诏王渊免进呈书押本院文字。扈从统制苗傅忿王渊骤得君,刘正彦怨招降剧盗而赏薄。帝在扬州,阉臣用事恣横,诸将多疾之。癸未,傅、正彦等叛,勒兵向阙,杀王渊及内侍康履以下百余人。帝登楼,以傅为庆远军承宣使、御营使司都统制,正彦渭州观察使、副都统制。傅等迫帝逊位于皇子魏国公,请隆祐太后垂帘同听政。是夕,帝移御显宁寺。甲申,尊帝为睿圣仁孝皇帝,以显宁寺为睿圣宫,大赦。以张澂兼中书侍郎,韩世忠为御营使司提举一行事务,前军统制张俊为秦凤副总管,分其众隶诸军。丁亥,以东京留守杜充为资政殿大学士,节制京东西路。殿前副都指挥使、东京副留守郭仲荀进昭化军节度使。分窜内侍蓝圭、高邈、张去为、张旦、曾择、陈永锡丁岭南诸州。择已行,傅追还杀之。吕颐浩至江宁。戊子,以端明殿学士王孝迪为中书侍郎、卢益为尚书左丞。张俊部众八千至平江,张浚谕以决策起兵问罪,约吕颐浩、刘光世招韩世忠来会。己丑,改元明受。张浚奏乞睿圣皇帝亲总要务。庚寅,百官始朝睿圣宫,以苗傅为武当军节度使,刘正彦为武成军节度使,刘光世为太尉、淮南制置使,范琼为庆远军节度、湖北制置使,杨惟忠加少保,张浚为礼部尚书,及吕颐浩并赴行在。傅等以御营中军统制吴湛主管步军司;黄潜善、汪伯彦并分司,衡、永州居住;王孝迪、卢益为大金国信使;进士黄大本、吴时敏为先期告请使。置行在都茶场。吕颐浩奏请睿圣皇帝复大位。金人陷鄜州。癸巳,张浚命节制司参议官辛道宗措置海舶,遣布衣冯辐持书说傅、

正彦。甲午，有司请尊太后为太皇太后。不许。吕颐浩率勤王兵万
人发江宁。乙未，再贬黄潜善镇东军节度副使，英州安置。刘光世
部兵会吕颐浩于丹阳。丙申，韩世忠自盐城收散卒至平江，张俊假
兵二千；戊戌，赴行在。辛丑，傅等以世忠为定国军节度使，张俊为
武宁军节度使、知凤翔府，张浚责黄州团练副使，郴州安置。俊等皆
不受。傅等遣军驻临平，拒勤王兵。壬寅，日中黑子没。卢益罢。吕
颐浩至平江。水贼邵青入泗州。癸卯，太后诏：睿圣皇帝宜称皇太
弟、天下兵马大元帅、康王，皇帝称皇太侄，监国。赐傅、正彦铁券。
吕颐浩、张浚传檄中外讨傅、正彦，执黄大本下狱。乙巳，太后降旨
睿圣皇帝处分兵马重事。张俊率兵发平江，刘光世继之。丙午，张
浚同知枢密院事，翰林学士李邴、御史中丞郑瑴并同签书枢密院
事。吕颐浩、张浚发平江；丁未，次吴江，奏乞建炎皇帝还即尊位。朱
胜非召傅、正彦至都堂议复辟，傅等遂朝睿圣宫。金人陷京东诸郡，
刘洪道弃青州去。挞懒以刘豫知东平府，节制河南州郡。赵立复徐
州。

　　夏四月戊申朔，太后下诏还政，皇帝复大位。帝还宫，与太后御
前殿垂帘，诏尊太后为隆祐皇太后。己酉，诏访求太祖神主。以苗
傅为淮西制置使，刘正彦副之。庚戌，复纪年建炎。命张浚知枢密
院事，苗傅、刘正彦并检校少保。吕颐浩、张浚军次临平，苗翊、马柔
吉拒战不胜，傅、正彦引兵二千夜遁。辛亥，皇太后撤帘。吕颐浩等
入见。傅犯富阳、新城二县，遣统制王德、乔仲福追击之。癸未，朱
胜非、颜岐、王孝迪、张澂、路允迪俱罢。以吕颐浩为尚书右仆射兼
中书侍郎，李邴尚书右丞，郑瑴签书枢密院事。甲寅，以刘光世为太
尉、御营副使，韩世忠为武胜军节度使、御前左军都统制，张俊为镇
西军节度使、御前右军都统制，勤王所僚属将佐进官有差。主管殿
前司王元、左言并责官英、贺州安置。枢密都承旨马瑗停官，永州居
住。吏部员外郎范仲熊、浙西安抚司主管机宜文字时希孟并除名，
柳州、吉阳军编管。斩中军统制吴湛、工部侍郎王世修于市。赠王
渊开府仪同三司。乙卯，大赦。举行仁宗法度，应嘉祐条制与今不

同者，自官制役法外，赏格从重，条约从宽。罢上供不急之物。元祐石刻党人官职、恩数追复未尽者，令其家自陈。许中外直言。丁巳，禁内侍交通主兵官及馈遗假贷、借役禁兵、干预朝政。庚申，诏尚书左右仆射并带同中书门下平章事，改门下、中书侍郎为参知政事，省尚书左右丞。以李邴参知政事。诏行在职事官各举所知，并省馆学、寺监等官。苗傅犯衢州。癸亥，以给事中周望为江、浙制置使。丁卯，帝发杭州，留郑珏卫皇太后，以韩世忠为江、浙制置使，及刘光世追讨傅、正彦。己巳，诏：傅、正彦、苗瑀、苗翊、张逵不赦，余党并原。壬申，立子魏国公旉为皇太子。赦傅党王钧甫、马柔吉罪，许其自归。丙子，范琼自光、蕲引兵屯洪州。是月，刘文舜寇濠州。西北贼薛庆袭据高邮军。

五月戊寅朔，帝次常州，以张浚为宣抚处置使，以川、陕、京西、湖南北路隶之，听便宜黜陟。庚辰，苗傅统领官张翼斩王钧甫、马柔吉降。辛巳，次镇江府，遣祭张悫、陈东墓，诏恤其家。癸未，以翰林学士滕康同签书枢密院事。乙酉，至江宁府，驻跸神霄宫，改府名建康。起复朝散郎洪皓为大金通问使。丁亥，以徽猷阁直学士陈彦文提领水军，措置江、浙防托。召蓝圭等速还朝。己丑，韩世忠追讨傅、正彦于浦城县，获正彦，傅遁走。张浚抚谕薛庆于高邮，为庆所留。乙未，浚罢。以御营前军统制王璞为淮南招抚使。乙亥，复置中书门下省检正官，省左右司郎中二员。苗傅裨将江池杀苗翊降于周望。傅走建阳县，土豪詹标执之以献。辛丑，张浚还自高邮，复命知枢密院事。是月，翟兴击杀杨进余党，复招其徒刘可拒官军。

六月戊申朔，以东京留守杜充引兵赴行在，命兼宣抚处置副使，节制淮南、京东西路。己酉，以久雨召郎官已上言阙政，吕颐浩请令实封以闻。遂用司勋员外郎赵鼎言，罢王安石配享神宗庙庭，以司马光配。王善攻淮宁府不克，转寇宿州，统领王冠战败之。甲寅，罢赏功司。乙卯，命恤死事者家，且录其后。升浙西安抚使康允之为制置使。丙辰，刘光世招安苗傅将韩隽。戊午，命江、浙、淮南引塘泺、开浍沧，以阻金兵。庚申，皇太后至建康府。辛酉，以久阴，

下诏以四失罪己：一早昧经邦之略，二曰昧戡难之远图，三曰无绥
人之德，四曰失驭臣之柄。仍榜朝堂，遍谕天下，使知朕悔过之意。
以带御器械李质权同主管殿前司。乙丑，以建康府、路安抚使连南
夫兼建康府宣徽太平等州制置使。丁卯，右司谏袁植请诛黄潜善及
失守者权邦彦等九人。诏：“朕方念咎责己，岂可尽以过失归于臣
下？”遂罢植知池州，以赵鼎为右司谏。癸酉，置枢密院检详官。以
右司郎中刘宁止为沿江措置副使。甲戌，移御行宫。乙亥，诏谕中
外：“以迫近防秋，请太后率宗室迎奉神主如江表，百司庶府非军旅
之事者，并令从行。朕与辅臣宿将备御寇敌，应接中原。官吏士民
家属南去者，有司毋禁。”金人陷磁州。

是夜，贼贵仲正降。

秋七月戊寅，赠王复为资政殿学士。己卯，亲虑囚。辛巳，苗傅、
刘正彦伏诛。癸未，进韩世忠检校少保、武胜昭庆军节度使、御营使
司都统制。范琼自洪州入朝，以琼为御营使司提举一行事务，后军
统制辛企宗为都统制。命学士院草夏国书，大金国表本付张浚。甲
申，诏以苗、刘之变，当轴大臣不能身卫社稷，朱胜非、颜岐、路允迪
并落职，张澂衡州居住。以知庐州胡舜陟为淮西制置使，知江州权
邦彦兼本路制置使。金人犯山东，安抚使刘洪道弃潍州遁，莱州守
将张成举城降。丁亥，以范琼跋扈无状收下大理狱，分其兵隶神武
五军。皇太子旉，谥元懿。戊子，郑珏薨。己丑，以资政殿大学士王
绹参知政事，兵部尚书周望同签书枢密院事。庚寅，仙井监乡贡进
士李时雨上书，乞选立宗子系属人心。帝怒，斥还乡里。辛卯，升杭
州为临安府。壬辰，言者又论范琼逼迁徽宗及迎立张邦昌，琼辞伏，
赐死，子弟皆流岭南。刘洪道复青州，执金守向大猷。乙未，遣谢亮
使夏国。丁酉，遣崔纵使金军前。庚子，张浚发行在。辛丑，王躞与
靳赛遇，合战败绩。壬寅，命李邴、滕康权知三省、枢密院事，扈从太
后如洪州，杨惟忠将兵万人以卫。以杜充同知枢密院事兼宣抚处置
副使。乙巳，诏江西、闽、广、荆湖诸路团教峒丁、枪杖手。山东贼郭
仲威陷淮阳军。翟兴引兵入汝州与贼王俊战，败之。

八月己酉,移浙西安抚司于镇江府。庚戌,李邴罢。壬子,以吏部尚书刘珏为端明殿学士、权同知三省枢密院事。甲寅,王庶罢。以徽猷阁直学士、知庆阳府王似为陕西节制使。刘文舜入舒州。己未,太后发建康。丁卯,遣杜时亮使金军前。

闰八月丁丑朔,以胡舜陟为沿江都制置使,集英殿修撰王羲叔副之。丁亥,辅逵掠涟水军,杀军使郝璘,率众降于王璨。己丑,以吕颐浩守尚书左仆射,杜充守右仆射,并同中书门下平章事。庚寅,起居郎胡寅上书言二十事,吕颐浩不悦,罢之。辛卯,命杜充兼江、淮宣抚使守建康,前军统制王璨隶之。韩世忠为浙西制置使守镇江,刘光世为江东宣抚使守太平、池州,并受充节制。丁酉,太后至洪州。己亥,减福建、广南岁上供银三之一。诏制置使唯用兵听便宜,余事悉禁。壬寅,帝发建康,复还浙西,张俊、辛企宗以其军从。甲辰,次镇江府。赐陈东家金。张浚次襄阳,招官军、义兵分屯襄、郢、唐、邓,以程千秋、李允文节制。是月,知济南府宫仪及金人数战于密州,兵溃,仪及刘洪道俱奔淮南,守将李逵以密州降金。靳赛诣刘光世降。

九月丙午朔,日有食之。谍报金人治舟师,将由海道窥江、浙,遣韩世忠控守圌山、福山。辛亥,次平江府。壬子,金人陷单州、兴仁府,遂陷南京,执守臣凌唐佐降之。癸丑,以周望为两浙、荆湖等路宣抚使,总兵守平江。翰林学士张守同签书枢密院事。命刘光世移屯江州。丙辰,遣张邵等充金国军前通问使。金人陷沂州。却高丽入贡使。张浚承制罢知潭州辛炳,起复直龙图阁向子諲代之。丁巳,蠲诸路青苗积欠钱。辛酉,知鼎州邢倞坐结耶律余睹,再责汝州团练副使,英州安置。癸亥,赐宿、泗州都大提举使李成军绢二万匹,成寻复叛。己巳,以胡舜陟为两浙宣抚司参谋官,知镇江府陈邦光为沿江都制置使。庚午,以工部侍郎汤东野知平江府兼浙西制置使。辛未,追复邹浩龙图阁待制。壬申夜,潭州禁卒作乱,谋窜不果,向子諲随招安之。甲戌,金帅娄宿犯长安,经略使郭琰弃城遁,河北贼郦琼转光州。

冬十月丙子朔,诏按察官岁上所发掴赃吏姓名以为殿最。庚辰,禁诸军擅入川、陕。癸未,帝至杭州,复如浙东。庚寅,渡浙江。郭仲威诣周望降,望以仲威为本司统制。辛卯,李成陷滁州,杀守臣向子伋。壬辰,帝至越州。癸巳,命提举广西峒丁李械市马,邕州置牧养务。戊戌,初命东南八路岁收经制五项钱输行在。张浚治兵于兴元府。金人陷寿春府。庚子,陷黄州,守臣赵令峸死之。辛丑,张浚以同主管川、陕茶马赵开为随军转运使,专总四川财赋。金人自黄州济江,刘光世引军遁,知江州韩梠弃城去。金人自大冶县趋洪州。是月,京西贼刘满陷信阳军,杀守臣赵士负。盗入宿州,杀通判盛修己。

十一月乙巳朔,金人犯庐州,守臣李会以城降。王善叛降金,金人执之。丁未,诏降杂犯死罪,释流以下囚,听李纲自便,追复宋齐愈官。贵仲正犯荆南,兵马钤辖渠成与战,斩之。戊申,金帅兀术犯和州,守臣李傅以城降,通判唐璟死之。己酉,张浚出行关、陕。兀术陷无为军,守臣李知几弃军走。壬子,太后退保虔州。江西制置使王子献弃洪州走。丁巳,金人陷临江军,守臣吴将之遁。戊午,遣孙悟等充金国军前致书使。金人陷洪州,权知州事李积中以城降;抚、袁二州守臣王仲山、王仲嶷皆降。淮贼刘忠犯蕲州,韩世清逆战破之,忠入舒州,杀通判孙知微。庚申,金人陷真州,守臣向子忞弃城去。辛酉,太后至吉州。壬戌,金人犯建康府,陷溧水,县尉潘振死之。癸亥,金人陷太平州。主管步军司闾勍自东京奉累朝御容至行在,诏奉安于天庆观,寻命勍节制淮西军马以拒金人。甲子,杜充遣都统制陈淬、岳飞等及金人战于马家渡,王𤩽以军先遁,淬败绩,死之。乙丑,以检正诸房公事傅崧卿为浙东防遏使。太后发吉州,次太和县,护卫统制杜彦及后军杨世雄率众叛,犯永丰县,知县事赵训之死之。金人至太和县,太后自万安陆行如虔州。丁卯,下诏回浙西迎敌。金人犯吉州,守臣杨渊弃城走,又陷六安军。己巳,帝发越州,次钱清镇。庚午,复还越州。以周望同知枢密院事,仍兼两浙宣抚使守平江,殿前都指挥使郭仲荀为副使守越州,右军都统制张俊为浙东制置使从行。御史中丞范宗尹参知政事。辛未,兀术入建康府,守臣陈邦光、户部尚书李税迎拜,通判杨邦乂拒之。癸酉,帝如明州。金人犯建昌军,兵马监押蔡延世击却之。甲戌,兀术杀杨邦乂。韩世忠自镇江引兵之江阴军。江、淮宣抚司溃卒李选攻陷镇江。淮西兵马都监王宗望以濠州降于金。是月,张浚至秦州。桑仲自唐州犯襄阳,京西制置使程千秋败走,仲遂据襄阳。

十二月乙亥朔,张浚承制废积石军。丙子,帝至明州。丁丑,江、淮宣抚司准备将戚方拥众叛,犯镇江府,杀守臣胡唐老;辛巳,陷常州,守臣周杞遣赤心队官刘晏击走之。陷广德军,杀守臣周烈。刘光世引兵趋南康军。壬午,定议航海避兵,禁卒张宝等惮行谋乱,命吕颐浩等伏兵执宝等十七人斩之。甲申,张浚承制拜泾原经略使曲端为威武大将军、宣抚处置使司都统制。乙酉,兀术犯临安府,守臣康允之弃城走,钱塘县令朱跸死之。己丑,帝乘楼船次定海县,给行在诸军雪寒钱。辛卯,留范宗尹、赵鼎于明州以候金使。癸巳,帝次昌国县。乙未,杜彦犯潭州,杀通判孟彦卿、赵民彦。金人屠洪州。戊戌,金人犯越州,安抚使李邺以城降,卫士唐琦袖巨石要击金帅鄏八不克,死之。郭仲荀弃军奔温州。庚子,移幸温、台。癸印,黄潜善卒于英州。李成自滁州引兵之淮西。

宋史卷二六
本纪第二六

高宗三

四年春正月甲辰朔,御舟碇海中。乙巳,金人犯明州,张俊及守臣刘洪道击却之。丙午,帝次台州章安镇。己酉,遣小校自海道如虔州问安太后。庚戌,金人再犯明州,张俊引兵去,浙东副总管张思政及刘洪道继遁。癸丑,贬郭仲荀汝州团练副使,广州安置。丙辰,诏原两浙州郡降金官吏。丁巳,娄宿陷陕州,守臣李彦仙死之。己未,金人陷明州,夜,大雨震电,乘胜破定海,以舟师来袭御舟,张公裕以大舶击退之。辛酉,发章安镇。壬戌,雷雨又作。甲子,泊温州港口。乙丑,以中书舍人李正民为两浙、湖南、江西抚谕使,诣太后问安。丁卯,台州守臣晁公为弃城遁。虔州卫兵及乡兵相杀,纵火肆掠三日。刘可转寇京西,屡为桑仲所败,至是为其党所杀,复推刘超据荆门军。戊辰,滕康、刘珏罢,仍夺职。己巳,换给僧道度牒,人输钱十千。辛未,命臣僚条具兵退之后措置之策、驻跸之所。是月,金人攻楚州,守臣赵立拒之。金人犯汾州,曲端遣泾原路副总管吴玠拒战,败之于彭原;又陷同州。张浚遣谢亮使夏国,至则其主乾顺已称制,遂还。

二月甲戌朔,郦琼率众降于刘光世。叛将傅选诣虔州乞降。乙亥,奉安祖宗神御于福州。诏复以卢益为资政殿学士,李回端明殿学士,并权知三省、枢密院事。金人陷潭州,将吏王暐、刘玠、赵聿之战死,向子諲率兵夺门亡去,金兵大掠,屠其城。丙子,金人自明州引兵还临安。癸未，虔州乡兵首领陈新率众数万围城，叛将胡友亦犯虔州，与新战，破之，新乃去。甲申，禁逃卒投刺别军。丙戌，金人自临安退兵，命刘光世率兵追之。丁亥，金人陷汴京，权留守上官悟出奔，为盗所杀。庚寅，帝次温州。浙东防遏使傅崧卿入越州。辛卯，金人陷秀州。甲午，知蔡州程昌寓弃城南归。鼎州民钟相作乱，自称楚王。乙未，杜充罢。丙申，以金兵退，肆赦。张浚承制以陕西制置使王似知成都府。罢诸路武臣提点刑狱。李成入舒州。金游骑至平江，周望奔太湖，守臣汤东野亦遁。茶陵县军贼二千余人犯郴州永光县。戊戌，金人入平江，纵兵焚掠。辛丑，白虹贯日。钟相陷澧州，杀守臣黄宗。权湖北制置使傅雱招谕孔彦舟，彦舟听命，因以为湖南、北捉杀使。荆南守臣唐愨弃城去。金人陷醴州，守臣王淑弃城去。是月，张浚自秦州引兵入援。

三月癸卯朔，孔彦舟入鼎州。金人去平江，统制陈思恭以舟师邀败其后军于太湖。吕颐浩请幸浙西。丙午，赵鼎言金兵去未还，遂缓其行。丁未，命发运司说谕两浙富民助米，以备巡幸。辛亥，遣兵部员外郎冯康国等抚谕荆湖南北、广南诸路。壬子，金人入常州，守臣周杞弃城去。甲寅，遣卢益及御营都统制辛企宗奉迎太后东还。丙辰，金人犯终南县，经略使郑恩战败死之。丁巳，金人至镇江府，韩世忠屯焦山寺邀击之。诏侍从官各举可充监司者一二人。辛酉，御舟发温州。宣抚司节制军马李允文部兵至鄂州。御营前军将杨勍叛。甲子，张浚请便宜辟官不许更改。戊辰，孔彦舟击败钟相，禽相及其子子昂，槛送行在。己巳，戚方陷广德军，杀权通判王俦。

夏四月癸酉，蠲江西州县兵盗残破民家夏税。戊寅，吴玠及金人战于汾州彭原店，败绩，部将杨晟死之。己卯，以观文殿学士朱胜非为江西、湖南北宣抚使。是日，张浚引兵至房州，知金兵退，乃还。癸未，帝驻越州。甲申，下诏亲征，巡幸浙西。韩世忠驻军扬子江，要金人归路，屡败之，兀术引军走建康。乙酉，以御史中丞赵鼎为翰林学士，鼎固辞不拜。戚方围宣州。刘光世遣统制王德诱诛刘文舜于饶州。丙申，用赵鼎劾奏，吕颐浩罢为镇南军节度使、醴泉观使。

命三省、枢密院同班奏事。韩世忠及兀术再战江中，金人乘风纵火，世忠败绩。兀术渡江，屯六合县。丁酉，复以赵鼎为御史中丞。戊戌，振明州被兵民家。己亥，以张俊为浙西、江东制置使。辛丑，王德破妖贼王宗石于信州贵溪县，执其渠帅，诸县悉平。是月，金人犯江西者自荆门军北归，留守司同统制牛皋潜军宝丰击败之。

五月甲辰，以范宗尹为尚书右仆射兼御营使。辛亥，统领赤心队军马刘晏及戚方战于宣州，败死。壬子，金人焚建康府，执李棁、陈邦光而去；淮南宣抚司统制岳飞邀击于静安镇，败之。是夜，紫微垣内有赤云亘天，白气贯其中。癸丑，诏台谏等官各举所知二人。以张守参知政事、赵鼎签书枢密院事。以白金三万两赐韩世忠军，赠战殁将孙世询、严永吉、张渊等官。甲寅，金人陷定远县，执闾勍去，勍不屈死之。巨师古击戚方于宣州，数败之，方引去。乙卯，王绹罢。丁巳，命刘光世移军捕戚方。杨勍犯婺州。戊午，复置权尚书六部侍郎。癸亥，诏中原、淮南流寓士人，听所在州郡附试。甲子，周望罢，寻分司，衡州居住。置京畿、淮南、湖南、湖北、京东西路镇抚使。乙丑，升高邮军为承州。以翟兴、赵立、刘位、赵霖、李成、吴翊、李彦先、薛庆并为镇抚使：光，河南府、孟汝唐州；立，楚泗州、涟水军；位，滁、濠州；霖，和州、无为军；成，舒、蕲；翊，光、黄州；彦先，海州、淮阳军；庆，承州、天长军。丁卯，庆及金人战于承州城下，累败之。戊辰，命江、浙州县祭战死兵民。分江东、西为鄂州、江州、池州三路，置安抚使。罢诸路帅臣兼制置使、诸州守臣兼管内安抚使。是月，刘超据荆南，分兵犯峡州，又合叛将彭筠犯复州。淮西败将崔增陷焦湖水砦。河东、北经制使王俊举兵及金人战于襄城县，败之，复颍昌府。张浚承制以金、房州隶利路。

六月辛未朔，蠲绍兴府三县湖田米。诏侍从、台谏、诸将集议驻跸事宜。杨勍犯处州。癸酉，遣统制陈思恭讨勍。合江南两路转运为都转运使。再贬周望昭化军节度副使，连州安置。甲戌，罢御营司。以范宗尹兼知枢密院事。乙亥，王瓒遣统领林闰等追袭杨勍于东阳县，军败，裨将李在死之。丁丑，以刘光世部兵为御前巡卫军，光世为都统制。杨勍等焚建州。戚方犯湖州安吉县,诏张俊捕之。
戊寅,更御前五军为神武军,御营五军为神武副军。以知建康府权
邦彦为淮南等路制置发运使。滁、濠镇抚使刘位为贼张文孝所杀,
命其子纲袭职。庚辰,置镇抚使六人:陈规,德安府、复州、汉阳军;
解潜,荆南府、归峡州、荆门公安军;程昌寓,鼎、澧州;陈求道,襄阳
府、邓随郢州;范之才,金、均、房州;冯长宁,淮宁顺昌府、蔡州。辛
巳,虑囚。申命有司,讨论厘正崇宁以来滥赏。罢诸州添差通判职
官。癸未,召刘光世赴行在。甲申,岳飞破戚方于广德军。乙酉,钟
相伪将胡源引兵入慈利县,执其党陈诚来降。丙戌,以吕颐浩为建
康路安抚大使,刘光世为两浙路安抚大使,朱胜非为江州路安抚大
使,郭仲威为真、扬州镇抚使。戚方诣张俊降。庚寅,召韩世忠率兵
赴行在。辛卯,妖贼王宗石等伏诛。壬辰,权密州都巡检徐文率部
兵泛海来归。甲午,置枢密院干办官四员。乙未,郭仲威犯镇江府,
遣岳飞击之。是月,兀术闻张浚在秦州,将举兵北伐,自六合引兵趋
陕西。

　　秋七月癸卯,刘光世援宣抚使例,乞便宜行事,不许。诏:军兴
以来诸州得便宜指挥者,并罢。乙巳,冯长宁复顺昌府。张浚罢曲
端都统制。丁未,以刘光世为集庆军节度使、开府仪同三司。戊申,
以孔彦舟为辰、沅、靖州镇抚使。张浚献黄金万两助军用。宣抚司
遣统制官吕世存、王俊复郇州,其余县多迎降。后军将王辟叛,陷归
州,钤辖田祐恭击败之。己酉,王辟犯房州,守臣韦知几弃城走。庚
戌,杨勍受刘光世招安,寻复叛去,迫泉州。癸丑,崔增犯太平州,守
臣郭伟拒却之。乙卯,金人徙二帝自韩州之五国城。刘光世乞移司
平江,不许。丙辰,张俊合诸将戚方等兵万余赴行在。丁巳,申命元
祐党人子孙于州郡自陈,尽还当得恩数。韩世忠、张俊并罢。己未,
禁闽、广、淮、浙海舶商贩山东,虑为金人乡导。诏江、浙、福建州县,
谕豪右募民据险立栅,防遏外寇。庚申,以岳飞为通、泰州镇抚使。
辛酉,建州民范汝为作乱,命统制李捧捕之。乙丑,复李邦彦以下十
九人官职,听自便。复李纲银青光禄大夫,许翰、颜岐端明殿学士。

张浚贬曲端阶州居住。丁卯，金人立刘豫为帝。国号齐。戊辰，罢提领措置茶监司。己巳，诏王璪部兵屯信州。程昌寓遣将杜湛禽李合戎于松滋县。是月，张用据汉阳军，沿江措置副使李允文招降之，以便宜徙鄂州路副总管，以右军统制马友知汉阳军。

八月辛未朔，以礼部尚书谢克家参知政事。壬申，李成请降于江州，诏抚纳之。张浚停程千秋官，文州编管。癸酉，选神武中军亲兵六百人番直禁中。甲戌，诏侍从官日一员轮直，进故事关治体者。丁丑，以韩世忠为检校少师、武成感德军节度使，张俊检校少保、宁武昭庆军节度使。赠监察御史常安民、左司谏江公望为左谏议大夫，录其后二人。庚辰，太后至自虔州。薛庆及金人战于扬州城下，死之。郭仲威奔兴化县。辛巳，侍御史沈与求、户部侍郎季陵以论宰相范宗尹皆黜，宗尹复视事。癸未，卢益罢。张浚复永光军，再贬曲端海州团练副使，万州安置。甲申，陈万信余党雷进作乱。乙酉，焚慈利、石门二县。以御营司参议官王择仁权河东制置使，山砦首领韦忠佺为都统制，宋用臣、冯赛同都统制。丙辰，命李成、吴翊捍御上流，翊弃城去；以成为四州镇抚使。命李捧便道过信州招捕靳赛。戊子，以饶、信妖贼平，赦二州徒以下囚，蠲民今年役钱。贬滕康永州、刘珏衡州，并居住。己丑，诏岳飞救楚州，仍命刘光世遣兵往援。辛卯，杜湛渡江讨群贼，复石首等五县。壬辰，盗入梅州，杀守臣沈同之，大掠而去。癸巳，命福建安抚使程迈会兵讨范汝为。甲午，知虢州邵兴遣统制阎兴及金人战于解州东，屡破之。金人陷承州。命陈思恭屯兵明州，以防海道。刘光世遣王德、郦琼以轻兵渡江。乙未，遇金游骑于召伯埭，败之。戊戌，以桑仲为襄阳、邓随郢州镇抚使。是月，罢提举广西峒丁。孔彦舟入潭州，宣抚司参议官王以宁率兵拒之，以宁败遁去。宣抚司主管机宜文字傅雱在彦舟军中，承制以彦舟权湖南副总管。刘纲以乏食率兵奔溧阳。

九月辛丑，吕颐浩入见，请益兵，命王璪、巨师古、颜孝恭兵隶之，分屯境内。壬寅，诏诸路决囚。甲辰，徽宗皇后郑氏崩于五国城。戊申，命秦凤将关师古领兵赴行在。刘豫僭位于北京。庚戌，禁宣抚司僚属便宜行事,及京西、湖南北路勿隶川、陕宣抚司节制。癸丑,泾原同统制李彦琦及金人战于洛河车渡,败之。乙卯,罢中书门下省检正官。桑仲陷均、房州,进犯白土关。丙辰,复增左右司郎官为四员。金人攻楚州,赵立死之。丁巳,赵霖复和州。李成遣马进犯兴国军。戊午,荆、襄贼赵延寿犯德安府,陈规拒却之。己未,金、均、房安抚使王彦及桑仲战于平丽县,败之。王辟诣彦降。辛酉,李捧击范汝为于建州,官军皆溃,捧遁去。金人犯扬州,统制靳赛逆战于港河,败之。金人陷延安府,执吕世存,又陷保安军。癸亥,张浚遣都统制刘锡统五路兵及金将娄宿战于富平县,浚驻邠州督战,官军败绩。丙寅,给刘光世犒军银二万两、绢二万匹。戊辰,赵延寿焚郢州。金人陷楚州,镇抚使李彦先来救,兵败死之。

冬十月庚午朔,张浚斩环庆经略使赵哲于邠州,贬刘锡合州安置,命诸将各领兵归本路。浚退保秦州,陕西大震。辛未,秦桧自楚州金将挞懒军中归于涟水军丁禩水砦。壬申,命杨惟忠、王瓌讨李成。丙子,以孔彦舟为鼎、澧、辰、沅、靖州镇抚使。戊寅,钟相余党杨华举兵围桃源县。己卯,马进犯江州。癸未,程昌寓入鼎州,击杨华破之。甲申,趣刘光世救楚州。丁亥,以李回同知枢密院事。庚寅,遣前御史台检法官谢向招范汝为。召张浚以兵入援。追复李邦彦观文殿大学士。辛卯,虔州贼李敦仁及弟世雄举兵破虔州石城县。甲午,命杨惟忠率兵屯江州。乙未,岳飞破金人于承州。丙申,诏刘光世节制诸镇,守御通、泰州,伺便袭金人过淮。是月,冯长宁弃城去,寻以淮宁附刘豫。江东贼张琪犯建康府,刘洪道招降之。环庆路统制慕洧叛附于夏国。泾原统制张中彦、经略司干办赵彬叛降金人。刘忠据岳州平江县白面山。王善余党祝友拥众为乱,屯滁州龚家城。

十一月癸卯,慕洧遂引金人围环州。吕颐浩复南康军。甲辰,赵鼎罢。乙巳,秦桧入见。丙午,岳飞弃泰州渡江。丁未,金人犯泰州,飞退保江阴军沙上。以御史中丞富直柔签书枢密院事,秦桧为礼部尚书。李允文杀岳州守臣袁植。吕颐浩会杨惟忠与马进战南康军，不利。戊申，颐浩遣巨师古救江州，为进所败，师古奔洪州。金人陷泾原，经略使刘锜退屯瓦亭。己酉，以孔彦舟为湖南副总管，部兵屯潭州。庚戌，命神武副军都统制辛企宗讨范汝为。壬子，日南至，率百官遥拜二帝。乙卯，改枢密院干办官为计议官。丙辰，金人陷泰州。丁巳，通州守臣吕伸弃城去。王彦攻桑仲于黄水破之，房州平。张浚以彦为金、均、房州镇抚使。崔增犯池州，刘洪道遣统制李贵击走之，增以兵万余诣吕颐浩降。甲子，诏诸路守臣节制管内军马。丙寅，金、房州贼郭希犯归州，田祐恭击却之。命王瓒部兵万人速援吕颐浩。祝友渡江大掠。是月，张浚退军兴州，秦凤副总管吴玠收余兵保大散关东和尚原。诏诸路转运司括借寺观田租芦场三年。

十二月庚午，安南请入贡，却之。辛未，遣度支员外郎韩球括饶、信诸州钱粮，凡江、湖、川、广上供皆拘之。壬申，命孔彦舟援江州。丙子，禁节制军马守臣便宜行事。丁丑，马进分兵犯洪州。乙丑，李敦仁犯抚州崇仁县，命李山、张忠彦讨之。壬辰，金人犯熙州，总管刘惟辅战败之，杀五千余人。甲午，再犯熙州，惟辅军溃，被执死之。乙未，以张俊为江南招讨使。讨李成。丁酉，范汝为降，诏补民兵统领。是月，张浚承制复海州团练副使曲端左武大夫，兴州居住。

是岁，宣抚处置司始令四川民岁输激赏绢三十三万匹有奇。

绍兴元年春正月己亥朔，帝在越州，帅百官遥拜二帝，不受朝贺。下诏改元，释流以下囚，复贤良方正直言极谏科，蠲两浙夏税、和买䌷绢丝绵，减闽中上供银三分之一。戊申，改命张俊为江淮路招讨使。复江、池路为江东、西路，分荆湖江南诸州为荆湖东、西路，置安抚司，治池、江、鄂、鼎州。江南东、西路各置转运司，荆湖东、西路转运司通掌两路财赋。以吕颐浩为江东路安抚大使，朱胜非江西路安抚大使。马进陷江州，守臣姚舜明弃城走，端明殿学士王易简等二百人皆遇害。己酉，岳飞引兵之洪州。金人犯扬州。谢向率范

汝为讨平建阳贼刘时举。金人犯秦州,吴玠击败之。庚戌,又犯西
宁州,守臣俱重迎降。辛亥,谢克家罢。壬子,诏京官、知县并堂除、
内外侍从各举可任县令者二人,犯贼连坐。自今不历县令者勿除监
司、郎官,不历外任者勿除侍从,著为令。张中孚以原州叛降于金。
癸丑,李敦仁围建昌军,蔡延世率乡兵击退之。贼曹成入汉阳军,李
允文招之,成入鄂州,复趋江西。丁巳,吕颐浩遣王璲、崔增击贼于
湖口,大败之。颐浩及杨惟忠引兵趋江州。辛酉,诏:"太祖创业垂
统,德被万世。神宗诏封子孙一人为安定郡王,世世勿绝。自宣和
末至今未举。有司其上应袭封人名,依故事举行。"金人再围环州。
是月,张浚复曲端荣州刺史、提举江州之太平观,阆州居住,寻移恭
州。

　二月戊辰朔,宜章县民李冬至二作乱,犯英、运、韶、郴诸州。祝
友降,刘光世分其军,以友知楚州。庚午,改行宫禁卫所为行在皇城
司。李成党邵友犯筠州,守臣王庭秀弃城去。辛未,犯临江军,守臣
康倬遁。壬申,初定岁祀天地、社稷,如奏告之礼。癸酉,桑仲自枣
阳引兵还襄阳。丁丑,鄜延将李永琦叛,犯庆阳府。戊寅,禁州郡统
兵官擅招安乱军盗贼。己卯,日中有黑子,四日乃没。以辛企宗为
福建制置使。辛巳,以秦桧参知政事。壬午,水贼张荣入通州。癸
未,诏辛企宗及谢向罢遣范汝为兵,汝为不听命。甲申,诏王璲、张
俊掎角讨捕马进等贼。丙戌,复置秘书省。己丑,命孔彦舟、吕颐浩、
张俊会兵讨李成。壬辰,雨雹。癸巳,邵青寇宣州。丙申,诏诸路提
刑司以八月类省试。张浚亦以便宜合川、陕举人即置司类省试。丁
酉,宣教郎范焘坐诬讼孟忠厚,且及太后,除名,潮州编管。是月,李
敦仁犯汀州。马友遣其党犯鄂州,总管张用拒却之。李允文以友权
湖南招捉公事,友大掠汉阳而去,过岳州,守臣吴锡通,友据之。

　三月戊戌朔,以严、衢二州守臣柳约、李处励有治效,各进职一
等。吕颐浩遣崔增、王璲合兵击李成于湖口,大败之。庚子,张浚以
富平之败上疏待罪,诏名胜。壬寅,禁诸路遏籴。丙午,张俊、杨沂
中复击马进于筠河,败之,复筠州,进奔江州。男子崔绍祖诈称越王

中子,受上皇诏为天下兵马大元帅,赵霖以闻。辛亥,诏赴行在。命
刘光世兼淮南、京东路宣抚使,治扬州,经画屯田。光世迄不行。甲
寅,罢诸州免行钱。乙卯,金人破阶州。庚申,刘超犯澧州,统制杜
湛率兵拒之。甲子,始下诏罪李成,募人禽斩,赦胁从者。张俊追马
进至江州,进战败遁去。乙丑,俊复江州,杨沂中、赵密引兵追击进,
又大败之。成奔蕲州。振淮南、京东西流民。荆湖东路安抚使向子
諲说降马友,与共讨李冬至二,平之。是月,金人攻张荣缩头湖水
砦,荣击败之,来告捷,刘光世以荣知泰州。金人迫兴州,张浚退保
阆州,以端明殿学士张深为四川制置使,及参议军事刘子羽趋益
昌;参谋官王庶为龙图阁待制、知兴元府兼利夔两路制置使,节制
陕西诸路。桑仲以其党李道知随州。

　　夏四月己巳,张浚承制分利、阆、剑、文、政五州为利州路,置经
略安抚使。庚午,张琪复叛,犯当涂县。金将挞懒渡淮,屯宿迁县马
乐湖。壬申,太白昼见。乙亥,刘光世复楚州。阶州统领杜肇复阶
州。马友引兵入潭州。戊寅,杜琪弃澧州,刘超入据之。己卯,金泾
原帅赵彬犯耀州,守臣赵澄击走之。淮贼寇宏犯濠州。庚辰,隆祐
皇太后崩。癸未,桑仲陷邓州,守将谭充弃城走,河东招捉使王俊引
兵来援,仲执斩之,以其党李横知州事。乙酉,为太后制期年服。辛
卯,群臣三上表始听政。癸巳,命向子諲发兵及广西安抚许中同扼
险要,防孔彦舟入广,仍许胁从自新以招谕之。是月,京西贼李忠陷
商州,守臣杨伯孙弃城走。吕颐浩遣统制阎皋、通判建昌军蔡延世
袭击李敦仁,禽其弟世雄、世臣。

　　五月丙辰朔,蠲江西路被贼州县赋税。丁酉,诏吕颐浩、朱胜
非、刘光世并兼淮南诸州宣抚使,始夺李成官。戊戌,以张用为舒、
蕲镇抚使。癸卯,作“大宋中兴宝”成。金人犯和尚原,吴玠击败之。
丙午,初复召试馆职之制。刘光世遣统制王德袭扬州,执郭仲威以
献,伏诛。辛亥,水军统制邵青叛,围太平州。赵彬及金人合兵围庆
阳府,守臣杨可升击败之。甲寅,命知南外宗正事令懬选年幼宗子,
将育于宫中。诏收耆户长役钱。己未,诏州县因军期徵取民财物者,

立式榜示，禁过数催扰。庚申，孔彦舟引众过潭州，马友迎击大败之。彦舟趋岳州，犯鄂州。李允文以彦舟为湖东副总管屯汉阳。辛酉，以直秘阁宗纲为荆南镇抚司措置营田官，樊宾为副。壬戌，刘光世招降邵青。赵延寿据分宁县，吕颐浩招降之。是月，张俊及李成战于黄梅县，杀马进，成败，遁归刘豫。李忠、谭充各率兵归张浚，浚命王庶分其兵。张用复叛，寇江西，岳飞招降之。湖州进士吴木上书论宰执，送徽州编管。

六月己巳，始爵承直、修武郎以下官。壬申，册谥皇太后曰昭慈献烈。甲戌，张琪犯余杭，又犯宣州。乙亥，月犯心。庚辰，湖贼杨华、杨广犯鼎州，程昌寓拒却之。上虞县丞娄寅亮上书，请选立继嗣。壬午，权欑昭慈献烈皇后于越州。张琪犯州，守臣郭东弃城去。琪入据之。癸未，张俊引大兵至瑞昌县之丁家洲，李允文自鄂部兵归俊，俊并其兵，护允文赴行在。邵青率舟师至镇江，甲申，复叛去。丁亥，崇安民廖公昭合范汝为余党熊志宁作乱，众既散，志宁复与建阳民丁朝佐合兵陷二县。戊子，虑囚。己丑，邵青犯江阴军之福山，遣海州镇抚使李进彦、中军统制耿进率舟师会刘光世讨之。南安贼吴忠、宋破坛、刘洞天作乱。庚寅，江西提刑司遣官讨之，破坛、洞天皆伏诛，忠遁去。癸巳，熙河统制关师古、洮东安抚郭玠同讨熙州叛兵，连败之。甲午，广贼邓庆、龚富围南雄州，守臣郑成之率兵以拒。蠲建剑汀州、邵武军租。是月，知虔州邵兴屯卢氏县，为河南统制董先所破，走兴元，先遂取商、虢二州。张浚承制以吴玠为陕西诸路都统制。时关陇六路尽陷，止余阶成岷凤洮五郡、凤翔之和尚原、陇州之方山原。粘罕既得陕西地，悉与伪齐。

秋七月乙未朔，以马友权荆湖东路副总管，趣讨孔彦舟。统制潘逵、后军将胡江等叛，破玉山、戈阳、永丰三县，遣枢密院准备将领徐文讨之。戊戌，吴锡复入邵州。庚子，以岳飞为神武右副军统制，留军洪州，弹压盗贼。辛丑，封伯右武卫大将军令话为安定郡王。壬寅，虔州贼陈颙作乱，命趣捕之。甲辰，诏秘书省长贰通修日历。丙午，刘光世遣将乔仲富击邵青于常熟，为所败。挞懒自宿迁北归。戊申，韩世清追袭张琪，复祁门县。庚戌，张俊执傅雱赴行在。张浚以曲端属吏，以武臣康随提点夔路刑狱，与王庶杂治之。辛酉，召吕颐浩赴行在。张琪犯饶州，颐浩遣阎皋击败之。琪党姚兴降，琪走徽州。癸亥，范宗尹罢。是月，濠州守臣李珍弃城去。王彦数击败李忠。赵彬来归，张浚承制以彬为陕西转运使；又以泾原兵马都监李彦琪为本路副总管，彦琪寻叛去。

八月丙寅，以孔彦舟为蕲、黄镇抚使。丁卯，以知潭州吴敏为荆湖东西、广南路宣抚使。张浚杀曲端于恭州狱。张用部兵至瑞昌归张俊，俊以用为本军统制。戊辰，张守等上《绍兴重修敕令格式》。癸酉，复以汪伯彦为江东安抚大使。乙亥，吕颐浩遣将李铸复舒州。丁丑，祔昭慈献烈皇后神主于温州太庙。戊寅，张守罢。以李回参知政事，富直柔同知枢密院事。庚辰，杜湛及刘超战于彭山，为所败。辛巳，超及杨华、杨广合兵复寇鼎州，程昌寓遣湛率舟师击败之。遣辛企宗移军福州，讨熊志宁、胡江等诸贼。韩世清及张琪战，世清败，琪复入祁门县。壬午，命张俊遣兵捕之。铸绍兴钱。癸未，诏许邵青、张琪胁从徒党自新。乙酉，以李成在顺昌，恐复谋乱，遣使赍蜡书谕淮宁、蔡州将士，立赏格，募人禽斩成。丁亥，以秦桧为尚书右仆射、同中书门下平章事兼知枢密院事。庚寅，复李纲资政殿大学士。募人往京东、河南伺察金、齐动止，仍赍诏慰抚忠义保聚之人。蔡州镇抚使范福弃城去，以土豪李祐代之。辛卯，蠲徽州被贼民家夏税。壬辰，置三省、枢密院赏功房。是月，知鄂州曹成掠湖西，犯沅州，与知复州李宏合屯浏阳，既而攻宏，宏奔潭州。

九月甲午朔，张琪党李捧犯宣州，守臣李彦卿及韩世清击却之。诏江东、西路安抚使复治建康府、洪州。以王璪知池州，杨惟忠知江州，并兼管内安抚使，率部兵赴官。丙申，斩李世臣。己亥，以资政殿学士叶梦得为江南东路安抚大使，兼寿春等六州宣抚使。庚子，张琪复陷宣州，已乃遁去。辛丑，命王璪讨琪。丁未，诏岁再遣使省谒诸陵，因抚问河南将士。命马友移屯鄂州。庚戌，命宗室右监门卫大将军士芑䙐温州太庙。辛亥，合祭天地于明堂，太祖、太

宗并配，大赦。罢诸州守臣节制军马。录用元符末上书人子孙。癸
丑，复以吕颐浩为尚书左仆射、同中书门下平章事兼知枢密院事。
丁巳，王彦破李忠于秦郊店，忠奔归刘豫。戊午，禁福建转运司抑民
出助军钱。落范宗尹观文殿学士。己未，初措置河南诸镇屯田。以
户部尚书孟庾为江东西、湖东等路宣谕制置使。辛酉，诏：四方有建
策能还两宫者，实封以闻；有效者赏以王爵。壬戌，遣御史胡世将督
捕福建盗贼。是月，长星见。

冬十月乙丑，诏：蔡京、王黼门人实有才能者，公举叙擢。李回
罢。丙寅，朱胜非分司，江州居住。丁卯，以李允文恣睢专杀，赐死
大理狱。己巳，王德招邵青，降之。庚午，以孟庾参知政事，徽猷阁
直学士汤东野为江、淮发运使。刘洪道招降李捧、董旺。壬申，置行
在大宗正司。癸酉，兀术攻和尚原，吴玠及弟璘力战，大败之，兀术
仅以身免。丁丑，增置诸路武尉。戊寅，以张俊为太尉，移屯婺州。
壬午，初置见钱关子，招人入中，以给军食。范汝为复叛，入建州，守
臣王浚明弃城走，辛企宗退屯福州。甲申，刘超请降，以超守光州。
戊子，崔绍祖伏诛。诏邵青以舟师赴行在。己丑，升越州为绍兴府。
李成军正李雯伏诛。知承州王林禽张琪于楚州，槛送行在。壬辰，
录程颐孙易为分宁令。癸巳，范汝为犯邵武军，守臣吴必明、统制李
山率兵拒之，众溃，退保光泽县。关师古复秦州，获郭振。是月，刘
豫遣将王世冲寇庐州，守臣王亨大破之，斩世冲。曹成及马友战于
潭州，成败还攸县。王才遣将丁顺围濠州，刘光世遣兵攻横涧山，顺
解围去。

十一月乙未，叶梦得至建康，以诏招王才，降之。丙申，遣内侍
抚问孔彦舟、桑仲。丁酉，榜谕福建、江东群盗，赦其胁从者。戊戌，
诏移跸临安。以孟庾为福建、江西、荆湖宣抚使，神武左军都统制韩
世忠副之，仍命械谢向、陆棠赴行在。己亥，以娄寅亮为监察御史。
范汝为犯光泽县，李山走信州。辛丑，续编《绍兴太常因革礼》。桑
仲请正刘豫恶逆之罪，诏进幸荆南。乙巳，以右司谏韩璜党富直柔，
责监浔州税。张琪伏诛。庚戌，富直柔罢。荆湖、广西宣抚使吴敏

始受命置司柳州。辛亥，升康州为德庆府。壬子，诏内外侍从各举所知三人。丙辰，程昌寓遣杜湛击杨华，败之。命张俊遣使持诏招曹成，以所部赴行在。己未，杨华请降。辛酉，命吏部侍郎李光节制临安府内外诸军。壬戌，曹成犯安仁县，执安抚使向子諲，进攻道州。是月，前知郴州李惟德以岷州来归。吴玠始遣人通书夏国。

十二月乙丑，吴敏罢。丙寅，复置枢密院都承旨。范汝为遣叶澈寇南剑州，守臣张邲拒战，大破之。己巳，遣吏部侍郎傅崧卿为淮东宣谕使。甲戌，遣江东安抚司统制郝晸、颜孝恭讨建昌军贼。乙亥，辛企宗罢，仍追三官，率兵赴军前自效。丁丑，蠲诸路在官积欠。诏官户名田过制者与民均科。以岳飞为神武副军都统制，部兵屯洪州。曹成陷道州，守臣向子忞弃城走。戊寅，以彗出，求直言。增行在职事官职钱。遣驾部员外郎李愿抚谕川、陕。己卯，诏两浙分东、西路置提点刑狱。庚辰，桑仲遣兵寇复州，守臣俎迵弃城去。辛巳，复置广西提举茶监司。知海州薛安靖杀都巡检使王企中，率军民以城来归。增诸路酒钱，以备军费。甲申，知龙州范综、统制雷仲举兵复水洛城。己丑，起复陕西都统制吴玠为镇西军节度使。诏江西安抚司趣兵讨捕吴忠。是月，刘豫遣将王彦充攻寿春府。桑仲遣李横复寇金州，王彦拒战于马郎岭，大破之，均州平。蔡州褒信县弓手许约叛，据光州。阶州安抚孙注复洮州。龚富等围南剑州。

宋史卷二七
本纪第二七

高宗四

二年春正月癸巳朔,帝在绍兴府,率百官遥拜二帝,不受朝贺。甲子,诏复置贤良方正直言极谏科。丙申,赐杨邦乂谥曰忠襄。韩世忠围建州。丁酉,蠲诸路元年逋税。庚子,陕西叛将白常围岷州,关师古率兵破之。辛丑,韩世忠拔建州,范汝为自焚死,斩其二弟,余党悉平。壬寅,帝发绍兴。曹成释向子諲。丙午,帝至临安府。壬子,遣韩世清捕石陂贼。癸丑,以张浚检校少保、定国军节度使。刘豫遣兵犯伊阳县,翟兴及其将李恭合击败之。曹成犯郴州永兴县。己未,修临安城。辛酉,遣内侍任源抚问张浚。江西副总管杨惟忠以杨勍虽就招安,复谋作乱,诱诛之。

二月甲子,杨华复叛,扰鼎、澧、潭三州。诏立赏禽捕首领,赦贷胁从。丙寅,命刘光世将锐卒万人屯扬州,经理淮东。庚午,以李纲为观文殿学士、湖广宣抚使。仍命岳飞率马友、李宏、韩京、吴锡等共讨曹成诸盗。甲戌,以吏部尚书李光为淮西招抚使,王瓘副之。乙亥,雨雹。丙子,以施逵、谢向、陆棠党范汝为,逵除名,婺州编管;向、棠械赴行在,俱道死。丁丑,分崔增、李捧、邵青、赵延寿、李振、单德忠、徐文所部兵为七将,名御前忠锐军,隶步军司,非枢密奉旨,不许调遣。减淮南营田岁租三之二,俟三年复旧。己卯,刘光世入见,同执政对内殿,谕以进屯扬州,光世迄不行。庚辰,诏监司避本贯。壬午,程昌寓遣杜湛募兵攻贼周伦,破之。甲申,以工部员外郎滕茂实死节于代州,赠龙图阁直学士。丙戌,初置著作官二员修日历。己丑,复荆湖东、西为荆湖南、北路,南路治潭,北路仍治鄂。申禁福建路私有、私造兵器。是月,知商州董先叛入刘豫。金人陷庆阳府,执杨可升降之。

三月壬辰朔,命襄、邓镇抚使桑仲收复陷没诸郡,仍命诸镇抚使互相应援。再贬徐秉哲惠州,吴升南雄州,莫俦韶州,并居住。水贼翟进袭汉阳军,杀守臣赵令戣。李兴执韩世清于宣州以归。虔化县贼李敦仁及其徒皆授官,隶诸军。乙未,复置江阴军。罢福建路武尉。戊戌,叶梦得罢。以李光为江东安抚大使,兼滁、濠等六州宣抚使。罢江、淮发运司。桑仲如郢州调兵,守将霍明以仲将谋逆杀之,以其事闻。庚子,金人攻方山原,陕西统制杨政援之,金兵引去。辛丑,又犯陇安县,吴璘等击走之。淮南营田副使王寔括闲田三万顷给六军耕种。丙午,复置中书门下省检正官,省枢密院检详官。己酉,以神武右军中部统制杨沂中为神武中军统制。癸丑,河南镇抚使翟光为部将杨伟所杀。甲寅,金人复自水洛城来攻,杨政等又败之。庚申,曹成寇贺州清水砦,守臣刘全弃城去。是月,知寿春府陈卞及钤辖陈宝等举兵复顺昌府,寻引兵归,为伪齐所逐,并寿春失之。

夏四月甲子,曹成陷贺州。陈颙围循州,焚龙川县,命江西安抚司遣将捕之。丙寅,赐礼部进士张九成以下二百五十九人及第、出身。庚午,以翰林学士承旨翟汝文参知政事。壬申,释福建诸州杂犯死罪以下囚。江西军贼赵进寇瑞昌县,杨惟忠讨降之。戊寅,伪齐统领王资率兵来归。富顺监男子李勃伪称徐王,召赴行在。壬午,诏内外侍从、监司、守臣各举中原流寓士大夫三二人,以备任使。癸未,诏曰:“朕登庸二相,倚遇惟均。其所荐用之人,不得偏私离间,朋比害政。”谥孙傅曰忠定。乙酉,李纲始拜命,置司福州。是夜,太平州军士陆德据城叛。囚守臣张铸,杀当涂县令钟大猷。戊子,命吕颐浩都督江、淮、荆、浙诸军事。庚寅,刘豫徙居汴京。是月,王彦大破董先于马岭关,复商州。

　　闰月癸巳,高丽遣使入贡。乙未,知池州王进讨陆德诛之。丙申,岳飞击破曹成于贺州。置都督府随军转运司。丁酉,左朝奉郎孙觌坐前知临安府赃污,贷死除名,象州羁管。罢后苑工作。辛丑,韩世清以狂悖伏诛。丙午,岳飞败曹成于桂岭县,成走连州,遣统制张宪追击,破之,又走郴州,入邵州。丁未,赐福建宣抚司赏军钱十万缗。听朱胜非自便。乙卯,诏诸镇抚使非奉朝旨毋擅出兵。刘光世闻父丧去官,特命起复。己未,诏自今明堂专祀昊天上帝,以太宗配。是月,张浚命利、夔制置使王庶与知成都府王似两易其职。襄、邓副都统制李横、同副都统制李道合兵围郢州,霍明遁去。

　　五月辛酉,以兵部尚书权邦彦签书枢密院事,以枢密将领赵琦兵为忠锐第八将。癸亥,吕颐浩出师,以神武后军及忠锐两将从行,百官班送。甲子,以霍明权襄、邓、随、郢州镇抚使。诏观察使已上各荐可备将帅者二人。丁卯,罢两浙转运司回易库。己巳,废绍兴府余姚、上虞县湖田为湖,溉民田。庚午,诏修建康行宫。辛未,选宗室子偶之子伯琮育于禁中。丙子,吕颐浩总师至常州,前军将赵延寿兵叛于吕城镇。丁丑,延寿犯金坛县,杀知县胡思忠。颐浩称疾不进。戊寅,海州贼王山犯涟水军,总领苏复、副统制刘靖会兵击败之。庚辰,临安府火。癸未,置御前军器所。甲申,亲虑囚,自是岁如之。罢行在权官。乙酉,刘光世遣王德追赵延寿叛兵至建平县,悉诛之。丙戌,置修政局,命秦桧提举。诏侍从、台省寺监官、监司、守令,条具省费裕国强兵息民之策。丁亥,以中书门下省检正官仇念为沿海制置使。戊子,手诏用建隆故事,命百官日轮一人转对。两浙转运副使徐康国献销金屏障,诏有司毁之,夺康国二官。蠲太平州被贼之家夏税。是月,张浚以参赞军事刘子羽知兴元府,黜王庶,复以王似知成都府。韩世忠至洪州,遣董旼招曹成,成听命赴行在。

　　六月庚寅朔,李宏引兵入潭州,执马友杀之。甲午,李纲领兵三千发福州。戊戌,诏孟庾、韩世忠班师。岳飞屯驻江州。庚子,以刘光世为宁武、宁国军节度使,韩世忠为太尉,移屯建康府。辛丑,以李横为襄、郢镇抚使,李道邓、随镇抚使。壬寅,翟汝文罢。孔彦舟叛降伪齐。乙巳，以权邦彦兼权知政事。戊申，仇念兼制置福建路。辛亥，免台谏官轮对。甲寅，召吕颐浩赴行在，令参谋官傅崧卿权主管都督府事。诏两浙、江、淮守臣，令存抚东北流寓人。乙卯，韩世忠遣统制解元、巨振入潭州，执李宏以归。

秋七月辛酉，悉蠲福建诸州被兵之家田税。壬戌，复置湖北提举茶监司。甲子，罢福建提举市舶司。己巳，起复翟琮为河南府、孟汝唐州镇抚使。甲戌，罢淮东路提点刑狱司。丙子，马友党郝通率兵五万归宣抚司。戊寅，知庐州王亨复安丰寿春县。己卯，吕颐浩入见。庚辰，韩世忠讨刘忠，驻兵于岳州之长乐渡，大破之，忠走淮西。丁亥，诏编次建炎以来谱牒。

八月壬辰，以孟庾兼权同都督江、淮、荆、浙诸军事。癸巳，顺昌县贼余胜等作乱，通判南剑州王元鼎捕杀之。甲午，安定郡王令话薨。丙申，诏：郡守除罢赴阙，皆得引对。临安府火。以知江州刘绍先为沿淮防遏使。戊戌，命朱胜非提举醴泉观兼侍读，日赴朝堂议事。沿海州县籍民海舶，每岁一更，守海道险要。振福建饥民。己亥，停傅雱官，英州羁官。庚子，诏孟庾、韩世忠总大兵至建康，进赴行在。戊申，给事中胡安国以论朱胜非罢，宰执、台谏上疏留之，皆不报。江西统制傅枢讨平南雄贼吴忠、邓庆、刘军一等。己酉，赐吴玠田。甲寅，秦桧罢。给事中程瑀等坐论驳朱胜非，疑其党桧，并落职主宫观。彗出胃。乙卯，减膳，戒辅臣修阙政，罢修建康行宫。

九月戊午朔，落秦桧职。己未，罢修政局。辛酉，以彗出大赦，许中外臣民直言时政，陕西诸叛将许令自新。壬戌，王伦自金国使还入见。遣潘致尧等为金国军前通问使，附茶药金币进两宫。甲子，以直徽猷阁郭伟为淮西巡抚使。乙丑，复以朱胜非为尚书右仆射、同中书门下平章事兼知枢密院事。戊辰，司空山贼李通出降，以为都督府亲军统领。癸酉，以右庙请大夫吕源为浙东、福建沿海制置使，治定海县。知建昌军朱芾击石陂贼余照，禽斩之。甲戌，彗没。丙子，复以郭仲荀为武泰军节度使。诏："墨敕有不当者，许三省、枢密院奏禀，给事中、中书舍人缴驳，台谏论列，有司申审。"庚辰，命福建提举茶监官兼领市舶司。辛巳，以韩世忠为江南东、西路宣抚使，他帅臣称宣抚使者并罢。壬午，遣监察御史明橐等五人宣谕江、浙、湖、广、福建诸路，仍降诏谕官吏以遣使按察、劝惩、诛赏之意。癸未，新作行宫南门成。甲申，提辖榷货务张纯峻立淮、浙盐法，增其算。总领四川财赋赵开初变四川盐法，尽榷之。乙酉，太白昼见。丙戌，以知兴元府王似为川、陕宣抚处置副使。丁亥，封右监门卫大将军、荣州防御使令時为安定郡王。是月，韩世忠遣统制解元袭击刘忠于蕲阳，大破之。忠奔刘豫。

冬十月戊子朔，置牧马监于饶州。庚寅，李勃伏诛。丙申，初置江、浙、荆湖、广南、福建路都转运使。甲辰，潘致尧至楚州，通判州事刘晏劫其礼币奔刘豫，守臣柴春战死。戊申，以知平江府赵鼎为江东安抚大使。丙辰，禁温、台二州民结集社会。班度量权衡于诸路，禁私造者。是月，颜孝恭招降石陂余贼李宝等。

十一月辛酉，陈颙陷汀州武平县，犯梅、循二州。乙丑，初榷明州卤田盐。辛未，议将抚师江上，召侍从官条具利害。甲戌，命李纲、刘洪道、程昌寓、解潜会兵捕讨湖寇杨太。戊寅，范汝为余党范忠谅龙泉县。庚辰，诏宣谕五使，焚所至州县建炎以前已蠲税籍。癸未，临安大火。是月，关师古败伪齐兵于抹邦山。马友党步谅诣李纲降，纲入潭州，其党郝晸降王进，吴锡禽王浚。湖南盗贼悉平。

十二月丁亥朔，命神武前军统领申世景等讨捕范忠。己丑，伪称荣德帝姬易氏伏诛。范忠犯处州。巨师古引兵入庐州，执王亨送行在。甲午，李纲罢。临安府火。丙申，振被火家。罢浙东沿海制置司。丁酉，岳飞遣统领徐庆、王贵讨禽萍乡贼高聚。己亥，以胡舜陟为庐、寿等州镇抚使。金人侵熙、秦，关师古击败之。庚子，遣驾部员外郎李愿抚谕川、陕。江西兵马副钤辖张忠彦坐纵暴不法，斩于潭州。辛丑，程昌寓遣杜湛讨杨钦等败之，杀三千余人。癸卯，川、陕宣抚司类试陕西发解进士，得周谟等十三人，便宜赐进士出身。甲辰，罢张浚宣抚处置使，仍知枢密院。以知夔州卢法原为川、陕宣抚处置副使，及王似同治司事。己酉，遣司封员外郎周随亨同抚谕

川、陕。庚戌,孟庾自建康来朝。辛亥,金人犯商州,守将邵隆退屯
上津。李横败伪齐兵,复汝州。甲寅,命孟庾同都督江、淮、荆、浙诸
军事。诏都督府总治江东西、湖北、浙西帅臣经画屯田。张浚承制
以归州隶夔州路。

是冬,金人犯和尚原,将士乏食自溃,吴璘拔砦弃去。虔贼谢达
犯惠州。

三年春正月丁巳朔,帝在临安,率百官遥拜二帝,不受朝贺。江
西将李宗谅诱成兵叛,寇筠州,统领赵进击却之。翟琮入西京,禽伪
齐留守孟邦雄。命诸路宪臣兼提举常平司。庚申,金人犯上津。李
横破颍顺军,伪齐知军兰和降。壬戌,金人犯金州洵阳县。以仇悆
为福建、两浙、淮东路沿海制置使。癸亥,陈颙围潮州不下,引兵趋
江西。甲子,李横复颍昌府。乙丑,诏中外刑官各务仁平,台宪检察,
月具所平反以闻,岁终考察殿最。金人陷金州,镇抚使王彦焚积聚,
退保西乡。庚午,罢行在宗正司,命嗣濮王仲湜兼判大宗正事。辛
未,震电雨雹。造浑天仪。李通为其徒王全所杀。壬申,命西外正
移司福州。癸酉,复祭大火。以汤东野为淮东安抚使。乙亥,以李
横为襄阳府、邓随郢州镇抚使。丁丑,登、莱山砦统制范温率部兵泛
海来归。庚辰,诏春秋望祭诸陵。张浚论奏王似不可为副,因引罪
求罢,不报。癸未,诏:民复业者,视垦田多寡定租额赋役。乙酉,减
淮、浙蚕监钱。

二月丁亥朔,升桂州为静江府。己丑,权邦彦薨。浙东贼彭友
犯龙泉县。辛卯,李通余党刘德围舒州。吴玠遇金人于饶风关,王
彦自西乡来会,金人分兵攻关,统制郭仲败走。丁酉,饶风关破,玠
趣西县,彦奔达州,四川大震。张浚被罢职之命,以诸军方溃,因秘
不行,复具奏审。己亥,金帅撒离曷入兴元府,经略使刘子羽焚其城
走三泉县,吴玠退屯仙人关。庚子,以宗子伯琮为和州防御使,赐名
瑗,寻改贵州。辛丑,蠲广东诸州被贼民家税。壬寅,郑州兵马钤辖
牛皋、彭蓰率兵与李横会,横以便宜命皋为蔡、唐州镇抚使,蓰知汝

州。乙巳。翟琮遣统制李吉败伪齐兵于伊阳，又歼其将梁进之众。丁未，王似始受宣抚副使之命。戊申，虔贼周十隆犯循、梅、汀州，诏统制赵祥等合兵捕之。庚戌，以李横为神武左军副统制、京西招抚使。改胡舜陟为淮西安抚使。辛亥，以工部尚书席益参知政事，翰林学士徐俯签书枢密院事。壬子，王全犯庐州。甲寅，诏守臣至官半年，具上民间利害或边防五事。李横遣人奏颍昌之捷，诏许横便宜行事。乙卯，刘光世遣郦琼等屯兵泗州为李横声援。是月，张浚复以王庶为参谋官，往巴州措置。时金兵深入至金牛镇，疑有伏，由褒斜谷引兵还兴元，吴玠、刘子羽追击其后，杀获甚众。

三月己未，诏岳飞捕虔贼。壬戌，申命统制巨师古部兵万人屯扬州。胡舜陟至庐州，王全降。甲子，以赵鼎为江西安抚大使。李横传檄诸军收复东京。己巳，金人遣兵援刘豫，李横败走，颍昌复陷。壬午，以韩世忠为淮南东路宣抚使。李纲遣兵击降李宗谅，诏戮于市。

夏四月丁亥，朱胜非以母丧去位。伪齐知号州董震及其统制董先来归，以震权商、虢、陕州镇抚使。己丑，诏江东西、湖北、浙西募民佃荒田，蠲三年租。辛卯，以刘光世为检校太傅、江南东路宣抚使。金人去兴元。壬辰，徙都督府于镇江。岳飞军次虔州。甲午，伪齐知唐州胡安中来归。丙申，伪齐李成攻陷虢州，董先、牛皋奔襄阳。己亥，改谥昭慈献烈皇后为昭慈圣献。复举五帝日月之祀。庚子，增文武小官奉。辛丑，荆南统制罗广率兵至鼎州。杨太众益盛，自号大圣天王，立钟相少子子义为太子，广等不克讨而还。丁未，岳飞遣统领张宪、王贵击彭友，禽斩之。刘忠为部下王林所杀，传首行在。戊申，以浙西兵马钤辖史康民所部兵为忠锐第九将。己酉，张浚奏王庶、王似、卢法原威望素轻。乞命刘子羽、吴玠并为判官，不报。辛亥，徐文叛奔伪齐。

五月丙辰，以翟琮为河南府、孟汝郑州镇抚使，董先为副使。丁巳，遣枢密计议官任直清抚谕襄阳、商、虢、河南诸镇。己未，命杨沂中招捕严州盗贼。辛酉，建睦亲宅。以董先为商、虢、陕州镇抚使。

征河南布衣王忠民为宣教郎,至行在,辞不受。壬戌,潘致尧还,言金人欲重臣通使以取信,遂寝出师之议。乙丑,罢诸州在任守臣所辟通判。丁卯,以韩肖胄等充金国军前通问使。安化蛮犯边,广西经略使许中发兵击之。戊辰,杨沂中招降严州贼缪罗等,捕斩其徒百人,魔贼平。庚午,以岳州数被兵,免今年税役。壬申,诏守、令、尉、佐,境内妖民聚集不能觉察致乱者,并坐罪。知建昌军朱芾讨南丰县贼,禽诛其魁黄琛。乙亥,以方与金国议和,禁边兵犯齐境。丙子,王彦复金州,金兵弃均、房去。韩世忠请以大军还镇江。己卯,诏淮南统制解元戍泗州。余屯江北。周随亨、李愿宣押王似、卢法原至阆州,张浚始解使事。时已论金牛之功,以吴玠为利州路、阶成凤州制置使,刘子羽为宝文阁直学士,王彦为保大军承宣使,僚属将帅第赏有差。庚辰,浚及子羽、王庶、刘锡等赴行在。诏李横等收军还镇。辛巳,罢宣抚司便宜黜陟。

六月甲申朔,统制巨师古坐违韩世忠节制,除名,广州编管。丙戌,复置六部架阁库。丁亥,禁诸路招纳淮北人及中原军来归者。戊子,复元祐宰相吕大防官职,赠谥。庚寅,诏降川、陕死罪囚,释流以下。赏吴玠、关师古将士。壬辰,张浚至绵州,复奏王似不可任。甲午,命王琼率诸军讨杨太。己亥,罢沿海制置司。丁未,置国子监及博士弟子员。戊申,以王林所部兵为忠锐第十将。己酉,兵飞自虔州班师。辛亥,发兵屯驻虔、广二州,弹压盗贼,州各三千人。是月,金人围方山原,王似命吴玠发兵救之。

秋七月己未,复置博学宏词科。初许任子就试。甲子,以久旱,偿州县和市民物之直。丁卯,诏访求累朝功臣曹彬等三百人子孙,以备录用。戊辰,王琼以舟师发行在。己巳,诏减膳,禁屠,弛工役,罢苛挠,命两浙及诸路宪臣亲按部录囚。辛未,蠲绍兴二年和市纮帛。癸酉,吕颐浩等以旱乞罢政,帝赐诏曰:“与其去位,曷若同寅协恭,交修不逮,思所以克厌天心者。”颐浩等乃复视事。乙亥,朱胜非起复。丙子,泉州水溢坏城。丁丑,遣中使逆趣张浚于道。是月,四川霖雨,地震。

八月己丑，诏岳飞赴行在，留精兵万人戍江州。翟琮率兵突围奔襄阳，诏屯驻其地。癸卯，罢诸路输禁军阙额钱。甲辰，以雨旸不时，苏、湖地震，求直言。乙巳，复置史馆修撰、直馆检讨官，命郎官兼领著作郎及佐郎。戊申，罢都转运司。己酉，诏：湖南丁米三分之二均取于民田，其一取之丁口。辛亥，孟庾自军中来朝。

九月戊午，吕颐浩罢。诏：凡遇水旱灾异，监司、郡守即具奏毋隐。庚申，岳飞自江州来朝。川、陕统领官吴胜败伪齐兵于黄堆砦。丙寅，以赵鼎为江西安抚制置大使。壬申，诏中书舍人、给事中，凡制敕非军期机速，必先书押而后报行。甲戌，伪齐王彦先寇徐、宿二州。乙亥，以刘光世为江东、淮西宣抚使，置司池州；韩世忠为镇江建康府、淮南东路宣抚使，置司镇江府；王𤫩为荆南府、岳鄂潭鼎澧黄州、汉阳军制置使，置司鄂州；岳飞为江南西路、舒蕲州制置使，置司江州；主管殿前司郭仲荀知明州，兼沿海制置使；神武中军统制杨沂中兼权殿前司。己卯，吴胜克莲花城。

冬十月癸未，朱胜非上《重修吏部七司敕令格式》。庚寅，加吴玠检校少保。壬辰，趣王𤫩进兵。诏宽私盐重法。甲午，却大理国入贡。丁酉，残破州县视户口增损立守令考课法。己亥，禁州县擅增置税场。伪齐李成陷邓州。辛丑，南丹蛮莫公晟围观州，焚宝积监，杀知监陈烈。壬寅，伪齐兵逼襄阳，李横以粮尽弃城奔荆南，知随州李道亦弃城去。甲辰，王𤫩讨湖贼，战于鼎口，不利。伪齐陷郢州，守臣李简弃城去。申禁私役战士。丁未，命三省除铨曹奸弊。戊辰，罢诸路类省试。统制石世达及杜湛合兵大破湖贼黄诚于龙阳洲。庚戌，复置宗正少卿及寺监诸丞。是月，王彦先引兵至北寿春，将渡淮。刘光世驻军建康，扼马家渡；又遣郦琼驻无为军，为庐、濠声援。贼乃还。

十一月己未，以右文殿修撰王伦为都督府参议官。癸亥，诏监司、帅守察内外宗子病民害政者以闻。崔增、吴全遇湖贼于阳武口，死之。甲子，韩肖胄等使还。乙丑，禁沿淮诸砦兵擅侵齐境。庚午，临安府火。甲戌，禁掠卖生口入蛮夷溪峒及以铜钱出中国。乙亥，复元祐十科举士法。丁丑，命宾、横、宜、观四州市战马。戊寅，王璡自鼎州引兵还鄂，留统领王渥等四军听程昌㝢节制。己卯，蠲南剑州所负民间献纳钱十六万缗。省淮南州县文武官。

十二月辛巳朔，降敕书抚谕吴玠及川、陕将士。乙酉，临安府火。戊子，又火。朱胜非以屡火求罢，不允。丙申，王似承制废通远军。己酉，金国元帅府遣李永寿、王翊来见。

是岁，海寇黎盛犯潮州，焚民居毁城去。

四年春正月辛亥朔，帝在临安，率百官遥拜二帝。乙卯，增淮、浙路盐钞贴纳钱。遣章谊等为金国通问使。己未，程昌㝢遣杜湛、王渥攻杨太皮真砦，破之。己巳，诏谕王似、卢法原、吴玠，使之协和。金人犯宕昌、临江砦及花石峡，关师古遣统领刘戬分兵拒却之。庚午，诏诸路将帅毋以两国通使辄弛边备，淮南州郡津渡尤慎讥察。甲戌，罢州县新置弓手。乙亥，蠲循、梅、潮四州被兵家租赋。丙子，申敕三省、枢密院，除官并遵旧制，毋相侵紊，除拜、罢免皆明示黜陟之由。戊寅，金人犯神坌砦，沿北岭至大散关。临安府火。己卯，韩肖胄罢。

二月壬午诏：贼罪至死者仍籍其赀。癸未，作建康府行宫。席益罢。乙酉，以徐俯兼参知政事。丙戌，禁川、陕诸将招纳北军。湖北军贼檀成犯长阳县，解潜遣统领胡勉捕斩之。群盗田政自襄阳犯峡州。己丑，解潜遣统制王属击政，斩之。庚寅，金人犯两当县。乙未，诏孟庾赴行在。己亥，诏三衙管军及将帅观察使以上，举忠勇智略可自代者一人。辛丑，金人犯仙人关。癸卯，诏权以射殿为景灵宫，四时设位朝献。丙午，张浚入见。

三月辛亥朔，吴玠率杨政、吴璘、田晟、王喜诸将与兀术战于仙人关，大败之。兀术遁去。戊午，雨雹。以赵鼎参知政事。壬戌，孟庾至行在，罢都督府，以其兵属张俊。乙丑，张浚以资政殿大学士罢，寻落职奉祠，福州居住。己巳，蠲淮南州县民租一年。辛未，日有青赤黄气。编次建炎以来诏旨，颁诸路。癸酉，蠲兴元府、洋州被兵家税役二年。丙子，以王似为资政殿学士、川陕宣抚使，卢法原为端明殿学士与吴玠并充副使，关师古为熙河兰廓路安抚制置使。

夏四月庚辰朔，命赵开再任总领四川财赋。诏谕川、陕官吏兵民，以张浚失措当示远窜，犹嘉其所用吴玠等能御大敌，许国一心，止从薄责。仍令宣抚司讲求谘访，凡扰民咈众之事，速厘革之。癸未，刘子羽白州安置。乙酉，诏明堂用皇祐典礼，兼祀天皇大帝、神州地祇以下诸神。丙戌，吴玠败金兵，复凤、秦、陇州。诏：特旨处死情法不相当者，许大理奏审。蠲淮南州军上供钱一年。庚寅，置孳生牧马监于临安府。甲午，罢广西提举茶盐司。关师古叛，以洮、岷二州降伪齐，吴玠并将师古军。乙未，诏诸路岁上户口。丁酉，罢诸州回易库。庚子，命刘光世遣兵巡边。辛丑，保静州夷人入贡。丙午，徐俯罢。是月，王似承制废符阳军。知寿春府罗兴叛降伪齐。

五月庚戌朔，以岳飞兼黄复二州、汉阳军、德安府制置使。癸丑，以范冲为宗正少卿兼直史馆，重修神宗哲宗正史、实录。甲寅，诏淮南帅臣兼营田使，守令以下兼管营田。岳飞复郢州，斩伪齐守荆超。甲子，以孟庾兼权枢密院事。乙丑，赐李横军绢万匹。丙寅，李成弃襄阳去，岳飞复取之。金人攻金州，镇抚使王彦遣统制许青等与战于汉阴，败之。罢诸县武尉。壬申，裁省三省、枢密细务，责六曹长贰专决。癸酉，以国史日历所为史馆。伪齐收李成余众，益兵驻新野，岳飞与别将王万夹击，复大败之。乙亥，王彦数败金兵于洵阳县。丙子，复选宗室子彦之之子伯玖育于禁中。

六月壬申，复命川、陕类试。乙未，太白昼见经天。戊戌，诏神武军、神武副军统制、统领官并隶枢密院。庚子，以霖雨罢不急之役。壬寅，诏三省、枢密院，凡奉干请墨敕，许执奏不行。置史馆校勘官。作明堂行礼殿于教场。甲辰，禁诸军刺平人为兵，已刺者皆释之。吴玠乞宫观，不允。是月，荧惑犯南斗。岳飞将牛皋复随州，执伪齐守王嵩磔之。

秋七月戊申朔，曲赦虔州。以吏部尚书胡松年签书枢密院事。庚戌，以湖南安抚席益为安抚制置大使。建昌军军卒修达等作乱，杀守臣刘滂,江西制置使胡世将遣参谋侯铤、统制丘赟讨之。壬子,命吴玠通信夏国。癸丑,湖贼杨钦等破社木砦,官军败却,小将许筌战殁。丙辰,赏仙人关之功,以吴玠为检校少师、奉宁保静军节度使,吴璘、杨政以下论赏有差。丁巳,命左右司岁考郎官功过治状以为赏罚。庚申,复曲端、赵哲官。壬戌,岳飞遣统制王贵、张宪击败李成及金兵于邓州之西,复邓州,禽其将高仲。丙寅,侯铤引兵入建昌军。执修达等十三人斩之。罢建州腊茶纲。诏江东安抚司招水军千五百人。己巳,湖贼万余人诣鼎、澧二州降。刘光世来朝。庚午,王贵、张宪破金、齐兵,复唐州及信阳军,襄汉悉平。辛未,章谊、孙近使还入见,粘罕致书约淮南毋得屯兵。

八月庚辰,以赵鼎知枢密院事,充川、陕宣抚处置使。湖贼夏诚等犯枝江县,解潜遣将蒋定舟与战,败之。辛巳,吴玠遣统领姚仲攻陇城县,克之。壬午,王瓔以讨贼无功,降光州观察使。戊子,改命赵鼎都督川、陕、荆、襄诸军事。乙未,遣魏良臣等充金国通问使。丙申,毁王安石舒王告。己亥,周十隆出降,为官军所掠,复遁去,犯汀、循州。壬寅,王似罢。以岳飞为清远军节度使、湖北荆襄潭州制置使,代王瓔讨湖贼。癸卯,以襄阳府、随郢唐邓州、信阳军六郡为襄阳府路。

九月戊申,减淮、浙路盐钞所增贴纳钱。壬子,夏诚遣将李全功犯公安军,解潜遣统制林闰等击斩之。安定郡王令時薨。辛酉,合祭天地于明堂,大赦,蠲襄阳等六郡三年租税。庚午,朱胜非罢。金、齐合兵自淮阳分道来犯。壬申,渡淮,楚州守臣樊叙弃城去。韩世忠自承州退保镇江府。癸酉,以赵鼎为尚书右仆射、同中书门下平章事兼知枢密院事,吏部尚书沈与求参知政事。

冬十月丙子朔,与赵鼎定策亲征,命张俊以军援淮东,刘光世移军建康,车驾择日进发。丁丑,以孟庚为行宫留守,留统制王进一军及神武中军五百人隶之。百司不预军旅之务者听从便避兵。己卯,韩世忠自镇江率兵复如扬州。金人犯滁州。以张俊为浙西、江东宣抚使。金人围亳州。席益遣统制吴锡率兵讨徭贼杨再兴,大破

之。壬午,伪齐兵犯安丰县。癸未,复以张浚为资政殿学士、提举万
寿观兼侍读。甲申,复以王璨为建武军承宣使、江西沿江制置使。丙
戌,命胡松年诣江上会诸将议进兵。戊子,韩世忠邀击金人于大仪
镇,败之,又遣将董旼败之于天长县鸦口桥。己丑,金人攻承州,韩
世忠遣将成闵、解元合兵击于北门,败之。金人围濠州。甲午,遣秘
书正字杨晨持诏抚谕四川。遣侍御史魏矼、监察御史田如鳌诣刘光
世、张浚军中计事,光世始移军太平州。丙申,命后宫自温州泛海如
泉州。金人陷濠州,守臣寇宏弃城走。丁酉,诏州县团教弓手、士兵。
戊戌,帝御舟发临安,刘锡、杨沂中以禁兵扈从。己亥,韩世忠捷奏
至,命收瘗战死将士,仍令胡松年致祭。庚子,张俊率兵发镇江,如
建康。壬寅,帝次平江。加赠陈东、欧阳澈秘阁修撰官,其子孙二人
各赐田十顷,且追咎汪伯彦落观文殿学士,黄潜善更不追复。命韩
世忠、杨沂中分兵控扼沿海要地。癸卯,焚决淮东闸堰。赐扈从诸
军钱。乙巳,仇悆遣将孙晖击金人于寿春,败之,复霍丘、安丰二县。
是月,借江、浙坊场钱一界,以备军费。

　十一月戊申,太白昼见。庚戌,赏承州水砦首领徐康等要击金
兵之功,转官有差,仍蠲承、楚、泰州水砦民兵赋役十年。置沿江烽
火,放浙东诸郡防城丁夫。壬子,始下诏声刘豫逆罪,谕亲讨之旨,
以厉六师。吴玠遣统制杨从仪等率兵败金人于腊家城。癸丑,玠乞
纳节赎刘子羽罪,遂听子羽自便。金人入光州。甲寅,伪齐知光州
许约破石额山砦,遂据之。乙卯,韩世忠遣兵夜劫金人营于承州,破
之。金人犯六合县;丙辰,掠全椒县三城湖。丁巳,戒诸路大小臣僚
借贷催科纵吏奸扰民及务绝盗贼之伺隙者。命董旼、赵康直总领淮
东水砦。戊午,以胡松年兼权参知政事。金人陷滁州。刘光世移军
建康,韩世忠移军镇江,张俊移军常州。己未,复命张浚知枢密院
事,以其尽忠竭节诏谕中外。庚申,宴犒守江将士。癸亥,刘光世遣
统制王德击金人于滁州之桑根,败之。揭黄榜招谕湖贼。甲子,命
滁、和诸州移保聚。乙丑,金人犯滁口。己巳,刘光世遣统制王师晟
等率兵夜入南寿春府袭金人,败之,执伪齐知府王靖。广贼区稠围

韶州乐昌县,铃辖韩京遣兵击斩之。诏张浚视师江上。

　　十二月乙亥朔,魏良臣、王绘还自泗州军前入见。戊寅,命都督府右军统制李贵部兵屯扼福山镇。辛巳,命中军统制王进屯兵泰州,防拓通、泰。壬午,以枢密都承旨马扩为江西沿江制置副使。丙戌,吴伦遣兵攻腊家城,破之。丁亥,听两淮避兵民耕种所在闲州田。壬辰,金、齐兵逼庐州,仇悆婴城固守,岳飞所遣统制徐庆、牛皋援兵适至,败走之。刘光世亦遣统制靳赛战于慎县。张俊遣统制张宗颜击败金人于六合。诏江、浙、荆湖十四郡各募水军五百人,名横江军。两浙十郡沿江海州县招捕巡检土军。甲午,程昌寓遣杜湛、彭筠合击杨钦,破之。己亥,以来年正旦日食,下诏修阙政,求直言。庚子,金人退师。辛丑,诏葬祭浙西、江东二军之死事者。壬寅,省淮南转运司。遣胡松年往常熟县、江阴军沿江计议军事。癸卯,金人去滁州。

宋史卷二八
本纪第二八

高宗五

　　五年春正月乙巳朔,日有食之。帝在平江府。金人去濠州。丁未,戒诸军战陈毋杀中原民籍充金兵者。命鬻官田宅输钱专充军费。戊申,进庐、泰二州守御官属各一官。己酉,诏前宰执吕颐浩等十九人及行在职事官各条上攻战备御措置绥怀之策。免淮南官吏去职之罪,仍令还任。承州水砦统领仲谅复入楚州。庚戌,张俊遣统领杨忠闵、王进夹击金人于淮南岸,败之,降其将程师回、张延寿。辛亥,淮东统制崔德明袭败金兵于盱眙。召张浚赴行在。乙卯,浚入见。赏沿江监司、帅臣供亿之劳,各进官一等。戊午,趣修建康行宫。己未,诏减淮南诸州闻犯死罪,释流以下囚。庚申,置诸州军教场,选兵专习弓弩,立格按试。辛酉,赠殿中侍御史马伸左谏议大夫。韩世忠、刘光世、张俊入见。壬戌,以世忠为少保、淮东宣抚使,驻镇江;光世少保、淮西宣抚使,驻太平;俊开府仪同三司、江东宣抚使,驻建康。甲子,郦琼复光州,降其守许约。乙丑,罢淮南茶盐提刑司,置提点两路公事官一员,兼领刑狱、茶盐、漕运、市易事。淮西要会州军并置市务局。戊辰,诏川、陕宣抚司招谕陷贼官民。庚午,命王进合江西、广东诸将兵讨周十隆。海贼朱陪犯广州,又犯泉州。壬申,刘光世、韩世忠、张俊入辞,命升殿,以光世、世忠有隙。赐酒谕释之,皆感激奉诏。癸酉,伪齐知亳州马秦犯光州,权州事王萃率兵拒之。是月,金主晟殂,旻之孙亶立。岳飞自池州入朝。

二月丙子，以飞为镇宁、崇信军节度使。命常州布衣陈得一造新历。丁丑，帝发平江。戊寅，遣权太常少卿张铢奉迎太庙神主于温州。壬午，帝至临安，进扈从官吏秩一等。丙戌，以赵鼎为左仆射，张浚右仆射，并同中书门下平章事兼知枢密院事，都督诸路军马。岳飞为荆湖南北、襄阳府路制置使，将兵平湖贼杨太。丁亥，吴璘、杨政攻拔秦州，执伪齐守胡宣，金帅撒离喝来援，政复击败之。己丑，诏建太庙。壬辰，命张浚诣江上措置边防，诏谕诸路宣抚制置司，示以专任之旨。以右司谏赵霈论奏得体，赐三品服。丁酉，进执政官秩一等，以赏防秋之功。戊戌，诏淮南宣抚司抚存淮北来归官吏军民。己亥，直史馆范冲上《神宗实录考异》。庚子，诏翰林学士孙近、胡交修类编臣僚条具利害章疏以闻。甲辰，蠲湖南路上供三年。是月，伪齐商元寇信阳军，守臣舒继明被擒，死之。

闰月乙巳朔，雨雹。丁未，胡松年罢。戊申，雪。己酉，留四川上供银帛就充军费。乙卯，以孟庾、沈与求并兼权枢密院事。丙辰，并诸路提举常平入茶盐司。罢福建铸钱，令转运坑冶司办集。丁巳，撒离喝欲犯秦州，吴玠遣部将牛皓伺之，遇于瓦吾谷，战死。癸亥，海贼陈感犯雷州，官军屡败。丁卯，王瓆罢。命户部尚书章谊措置财用，孟庾提领，号总制司。命川、陕宣抚司幕僚摄司事，仍权节制军马。戊辰，置路分总管，以处闲退武臣。辛未，复置宗正丞，掌修属籍。再蠲荆南府、归峡二州、荆门公安二军岁贡上供二年。

三月甲戌朔，以王瓆贪纵不武，败师误国，责授濠州团练使。丙子，遣枢密计议官吕用中等分使两浙、江东西路检察经、总制司财用。丁丑，诏侍从至监察御史、馆职已上，在内馆职、在外侍从官、监司、帅守，各举所知充监司、守令，寻命馆职专举县令。己卯，以韩世忠兼镇江府宣抚使，刘光世兼太平州宣抚使。壬午，以都督府参议军事邵溥兼权川、陕宣抚副使。罢御前军器所提举官，并隶工部。壬辰，命广东、福建路招捕朱聪。乙未，初榷铅、锡。张浚亲讨湖贼。丁酉，复移浙西安抚司于临安府。庚子，罢饶州牧马监。

夏四月丙午，贵池县丞黄大本坐枉法赃，杖脊刺配南雄州。丁未,遣司农丞盖谅持诏抚谕川、陕。召解潜赴行在,王彦知荆南府,诸镇抚使至是尽罢。戊申,太庙神主至自温州。己酉,以审量滥赏,追左银青光禄大夫王序八官及职名,仍改正出身。庚戌,诏:内侍遇特恩转官,止武功郎。壬子,访得周后柴叔夏袭封崇义公。戊午,奉安太庙神主。己未,更免役保正长法。甲子,太上后帝崩于五国城。丙寅,帝即射殿,行朝献景灵宫之礼,始以惠恭皇后祔祭。募民耕营田,官给牛、种。庚午,省四川添差官。辛未,以诸路税赋畸零增收钱专充上供。是月,龙图阁直学士致仕杨时卒。

五月乙亥,初谒太庙。庚辰,命邵溥、吴玠裁省四川冗官浮费。辛巳,名行宫新作书院为资善堂。遣何藓等奉使金国,通问二帝。中书舍人胡寅言,国家与金世雠,无通使之义。张浚奏:"使事兵家机权,后将辟地复土,终归于和,未可遽绝。"乃遣行。丁亥,立残破州县守令劝民垦田及抛荒殿最格。己丑,以孟庾知枢密院事。壬辰,召张浚还行在。丁酉,诏浚提举详定一司敕令。戊戌,以贵州防御使瑗为保庆军节度使,封建国公。徽猷阁待制范冲兼资善堂翊善,起居郎朱震兼赞读。以盛暑命监司行部虑囚。己亥,岳飞军次鼎州。庚子,周十隆降。辛丑,命川、陕访求元祐党人子孙。

六月甲辰,封武经大夫令矼为安定郡王。湖贼杨钦、全一琮、刘诜相继率众诣岳飞降。乙巳,名新历曰《统元》。丁未,并饶州铸钱司于虔州。己酉,命建国公瑗出就资善堂听读,拜范冲、朱震。出内帑钱赐宗室贫者。壬子,复省淮南州县冗官。癸丑,以久旱减膳、祈祷;禁诸路科率,自租税、和市、军须外皆罢。岳飞急攻湖贼水砦,贼将陈瑶降、杨太赴水死,余党刘衡等皆降。飞急击夏诚,斩之。丁巳,湖贼黄诚斩杨太首,挟钟子仪、周伦诣都督府降,湖汀悉平,得户二万七千,悉遣归业。戊午,减福建贡茶岁额之半。庚申,以旱罢诸路检察财用官。丁卯,以贼平,免沿湖民前二年逋租。己巳,罢福建诸州枪仗手。

秋七月壬申朔,以仇悆为沿海制置使。甲戌,免蕲州上供及租税三年。戊寅,奖谕岳飞,抚劳将士,趣张浚还朝。己卯,孟庾罢,以沈与求兼权枢密院事及措置财用。壬午,以金、均、房州隶襄阳府路。伪齐兵寇湖阳县,执唐州守臣高青,复释之。丁亥,赐宇文虚中家福建田十顷。甲午,诏残破州县亲民官,计到、罢之日户口考殿最。韩世忠复镇淮军,禽伪齐守王拱。丙申,蠲湖南路上供米三年及秋租之半。丁酉,置高峰、王口二砦都巡检使,益兵戍之。

八月壬寅朔,罢荆南营田司,令安抚司措置官兵耕种。甲辰,定馆职额为十八员。壬子,诏淮南山水砦都巡检各听守令节制。癸丑,蠲福建州军借拨常平钱米。已未,下诏示章惇、蔡卞诋诬宣仁圣烈皇后之罪,追贬惇昭化军节度副使,卞单州团练副使,子孙不许在朝。命广宫学,教内外宗子。辛酉,诏淮南、襄阳府等路团结民社。丙寅,以诸盗平,减湖、广、江西二十二州杂犯死罪,释徒、杖以下囚。海贼朱聪降,命补水军统领。是月,伪齐陷光州。

九月辛未朔,罢总制司所增收头子等诸色钱。乙亥,赐礼部进士汪洋以下二百二十人及第、出身。唱名始遵故典,令馆职侍立殿上。壬午,加岳飞检校少保。伪齐兵寇固始县,统领华旺拒战却之,寻复光州。甲申,命沿海州军籍海舶,分守要害。乙酉,赵鼎上《重修神宗实录》。壬寅,诏元符上书邪等范柔中等二十七人各官一子。以解潜部兵三千隶马军司。甲午,周十隆复叛,犯汀州。戊戌,遣统领王进、李贵讨之。

冬十月庚戌,张浚入见。乙卯,以席益为四川制置大使,位宣抚副使上,州军兵马并隶大使司,边防重事仍令宣抚司处置。李纲为江西制置大使,吕颐浩为湖南制置大使。戊午,诏川、陕类试合格第一人依殿试第三人例推恩,余并同赐进士出身;特奏名进士命宣抚选官试时务策。澧州贼雷德进降。乙丑,伪齐兵寇涟水军,韩世忠遣统制呼延通等逆击,败之。

十一月庚午朔,初置节度使以下金字牙符,命都督府掌之,给将师立战功者。命州县卖户帖以助军费。癸酉,诏:守臣死节昭著者,毋限品秩,并赐谥。乙亥,征和靖处士尹焞于涪州,命为崇政殿说书。戊寅,郊。辛巳,复置淮南提举盐事官。壬午,出宫女三十人。

甲申，权减宰执及行在官吏奉。乙酉，以赵开为四川都转运使。丙戌，命张浚视师荆、襄、川、陕。戊子，知衡州裴廪坐调夫筑城冻死二千余人，除名，岭南高州编管。乙未，出内帑绵绢赐宗室。丁酉，罢催税户长。

十二月己亥朔，以岳飞为荆湖南北、襄阳府路、蕲黄州招讨使。杨沂中权主管殿前司，并统神武中军。庚子，改神武四军及巡御军号行营五护军。辛丑，以都督府兵隶三衙。命左右司、枢密院检详官参考中兴已行条例，修为定法。乙巳，禁服用翠羽。己酉，免侍从官轮对。庚戌，汰横江水军三之一。癸丑，命两淮、川陕、荆襄、荆南诸帅府参谋官各一员提点屯田。癸亥，禁川陕州县官悉用川陕人。丙寅，都督府遣参议军事刘子羽、主管机宜文字熊彦诗抚谕川陕，且察边备虚实。戊辰，夜雨雹。

六年春正月辛未，蠲贫民户帖钱之半，无物产者悉除之。癸酉，命给事中、中书舍人甄别元祐党籍。乙亥，以内重外轻，命省台、寺监及监司、守令居职及二年者，许更迭出入除擢。丁丑，诏：凡入粟补官者，毋授亲民刑法之职。壬午，赐宗子伯玖名璩，为和州防御使。罢绵州宣抚副使，命吴玠专治兵事。罢御史平反刑狱赏。丙戌，张浚视师荆襄，入辞。己丑，安定郡王令𥖝薨。庚寅，还预借坊场钱。辛卯，诏：监司、帅臣慢令失职者，令张浚黜陟以闻。甲午，振江、湖、福建、浙东饥民，命监司、帅臣分选僚属及提举常平官躬行检察。戊戌，命鬻直郎、阁门宣赞舍人以下官。

二月庚子，以诸路宣抚制置大使并兼营田大使，宣抚副使、招讨安抚使并兼营田使。壬寅，雨雪。改江、淮屯田为营田。甲辰，置行在交子务，印交子钱引给诸路。令公私同见钱行用。戊申，岳飞入见。复以襄阳府路为京西南路。辛亥，诏张浚暂赴行在奏事。甲寅，以兵部尚书、都督府参谋折彦质签书枢密院事。乙卯，韩世忠引兵攻宿迁县，统制呼延通与金兵战，败之，禽其将勃堇牙合。澧州贼徒伍俊杀雷德进，持其首诣鼎州降。丙辰，韩世忠围淮阳军。复置诸路市易务。戊午,命杨沂中以兵万人听都督行府调遣。己未,遣户部侍郎刘宁止如镇江府,总领三宣抚司钱粮,辛酉,兀术救淮阳,韩世忠引兵归楚州。壬戌,以折彦质兼权参知政事。癸亥,沈与求罢。李纲入见。是月,张浚至江上会诸将议事,命张俊进屯盱眙。

三月戊辰朔,初收官告绫纸钱。名均、房州民兵曰保胜,又命招刺三千人赐名必胜军。己巳,以韩世忠为京东、淮东路宣抚处置使,岳飞为京西、湖北路宣抚副使。辛未,蠲旱伤州县民积欠钱帛租税。己卯,趣岳飞如鄂州措置军事。辛巳,以枢密副都承旨马扩为沿海制置副使。壬午,金、齐兵犯涟水军,韩世忠击败之。壬辰,宽四川灾伤州县户帖钱之半。

夏四月戊戌朔,湖南贼黄旺犯桂阳盐。甲辰,伪齐兵陷唐州,团练判官扈举臣、推官张从之等皆死。岳飞以母丧去官。丙午,诏飞起复。己酉,诏:“文武臣僚能决胜强敌恢复境土者,赐功臣号。”庚戌,始训诸宗子名。甲寅,赏淮阳功,呼延通等进官有差,余受赏者凡万七千人。刘光世遣副统制王师晟、郦琼袭伪齐兵于刘龙城破之,禽其统制华知刚。己未,命福建安抚司发水军讨海贼郑庆。辛酉,禁四川伐并边山林。甲子,以韩世忠为横海、武宁、安化军节度使,号扬武翊运功臣。除商旅缗钱税。丙寅,复行在官吏奉。蠲东京民渡淮南商贩之税。

五月戊辰朔,禁以鹿胎为冠。癸酉,诏:“未经上殿臣僚,先令三省审察,然后引对。”戊寅,以四川监司地远玩法,应有违戾,令制置大使按劾。壬午,诏大理寺议狱不合,即诣刑部关决,刑部不能定,同赴都堂禀议。赐吴玠四川户帖钱十万缗犒军。癸未,禁淮南州县收额外杂色租。乙酉,改交子为关子,罢交子务。庚寅,以刘光世为保静、宁武、宁国军节度使。壬辰,以张俊进屯盱眙,改崇信、奉宁军节度使。甲午,禁销钱及私铸铜器。丙申,诏监司虑囚不能遍及者,听遣官,著为令。

六月乙巳朔,地震。己酉,求直言。甲寅,张浚渡江抚淮上诸屯。命刘光世自当涂进屯庐州,岳飞自九江进屯襄阳,杨沂中屯泗州。

戊午,诏两淮沿江守臣并以三年为任。辛酉,封集英殿修撰令笈为安定郡王。

秋七月壬申,以司农少卿樊宾提领营田公事。癸未,诏张浚暂赴行在。癸巳,罢川陕便宜差遣监司、守贰。以金州隶川陕路,均、房二州隶京西南路。郭浩为永兴军路经略安抚使兼知金州,阁门宣赞舍人邵隆知商州,听浩节制,经理商、虢。是月,刘光世复寿春府。

八月己亥,范宗尹薨。庚子,赐左司谏陈公辅三品服。癸卯,以徽猷阁直学士李迨为四川都转运使。甲辰,诏谕将士将亲征。岳飞遣统制牛皋破伪齐镇汝军,禽其守薛亨。乙巳,命权殿前司解潜等帅精兵扈从,主管步军司边顺留兵守临安,知临安府梁汝嘉为巡幸随军都转运使。丁未,以秦桧为醴泉观使兼侍读、行宫留守,孟庾提举万寿观兼侍读、同留守。戊申,岳飞遣将杨再兴复西京长水县。己酉,命秦桧、孟庾权参决尚书省、枢密院事。庚戌,蠲虔州残破诸县逋负、梅州夏秋两税。听广东经略安抚司便宜措置盗贼。辛亥,奉神主发临安。丁巳,权罢经筵进讲。己未,预借江、浙民来年夏税缣帛,折米输官。庚申,增给职事官米月三斛。是月,张俊攻城盱眙,进屯泗州。岳飞及伪齐李成、孔彦舟连战至蔡州,克之,伪守刘永寿举城降。

九月丙寅朔,帝发临安。岳飞遣统制王贵、郝晸、董先复虢州灵氏县。癸酉,帝次平江。戊寅,命职事官日一员轮对。壬午,岳飞以孤军无援,复还鄂州。癸未,权奉安神主于平江能仁寺。戊子,以户部郎官霍蠡总领岳飞军钱粮。庚寅,张浚入奏,复知镇江。辛卯,立贼徒相招首罪赏格。赏镇淮军功,进统制王德等官。是月,刘豫闻亲征,告急于金主兀求援,兀不许,豫自起兵三十万,命子麟趋合肥,侄猊出涡口,引兵分道入寇。

冬十月丙申,招西北流寓人补阙额禁军。丁酉,裁定淮南路租额。刘麟寇淮西,张俊遣杨沂中、张宗颜等分兵御之。戊戌,沂中至濠州,刘光世已弃庐州而南,浚遣人督还,光世不得已驻兵应沂中,遣统制王德、郦琼及贼将崔皋、贾泽、王遇战,皆败之。贼兵攻寿春府苟陵砦,守臣孙晖拒战,又败之。辛丑,罢四川盐酒官百余员。壬寅,以梁汝嘉兼浙西、淮东沿海制置使,前护副军都统制王彦副之。癸卯,赵鼎请降敕谕张浚,令光世、沂中及张俊全军引还,为防江之计。甲辰,又诏浚督将士努力破贼,皆未达。刘猊犯定远县,沂中进战,大败之于藕塘,猊挺身遁,麟在顺昌闻之,拔砦去。刘光世遣王德及沂中追麟至南寿春而还。孔彦舟亦解光州围而去。戊申,命解潜遣兵千人守青龙港口。癸丑,张俊、杨沂中引兵攻寿春府,不克而还。乙卯,诏诸军所俘人民给钱米遣归。丁巳,惠州军贼曾衮作乱。庚申,摧锋军统制韩京募敢死士,夜袭破之,衮寻出降。壬戌,日中黑子没。

十二月甲午朔,诏降庐、光、濠等州死罪,释流以下囚。召秦桧赴行在。张浚入见,请幸建康;赵鼎请还临安。戊戌,韩世忠攻淮阳军,及金人战,败之。辛丑,城南寿春府。壬寅,赵鼎罢。遣右司员外郎范直方宣谕川陕,抚问吴玠将士。甲辰,命都督府参议军事吕祉如建康,措置移跸。丙午,折彦质罢。丁未,赏淮西功,加张俊少保,改镇洮、崇信、奉宁军节度使;杨沂中保成军节度使、殿前都虞候。戊申,命秦桧赴讲筵供职,孟庾为行宫留守。辛亥,以资政殿学士张守参知政事,兼权枢密院事。丙辰,以吕颐浩为浙西安抚制置大使,判临安府。丁巳,以刘光世为护国、镇安、保静军节度使。戊午,诏:凡因民事被罪者,不许亲民。己未,命辰、沅、靖、澧四州,以闲田募刀弩手三千五百人为额。右司谏陈公辅乞禁程氏学。诏:“士大夫之学宜以孔、孟为师,庶几言行相称,可济时用。”庚申,以安化郡王王禀死节太原,赐其家田十顷。辛酉,以山阴、诸暨等四十县为大邑,并命堂除。

七年春正月癸亥朔,帝在平江,下诏移跸建康。蠲无为军税役一年。置建康御前军器局。丁卯,赏张浚以破敌功,迁特进。己巳,发米万石济京东、陕西来归之民。张浚入见。甲戌,罢都督府诸州市易官。丁丑,解潜罢,以刘锜权主管马军司,并殿前步军司公事。

庚辰，筑采石、宣化渡二城。癸未，以翰林学士陈与义参知政事，资政殿学士沈与求同知枢密院事。诏广西帅臣训练土丁、保丁。乙酉，复置枢密使、副，知院以下仍旧，张浚改兼枢密使。丙戌，禁诸军互纳亡卒。西蕃三十八族首领赵继忠等来归。丁亥，以秦桧为枢密使。何藓、范宁之至自金国，始闻上皇及宁德皇后崩。己丑，帝成服，下诏降徒囚，释杖以下。辛卯夜，东北有赤气如火。

二月癸巳朔，日有食之。百官七上表请遵以日易月之制。徽猷阁待制、知严州胡寅请服丧三年，衣墨临戎，以化天下。帝欲遂终服，而张浚连疏论丧服不可既戎，遂诏外朝勉从所请，宫中仍行三年之丧。丙申，太平州火。丁酉，镇江府火。庚子，遣王伦等使金国迎奉梓宫。岳飞入见。辛丑，以日食求直言，以久旱命诸州虑囚。乙巳，诏：凡辟举官犯赃罪，罪及所举官。丙午，吴玠置银会子于河池。丁未，诏席益募陕西、河东、河北兵二千，部送行在充扈卫。癸丑，雨雹。丙辰，始御便殿。果州守臣宇文彬等进禾登九穗图。俱夺一官，罢之。丁巳，以岳飞为太尉、湖北京西宣抚使。己未，帝发平江。

三月癸亥朔，次丹阳，韩世忠入见，命世忠扈从，岳飞次之。甲子，次镇江，杨沂中入见，命沂中总领弹压巡幸事务。乙丑，蠲驻跸及经从州县积年逋赋。丁卯，以吏部侍郎吕祉为兵部尚书、都督府参谋军事。辛未，帝至建康。壬申，诏尚书省常程事从参知政事分治。癸酉，减建康流罪以下囚，蠲建康府、太平宣州逋赋及下户今年身丁钱。岳飞乞并统淮西兵以复京畿、陕右，许之，命飞尽护王德等诸将军。既而秦桧等以合兵为疑，事遂寝。戊寅，手诏抚劳将士。进沈与求知枢密院事。己卯，尊宣和皇后为皇太后。庚辰，以王彦兵隶侍卫马军司。吕颐浩为少保兼行宫留守。孟庾罢。甲申，以刘光世为少师、万寿观使，以其兵隶都督府，张浚因分为六军，命吕祉节制。乙酉，赐光世第于建康府。丁亥，命虔、吉、南安军诸县各募士兵百人，责知县训练，防御盗贼。

是春，广西大饥，李实变为桃。

夏四月癸巳，筑太庙于建康，以临安府太庙为圣祖殿。戊戌，修浚建康城池。丁未，岳飞乞解官持余服，遂弃军去，诏不许。戊申，日中有黑子。庚戌，以张浚累陈岳飞积虑专在并兵，奏牍求去，意在要君，遂命兵部侍郎兼都督府参议军事张宗元权湖北、京西宣抚判官，实监其军。壬子，张浚如太平州、淮西视师。庚申，以信阳军隶京西路。罢淮南提点司，东西两路各置转运兼提点刑狱、提举茶盐常平事。

五月丁卯，诏李纲趣捕虔、吉诸盗。壬申，命礼官举文宣王、武成王、荧惑、寿星、岳、镇、海、渎、农、蚕、风、雷、雨师之祀。甲戌，以胡安国提举万寿观兼侍读，趣赴行在，未至而罢。癸未，以郦琼为行营左护军副都统制。甲申，初试枢密院都督府效士。乙酉，命侍从官通举材堪知县者二十人。丙戌，伪齐陷随州。己丑，禁四川增印钱引。

六月辛卯朔，改上惠恭皇后谥曰显恭皇后。岳飞入见。壬辰，命岁辰戌月祀大火，配以阏伯。乙未，罢江、淮营田司，令诸路安抚、转运司兼领其事。丙申，以重修神宗实录去取未当，命史馆复加考订。丁酉，岳飞引过自劾，诏放罪，慰谕之。戊戌，命刘锜兼都督府咨议军事，率兵戍庐州。乙巳，沈与求薨。召王德以所部兵赴行在。遣吕祉如淮西抚谕诸军。丙辰，诏吴玠、李迨共议四川经费，赡军恤民。岳飞复职。

秋七月戊辰，诏侍从各举所任监司、郡守者一二人。癸酉，以旱祷于天地、宗庙、社稷。甲戌，祠濮王仲湜薨。癸未，以久旱命中外臣庶实封言事。甲申，蠲诸路民积年逋租。以建康疫盛，遣医行视，贫民给钱，葬其死者。命疏决滞狱。乙酉，诏即建康权正社稷之位。戊子，诏户部长贰迭出巡按诸路，考究财赋利病，违者劾之。己丑，诏诸路归业民垦田，及八年始输全税。

八月乙未，以张俊为淮西宣抚使，驻盱眙；杨沂中为淮西制置使，主管侍卫马军司刘锜副之，并驻庐州。命郦琼率兵赴行在，戊戌，琼叛，杀中军统制张景等，执吕祉及赵康直、赵不群，以兵四万人奔刘豫。辛丑，手诏赦庐州屯驻行营左护军。壬寅，郦琼引兵至淮，杀祉及康直、释不群使还。刘锜、吴锡至庐州，以兵追之不及，命张宗元往招之。张浚乞去位。甲辰，以赵鼎为万寿观使兼侍读。甲寅，诏：命官犯赃，刑部不得擅黥配，听朝廷裁断。乙卯，赐岳飞军钱十万缗。诏归正复业人耕湖北、京西闲田。

九月甲子，上太上皇帝谥曰圣文仁德显孝皇帝，庙号徽宗，皇后曰显肃皇后。丁卯，韩世忠、张俊入见，乃命俊自盱眙移屯庐州。壬申，张浚罢。癸酉，命参知政事轮日当笔，权三省事，更不分治常程。罢都督府。甲戌，以台谏累疏，落张浚观文殿大学士，仍领宫祠。丙子，复以赵鼎为尚书左仆射、同中书门下平章事兼枢密使。戊寅，以庐州、寿春府民遭郦琼掳掠，蠲租税一年。己卯，朝献圣祖于常朝殿。庚辰，朝飨太庙。辛巳，合祭天地于明堂，大赦。召刘光世赴行在。戊子，禁诸路进羡余。以刘锜知庐州兼淮西制置副使。

冬十月庚寅朔，诏仍旧开经筵。辛卯，命后省官看详上书有可采者，条上行之。丁酉夜，敕张浚安置岭表。戊戌，赵鼎累请浚母老，改永州居住。伪齐犯泗州，守臣刘纲击走之。丙午，命户部郎官薛弼、霍蠡同总领江西、湖、广五路财赋。壬子，统制呼延通、王权等袭击金人于淮阳军，败之。丁巳，诏：六参日，轮行在百官一员转对。

闰月癸亥，赠赵康直徽猷阁待制。乙丑，蠲江东路月桩钱万缗。发米二万石振京西、湖北饥民。丙寅，尹焞入见，命为秘书郎兼崇政殿说书。甲戌，始作徽宗皇帝、显肃皇后神主，庚辰，韩世忠引兵渡淮，逆击金人于刘冷庄，败之。辛巳，李纲罢。癸未，复汉阳军。是月，张俊弃盱眙，引兵还建康。

十一月丙申，赐吴玠犒军钱百五十万缗。丁酉，以知温州李光为江西安抚制置大使。丁未，金帅挞懒、兀术入汴京执伪齐刘豫，废为蜀王。癸丑，诏来春复幸浙西。是月，伪齐知临安军崔虎诣岳飞降。

十二月庚辰，复置都大提举四川茶马盐牧官。丁卯，祔徽宗皇帝、显肃皇后神主于太庙。庚午，以解潜权主管马步军司，命韩世忠留屯楚州，屏蔽江、淮。己卯，诏内外大将及侍从官，举武臣智略器局堪帅守谋议官者。癸未,王伦等使还,入见,言金国许还梓宫及皇太后,又许还河南诸州。甲申,城泗州。丁亥,复遣王伦等奉迎梓宫。

　　是冬,吴玠遣裨将马希仲攻熙州,郑宗、李进攻巩州,不克,宗死于城下,希仲遁还,玠斩以徇。

宋史卷二九
本纪第二九

高宗六

八年春正月戊子朔，帝在建康。丙申，减临安府夏税折输钱。戊戌，张守罢。辛丑，伪齐知寿州宋超率兵民来归。蔡州提辖白安时杀金将兀鲁，执其守刘永寿来降。诏以方议和好，禁沿海州郡遣人过淮招纳。丁未，大阅张俊军。戊申，以兵部侍郎胡世将为四川安抚制置使。

二月戊午，刘锜入见。减建康府夏税折输钱，蠲民户逋租、和市、科调。庚申，日中有黑子。以吕颐浩为江东安抚制置大使兼行宫留守。壬戌，岳飞乞增兵，不许。癸亥，帝发建康。丙寅，以胡安国《春秋传》成书，进宝文阁直学士。戊寅，帝至临安。己卯，以户部尚书章谊为江东安抚制置大使兼行宫留守，吕颐浩为醴泉观使。甲申，减绍兴府和市绢万匹。

三月己丑，以知南外宗正事仲儡嗣濮王。庚寅，以礼部尚书刘大中参知政事，兵部尚书王庶为枢密副使。壬辰，复以秦桧为尚书右仆射、同中书门下平章事兼枢密使。甲午，陈与义罢。戊戌，增夔路路分都监一员，修治关隘，练义兵。己亥，蠲农器及牛税。以李天祚为静海军节度使、交趾郡王。壬寅，定以故相韩忠彦配享徽宗庙廷。丁未，蠲所过州县民积欠税赋。戊申，蠲江西、湖南诸州月桩钱各万缗。己酉，命考核川、陕宣抚司便宜所授官，冒滥尤甚者悉与裁减。

夏四月庚申,初置户部和籴场于临安。壬戌,遣王庶巡视江、淮边防。丁丑,复置六路发运司。癸未,诏三衙管军轮宿禁中。

五月庚戌,诏镇江府募横江军千人。窜内侍罗亶于海岛。庚子,禁贫民不举子,其不能育者给钱养之。壬寅,贬刘子羽为单州团练副使,漳州安置。丁未,金国使乌陵思谋、石庆充与王伦等偕来。戊申,以资政殿学士叶梦得为江东安抚制置大使。己酉,王庶至淮南,檄张宗颜将兵七千屯庐州,巨师古三千屯太平州,分韩世忠军屯泗州及天长县。

六月壬戌,赐衍圣公孔玠衢州田五顷,奉先圣祠事。癸亥,赵鼎上《重修哲宗实录》。壬申,赐礼部进士黄公度以下三百九十五人及第、出身。王庶自淮南还入见。乙亥,以中护军统制张宗颜知庐州,命刘锜率兵移屯镇江府。丁丑,乌陵思谋、石庆充入见。

秋七月乙酉朔,复命王伦及盖公佐奉迎梓宫。录司马光曾孙伋补承务郎。辛亥,彗出东方。

八月戊午,诏:"日者遣使报聘邻国,期还梓宫。尚虑边臣未谕,遂弛戎备,以疑众心。其各严饬属城,明告部曲,临事必戒,无忘扞御。"甲子,蠲江东路月桩钱万三千缗有奇。丁丑,彗减。遣监察御史李寀宣谕江西,措置盗贼。

冬十月丁巳,刘大中罢。甲戌,赵鼎罢。乙亥,日中有黑子。丁丑,金国使张通古、萧哲与王伦偕来。韩世忠乞奏事行在,不许。戊寅,枢密副使王庶乞免签书和议文字,累疏求去,不许。

十一月甲申,以翰林学士承旨孙近参知政事。丙戌,遣大理寺丞薛倞、朱斐诣广南路决滞狱。戊戌,王伦入见。己亥,复以伦为国信计议使,中书舍人苏符副之,符辞以疾。庚子,以孙近兼权同知枢密院事。辛丑,诏:"金国遣使入境,欲朕屈己就和,命侍从、台谏详思条奏。"从官张焘、晏敦复、魏矼、曾开、李弥逊、尹焞、梁汝嘉、楼炤、苏符、薛徽言、御史方廷实皆言不可。甲辰,王庶罢。辛亥,以枢密院编官胡铨上书直谏,斥和议,除名,昭州编管;壬子,改差监广州都盐仓。

十二月甲寅，以赵鼎为醴泉观使。乙卯，以宗正少卿冯机为国信计议副使。己未，以吏部尚书李光参知政事。戊辰，王伦言金使称"诏谕江南"，其名不正。秦桧以未见国书，疑为封册。帝曰："朕嗣守祖宗基业，岂受金人封册。"癸酉，馆职胡珵、朱松、张扩、凌景夏、常明、范如圭上书，极论不可和。甲戌，以端明殿学士韩肖胄签书枢密院事。乙亥，命肖胄等为金国奉表报谢使。丙子，张通古、萧哲至行在，言先归河南地，徐议余事。以监察御史施廷臣为侍御史，权吏部尚书张焘、侍郎晏敦复以廷臣主和议而升用，执奏不行。御史中丞勾龙如渊、右谏议大夫李谊、殿中侍御史郑刚中凡再至都堂，及宰执议取国书。丁丑，诏："金国使来，尽割河南、陕西故地，通好于我，许还梓宫及母兄亲族，余无需索。令尚书省榜谕。"庚辰，帝不御殿。以方居谅阴，难行吉礼，命秦桧摄冢宰，受书以进。是月，虚恨蛮犯嘉州忠镇砦。

是岁，始定都于杭。

九年春正月壬午朔，帝在临安。丙戌，以金国通和，大赦。河南新复州军官吏并不易置；蠲其民租税三年，徭役五年。以王伦同签书枢密院事，充奉护梓宫、迎请皇太后、交割地界使。戊子，遣判大宗正事士㒟、兵部侍郎张焘诣河南修奉陵寝。庚寅，赐刘光世号和众辅国功臣，张俊加少傅、安民靖难功臣，韩世忠为少师，张浚复左宣奉大夫。辛卯，以尹焞为徽猷阁待制，提举万寿观兼侍读，焞力辞不拜。壬辰，加岳飞、吴玠并开府仪同三司，杨沂中太尉。癸巳，建皇太后宫。甲午，金宿州守臣赵荣来归。丙申，金主诏谕河南诸州以割地归我之意。改发运经制司为经制司，命户部长贰一人领使，仍置副或判官。戊戌，以王伦为东京留守，郭仲荀为副，户部侍郎梁汝嘉兼江、淮、荆、浙、闽、广路经制使，司农卿霍蠡为判官。己亥，以吴玠为四川宣抚使。

二月癸丑，以徽猷阁待制周聿为陕西宣谕使，监察御史方廷实宣谕三京、淮北。丁巳，以郭仲荀为太尉、东京同留守。慕洧寇环州。

戊午,以知金州郭浩为陕西宣抚判官。壬戌,以李纲为湖南路安抚大使,张浚知福州,寻复资政殿大学士,为福建路安抚大使。命周聿、方廷实搜访隐士。甲子,均定诸州县月桩钱。己巳,以郭浩为陕西宣谕使。壬申,命修《徽宗实录》。癸酉,诏:盗贼已经招安而复啸聚者,发兵加诛,毋赦。是月,日中有黑子,月余乃没。江西统制官李贵以其军归杨沂中。

三月丁亥,以和州防御使璩为保大军节度使,封崇国公。丙申,王伦受地于金,得东、西、南三京、寿春、宿、亳、曹、单州及陕西、京西之地。兀术还祁州。己亥,分河南为三路,废拱州。辛丑,以翰林学士楼炤签书枢密院事。甲辰,伪齐知开封府郑亿年上表待罪,召赴行在。丁未,正伪齐所改州县名。

是春,夏人陷府州。

夏四月庚戌朔,吕颐浩薨。辛亥,命楼炤宣谕陕西诸路。壬午,金鄜延路经略使关师古上表待罪,命知延安府。癸丑,落赵鼎奉国军节度使为特进,仍知泉州。金陕西诸路节制使张中孚上表待罪,命为检校少保、宁国军节度使、知永兴军,节制陕西诸路军马。甲子,以观文殿学士孟庾为西京留守,资政殿学士路允迪南京留守。丙寅,金秦凤经略使张中彦上表等罪,命知渭州。以孙近兼权同知枢密院事。壬申,移寿春府治淮北旧城。癸酉,诏新复诸路监司、帅臣按劾官吏之残世者。韩世忠、张俊入见。

五月庚寅,奉迎东京钦先、孝思殿累朝御容赴临安。辛卯,复命江、淮守臣二年为任。乙未,复置淮东提举茶盐司。癸卯,复召募耆长法。丙午,鄜延副将李世辅部兵三千自凤翔来归,赐名显忠。

六月庚戌,皇后邢氏崩于五国城。辛亥,夏国主乾顺卒。壬子,楼炤以东京见卒四千四百人为忠锐三将。庚申,盗入邵武军。壬戌,以新复州县官吏怀不自安,降诏开谕。己巳,吴玠薨。壬申,楼炤承制以李显忠为护国军承宣使、枢密行府前军都统制,率部兵及夏国招抚使王枢赴行在。癸酉,澧州军事推官韩纠坐上书论讲和非计,送循州编管。乙亥,以孟庾兼东京留守。王伦自东京赴金国议事。

楼炤承制以杨政为熙河经略使，吴璘为秦凤经略使，仍并听四川宣抚司节制；郭浩为鄜延经略使、同节制陕西军马。丙子，分宣抚司兵四万人出屯熙、秦，六千人隶郭浩，留吴玠精兵二万人屯兴元府、光洋二州。戊寅，置钱引务于永兴军。是月，抚州钤辖伍俊谋据桃源复叛，湖北安抚薛弼召诛之。

秋七月甲申，以文臣为新得诸县令。丙戌，东京耆老李茂松、寇璋等二百人奉表称贺，皆引见补官遣还。复置都水南北丞各一员。丁亥，金人拘王伦于中山。丙申，命详验刘豫伪官，换给告身。乙巳，给还伪齐所没民间资产。以胡世将兼权主管四川宣抚司。

八月己酉，复淮南诸州学官。庚戌，赐陕西诸军冬衣，绢十五万匹。命前川、陕宣抚司便宜所补官，限一年自陈，换给告身。丙辰，金国以挞懒主和割地，疑其二心，杀之。壬戌，蠲成都、潼川路岁输对籴等米五十四万石、水运钱七十九万缗。乙丑，给新法度牒、紫衣师号钱二百万缗付陕西市军储。己巳，命陕西复行铁钱。庚午，遣苏符等使金贺正旦。乙亥，遣前知宿州赵荣、知寿州王威俱还金国。以关师古为行营中护军前军统制。

九月己卯，命鄜延、秦凤、熙河路招纳蕃部熟户及陷没夏国军民。丙戌，封叔士儇为齐安郡王。庚寅，罢经制司，令提刑兼领常平事。甲午，名皇太后殿曰慈宁。丙申，以威州防御使温济告韩世忠阴事勒停，南建州编管。世忠又奏欲杀之，诏移万安军。己亥，郭仲荀率东京兵五千至镇江。

冬十月辛亥，诏侍从官各举所知二人。王伦见金主于御林子，被拘于河间，遣其副蓝公佐先归。甲寅，王枢入见，并其俘百九十人皆纵遣还夏国。己未，蠲阶、成、岷、凤四州民税之半。戊辰，慈宁宫成。甲戌，日中有黑子。丙子，赐李显忠军钱十万缗。是月，岳飞入见。

十一月戊寅朔，赐吴玠家钱三万缗，以其弟璘为龙、神卫四厢都指挥使。申命刑部大理官编次刑名断例。癸未，嗣濮王仲儦薨。己丑，诏三省官属详覆在京通用令。追复张所为直龙图阁。

十二月甲寅，命续编《绍兴因革礼》。甲子，李光罢。戊辰，命续修《元丰会要》。兀术留苏符等于东京，谋复取河南。

十年春正月丙戌，遣莫将等充迎护梓宫、奉迎两宫使。辛卯，李纲薨。甲辰，以显谟阁直学士、提举醴泉观郑亿年复资政殿学士，奉朝请。

二月戊申，命陕西复募蕃汉弓箭手。诏：赃吏罪抵死，情犯甚者，奏取旨。辛亥，雨雹。以刘锜为东京副留守，李显忠南京副留守。壬子，命两宗正官各举所知宗室二人。癸丑，展省试期一年。壬戌，诏新复州军搜举隐逸，诸路经理屯田。丁卯，罢史馆，以日历归秘书省，罢监修国史官。以孟庾知开封府，为东京留守；仇悆知河南府、西京留守。癸酉，罢吏部审量宣和滥赏。

三月甲申，封于伯为商丘宣明王。戊子，增印钱引五百万缗，付宣抚司市军储。川、陕宣抚副使胡世将屡言金人必渝盟，宜为备。己丑，罢诸路增置税场。韩世忠、张俊入见。始置内教。复营建康行宫。丙申，苏符自东京还。丁酉，命川、陕宣抚司军事不及待报者，听随宜措置。己亥，以郭浩知永兴军兼节制陕西诸路军马，杨政徙知兴元府。是月，命胡世将与夏人议入贡，夏人不报。

夏四月丙午，访求亡逸历书及精于星历者。辛酉，以张中孚为醴泉观使，中彦提举佑圣观，赵彬为兵部侍郎。癸亥，命部使者岁举廉吏一人。庚午，复四川诸州学官。壬申，韩肖胄罢。

五月己卯，金人叛盟，兀术等分四道来攻。甲申，名徽宗御制阁曰敷文。乙酉，兀术入东京，留守孟庾以城降，知兴仁府李师雄、知淮宁府李正民及河南诸州继降。丙戌，金人陷拱州，守臣王愷死之。撒离曷自河中趋永兴军，陕西州县官皆降。丁亥，金人陷南京，留守路允迪降。刘锜引兵至顺昌府。己丑，金人陷西京，留守李利用、副总管孙晖皆弃城走，钤辖李兴率兵拒战，不克。辛卯，胡世将自河池遣泾原经略使田晟以兵三千人迎金人。京、湖宣抚司忠义统领李宝败金人于兴仁府境上。癸巳，知亳州王彦先叛降于金。金人陷永兴军,趋凤翔。丁酉,命胡世将移陕西之右护军还屯蜀口。以福建、广东盗起,命两路监司出境共讨。己亥,命刘光世为三京招抚处置使,以援刘锜。庚子,以吴璘同节制陕西诸路军马,听胡世将便宜黜陟、处置军事。辛丑,金人犯凤翔府之石壁砦,吴璘遣统制姚仲等拒却之。金人围耀州,郭浩遣兵救之,金兵解去。壬寅,金人围顺昌府,三路都统葛王褒以大军继至,刘锜力战,败之。

六月甲辰朔,以韩世忠太保、张俊少师、岳飞少保并兼河南、北诸路招讨使。乙巳,刘锜遣将阎充战败金人于顺昌之李村。丙午,命两浙、江东、福建诸州团结弓弩手。以仇悆为沿海制置使。诏:将佐士卒能立奇功者,赏以使相节钺官告,监军给受。丁未,罢建康府行宫营缮。戊申,以刘锜为沿淮制置使。己酉,吴璘遣统制李师彦等战败金人于扶风,拔之。壬子,兀术及宋叛将孔彦舟、郦琼、赵荣等帅众十余万攻顺昌府,刘锜率将士殊死战,大败之。初,秦桧奏命锜择利班师,锜不奉诏,战益力,遂能以寡胜众。乙卯,顺昌围解,兀术还。以知平江府梁汝嘉兼浙西沿海制置使。丙辰,岳飞将牛皋及金人战于京西,败之。己未,刘光世进军和州。郭浩遣统制郑建充攻破金人于醴州,复其城。壬戌,诏诸司钱物量留经费外,悉交以赡军。楼炤以父丧去位。甲子,撒离曷攻青鸡岭,鄜延经略使王彦率兵战败之,撒离曷还屯凤翔。命士㒟奉濮王祠事。张俊遣左护军都统制王德援刘锜,德暂至顺昌,值围已解,复还庐州。遣司农少卿李若虚诣岳飞军谕指班师,飞不听。丙寅,下诏抚谕顺昌府官吏兵民。庚午,以刘锜为武泰军节度使、侍卫马军都虞候。韩世忠遣统制王胜、背嵬将成闵率兵至淮阳军南,与金人遇,击败之。是月,金人围庆阳府,权守臣宋万年固守,金人不能下。岳飞领兵援刘锜,与金人战于蔡州,败之,复蔡州。

闰月癸酉朔,张俊遣统制宋超败金人于永城县朱家村。甲戌,追孟庾、路允迪官,徙家属远郡。丙子,诏三衙管军及观察使已上,各举智略勇猛材堪将帅者二人。金人犯泾州,守臣曲汲弃城去,经略使田晟率兵来救,金人败走。甲申,晟及金人再战于泾州,败之,金人引归凤翔。乙酉,降陕西杂犯死罪,释流以下囚。丙戌,以胡世将为端明殿学士,吴璘为镇西节度使,杨政武当节度使,郭浩奉国节度使。王德攻金人于宿州,夜破之,降其守马秦。丁亥,诏释顺昌府流以下囚,再复租税二年,守御官吏进官一等。己丑,永兴军钤辖傅忠信等与金人战于华阴县,败之。壬辰,岳飞遣统制张宪击金将韩常于颍昌府,败之,复颍昌。丙申,张宪复淮宁府。丁酉,赵鼎分司,兴化军居住。岳飞遣统制郝晸等与金人战于郑州北,复郑州。李兴复汝州,与金人战于河清县,败之,复伊阳等八县,李成遁去。韩世忠遣统制王胜、王权攻海州,克之,执其守王山,戊戌,张俊率统制宋超等及王德兵会于城父县,郦琼及葛王褒遁去,遂复亳州。己亥,金人救海州,王权等逆战,败之,复怀仁县。庚子,张俊弃亳州,引军还寿春。再贬赵鼎漳州居住,又贬清远军节度副使,潮州安置。

秋七月癸卯,岳飞遣将张应、韩清入西京,会李兴复永安军。丙午,以御史中丞王次翁参知政事。己酉,岳飞及兀术战于郾城县,败之。庚戌,曲赦海州。永兴军统领辛镇及金人战于长安城下,败之。癸丑,以杨沂中为淮北宣抚副使,刘锜为判官。甲寅,岳飞遣统制杨再兴、王兰等击金人于小商桥,皆战死。乙卯,金人攻颍昌,岳飞遣将王贵、姚政合兵力战,败之。壬戌,飞以累奉诏班师,遂自郾城还,军皆溃,金人追之不及。颍昌、蔡郑诸州皆复为金有。甲子,以释奠文宣王为大祀。乙丑,增收州县头子钱为激赏费。金人围淮宁府,赵秉渊弃城南归。辛未,金人犯周至县,王俊逆战于东洛谷,却之。

八月壬申朔,以张九成、喻樗、陈刚中、凌景夏、樊光远、毛叔度、元盟等七人尝不主和议,皆降黜之。乙亥,韩世忠围淮阳军,不克。庚辰,金人及郦琼合兵驻于千秋湖陵,韩世忠遣统制刘宝等夜袭破之。壬午,李成犯西京,李兴击却之。杨沂中军于宿州。丙戌,以郭浩知夔州。丁亥,杨沂中自宿州夜袭柳子镇,军溃,遂自寿春府渡淮归,金人屠宿州。甲午,川、陕宣抚司统领王喜等遇金人于汧阳县,败之。

九月壬寅朔,遣起居舍人李易谕韩世忠罢兵。时秦桧专主和议,诸大帅皆还镇。丁未,杨政遣统制杨从仪夜袭金人于凤翔府,败之。戊申,金人复入西京,李兴弃城去。庚戌,合祀天地于明堂,大赦。辛酉,临安火。戊辰,以郭浩知金州,节制陕西、河东军马兼措置河东忠义军。

是秋,知代州王忠植举兵复石、代等十一州。

冬十月癸酉,复张浚观文殿大学士。甲戌,以王忠植为建宁军承宣使、河东路经略安抚使。戊寅,秦桧上《重修绍兴在京通用敕令格式》。庚辰,金人犯庆阳府,守臣宋万年以城降。辛卯,金人犯陕州,吴琦率兵迎击,败之。庚子,金人袭洮州,攻铁城堡,统制孔文清、惠逢击败之。是月,刘锜入见。胡世将命王忠植救庆阳,叛将赵惟清执之降于金,忠植不屈而死。

十一月丁未,金将合喜复犯陕州,吴琦击却之;又犯宝鸡县,统制杨从仪败之。壬子,以令应为保宁军节度使。是月,宜章洞民骆科叛,犯桂阳、郴道连贺诸州,命发大兵讨之。

十二月壬午,上皇太后册宝于慈宁殿。丁亥,赠王忠植奉国军节度使,谥义节。辛卯,起诸路耆长役钱隶总制司,专给军用。是月,杨沂中引兵还行在。

十一年春正月癸卯,凤翔统制杨从仪败金人于渭南。庚戌,张俊入见。乙卯,金人犯寿春府,守臣孙晖、统制雷仲合兵拒之。丁巳,寿春陷,晖、仲弃城去。己未,刘锜自太平州率兵二万援淮西。庚申,金人渡淮。辛酉,雨雹。乙丑,刘锜至庐州还。丙寅,兀术陷庐州。戊辰,金人陷商州,守臣邵隆弃城去。己巳,命杨沂中引兵赴淮西,岳飞进兵江州。

二月癸酉,张俊遣王德度江,屯和州,金人退屯昭关。邵隆破金人于洪门,复商州。乙亥,金人复来争和州,张俊败之。命韩世忠以兵援淮西。丙子,趣岳飞会兵蕲、黄。王德等败金人于含山县东。乙卯,统制关师古、李横击败金人于巢县,复之。庚辰,岳飞发鄂州。辛巳,知泰州王晙兼通、泰二州制置使。癸未,王德、田师中等击破金人,复含山县,夺昭关;刘锜自东关击败金人于青溪。甲申,金人复犯昭关,王德等又败之。李显忠遣统领崔皋击败金人于舒城县。丁亥,杨沂中、刘锜等大败兀术军于柘皋。己丑,兀术亲率兵逆战于店步,沂中等又败之,乘胜逐北,遂复庐州。是月,虔、吉州盗贼悉平。

三月庚子朔,张浚进鬻田及卖度牒钱六十三万缗助军用。壬寅,韩世忠引兵趋寿春。癸卯,复张浚特进。金人围濠州。岳飞发舒州。甲辰,张俊、杨沂中、刘锜议班师。乙巳,沂中、锜先行,俊以轻兵留后。丙午,诏释淮西杂犯死罪以下囚。丁未,金人陷濠州,执守臣王进,夷其城,钤辖邵青死之。戊申,张俊遣杨沂中、王德入濠州,遇金伏兵,败还。己酉,韩世忠至濠州,不利而退。辛亥,岳飞次定远县,闻金兵退,还屯舒州。杨沂中归行在。壬子,金人渡淮北归。癸丑,张俊归建康府。丁巳,刘锜归太平州。甲子,行营统制张彦及金人遇于汧阳之刘坊砦,第八将张宏战没。

夏四月丙子,复收免行钱。己卯,孙近罢。辛巳,以王次翁兼权同知枢密院事。韩世忠、张俊、岳飞相继入觐。壬辰,以世忠、俊并为枢密使,飞枢密副使,命三省、枢密院官复分班奏事。乙未,张俊请以所部兵隶御前。罢三宣抚司,改统制官为御前统制官,各屯驻旧所。丙申,以广西经略使胡舜陟节制广东、湖南兵,趣讨骆科。慕洧破新泉砦,又攻会州,将官朱勇破之。

五月辛丑,置两淮、江东西、湖广京西三道总领军马钱粮官,仍掌报发御前军马文字。癸卯,赙恤战没将士。丁未,遣张俊、岳飞于楚州巡视边防。召刘光世赴行在。甲寅,命枢密行府置司镇江,令遍行巡历措置。庚申,加杨沂中检校少保、开府仪同三司。

六月乙亥,造克敌弓。加秦桧特进、进尚书左仆射、同中书门下平章事兼枢密使。癸未,张俊、岳飞至楚州。俊以海州城不可守,毁之,迁其民,统韩世忠军还镇江,惟背嵬一军赴行在。甲申,知河南府李兴部兵至鄂州,以兴为左军统制。乙丑,明州僧王法恩等谋反伏诛。壬辰,刘光世罢为万寿观使。

秋七月戊戌,秦桧上《徽宗实录》,进修撰以下各一官。庚子,以翰林学士范同参知政事。以旱减膳祈祷,遣官决滞狱,出系囚。丁未,加秦桧少保。甲寅,罢刘锜兵,命知荆南府。乙卯,诏优奖永兴、凤翔、秦陇等州县官,到任半年减磨勘,任满迁一官。己未,加张俊太傅。癸亥,大雨。是月,命张俊复如镇江措置军务,留岳飞行在。

八月戊辰,立祚德庙于临安,祀韩厥。甲戌,罢岳飞。乙亥,命诸王后各推年长一人权主祀事。癸巳,胡世将起复。

九月癸卯,命军器少监鲍琚如鄂州根括宣抚司钱谷。鄂州前军副统制王俊告副都统制张宪谋据襄阳为变,张俊收宪属吏以闻。丁未,坐监司不按赃吏罪。辛亥,吴璘拔秦州,州将武谊降。壬子,璘率姚仲及金人战于丁刘圈,败之。杨政克陇州,破岐下诸屯。郭浩复华州,入陕州。甲寅,建康大火。丙申,遣刘光远等充金国通问使。吴璘及金人战于刿家湾,大败之,遂围腊家城。癸亥,璘自腊家城受诏班师,杨政、郭浩皆引军还。乙丑,邵隆复虢州,郝晸讨评论禽骆科斩之。

冬十月丙寅朔,金人陷泗州,遂陷楚州。丁卯,命枢密都承旨郑刚中宣谕川、陕。戊辰,杨政及金人战于宝鸡县,败之,禽通检勃堇。乙亥,兀术遣刘光远等还。戊寅,诏修玉牒。下岳飞、张宪大理狱,命御史中丞何铸、大理卿周三畏鞫之。壬午,遣魏良臣、王公亮为金国禀议使。乙酉,虚恨蛮主历阶嘉州降。癸巳,韩世忠罢为醴泉观使,封福国公。是月,金人陷濠州,邵隆复陕州。

十一月己亥,范同罢。责降李光为建宁军节度副使,藤州安置。辛丑,兀术遣审议使萧毅、邢具瞻与魏良臣等偕来。丁未,范同分司,筠州居住。罢判大宗正事士㒟、同知宗正事士樽,申严戚里宗室谒禁。己酉,雷。壬子,萧毅等入见,始定议和盟誓。乙卯,以何铸签书枢密院事,充金国报谢进誓表使。庚申,命宰执及议誓撰文官告祭天地、宗庙、社稷。辛酉,以张浚为检校少傅、崇信军节度使、万寿观使。是月,与金国和议成,立盟书,约以淮水中流画疆,割唐、邓二州界之,岁奉银二十五万两、绢二十五万匹,休兵息民,各守境土。诏川、陕宣抚司毋出兵生事,招纳叛亡。骆科余党欧幻四等复叛桂阳蓝山,犯平阳县,遣江西兵马都监程师回讨平之。

十二月丁卯,责降徽猷阁待制刘洪道为濠州团练副使,柳州安置。癸酉,命尚书省置籍勾考诸路滞狱。甲戌,罢川、陕宣抚司便宜行事。乙亥,兀术遣何铸等如会宁见金主,且趣割陕西余地。遂命周聿、莫将、郑刚中分画京西唐邓、陕西地界。壬午,命州县三岁一置产业簿,籍民赀财田宅以定赋役,禁受赇亏隐旧额。丁亥,立讥察海舶条法。癸巳,赐岳飞死于大理寺,斩其子云及张宪于市,家属徙广南,官属于鹏等论罪有差。

宋史卷三〇
本纪第三〇

高宗七

十二年春正月癸卯,罢枢密行府。庚申,孙近分司,漳州居住。

二月丁丑,加建国公瑗为检校少保,进封普安郡王。己卯,赐杨沂中名存中。丙戌,诏诸州修学宫。辛卯,蠲广南东、西路骆科残扰州县今年租。镇江、太平、池州、芜湖大火。癸巳,金主许归梓宫及皇太后,遣何铸等还。

三月丙申,临安府火。壬寅,命普安郡王出就第,朝朔望。辛亥,以士㒟尝营护岳飞为朋比,责建州居住。丙辰,胡世将卒。

夏四月甲子朔,遣孟忠厚为迎护梓宫发礼仪使,王次翁为奉迎两宫礼仪使。丁卯,皇太后偕梓宫五国城,金遣完颜崇贤、刘瓃护送梓宫,高居安护送皇太后。庚午,赐礼部进士陈诚之以下二百五十四人及第、出身。戊寅,封韦渊平乐郡王。辛巳,皇后邢氏崩讣初至。甲申,增修临安府学为太学。

五月甲午,以郑刚中为川、陕宣抚副使。乙未,遣沈昭远等贺金主生辰。置淮西、京西、陕西诸路榷场。丙午,增筑慈宁殿。停给度僧牒。乙卯,复试教官法。

六月甲子,命侍从、台谏、礼官杂议权奉欑宫。戊辰,以万俟禼为欑宫按行使。辛未,责降王庶为向德军节度副使,道州安置。壬午,金国归孟庾、李正民。甲申,以吴璘为检校少师、阶成岷凤四州经略使。

秋七月壬辰朔，福州签判胡铨除名，新州编管。丁酉，上皇后谥曰懿节，祔神主于别庙。己亥，以何铸权参知政事。己酉，始制堂行仪仗及造玉辂。乙卯，蠲广南、湖北沿边州军免行钱。

八月辛酉朔，兀术使来求商州及和尚、方山二原。丙寅，何铸罢。甲戌，以万俟卨参知政事，充金国报谢使。壬午，皇太后至，入居慈宁宫。己丑，帝易缌服，奉迎徽宗及显肃、懿节二后梓宫至，奉安于龙德别宫。是月，郑刚中分画陕西地界，割商、秦之半畀金国，存上津、丰阳、天水三县及陇西成纪余地，弃和尚、方山二原，以大散关为界。

九月乙未，以孟忠厚为枢密使，充欑宫总护使。壬寅，大赦。乙巳，加秦桧太师，封魏国公。丙午，金使刘筈、完颜宗表等九人入见。戊申，以王次翁等充金国报谢使。藏金国誓书于内侍省。辛亥，加张中孚开府仪同三司，中彦靖海军节度使。甲寅，杖杀伪福国长公主李善静。以知金州郭浩为金、房、开、达四州经略安抚使。始遣杨愿使金贺正旦。

冬十月乙丑，始听中外用乐。丙寅，权欑徽宗皇帝及显肃皇后于会稽永固陵，懿节皇后祔。乙亥，以翰林学士陈克俊签书枢密院事、权参知政事。丁丑，以皇太后回銮，推恩进封秦桧为秦、魏两国公，辞不拜。庚辰，以何铸党援岳飞，不主和议，责授秘书少监，徽州居住。甲申，皇太后生辰，上寿于慈宁宫。丁亥，置福建路提举茶事司。

十一月癸巳，枢密使张俊罢，进封清河郡王。以左司郎中李椿年为两浙转运副使，专治经界。乙未，加杨存中少保。己亥，禁贬谪人私至行在。庚子，作崇政、垂拱二殿。辛丑，刘光世薨。壬寅，曾祖姑秦、鲁国大长公主薨。丙午，尹焞卒。庚戌，孟忠厚罢。左承事郎张戒坐党赵鼎、岳飞停官。辛亥，遣张中孚、中彦还金国。

十二月甲子，诏侍从、监察御史已上、监司、郡守各举所知宗室。丙寅，幸秦、鲁国大长公主第临奠，又幸刘光世第临奠。庚午，命太学弟子员以三百人为额。壬申，秦桧上《六曹寺监通用敕令格式》。癸酉,以李显忠为保信军节度使、御前选锋军统制,王进为御前诸军都统制。

是岁,断大辟二十四人。

十三年春正月戊戌,加上徽宗谥曰体神合道骏烈逊功圣文仁德宪慈显孝皇帝。己亥,亲飨太庙,奉上册宝。癸卯,增建国子监太学。乙巳,复兼试进士经义、诗赋。

二月壬戌,初御前殿,特引四参官起居。甲子,制郊庙社稷祭器。乙丑,更永固陵曰永祐。丙寅,封韩世忠咸安郡王。乙亥,蠲雷、化等十州免行钱。丙子,造金、象、革、木四辂。庚辰,立太学及科举试法。辛巳,秘书少监秦熺修《建炎以来日历》成。乙酉,建景灵宫,奉安累朝神御。

三月己亥,造卤簿仪仗。乙巳,建社稷坛。丙午,筑圜丘。振淮南饥民。仍禁遏籴。

夏四月癸亥,颁乡饮酒仪于郡国。甲戌,毁狱吏讯囚非法之具。

闰月己丑,立贵妃吴氏为皇后。戊申,命史馆编靖康建炎忠义录。庚戌,杨政入见,加检校少保,赐田五十顷。壬子,蠲诸路无名月桩钱。乙卯,王次翁罢。

五月甲子,张九成坐党赵鼎,南安军居住。壬申,置国子博士、正、录。乙亥,命诸路置放生池。丁丑,天申节,始上寿锡宴如故事。

六月壬戌,禁三衙及诸军市易,月增将官供给钱有差。壬寅,程克俊罢,以万俟离兼权签书枢密院事。戊申,诏诸路提刑岁举部内廉明平恕狱官。庚戌,金遣洪皓、张邵、朱弁来归。

秋七月甲子,诏求遗书。罢捕贼补官格。丙寅,处州兵士杨兴等谋作乱,事觉伏诛。戊辰,置诸州铜作务。壬申,雨雹。蠲浙西贫民逋负丁盐钱。

八月丙戌,遣吏部侍郎江邈奉迎累朝神御于温州。丁亥,命诸路有出身监司一员提举学事。戊戌,洪皓至自金国,入见。己亥,遣郑朴等使金贺正旦,王师心等贺金主生辰。郑刚中献黄金万两。辛丑，复昌化、万安、吉阳军。知阶州田晟将所部三千人赴行在。丁未，以晟主管侍卫马军司公事，其众隶焉。己酉，加钱恼太尉。庚戌，诏监司、守臣讲求恤民事宜。

九月丁巳，宗室子偊卒于秀州。甲子，洪皓出知饶州。戊辰，命诸路置敦宗院。己巳，诏淮东、京西监司岁终上州县所增户口，为守令殿最。庚午，以兵部侍郎司马朴死节，赠兵部尚书，赐其家银绢。癸酉，诏诸州守、贰提举学事，县令、佐主管学事。戊寅，蠲淮南逋欠坊场钱及上供帛。

冬十月己丑，秦桧上监学敕令格式。庚寅，制浑天仪。乙未，奉安累朝帝后神御于景灵宫。

十一月庚申，日南至，合礼天地于圜丘，太祖、太宗并配，大赦。

十二月癸未朔，日食，云阴不见。辛卯，毁私铸毛钱。癸巳，建秘书省。丁酉，增太学弟子员二百。己亥，郭浩入见。丁未，命行在宗子入宫学。己酉，金遣完颜晔等来贺明年正旦。是月，始颁来岁历于诸路监司、守臣。

是岁，关外初行营田。

十四年春正月丁巳，遣罗汝楫等谢金国。甲子，临安府火。戊寅，命普安郡王为子偊解官持服。

二月丁亥，复置靖州新民学。癸巳，蠲江、浙诸路逋欠钱帛。戊戌，初命四川都转运司岁拨总制司钱百七十三万缗。市䌷绢绵输于鄂州部领所。丙午，罢万俟卨。定宗学生额为百员。己酉，以资政殿学士楼炤签书枢密院事兼权参知政事。加郭浩检校少保。

三月乙卯，蠲江、浙、京、湖积欠上供钱米。丁卯，避金太祖嫌名，改岷州为西和州，川、陕宣抚司为四川宣抚司。己巳，幸太学。蠲汀、漳、泉、建四州经贼残蹂民户赋役一年。壬申，解潜坐党赵鼎，责授濠州团练副使，南安军安置。己卯，诏举贤良。

夏四月甲申，诏刑部及监司决绝滞讼。丁亥，初禁野史。虔州民析其屋，朽柱中有文曰"天下太平年"。甲午，金人来求淮北人之在南者,诏愿者听还。遣马军司统领张守忠讨海贼朱明。

五月丙辰,诏阶、成、西和、凤四州募兵赴行在。甲子,楼炤罢。乙丑,以御史中丞李文会签书枢密院事兼权参知政事。丙寅,婺州大水。己巳,金始遣乌延和等来贺天申节。辛未,楚州盐城县海水清。是月,严、信、衢、建四州水。

六月甲申,蠲江、浙州县酒税、坊场、纲运、仓库积年逋负。孙近再夺三官,移南安军居住。丁亥,加高世则少保。戊子,安南国入贡。癸巳,宣州泾县妖贼俞一作乱,守臣捕灭之。乙未,振江、浙、福建被水之民。丙申,内侍白锷坐诽谤,及其客张伯麟俱黥配吉阳军。特赠子偶太子少师,官给葬事。庚子,夺万俟离三官,归州居住。乙巳,置国子监小学。

秋七月戊午,金人杀王伦于河间府。丙寅,立明法科兼经法。丙子,幸秘书省。

八月癸未,抚州献瑞禾。庚寅,以李椿年权户部侍郎,仍治经界。乙未,遣林保使金贺正旦,宋之才贺金主生辰。

九月辛酉,分利州为东、西路,以吴璘为利州西路安抚使,杨政利州东路安抚使。甲子,命郡守终更入见,各举所部县令一人。壬申,赵鼎移吉阳军安置。癸酉,命临安府索蔡京子孙逮赴贬所,遇赦永不量移。

冬十月甲午,从右正言何若言,请戒内外师儒之官,黜伊川程氏之学。乙未,加韦渊少师。己亥,以永道郴三州、桂阳监及茶陵县民多不举子,永蠲其身丁钱绢米麦。

十一月甲子,复内教,即禁中阅试三衙将士。癸酉,李光移琼州安置。乙亥,朱胜非薨。

十二月丁丑朔,潼川府路转运判官宋苍舒献嘉禾一茎九穗。己卯,命诸郡收养老疾贫乏之民,复置漏泽园,葬死而无归者。丁酉,李文会罢,寻责筠州居住。庚子,以御史中丞杨愿签书枢密院事兼权参知政事。癸卯,金遣勃散温等来贺明年正旦。是月,江贼华齐寇漳州长泰县,安抚司遣兵捕之,为所败,将佐赵成等死之。

是岁,四川宣抚司始取民户称提钱岁四十万缗,以备军费。

十五年春正月丁未朔,御大庆殿,初行大朝会礼。戊申,泸南安抚使冯楫献嘉禾。己未,分经义、诗赋为两科取士。辛酉,初置籍田。丁卯,减成都府路对籴米三之一,宣抚司激赏钱三十万缗。戊辰,命户部侍郎王铁措置两浙经界。辛未,初命僧道纳免丁钱。

二月戊寅,增太学弟子员百人。乙未,诏:州县科折之数,第五等户毋或均配。己亥,封崇国公璩为恩平郡王,出就第。

三月甲子,遣敷文阁待制周襭、马观国、史愿、诸将程师回、马钦、白常皆还金国。

夏四月丙子朔,赐秦桧第一区。戊寅,彗星出东方。癸未,避殿减膳,命监司、郡守条上便民事宜,提刑巡行决狱。赐礼部进士刘章以下三百人及第、出身。丁亥,以彗出大赦。癸巳,彗没。甲午,遣从军统制张渊讨捕福建盗贼。庚子,罢四川都转运司。

五月丙辰,客星见。戊午,命贫民产子赐义仓米一斛。甲子,金遣完颜宗尹等来贺天申节。

六月乙亥朔,日有食之。丁丑,幸秦桧第。乙酉,加桧妻妇子孙官封。丁亥,客星没。

秋七月戊申,复置利州铸钱盐。戊午,命监司审察县令治状显著及老懦不职者,上其名以为黜陟。蠲庐、光二州上供钱米一年。丁卯,免汀、漳二州秋税及处州三县被水民家紬绢,鄂州旧额绢各一年。己巳,蠲四川转运司积贷常平钱十三万缗。

八月甲戌朔,禁收折帛合零钱,止输实数。乙亥,蠲京西路请佃田租及州县场务税钱二年。己亥,改诸路提举茶盐官为提举常平茶盐公事,川、广以宪臣兼领。辛丑,复增太学弟子员二百。

九月辛酉,遣钱周材使金贺正旦,严抑贺金主生辰。

冬十月乙亥,帝书“一德格天之阁”赐秦桧,仍就第赐宴。丙子,杨愿罢。癸未,以枢密都承旨李若谷签书枢密院事兼权参知政事。武冈军猺人杨再兴降。庚寅,以翰林学士承旨秦熺为资政殿学士、提举万寿观兼侍读,恩数视执政。辛卯夜,雷。癸巳,蠲安丰军上供钱米二年。甲午,以汪勃言折彦质党赵鼎,郴州安置。庚子,置四川宣抚司总领钱粮官。辛丑,命秦熺班签书枢密之下。

十一月甲辰,加钱忱少保,钱恺开府仪同三司。丙辰,郭浩卒。丙寅,全给秦桧岁赐公使钱万缗。

闰月己卯,罢明法新科。

十二月戊午,置江阴军市舶务。甲子,命右司员外郎李朝正同措置经界。丁卯,金遣蒲察说等贺明年正旦。

十六年春正月戊子,增太学外舍生额至千人。壬辰,亲飨先农于东郊,行籍田礼,执耒耜九推,诏告郡县。

二月辛丑,割金州丰阳县、洋州乾祐县畀金人。壬寅,毁诸路淫祠。癸丑,建秦桧家庙。

三月庚午朔,建武学,置弟子员百人。辛卯,造秦桧家庙祭器。乙未,增建太庙。己亥,立淮东、江东、两浙、湖北州县岁较营田赏罚格。

夏四月壬子,禁州县预借民税及和买钱。戊午,定选试武士弓马去留格。

五月壬申,浚运河。命诸路漕臣兼提举学事。癸未,初作太庙祐室。丙戌,作景钟。丁亥,金遣乌古论海等来贺天申节。

六月,安南献驯象十。

秋七月壬申,以张浚上疏论时事,落节钺,连州居住。壬辰,立秘书省献书赏格。丙申,复何铸为端明殿学士兼侍读。

八月辛丑,筑高禖坛。壬子,遣边知白使金贺正旦,周执羔贺金主生辰。

九月甲戌,命何铸等为金国祈请使,请国族。甲午,赏统制张渊、韩京等讨捕福建、广东诸盗功,各进官有差。

冬十月戊戌,帝观新作礼器于射殿,撞景钟,奏新乐。

十一月丙子,合祀天地于圜丘,大赦。庚辰,罢州县新创税场。

癸未,复置御书院。己丑,加潘正夫少保。

十二月戊戌,彗见西南方,乙巳,灭。辛酉,金遣卢彦伦等来贺明年正旦。

十七年春正月己巳,命诸路收试中原流寓士人。己卯,禁监司、郡守进羡余。辛卯,以举人多冒贯,命州县每三岁行乡饮酒礼以贡士。壬辰,以李若谷参知政事,御史中丞何若签书枢密院事。癸巳,进秦熺为资政殿大学士。

二月乙巳,亲祠高禖。辛酉,李若谷罢。

三月乙亥,何若罢。己卯,以翰林学士段拂参知政事。乙酉,改封秦桧为益国公。戊子,改命张俊为静江、宁武、靖海军节度使,韩世忠镇南、武安、宁国军节度使。落李若谷资政殿学士,江州居住。

夏四月丙申,蠲诸路免行钱三之一。己亥,以御史中丞汪勃签书枢密院事。己未,诏:赵鼎遇赦永不检举;以前贬所潮州录事参军石愉待遇鼎厚,除名,浔州编管。

五月甲子,诏举贤良。乙丑,雨雹。己巳,洪皓责濠州团练副使,英州安置。辛巳,金遣完颜卞等来贺天申节。

六月乙卯,禁招安盗贼。戊午,改命普安郡王瑗为常德军节度使,恩平郡王璩武康军节度使。

秋七月庚辰,召郑刚中赴行在。辛巳,太白昼见。以徽猷阁待制、知成都府李璆权四川宣抚使。癸未,命李璆同总领四川财赋符行中参酌减放四川重敛。戊子,以吴璘充御前诸军都统制兼知兴州。

八月庚子,罢建州创置卖盐坊。癸卯,赵鼎薨于吉阳军。戊申,遣沈该使金贺正旦,詹大方贺金主生辰。丁巳,以诸路羡余钱充月桩之数。加邢孝扬太尉。

九月己巳,减四川科率虚额钱岁二百八十五万缗。癸酉,诏:以四川宣抚司降赐库米一百万石,均减对籴。乙亥,蠲江南东、西道诸州月桩钱。丙子,郑刚中罢。丙戌,减江、浙诸州折帛钱。

冬十月辛卯朔,日有食之。癸卯,建太一宫。丁未,命太常岁以春秋二仲荐献欑宫,季秋遣御史按视。己酉,进杨存中为少傅傅。己未,临安府甘露降。

十一月丙寅,秦桧上《重修免役敕令格式》。丁卯,复赐进士闻喜宴。

十二月辛卯朔,禁诸州擅释放流配命官及事干边防切要之人。甲寅,郑刚中落职,桂阳监居住。丙辰,金遣完颜宗藩等来贺明年正旦。

十八年春正月己巳,幸天竺寺,遂幸玉津园。

二月乙未,段拍罢,寻落职,兴国军居住。以汪勃兼权参知政事。辛亥,听赵鼎归葬。

三月丁丑,命杨政、吴璘招关、陕流民补殿前军。戊寅,罢汀州诸县上供银,蠲茶铅本钱之半。庚辰,幸新太一宫。壬午,以秦熺知枢密院事。乙酉,禁民私渡淮及招纳叛亡。

夏四月戊子朔,日有食之。庚子,秦熺乞避父子共政,以为观文殿学士、提举万寿观、兼侍读、提举秘书省。壬寅,命熺恩礼视宰臣班次,亚右仆射。甲辰,赐礼部进士王佐以下三百三十人及第、出身。丙辰,加上耷开府仪同二司。

五月戊辰,加吴益太尉。乙亥,裁损奉使赏给。丙子,金遣萧秉温等来贺天申节。癸未,以李显忠私取故妻于金,降为平海军承宣使,台州居住。甲申,罢四川宣抚司,以李璆为四川安抚制置使。是月,徽州庆云见。

六月甲辰,筑九宫贵神坛于东郊。戊申,士民曹溥等上尊号,不许。是月,遣太府寺丞宋仲堪诣江州,置狱鞫郑刚中欺隐官钱。福州候官县有竹实如米,饥民采食之。

是夏,浙东西、淮南、江东旱。

八月丙申,汪勃罢。丁酉,以工部尚书詹大方签书枢密院事兼权参知政事。禁州县士民饰词举留官吏。

闰月庚申,免江、浙、湖南今岁和籴。甲子,命临安平江二府、淮东西、湖北三总领所,岁籴米百二十万石,以广储蓄。壬申,遣王墨卿使金贺正旦,陈诚之贺金主生辰。甲申,辛道宗降官,房州羁管。乙酉,禁奉使三节人出境博易。福建诸州贼平,以所创招奇兵为殿前司左翼军。

九月丙午,詹大方薨。

冬十月丙辰,以御史中丞余尧弼签书枢密院事兼权参知政事。

十一月乙酉朔,升感生帝为上祀。己亥,胡铨移吉阳军编管。壬寅,郑刚中责濠州团练副使,复州安置。戊申,禁四川买马官吏私市蛮马。辛亥,振绍兴府饥。

十二月乙卯朔,振明、越、秀、润、徽、婺、饶、信诸州流民。丙寅,借给被灾农民春耕费。丁卯,命利路三都统措置营田,以其租充减免对籴之数。戊辰,蠲被灾下户积欠租税。庚辰,金遣召守忠等来贺明年正旦。

十九年春正月甲申朔,以皇太后年七十,帝诣慈宁殿行庆寿礼。甲午,罢国信所回易北货。癸卯,幸天竺寺,遂幸玉津园。

二月丁丑,禁湖北溪洞用人祭鬼及造蛊毒,犯者保甲同坐。

三月癸未朔,日有食之。甲辰,郑刚中移封州安置,子良嗣等亦除名编管。

夏四月丁巳,立孳生牧马监赏罚格。丙寅,秘阁修撰张邵上秦桧在金国代徽宗与粘罕书藁,诏付史馆,以邵为徽猷阁待制。戊寅,湖、广、江、西路、建康府并甘露降。

五月壬午朔,汀、漳、泉三州民田被贼蹂践,蠲其二税。戊戌,赏平福建群盗功,以选锋军统制刘宝为武泰军承宣使,余将士迁秩有差。庚子,金遣唐括德温等来贺天申节。丁未,减运、英、循、惠、新、恩六州免行钱。

六月丁巳,茶陵县丞王庭珪作诗送胡铨,坐谤讪停官,辰州编管。戊午,秦桧上《吏部续降七司通用法》。

秋七月壬寅，颁诸农书于郡邑。

八月辛未，刺浙东诸州强盗当配者充沿海诸军。

九月戊申，命绘秦桧像，仍作赞赐之。

冬十月己未，湖南副总管辛永宗停官，肇庆府编管。

十一月壬辰，合祀天地于圜丘，大赦。辛丑，李椿年以经界不均罢。丁未，立州县垦田增亏赏格。是月，命复蜡祭。

十二月丁巳，金岐王亮弑其主宣自立。己未，诏无子女户、得解举人、太学生之独居者并免役。己巳，命四川制置司岁募扈卫三百人赴行在。丁丑，金遣完颜兖等来贺明年正旦。

二十年春正月丁亥，秦桧入朝，殿前司军士施全道刺之，不中。壬辰，磔全于市。癸卯，趣诸路转运司及守臣毕经界事。丙午，两浙转运副使曹泳言，李孟坚诵其父光所撰私史，诏涉讥谤，诏送大理寺。

二月戊申朔，立守贰、令尉营田增亏赏格。庚戌，禁民春月捕鸟兽。蠲静江府、昭州上供折布钱三之一。壬子，罢经界所覆实官吏。庚申，免海外四州及泸叙二州、长宁军经界。

三月庚辰，金遣完颜思恭等来报即位。癸未，以余尧弼参知政事，给事中巫伋签书枢密院事。丙戌，遣尧弼等贺金主即位。戊子，以秦熺为观文殿大学士、万寿观使。丙申，李孟坚狱具。诏李光遇赦永不检举；孟坚除名，峡州编管；胡寅、程瑀、潘良贵、张焘等八人缘坐，黜降有差。戊戌，诏改正经界法之厉民者。庚子，以巫伋兼权参知政事。壬寅，胡寅责果州团练副使，新州安置。

夏四月壬子，以没入官田悉归常平司，禁募民佃种。癸酉，置力田科，募江、浙、福建民耕两淮闲田。是月，信州妖贼黄鲁等作乱，陷贵溪县，江西兵马钤辖李横等讨平之。

五月庚辰，申禁诸军差承接文字使臣伺察朝政。癸未，秦桧上《中兴圣统》。甲午，金就遣完颜思恭等来贺天申节。

六月癸亥，加秦熺少保。诏大理寺鞫前太常主簿吴元美讥谤狱。丙寅,禁民结集经社。是月,建州民张大一作乱。

秋七月丙子,罢招刺禁军。庚寅,罢泉、漳、汀三州经界。

八月甲辰朔,量移张浚永州,孙近虔州,万俟离沅州,李若谷饶州,李文会江州,段拂南康军,并居住。雷州守臣王趯坐交通赵鼎、李光停官。戊申,改建大理寺。辛酉,遣陈诚之使金贺正旦,王晔贺金主生辰。

九月甲申,以吴元美讥毁大臣,除名,容州编管。丙申,侍御史曹筠以附下罔上罢。

冬十月戊辰,右迪功郎安诚坐文字谤讪,送惠州编管。秦桧有疾。庚午,命执政赴桧第议事。

十二月甲子,桧始朝,命肩舆入宫门,二孙扶掖升殿,不拜。己巳,金遣萧颐等来贺明年正旦。

二十一年春正月癸未,以两淮民复业未久,宽其租赋。庚子,蠲平江府折帛钱三年。

二月甲寅夜,雨雹。乙卯,诏诸州置惠民局,官给医书。壬戌,遣巫伋等为金国祈请使,请归渊圣皇帝及皇族、增加帝号等事。癸亥,以余尧弼兼签书枢密院事。

三月丁丑,雨雹。丁亥,蠲江、浙、荆湖等路中户以下积年逋负。

夏闰四月己卯,禁三衙掊克诸军。丁亥,赐礼部进士赵逵以下四百四人及第、出身。

五月辛亥,罢利州路选刺义士。戊午,金遣刘长言等来贺天申节。以吴璘、杨政、田师中并为太尉。

六月甲戌,括淮南佃田所隐顷亩,以理租税。辛巳,命岁给大理寺、三衙及州县钱,和药剂疗病囚。

秋七月壬寅,以集英殿修撰、知衢州曹筠为四川安抚制置使。辛亥,罢柴米税。癸亥,诏州县官尝被科率害民重罪者,不得任守令亲民官。

八月辛未,秦桧上重修诸路茶盐法。壬申,韩世忠薨,诏进太师

致仕,癸酉,追封通义郡王。禁郡守特断。乙亥,加岳阳军节度使士
撙开府仪同三司,充万寿观使。甲申,遣陈夔使金贺正旦,陈相贺金
主生辰。

九月戊戌朔,籍寺观绝产以赡学。乙巳,均科处州丁盐钱。丁
巳,增筑景灵宫。是月,巫伋使还,所请皆不许。

冬十月甲戌,幸张俊第。壬午,进俊为太师,升从子子盖为安德
军节度使。甲申,夜,有赤气。

十一月庚戌,余尧弼罢。乙卯,命提举常平官修复陂湖。丁巳,
进义副尉刘允中坐指斥谤讪弃市。

十二月壬申,雷。癸巳,金遣兀术鲁定方等来贺明年正旦。

二十二年春正月丁未,加韦渊太保。

三月丁酉,以王庶二子之奇、之荀谤毁朝政,并除名,之奇梅
州、之荀容州编管。甲辰,以直龙图阁叶三省、监都作院王远通书赵
鼎、王庶,力诋和议,言涉谤讪,三省落职,筠州居住,远除名,高州
编管。丁巳,遣司农丞钟世明诣福建路籍寺观绝产田宅入官,其后
岁入钱三十四万缗。

夏四月丙子,巫伋罢。辛巳,以御史中丞章复签书枢密院事兼
权参知政事。

五月癸丑,金遣田秀颖等来贺天申节。是月,襄阳大水,容州野
蚕成茧。

秋七月甲午朔,加封程婴、公孙杵臼、韩厥为公,升中祀。丁巳,
虔州军卒齐述杀殿前司统制吴进、江西同统领马晟、据州叛。

八月己卯,遣鄂州都统制田师中发兵同江西安抚使张澄、殿前
司游奕军统制李耕讨述。

九月乙未,又遣左翼军统制陈敏相继讨之。癸丑,章复罢。

冬十月甲戌,以御史中丞宋朴签书枢密院事兼权参知政事。就
命李耕知虔州。庚辰,以黄岩县令杨炜诽谤,除名,万安军编管;知
台州萧振落职,池州居住。

　　十一月戊申,合祀天地于圜丘,大赦。丁巳,立荐举受财刑名。李耕入虔州,尽诛叛兵,虔州平。

　　十二月辛酉朔,减夔州路及蒲江、浯井两监盐钱岁八万二千缗有奇。戊子,金遣张利用等来贺明年正旦。

宋史卷三一

本纪第三一

高宗八

二十三年春正月癸卯,进韦渊太傅。己酉,复以李显忠为宁国军节度使。

二月癸亥,幸玉津园,遂幸延祥观。庚午,裔虔州军贼黄明等八人于都市。辛未,改虔州为赣州。壬申,申严冒贯请举法。癸未,赏平赣盗功,以李耕为金州观察使,将士进秩给赏有差。

三月丙午,齐安郡王士儇薨于建州,追封循王。诏凡民认复军庄营田者,偿开耕钱。丁未,禁州县都监、巡尉擅置刑狱。戊申,以前太府丞范彦辉谤讪,除名。荆门军编管。是春,金主亮徙都燕京。

夏四月辛巳,诏诸州编管、羁管人,遵旧法,长吏月一验视,不许囚禁。乙酉,减利州岁铸钱为九万缗。

五月庚寅,禁州县以私意籍罪人赀产。乙巳,复以萧振为四川制置使。辛亥,金遣纥石烈大雅等来贺天申节。乙卯,立淮南诸州举人解额。

六月己卯,潼川大水。

秋七月壬辰,宽理平江府、湖秀二州被水民夏税。戊戌,从秦桧所请,命台州取綦崇礼草桧罢相制所受墨敕。庚戌,禁诸军濒太湖擅作坝田。

八月乙丑,士撙薨,追封韶王。丙寅,左宣教郎王孝廉谋据成都叛,事觉伏诛。己卯,赐秦桧建康府永丰圩田。乙酉,命敕令所编辑中兴以后宽恤诏令。

九月甲午,振潼川被水州县,仍蠲其赋。庚子,禁采鹿胎。

冬十月丁巳,诏郡守年七十者听自陈,命主宫观。戊午,遣吴臬使金贺正旦,施钜贺金主生辰。戊辰,宋朴罢。壬申,以右谏议大夫史才签书枢密院事兼权参知政事。丁丑,遣户部郎官钟世明修筑宣州、太平州圩田。是月,命大理鞫妖人孙士道狱。

十一月壬寅,诏立张叔夜庙于信州。甲辰,班《大宗正司条令》。乙巳,以经筵终帙,赐宰执、讲读等官宴于秘书省,为故事。

十二月丁巳,诏州县税额少者,罢其监官。癸亥,韦渊薨。癸未,禁民车服逾制。

闰月丙申,命检正都司官详定郡守所上利病以闻。辛丑,命诸军保任统制官在职十年无过者,进秩。庚戌,金遣蔡松年等来贺明年正旦。

是岁,减池州青阳县田租万七千石。

二十四年春正月辛未,幸延祥观。癸酉,初诏郡国同以八月十五日试举人。丙子,封婉容刘氏为贵妃。戊寅,地震。

二月丁亥,前左从政郎杨炬坐其弟炜尝上书诽谤,送邕州编管。丙午,加吴益太尉。

三月壬申,杨再兴复寇边,前军统制李道讨平之,禽再兴及其子正修、正拱、槛送行在。乙亥,赐礼部进士张孝祥以下三百五十六人及第、出身。庚辰,秦桧以私憾捃摭知建康府王循友,诏大理鞫之。

是春,始榷夔州路茶。

夏四月丙戌,诏诸路招补三衙诸军,期三年课其殿最。辛丑,西南小张蕃贡方物。己酉,罗殿国贡名马。

五月癸丑朔,日有食之。衢州民俞八作乱,围州城,通判州事汪召锡却之,遂掠严州寿昌县,遣殿前司正将辛立讨平之。辛未,金遣耶律安礼等来贺天申节。

六月癸巳，史才罢。甲午，以御史中丞魏师逊签书枢密院事兼权参知政事。辛丑，王循友贷死，藤州安置。癸卯，诏："尝命四川州县减免财物，以宽民力，尚虑未周，令制置司、总领所同共措置，务在不妨军食，可以裕民。"寻遣钟世明如四川同议。以主管侍卫马军司成闵为庆远军节度使。

秋七月癸丑，张俊薨。勒停人王趯坐交通李光，下大理狱。乙卯，裔徭人杨正修、正拱于市。己未，复置黎、雅二州博易场三所。壬戌，诏捐四川茶马司羡余钱给军费，以宽民力。甲子，复落萧振职，池州居住。乙丑，以总领财赋符行中为四川制置使。乙亥，南丹州莫公晟及宜州界外诸蛮纳土内附。戊寅，幸张俊第临奠。

八月壬辰，禁百官避免轮对。甲午，罢温州市黄柑、福州贡荔枝。丙午，追封张俊为循王。以湘潭县丞郑杞、主簿贾子殿嘲毁朝政，除名，杞容州、子殿德庆府编管。

九月辛亥朔，李道如衡州措置盗贼。丁巳，赏平衢贼功，升辛立领忠州团练使，将士迁职、给钱有差。

冬十月壬午，蠲旱伤州县租赋。戊子，遣沈虚中使金贺正旦，张士襄贺金主生辰。

十一月乙丑，魏师逊罢。丁卯，以权吏部侍郎施钜参知政事，郑仲熊签书枢密院事。戊辰，进秦熺少傅，封嘉国公。是月，以通判武冈军方畴通书胡铨及他罪，除名，永州编管。

十二月丙戌，以故龙图阁学士程瑀有《论语讲解》，秦桧疑其讥己，知饶州洪兴祖尝为序，京西转运副使魏安行镂版，至是命毁之。兴祖昭州、安行钦州编管，瑀子孙亦论罪。丁亥，王趯除名，辰州编管。丁酉，知鄞县程纬为其丞王启所告，慢上无人臣礼，除名，贵州编管，籍其赀。壬寅，刺诸路编管人充厢军。乙巳，金遣白彦恭等来贺明年正旦。

二十五年春正月辛未，赏讨杨再兴功，保宁军承宣使李道落阶官，加龙神卫四厢都指挥使，将士进官，赐钱有差。

二月乙酉，以镇江都统制刘宝为安庆军节度使，建康都统制王权为清远军节度使。壬寅，以通判常州沈长卿、仁和县尉芮烨作诗讥讪，除名，长卿化州、烨武冈军编管。

三月己酉，右司郎中张士襄自金国使还，坐奉使不肃罢官。壬申，地震。

夏四月乙酉，施钜罢，以郑仲熊兼权参知政事。戊子，命四川制置司许就类省试院校试刑法。己亥，减广西路折米钱。

五月丁未朔，日有食之。太庙仁宗室柱生芝九茎。戊申，罢诸路免行钱岁百八万缗。癸丑，以前知泉州宗室令衿讥讪秦桧，遂坐交结罪人，汀州居住。乙丑，金遣李通等来贺天申节。壬申，赐刘锜湖南田百顷。

六月庚辰，郑仲熊罢。辛巳，以礼部侍郎汤思退签书枢密院事兼权参知政事。癸卯，以言者追谮岳飞，改岳州为纯州，岳阳军为华容军。是月，安南入贡。

秋七月丙辰，减四川绢估、税斛、盐酒等钱岁百六十余万缗，蠲州县积欠二百九十余万缗。诏四川营田有占民田者，常平司按验给还。甲戌，封李天祚为南平王。

八月丁丑，申严诬告加等法。辛巳，命大理鞫赵汾及令衿交通狱。丙戌，以吏部侍郎董德元参知政事。蠲诸路身丁、免丁钱一年。壬辰，建执政府。

九月丁巳，秦桧上《绍兴宽恤诏令》。

冬十月庚辰，复置鸿胪寺。壬午，遣王岷使金贺正旦，郑柟贺金主生辰。乙酉，命大理鞫张祁附丽胡寅狱。乙未，幸秦桧第问疾。夜，桧讽右司员外郎林一飞、台谏徐喜张扶等请拜熺为相。丙申，进封桧建康郡王，熺为少师，并致仕。命汤思退兼权参知政事。是夕，桧薨。丁酉，桧姻党户部侍郎兼知临安府曹泳停官，新州安置。朱敦儒、薛仲邕、王彦傅、杜思旦皆罢。命有司具上执政、侍从官居外任及主宫观与在谪籍者职位、姓名。辛丑，徙殿中侍御史徐嘉、右正言张扶皆出为他官。

十一月乙巳朔,追封桧申王,谥忠献,赐神道碑,额为“决策元功,精忠全德”。戊申,夺赵汾二官。壬子,以敷文阁直学士魏良臣参知政事。癸亥,合祀天地于圜丘。甲子,幸秦桧第临奠。乙丑,复洪皓官,释张祁狱。丁卯,罢大理寺官旬白。庚午,诏:“监司、郡守,事无巨细,皆须奏闻裁决,毋得止上尚书省。臣僚荐举人才,必三人以上同荐。”封叔和州防御使、右监门卫大将军士𧫝为崇庆军节度使、嗣濮王,福建路提刑令误为利州观察使、安定郡王。辛未,知建康府王会及列郡守臣王晌、王铸、郑侨年、郑震、方滋俱以谄附贪冒罢。真腊、罗斛国贡驯象。

十二月甲戌朔,诏曰:“台谏风宪之地,比用非其人,党于大臣,济其喜怒,殊非耳目之寄。朕今亲除公正之士,以革前弊。继此者宜尽心乃职,毋合党缔交,败乱成法,当谨兹戒,毋自贻咎。”诏张浚、折彦质、万俟离、段拂听自便。量移李光郴州安置。乙亥,复以离为资政殿学士,提举万寿观兼侍读。戊寅,郑亿年责建武军节度副使,南安军安置。壬午,诏监司、守臣,禁羡余,罢权摄,戢苞苴,节宴饮。诏前后告讦者莫汲、汪召锡、陆升之等九人除名,广南诸州编管。甲申,召孟忠厚奉朝请。命胡寅、张九成等二十八人并令自便,仍复其官。乙酉,董德元罢。丙戌,以刘锜知潭州。辛卯,命三省、六部条具续降敕旨来上,审详施行。甲午,以敷文阁待制沈该参知政事。乙未,以王会恃权贪横,停官,循州编管。丙申,复以萧振为四川制置使。复张浚、折彦质、赵汾、叶三省、王趯、刘岑官。移胡铨衡州。丁酉,禁闽、浙、川、广贡真珠、文犀。戎州县加收耗粮。己亥,金遣耶律归一等来贺明年正旦。

二十六年春正月壬子,省诸州税场,以宽商贾。甲子,追复赵鼎、孙近、郑刚中、汪藻夺职。乙丑,诏选择监司,须七品以上清望官,或经朝擢及治郡著绩者。丙寅,曹泳吉阳军编管。封伯令𧙗明州观察使、安定郡王,以其从弟令误让也。戊辰,除民事律。蠲诸路积负及黄河竹索钱。

二月乙亥,命四川州县,凡预借民赋税分限理折。己卯,定诸州流寓士人解额。庚辰,罢进奏院定本朝报。乙酉,进士林东追诣秦桧,上书狂妄,英州编管。右朝奉郎林一飞坐指使林东,责监高州盐税。庚寅,三佛齐国入贡。辛卯,魏良臣罢。庚子,以左朝散大夫王昞为秦桧亲党,直徽猷阁吕愿中贪虐附桧,昞建昌军居住,愿中责果州团练副使,封州安置。

三月甲寅,以边事已定,罢宰相兼领枢密使。丁巳,诏两淮边民未复业者,复其租十年。己未,以万俟卨参知政事。癸亥,加吴璘开府仪同三司。乙丑,以东平府进士梁勋伏阙上书言北事,送千里外州军编管。丙寅,诏曰:"讲和之策,断自朕志,秦桧但能赞朕而已,岂以其存亡而渝定议耶?近者无知之辈,鼓倡浮言,以惑众听,至有伪撰诏命,召用旧臣,抗章公车,妄议边事,朕甚骇之。自今有此,当重置典宪。"丁卯,蠲闽、浙诸州岁供军器所物料三之一,减诸州工匠千人。己巳,募四川民佃淮南、京西闲田,并边复租税十年,次边五年。

夏四月戊子,增温、台等十六州解额。命湖北路以增户、垦田为守令殿最。庚寅,遣陈诚之等贺金主尊号礼成。癸巳,置武学官及弟子员百人。甲午,禁州郡进祥瑞。戊戌,立六科以举士。加韦廉太尉。诏大辟情犯无可矜悯者,禁刑、寺妄引例奏裁贷减。罢乡饮酒举士法。诏淮南、京西,占射官田逾二年未尽垦者,募人更佃。

五月壬寅,以沈该为尚书左仆射,万俟卨为右仆射,并同中书门下平章事。汤思退知枢密院事。丁未,诏州军教授毋兼他职。丙辰,蠲楚州、盱眙军民租十年。己未,金遣敬嗣晖等来贺天申节。

六月辛未朔,罢诸路鬻户绝田。丁丑,以端明殿学士程克俊参知政事。戊寅,复权要亲族中第覆试法。乙酉,诏取士毋拘程颐、王安石一家之说。丁亥,流星昼陨。辛卯,以秦桧既死,命史馆重修日历。

秋七月辛丑,诏三衙主帅举武臣堪知州者。壬寅,蠲诸路丁绢一年为二十四万匹。丙午,右奉议郎薛仲邕连州编管。丁未,黜出井,避殿减膳。辛亥,诏诸州守贰考各县丁籍,依年格收除;民间市物,官户、势家与编氓均科。丙辰,彗灭。诏进士因事送诸州军听读,牧放逐便,仍许取应。辛酉,雨水银。

八月戊寅,班元丰、崇宁学制于诸路。革正前举登第秦埙、曹冠等九人出身。以淮南提举常平朱冠卿言,秦桧挟私废法,埙等皆其子孙、亲戚、门下恂人,于是有官应试者,所授阶官易左为右,白身者驳放。占用省额,复还后科。庚辰,裁州县吏额。己丑,蠲建康府积欠内帑钱帛。庚寅,安南国遣使入贡。辛卯,程克俊罢。甲子,以吏部侍郎张纲参知政事。

九月乙巳,以翰林学士陈诚之同知枢密院事。丙午,立互易荐举坐罪法。壬子,诏成都、漳川两路漕臣同制置、总领、茶马司审度四川财赋利害,其实惠得以及民、调度可以经久者,条具以闻。甲寅,以天圣、绍兴真决赃吏指挥班示诸路。丙寅,增大理寺吏录。戊辰,命吏、刑二部修条例为成法。

冬十月己巳朔,诏许秦桧大位之日,无辜被罪者自陈里正。罢浙东常平司平准务。乙亥,诏四川监司、帅臣、制置、总领、茶马司,各举可守郡者。甲午,蠲郴道永三州、桂阳军民身丁米。乙未,王会移琼州编管。以宋贶党附秦桧,责梅州安置。丁酉,以张浚上书论用兵,依旧永州居住。辛丑,遣李琳使金贺正旦,葛立方贺金主生辰。

闰月丙午,罢廉州贡珠,纵蜑丁自便。己酉,命离军人愿归农者,人给江、淮、湖、广荒田百亩,复其租税十年。乙卯,初置临安府左右厢官,分掌讼牒。

十一月甲戌,命吏部侍郎陈康伯、户部侍郎王俣稽考国用岁中出纳之数。丙戌,裁定六曹、寺监百司吏额。

十二月辛丑,命三省录台谏所言事,报枢密院。癸丑,万俟离上《重修贡举敕令格式》。甲寅,罢诸路铸钱司。庚申,赏应诏论事切当者。壬戌,三佛齐国入贡。甲子,金遣梁眹等来贺明年正旦。

二十七年春正月乙酉,幸延祥观。戊子,命侍从各荐宗室京朝官才识、治行者二人。

二月丁酉朔,复兼习经义、诗赋法。庚子,杨政卒。壬寅,太庙仁宗、英宗两室柱芝草生。戊午,以御史中丞汤鹏举参知政事。庚申,更定福建路盐法。癸亥,加刘锜太尉。

三月己巳,命京局改官人先除知县。乙酉,赤气出紫微垣。丙戌,赐礼部进士王十朋以下四百二十六人及第、出身。丁亥,诏焚交趾所贡翠羽于通衢,仍禁官人服用销金翠羽。己丑,减三川对籴米岁十六万九千石,夔路激赏绢五万匹,两川绢估钱二十八万缗及茶司引息虚钱岁九十五万缗。辛卯,万俟卨卒。壬辰,以符行中前在蜀恣横,南雄州安置。甲午,除耕牛税。

五月癸未,金遣耶律守素等来贺天申节。辛卯,复以五帝、神州地祇等十三祭为大祀。

六月甲辰,命臣僚转对,尽忠开陈,毋摭细微以应故事。戊申,以汤思退为尚书右仆射、同中书门下平章事。庚戌,复余深、黄潜善并观文殿大学士。乙卯,裁定离军将士诸州添差数。戊午,初命太庙冬飨祭功臣,腊飨祭七祀,祫飨兼之。己未,进钱忱少傅。增命官捕获私茶盐赏典。

秋七月己巳,复饶、赣、韶三州铸钱监。癸酉,戒监司、郡守举劾守令观望徇私。乙亥,以龙图阁学士李文会为四川安抚制置使。丙子,诏凡出命令,先经两省书读,如旧制。

八月乙未,以汤鹏举知枢密院事。庚申,复置提领诸路铸钱司于行在,以户部侍郎荣薿领之。

九月癸酉,张纲罢。戊寅,以吏部尚书陈康伯参知政事。蠲淮财、京西、湖北积欠内藏钱帛。丁亥,校书郎叶谦亨言:"祀典散逸,隆杀不当,名称或舛,请敕礼官、秘书酌景德故事,取祭祀之式,定为一书,名曰绍兴正祠录,以为恒制。"诏从之。

冬十月壬寅,有赤气随日入。癸卯,筑通、泰、楚三州捍海堰。辛酉,诏四川诸司察旱伤州县,捐其税,振其饥民。

十一月癸亥朔,减福建盐钞钱岁八万缗。乙丑,遣孙道夫使金贺正旦。辛巳,遣刘章贺金主生辰。丁亥,汤鹏举罢。戊子,蠲庐州二税及上供钱米一年。

十二月甲午,诏广南经略、市舶司察蕃商假托入贡。丙辰,初俞州县置禁历。戊午,金遣高思廉等来贺明年正旦。

二十八年春正月己巳,申禁三衙强刺平民为兵。己卯,幸延祥观,遂幸玉津园。壬午,禁诸路二税折纳增价。癸未,遣户部郎中莫濛等检视淮南、浙西、江东沙田芦场。甲申,命台谏、侍从三人以上公荐监司治状。

二月癸巳,命史馆重修徽宗大观以前实录。丙申,以陈诚之知枢密院。戊戌,禁沿海州军博买。乙巳,以工部侍郎王纶同知枢密院事。己酉,命六曹长贰详定差役旧法。癸丑,加杨存中少师,谥张俊曰忠烈。

三月辛酉朔,日有食之。丙寅,雪。丁丑,加田师中开府仪同三司。戊寅,诏:"自今用人,选帅臣、监司曾任郎官已上者为侍从,监司、郡守有政绩者为卿监、郎官,朝官二年乃迁,卿监、郎官未历监司者更迭补外。"戊子,责秦桧党宋朴徽州居住,沈虚中筠州居住。

夏四月丙申,复诏文武官非犯赃罪,并许以致仕恩任子。辛亥,雨雹。严州遂安贼江大明寇衢州,官军捕斩之。

五月,金遣萧恭等来贺天申节。

六月壬辰,太白昼见。癸巳,流星昼陨。甲寅,增浙西、江东、淮东沙田芦场租课,置提领官田所掌之。

秋七月庚申,立江西上供米纲赏格。戊辰,诏:"监司按发官吏,不得送置司州军推鞫。所犯涉重,即以奏闻,命邻路监司选官就鞫。"己卯,命取公私铜器悉付铸钱司,民间不输者罪之。庚辰,亲制郊庙乐章。乙酉,复鬻没官田。

八月戊子朔,置国史院,修神、哲、徽三朝正史。己丑,检放风水灾伤州县苗税,仍振贷饥民。乙未,增四川十七州举人解额。戊戌,汤思退等上《徽宗实录》。壬寅,命户部侍郎令诹提领诸路铸钱。甲寅,地震。

九月辛未,定铜钱出界罪赏。甲戌,诏以吏部七司旧制与续降参订异同,立为定法。丁丑,置殿前司虎翼水军千人。庚辰,以中书舍人王刚中为四川安抚制置使。辛巳,封叔建州观察使士珙为昭化军节度使、嗣濮王。癸未,蠲平江、绍兴、湖州被水民逋赋。

冬十月丁亥朔,遣沈介使金贺正旦,黄中贺金主生辰。辛丑,禁监司、帅、守私役军匠。

十一月己卯,合祀天地于圜丘,大赦。壬午,复命检举诸人因赦移放者,告讦得罪者不预。

十二月庚寅,安定郡王令衿薨。辛丑,修睦亲宅,建宫学。丁未,复李光官,放自便。戊申,蠲楚州归附民赋役五年。壬子,金遣苏保衡等来贺明年正旦。

是岁,兴元都统制姚仲复籍兴元府等五州义士,得二万余人。

二十九年春正月丙辰朔,以皇太后年八十,诣慈宁殿行庆寿礼。庚申,浚平江三十六浦以泄水。庚午,振湖、秀诸州饥民。癸酉,幸延祥观,遂幸玉津园。庚辰,禁诸州科卖仓盐。癸未,蠲沙田芦场为风水所侵者租之半。是月,金国罢沿边榷场,惟泗州如旧。

二月丙戌朔,亦罢沿边榷场,存其在盱眙者。加吴璘少保。己丑,禁海商假托风潮私往北界。壬辰,除临安府岁供修内司钱三万六千缗。丁酉,蠲四川折估羁本积欠钱三百四十万缗。戊戌,大雪,雨雹。己亥,禁贸易广南羁縻州物货。命广西教阅峒丁。庚戌,罢诸路斥候递卒。甲寅,取具贬死臣僚姓名,议加恩典。

三月丙子,除州县积欠钱三百九十七万缗有奇及中下户所欠入官钱物。丁丑,诏侍从、台谏、帅臣、监司岁举可任将帅者二人。限命官子孙制田减父祖之半,并其诡名寄产者,格外田亩同编户科役。己卯,除湖州、平江、绍兴流民公私逋负。

夏四月壬辰,国子司业黄中自金国使还,言金人将徙居汴京以见逼,望早饬边备。宰相怒,不听。己亥,修三省法。庚子,增置带御器械四员。丙午,禁内外将佐营造、回易,掊敛军士。辛亥,命县令有政绩者诸司同荐,不次升擢,以风厉之。

五月甲寅朔,罢鬻福建闪生沙田。丁巳,诏殿前司选统制官部兵千人戍江州,弹压盗贼,每岁二易。己未,桩顿江、浙四路折帛钱于三部领所及浙西提刑司,以备军用。辛酉,禁权要、豪民举钱军中取息。丁卯,命印给三总领所见钱公据、关子,许商人入纳。己巳,立监司、守臣举劾八条。金遣王可道等来贺天申节。

六月甲辰朔,遣王纶等为金国奉表称谢使。丁亥,禁江、淮私渡北人。丙申,陈诚之罢。禁积钱民户过万缗,官户过二万缗,满二年不易他物者没入之。丁酉,申禁包苴请托。己亥,以陈康伯兼权枢密院事。辛丑,李光卒。壬寅,以主管步军司赵密为太尉。己酉,沈亥以贪冒罢。

闰月甲寅,益荆南戍卒千人,守臣刘锜亦募效用三千人。丁巳,命江、湖、浙西五漕司增价籴米二百二十万石赴沿江十郡,自荆至常州,以备振贷。戊午,罢成都府隔槽酒务监官七十一员,令民承买。己未,罢江、浙、淮东沙田芦场所增租课。甲子,落沈该观文殿大学士,致仕。罢福建安抚司官卖盐。戊辰,大省淮西冗官。辛未,复置江、淮、荆、浙、福建、广南路提点坑冶铸钱官。

秋七月丁亥,以权吏部尚书贺允中参知政事。癸巳,封权户部侍郎令谘为安定郡王。戊戌,福州大水。己酉,禁诸路抑买官田。庚戌,以四川经、总制及田晟钱粮钱共百三十四万缗充增招军校费。

八月甲子,募商人输米行在诸仓,愿以茶、盐、矾钞等偿直者听。丁卯,除南雄、英、连三州经界,复丁米旧额。甲戌,并史馆归秘书省,玉牒所归宗正寺。

九月甲申,诏建炎以来使未还而后无录者,与一子官。乙酉,王纶使还入见,言金国和好无他。丙戌,汤思退等称贺。甲午,以汤思退为尚书左仆射,陈康伯为右仆射,并同中书门下平章事。乙未,以皇太后不豫大赦,不视朝。丙申,为太后祈福。蠲中下户所欠税赋及江、浙蝗潦州县租。丁酉，减僧道免丁钱。己亥，蠲见监赃罚赏钱。庚子，皇太后韦氏崩。癸卯，遣周麟之等为金国奉表哀谢使。

冬十月甲寅，以群臣五上表，始听政。命保康军节度使吴益为攒宫总护使。乙亥，立诸路和籴募民运米赏格。戊寅，册谥皇太后曰显仁。

十一月丁亥，遣贺允中等为金国遣留国信使。丙午，权攒显仁皇后于永祐陵。

十二月甲寅，谍言北界禁民妄传起兵，帝谕大臣当自治，为安边息民之计。甲子，祔显仁皇后神主于太庙。辛未，以王纶知枢密院事。壬申，减三省、枢密院激赏库及诸书局岁用钱二十万缗。鼎州程昌寓所增蔡州官兵衣粮钱四之一，西和州官卖盐直之半，蒋州上供经、总制司无额钱如之。丙子，金遣施宜生等来贺明年正旦。

三十年春正月戊子，给刘锜军费钱六十万缗。丙申，以吏部侍郎叶义问同知枢密院事。废御书院。丁酉，罢钧容班乐工及甲库酒局。壬寅，募人垦淮南荒田。甲辰，定御辇院三营兵额为九百人。

二月甲寅，罢夔州路榷茶。乙卯，金遣大怀忠等来吊祭。戊午，遣叶义问为金国报谢使。癸酉，诏立普安郡王瑗为皇子，更名玮。丙子，进封建王。

三月辛巳，复馆职召试，然后除擢。免湖北、京西宣抚司诸库未输钱八十九万缗。癸未，以淮东茶盐司钱十缗充募民垦田费。乙酉，加吴益少保，赵密开府仪同三司，以赏攒宫之劳。丁酉，初置金州御前诸军都统制，以知金州王彦为之。癸卯，赐礼部进士梁克家以下四百一十二人及第、出身。甲辰，置牧马监于潮、惠二州。丙午，加恩平郡王璩开府仪同三司、判大宗正事，始称皇侄。

夏四月己酉朔，以孙慥为蕲州防御使，恺贵州团练使，惇荣州刺史。丙辰，以贺允中兼权同知枢密院事。

五月辛巳，刺海贼罪不至死者为龙猛、龙骑军。初置荆南府御前诸军都统制，以刘锜兼领之。乙酉，初置江州御前诸军都统制，以步军司前军都统制戚方为之。诏诸路刺强盗贷死少壮者为兵。丙戌,定铸钱司岁铸五十万缗。辛卯,临安、於潜、安吉三县大水。海贼陈演添作乱,掠高雷二州境上,南恩州民林观禽杀之,命观以官。丙申,金遣萧荣等来贺天申节。壬寅,落沈该致仕,复观文殿大学士,知明州。丙午,加吴盖太尉。

六月庚戌,复出诸军见钱关子三百万缗,听商贾以钱银请买。庚午,王纶罢。辛未,以江西广东湖南折帛、经总制钱合六十万缗,江西米六万石充江州军费。后益以四川利路经总江西茶引合二十万缗。

秋七月戊寅,遣明州水军三百戍昆山黄鱼垛,巡捕槽船之为盗者。甲申,诏诸路帅司,春秋教阅禁兵弓弩手。戊戌,以叶义问知枢密院,翰林学士周麟之同知院事,御史中丞朱倬参知政事。

八月丙午朔,日有食之。壬子,贺允中使还,言金人必畔盟,宜为之备。癸丑,允中致仕。甲寅,复以四川经、总制钱五十万缗给总领所,增招兵士。壬申,淮东总管许世安奏,金主亮至汴京,起重兵五十余万,屯宿、泗州谋来攻。

九月庚寅,以带御器械李宝为浙西副总管,提督海船,驻平江。丙申,命刘宝招制胜军千人。丁酉,罢内侍省。

冬十月丙午,罢内侍官承受诸军奏报文字。丁未,遣虞允文使金贺正旦,徐度贺金主生辰。庚戌,雷。辛酉,镇江都统制刘宝以专悍贪横罢。壬戌,以刘锜为镇江都统制,荆南右军统制李道为都统制。癸亥,日中无云而雷。癸酉,蠲舒、和、蕲、黄四州民附种田租。

十一月庚辰,禁诸路折输职田钱。癸巳夜,有白气出入危、昂间。

十二月乙巳朔,汤思退罢。初行会子于东南。戊申夜,白气亘天。海南黎贼王文满平。己酉,罢招刺三衙及江上诸军。庚戌,禁掠卖生口入溪峒。癸丑,命户部立经、总制钱十年中数为定额。丁卯,金遣仆散权等来贺明年正旦。

宋史卷三二
本纪第三二

高宗九

　　三十一年春正月甲戌朔,以日食不受朝。丁丑,雷。丁亥,免湖州增丁所输绢。夜,风雷雨雪交作。辛卯,诏江、浙官民户均输和市䌷帛。壬辰,刘宝落节钺,福建路居住。丙申,大雨雪,给三衙御士、行在贫民钱及薪炭,命常平振给辅郡细民,诸路监司决狱。己亥,放张浚、胡铨自便。庚子,禁淮南拘籍户马。

　　二月戊申,复置邛州惠民监。癸丑,以赵密领殿前都指挥使。甲寅,罢杨存中殿前都指挥使,进太傅为醴泉观使,封同安郡王。丙辰,置行在会子务。乙丑,复鬻僧道度牒。诏分经义、诗赋为两科。丙寅,诏通进司承受内降文字,并囊封送三省、枢密院。辛未,秦熺卒,赠太傅。

　　三月甲戌朔,命破敌军统制陈敏部兵屯太平州。己卯,官功臣魏仁浦、马知节、余靖、寇瑊诸孙各一人。选文臣宗室主西、南外两宗司。庚辰,禁两淮抑民附种。以利州西路御前诸军都统制吴拱知襄阳府,部兵三千戍之。壬午,以兵部尚书杨椿参知政事。丁亥,夺秦熺赠官及遗表恩赏。庚寅,以陈康伯为尚书左仆射,朱倬右仆射,并同中书门下平章事。辛卯,复李光左中大夫,官其子孙二人。壬辰,地震。庚子,以前徽猷阁待制张宇发死节,赠四官,录其子孙。

　　夏四月丁巳,以久雨伤蚕麦,盗贼间发,命侍从、台谏条上弭灾除盗之策。出天申节银十万两加充户部籴本。辛未,遣周麟之使金贺迁都。壬申,权减荆南上供钱银绢丝米之半,用招填禁军。是月,金主亮率文武群臣如汝、洛。

五月癸酉朔,给两淮民兵荒田。乙亥,增筑禁城。戊寅。诏吴拱视缓急退守荆南。己丑,命沿淮州郡毋纳北人。辛卯,金遣高景山、王全来贺天申节。全扬言无礼,致其主亮语,求淮、汉地及指取将相近臣计事,且以钦宗皇帝讣闻。壬辰,选两浙、江东、福建诸州禁军弓弩手之半,部送枢密院按试。甲午,宰执召同安郡王杨存中及三衙帅赵密等至都堂议举兵。诏以王全语谕诸路统制、帅守、监司,随宜应变,毋失机会。是日,为钦宗皇帝发丧,特诏持斩衰三年。乙未,以吴璘为四川宣抚使,仍命制置使王刚中同处置军事。丙申,命主管马军司成闵部兵三万人戍鄂州。庚子,命两浙、江、湖、福建诸州起禁军弓弩手,部送明州、平江府、江池太平三州、荆南府军前。殿中侍御史陈俊卿言,内侍张去为窥权挠政,乞斩之以作士气。

六月乙巳,以群臣三上表始听政。丙午,刘锜乞即日移军渡江,诏锜进发,骑兵屯扬州。丁未,出宫女三百九十人。蠲临安府禁军阙额钱五年。己酉,以御史中丞汪澈为湖北、京西宣谕使。辛亥,金主亮遣大怀正至盱眙,语送伴使吕广问云,将以六月迁汴京,令其归奏。癸丑,罢教坊,并敕令所归刑部。乙卯,以刘锜为淮南、江东西、浙西制置使。戊午,命带御器械刘炎同提举措置沿淮盗贼。庚申,彗出角。遣步军司都统制戚方提总江上诸军策应军马,听刘锜节制。谕吴拱严备襄阳,视缓急合田师中、成闵兵以援之。甲子,始御正殿。乙丑,放女乐二百余人。丙寅,听淮南诸州移治清野。戊辰,以周麟之辞使北,命枢密都承旨徐嘉代行。淮北民兵崔唯夫、董臻等率众万余来归。

秋七月丙子,命两浙、江东滨海诸州预备敌兵。诏诸路帅臣孝阅士兵、弓手。戊寅,命雷州守臣节制高、容、廉、化四州军马。时雷州军贼凌铁作乱,东南第十二将高居弁会五州巡尉官兵讨平之。戊子,周麟之分司,筠州居住。辛卯,振给淮南归正人。壬辰,徐嘉等至盱眙,金主亮以非所指取之人,谕遣亟还。癸巳,诏:"四川财赋,自当专任总领所。如遇警急调发不及申奏,是令宣、制司随宜措置,先举后闻。"乙未,行新造会子于淮、浙、湖北、京西诸州。是月,金主亮徙都汴京,命其臣刘萼由唐、邓瞰荆、襄,张中彦、王彦章据秦、凤窥巴、蜀,苏保衡、完颜郑家奴由海道趋两浙。

八月辛丑朔,忠义人魏胜复海州,李宝承制以胜知州事。丙午,蠲诸路逋欠经总制钱、江浙等路上供米。丁未,以婉容刘氏妄预国政,废于家。蠲淮南、京西、湖北民秋税之半。辛亥,以刘婉容事连坐,昭庆军承宣使王继先福州居住,停子孙官,籍其赀。甲寅,李宝率舟师三千发江阴,大风,退泊明州关澳,聚兵复进。乙卯,刘锜引兵屯扬州,遣统制王刚以兵五千屯宝应。丁巳,召田师中赴行在。寻以吴拱为鄂州诸军都统制。壬戌,复用资政殿学士张焘,落致仕,知建康府。癸亥,分处归正人于淮南诸州,能自存者从便,愿为兵者籍之。乙丑,诏便宜选补战功人,后勿递减。丙寅,出内帑钱七万缗,犒戍兵之家,仍悉除军债。己巳,起复成闵为湖北、京西制置使,节制两路军马。

九月庚午朔,命大臣朝飨太庙。辛未,宗祀徽宗于明堂,以配上帝,大赦。甲戌,金人犯黄牛堡,守将李彦坚拒却之,金兵遂扼大散关,吴璘驻青野原,遣将高松等援之。庚辰,以给事中黄祖舜同知枢密院事。壬午,流星昼陨。乙酉,诏刘锜、王权、李显忠、戚方严备清河、颍河、涡河口。丁亥,成闵渡江,屯应城县,遣吴拱戍郢州。博州民王友直聚兵大名,自称河北安抚制置使,以其徒王任为副,遣军师冯谷入庙奏事。吴璘遣将彭青至宝鸡渭河,夜劫金人桥头砦,破之。庚寅,成闵遣统制赵撙部兵五千驻德安。辛卯,金国趣使臣书至楚州,守臣以闻,其辞多悖慢。壬辰,监盱眙军淮河渡夏俊复泗州。癸巳,金人犯通化军,守将张超拒却之。甲午,册谥大行皇帝曰恭文顺德仁孝皇帝,庙号钦宗。吴璘遣将刘海复秦州,金守将萧济降。乙未,金人犯信阳军。丙申,吴璘遣将曹洈复洮州。戊戌,刘锜发扬州。诏以金人背盟,降敕榜招谕中原军民。己亥,兰州汉军千户王宏杀其刺史温敦乌也来降。吴璘遣将潘青复陇州。是月,金主亮以尚书右丞李通为大都督,造浮梁于淮水之上,遂自将来攻,兵号百万,远近大震。

冬十月庚子朔,诏将亲征。魏胜攻沂州,败还海州,金人围之,李宝以舟师至东海县,金人解围去,宝遂入海州。辛丑,金人自涡口渡淮。癸卯,以吴璘兼陕西、河东招讨使,刘锜兼京东、河北东路招讨使,成闵兼京西河北西路招讨使。金人陷蒋州。李显忠遣统制孔福与金人战于大人洲,败之。乙巳,金人复犯海州,魏胜、李宝击却之。刘锜引兵次淮阴,金人将自清河口入淮,锜列兵于运河岸以扼之。丁未,命宣抚制置司传檄契丹、西夏、高丽、渤海诸国及河北、河东、陕西、京东、河南诸路,谕出师共讨金人。是日,金人立其东京留葛王褒为皇帝,改元大定。戊申,王权闻金兵大至,自庐州引兵遁,屯昭关。己酉,知均州武钜招纳北界杜海等二万人来归。庚戌,复置机速房。知庐州龚涛闻金兵将至,弃城走。辛亥,金将萧琦陷滁州,守臣陆廉弃城走。壬子,改建王玮为镇南军节度使。刘锜遣统制王刚等击败金人于清河口,金人复来战,刚失利。吴拱遣将侯俊、郝敦书复唐州。癸丑,借江、浙、荆湖等路坊场净利钱三百八十万缗以备赏军。金人围庐州,都监权州事杨春率兵突阵出,守水砦。金人又攻海州,李宝力战败之,解围去。甲寅,金人攻樊城,吴拱遣守将翟贵、王进与战,贵、进俱战死,金兵亦退。刘锜遣兵渡淮及金人战,死者十七八。金主亮以大军至庐州城北之五里,筑土城以居。戚方遣将张宝复蒋州。乙卯,以金人渝盟告于天地、宗庙、社稷。命州县谕富民捐赀助国。刘锜闻王权遁,自淮阴引兵归扬州。丙辰,金主亮入庐州,王权自昭关遁,金人追至尉子桥,破敌军统制姚兴战死,权退保和州。金州都统制王彦遣统制任天锡出洵阳,复丰阳县。丁巳,帝闻王权败,召杨存中同宰执议于内殿,陈康伯赞帝定议亲征。武钜遣将荀琛复邓州。戊午,任天赐复商洛县。命吴璘趣出兵汉中,叶义问督视江、淮军马,中书舍人虞允文参谋军事。金人犯真州,步军司统制邵宏渊逆战于胥浦桥,兵败,真州陷,金人不入城,遂犯扬州。己未,任天锡复商州,执其守完颜守能。赵撙引兵渡淮。

庚申，以杨存中为御营宿卫使。赵撙复襃信县。王权自和州遁归，屯于东采石。辛酉，复汤思退观文殿大学士，充醴泉观使兼侍读。分行在官吏三之一扈从，余留行遣常事。金人陷和州。壬戌，以将士劳于征讨，避殿减膳。刘锜退军瓜州镇，金人陷扬州，淮东安抚使刘泽弃城奔泰州。以户部侍郎刘岑为御营随军都转运使，李显忠为御营先锋都统制屯芜湖，主管步军司李捧为前军都统制。赵撙复新蔡县。癸亥，募诸州豪民招枪仗、弓箭手赴行在。金人入扬州。王权自采石夜还建康，寻复如采石。甲子，复张浚观文殿大学士，判潭州。吴璘遣统制吴挺、向起等及金人战于德顺军之治平砦，败之。赵撙复平兴县。乙丑，金人趋瓜州，刘锜遣统领员琦拒之于皂角林，大败之，斩其统军高景山。丙寅，李宝遇金舟师于胶西县陈家岛，大败之，斩完颜郑家奴等五人。刘锜还镇江府。赵撙复蔡州，斩其总管杨寓。分御营宿卫为五军。金人攻秦州，向起、吴挺击却之。丁卯，叶义问至镇江。诏起江、浙、福建诸州强丁赴江上诸军。武钜复虢州卢氏县，任天锡复朱阳县。戊辰，殿中侍御史杜莘老劾内侍张去为，帝不悦，去为致仕，出莘老知遂宁府。

十一月己巳朔，邵宏渊遣统领崔皋及金人战于定山，败之。任天锡复虢州，守将萧信遁去。庚午，通州守臣崔邦弼弃城去。辛未，成闵引兵发应城县，援淮西。遣权吏部侍郎汪应辰诣浙东措置海道。壬申，以张浚判建康府。召王权赴行在，以李显忠代将。邵宏渊为池州都统制。金人犯瓜州，镇江中军统制刘汜战败走，权都统制李横亦遁。金人铁骑奄至江上，统制魏俊、王方死之。叶义问惶怖欲退走，复趋建康。金人游骑至无为军，守臣韩髦弃城走。癸酉，淮宁府民陈亨祖执同知完颜耶鲁，以其城来归。赵撙引兵去，蔡州南渡。丙子，池州统制官崔定等复入无为军。乙亥，金主亮临江筑坛，刑马祭天，期以翌日南渡。甲戌，虞允文督建康诸军统制官张振、王琪、时俊、戴皋等以舟师拒金主亮于东采石，战胜，却之。崔定复巢县，任天锡复上津、商洛二县。丁丑，虞允文遣水军统制盛新以舟师击金人于杨林河口，又败之。金主亮焚其舟而去。戊寅，王彦遣将杨坚复栾川县。己卯,以汤思退为行宫留守。虚恨蛮犯嘉州笼蓬堡,官军大败,副将郑祥等为所杀。庚寅,金主亮引军趋淮东。癸未,吴璘病,自仙人原还兴州,留姚仲节制军事。虞允文自采石率李捧一军及戈船如镇江备敌。甲申,赠姚兴、魏俊、王方官。金主亮至扬州。乙酉,贷刘汜死,英州编管。江州统制李贵、忠义首领孟俊复顺昌府,金州将邢进复华州。丙戌,赐战士帛,给其家薪炭。任天锡复陕州。丁亥,刘锜以疾罢,以御营宿卫中军统制刘锐权镇江都统制。成闵自京西还建康,遂如镇江。戊子,吴璘复力疾上仙人原。己丑,王权贷死,琼州编管。李宝泛海南归。金人复攻陕州,任天锡破走之,复犯襄阳,统制官李胜等拒却之,复通化军。王彦遣将杨坚、党清至西京长水县及金人战,败之。庚寅,复长水县。癸巳,以成闵为镇江统制、淮东制置使、京东西路河北东路淮北泗宿州招讨使,李显忠为淮西制置使、京畿河北西路淮北寿亳州招讨使,吴拱为湖北京西制置使、京西北路招讨使。甲午,武钜遣乡兵总辖杜隐等复嵩州。乙未,金人陷泰州。是日,金人弑其主亮于扬州龟山寺。戊戌,金都督府遣人持檄诣镇江军中议和。

　　十二月己亥朔,赵撙夜袭蔡州,复入其城。王彦遣兵复福昌县。庚子,杨存中及虞允文渡江至瓜州察金兵。金人犯汉南之茨湖,鄂州军士史俊登其舟,获一将,诸军继进,遂击却之。杨春夜攻金人,杀其帅高定山,复庐州。辛丑,以李宝为靖海军节度使、浙西通泰海州沿海制置使、京东东路招讨使。金统军刘萼闻茨湖败,亦退师。王彦遣将阎皞复渑池县。壬寅,天有白气。以赵密为行宫在城都总管。成闵渡江之扬州。癸卯,命诸路招讨司率兵进讨,互相应援;沿江诸大帅条陈恢复事宜。复岳州夺名。右军统领沙世坚入泰州。甲辰,虞允文自镇江入见。均州统领咎朝复邓州。乙巳,张浚至慈湖,命李显忠引兵渡江。丙午,淮东统制王选复楚州。丁未,杜隐等入河南府。吴拱遣统领牛宏入汝州。戊申,帝发临安,建王从行。庚戌,金人渡淮北去。壬子,次平江。罢督视府。虞允文还至镇江。癸丑,淮东统制刘锐、陈敏引兵入泗州。鄂州统制杨钦以舟师追败金人于洪泽镇。乙卯，江北金兵尽去，李显忠复入和州。吴璘遣将复水洛城。金人复破汝州，牛宏败走。戊午，次镇江府。庚申，吴璘遣将拔金人治平砦。壬戌，曲赦新复州军。甲子，降淮南、京西、湖北杂犯死罪以下囚。赏采石功，进统制张振、时俊等官。金颖、寿二州巡检高显以寿春府来降。丁卯，命诸道籍乡兵。初，王友直、王任聚兵，尝命友直为天雄军节度使，任为天平军节度使。金主褒既位，下令散其众，友直等自寿春来归。是月，金主知亮已死，遂趋燕京。

三十二年春正月戊辰朔，日有食之。帝在镇江。己巳，金人犯寿春府，忠义将刘泰战死，金兵引去。庚午，发镇江府。壬申，至建康府，张浚入见。丙子，桃翼祖主于夹室。己卯，李显忠引兵还建康。庚辰，罢郡守年七十者。壬午，金人复犯蔡州，赵撙力战却之。乙酉，权知东平府耿京遣其将贾瑞、掌书记辛弃疾来奏事。己丑，金主遣其臣高忠建等来告嗣位。以耿京为天平军节度使、知东平府。庚寅，诏新复州县搜访仗节死义之士。丙申，以杨存中为江、淮、荆、襄路宣抚使，虞允文副之。给事中金安节、中书舍人刘珙缴奏再上，乃改命存中措置两淮。

二月戊戌朔，罢借两浙、江、淮坊场净利钱。以虞允文为兵部尚书、川陕宣谕使，措置招军市马及与吴璘议事。庚子，兴州统领惠逢等复河州。振两淮饥民。壬寅，金人犯汝州，守将王宣逆战败之。癸卯，帝发建康。惠逢复积石军，又克来羌城。丁未，刘锜薨。己酉，王宣及金人再战于汝州。庚戌，金人全师来攻，宣败绩弃去。辛亥，金人复犯顺昌府，孟新拒却之，寻亦弃去。壬子，赏蔡州功，赵撙等进官有差。乙卯，至临安府。兴元都统制姚仲攻巩州不下，退守甘谷城，遂引兵围德顺军。丙辰，金人犯蔡州，赵撙击却之。戊午，复引兵来攻，撙又败之，金兵循去。王彦遣将马贵断河中南桥，金兵来攻，贵战败之。壬戌，诏军士战死者录其家一年，伤重而死于营者半之。乙丑，王宣及右军副将汲靖败金人于蔡州确山县。赵撙弃蔡州。丙寅，金人复取之。姚仲遣副将赵铨攻下镇戎军，金同知渭州秦弼及其子嵩来归。王彦遣兵救陕州，遇金人于虢州东，败之，金兵引去。丁卯，吴玠遣将复永安军、永宁福昌长水三县。

闰月癸酉，金人破河州，屠其城。乙亥，命杨存中、李显忠固守新复州军，量度进讨。丙子，姚仲遣将复原州。戊寅，祔钦宗主于太庙。癸未，振淮南归正人。金人犯虢州。吴璘遣杨从仪等攻拔大散关，分兵据和尚原，金人走宝鸡。丙戌，给张浚钱十九万缗造沿江诸军战舰。庚寅，王刚破金人于海州。辛卯，杨椿罢。壬辰，姚仲攻德顺军，败金人于瓦亭砦、新店。是月，张安国等攻杀耿京，李宝将王世隆攻破安国，执之以献。

三月壬寅，更定金使入境接伴、馆伴旧仪。癸卯，成闵遣统制杜彦救淮宁，击败金人于项城县。甲辰，罢扈从官吏赏典。乙巳，录商、虢之功，加吴璘少傅，王彦为保平军节度使。戊申，吴璘复德顺军，又遣将严忠取环州。辛亥，命兵部侍郎陈俊卿、工部侍郎许尹经画两淮堡砦屯田。癸丑，金人围淮宁府，守臣陈亨祖死之。甲寅，吴璘自德顺军复还河池。金人犯镇戎军。丁巳，遣洪迈等贺金主即位。戊午，忠义军统制、知兰州王宏拔会州。金人陷淮宁府，统领戴规战死。成闵归自淮东。辛酉，金人攻原州。丙寅，诏举贤良。

夏四月丁卯朔，姚仲遣兵救原州。己巳，命侍从、台谏条上防秋足食足民策。遣左武大夫都飞虎结约河东。壬申，赏御营宿卫将士四万余人，进官有差。癸酉，蠲淮东残破州军上供银绢、米麦及经、总制钱一年。蒙城县民倪震率丁口数千来归。甲戌，募民耕淮东荒田，蠲其徭役及租税七年。戊寅，以御史中丞汪澈参知政事。金人围海州。戊子，洪迈等辞行，报聘书用敌国礼。是月，大雨，淮水暴溢数百里，漂没庐舍，人畜死者甚众。

五月戊戌，吴璘自河池如凤翔巡边，姚仲遣兵救原州，数败金人。庚子，复置提举秦州买马监，命四川总领官兼权其职。壬寅，姚仲及金人战于原州北岭，败绩。戊申，复以杨存中，为醴泉观使奉朝请，罢御营宿卫司。辛亥，镇江都制张子盖救海州，遇金人于石湫堰，大败之，金人解去。甲寅，命张浚专一措置两淮事务兼节制淮东西、沿江州郡军马。乙卯，知顺昌军孟昭率部曲来归。己未，吴璘遣将得熙州。壬戌，禁诸军互招逃亡。加郑藻太尉。振东北流民。命张浚置御前万弩营，募淮民为之。甲子，诏立建王玮为皇太子，更名慎。加成闵太尉，主管殿前司；李显忠为太尉，主管马军司，籍诸州归正人，愿为农者给官田，复租十年；愿为兵者赴军中。

六月丙寅朔，吴璘次大幽岭，檄召姚仲至军前，下河池狱，命夔路安抚使李师颜代将其兵。戊辰，名新宫曰德寿。庚午，以吴珙主管步军司。罢三招讨司。甲戌，加赠兄子俦为太师、中书令，追封秀王，谥安僖；妻张氏封王夫人。乙亥，朱倬罢。丙子，诏皇太子即皇帝位。帝称太上皇帝，退处德寿宫，皇后称太上皇后。孝宗即位，累上尊号曰光尧寿圣宪天体道性仁诚德经武纬文绍业兴统明谟盛烈太上皇帝。

淳熙十四年十月乙亥，崩于德寿殿，年八十一。谥曰圣神武文宪孝皇帝，庙号高宗。十六年三月丙寅，攒于会稽之永思陵。光宗绍熙二年，加谥受命中兴全功至德圣神武文昭仁宪孝皇帝。

赞曰：昔夏后氏传五世而后羿篡，少康复立而祀夏；周传九世而厉王死于彘，宣王复立而继周；汉传十有一世而新莽窥位，光武复立而兴汉；晋传四世有怀、愍之祸，元帝正位於建邺；唐传六世，有安史之难，肃宗即位于灵武，宋传九世而徽、钦陷于金，高宗缵图于南京；六君者，史皆称为中兴而有异同焉。

夏经羿、浞，周历共和，汉间新室、更始，晋、唐、宋则岁月相续者也。肃王、琅邪皆出疏属，少康、宣王、萧宗、高宗则父子相承者也。至于克复旧物，则晋元与宋高宗视四君者有余责焉。

高宗恭俭仁厚，以之继体守文则有余，以之拨乱反正则非其才也。况时危势逼，兵弱财匮，而事之难处又有甚于数君者乎？君子于此，盖亦有悯高宗之心，而重伤其所遭之不幸也。

然当其初立，因四方勤王之师，内相李纲，外任宗泽，天下之事宜无不可为者。顾乃播迁穷僻，重以苗、刘群盗之乱，权宜立国，确乎艰哉。其始惑于汪、黄，其终制于奸桧，恬堕猥懦，坐失事机。甚而赵鼎、张浚相继窜斥，岳飞父子竟死于大功垂成之秋。一时有志之士，为之扼腕切齿。帝方偷安忍耻，匿怨忘亲，卒不免于来世之诮，悲夫！

宋史卷三三
本纪第三三

孝宗一

　　孝宗绍统同道冠德昭功哲文神武明圣成孝皇帝，讳睿，字元永，太祖七世孙也。初，太祖少子秦王德芳生英国公惟宪，惟宪生新兴侯从郁，从郁生毕阴侯世将，世将生庆国公令譮，令譮生子偁，是为秀王。王夫人张氏梦人拥一羊遗之曰："以此为识。"已而有娠，以建炎元年十月戊寅生帝于秀州青杉之官舍，红光满室，如日正中，少长，命名伯琮。

　　及元懿太子薨，高宗未有后，而昭慈圣献皇后亦自江西还行在，后尝感异梦，密为高宗言之，高宗大寤。会右仆射范宗尹亦造膝以请，高宗曰："太祖以神武定天下，子孙不得离享之，遭时多艰，零落可悯。朕若不法仁宗，为天下计，何以慰在天之灵。"於是诏选太祖之后。同知枢密院事李回曰："艺祖不以大位私其子，发于至诚。陛下为天下远虑，合於艺祖，可以昭格天命。"参知政事张守曰："艺祖诸子，不闻失德，而传位太宗，过尧、舜远甚。"高宗曰："此事不难行，朕於伯字行中选择，庶几昭穆顺序。而上虞娄寅亮亦上书言："昌陵之后，寂寥无闻，仅同民庶。艺祖在上，莫肯顾歆，此金人所以未悔祸也，望陛下于'伯'字行内选太祖诸孙有贤德者。"高宗读之，大感叹。

　　绍兴二年五月，选帝育于禁中。三年二月，除和州防御使，赐名瑗。壬寅，改贵州。五年五月，用左仆射赵鼎议，立书院宫中教之，既成,遂以为资善堂。帝读书强记,天资特异。己亥,制授保庆军节度使,封建国公。六月己酉,听读资善堂,以徽猷阁待制范冲兼谕善,起居郎朱震兼赞读,高宗命帝见冲、震皆拜。

十二年正月丁酉,加检校少保,封普安郡王。三月壬寅,出阁就外第。十三年九月,秀王薨于秀州。十四年正月庚辰,用廷臣议,听解官行服。十六年四月乙巳,免丧旧官。十七年六月戊午,改常德军节度使。

二十四年,衢州盗起,秦桧遣殿前司将官辛立将千人捕之,不以闻。帝入侍言之,高宗大惊。及明日以问桧,桧谓不足烦圣虑,故不敢闻,俟朝夕盗平则奏矣。桧退,知为帝言,忌之。桧疾笃,其家秘不以闻,谋以子熺代相,帝又密启高宗破其奸。

三十年二月癸酉,立为皇子,更名玮。甲戌。诏下。丙子,制授宁国军节度使、开府仪同三司,进封建王。制出,中外大悦。四月,赐字元环。

三十一年十月壬子,以明堂恩,改镇南军节度使。先是,金人犯边,高宗下诏亲征,而两淮失守,朝臣多陈退避之计,帝不胜其愤,请率师为前驱。直讲史浩以疾在告,闻之,亟入为帝言,太子不宜将兵,乃为草奏,因中宫以进,请卫从以共子职。高宗因亦欲帝遍识诸将,十二月遂扈跸如金陵。

三十二年五月甲子,立为皇太子,改名睿。初,高宗久有禅位之意,尝以谕帝,帝流涕固辞,会有边事不果。及归自金陵,陈康伯求去,高宗复以倦勤谕之。中书舍人唐文若闻而请对,言不宜急遽,故先下建储之诏,赐名玮。监察御史周必大密与唐伯言,与唐昭宗名同音,不可。诏别拟进,乃定今名。既又命学士承旨洪遵为太子择字,遵拟四字以进,皆不称旨。甲戌,御笔赐字元永。

乙亥,内降御札:"皇太子可即皇帝位。朕称太上皇帝,退处德寿宫,皇后称太上皇后。丙子,遣中使召帝入禁中而谕之,帝又推逊不受,即趋侧殿门,欲还东宫,高宗勉谕再三,乃止。於是高宗出御紫宸殿,辅臣奏事毕,高宗还宫。百官移班殿门外,拜诏毕,复入班殿庭。顷之，内侍掖帝至御榻前，侧立不坐，内侍扶掖至七八，乃略就坐。宰相率百僚称贺，帝遽兴。辅臣升殿固请，帝愀然曰：“君父之命，出于独断。然此大位，惧不克当。”班退，太上皇帝即驾之德寿宫，帝服袍履，步出祥曦殿门，冒雨掖辇以行，及宫门弗止。上皇麾谢再三，且令左右扶掖以还，顾曰：“吾付托得人，吾无憾矣。”左右皆呼万岁。是日，诏有司议太上皇帝、太上皇后尊号以闻，在内诸司日轮官吏应奉德寿宫，增置德寿宫提点、干办等官，德寿宫宿卫依皇城及宫门法。

丁丑，朝德寿宫。戊寅，大赦。诏宰相率百官月两朝德寿宫。己卯，以即位告于天地、宗庙、社稷。庚辰，诏五日一朝德寿宫。以左武大夫龙大渊为枢密副都承旨，武翼郎曾觌带御器械。癸未，始御后殿。甲申，诏中外士庶陈时政阙失。丙戌，诏进宰执官二等。丁亥，诏以太上皇不许五日一朝，自今月四朝。复除名勒停人胡铨官，知饶州。己丑，诏有司月奉德寿宫缗钱十万。辛卯，诏罢四川市马。壬辰，诏百官日一人入对。癸巳，蝗。甲午，上太上皇帝尊号曰光尧寿圣太上皇帝，太上皇后曰寿圣太上皇后。乙未晦，金人屠原州。

秋七月戊戌，兴州中军统制吴挺复巩州。庚子，判建康府张浚入见。以雨水、飞蝗，令侍从、台谏条上民间利害。壬寅，诏戒饬诸郡守臣。癸卯，以张浚为少傅、江、淮宣抚使，封魏国公。甲辰，以参知政事汪澈视师湖北、京西。遣刘珙等使金告即位。戊申，以四川宣抚使吴璘兼陕西，河东路宣抚、招讨使。追复岳飞元官，以礼改葬。是夜地震，大风拔木。己酉，有事于太庙、别庙。癸丑，马军司中军统制赵撙、忠义军统领皇甫倜复光州。甲寅，朝献景灵宫。诏淮南诸州存恤淮北来归之民，权免税役。丙辰，以少保、保康军节度使吴益为少傅，太尉、宁武军节度使吴盖为开府仪同三司。丁巳，罢李宝措置海道。戊午，恩平郡王璩入见。庚申，以御前军器所仍录工部。辛酉，诏后省看详中外上书，有可采者以闻。壬戌，以黄祖舜兼权参知政事。罢诸路圣节进奉。诏李显忠军马听张浚节制。癸亥，增将士战伤死者推恩格。诏蠲四川积年逋负。

八月乙丑朔，四川马军统制高师中与金人战于摧沙，败死。丙寅，吴璘与金人战于德顺军。己巳，以翰林学士史浩为参知政事。戊寅，率群臣诣德寿宫，奉上太上皇帝、太上皇后尊号册宝。丁亥，班宽恤事十八条。起居舍人洪迈、知阁门事张抡坐奉使辱命罢。甲申，吴璘败金人于北山。戊子，追复李光资政殿学士，赵鼎、范冲并还合得恩数。庚寅，以生日为会庆节。追册故妃郭氏为皇后。

九月甲午，以子愭为少保、永兴军节度使，进封邓王；恺为雄武军节度使、开府仪同三司，进封庆王；惇为镇洮军节度使、开府仪同三司，进封恭王。甲午，金人攻德顺军东山堡，中军将李庠死。丁酉，诏开讲日召辅臣观讲。川、陕宣谕使虞允文以论边事不合罢。己亥，诏侍从、台谏举知四川利害可为都转运使者，庚子，以金人来索旧礼，诏宰执、侍从、台谏各陈应敌定论以闻，辛丑，诏吴璘审度措置，保全川蜀。乙巳，诏纂录勋臣名次。丙午，转补朱震、范冲子孙官。庚戌，谥皇后郭氏曰恭怀。辛亥，振淮东义兵及归正人。以总领四川财赋军马钱粮王之望为户部侍郎、川陕宣谕使，仍命将调兵同防守兴州川口。乙卯，诏虞允文赴吴璘军议事。辛酉，以吴璘为少师。

冬十月丙寅，诏朝臣举堪监司、郡守者。戊辰，以岳阳军节度使居广开府仪同三司，史浩兼权知枢密院事。己巳，叶义问罢。诏登闻鼓院毋沮抑进状。庚午，以恩平郡王璩为少保。诏会庆节权免上寿。戊寅，诏张浚、陈俊卿覆实诸将所陈功赏。改谥皇后郭氏曰安穆。壬午，官岳飞孙六人。甲申，契丹招讨萧鹧巴来奔。金人攻德顺城，吴璘击走之，复遣兵追袭，遂为所败。乙酉，升建州为建宁府。戊子，以资政殿学士张焘同知枢密院事。己丑，安南都护南平王李天祚、阇婆国王悉里地茶兰固野、占城国王邹时巴兰并加食邑实封。

十一月庚子，以萧鹧巴为忠州团练使。乙巳，金人攻水洛城。丙午，赐忠义军统制皇甫倜军帛五千匹、绵万两。戊申，诏改明年为隆兴元年。辛亥，免杨存中所献酒坊逋负钱四十万缗。甲寅，定内侍官额。辛酉，史浩免权知枢密院事。裁定文武臣宫观、岳庙员数。立措置京西营田司。

十二月乙丑，诏宰臣复兼枢密使。金人攻陇城县，官军拒却之。丙寅，诏帅臣、监司具部内知州治行臧否以闻。诏弃德顺城，徙兵民于秦州以里屯住。丁卯，以陈康伯兼枢密使。令江、淮宣抚司增招武勇效用军。戊辰，诏侍从、台谏集议当今弊事，仍命尽率其属，使极言无隐。辛未，刘珙、张说还自盱眙。戊寅，蠲四川登极赦前带白契税钱。丙戌，诏观察使已上各举所知三人，三省、枢密院详议立格以闻。庚寅，罢建康、镇江营田官兵。辛卯，广西贼王宣破藤州，守臣廖颙弃城遁。

是岁，诸路断大辟四十一人。

隆兴元年春正月壬辰朔，群臣朝于文德殿。帝朝德寿宫。立武臣荐举格。甲午，四川宣抚司奉诏班师。庚子，以史浩为尚书右仆射、同中书门下平章事兼枢密使，张浚进枢密使、都督江淮东西路军马。丙午，诛殿前司后军谋变者。戊申，诏礼部贡院试额增一百人。丁巳，诏吴璘军进退可从便宜。璘已弃德顺，道为金人所邀，将士死者数万计。

二月壬戌朔，用史浩策，以布衣李信甫为兵部员外郎，赍蜡书间道往中原，诏豪杰之据有州郡者，许以封王世袭。安庆军节度使士衯乞减奉赐之半，以助军用。自是，诸宗室有请，悉从之。戊辰，宰执陈康伯等乞再减奉，止存旧格之半，许之。己卯，振两淮流民及山东归正忠义军。癸未，黄祖舜罢。庚寅，逐秦桧党人，仍禁辄至行在。

三月壬辰朔，金右副元帅纥石烈志宁以书取侵地。癸巳，以张焘为参知政事，御史中丞辛次膺同知枢密院事，叶义问落端明殿学士，饶州居住。丙申，雨雹。丁酉，诏户部置局，议节浮费。己亥，杨存中等乞减半奉如宰执例，许之。庚子，以龙大渊知阁门事，曾觌同知阁门事。壬寅，陈康伯上钦宗陵名曰永献。乙巳，诏求遗逸。丁未，诏修《太上皇帝圣政》。罢龙大渊，别与差遣。曾觌复带御器械。

召张浚。己酉，张焘罢。立选人减举主法。甲寅，复以龙大渊知阁门事，曾觌同知阁门事，给事中、中书舍人留黄不行。乙卯，诏饬郡县吏。庚申，以久雨，命有司振灾伤，察刑禁。

夏四月乙丑，定选人改官岁额。戊辰，张浚入见，议出师渡淮，三省、枢密院不预闻。壬申，赐礼部进士木待问以下五百三十八人及第、出身。乙亥，王之望罢。壬午，诏户部、台谏议节浮费。癸未，诏以白金二十五万两给江、淮都督府军费。戊子，张浚命邵宏渊帅师次盱眙。己丑，又命李显忠帅师次定远。是月，金人拔环州，守臣强霓及其弟震死之。

五月壬辰，申严铺翠销金及神祠僭拟之禁。丁酉，李显忠复灵璧县。邵宏渊次虹县，金人拒之。戊戌，显忠东趋虹县。庚子，复虹县，金知泗州蒲察徒穆及同知泗州大周仁降。辛丑，命左右史日更立前殿。壬寅，张浚渡江视师。癸卯，右翼军都统萧琦降于李显忠。甲辰，显忠及宏渊败金人于宿州。乙巳，史浩罢。追复司马康右谏议大夫。丙午，复宿州，戮金兵数千人。建康前军统领官王琪巷战，死之。丁未，以辛次膺为参知政事，翰林学士承旨洪遵同知枢密院事。督诸路开营田。辛亥，诣德寿宫贺天申节。金纥石烈志宁自睢阳引兵至宿州，李显忠击却之。壬子，钦宗大祥，帝服衰服诣几筵，易祥服行祥禫礼。显忠与金人战于宿州，邵宏渊不援，显忠失利。是夜，建康中军统制周宏及邵宏渊之子世雄、殿前司统制官左士渊逃归。癸丑，进李显忠开府仪同三司、淮南京畿京东河北招讨使，邵宏渊检校少保、宁远军节度使、招讨副使。金人攻宿州城，显忠大败之。殿前司统制官张训通等七人，统领官十二人，以二将不叶而遁。甲寅，李显忠、邵宏渊军大溃于符离。乙卯，下诏亲征。丙辰，召汪澈。以张浚兼都督荆、襄军马。李显忠、邵宏渊至濠州。张浚以刘宝为镇江诸军都统制。丁巳，以蒲察徒穆、大周仁、萧琦并为节度使，徒穆大同军，周仁彰国军，琦威塞军。遣御前忠勇军赴都督府。是月，成都地震三。

六月庚申朔，日有食之。遣内侍趣上淮东将士功赏。癸亥，汪澈罢。张浚乞致仕,且请通好,皆不许。丁卯,以观文殿大学士汤思退为醴泉观使兼侍读。戊辰,召虞允文。以兵部侍郎周葵为参知政事。汪澈落资政殿学士,台州居住。庚午,张浚自盱眙还扬州。辛未,李显忠罢军职。壬申,以太傅、同安郡王杨存中为御营使,节制殿前司军马。癸酉,下诏罪己。张浚降授特进,仍前枢密使、江淮东西路宣抚使,官属各夺二官。邵宏渊降武义大夫,职仍旧。诏杨存中先诣建康措置营砦,检视沿江守备。戊寅,诏展巡幸之期。辛次膺罢。己卯,李显忠责授清远军节度副使,筠州安置。辛巳,命浙西副都总管李宝兼御营统制官,措置浙西海道。甲申,右谏议大夫王大宝入对,论移跸。以敷文阁学士虞允文为兵部尚书兼湖北、京西宣谕使。戊子,放宫人三十人。以萧琦为检校少保、河北招抚使。

秋七月庚寅朔,以虞允文为湖北、京西制置使。癸巳,以汤思退为尚书右仆射、同中书门下平章事兼枢密使。李显忠再责授果州团练副使,潭州安置。乙未,诏宿州弃军将佐夺官贬窜有差。丙申,太白昼见,经天,罢江、淮宣抚司便宜行事。乙巳,以旱蝗、星变,诏侍从、台谏、两省官条上时政阙失。丁未,诏徵李显忠侵欺官钱金银,免籍其家。乙卯,裁减省、部、寺、监官吏。戊午,给还岳飞田宅。

八月丙寅,张浚复都督江、淮军马。庚午,以刘宝兼淮东招抚使。丙子,以飞蝗、风水为灾,避殿减膳。罢借诸路职田之令。戊寅,金纥石烈志宁又以书求海、泗、唐、邓四州地及岁币。癸未,复以龙大渊知阁门事,曾觌同知阁门事。丙戌,遣淮西安抚司干办公事卢仲贤等赍书至金帅府,戒勿许四州,差减岁币。仍命诸将毋遣兵人出境。

九月己酉,杨存中罢。

冬十月戊午朔,大臣奏金帅书言四事,帝曰:“四州地、岁币可与,名分、归正人不可从。”辛酉,御殿复膳。己巳,遣护圣军戍江南。丙子,诏太上皇后教旨改称圣旨。立贤妃夏氏为皇后。丁丑,地震。辛巳,升洪州为隆兴府。诏:“江、淮军马调发应援,从都督府取旨,余事悉以闻。”

十一月己丑，卢仲贤自宿州以金都元帅仆散忠义遗三省、枢密院书来。庚子，遣王之望等为金国通问使，辛丑，诏侍从、台谏於后省集议讲和、遣使、礼数、土贡四事，仍各荐可备小使者。丙午，卢仲贤擅许四州，下大理寺，夺三官。召张浚。癸丑，以胡昉、杨由义为使金通问国信所审议官。

十二月己未，陈康伯罢。乙丑，张浚入见。丁丑，以汤思退为尚书左仆射，张浚为右仆射，并同中书门下平章事兼枢密使。浚仍都督江、淮东西路军马。壬午，西南方有白气。

是岁，以两浙大水、旱蝗，江东大水，悉蠲其租。

二年春正月辛卯，诏增德寿宫车辇卫。壬辰，御文德殿，册皇后。癸巳，修三省法。乙未，及皇后朝德寿宫。丙申，命虞允文调兵讨广西诸盗。庚子，罢诸州招军。丙午，金仆散忠义复以书来。庚戌，申严卿监、郎官更出迭入之制。壬子，振归正人。甲寅，白气亘天。是月，福建诸州地震。

二月辛未，蠲秀州贫民逋租。壬申，容州妖贼李云作乱。癸酉，复王权武义大夫，命权广西路都钤辖，专一措置盗贼。丙子，诏饬将帅减文武官及百司吏郊赐之半。罢两浙、福建、江西、湖南、夔州路参议官。丁丑，雨雹及雪。获李云，其党悉平。乙酉，胡昉自宿州还。初，金帅以昉等不许四郡，械系之，昉等不屈，金主命归之。

三月丙戌朔，诏张浚视师于淮，又诏王之望等以币还。丁亥，诏荆襄、川陕帅臣严边备，毋先事妄举。卢仲贤除名，械送郴州编管。壬寅，诏知光州皇甫倜毋招纳归正人。丙午，王宣等降。诏三衙戍兵归司，建康、镇江大军更番归砦。庚戌，芝生德寿宫。以户部侍郎钱端礼为淮东宣谕使，吏部侍郎王之望为淮西宣谕使。诏抚谕两淮军民。壬子，以广西贼平，诏减高、藤、雷、容四州杂犯死罪囚，释杖以下，蠲夏秋税赋。以忠勇军隶步军司，神劲右军录镇江都统司。癸丑，以王彦为建康诸军都统制兼淮西招抚使。

夏四月庚申，召张浚还朝。甲子，以李显忠侵欺官钱给还诸军。

丁卯,以建康归正人为忠毅军,镇江为忠顺军,命萧琦、萧鹧巴分领之。戊辰,罢江、淮都督府。高丽入贡。丁丑,张浚罢,癸未,言者论宰相、执政徇欺之弊,命书置政事堂。

五月壬辰,复置环卫官。丙申,诏吴璘毋招纳归正人。辛丑,诏刘宝量度泗州轻重取舍事宜以闻。江西总管邵宏渊责授靖州团练副使,南安军安置,仍征其盗用库钱。乙巳,率群臣诣德寿宫贺天申节,始用乐。丁未,蝗。诏内外赃私不法官吏,尚书省置籍检勘。庚戌,罢招神劲效用军。辛亥,鬻两淮所括户马。

六月甲寅朔,日有食之。辛酉,以淫雨,诏州县理滞囚。戊辰,太白昼见。壬申,命虞允文弃唐、邓,允文不奉诏。丁丑,振江东、两淮被水贫民。

秋七月乙酉,召虞允文。以户部尚书韩仲通为湖北、京西制置使。丁亥,洪遵罢。己丑,以周葵兼权知枢密院事。遣主管马军司公事张守忠以兵诣淮西,措置边备。庚子,太白经天。诏内外文武上官年七十不请致仕者,遇郊毋得荫补。乙巳,命海、泗州撤戍。丁未,雨雹。戊申,蠲淮东内库坊场钱一年,庚戌,洪遵落端明殿学士。癸丑,以江东、浙西大水,诏侍从、台谏、卿监、郎官、馆职陈阙失及当今急务。是月,罢内侍押班梁珂为在外宫观。移广西提刑司于容州。

八月甲寅朔,以灾异,避殿减膳。戊午,南丹州莫延廪为诸蛮所逐来归,诏补修武郎。命江东、浙西守臣措置开决围田。甲子,秦国大长公主薨。以久雨决系囚。庚辰,以资政殿大学士贺允中为知枢密院事兼参知政事。辛巳,诏振淮东被水州县。张浚薨。壬午,遣魏杞等为金国通问使。

九月甲申,罢内侍李珂赐谥。甲午,诏江东浙西监司、守臣讲明措置田事。乙未,交阯入贡。丁酉,严赃吏法。辛丑,以王之望为参知政事、权刑部侍郎,吴芾为给事中兼淮西宣谕使。金人犯边。以久雨,出内军白金四十万两,籴米赈贫民。壬寅,王彦帅师济江,军昭关。癸卯,命汤思退都督江、淮东西路军马,辞不行。乙巳,复命杨存中为同都督,钱端礼、吴芾并为都督府参赞军事。罢宣谕司。仍易国书以付魏杞。少保、崇信军节度使赵密落致仕,权领殿前司职事。

冬十月甲寅,魏杞至盱眙,金帅以国书未如式弗受,欲得商、秦地及俘获人,且邀岁币二十万,杞未得进。丁卯,贺允中罢为资政殿大学士,致仕。己巳,以周葵兼权知枢密院事,王之望兼同知枢密院事。庚午,诏辅臣夕对便殿。丙子,大风。庚辰,蠲京西、湖北运粮所经州县秋税之半。以靖海军节度使李宝为沿海驻札御前水军都统制。辛巳,金人分道渡淮,刘宝弃楚州遁。

十一月乙酉,知楚州魏胜与金人战,死之,州遂陷,濠州亦陷。王彦弃昭关遁,滁州又陷。丙戌,诏谕沿边将士。丁亥,诏魏杞等以所赍礼币犒军,杞弗从命,留镇江俟旨。复命王之望督视江、淮军马。戊子,以金人侵扰,诏郊祀改用明年。又诏谕归正官民军士。命王之望同都督江、淮军马。汤思退罢都督。召陈康伯。己丑,王之望罢同都督。庚寅,命杨存中都督江、淮军马。辛卯,汤思退罢,寻以尹穑、晁公武论之,落观文殿大学士,永州居住,未至而卒。甲午,以黄榜禁太学生伏阙。是日,太学生张观等七十二人上书,请斩汤思退、王之望、尹穑,窜其党洪适、晁公武而用陈康伯、胡铨等,以济大计。丙申,遣国信所大通事王抃持周葵书如金帅府,请正皇帝号,为叔侄之国,易岁贡为岁币,减十万;割商、秦地;归被俘人,惟叛亡者不与;誓目大略与绍兴同。以金人犯淮南,诏避殿减膳。丁酉,诏择日视师。戊戌,以少保、观文殿大学士陈康伯为尚书左仆射、同中书门下平章事兼枢密使,庚子,遣兵部寺郎胡铨、右谏议大夫尹穑分诣两浙措置海道。赠魏胜宁国军节度使,谥忠壮。辛丑,兵部尚书钱端礼赐出身,签书枢密院事兼提领德寿宫。壬寅,诏侍从、两省官日一至都堂议事,有关台谏者亦听会议。以显谟阁学士虞允文同签书枢密院事。癸卯,遣王之望劳师江上。甲辰,金人犯六合县,步军司统制崔皋击却之。乙巳,以钱端礼兼权参知政事,丁未,以显谟阁直学士沈介为沿江制置使。命沿江诸州调保甲分守渡口。己酉,刘宝落节钺，为武泰军承宣使；王彦落龙、神卫四厢都指挥使。

闰月甲寅，陈康伯入见，诏康伯间日一朝，肩舆至殿门，给扶升殿。丙辰，周葵罢。王抃见金二帅，皆得其报书以归。戊午，萧琦卒。壬戌，诏罢胡铨、尹穑。丙寅，召韩仲通。以沈介为兵部尚书、湖北京西制置使，戊辰，以金人且退，诏督府择利击之，王之望执不可。乙亥，之望罢。丙子，以王抃为奉使金国通问国信所参议官，持陈康伯报书以行。丁丑，金遣张恭愈来迓使者。诏台谏、侍从、两省官举楚、庐、滁、濠四州守臣。

十二月甲申，罢陕西路转运司。戊子，魏杞始渡淮。诏郊祀大礼遵至道典故，改用来年正月一日上辛。辛卯，以钱端礼为参知政事兼知枢密院事，虞允文同知枢密院事兼权参知政事，礼部尚书王刚中签书枢密院事。丙申，制曰：“比遣王抃，远抵颍滨，得其要约。寻澶渊盟誓之信，仿大辽书题之仪，正皇帝之称，为叔侄之国，岁币减十万之数，地界如绍兴之时。怜彼此之无辜，约叛亡之不遣，可使归正之士咸起宁居之心。重念数州之民，惟此一时之难，老穉有荡析之灾，丁壮有系累之苦，宜推荡涤之宥，少慰凋残之情。应沿边被兵州军，除逃遁官吏不赦外，杂犯死罪情轻者减一等，余并放遣。”遣洪适等贺金主生辰。诏吴挺市马赴行在。己亥，雨雹。壬寅，罢三衙、江上、荆襄诸军招军。甲辰，遣沿海水军还屯。己酉，朝献景灵宫。

庚戌，朝飨太朝。

乾道元年春正月辛亥朔，合祀天地于圜丘，大赦，改元。丁巳，淮西安抚韩进勒停，贺州编管。庚申，以钱端礼兼德寿宫使。辛酉，召杨存中。通问使魏杞至燕山。丁卯，以王𬤇使金有劳，进五官，庚午，西北方有白气。诏馆职更迭补外。辛未，立两淮守令劝民种桑赏。壬申，诏两浙振流民，以绍兴流民多死，罢守臣徐嘉及两县令。癸酉，蠲沿边残破州军官赋一年。甲戌，刘宝责果州团练副使，琼州安置。乙亥，罢两淮招抚司及陕西河东宣抚、招讨司。丙子，淮西守将孔福以遇敌弃城伏诛;顿遇夺官,刺面配吉阳军牢城。

二月庚辰朔,朝德寿宫,从太上皇、太上皇后幸四圣观。乙酉,罢江、淮都督府。遣官检察两浙州县,振济饥民。庚寅,雨雹。癸巳,移濠州戍兵于藕塘。庚子,以杨存中为宁远、昭庆军节度使,甲辰,以久雨避殿减膳,蠲两浙灾伤州县身丁钱绢,决系囚。丁未,陈康伯薨,谥文恭。

三月甲寅,太白昼见。已未,御殿复膳。庚申,以虞允文为参知政事兼同知枢密院事,王刚中同知枢密院事,命淮西、湖北、荆襄帅臣措置屯田,复置榷场。癸亥,黄祖舜薨。戊辰,白气亘天。已巳,罢诸军额外制领将佐。乙亥,太白经天。

是春,湖南盗起,入广东焚掠州县,官军讨平之。

夏四月庚子,金报问使完颜仲等入见。乙巳,吴璘入见。

五月庚戌,以璘为太傅,封新安郡王。丙辰,诏有司治皇后家庙。壬戌,诏监司、帅守讲究弊事以闻。合广南东、西路盐事为一司。癸亥,诏总领、帅漕臣、诸军都统制并兼提领措置屯田,沿边守臣兼管屯田事。丁卯,诏吴璘措置马纲、水路。壬申,蠲四川州县虚额钱。吴璘改判兴元府。乙亥,诏未铨试人毋得堂除。丙子,遣李若川等使金贺上尊号。增置诸路钤辖、都监。郴州盗李金等复作乱,遣兵讨捕之。

六月癸未,王刚中薨。乙酉,诏恭王府直讲王淮倾邪不正,有违礼经,可与外任。丙戌,以翰林学士洪适签书枢密院事。戊子,步军司统制官崔皋坐奏功冒滥,夺所迁观察使,止进横行三官,令本军自效。辛卯,以武经郎令德为安定郡王。壬辰,以淮南转运判官姚岳言境内飞蝗自死,夺一官罢之。丙申,以两淮守令劳徕安集无效,下诏戒饬之,仍以诏置守令治所,壬寅,蠲广东残破郡县税赋。甲辰,罢湖北、京西制置司。

秋七月辛亥,诏知州年七十以上者与宫观。癸丑,辅臣晚对选德殿,御坐后有大屏,记注诸道监司、郡守姓名,因命都堂视此书之。甲寅,借职田租二年,以裨经费。已未,铸当二钱。已巳,蠲关外四州民今年租赋及湖南贼蹂郡县夏税。

八月己卯，以永丰圩田赐建康都统司。癸未，获李金。己酉，诏立子愭为皇太子，丁亥，虞允文罢。戊子，大赦。己丑，以洪适为参知政事兼权知枢密院事，吏部侍郎叶颙签书枢密院事兼权参知政事。庚寅，立知州军、诸路总管钤辖都监辞见法。癸巳，钱端礼以避东宫亲嫌，罢为资政殿大学士、提举万寿观。戊戌，吏部侍郎章服以论虞允文阿附罢，谪居汀州。

九月乙卯，立广国夫人钱氏为皇太子妃。丁巳，申严百司官出入局之制。丁卯，升鼎州为常德府。甲戌，以端明殿学士汪澈知枢密院事，洪适兼同知枢密院事。乙亥，置沿淮诸州都巡检。

冬十月己卯，遣方滋等使金贺正旦。戊子，增头子钱，归正人右通直郎刘蕴古坐以军器法式送北境，伏诛。壬辰，御大庆殿，册皇太子。癸巳，诣德寿宫称谢。乙未，诏侍从各举所知宗室一二人。丁酉，金遣高衎等来贺会庆节。乙巳，淮北红巾贼逾淮劫掠，立赏讨捕之。已而知楚州胡明遣巡尉击杀其首萧荣。

十一月辛亥，招收两淮流散忠义人。丙寅，白气亘天。辛未，遣龙大渊抚谕两淮，措置屯田，督捕盗贼。

十二月戊寅，以洪适为尚书右仆射、同中书门下平章事兼枢密使，汪澈为枢密使。命广东提刑司招安李金余党。癸未，遣王晔等贺金主生辰。庚寅，以叶颙为参知政事兼同知枢密院事。辛卯，诏侍从、台谏、两省举堪监司、郡守者各一人，三衙、知阁举材武可守边者一人。庚子，罢两淮诸州权摄官。壬寅，金遣乌古论忠弼等来贺明年正旦。癸卯，诏枢密院文书依三省式，经中书门下画黄书读。

二年春正月辛酉，省六合戍兵，以所垦田给还复业之民。辛未，命湖南监司存恤寇盗残破郡县。

二月丁丑，罢盱眙屯田，振两浙、江东饥。戊寅，幸玉津园宴射，遂幸龙井。

三月乙巳，禁京西、利州路科役保胜义士。壬子，诏戒饬刑狱官。戊午，殿中侍御史王伯庠请裁定奏荐，诏三省、台谏集议，具条式以闻。诏："县令非两任，毋除监察御史；非任守臣，毋除郎官，著为令。"丁卯，赐礼部进士萧国梁以下四百九十有三人及第、出身。戊辰，再增诸州军离军添差员阙。辛未，罢洪适右仆射。癸酉，以给事中、权吏部尚书魏杞同知枢密院事兼权参知政事。丁丑，罢和籴。

夏四月戊寅，以久雨，命侍从，台谏议刑政所宜以闻。减大理、三衙、临安府及浙西州县杂犯死罪以下囚一等。释杖以下。庚辰，诏两浙漕臣王炎开平江、湖、秀围田。辛巳，避殿减膳。甲申，太白昼见。癸巳，御殿复膳。乙未，汪澈罢。丁酉，以知荆南府李道凭恃戚里妄作，罢之。

五月戊申，张焘薨。己酉，罢权借职田。庚戌，叶颙罢。以魏杞为参知政事，右谏议大夫林安宅同知枢密院事兼权参知政事，中书舍人蒋芾签书枢密院事。癸丑，太白昼见，经天。禁浙西修筑围田。罢修建康行宫。丁卯，命监司、守臣预备水旱。

六月甲戌，罢两浙路提举市舶司。诏诸路监司、帅臣各察守令臧否以闻。丙子，刑部上乾道新编特旨断例。戊寅，诏制科权罢注疏出题，守臣、监司亦许解送。庚辰，封孙樾为福州观察使、荣国公，挺为左千牛卫大将军。癸未，诏使相毋奏补文资，七色补官人毋任子，堂吏迁朝议大夫以五员为额。乙酉，申严内外牒式法，裁其额。丙戌，废永丰圩。戊戌，诏："改官人实历知县一任，方许关升。著为定式。"

秋七月己酉，调泉州左翼军二千人屯许浦镇。甲寅，以镇江都统制戚方为武当军节度使。

八月辛未朔，诏两淮行铁钱，铜钱毋过江北。癸酉，以武锋军隶步军司。甲戌，罢任子年三十得免试参选之令。丁丑，蠲淮南放归万弩手差役二年。壬午，诏诸州守臣兼训练禁军。癸未，降会子、交子于镇江、建康务场，令江、淮之人对换。丙戌，林安宅劾叶颙之子受金失实，罢之。丁亥，诏安宅筠州居住。温州大水。戊子，以魏杞兼同知枢密院事，蒋芾权参知政事。召叶颙。庚寅，少保、新兴郡王吴盖薨。甲午,立中兴以来十三处战功格目。已未诏吴璘复判兴州。丙申,升宣州为宁国府。罢户部诸路岁籴一年。

九月甲辰,知上元县李允升犯赃贷死,杖脊刺面,配惠州牢城,籍其赀。丙午,建康守臣王佐坐纵允升去官,夺三官勒停,建昌军居住。余失按官吏及荐举官夺官有差。辛亥,遣官按视温州水灾,振贫民,决系囚。乙卯,诏改造大历。辛酉,追封子恪为邵王,谥曰悼肃。甲子,诏监司各举部内知县、县令二三人,守臣各举属县一二人。已巳,魏杞等上神宗哲宗徽宗《三朝帝纪》、《太上皇圣政》。太白昼见。是月,诏举将帅,置章奏簿。

冬十月癸酉,上《太上皇圣政》于德寿宫。乙亥,遣薛良朋等使金贺正旦。已卯,减饶州岁贡金三之一,蠲诸路酒坊逋赋。戊子,知峡州吕令问坐纵赃吏知夷陵县韩贽赍贿去官,夺二官,鄂州居住。辛卯,雨雹。金遣魏子平等来贺会庆节。

十一月丙午,杨存中薨。已酉,尽出内藏及南库银以易会子,官司并以钱银支遣,民间从便。两淮总领所许自造会子,蠲诸路营田。壬子,诏修祥曦殿记注。乙卯,密诏四川制置使汪应辰,如吴璘不起,收其宣抚使牌印,权行主管职事。甲子,大阅。戊辰,筑郢州城。是月,诏汰冗兵。

十二月庚午朔,白气亘天。癸酉,诏三省、侍从、台谏、两淮漕臣、郡守,条具两淮铁钱、交子利害以闻。乙亥,遣梁克家等贺金主生辰。已卯,以资政殿学士叶颙知枢密院事。辛巳,诏免进呈钦宗日历,送国史院修纂实录。壬午,追封杨存中为和王。甲申,以叶颙为尚书左仆射,魏杞右仆射,并同中书门下平章事枢密使。蒋芾参知政事,吏部尚书陈俊卿同知枢密院事兼权参知政事。庚寅,诏宰相领兼制国用使,参知政事同知国用事。癸巳,诏监司、守臣举廉吏。丙申,金遣乌古论元忠等来贺明年正旦。以江东兵马钤辖王抃为带御器械。

是岁,裁定内外军额。

宋史卷三四
本纪第三四

孝宗二

三年春正月甲辰，诏廷尉大理官毋以狱情白宰执，探刺旨意为轻重。庚戌，置三省户房国用司。初，以国用匮乏，罢江州屯驻军马，至是复留之。癸亥，罢铜钱过江之禁。裁定利州西路诸军额。

二月壬申，诏国用司月上宫禁及百司官吏、三衙将士请给之数。癸酉，出龙大渊为江东总管，曾觌为淮西总管。甲戌，大渊改浙东，觌改福建。乙亥，罢成都、潼州路转运司轮年铨试，以其事付制置司。辛巳，以端明殿学士虞允文知枢密院事。癸未，雨雹。甲申，为知陈州陈亨祖立庙于光州，赐名愍忠。丙戌，以《武经龟鉴》、《孙子》赐镇江都统戚方、建康都统刘源。癸巳，措置淮东山水砦。丙申，从太上皇、太上皇后幸玉津园。戊戌，直秘阁前广东提刑石敦义犯赃，刺面配柳州，籍其家。

三月甲辰，从太上皇、太上皇后幸聚景园。辛亥，诣德寿宫恭请裁定医官员额。丁巳，诏四川宣抚司创招千人，置司所在屯驻。壬戌，伯母秀王夫人张氏薨。

夏四月辛未，蠲诸路州军逋负。癸酉，为秀王王夫人成服于后苑，百官进名奉慰。丁丑，合利州东、西路为一。戊寅，以吴璘知兴元府，充利州路安抚使、四川宣抚使。

五月癸卯，叶颙等上《三祖下仙源积庆图》及《太宗真宗玉牒》、《哲宗宝训》。甲寅，吴璘薨。庚申，命四川制置使汪应辰主管宣抚司事,移司利州。修扬州城。壬戌,大减三衙官属。

六月己巳,命汪应辰权节制利州路屯驻御前军马。辛未,复分利州东、西路为二。甲戌,以虞允文为资政殿大学士、四川宣抚使。乙亥,金遣使来取被俘人。诏实俘在民间者还之,军中人及叛亡者不预。戊寅,复以虞允文为知枢密院事,充宣抚使,帝亲书九事戒之。罢淮西、东总领所营田,募人耕佃,壮丁各还本屯,癃老存留,减半请给。甲申,诏镇江都统制戚方、武锋军都统制陈敏各上清河口战守之策。追封吴璘为信王。丁亥,诏后省参考理检院典故。辛卯,皇后夏氏崩。振泉州水灾。

秋七月己亥,立荐举考改额。壬寅,以皇太子疾,减杂犯死罪囚,释流以下。乙巳,皇太子薨,谥曰庄文。己酉,东宫医官杜楒除名,昭州编管,寻改琼州。

闰月辛未,诏:“诸军复置副都统制,文字与都统制连书,军马调发从都统制,违者奏劾。”戚方罢。癸酉,权攒安恭皇后于临安修吉寺。丁亥,戚方落节钺,信州居住。

八月丁酉,内侍陈瑜、李宗回坐交结戚方受赂:瑜除名,决杖,黥面配循州;宗回除名,筠州编管;方责授果州团练副使,潭州安置,籍所盗库金以镐军。甲寅,以久雨,命临安府决系囚。丁巳,叶颙等请罢,不许。蠲光濠庐三州、寿春府赋一年。戊午,遣官分决滞狱。壬戌,以知建康府史正志兼沿江水军制置使,自盐官至鄂州沿江南北及沿海十五州水军悉隶之。癸亥,诏给、舍讨论考课旧法。四川旱,赐制置司度牒四百,备振济。

九月戊子,太白昼见。

冬十月乙未朔,占城入贡。丁酉,遣唐象等使金贺正旦。戊戌,修真州城。以嗣濮王士歆为开府仪同三司。庚子,定内外荐举改官人岁额。癸卯,诏归正借补官资人充枢密院效士,于指定州军以官库酒息赡之者,毋罢其给。乙卯,金遣蒲察莎鲁窝等来贺会庆节。

十一月丙寅,合祀天地于圜丘,大赦。戊辰,雷。己巳,诏戒饬武臣及百官。癸酉,以郊祀雷,叶颙魏杞并罢,命陈俊卿为参知政事,翰林学士刘珙同知枢密院事。甲戌,蒋芾、陈俊卿请罢,不许。丁丑,以雷发非时,诏台谏、侍从、两省官指陈阙失。辛巳,诏侍从、两省、台谏、卿监、郎官,举堪郎官、寺丞、司、郡守者。癸巳,罢川路马船。

十二月丙申,增修六合城。己亥,遣王瀹贺金主生辰。乙巳,置丰储仓。增印会子。辛亥,以吴益为太傅。庚申,金遣徒单忠卫等来贺明年正旦。

是岁,两浙水,四川旱,江东西、湖南北路蝗,振之。

四年春正月戊辰,籍荆南义勇民兵,增给衣甲,遇农隙日番教。壬午,夺秦埙、秦堪郊恩荫补。癸未,雨雹。甲申,幸天竺寺,遂幸玉津园。辛卯,罢吴益郊恩荫补。壬辰,叶颙薨。

二月甲午朔,罢福建路卖钞盐,蠲转运司岁发钞盐钱十五万缗。诏四川宣抚使虞允文集四路漕臣,会计财赋所入,对立兵额。丁酉,命湖北安抚司给田募辰、沅、靖三州刀弩手。戊戌,置和州铸钱监。己亥,以蒋芾为尚书右仆射、同中书门下平章事兼枢密使兼制国用使,观文殿大学士史浩为四川制置使,浩辞不行。庚子,诏蒋芾常朝,赞拜不名。芾辞,许之。乙巳,赐王炎出身,签书枢密院事。癸丑,五星皆见。乙卯,雪,雨雹。

三月庚午,以盘文阁待制晁公武为四川安抚制置使。戊寅,诏赠果州团练使韩崇岳立庙,赐名忠勇;宣州观察使朱勇立庙,赐名忠节。己丑,四方雾下若尘。庚寅,蠲楚州壮丁、社民税役。谥陈亨伯曰愍节。

夏四月乙未,置汉阳军收发马监。诏公吏非犯公罪,毋得引用并计案问法。己亥,置郢州转般仓。癸卯,遣使抚邛、蜀二州饥民为乱者。己酉,追封韩世忠为蕲王。甲寅,蒋芾等上钦宗帝纪、实录。丙辰,礼部员郎李焘上所著《续通鉴长编》,自建隆至治平一百八卷。丁巳,诏太史局参用新旧历。戊午,诏贩牛过淮者,论如兴贩军须之罪。是月,振绵、汉等州饥。

五月癸亥，出度牒千道，续减四川科调。乙丑，太白昼见。以邛州安仁县荒旱，失于蠲放，致饥民扰乱，守贰、县令降罢追停有差。甲申，谥赵鼎曰忠简。丙戌，行《乾道新历》。丁亥，以饶信二州、建宁府饥民啸聚，遣官振济。是月，西夏任敬德遣使至四川宣抚司，约发兵攻西番。

六月辛卯朔，太白昼见，经天。诏罢广西钞盐，复官般官卖法，岁减转运司钞钱十九万缗，其秋苗毋得科折。戊戌，蠲诸路逋负乾道元年二月和市、折帛、杂色钱。辛丑，龙大渊卒，诏以为宁武军节度使致仕。五星皆见。癸卯，诏四川宣抚司增印钱引一百万，对偿民间预借钱。蠲邛、蜀二州夏税。丁巳，召兴化军布衣林象赴行在。戊午，蒋芾以母丧去位。

秋七月壬戌，以刘珙兼参知政事。召建宁府布衣魏掞之赴行在。申禁异服异乐。癸亥，徽州大水。己巳，罢沿江水军制置司。辛未，衢州大水。戊寅，知衢州王悦以盛暑祷雨、蔬食减膳、忧勤致疾而死，赠直龙图阁。丁亥，以经、总制余剩钱二十一万缗桩留邛、蜀州，以备振济。己丑，以久雨，御延和殿虑囚，减临安府、三衙死罪以下囚，释杖以下。是月，西夏遣间使来。

八月乙未，班祈雨雪之法于诸路。己亥，五星皆见。丁未，主管殿前司公事王琪传旨不实，擅兴工役，降三官放罢。庚戌，刘珙罢。辛亥，陈俊卿请罢政，不许。

九月庚申，立内外将佐升差审察法。庚午，从太上皇幸天竺寺。限品官子孙名田。

是秋。罢关外四州营田官兵，募民耕佃。

冬十月壬辰，遣郑闻等使金贺正旦。甲午，禁归正人藏匿金人者。乙未，臣僚言："天下之事，必历而后知，试而后见。为县令者必为丞簿，为郡守者必为通判，为监司者必为郡守，皆有等差。自今职事官及局务官，必任满方许求外，未历亲民任使，即未得拟州郡，且授通判。"诏从之。庚子，蒋芾起复尚书左仆射，陈俊卿右仆射，并同中书门下平章事兼枢密使兼制国用使。甲辰，大阅。己酉，金遣移剌神独斡等来贺会庆节。庚戌,大风。

十一月壬戌,遣知无为军徐子寅措置楚州官田,招集归正忠义人以耕。甲戌,严盗贼法。乙亥,诏峡州布衣郭雍赴行在。壬申,两淮归正忠义有田产者,蠲役五年。癸未,岳阳军节度使居广封永阳郡王。

十二月丙申,遣胡元质等贺金主生辰。甲辰,赐魏掞之同进士出身,为太学录。蒋芾辞起复,许之。减两浙、江东西路明年夏税、和市之半。甲寅,金遣完颜仲仁等来贺明年正旦。

五年春正月甲戌,措置两淮屯田。

二月己丑,申严太庙季点法。乙未,命楚州兵马钤辖羊滋专一措置沿淮、海盗贼。先是,海州人时旺聚众数千来请命,旺寻为金人所获,其徒渡淮而南者甚众,故命滋弹压之。戊戌,赠张浚太师,谥忠献。壬寅,以给事中梁克家签书枢密院事。癸卯,大风。甲辰,以王炎参知政事兼同知枢密院事。丙午,雨雹。辛亥,诏:"自今诏令未经两省书读者毋辄行,给、舍驳正毋连衔同奏。"

三月丁巳朔,诏趣修庐、和二州城。己巳,蠲成都府路民户岁输对籴米脚钱三十五万缗。乙亥,以王炎为四川宣抚使,仍参知政事。召虞允文赴行在。丙子,赐礼部进士郑侨以下三百九十有二人及第、出身。壬午,赐郭用号冲晦处士。癸未,罢利州路诸州营田官兵,募民耕佃。诏侍从、监司、帅臣管军荐武举出身人可将佐者。

夏四月己丑,复置将作军器少监。壬辰,以梁克家兼参知政事。辛丑,诏:福建路贫民生子官给钱米。庚戌,修襄阳府城。辛亥,振恤衢、婺、饶、信四州流民。

五月己巳,帝以射弩弦断伤目,不视朝。金牒取俘获人,王抃议尽遣时旺余党,陈俊卿持不可,帝然之。

六月庚寅,太白昼见。戊戌,始视朝。己酉,以虞允文为枢密使。

秋七月乙丑,召曾觌入见,陈俊卿及虞允文请罢之,不许。觌至行在,俊卿、允文复言其不可留,诏以觌为浙东总管。

八月甲申朔,日有食之。己丑,以陈俊卿为尚书左仆射,虞允文为尚书右仆射,并同中书门下平章事、兼枢密使兼制国用使。辛亥,命淮西路铸小铁钱。

九月己未,罢淮东屯田官兵,募民耕佃。辛酉,诏淮东诸州,农隙教阅民丁。甲子,诏侍从、台谏集议钦宗配飨功臣。壬申,大风。命淮西安抚司参议官许子中措置淮西山水砦,招集归正忠义人耕垦官田。

冬十月乙酉,遣汪大猷等使金贺正旦。戊子,振温、台二州被水贫民,以守臣、监司失职,降责有差。戊戌,大风。己亥,命饶、信二州岁各留上供米三万石,以备振粜。癸卯,金遣高德基等来贺会庆节。

十一月癸丑朔,复置淮东万弩手,名神劲军,庚申,增置广东水军。乙丑,以孙扩为右千牛卫大将军。以明州定海县水军为御前水军。丙寅,为岳飞立庙于鄂州。己巳,太白昼见。辛未,诏侍从、台谏、两省官,各举京朝官以上才堪监司、郡守者三人。壬申,复成闵庆远军节度使、镇江诸军都统制。

十二月己丑,遣司马伋等贺金主生辰。辛卯,大风。丁酉,置应城县马监。复李显忠威武军节度使。乙巳,复置成都府广惠仓。戊申,金遣完颜毅等来贺明年正旦。

六年春正月癸丑,雅州沙平蛮寇边,焚碉门砦。四川制置使晁公武调兵讨之,失利。乙卯,修楚州城。丁巳,复强盗旧法,其四年十一月指挥勿行。癸亥,初降金字牌下四川宣抚司,备边奏。乙丑,增筑丰储仓。庚午,以奉国军承宣使、知庐山州郭振为武泰军节度使。

二月乙酉,诏户部侍郎二人分领诸路财赋。丁亥,复置舒州同安监,铸铁钱。辛卯,王炎遣人约沙平蛮归部,稍捐边税与之。丙申,广西路复行钞盐法,仍增收通贷钱四十万缗,以备漕计。壬寅,诏谕大臣:均役法,严限田,抑游手,务农桑。己酉,置应城县孳生监。庚戍,以曾觌为福州观察使。遣司农寺丞许子中诣淮西,措置铁钱。

三月癸丑,用三省言,两淮守帅宜久其任,二年后察其能否,以行赏罚。乙卯,裁减枢密院吏额一百十有四人。丁巳,诏步军司权以三万五千人为额。起复王抃知阁门事,专一措置三衙拣选官兵。赠彰国军度使大周仁为太尉。庚申,从太上皇、太上皇后幸聚景园。乙丑,以晁公武、王炎不协,罢四川制置司归宣抚司。辛未,从太上皇后幸聚景园。甲戌,裁减三省吏额七十人。戊寅,以知绍兴府史浩为检校少傅、保宁军节度使。己卯,诏两淮州县官以繁简易其任。复置江、浙、荆、湖、淮、广、福建等路都大发运使,以新知成都府史正志为之。

夏四月辛巳朔,罢铸钱司归发运。并淮东总领所归淮西总领所。以敷文阁直学士张震知成都府,充本路安抚使。乙未,赐发运使史正志缗钱二百万为均输、和籴之用。吏部尚书汪应辰三上疏论发运司。戊戌,以应辰知平江府。

五月甲寅,裁减六部吏额百五十人,其余百司、三衙以是为差。己未,陈俊卿、虞允文等上神宗哲宗徽宗钦宋四朝会要、太上皇玉牒。己巳,陈俊卿以议遣使不合,罢为观文殿大学士、知福州。罢行在至镇江征税所比近者十有三。甲戌,诏戒饬百官。丁丑,知潮州曾造犯赃,贷命,南雄州编管,籍其家。戊寅,诏给、舍、台谏言事。

闰月壬午,诏监司、帅臣举守令臧否失实,依举清要官法定罪。甲申,印给诸州上供纲目,季申而岁校之,以为殿最。戊子,遣范成大等使金求陵寝地,且请更定受书礼。辛卯,吏部侍郎陈良祐论祈请使不当遣,恐生边衅。诏以良祐妄兴异论,不忠不孝,放罢,送筠州居住。癸巳,增环卫官奉。以梁克家为参知政事兼同知枢密院事。壬寅,以江东漕臣黄石不亲按行水灾州郡,降二官。甲辰,辛次膺薨。戊申,复置武臣提刑。

六月壬子,申严卿监、郎官更迭补外之制。壬申,增武学生为百人。癸酉,置蕲州蕲春监、黄州齐安监,铸铁钱。是月,荣国公挺自东宫出居外第。

秋七月癸未,诏以沙田、芦场岁收租税六十余万缗入左藏南库。丙戌,诏川广监司、郡守任满奏事讫方调。己丑,置兴国军兴国监。甲午,诏除郎官并引对毕供职。辛丑,复置御前弓马子弟所,命吴挺兼提举。赐岳飞庙曰忠烈。

八月庚戌,虞允文请蚤建太子。癸丑,复置详定一司敕令所。丙寅,置阁门舍人十员。是月,虞允文上乾道敕令格式。

九月壬辰,赐苏轼谥曰文忠。辛丑,沅州徭人相仇杀,守臣孙叔杰出兵击之,失利。徭人进迫州城,安抚司谕解之,叔杰寻抵罪。是月,范成大至自金,金许以迁奉及归钦庙梓宫而不易受书礼。

冬十月己酉,以孙摭为左千牛卫大将军。丙辰,诏发运使置司行在。谥司马朴曰忠洁。辛酉,遣吕正己等使金贺正旦。丁卯,金遣耶律子敬等来贺会庆节。甲戌,起居舍人赵雄请置局议恢复,诏以雄为中书舍人。

十一月丁丑朔,复置军器监一员。壬午,合祀天地于圜丘,大赦。乙未,复置神武中军,以吴挺为都统制。召曾觌提举祐神观。丁酉,加上光尧寿圣太上皇后尊号曰光尧寿圣宪天体道太上皇帝、寿圣太上皇后尊号曰寿圣明慈太上皇后。是月,遣赵雄等贺金主生辰,别函书请更受书之礼。置左藏南上库。

十二月戊申,大阅。甲子,置江州广宁监、临江军丰余监、抚州裕国监,铸铁钱。壬申,金遣蒲察愿等来贺明年正旦。癸酉,罢发运司。以史正志奏课不实,责为楚州团练副使,永州安置。

是岁,两浙、江东西、福建水旱。

七年春正月丙子,率群臣奉上太上皇、太上皇后册宝于德寿宫。庚辰,虞允文复请建太子,帝命允文捻诏以进。壬寅,命三省旬录宣谕圣语及时政记同进。是月,复铸钱司。

二月癸丑,诏立子惇为皇太子,大赦。以庆王恺为雄武、保宁军节度使,判宁国府,进封魏王。丁巳,增置皇太子宫讲读官。庚申,罢会子库,仍赐户部内藏南库缗钱二百万、银九十万两以增给官兵之奉。甲子,诏寺观毋免税役。丁卯,太傅大宁郡王吴益薨。壬申,大风。

三月乙亥朔,赵雄至金,金拒其请。诏训习水军。丙子,立恭王夫人李氏为皇太子妃。戊寅,徙侍卫马军司戍建康。己卯,起复刘珙同知枢密院事。以明州观察使、知阁门事兼枢密都承旨张说签书枢密院事。左司员外郎兼侍讲张栻言说不宜执政。乙酉,立沿海州军私赍铜钱下海船法。丙戌,复置将作监。殿中侍御史李处全乞遣张说按行边戍,以息众论,中书舍人范成大乞不草词。戊子,说罢为安庆军节度使、提举万寿观。庚寅,遣使核两淮种麦。丙申,御大庆殿册皇太子。礼部侍郎郑闻、工部侍郎胡铨、枢密院检详文字李衡、秘书丞潘慈明并罢。虞允文乞留铨,乃以为宝文阁待制兼侍讲。己亥,皇太子谢于紫宸殿,宰相率百官赴东宫贺。

夏四月戊申,以曾觌为安德军承宣使。庚申,诏诸路增收无额钱物,并输南上库。壬戌,从太上皇、太上皇后幸聚景园。甲子,诏皇太子判临安府。己巳,诏侍从、台谏、两省官举任刑狱、钱谷及有智略吏能者各二人。辛未,诏皇太子领临安尹。

五月戊寅,复置淮东总领所。丁亥,刘珙起复同知枢密院事,为荆、襄宣抚使,珙辞不拜。庚寅,金人葬钦宗于巩原。丁酉,诏广西帅臣措置南丹州市马。是月,遣知阁门事王抃点阅荆、襄军马。

六月丙午,复主管马军司公事李显忠为太尉。己巳,赐吴璘谥曰武顺。壬申,诏两淮垦田毋创增税赋。

秋七月庚子,以王炎为枢密使、四川宣抚使。

八月丙辰,诏两淮民丁充民兵者,本名丁钱勿输。辛酉,复修襄阳城。

九月壬申朔,以江西、湖南旱,命募民为兵。甲申,从太上皇、太上皇后幸东园。戊子,安定郡王令德薨。

冬十月丁未,罢绍兴宗正行司,改恩平郡王璩判西外宗正。己酉,遣莫蒙等使金贺正旦。壬戌,金遣乌林答天锡等来贺会庆节,天锡要帝降榻问金主起居,虞允文请帝还内,命知阁门事王抃谕天锡以明日见,天锡沮退。癸亥,会庆节,金使随班入见。

十一月甲戌,御集英殿策试应贤良方正能直言极谏科李垕。戊寅,赐垕制科出身。

十二月丁未,遣翟绂等贺金主生辰。庚申,诏阁门舍人依文臣馆阁以次轮对。癸亥,罢太医局。丙寅,金遣完颜宗宁等来贺明年正旦。

是岁,湖南、江东西路旱,振之。

八年正月庚午朔,班《乾道敕令格式》。丁酉,朝献景灵宫,遂幸天竺寺、玉津园。

二月乙巳,诏改尚书左右仆射、同中书门下平章事为左右丞相。丙午,诏六察分录,事有违戾,许监察御史随事具实状纠劾以闻。戊申,遣姚宪等使金贺上尊号,附请受书之事。辛亥,以虞允文为左丞相,梁克家为右丞相,并兼枢密使。癸丑,以安庆军节度使张说、吏部侍郎王之奇并签书枢密院事。侍御史李衡、右正言王希吕交章论说不可为执政,不报。礼部侍郎兼直学士院周必大不草答诏,权给事中莫济封还录黄,诏并与在外宫观。丙辰,诏罢王希吕与远小监当,寻诏与宫观。丁巳,李衡罢为起居郎。丙寅,户部尚书曾怀赐出身,参知政事。

三月戊子,诏省侍中、中书尚书令员,以左右丞相充其位。

夏四月庚子,赐礼部进士黄定以下三百八十有九人及第、出身。己酉,殿中侍御史萧之敏劾虞允文擅权不公,允文请罢政,许之;翼日复留,出之敏提点江东刑狱。甲子,措置两淮官田徐子寅等坐授田归正人逃亡,夺官有差。乙丑,诏再蠲两淮二税一年。

五月戊子,福建盐行钞法。丙申,立宗室铨试法。

六月庚子,以武德郎令擅为金州观察使,封安定郡王。壬寅,蠲两淮归正人撮收课子。淮东巡尉有纵逸归正户口过淮者,夺官有差。壬子,省监司荐举员。

秋七月辛巳,罢淮西屯田官兵,募归正人耕佃。姚宪、曾觌至自金，金人拒其请。癸未，以觌为武泰军节度使。壬辰，雨雹。

九月戊辰，定江西四监铁钱额。乙亥，诏王炎赴都堂治事。戊寅，以虞允文为少保、武安军节度使、四川宣抚使，封雍国公。己丑，赐允文家庙祭器。壬辰，允文入辞，帝谕以决策亲征，令允文治兵俟报。

冬十月丁未，遣冯搏等使金贺正旦。丙辰，金遣夹谷清臣等来贺会庆节。罢借诸路职田。

十一月辛未，遣官鬻江、浙、福建、二广、湖南八路官田。辛巳，复四川诸州教授员。庚寅，进检校少傅、知福州史浩开府仪同三司。

十二月戊戌，蠲两淮明年租赋。甲辰，诏京西招集归正人，授田如两淮。甲寅，命四川试武举。丙辰，追封刘光世为安成郡王。丁巳，遣韩元吉等贺金主生辰。庚申，复置铸钱司提点官二员。辛酉，金遣曹望之等来贺明年正旦。

是岁，隆兴府、江筠州、临江兴国军大旱，四川水。

九年春正月辛未，王之奇罢为淮南安抚使，王炎罢为观文殿大学士、提举洞霄宫。乙亥，以张说同知枢密院事，户部侍郎沈夏签书枢密院事。戊寅，遣官鬻两浙营田及没官田，次及江东、西、四川如之。以刑部尚书郑闻签书枢密院事。乙酉，福建盐复官卖法。是月，以措置两淮、荆襄十六事敕安抚、转运使督诸州守臣，月具所行事奏，仍审择臧否，以议黜陟。

闰月戊申，以久雨，命大理、三衙、临安府及两浙州县决系囚，减杂犯死罪以下一等，释杖以下。乙卯，修庐山州城。辛酉，大风。幸天竺寺、玉津园。

二月壬申，蠲江西旱伤五州逋负米。乙亥，青羌奴儿结寇安静砦，黎州推官黎商老战死。乙酉，孙荣国公挺薨，追封豫国公。丁亥，特赠苏轼为太师。

三月甲午，禁北界博易银绢。戊申，从太上皇、太上皇后幸聚景园。癸丑，复以进奏院录门下后省。丙辰，复分淮南安抚司为东西路。

夏四月丁丑，裁定武锋军军额。已丑，皇太子解临安尹事。

五月壬辰朔，日有食之。已未，以迪功郎朱熹屡诏不起，特改宣教郎，主管台州崇道观。

六月甲戌，禁两淮、荆襄、四川诸州民户马。已丑，戒饬监司、守令劝农。

秋七月壬寅，青羌奴儿结降。辛亥，吐蕃弥羌畜列陷安静砦，引兵深入，黎州守臣诱邛部川蛮击却之。

八月丙子，诏兴修水利。癸未，合荆、鄂二军为一，以吴挺充都统制。

九月丙申，梁克家等上中兴会要、太上皇帝玉牒。庚子，命盱眙军以受书礼移牒泗州，示金生辰使，金使不从命。

冬十月甲子，遣留正等使金贺正旦。右丞相梁家与同知枢密院张说议使事不合，乃求去。辛未，克家罢为观文殿大学士、知建宁府。壬申，斋云见。甲戌，以曾怀为右丞相，张说知枢密院事，郑闻参知政事，沈夏同知枢密院事。庚辰，金遣完颜襄等来贺会庆节。丁亥，襄等入辞，别函申议受书之礼，仍示虞允文速为边备。

十一月辛卯，诏枢密院，除授及财赋，事关中书、门下省，其边机军政更不录送。戊戌，合祀天地于圜丘，大赦，改明年为淳熙元年。

十二月已未朔，戒敕沿边诸军，毋辄遣间探，诏纳叛亡。甲子，沈夏罢。乙丑，以御史中丞姚宪签书枢密院事。遣韩彦直等贺金主生辰。辛未，交阯入贡。癸酉，罢广西客钞盐，复官般官卖法。甲戌，遣使措置宜州市马。乙亥，以嗣濮王士輵、永阳郡王居广并为少保。乙酉，金遣完颜璋等来贺明年正旦，以议受书礼不合，诏俟改日。以太上皇有旨，姑听仍旧。丁亥，璋等入见。是岁，浙东、江东西、湖北旱。

淳熙元年春正月乙未，禁淮西诸关采伐林木。戊戌，罢坐仓籴米赏。庚子，罢两淮将帅权摄官。丙午，禁两淮耕牛出境。以交阯入贡，诏赐国名安南，封南平王李天祚为安南国王。

二月癸酉，虞允文薨。辛巳，为郭浩立庙于金州。

三月戊子朔，诏寄禄官及选人并去左右字。丙申，以郑闻为资政殿大学士、四川宣抚使。戊申，幸玉津园。癸丑，金遣梁肃等来计事。

夏四月戊辰，从太上皇幸聚景园。壬申，许桂阳军奚洞子弟入州学听读。乙亥，诏四川宣抚司教阅诸州将兵。戊寅，遣张子颜等使金报聘。己卯，以姚宪参知政事，户部尚书叶衡签书枢密院事。

五月壬寅，班郑兴裔所创《检验格目》。

六月丙辰朔，诏礼官讨论别建四祖庙，正太祖东向位。戊午，以兴州都统制吴挺为定江军节度使。癸酉，改江陵府为荆南府。戊寅，曾怀罢。癸未，姚宪罢。甲申，落宪端明殿学士，罢宫观。以叶衡参知政事。

秋七月丁亥，以郑闻参知政事。罢四川宣抚司。以成都府路安抚使薛良朋为四川安抚制置使。戊子，诏举廉吏。壬辰，以曾怀为右丞相。己酉，姚宪南康军居住。

八月己未，张说罢为太尉，提举隆兴府玉隆观。以徽猷阁学士杨炎为昭庆军节度使，签书枢密院事。

九月乙酉朔，以曾觌开府仪同三司。壬寅，幸玉津园宴射。乙巳，罢宜州市马。

冬十月辛酉，立金银出界罪赏。壬戌，遣蔡光使金贺正旦。癸亥，以积雨命中外决系囚。丙寅，郑闻薨。乙亥，金遣完颜让等来贺会庆节。戊寅，占城入贡。辛巳，再蠲临安府民身丁钱三年。壬午，以魏王恺判明州。蠲郴州、桂阳军借贷常平米。

十一月甲申朔，日有食之。戊戌，以礼部侍郎龚茂良参知政事。杨炎罢，以叶衡兼知枢密院事。丙午，曾怀罢。戊申，以叶衡为右丞相兼枢密使。

十二月丁巳，以吏部尚书李彦颖签书枢密院事。壬戌，遣吴琚等贺金主生辰。丙寅,罢铁钱,改铸铜钱。庚午,诏礼官论复魏悼王袭封。壬申,叶衡等上《真宗玉牒》。金遣刘仲海等来贺明年正旦。以资政殿学士、知江陵府沈夏升大学士,为四川宣抚使,仍命升差从主帅,场务还军中。新四川制置使范成大改管内制置使。

二年春正月癸巳,前宰相梁克家、曾怀坐擅改堂除,克家落观文殿学士,怀降为观文殿学士。甲午,废同安蕲春监。丁未,以两淮诸庄归正人安业,徐子寅等行赏有差。庚戌,诏籍诸军子弟为背嵬军。

三月丙申,以太上皇寿七十,诏礼官讨论庆寿典礼。乙巳,诏武举第一人补秉义郎,堂除诸军计议官。

夏四月乙卯,赐礼部进士詹骙以下四百二十有六人及第、出身。己巳,幸玉津园。是月,茶寇赖文政起湖北,转入湖南、江西,官军数为所败,命江州都统皇甫倜招之。

五月辛卯,谕宰相以朝政阙失,士民皆得献言。庚子,命鄂州都统李川调兵捕茶寇。乙巳,诏知县三年为任。

六月庚戌朔,诏自今宰执、侍从以下除外任,非有功绩者不除职名,外任人非有劳效亦不除职。以沈夏同知枢密院事。辛酉,罢四川宣抚司。以仓部郎中辛弃疾为江西提刑,节制诸军,讨捕茶寇。丁卯,用左司谏汤邦彦言,落蒋芾、王炎观文殿大学士,张说落节度使,芾建昌军、炎袁州、说抚州,并居住。戊辰,振济湖南、江西被寇州县。是月,茶寇自湖南犯广东。

秋七月辛丑,有星孛于西方。

八月丙辰,江西总管贾和仲以捕茶寇失律除名,贺州编管。甲子,赐安南国王印。丁卯,蠲湖南、江西被寇州县租税。丁丑,遣左司谏汤邦彦等使金申议。

九月乙卯朔,汤邦彦请分扬庐州、荆南襄阳府、金州兴元府、兴元府、兴州为七路,每路文臣一人,充安抚使以治民,武臣一人,充都总管以治兵,三载视其成以议诛赏。从之。乙酉,振恤淮南水旱州县。乙未，叶衡罢。丁未，沈夏罢。赠赵鼎为太傅，还其爵邑，追封丰国公。

闰月丁巳，以李彦颖参知政事，翰林学士王淮签书枢密院事。甲子，诏武臣从军毋带内职。是月，辛弃疾诱赖文政杀之，茶寇平。

冬十月戊寅朔，赏平茶寇功，湖南、江西、广东监帅黜陟有差。庚辰，大风。壬午，诣德寿宫，加上光尧寿圣宪天体道太上皇帝尊号曰光尧寿圣宪天体道性仁诚德经武纬文太上皇帝，寿圣明慈太上皇后尊号曰寿齐明广慈太上皇后。乙酉，遣谢廓然等使金贺正旦。戊戌，金遣完颜喜等来贺会庆节。

十一月戊申朔，奉上太上皇、太上皇后册宝于德寿宫。庚戌，丽正门内火。癸丑，大风。戊午，提点坑冶王揖进羡余十万缗，诏却之。

十二月辛巳，班淳熙吏部七司法。遣张宗元等贺金主生辰。甲午，朝德寿宫，行庆寿礼，大赦，文武官封父母，赏诸军。议放天下苗税三之一，大臣言国用不足，乃止。丙申，更定强盗赃法。甲辰，金遣完颜迫等来贺明年正旦。

三年春正月甲寅，以常州旱，宽其逋负之半。删犯赃荫补法。振淮东饥，仍命贷贫民种。乙丑，振恤归正人。

二月壬午，蠲两淮教阅民兵夏税。癸未，以伯圭为安德军节度使。甲申，诏四川监司、帅守，闻命之官毋候告敕。赐韩世忠谥曰忠武。是月，罢诸路鬻没官田。

三月丙午朔，日有食之，露云不见。辛亥，上《太上皇日历》于德寿宫。己未，置六部编敕司。癸亥，幸报恩寺，遂幸聚景园。己巳，并左藏四库为二。辛未，诏四川制置司岁择梁、洋义士材武者二人，遣赴枢密院。壬申，立任子参选覆试法。

夏四月戊寅，诏侍从、台谏、两省官岁举监司、郡守各五人。辛巳，靖州徭人寇边，遣兵讨捕之。丁亥，雨雹。己丑，责授叶衡安德军节度副使，郴州安置。丁酉，汤邦彦、陈雷奉使无状，除名，邦彦新州、雷永州编管。己亥，诸路提刑岁五月理囚。

五月癸丑，合利州东、西路为一。安南国王李天祚卒。戊午，遣使吊祭。壬申，太白昼见。

六月乙酉，减四川酒课四十七万余缗。甲午，以朱熹屡诏不起，特命为秘书郎，熹不就。

秋七月乙丑，禁浙西围田。

八月乙亥，以王淮同知枢密院事，礼部尚书赵雄签书枢密院事。诏六察官纠察庶务，台纲益振，各进二官。庚辰，太上皇诏立贵妃谢氏为皇后。壬午，以久雨，命中外决系囚。戊戌，靖州猺寇平。

九月癸亥，诏："自今犯公罪至死者，其荫补具所犯奏裁，著为令。"

冬十月甲戌，以久雨，命中外决系囚。丙子，御文德殿，册皇后。丁丑，命临安守臣严禁逾侈。庚辰，诏自今非歉岁不许鬻爵。癸未，遣阎苍舒等使金贺正旦。壬辰，金遣蒲察通等来贺会庆节。

十一月癸丑，合祀天地于圜丘，大赦。庚午，遣张子正等贺金主生辰。

十二月己丑，黎州蛮寇边，官军失利，蛮亦遁去。甲午，诏职事官补外者，复除职如故事。追封吴玠为涪王。丁酉，定铸钱司岁铸额为十五万缗。戊戌，金遣刘珫等来贺明年正旦。

是岁，京西、湖北诸州、兴元府、金洋州旱，绍兴府、台婺州水，并振之。

四年春正月戊申，诏自今内外诸军岁一阅试。庚申，诏沿江诸军岁再习水战。丙寅，雨雹。丁卯，班《淳熙历》。

二月乙亥，幸太学，祗谒先圣，退御敦化堂，命国子祭酒林光朝讲《中庸》。下诏。遂幸武学，谒武成王庙。监、学官进秩一等，诸生推恩赐帛有差。己卯，诏诸军毋以未补官人任军职。戊子，立边人逃入溪洞及告捕法。癸巳，立武臣授环卫官法。戊戌，以新知荆南府胡元质为四川安抚制置使兼知成都府。

三月乙巳，以史浩为少保、观文殿大学士、醴泉观使兼侍读，进封永国公。己酉,龚茂良等上《仁宗玉牒》、《徽宗实录》、《皇帝玉牒》。庚戌,幸玉津园宴射。壬子,贷随郢二州饥民米。诏李龙干袭封安南国王。甲寅,修韶州城。丙寅,幸聚景园。

夏四月甲戌,以魏王恺为荆南、集庆军节度使,行江陵尹,判明州如故。乙亥,参知政事龚茂良以曾觌从骑不避道,杖之。戊寅,上奏乞罢政,不许。甲午,给归正官子孙田屋。

五月庚子朔,幸佑圣观。罢四川和籴。

六月丁丑,龚茂良罢。己卯,以王淮参知政事。辛巳,班幸学诏。癸未,升蜀州为崇庆府。甲申,诏自今宰执朝殿得旨,事须覆奏乃行。

秋七月辛丑,禁江上诸军盗易战马。振襄阳饥民。壬寅,立待补太学试法。戊申,班御史台弹奏格。乙酉,罢临川伯王雱从祀。癸丑,龚茂良责授宁远军节度副使,英州安置。甲寅,申严四川入蕃茶禁。甲子,班《淳熙重修敕令格式》。

八月辛巳,禁耕牛过淮。

九月丁酉朔,日有食之。己亥,命修筑海潮所坏塘岸,辛丑,免宰执以下会庆节进奉。庚戌,命礼官定开宝、政和祀礼。戊午,阅蹴踘于选德殿。

冬十月丙子,以久阴,命中外决系囚。遣钱良臣等使金贺正旦。丁丑,诏监司、守臣岁举武臣堪知县者各二人。己卯,诏将士智勇杰出者,躐等升差。丁亥,金遣完颜忠等来贺会庆节。

十一月丁酉,诏两淮归正人为强勇军。庚子,以赵雄同知枢密院事。壬戌,太白昼见。癸亥,遣赵思等贺金主生辰。

十二月丁卯,试四川所上义士二人,官而遣之。己巳,诏行荐举事实格法。乙亥,大阅。辛巳,蠲太平州民贷常平钱米。壬辰,金遣完颜炳等来贺明年正旦。

是岁,福州、建宁府、南剑州水,并振之。

宋史卷三五
本纪第三五

孝宗三

　　五年春正月辛丑，侍御史谢廓然乞戒有司，毋以程颐、王安石之说取士。从之。癸卯，罢特旨免臣僚及寺观科徭。庚戌，大风。己未，诏侍从，台谏、两省官集议考课法。

　　二月己巳，置州县丁税司。辛未，申严武臣呈试法。诏二广毋以摄官人治狱。丁丑，禁解盐入京西界。甲申，雨土。庚寅，威州蛮寇边，讨降之。

　　三月丁未，李彦颖罢。给辰、沅、澧、靖四州刀弩手田。壬子，以史浩为右丞相。丁巳，幸玉津园。己未，以王淮知枢密院事，赵雄参知政事。

　　是春，黎州蛮出降。

　　夏四月乙丑朔，诏叶衡任便居住。丙寅，以礼部尚书范成大参知政事。辛未，知绍兴府张津进羡余四十万缗，诏以代民输和卖、身丁之半。赐礼部进士姚颖以下四百十有七人及第、出身。丁丑，雨土。己卯，以赵思奉使不如礼，罢起居舍人，仍降二官。丁亥，命后省择中外所言利病不戾成法者以闻。

　　五月庚子，置武学国子员。丁未，修临安府城。禁诸路州军责属县进羡余。

　　六月庚午，饬百官及诸监司毋得请托。乙亥，范成大罢。癸未，诏京西、湖北商人牛马负茶出境者罪死。甲申，诏翰林学士、谏议大夫、给事中、中书舍人、侍御史各举御史者二人。以给事中钱良臣签书枢密院事。己丑，罢诸州私置税场。减四川茶课十五万余缗。庚寅，蠲大理寺赃钱三万九千余缗。

闰月丙申，赠强霓、强震官，立庙西和州，赐名旌忠。丁酉，限四川总领会子额。戊戌，罢兴州都统司营田官兵，募民耕佃。己亥，复分利州东、西路为二。壬寅，置镇江、建康府转般仓。龚茂良卒于英州。乙巳，以魏王恺为永兴、成德军节度使、雍州牧，判明州如故。庚戌，蠲秀州民折帛钱。

秋七月甲子，太尉、提举万寿观李显忠薨。癸未，禁砂毛钱。丁亥，以岁丰，命沿江籴米百六十万石，以广边储。

八月甲午，诏诸路监司戒所部，民税毋以重价强折输钱。复制科旧法。丁酉，诏关外四州增募民兵为忠勇军。戊午，增铨试为五场，呈试为四场。

九月甲子，定广西卖盐赏罚。壬申，幸秘书省。戊寅，赐岳飞谥曰武穆。

冬十月戊戌，史浩等上《三祖下第六世仙源类谱》、《仁宗玉牒》。庚子，遣宇文价等使金贺正旦。辛亥，金遣张九思等来贺会庆节。乙卯，奉国军节度使、殿前都指挥王友直以募兵扰民，降为武宁军承宣使，罢军职，统制以下夺官有差。军民喧呶者，执送大理寺鞫之。戊午，以孙右千牛卫大将军扩为明州观察使，封英国公。

十一月丙寅，诏：军民喧哄者，并从军法。史浩言民不宜律以军法，不听。王友直再降为宜州观察使，信州居住。浩请罢政。甲戌，浩罢为少傅，还旧节，充醴泉观使兼侍读。乙亥，以钱良臣参知政事。丁丑，以赵雄为右丞相，王淮为枢密使。戊寅，以两川禁卒千人为成都府雄边军。庚辰，复监司互察法。

十二月庚寅朔，班新定荐举式。辛卯，遣钱冲之等贺金主生辰。丁酉，罢兴元都统司营田官兵，募民耕佃。辛丑，复同安、蕲春监。丙午，禁两淮铜钱，复行铁钱。丙辰，金遣乌延察等来贺明年正旦。

是岁，阶、福建兴化军水，通泰楚州、高邮军田鼠伤禾。三佛齐国入贡。

六年春正月戊辰,振淮东饥民。庚午,复置内侍省合同凭由司。壬申,蠲夔州路上供金银。丁丑,雨雹。辛巳,复置光州中渡榷场。

二月己丑朔,幸佑圣观,召史浩、曾觌赐酒。壬辰,钱良臣以失举赃吏,夺三官。丙申,诏前宰执、侍从有己见利便,听不时以闻。辛丑,立武臣关升荫补法。丙午,诏逃军犯强盗者毋拟贷。癸丑,命州县毋挠义役。乙卯,诏自今归正官亲赴部授官,以革冒滥。丁巳,裁特奏名试法。

三月庚申,幸聚景园。丙寅,录赵鼎、岳飞子孙,赐以京秩。己巳,郴州贼陈峒等破连道州、桂阳军诸县,命湖南帅臣讨捕之。置广西义仓。辛未,再振淮东饥民。壬申,雨雹。丁丑,诏戒励诸道转运使。庚辰,幸玉津园。

夏五月壬戌,裁宗室换官法。庚午,蠲四川盐课十万缗。乙亥,郴寇平。癸未,给襄阳归正忠义人田。

六月甲午,建丰储仓。丙申,诏特奏名毋授知县、县令。戊戌,蠲郴州运粮丁夫今年役钱之半。辛亥,广西妖贼李接破郁林州,守臣李端卿弃城遁,遂围化州。命经略司讨捕之。端卿除名勒停,梅州编管。

秋七月癸亥,籍郴州降寇,录荆、鄂军。戊辰,班《隆兴以来宽恤诏令》于诸路。赵雄等上《会要》。乙亥,诏诸军五口以上增给缗钱。癸未,太白昼见,经天。

八月庚寅,罢诸路监司、帅守便宜行事。壬寅,以知楚州翟畋过淮生事,夺五官,筠州居住。

九月辛未,合祭天地于明堂,大赦。癸未,诏福建、二广卖盐毋擅增旧额。

冬十月乙酉朔,蠲连州被寇民租税。辛卯,遣陈岘等使金贺正旦。丙申,诏太学两优释褐,与殿试第二人恩例。庚子,四川行“当三”大钱。再蠲四川盐课十七万余缗。辛丑,除绍兴府民逋赋五万余缗。乙巳，金遣蒲察鼎寿等来贺会庆节。戊申，广西妖贼平。

十一月乙卯朔，帝著论数百言，深原用人之弊，因及诛赏之法，命宰执示从臣于都堂。辛酉，裁宗子试法。戊寅，罢金州管内安抚司。壬午，诏宗室有出身人得考试及注教授官。癸未，遣傅淇等贺金主生辰。

十二月丙戌，班重修淳熙敕令格式。丙申，修百司省记法。己亥，诏：自今鞫赃吏，后虽原贷者，毋以失入坐狱官。庚戌，金遣耶律慥等来贺明年正旦。辛亥，蠲临安府征税一年。

是岁，温、台州水，和州旱。

七年春正月甲子，减广西诸州岁卖盐数。乙丑，刘惇以平李接功，擢集英殿修撰，将佐幕属吏士进官、减磨勘年有差。己卯，诏京西州军并用铁钱及会子；民户铜钱，以铁钱或会子赏之，满二月不输官，许告赏。庚辰，蠲淮东民贷常平钱米。

二月癸未朔，初置广南烟瘴诸州医官。丙戌，复置皇太子宫小学教授。辛卯，魏王恺薨。乙未，诏拨广西兵校五百人隶提刑司。戊戌，罢瓜洲孳生马监。己亥，出湖南桩积米十万石，振枭永、邵、郴三州。甲辰，命利州路守贰、县令兼领营田。乙巳，限改官员岁毋过八十人。封子栋为宜州观察使、安定郡王。

三月壬戌，诏举贤良方正能直言极谏者。庚午，迎太上皇、太上皇后宴翠寒堂。乙亥，减内外官荐举员。丁丑，再蠲临安府民身丁钱三年。诏诸州招补军籍之阙，自今岁以为常。

夏四月甲申，幸聚景园。丙戌，赵雄等上仁宗、哲宗玉牒。戊子，除明州积欠诸司钱十五万缗。辛卯，再免沿边归正人请占官田赋役三年。甲辰，黎州五部落犯盘佗砦，兵马都监高晃以绵、潼大军三千人与战败走，蛮人深入，大掠而去。己酉，命荫补、武举、宗室、小使臣行三年丧。

五月戊辰，以吏部尚书周必大参知政事，刑部尚书谢廓然签书枢密院事。袁州分宜县大水，捐其税。戊寅，诏舒、蕲二州铸钱岁以四十五万贯为额。己卯,申饬书坊擅刻书籍之禁。庚辰,诏特奏名年六十人毋注县尉。

六月丙戌,以特进、观文殿大学士、判建康府陈俊卿为少保。壬辰,五部落再犯黎州,制置司钤辖成光延战败,官军死者甚众,提点刑狱、权州事折知常弃城遁。甲午,制置司益兵,遣都大提举茶马吴总往平之。壬寅,诏试刑法官增试经义。

秋七月癸丑,诏二广帅臣、监司察所部守臣臧否以闻。丁卯,以旱决系囚,分命群臣祷雨于山川。壬申,移广西提刑司于郁林州。

八月癸未,禁黎州官吏市蕃商物。甲申,以祷雨未应,谕辅臣欲令职事官以上各实封言事。是夕雨。丁酉,置湖南飞虎军。戊戌,雨。甲辰,五部落犯黎州塞,兴州左军统领王去拒却之,折知常重赂蛮,使之纳款。

九月癸亥,诏自今常朝毋称丞相名。甲子,命枢密使亦如之。乙丑,诏宰执、使相给使,减年恩数,身后三年者毋收使。丙寅,诏知县成资始听监司荐举。壬申,禁诸路遏籴。癸酉,名省记法为《淳熙重修百司法》。

冬十月丙戌,诏:“限田太宽,民役烦重,其令台谏、给舍同户部长贰详议以闻。”戊子,遣叶宏等使金贺正旦。乙未,黎州五部落进马乞降,诏却献马,许其互市。庚子,金遣李俏等来贺会庆节。

十一月癸丑,诏边吏存恤江西过淮饥民。丁巳,禁淮南诸司、州郡抑配民酒。辛酉,蠲两淮州军二税一年。癸亥,黎州戍军伍进等作乱,折知常遁去,王去恶诱进等诛之。壬申,南康军旱,诏出检放所余苗米万石充军粮。癸酉,遣盖经等贺金主生辰。

十二月庚寅,赵雄等上神宗、哲宗、徽宗、钦宗四朝国史志。壬辰,以四川制置使胡元质不备蕃部,致其猖獗,夺两官罢之。丙申,嗣濮王士輵薨。戊戌,以新除成都府路提点刑狱禄东之权四川制置司,应黎州边事,随宜措置。癸卯,诏临安府承宣旨审奏如故事。甲辰,金遣徒单守素等来贺明年正旦。是月,诏以太上皇明年七十有五。议行庆寿礼,太上皇不允,帝进黄金二千两为寿。

是岁，江、浙、淮西、湖北旱，蠲租，发廪贷给，趣州县决狱，募富民振济补官。故岁虽凶民无流殍。安南入贡。

八年春正月甲寅，停折知常官，汀州居住。丙辰，诏：内侍见带兵官并与在京宫观，著为令。乙亥，诏福建岁拨盐于邵武军，市军粮。

二月壬午，诏去岁旱伤郡县，以义仓米日给贫民，至闰三月半止。黎州土丁张百祥等不堪科役为乱，统领官刘大年引兵逆击之，土丁溃去，大年坐诛。戊子，禁浙西民因旱置围田者。裁童子试法。己丑，禁广西诸州科卖亭户食盐。庚寅，诏三省、枢密、六部置籍，稽考兴利除害等事。戊戌，以保康军节度使士歆为嗣濮王。

三月丁未朔，幸佑圣观。戊午，以潮州贼沈师为乱，趣帅、宪捕之。辛未，幸聚景园。

闰月辛巳，命诸路帅臣、监司分州郡臧否为三等，岁终来上。戊子，赐礼部进士黄由以下三百七十有九人及第、出身。庚寅，修扬州城。甲午，幸玉津园。壬寅，减在京及诸路房廊钱什之三，德寿宫所减，月以南库钱贴进。禁潭、道等州官卖盐。甲辰，立宗室命继法。

夏四月癸丑，修湖南诸州城。丙辰，以临安疫，分命医官诊视军民。庚申，复以强盗配隶诸军重役。丁卯，安定郡王子栋薨。癸酉，立郴州宜章、桂阳军临武县学，以教养峒民子弟。

五月戊寅，诏监司、守令劝课农桑，以奉行勤怠为赏罚。壬午，诏诸路转运司趣民间补葺经界簿籍。辛卯，以久雨，减京畿及两浙囚罪一等，释杖以下，贷贫民稻种钱。壬寅，以史浩为少师。

六月己酉，诏放殿前司平江府牧马草荡二万亩，听民渔采。戊午，除淳熙七年诸路旱伤检放米一百三十七万石、钱二十六万缗。辛酉，罢诸路坊场监官，听民承卖。戊辰，史浩荐薛叔似、杨简、陆九渊、陈谦、叶适、袁燮、赵善誉等十六人，诏并赴都堂审察。

七月癸未，复以许浦水军隶殿前司。永阳郡王居广薨，封永王。辛卯，赏监司、守臣修举荒政者十六人。以不雨决系囚。壬辰，绍兴

大水,出秀婺州、平江府米振粜。丁酉,严州水,诏被灾之家蠲其和
卖,三等以上户减半。辛丑,录范质后。

八月丙午,以旱罢招军。庚戌,赵雄罢。壬子,诏绍兴府诸县夏
税、和市、折帛、身丁钱绢之类,不以名色,截日并令住催。癸丑,以
王淮为右丞相兼枢密使。甲寅,以谢廓然同知枢密院事。丙辰。更
后殿幄次为延和殿,已未,以观文殿大学士、新四川制置使赵雄知
泸州。戊辰,言者请自今歉岁蠲减,经费有亏,令户部据实以闻,毋
得督趣已蠲阁之数。从之。罢诸路补葺经界簿籍。

九月庚辰,命诸路提举司贷民麦种。辛巳,钱良臣罢。庚寅,以
谢廓然兼权参知政事。

冬十月己酉,遣施师点等使金贺正旦。辛酉,录黎州战殁将士
四百三人。甲子,金遣完颜宽等来贺会庆节。诏灾伤州县谕民振粜。

十一月甲戌,以旱伤罢喜雪宴。戊寅,蠲富阳、新城、钱塘夏税。
庚寅,前池州守赵粹中误斩递卒汪青,落职,仍诏给青家衣粮十五
年。辛卯,诏两省、侍从、台谏各举所知。浚行在至镇江府运河。丁
酉,遣燕世良贺金主生辰。已亥,振临安府及严州饥民。庚子,再诏
临安府为粥食饥民。辛丑,以淳熙元年减半推赏法募民振粜。

十二月癸卯朔,以徽、饶二州民流者众,罢守臣。官出南库钱三
十万缗,付新浙东提举常平朱熹振粜。丁未,禁诸州营造。戊申,谥
刘安世曰忠定。辛亥,蠲诸路旱伤州军明年身丁钱物。甲寅,雨雹。
以度僧牒募闽、广民入米。丙辰,诏县令有能举荒政者,监司、郡守
以名闻。甲子,下朱熹社仓法于诸路。戊辰,金遣魏贞吉等来贺明
年正旦。以争执进书仪,帝还内,遣王抃往谕旨。已巳,贞吉奉书入
见。是月,广东安抚巩湘诱潮贼沈师出降,诛之。

是岁,江、浙、两淮、京西、湖北、潼川、夔州等路水旱相继,发廪
蠲租,遣使按视,民有流入江北者,命所在振业之。

九年春正月甲戌,诏四孟朝献,分用三日,如在京故事。丁丑,
命两淮戍兵岁一更。癸未,罢枢密都承旨王抃为在外宫观,因罢诸

军承受,复密院文书关录两省旧法,以文臣为都承旨。戊子,籴广南米赴行在。庚寅,诏江、浙、两淮旱伤州县贷民稻种,计度不足者贷以桩积钱。

二月庚戌,遣使访问二广盐法利害。戊辰,四川制置司言获叙州贼大波浪。

三月辛未朔,幸佑圣观。诏振济忠、万、恭、涪四州。癸未,振济镇江。壬辰,遣使按视淮南、江、浙振济。甲午,罢诸路寄招军兵三年,就拣军子弟补其阙。

夏四月甲辰,诏自今盗发所在,亲临帅守、监司论罚,平定有劳者议赏。乙卯,诏诸路提刑,文武臣通置一员。癸亥,帝览陆贽奏议,谕讲读官曰:“今日之政,恐有如德宗之弊者,卿等条陈来上,无有所隐。”

五月癸酉,以孙柄为右千牛卫大将军。丙子,诏辅臣择监司、郡守,必先才行。

六月壬寅,诏侍从、台谏各举操修端亮、风力强明、可充监司者一二人。甲寅,蠲犒赏库酒课二十二万余缗。汀、漳二州民为沈师践踏者除其赋。丁巳,给临安府贫民棺瘗钱。戊午,谢廓然薨。庚申,太白昼见。临安府蝗,诏守臣亟加焚瘗。甲子,太白昼见,经天。

秋七月甲戌,以江西常平、义仓及桩管米四十万石付诸司,预备振粜。辛巳,出南库钱三十万缗付浙东提举朱熹,以备振粜。壬辰,以资政殿学士李彦颖参知政事。诏发所储和籴米百四十万石,补淳熙八年振济之数,于沿江屯驻诸州桩管。

八月己亥朔,诏绍兴民户去岁已纳夏税应减者三十万缗,理为今年之数。庚子,减皇后内命妇荫补数,立文武臣遇郊奏荐员,限致仕、遗表恩泽,视旧法损三之一。淮东、浙西蝗。壬子,定诸州官捕蝗之罚。乙卯,复赏修举荒政监司、守臣。

九月己巳朔,罢诸路科卖军器物料三年。庚午,以王淮为左丞相,梁克家为右丞相。丙子,以子肜为容州观察使,封安定郡王。辛巳,大享明堂,大赦。乙酉,以钱引十万缗赐泸州,备振粜。辛卯,封伯圭为荥阳郡王。以旱减恭、合、渠、昌州今年酒课。癸巳,太白昼见。乙未,禁蕃舶贩易金银,著为令。

十月戊戌朔,遣王蔺等使金贺正旦。丙午,罢军器所招军。辛亥,塞四川沿边支径。戊午,金遣完颜宗回等来贺会庆节。甲子,蠲诸路旱伤州军淳熙七年八年逋赋,出县官缗钱以偿户部。

十一月戊辰朔,禁臣庶之家妇饰僭拟。庚午,振夔路饥。乙酉,进奏院火。丙戌,遣贾选等贺金主生辰。戊子,大风。

十二月己亥,更二广官卖盐法,复行客钞,仍出缗钱四十万以备漕计之阙。癸亥,金遣孛术鲁正等来贺明年正旦。

十年春正月丁丑,以给事中施师点签书枢密院事。命州县掘蝗。甲申,李彦颖罢。乙酉,命二广提举盐事官互措置盐事。丙戌,以施师点兼权参知政事。丁亥,诏终身任宫观人毋得奏子。己丑,诏罢广南官鬻盐法。壬辰,罢江东、浙西寄招镇江诸军三年。

二月癸卯,提举德寿宫陈源有罪,窜建宁府,寻移郴州,仍籍其家赀,进纳德寿宫。

三月戊辰,李焘上《续资治通鉴长编》六百八十七卷。辛未,有司请造第七界会子。辛巳,免四川和籴三年。癸未,幸玉津园。戊子,诏四川类试,自今十六人取一人。己丑,除诈称灾伤籍产法。癸巳,复铨试旧法。罢试杂文。

夏四月丙申,再蠲临安府民丁身钱三年。己亥,命湖南、广西堙塞溪洞径路。

五月丙寅,增皇太子宫小学教授一员。甲戌,以潭州飞虎军隶江陵都统司。戊寅,幸聚景园。辛卯,诏疏襄阳木渠,以渠傍地为屯田,寻诏民间侵耕者就给之。废舒州宿松监。

六月戊戌,监察御史陈贾请禁伪学。乙巳,罢昭州岁贡金。己未,诏诸路监司、帅臣岁举廉吏。庚申,严赃吏禁。

秋七月乙丑,以不雨决系囚。丙寅,幸明庆寺祷雨。甲戌,以夏秋旱暵,避殿减膳,令侍从、台谏、两省、卿监、郎官、馆职各陈朝政阙失,分命群臣祷雨于天地、宗庙、社稷、山川。左丞相王淮等以旱乞罢,不许。丁丑,诏除灾伤州县淳熙八年欠税。甲申,雨。己丑,御殿复膳。

八月戊申,以施师点参知政事兼同知枢密院事,御史中丞黄洽参知政事。庚戌,以史浩为太保、魏国公,致仕。庚申,以左藏南库隶户部。

九月乙丑,长溪、宁德县大水。丙寅,严盗贩解盐法。丁丑,幸佑圣观。壬午,蠲诸州逋负内藏库钱六十万缗。乙酉,遣余端礼等使金贺正旦。丁亥,禁内郡行铁钱。

冬十月乙未,诏两浙义役从民便。壬子,金遣完颜方等来贺会庆节。

十一月壬戌朔,日有食之。乙丑,降会子,收两淮铜钱。甲戌,幸龙山大阅,遂幸玉津园。

闰月壬寅,诏却安南献象。丁巳,遣陈居仁等贺金主生辰。

十二月丙子,朝德寿宫,行太上皇后庆寿礼,推恩如太上皇故事。丁亥,金遣完颜婆卢火等来贺明年正旦。

是岁,福、漳、台、信、吉州水,京西、金澧州、南平荆门兴国广德军、江陵建康镇江绍兴宁国府旱。

十一年春正月辛卯朔,雨土。辛丑,安化蛮蒙光浙等犯宜州思立砦,广西兵马钤辖沙世坚出兵讨之,获光浙。丙午,诏江东、西路诸监司,义役、差役从民便。甲寅,雨土。

二月甲申,诏:两淮、京西、湖北万弩手令在家阅习,每州许岁上材武者一二人,试授以官,如四川义士之制。

三月辛卯,诏刑部、御史台每季以仲月录囚徒。癸巳,命利路三都统吴挺、郭钧、彭杲密陈出师进取利害,以备金人。复金州管内安抚司。甲午,以上津、洵阳旱,蠲其税。辛丑,罢秀州御马院庄,归其侵地于民。丁未,禁淮民招温、处州户口。除职田、官田八年逋租。庚戌,诏御试策有及军民利害者,考官衷类以闻。辛亥,史浩入谢,赐宴于内殿。

夏四月甲子，以兴元义胜军移戍襄阳。戊辰，赐礼部进士卫泾以下三百九十四人及第、出身。癸未，重班《绍兴申明刑统》。

五月戊子朔，蠲崇德等十六县小民淳熙十年欠税十四万缗。癸卯，命刑部、大理寺议减刺配法。甲寅，出缗钱三十万犒给四川久戍将士。乙卯，太白昼见。

六月戊午朔，诏诸道总领举偏裨可将帅者。庚申，以周必大为枢密使。壬戌，诏在内尚书、侍郎、两省谏议大夫以上、御史中丞、学士、待制，在外守臣、监司，不限科举年分，各举贤良方正能直言极谏一人。己卯，诏诸州岁卖稻种，备农民之阙。

秋七月癸卯，蠲减浙东败阙坊场酒课。癸丑，以浙西、江东水，禁诸州遏籴。甲寅，筑黎州要冲城。

八月庚申，遣章森使金贺正旦。

九月丁亥，诏诸路添差官自今毋创置。乙巳，诏殿前军子弟许权收刺一次。甲寅，再减四川酒课六十八万余缗。

冬十月甲子，初命举改官人犯赃者，举主降二官。乙丑，遣王信等贺金主生辰。庚午，禁诸州增收税钱。丙子，金遣张大节等来贺会庆节。盱眙军言得金人牒，以上京地寒，来岁正旦、生辰人使权止一年。壬午，诏诸以忠义立庙者，两淮漕臣缮治之。

十一月丁巳，禁福建民私有兵器。癸卯，助广西诸州岁计十万缗。甲寅，令峡州岁时存问处士郭雍。十二月丁巳，修湖南府城。己卯，诏戒监司、州县毋得於常赋外追取於民。

是岁，江东、浙西诸州水，福建、广东、吉赣州、建昌军、兴元府、金、洋、西、和州旱。

十二年春正月己丑，禁交阯盐入省地。壬辰，四川制置使留正遣人诱青羌奴儿结杀之。戊戌，日中有黑子。戊申，赐任伯雨谥曰忠敏。庚戌，日中复有黑子。

二月辛酉，雨雹。乙亥。罢诸军额外制领将佐。庚辰，置黎州防边义勇。

三月乙酉，进孙扩为安庆军节度使，封平阳郡王。辛卯，禁习渤海乐。辛亥，命侍从、台谏、两省、总领、管军官各举堪都副统制者一二人。癸丑，除税场高等累赏法。

夏四月甲子，幸聚景园。戊辰，班淳熙宽恤诏令。丙子，谍言故辽大石林牙假道夏人以伐金，密诏吴挺与留正议之。己卯，幸玉津园。

五月庚寅，地震。辛卯，福州地震。诏帅臣赵汝愚察守令、择兵官、防盗贼。

六月乙卯，立淮东强勇军郊用效士法。壬戌，除诸军通欠营运钱。丁丑，诏浙东帅臣、监司不以时上诸州臧否，夺一官。戊寅，太白昼见。

秋七月丁酉，太白昼见，经天。壬寅，诏二广试摄官如铨试例，取其半。甲辰，以淮西屯田卤莽，总领、军帅、漕臣、守臣夺官有差。

八月癸亥，诏太上皇寿八十，令有司议庆寿礼。乙丑，诏户部、给、舍、台谏详议官民户役法以闻。

九月甲申，复二广监司以下到罢酬赏法。丙戌，诏恤湖州、台州被水之家。庚寅，遣王信等使金贺正旦。丁丑，诏诸路总领、军帅、漕臣、守臣岁上屯田所收之数。

冬十月辛亥，加上太上皇尊号曰光尧寿圣宪天体道性仁诚德经武纬文绍业兴统明谟盛烈太上皇帝、太上皇后曰圣寿齐明广慈备德太上皇后。甲寅，蠲施、黔州经制无额钱。命侍从各举宗室一二人。癸亥，诏诸路臧否以三月终、四川二广以五月终来上。

十一月丁亥，鄂州大火。戊子，雷。壬辰，遣章森等贺金主生辰。辛丑，合祀天地于圜丘，大赦。

十二月庚戌朔，帅群臣奉上太上皇、太上皇后册宝于德寿宫，推恩如绍兴三十二年故事。甲子，以知福州赵汝愚为四川制置使。丙子，金遣仆散守忠等来贺明年正旦。

十三年春正月庚辰朔，率群臣诣德寿宫行庆寿礼。大赦，文武臣僚并理三年磨勘，免贫民丁身钱之半为一百一十余万缗，内外诸军犒赐共一百六十万缗。癸巳，以史浩为太傅，陈俊卿为少师，嗣濮王士歆为少保。庚子，以昭庆军节度使士岘为开府仪同三司。

二月甲寅，诏强盗两次以上，虽为从，论死。庚申，诏举归正、添差、任满人才艺堪从军者。

三月丁酉，诏职事官改官，许在岁额八十员之外。合提举广南东、西盐事司为一。甲辰，幸玉津园。

夏四月辛亥，诏吴挺结约夏人。戊辰，再蠲四川和籴军粮三年。辛未，幸聚景园。

五月癸未，日中有黑子。甲申，诏非泛补官及七色补官人、非曾任在朝侍从者，品秩虽高，毋得免役。丙申，赐冲晦处士郭雍号曰颐正先生，仍遣官就问雍所欲言，备录来上。

秋七月壬辰，诏内外诸军主帅各举堪统制者二三人。壬寅，谥胡铨曰忠简。

闰月丙午朔，雨雹。戊申，以敷文阁学士留正签书枢密院事。己酉，施师点乞免兼同知枢密院事，许之。己未，五星皆伏。

八月乙亥朔，日、月、五星聚于轸。丙子，以故相曾怀鬻奏补恩，追落观文殿大学士。壬午，新筑江陵城成。

九月乙巳，诏伪造会子凡经行用，并处死。是月，遣李献等使金贺正旦。

冬十月甲戌朔，福州火。甲午，金遣完颜老等来贺会庆节。

十一月戊午，诏四川制置司通知马政，量收木渠民包占荒田租。庚申，遣张叔椿等贺金主生辰。甲子，王淮等上仁宗、英宗玉牒，神宗、哲宗、徽宗、钦宗《四朝国史列传》皇帝会要。丙寅，梁克家罢为观文殿大学士、醴泉观使兼侍读。辛未，裁定百司吏额。

十二月丙子，思州田氏献纳所买黔州民省地，诏偿其直。辛巳，减汀州盐价岁万缗。甲午，陈夔卿薨。乙未，振临安府城内外贫乏老疾之民。戊戌。大理寺狱空。己亥，金遣郡律子元等来贺明年正旦。辛丑，再赐军士雪寒钱。

是岁，利州路饥，江西诸州旱。

十四年春正月癸亥，出四川桩积米贷济金、洋州及关外四州饥民。

二月丁亥，以周必大为右丞相。戊子，以施师点知枢密院事。

三月甲子，幸玉津园。

夏四月己卯，置籍考诸路上供殿最，以为赏罚。戊子，赐礼部进士王容以下四百三十五人及第、出身。

五月乙巳，成都火。己酉，遣官措置汀州经界。

六月戊寅，以久旱，班画龙祈雨法。甲申，幸太一宫、明庆寺祷雨。丁亥，梁克家薨。庚寅，临安府火。辛卯，太白昼见。癸巳，王淮等以旱求罢，不许。诏衡州葺炎帝陵庙。己亥，减两浙路囚罪一等，释杖以下。

秋七月辛丑，罢户部上供殿最。丙午，诏群臣陈时政阙失及当今急务。丁未，以旱罢汀州经界。己酉，诏监司条上州县弊事、民间疾苦。辛亥，避殿减膳撤乐。癸丑，命检正都司看详群臣封事，有可行者以闻。诏省部、漕臣催理已蠲逋欠者，令台谏觉察。权减秀州经、总制钱本钱半年。丙辰，命临安府捕蝗，募民输米振济。除绍兴新科下户今年和市布帛二万八千匹。辛酉，江西、湖南饥，给度僧牒，鬻以籴米备振粜。戊辰，雨。命给、舍看详监司所条弊事。

八月辛未，赐度牒一百道、米四万五千石，备振绍兴府饥。甲戌，御殿复膳。癸未，以留正参知政事兼同知枢密院事。丙戌，复夔路酬赏法。

九月癸卯，太上皇不豫。乙巳，诣德寿宫问疾。丙午，遣万锺等使金贺正旦。己未，诣德寿宫问疾。乙丑，罢增收木渠民田租。丙寅，除官军私负。

冬十月辛未，以太上皇不豫，赦。壬申，诣德寿宫问疾。癸酉，分遣群臣祷于天地、宗庙、社稷。甲戌，以太上皇未御常膳，自来日不视朝,宰执奏事内殿。乙亥,诣德寿宫侍疾,太上皇崩于德寿殿,遗诰太上皇后改称皇太后。奉皇太后旨,以奉国军承宣使甘昪主管太上皇丧事。丙子,以韦璞等为金告哀使。戊寅,以荥阳郡王伯圭为欑宫总护使。翰林学士洪迈言大行皇帝庙号当称“祖”,诏有司集议以闻。己卯,诏尊皇太后。辛巳,诏曰:“大行太上皇帝奄弃至养,朕当衰服三年,群臣自遵易月之令,可令有司讨论仪制以闻。”甲申,用礼官颜师鲁等言,大行太上皇帝上继徽宗正统,庙号称“宗”。乙酉,百官五上表请帝还内听政。丙戌,诏俟过小祥,勉从所请。戊子,帝衰绖御素辇还内。以颜师鲁等充金国遗留国信使。己丑,金遣田彦皋等来贺会庆节,诏免入见,却其书币。甲午,诣德寿宫,自是七日皆如之。

十一月戊戌朔,诣德寿宫,自是朔望皆如之。己亥,大行太上皇帝大祥,自是帝以白布巾袍御延和殿;诣德寿宫,衰锡而杖如初,诏皇太子惇参决庶务。庚子,皇太子三辞参决庶务,不许。辛丑,诣德寿禫祭,百官释服。甲辰,群臣三上表请御殿听政,诏俟过祔朝。戊申,遣胡晋臣等贺金主生辰。辛亥,冬至,诣德寿宫。甲寅,西南方有赤气随日入。乙卯,雷。戊午,诏皇太子参决庶务于议事堂,在内寺监、在外守臣以下,与宰执同除授讫乃奏。己未,诏五日一朝德寿宫。

十二月庚午,大理寺狱空。壬午,东北方有赤气随日出。癸巳,金遣完颜崇安等来贺明年正旦,见于垂拱殿之东楹素幄,诏礼物毋入殿,付之有司。

是岁,两浙、江西、淮西、福建旱,振之。

十五年春正月丁酉朔,诣德寿宫几筵行礼。戊戌,皇太子初决庶务于议事堂。辛丑,复置左右补阙、拾遗。乙巳,诏免诸州军会庆节进奉二年。诏自今御内殿,令皇太子侍立。庚申,施师点罢。甲子,以黄洽知枢密院事,吏部尚书萧燧参知政事。

二月丁亥,金遣蒲察克忠等来吊祭,行礼于德寿殿,次见帝于东楹之素幄。癸巳，遣京镗等使金报谢。

三月庚子，王淮等上大行太上皇谥曰圣神武文宪孝皇帝，庙号高宗。乙巳，上高宗谥册宝于德寿殿，又上懿节皇后改谥宪节册宝于别庙本室。丁未，右丞相周必大摄太傅，持节导梓宫。癸丑，用洪迈议，以吕颐浩、赵鼎、韩世忠、张俊配飨高宗朝庭，吏部侍郎章森乞用张浚、岳飞，秘书少监杨万里乞用浚，皆不报。丙寅，权攒高宗于永思陵。

夏四月壬申，帝亲行奉迎虞主之礼，自是七虞、八虞、九虞、卒哭、奉辞皆如之。乙亥，诏洪迈、杨万里并予郡。甲申，用礼官尤袤请，诏群臣再集议配享臣僚。丙戌，祔高宗神主于太庙，诏曰："朕比下令欲衰绖三年，群臣屡请御殿易服，故以布素视事内殿。虽诏俟过祔庙，勉从所请，然稽诸典礼，心实未安，行之终制，乃为近古。宜体至意，勿复有请。"己丑，诏减临安、绍兴府囚罪一等，释杖以下、民缘攒宫役者蠲其赋。庚寅，用御史冷世光言，罢再议配享。皇太后有旨，车驾一月四诣德寿宫，如旧礼。

五月己亥，王淮罢。乙巳，帝既用薛叔似言，罢王淮，诏谕叔似等曰："卿等官以拾遗、补阙为名，不任纠劾。今所奏乃类弹击，甚非设官命名之意，宜思自警。"丁巳，诏修《高宗实录》。己未，祁门县大水。壬戌，始御后殿。诏岁出钱五万千余缗，减广东十二州折纳米价钱。

六月丁卯，雨雹。戊辰，罢敕令所。己巳，以伯圭为少傅，带御器械夏执中为奉国军节度使。癸酉，以新江西提点刑狱朱熹为兵部郎官，熹以疾未就职。侍郎林栗劾熹慢命，熹乞奉祠。太常博士叶适论栗袭王淮、郑丙、陈贾之说，为"道学"之目，妄废正人。诏熹仍赴江西，熹力辞不赴。庚寅，荧惑犯太微。

秋七月戊戌，上高宗庙乐曰《大勋》，舞曰《大德》。己未，出兵部侍郎林栗。壬戌，恩平郡王璩薨，追封信王。

八月甲子朔，日有食之。

九月庚子夜，南方有赤黄气覆大内。辛丑，大飨明堂，以太祖、太宗配,大赦。癸卯,更试补医官法。己酉,遣郑侨等使金贺正旦。甲寅,上皇太后宫名慈福。

冬十月癸,金遣王克温等来贺会庆节,见于垂拱殿东楹。甲申,会庆节,诏北使、百官诣东上阁门拜表起居,免入贺。己丑,再罢诸州科卖军器物料三年。

十一月庚子,建焕章阁,藏《高宗御集》。遣何澹贺金主生辰。甲辰,诏百官轮对,毋过三奏。

十二月丙寅,追复龚茂良资政殿学士。壬午,命朱熹主管西太一宫兼崇政殿说书,辞不至。戊子,金遣田彦皋等来贺明年正旦。

是岁,江西、湖北、两淮、建宁府、徽州水。

十六年春正月癸巳,金主雍殂,孙璟立。甲午,封孙柄为嘉国公。丙申,黄洽罢。己亥,以周必大为左丞相,留正为右丞相,萧燧兼权知枢密院事,礼部尚书王蔺参知政事,刑部尚书葛邲同知枢密院事。乙巳,萧燧罢。丙午,皇太后移御慈福宫。戊申,以昭庆军承宣使郭师禹为保大军节度使。辛亥,罢淮西屯田。是日,帝始谕二府,以旬日当内禅,命周必大留身呈诏草。丙辰,罢拘催钱物所。复二广官般官卖盐法。己未,更德寿宫为重华宫。谥李纲曰忠定。

二月辛酉朔,日有食之。壬戌,下诏传位皇太子。是日,皇太子即皇帝位。帝素服驾之重华宫。辛未,上尊号曰至尊寿皇圣帝,皇后曰寿成皇后。

绍熙五年五月壬戌,寿皇圣帝不豫。六月戊戌,崩于重华殿,年六十有八。十月丙辰,谥曰哲文神武成孝皇帝,庙号孝宗。十一月乙卯,权攒于永阜陵。十二月甲戌,祔于太庙。庆元三年十一月辛丑,加谥绍统同道冠德昭功哲文神武明圣成孝皇帝。

赞曰:高宗以公天下之心,择太祖之后而立之,乃得孝宗之贤,聪明英毅,卓然为南渡诸帝之称首,可谓难矣哉。

即位之初,锐志恢复,符离邂逅失利,重违高宗之命,不轻出师，又值金世宗之立，金国平治，无衅可乘。然易表称书，改臣称侄，减去岁币，以定邻好，金人易宋之心，至是亦浸异于前日矣。故世宗每戒群臣积钱谷，谨边备，必曰："吾恐宋人之和，终不可恃。"盖亦忌帝之将有为也。天厌南北之兵，欲休民生，故帝用兵之意弗遂而终焉。

然自古人君起自外藩，入继大统，而能尽宫庭之孝，未有若帝；其间父子怡愉，同享高寿，亦无有及之者。终丧三年，又能却群臣之请而力行之。宋之庙号，若仁宗之为"仁"，孝宗为"孝"，其无愧焉，其无愧焉！

宋史卷三六
本纪第三六

光　宗

　　光宗循道宪仁明功茂德温文顺武圣哲慈孝皇帝,讳惇,孝宗第三子也。母曰成穆皇后郭氏。绍兴十七年九月乙丑,生于藩邸。二十年,赐今名,授右监门卫率府副率,转荣州刺史。孝宗即位,拜镇洮军节度使.开府仪同三司,封恭王。及庄文太子薨,孝宗以帝英武类己,欲立为太子,而以其非次,迟之。乾道六年七月,太史奏:木、火合宿,主册太子,当有赦。是时,虞允文相,因请蚤建储贰。孝宗曰:“朕久有此意,事亦素定。但恐储位既正,人性易骄,即自纵逸,不勤于学,浸有失德。朕所以未建者,更欲其练历庶务,通知古今,庶无后悔尔。”

　　七年正月丙子朔,孝宗上两宫尊号册、宝,礼成。丞相允文复以请,孝宗曰:“朕既立太子,即令亲王出镇外藩,卿宜讨论前代典礼。”允文寻以闻。

　　二月癸丑,乃立帝为皇太子;庆王恺为雄武、保宁军节度使,判宁国府,进封魏王。三月丁酉,受皇太子册。四月甲子,命判临安府,寻领尹事。帝之为恭王,与讲官商较前代,时出意表,讲官自以为不及.逮尹临安,究心民政,周知情伪。孝宗数称之,且语丞相赵雄曰:“太子资质甚美,每遣人来问安,朕必戒以留意问学。”

　　淳熙十四年十月乙亥,高宗崩。十一月己亥,百官大祥毕,孝宗手诏:“皇太子可令参决庶务,以内东门司为议事堂。”十五年二月戌戌，帝始赴议事堂。自是，间日与辅臣公裳系鞋相见，内外除擢，自馆职、部刺史以上乃以闻。九月乙巳，又诏："每遇朝殿，令皇太子侍立。"

十一月，丞相周必大乞去，孝宗谕曰："朕比年病倦，欲传位太子，卿须少留。"会陈康伯家以绍兴传位御札来上，十二月壬申，孝宗遣中使密持赐必大，因令讨论典礼，既又密以禅意谕参知政事留正。十六年正月辛亥，两府奏事，孝宗谕以倦勤，欲禅位皇太子，退就休养，以毕高宗三年之制。因令必大进呈诏草。

二月壬戌，孝宗吉服御紫宸殿，行内禅礼，应奉官以次称贺。内侍固请帝坐，帝固辞。内侍扶掖至七八，乃微坐复兴。次丞相率百僚称贺，礼毕，枢密院官升殿奏事，帝立听。班退，孝宗反丧服，御后殿，帝侍立，寻登辇，同诣重华宫。

帝还内，即上尊号曰至尊寿皇圣帝，皇后曰寿成皇后。寿皇圣帝诏立帝元妃李氏为皇后。甲子，帝率群臣朝重华宫。大赦，百官进秩一级，优赏诸军，蠲公私逋负及郡县淳熙十四年以前税。丙寅，帝率群臣诣重华宫，上尊号册、宝。以阁门舍人谯熙载、姜特立并知阁门事。庚午，诏五日一朝重华宫。辛未，尊皇太后曰寿圣皇太后。壬申，诏内外臣僚陈时政阙失，四方献歌颂者勿受。遣罗点等使金告即位。癸酉，诏戒敕将帅。赐前宰执、从官诏，访以得失。乙亥，诏两省官详定内外封章，具要切者以闻。遣诸葛廷瑞等使金吊祭。丙子，诏戒敕官吏。己卯，诏官吏赃罪显著者，重罚毋贷。辛巳，以生日为重明节。丁亥，诏百官轮封。己丑，诏编《寿皇圣政》。庚寅，诏中书舍人罗点具可为台谏者，点以叶适、吴镒、孙逢吉、张体仁、冯震武、郑湜、刘崇之、沈清臣八人上之。

三月壬辰，以周必大为少保，留正转正奉大夫。丙申，遣沈揆等使金贺即位。诏侍从、两省、台谏，各举可任湖广及四川总领者一人。己亥，子扩进封嘉王。癸卯，金遣王元德等来告哀。戊申，以寿皇却五日之朝，诏自今月四朝重华宫。甲寅，以史浩为太师，伯圭为少师，少保士歆为少傅，昭庆军节度使士岘为少保。戊午，金遣张万公等来致遗留物。己未,以左补阙薛叔似为将作监,右拾遗许及之为军器监。拾遗、补阙官自此罢。诏东宫书籍并赐嘉王。

夏四月丙寅,不事于太庙。丁卯,四川应起经、总制钱存留三年,代输盐酒重额。癸酉,佺挧进封许国公。乙亥,以两浙犒赏酒库隶诸州,岁入六十五万,寻减三十万。戊寅,金遣徒单镒等来告即位。以权兵部侍郎何澹为右谏议大夫。丙戌,有事于景灵宫。

五月申午,以王蔺知枢密院事兼参知政事。丙申,周必大罢为观文殿大学士,判潭州。常德府、辰沅靖州大水入其郛。丁酉,诏丞相以下,月一朝重华宫。戊戌,罢周必大判潭州之命,许以旧官为醴泉观使。戊申,以和义郡夫人黄氏为贵妃。右丞相留正论知阁门事姜特立,罢之。

闰月庚申朔,诏内侍陈源,许在外任便居住。免郡县淳熙十四年以前私负,十五年以后输息及本者亦蠲之。壬戌,以赵雄为宁武军节度使、开府仪同三司,进封卫国公,仍判江陵府。庚午,诏罢卖浙西常平官田。癸酉,诏季秋有事于明堂,以高宗配。丙子,赵雄疾甚,改判资州。戊寅,蠲郡县第五等户身丁钱及临安第五等户和卖绢各一年,仍出钱二十三缗振临安贫民。己卯,阶州大水入郛。壬午,大理狱空。乙酉,御后殿虑囚。

六月庚寅,镇江大水入其郛。癸卯,诏:自今臣僚奏请事涉改法者,三省、枢密院详具以闻。

秋七月辛酉,儒林郎倪恕等以封事可采,迁官、免文解有差。戊辰,遣谢深甫等贺金主生辰。庚辰,下诏恤刑。

八月甲午,升恭州为重庆府。丙申,减两浙月桩等钱岁二十五万五千缗。己亥,王淮薨。癸丑,金遣温迪罕肃等来贺即位。

九月癸亥,金遣完颜守真等来贺重明节。减绍兴和卖绢岁额四万四千余匹。乙丑,戒执政、侍从、台谏,毋移书以荐举、请托。南剑州火,降其守臣一官,仍令优加振济。戊辰,诏侍从各举公正强敏之士,尝任守令及职事官、材堪御史者一人。甲戌,诏监司、帅守,秩满到阙,荐所部廉吏一二人,遣郭德麟等使金贺正旦。

冬十月庚子,罢枢密院审察诸军之制。壬寅,蠲楚州、高邮盱眙军民负常平米一万四千余石。甲寅,大阅。

十一月庚午,诏改明年为绍熙元年。复置嘉王府翊善,以秘书郎黄裳为之。乙亥,诏陈源毋得辄入国门。丁丑,减江、浙月桩钱额十六万五千余缗。

十二月壬子,金遣裴满余庆等来贺明年正旦。

绍熙元年春正月丙辰朔,帝率群臣诣重华宫,奉上寿圣皇太后、至尊寿皇圣帝、寿成皇后册、宝。壬申,再蠲临安府民身丁钱三年。壬午,何澹请置绍熙会计录。诏何澹同户部长贰、检正、都司稽考财赋出入之数以闻。

二月丁酉,雨雹。辛亥,殿中侍御史刘光祖言:道学非程氏私言,乞定是非,别邪正。从之。

三月丁卯,诏秀王袭封,置园庙。班安喜王讳。录赵普后一人。庚午,以久雨释杖以下囚。

夏四月乙酉,诏两淮措置流民。己丑,以伯圭为太保、嗣秀王。丁未,殿中侍御史刘光祖以论带御器械吴端罢。戊申,赐礼部进士余复以下五百三十有七人及第、出身。

五月乙卯,赵雄坐所举以贿败,降封益川郡公,削食邑一千户。己未,出吴端为浙西马步军副总管。丙寅,修楚州城。丙子,太白昼见。

六月丁亥,遣丘崇等贺金主生辰。丙申,以上供等钱偿广州放免身丁钱数。甲午,御后殿虑囚。

秋七月癸丑,诏秀王诸孙并授南班。甲寅,以葛邲参知政事,给事中胡晋臣签书枢密院事。乙卯,以留正为左丞相,王蔺枢密院使。癸酉,建秀王祠堂于行在。

八月辛卯,立任子中铨人吏部帘试法。己亥,帝率群臣上《寿皇圣帝玉牒》、《日历》于重华宫。己酉,诏造新历。

九月丁巳,金遣王修等来贺重明节。己未,升剑州为隆庆府。辛酉,雷。庚午,遣苏山等使金贺正旦。

　　冬十月丁酉,诏内外诸军自今毋置额外制、领以下官。丙午,诏内外军帅各荐所部有将才者。庚戌,诏谕郡县吏奉法爱民。

　　十一月甲寅,安南入贡。壬戌,潼川转运判官王溉搏节漕计,代输井户重额钱十六万缗,诏奖之。

　　十二月辛巳朔,赠左千牛卫大将军挺为保宁军节度使。壬午,赐王伦谥曰节愍。丙戌,罢王蔺枢密使。戊子,以葛邲知枢密院事,胡晋臣参知政事兼同知枢密院事。癸卯,诏岁减广东官卖盐。丙午,金遣把德固等来贺明年正旦。戊申,浦城盗张海作乱,诏提点刑狱丰谊捕之。

　　二年春正月庚戌朔,命两淮行义仓法。壬子,尊高宗为万世不祧之庙。

　　庚申,修六合城。辛酉,金主母徒单氏殂。戊寅,雷电,雨雹。

　　二月辰朔,大雨雪。壬午,遣宋之瑞等使金吊祭。癸未,名新历曰会元。甲申,福建安抚使赵汝愚等以盗发所部,与守臣、监司名降秩一等,县令追停。乙酉,诏以阴阳失时,雷雪交作,令侍从、台谏、两省、卿监、郎官、馆职,各具时政阙失以闻。出米五万石赈京城贫民。权罢修皇后家庙。辛卯,布衣余古上书极谏,帝怒,诏送筠州学听读。丁未,金遣完颜回等来告哀。

　　三月丙辰,诏监司、郡守互送以赃论。丁巳,诏自今边事令宰相与枢密院议,仍同签书。丙寅,诏福建提点刑狱陈公亮、知漳州朱熹同措置漳、泉、汀三州经界。丁卯,增广州摧锋军三百人。癸酉,建宁府雨雹,大如桃李,坏民居五千余家。温州大风雨,雷雹,田苗桑果荡尽。丙子,出右司谏邓驲。

　　夏四月乙酉,从寿皇圣帝、寿成皇后幸聚景园。丙申,诏侍从、两省、台谏及在外侍从之臣,各举所知尝任监司、郡守可充郎官、卿监及资历未深可充诸职事官者,各三人。辛丑,徽州火,二日乃灭。

　　五月己酉朔,福州水。辛亥,诏六院官许轮对,仍入杂厌。庚申,诏侍从、经筵、翰苑官,自今并不时宣对,庶广咨询,以补治道。戊辰,金州大火。己巳,潼川崇庆二府、大安石泉淮安三军、兴利果合绵汉六州大水。

六月戊寅,诏:监司到任半年,条上裕民事,如郡守。庚辰,遣赵雍等贺金主生辰。丁亥,以伯圭判大宗正事,癸巳,诏宰臣、执政,自今不时内殿宣引奏事。

秋七月丁未朔,诏故容州编管人高登追复元官,仍赠承务郎。己未,出会子百万缗,收两淮私铸铁钱。乙丑,复置太医局。己巳,兴州大水,漂没数千家。

八月戊寅,何澹以本生继母丧去官。甲申,宽两浙榷铁之禁。

九月壬子,金遣完颜宠等来贺重明节。召知福州赵汝愚为吏部尚书。壬戌,禁职田折变。癸亥,遣黄申等使金贺正旦。乙丑,以久雨,命大理、三衙、监安府及两浙决系囚,释杖以下。己巳,诏侍从于尝任卿监、郎官内,选堪断刑长贰一二人以闻。

冬十月丙子朔,诏罢经界。丁丑,筑福州外城。庚辰,减百官大礼赐物三之一。甲申,复吴端带御器械。辛卯,诏守令毋征敛病民。庚子,下诏抚谕四川被水州军。

十一月戊申,安定郡王子彭薨。己巳,册加高宗徽号曰受命中兴全功至德圣神武文昭仁宪孝皇帝。辛未,有事于太庙。皇后李氏杀黄贵妃,以暴卒闻。壬申,合祭天地于圜丘,以太祖、太宗、太宗配,大风雨,不成礼而罢。帝既闻贵妃薨,又值此变,震惧疾,罢称贺,肆赦不御楼。寿皇圣帝及寿成皇后来视疾,帝自是不视朝。

十二月庚辰,筑荆门军城。丁亥,帝始对辅臣于内殿。乙未,增楚州更戍兵一千五百人。庚子,复出会子百万缗,收两铁钱。辛丑,金遣完颜宗璧等来贺明年正旦。壬寅,资、简、普、荣四州及富顺监旱。甲辰,诏:庆远军承宣使、内侍省都知杨皓怀奸凶恣,刺面杖脊,配吉州;和州防御使、内侍省押班黄迈私相朋附,决杖,编管抚州。寻送皓抚州、迈常州居住。

是岁,建宁府、汀州水,阶、成、西和、凤四州及淮东旱,振之。

三年春正月乙巳朔，帝有疾，不视朝。庚戌，蠲秀州上供米四万四千石。岁蠲四川盐酒重额钱九十万缗。出度僧牒二百，收淮东铁钱。丁巳，命夔路转运使通融漕计籴米，以备凶荒。壬戌，罢文州民杂役。诏辅臣代行恭谢之礼。

二月甲戌朔，复以两浙犒赏酒库酒隶户部。丁酉，申严钱银过淮之禁。

闰月丙午，禁郡县新作寺观。甲寅，以王蔺为端明殿学士、四川安抚制置使，蔺辞不行。壬戌，诏：州县未断之讼，监司毋得移狱，违者许执奏。甲子，成都府路转运判官王溉，以代民输激赏等绢钱三十三万缗，诏进一官，仍令再任。诏卖郡县没官田屋及营田。

三月甲戌，修天长县城。辛巳，帝疾稍愈，始御延和殿听政。以子涛为安定郡王。甲申，罢雅州税场五。筑峡州城。乙酉，留正乞去位，不许。庚寅，宜州蛮寇边，改知郁林州沙世坚知宜州以讨之。辛卯，复监司列荐法。丁酉，罢广东增收盐斤钱。己亥，诏技艺补授之人，毋得奏补，著为令。庚子，监察御史郭德麟以察事失体，出为湖北提举常平茶盐。

夏四月癸卯，补童子吴钢官。甲寅，振四川旱伤郡县。乙卯，以户部侍郎丘崈为焕章阁直学士、四川安抚制置使。戊午，帝朝重华宫。丁卯，蠲临安民元年、二年逋赋。

五月，帝有疾，不视朝。乙未，命汉阳、荆门军、复州行铁钱。己亥，蠲四川水旱郡县租赋。仍以两浙犒赏酒库隶诸州，令户部郎官提领岁以四十五万缗为额。庚子晦，常德府大水入其郛。

六月辛丑朔，下诏戒饬风俗，禁民奢侈与士为文浮靡、吏苟且饰伪者。以权礼部尚书陈骙同知枢密院事。甲辰，遣钱之望等贺金主生辰。丁未，罢四川诸军岁起西兵。废光州定城监。壬子，虑囚。戊午，以伯圭为太师。甲子，增捕获私铸铜钱赏格。丙寅，以太尉郭师禹为少保。

秋七月己巳，刺沿边盗万人为诸州禁军。壬申，监文思院常良孙坐赃配海外。益国公周必大坐缪举良孙,降荣阳郡公。省广西郡县官。甲戌,台州水。壬午,泸州骑射卒张信等作乱,杀其帅臣张孝芳。甲申,军士卞进、张昌击杀信。增嘉王府讲读官二员。壬辰,修扬州城。

八月甲寅,诏两淮行铁钱交子。戊午,总领四川财赋杨辅奏:已蠲东、西两川畸零绢钱四十七万缗、激赏绢六万六千匹。诏奖之。自是岁以为例。

九月甲戌,修德安府外城。乙亥,金遣仆散端等来贺重明节。戊子,遣郑汝谐等使金贺正旦。丙申,劝两淮民种桑。

冬十月壬寅,修大禹陵庙。丙午,修潭州城。辛亥,帝诣重华宫进香。庚申,会庆节,丞相率百官诣重华宫表称贺。

十一月壬申,振襄阳府被水贫民。癸酉,减蕲州岁铸钱二十万。丙戌,日南至,丞相率百官诣重华宫拜表称贺。兵部尚书罗点、给事中尤袤、中书舍人黄裳皆上疏请帝朝重华宫,吏部尚书赵汝愚亦因面对以请,帝开纳。辛卯,帝朝重华宫,皇后继至,都人大悦。癸巳,蠲湖南北、京西、江西郡县桩、经总制钱,岁二十三万缗。戊戌,诏:李纯乃皇后亲侄,可特除阁门宣赞舍人。

十二月癸卯,帝率群臣上《寿皇圣帝玉牒》、《圣政》、《会要》于重华宫。丙午,蠲归正人赋役三年。辛亥,以留正为少保。乙丑,金遣温敦忠等来贺明年正旦。

是岁,江东、京西、湖北水。

四年春正月己巳朔,帝朝重华宫。辛卯,蠲临安府民身丁钱三年。

二月戊戌朔,诏陈源特与在京宫观。丙寅,贷淮西民牛钱。出米七万石振江陵饥民。甲戌,皇孙生。

三月丙子,帝朝重华宫,皇后从。辛巳,以葛邲为右丞相,胡晋臣知枢密院事,陈骙参知政事,赵汝愚同知枢密院事。甲申,监察御史汪义端奏:汝愚执政,非祖宗故事,请罢之。疏三上,不报。辛卯,义端罢。癸巳，帝从寿皇圣帝、寿成皇后幸聚景园。乙未，修巢县城。

夏四月己酉，罢括卖四川沿边郡县官田。

五月丙寅朔，复永州义保。己巳，赐礼部进士陈亮以下三百九十有六人及第、出身。进士李侨年五十四，调成都司户参军，自以禄不及养，乞以一官回赠父母。帝嘉其志，特诏以本官致仕，父母皆与初品官封。丙子，淮西大水。丙戌，绍兴大水。召浙东总管姜特立。丞相留正以论特立不行，乞罢相，不报。壬辰，太尉、利州安抚使吴挺卒。四川制置使丘崈阿制以总领财赋杨辅权安抚使，命统制官李世广权管其军。

六月丙申朔，留正出城待罪，振江浙、两淮、荆湖被水贫民。戊戌，秘书省著作郎沈有开，著作佐郎李唐卿，秘书郎范黼彭龟年，校书郎王柟，正字蔡幼学、颜棫、吴猎、项安世上疏，乞寝姜特立召命。乙亥，遣许及之等贺金主生辰。壬寅，诏市淮马充沿江诸军战骑。戊申，胡晋臣薨。己酉，御后殿虑囚。癸丑，蠲临安增民税钱八万余缗。甲寅，太白昼见。甲子，雨雹。

秋七月乙丑朔，太白昼见。丙寅，大雨雹。己巳，留正复论姜特立，缴纳出身以来文字，待罪于范村。丙子，以不雨命诸路提刑审断滞狱。戊寅，命临安府及三衙决系囚，释杖以下。壬午，以赵汝愚知枢密院事，吏部尚书余端礼同知枢密院事，陈源为内侍省押班。癸未，禁邕州左、右两江贩鬻生口。乙酉，叙州夷贼没该落无等寇边，遣兵讨平之。

八月丙申，蠲绍兴丁盐、茶租钱八万二千余缗。丁酉，罢郡县卖没官田。癸丑，诏三省议振恤郡县水旱。丁巳，赠吴挺少保；其子曦落阶官，起复濠州团练使、带御器械。戊午，振江东、浙西、淮西旱伤贫民。

九月己巳，金遣董师中等来贺重明节。庚午，重明节，百官上寿。侍从、两省请帝朝重华宫，不听。己卯，上寿圣皇太后尊号曰寿圣隆慈备福皇太后，壬午，遣倪思等使金贺正旦。甲申，帝将朝重华宫，皇后止帝，中书舍人陈傅良引裾力谏，不听。戊子，著作郎沈有开、秘书郎彭龟年、礼部侍郎倪思等咸上疏,请朝重华宫。

冬十月丙午,内教三衙诸军。己酉,朝献于景灵宫。夜,地震。庚戌,朝献于景灵宫。夜,地又震。壬子,秘书省官请朝重华宫,疏三上,不报。甲寅,雨土。工部尚书赵彦逾等上疏重华宫,乞会庆圣节勿降旨免朝。寿皇曰:"朕自秋凉以来,思与皇帝相见,卿等奏疏,已令进御前矣。"明日会庆节,帝以疾不果朝,丞相葛邲率百官贺于重华宫。侍从上章,居家待罪,诏不许。嘉王府翊善黄裳上疏,请诛内侍杨舜卿;台谏张叔椿、章颖上疏,乞罢黜;戊午,太学生汪安仁等二百一十八人上书,请朝重华,皆不报。己未,丞相以下奏事重华宫。庚申,帝将朝重华宫,复以疾不果。丞相以下上疏自劾,请罢政、彭龟年请逐陈源以谢天下,皆不报。

十一月辛未,日中有黑子。壬申,侍从、两省赵彦逾等十一人同班奏事。癸酉,太白昼见,地生毛,夜有赤云白气。戊寅,帝朝重华宫,都人大悦。遣右司郎官徐谊召留正于城外。庚辰,始入朝,复赴都堂视事。命姜特立还故官。日中黑子灭。癸未,帝率群臣奉上皇太后册宝于慈福宫。

十二月戊戌,帝朝重华宫。壬寅,右司谏章颖以地震请罢葛邲,疏十余上,不报。甲辰,命沿边守臣三年为任。己酉,诏监司、帅守毋独员荐士。庚戌,赵雄薨。甲寅,复四川盐合同场旧法。丁巳,振江、浙流民。己未,金遣完颜弼等来贺明年止旦。

五年春正月癸亥朔,帝御大庆殿,受群臣朝,遂朝重华宫,次诣慈福宫,行庆寿礼。推恩如淳熙十年故事。癸酉,寿皇圣帝不豫。丙子,大理狱空。癸未,葛邲罢。丙戌,宽绍兴民租税。

二月乙未,赵汝愚、余端礼以奏除西帅不行,居家待罪。戊戌,荆、鄂诸军都统制张诏为成州团练使、兴州诸军都统制。庚戌,禁湖南、江西遏籴。

三月癸亥,合利州东、西为一路。己巳,寿成皇后生辰,免过宫上寿。

夏四月甲午,帝幸玉津园,皇后及后宫皆从。乙未,寿皇圣帝幸东园。丙申,史浩薨。己亥,朝献于景灵宫。壬寅,以不雨命大理、三衙、临安府及两浙决系囚,释杖以下。癸卯,雨土。甲辰,侍从入对,请朝重华宫。己酉,太学生肖说等以帝未朝,移书大臣,事闻,帝将以癸丑日朝。至期,丞相以下入宫门以俟,日昃,帝复以疾不出。侍从、馆学官上疏,乞罢黜,居家待罪;职事官请去待罪者百余人,诏不许。丙辰,侍讲黄裳、秘书少监孙逢吉等再上疏以请。丁巳,起居郎兼权中舍人陈傅良请以亲王、执政或近上宗戚一人充重华宫使。台谏交章劾内侍陈源、杨舜卿、林亿年离间两宫,请罢逐之。

五月辛酉朔,辰州傜贼寇边。甲子,侍从入对,未得见。宰执诣重华宫问疾,不及引。陈傅良缴上告敕,出城待罪。丁卯,以寿皇圣帝疾棘,命丞相以下分祷天地、宗庙、社稷。戊辰,丞相留正等请帝侍疾,正引裾随帝至福宁殿,久之,乃泣而出。辛未,丞相以下以所请不从,求退,帝命皆退,於是丞相以下遂出城待罪。知阁门事韩侂胄请宣押入城,许之。追封史浩为会稽郡王。乙亥,帝将朝重华宫,复不果。戊寅,以寿皇圣帝疾,赦。权刑部尚书京镗入对,请朝重华宫。庚辰,丞相以下诣重华宫问疾。癸未,起居舍人彭龟年叩头请奏事,诏令上殿,乃请朝重华宫。甲申,从官列奏以请,嘉王府翊善黄裳、讲读官沈有开、彭龟年奏,乞令嘉王诣重华宫问疾,许之。王至重华宫,寿皇为之感动。丙戌,权户部侍郎袁说友入对,请朝重华宫。

六月,遣梁总等贺金主生辰。戊戌夜,寿皇圣帝崩,遣诰改重华宫为慈福宫,建寿成皇后殿於宫后,以便定省。以重华宫钱银一百万缗赐内外军。先是,丞相留正、知枢密院事赵汝愚、参知政事陈骙、同知枢密院事余端礼闻寿皇圣帝大渐,见帝于后殿,力请帝朝重华宫,皇子嘉王亦泣以请,不听。至是,丞相正等闻寿皇圣帝崩,乃率百官听遗诰于重华宫。己亥,丞相以下上疏,请诣重华成礼。庚子,遣薛叔似等使金告哀。辛丑,丞相率百官拜表,请就丧次成服。壬寅,寿皇大敛。皇子嘉王复入奏事,诏俟疾愈,过宫行礼。丞相以下请皇太后垂帘听政,不许;请代行祭奠礼,许之。仍有旨:皇帝有疾,听就内中成服。夜,白气亘天。乙巳,尊寿圣降慈备福皇太后,为太皇太后,寿成皇后为皇太后。己酉,白气亘天。乙卯,遣林湜等使金致遗留物。

秋七月辛酉,丞相留正称疾,乞罢政,遂逃归。初,正等屡请立嘉王为皇太子,帝许之。正拟指挥以进,奉御笔:“历事岁久,念欲退闲。”正得之,大惧,乃谋退焉。甲子,太皇太后以皇帝疾未能执丧,命皇子嘉王即皇帝位于重华宫之素幄,尊皇帝为太上皇帝,皇后为寿仁太上皇后,移御泰安宫。

庆元元年十一月戊戌,上尊号曰圣安寿仁太上皇帝。六年八月庚寅,太上皇帝不豫。辛卯,崩于寿康宫,年五十有四。十一月丙寅,谥曰宪仁圣哲慈孝皇帝,庙号光宗。嘉泰三年十一月壬申,加谥循道宪仁明功茂德温文顺武圣哲慈孝皇帝。

赞曰:光宗幼有令闻,向用儒雅。逮其即位,总权纲,屏嬖幸,薄赋缓刑,见于绍熙初政,宜若可取。及夫宫闱妒悍,内不能制,惊忧致疾。自是政治日昏,孝养日怠,而乾、淳之业衰焉。

宋史卷三七

本纪第三七

宁宗一

　　宁宗法天备道纯德茂功仁文哲武圣睿恭孝皇帝,讳扩,光宗第二子也,母曰慈懿皇后李氏。光宗为恭王,慈懿梦日坠于庭,以手承之,已而有娠。乾道四年十月丙午,生于王邸。五年五月,赐今名。十一月乙丑,授右千牛卫大将军。七年,光宗为皇太子。淳熙五年十月戊午,迁明州观察使,封英国公。七年二月,初就傅。

　　九年正月,始冠。十年九月己巳,始预朝参。十一年,当出阁,两宫爱之,不欲令居外,乃建第东宫之侧,以十月甲戌迁焉。

　　十二年三月乙酉,迁安庆军节度使,封平阳郡王。八月辛酉,纳夫人韩氏。十六年二月壬戌,光宗受禅。三月己亥,拜少保、武宁军节度使,进封嘉王。帝自弱龄,尊师重傅,至是,始置翊善,以沈清臣为之。

　　绍熙元年春,宰相留正请立帝为储嗣。

　　五年六月戊戌,孝宗崩,光宗以疾不能出。壬寅,宰臣请太皇太后垂帘听政,不许;请代行祭奠之礼,从之。丁未,宰臣奏云:“皇子嘉王,仁孝夙成。宜正储位,以安人心。”越六日,奏三上,从之。明日,遂拟旨以进。是夕,御批付丞相云:“历事岁久,念欲退闲。”

　　七月辛酉,留正以疾辞去。知枢密院事赵汝愚见正去,乃遣韩侂胄因内侍张宗尹以禅位嘉王之意,请于太皇太后,不获。遇提举重华宫关礼,侂胄因其问,告之。礼继入内,泣请于太皇太后,太皇太后乃悟,令谕侂胄曰:"好为之!"侂胄出,告汝愚,命殿帅郭杲夜分兵卫南北内。翌日禫祭,汝愚率百官诣大行枢前,太皇太后垂帘,汝愚率同列再拜,奏:"皇帝疾不能执丧,臣等乞立皇子嘉王为太子,以安人心。"乃奉御批八字以奏。太皇太后曰:"既有御笔,卿当奉行"。汝愚曰:"内禅事重,须议一指挥。"太皇太后允诺。汝愚袖出所拟以进,云:"皇帝以疾,未能执丧,曾有御笔,欲自退闲,皇子嘉王扩可即皇帝位。尊皇帝为太上皇,皇后为太上皇后。"太皇太后览毕,曰:"甚善。"

汝愚出,以旨谕帝,帝固辞曰:"恐负不孝名。"汝愚曰:"天子当以安社稷、定国家为孝,今中外忧乱,万一变生,置太上皇何地。"众扶入素幄,披黄袍,方却立未坐,汝愚率同列再拜。帝脂几筵殿,哭尽哀。须臾立仗讫,催百官班,帝衰服出,就重华殿东庑素幄立,内侍扶掖,乃坐。百官起居讫,乃入行禫祭礼。诏建泰安宫,以奉太上皇、太上皇后。汝愚即丧次请召还留正。乙丑,太皇太后命立崇国夫人韩氏为皇后。丙寅,大赦。百官进秩一级,赏诸军。诏车驾五日一朝泰安宫,百官月两朝。以即位告于天地、宗庙、社稷。

丁卯,侍御史张叔椿劾留正擅去相位,诏以叔椿为吏部侍郎。戊辰,诏求直言。遣郑湜使金告禅位。己巳,以赵汝愚兼参知政事。庚午,召秘阁修撰、知潭州朱熹诣行在。庚辰,率群臣拜表于泰安宫。辛巳,以赵汝愚为枢密院使,保大军节度使郭师禹为欑宫总护使。壬申,建泰安宫。乙亥,以赵汝愚为右丞相,参知政事陈骙知枢密院事,余端礼参知政事,仍兼同知枢密院事。汝愚辞不拜。赐前宰执、侍从诏,访以得失。丙子,大风。戊寅,诏:秋署,太上皇帝未须移御,即以寝殿为泰安宫。以殿前都指挥使郭杲为武康军节度使。壬午,侍御史章颖等劾内侍林亿年、陈源、杨舜卿,诏亿年、源与在外宫观,舜卿在京宫观。韩侂胄落阶官,为汝州防御使。癸未,余端礼辞兼同知枢密院事。甲申,以兵部尚书罗点签书枢密院事。诏两省官详定应诏封事,具要切者以闻。戊子,诏百官轮对。罢杨舜卿在京宫观,林亿年常州居住,陈源抚州居住。

　　八月己丑朔,安定郡王子涛薨。辛卯,初御行宫便殿听政。癸巳,以朱熹为焕章阁待制兼侍讲。甲午,增置讲读官,以给事中黄裳、中书舍人陈傅良彭龟年等为之。丁酉,以生日为天祐节。己亥,率群臣朝泰安宫。辛丑,诏诸道举廉吏、纠污吏。壬寅,诏经筵官开陈经旨,救正阙失。进封弟许国公为徐国公。癸卯,加嗣濮王士歆少师,郭师禹少傅,夏执中少保。乙巳,诏晚讲官坐讲。丁未,复罢经筵坐讲。命三省议振恤诸路郡县水旱。乙卯,加安南国王李龙翰思忠功臣。诏岁减广西盐额十万缗。丙辰,留正罢,以观文殿大学士判建康府。以赵汝愚为右丞相。丁巳,诏侍从、两省、台谏各举通亮公清、不植党与、曾任知县者二人。

　　九月己巳,命赵汝愚朝献景灵宫。庚子,命嗣秀王伯圭朝飨太庙。是日,罗点薨。辛未,合祭天地于明堂,大赦。壬申,以刑部尚书京镗签书枢密院事。甲戌,下诏抚谕诸将。改天祐节为瑞庆节。

　　冬十月己丑,右谏议大夫张叔椿再劾留正擅去相位,诏落正观文殿大学士。庚寅,更泰安宫为寿康宫。辛卯,命四川制置司铨量诸州守臣。癸巳,雷。乙未,诏以阴阳谬戾,雷电非时,令台谏、侍从,各疏朝政阙失以闻。戊戌,复许武举人试换文资。庚子,以久雨命大理、三衙、临安府、两浙州县决系囚,释杖以下。辛丑,减两浙、江东西路和市折帛钱,蠲两浙路丁盐、身丁钱一年。雅州蛮寇边,土丁拒退之,寻出降。甲辰,以朱熹言,趣后省看详应诏封事。乙巳,上大行至尊寿皇圣帝谥曰哲文神武成孝皇帝,庙号孝宗。丙午,复以朱熹奏请,却瑞庆节贺表。庚戌,改上安穆皇后谥曰成穆皇后,安恭皇后谥曰成恭皇后。壬子,遣曾三复使金贺正旦。丙辰,上孝宗皇帝册宝于重华殿,成穆皇后、成恭皇后册宝于本室。是月,建福宁殿。

　　闰月庚申,以吏部尚书郑侨等奏请祧僖、宣二祖,正太祖东响之位,寻立僖祖别朝,以藏顺、翼、宣三祖之主。乙丑,遣林李友使金报谢。戊辰,金遣使来吊祭。戊寅,侍讲朱熹以上疏忤韩侂胄罢,赵汝愚力谏,不听;台谏、给舍交章请留朱熹,亦不听。诏两省、台谏、侍从各举宗室有文学器识者二人。壬午,诏改明年为庆元元年。

十一月甲午,复加安南国王李龙翰济美功臣。丙午,帝自重华宫还大内。庚戌,以宜州观察使韩侂胄兼枢密都承旨。辛亥,雨木冰。诏行孝宗三年制,命礼官条具典礼以闻。升明州为庆元府。乙卯,权攒孝宗皇帝于永阜陵。

十二月丁巳朔,禁民间妄言宫禁事。乙丑,吏部侍郎彭龟年上疏,言韩侂胄假托声势,窃弄威福,乞黜之以解天下之疑。诏罢龟年;进侂胄一官,与在京宫观。赵汝愚请留龟年,不听。御史中丞谢深甫劾陈傅良,罢之。戊辰,以陈康伯配飨孝宗庙庭。己巳,陈骙罢。庚午,以余端礼知枢密院事,京镗参知政事,郑侨同知枢密院事。辛未,监察御史刘德秀劾起居舍人刘光祖,罢之。癸酉,金遣使来贺登位。上孝宗庙乐曰《大伦之舞》。甲戌,祔孝宗神主于太庙。丁丑,减临安、绍兴二府死罪以下囚,释杖以下,蠲杖以下。蠲民缘攒宫役者赋。戊寅,加郭禹少师,进封永宁郡王。癸未,金遣使来贺明年正旦。

是岁,两浙、淮南、江东西路水旱,振之,仍蠲其赋。

庆元元年春正月丁巳朔,蠲两淮租税。壬寅,黎州蛮寇边,官军战却之。乙巳,蠲台、严、湖三州贫民身丁、折帛钱一年。诏两浙、淮南、江东路荒歉诸州收养遗弃小儿。辛亥,以久雨振给临安贫民。丙辰,白虹贯日。

二月丁巳朔,诏两淮诸州劝民垦辟荒田。壬戌,诏嗣秀王伯圭赞拜不名。癸亥,以久雨释大理、三衙、临安府、两浙路杖以下囚。丁卯,诏帅臣、监司岁终考察郡守臧否以闻。戊寅,以右正言李沐言,罢赵汝愚为观文殿大学士、知福州。己卯,雨土。以余端礼兼参知政事。庚辰,兵部侍郎章颖以党赵汝愚罢。甲申,谢深甫等再劾汝愚,诏与宫观。

三月丙戌朔,日有食之。庚寅,太白经天。辛亥,诏四川岁发西兵诣行在,如旧制。癸丑,命侍从、台谏、两省集议江南沿江诸州行铁钱利害。甲寅,国子祭酒李祥、博士杨简以党赵汝愚罢。

　　夏四月丁巳,太府寺丞吕祖俭坐上疏留赵汝愚及论不当黜朱熹、彭龟年等,忤侂胄,送韶州安置。己未,以余端礼为右丞相,京镗知枢密院事,郑侨参知政事,谢深甫签书枢密院。庚申,太学生杨宏中等六人以上书留赵汝愚、章颖、李祥、杨简,请黜李沐,诏宏中等各送五百里外编管。中书舍人邓驲上疏救之,不听。戊辰,临安大疫,出内币钱为贫民医药、棺敛费及赐诸军疫死者家。

　　五月戊子,吕祖俭改送吉州安置。戊戌,诏戒百官朋比。丙午,诏诸路提举司置广惠仓,修胎养令。辛亥,减大理、三衙、临安府杂犯死罪以下囚,释杖以下。

　　六月丁巳,复留正观文殿大学士,充醴泉观使。右正言刘德秀请考核真伪,以辨邪正。己未,遣汪义端贺金主生辰。庚午,诏三衙、江上诸军主帅、将佐,初除举自代一人,岁荐所知二人。癸酉,以韩侂胄为保宁军节度使、提举万寿观。

　　秋七月壬辰,加周必大少傅。丁酉,落赵汝愚观文殿大学士,罢宫观。己亥,太白昼见。

　　八月己巳,诏内外诸军主帅条奏武备边防之策以闻。

　　九月壬午朔,蠲临安府水灾贫民赋。乙酉,以久雨决系囚。丙戌,荧惑入太微。甲辰,遣黄艾使金贺正旦。己酉,蠲台、严、湖三州被灾民丁绢。

　　冬十月己卯,诏三省、枢密院条上合教诸军例。乙丑,升秀州为嘉兴府,舒州为安庆府,嘉州为嘉定府,英州为英德府。戊辰,金遣吴鼎枢来贺瑞庆节。壬申,封子恭为安定郡王。

　　十一月己丑,雨土。庚寅,以弟徐国公柄为昭庆节度使。戊戌,加上寿圣隆慈备福太皇太后尊号曰寿圣隆慈备福光佑太皇太后,寿成皇太后曰寿成惠慈皇太后,太上皇曰圣安寿仁太上皇,太上皇后曰寿仁太上皇后。丙午,以监察御史胡纮言,责授赵汝愚宁远军节度副使,永州安置。丁未,命宰执大阅。

　　十二月癸亥,置楚州弩手效用军。丙子,命朱熹为焕章阁待制,辞。丁丑，金遣纥石烈正来贺明年正旦。

二年春正月庚寅，以余端礼为右丞相，京镗为左丞相，郑侨知枢密院事，谢深甫参知政事，御史中丞何澹同知枢密院事。庚子，赵汝愚卒于永州。甲辰，右谏议大夫刘德秀劾留正引用伪学之党，诏落正观文殿大学士，罢宫观。

二月辛酉，诏追复赵汝愚官，许归葬，以中书舍人吴宗旦言，罢之。辛未，再蠲临安府民身丁钱三年。

三月丙申，命诸军射铁帘。己亥，进封弟抦为吴兴郡王。丙午，有司上《庆元会计录》。

夏四月甲子，余端礼罢。壬申，以何澹参知政事，吏部尚书叶翥签书枢密院。乙亥，增置监察御史一员。

五月辛巳，以旱祷于天地、宗庙、社稷。诏大理、三衙、临安府、两浙州县决系囚。乙酉，申严狱囚瘐死之罚。辛卯，赐礼部进士邹应龙以下四百九十有九人及第、出身。甲午，减诸路和市折帛钱三年。建华文阁，以藏孝宗御集。甲辰，更慈福宫为寿慈宫。

六月庚戌，遣吴宗旦贺金主生辰。乙丑，命监司、帅守臧否县令，分三等。丙子，子埈生。

秋七月癸未，祫于太庙。丙戌，减诸路死罪囚，释流以下。戊子，量徒流人吕祖俭等于内郡。诏检正、都司考核诸路守臣便民五事以闻。戊戌，以韩侂胄为开府仪同三司、万寿观使。

八月癸丑，奉安孝宗皇帝、成恭皇后、成恭皇后神御于景灵宫。丙辰，以太常少卿胡纮请，权住进拟伪学之党。壬戌，子埈薨，追封兖王，谥冲惠。

九月丁亥，复分利州为东西路。癸巳，嗣濮王士歆薨，追封韶王。甲午，流星昼陨。丁酉，遣张贵谟使金贺正旦。

冬十月戊申，率群臣奉上寿圣降慈备福光佑太皇太后、寿成惠慈皇太后、圣安寿仁太皇、寿仁太上皇后册宝于慈福、寿康宫。辛亥，册皇后。壬戌，金遣张嗣来贺瑞庆节。甲戌，大阅。

十一月庚寅,诣寿康宫,上《太上皇帝宽恤诏令》。壬辰,京镗等《上孝宗皇帝宽恤诏令》。癸卯,赏宜州捕降峒寇功。

十二月辛未,金遣完颜崇道来贺明年正旦。是月,监察御史沈继祖劾朱熹,诏落熹秘阁修撰,罢宫观。窜处士蔡元定于道州。

三年春正月壬寅,郑侨罢。癸卯,以谢深甫兼知枢密院。

二月己酉,京镗等《上神宗玉牒》、《高宗实录》。丁巳,以大理司直邵褒然请诏大臣自今权臣、伪学之党,勿除在内差遣,诏下其章。

三月乙未,建东华门。庚子,禁浙西州军围田。壬寅,诏:“自今有司奏谳死罪不当者,论如律。”

夏四月丙午,雨土。命不祛为嗣濮王。壬子,以旱祷于天地、宗庙、社稷。乙丑,雨雹。

六月戊辰,颁《淳熙宽恤诏令》。

闰月甲戌,内出器付尚书省毁之,命申严私铸铜器之禁。乙亥,遣卫泾贺金主生辰。甲午,诏留正分司西京,邵州居住。是夏,广东提举茶盐徐安国遣人捕私盐于大奚山,岛民遂作乱。

秋七月庚午,监察御史沈继祖录淹囚四百余条来上,诏进二官。

八月戊子,复置严州神泉监。辛卯,知广州钱之望遣兵入大奚山,尽杀岛民。甲午,均诸路职田。

九月壬寅,以四川旱诏蠲民赋。辛酉,遣曾炎使金贺正旦。乙丑,申严帅臣、监司臧否郡守之制。是月,诏监司、帅守荐举改官,勿用伪学之人。

冬十月癸酉,雷。丙戌,金遣完颜愈来贺瑞庆节。丙申,以太皇太后违豫,赦。

十一月辛丑,加孝宗皇帝谥曰绍统同道冠德昭功哲文神武明圣成孝皇帝。太皇太后吴氏崩。壬寅,朝献于景灵宫。癸卯,朝飨于太庙。甲辰,祀天地于圜丘,大赦。乙巳,诏为大行太皇太后服期。丁未,遣赵介使金告哀。

十二月丙子,始御正殿。丁丑,以大行太皇太后欑宫,蠲绍兴府贫民明年身丁、折帛绵绢。庚辰,罢文武官纳官告绫纸钱。甲申,雷,雨土。乙未,金遣奥屯忠孝来贺明年正旦。丁酉,以知绵州王沇请,诏省部籍伪学姓名。

四年春正月己卯,上钦宗皇后谥曰仁怀皇后。丙寅,以叶翥同知枢密院事。丁卯,诏有司宽恤两浙、江淮、荆湖、四川流民。

二月辛未,诏两省、侍从、台谏各举所知一二人,毋荐宰执亲党。丙子,上大行太皇太后谥曰宪圣慈烈皇后。

三月甲子,权欑宪圣慈烈皇后于永思陵。乙丑,金遣乌林答天益来吊祭。

夏四月丙戌,祔仁怀皇后、宪圣慈烈皇后神主于太庙。己丑,蠲临安、绍兴二府租税有差。丙申,始御正殿。是月,右谏议大夫张釜请下诏禁伪学。遣汤硕使金报谢。

五月己亥,加韩侂胄少傅,赐玉带。己酉,诏禁伪学。

六月己巳,遣杨王休贺金主生辰。癸酉,以弟吴兴郡王抦为开府仪同三司。

秋七月辛酉,叶翥罢。

八月丁卯朔,以久雨决系囚。丙子,以谢深甫知枢密院兼参知政事,吏部尚书许及之同知枢密院事。庚辰,白气亘天。丙戌,诏以太上皇圣躬清复,率群臣上寿。寻不克行。

九月壬寅,太白昼见。癸卯,太白经天。丁未,颁《庆元重修敕令格式》。庚申,遣马觉使金贺正旦。是月,诏造新历。

冬十月戊子,金遣孙铎来贺瑞庆节。

十二月丙戌,再蠲临安府民身丁钱三年。己丑,金遣杨庭筠来贺明年正旦。

五年春正月庚子,枢密院直省官蔡琏诉赵汝愚定策时有异谋,诏下大理捕鞠彭龟年、曾三聘等以实其事。中书舍人范仲艺力争之于韩侂胄,事遂寝。张釜等复请穷治,诏停龟年、三聘官。壬戌,建玉堂。

二月癸酉,白气亘天。乙酉,张釜劾刘光祖附和伪学,诏房州居住。

三月甲午,罢监司臧否郡守之制。

夏五月壬辰朔,新历成,赐名曰统天。戊戌,赐礼部进士曾从龙以下四百十有二人及第、出身。戊申,以久雨,民多疫,命临安府振恤之。壬子,诏诸路州学置武士斋,选官按其武艺。

六月癸亥,遣李大性贺金主生辰。

秋七月甲寅,禁高丽、日本商人博易铜钱。

八月乙亥,白气亘天。辛巳,太祖朝楹生芝,率群臣诣寿康宫上寿,始见太上皇,成礼而还。甲申,以过宫上寿礼成,中外奉表称贺。丙戌,诏减诸路流囚,释杖以下,推恩如庆寿故事。丁亥,进京镗等官一级。戊子,立沿边诸州武举取士法。

九月庚寅朔,加韩侂胄少师,封平原郡王。丙辰,遣朱致知使金贺正旦。

冬十月庚申朔,封郭师禹为广陵郡王。丙子,金遣仆散琦来贺瑞庆节。

十一月己丑朔,诏复右司一员。

十二月辛酉,嗣濮王不逻薨。庚午,命广东水土恶弱诸州建安仁宅、惠济仓库,给士大夫死不能归者。乙亥,奉安仁怀皇后、宪圣慈烈皇后神御于景灵宫。甲申,金遣范楫来贺明年正旦。

是岁,饶信江抚严衢台七州、建昌兴国军、广东诸州皆水,振之。

六年春正月己亥,子坦生。

二月戊辰,减诸路杂犯死罪囚,释徒以下。己巳,雨土。己卯,率群臣奉上《圣安寿仁太上皇玉牒》、《圣政》、《日历》、《会要》于寿康宫。甲申,封婕好杨氏为贵妃。

闰月庚寅，以京镗为左丞相，谢深甫为右丞相，何澹知枢密院事兼参知政事。乙巳，复留正少保、观文殿大学士致仕。丁未，雨土。辛亥，以殿前副都指挥使吴曦为昭信军节度使。

三月甲子，朱熹卒。辛未，从寿成惠慈皇后太后幸聚景园。己卯，安定郡王子恭薨。

夏四月己酉，命不堂为嗣濮王。

五月丙辰，以旱决中外系囚。除茶盐赏钱。有司上《庆元宽恤诏令》、《役法撮要》。癸亥，避正殿，减膳。丙寅，诏大理、三衙、临安府及诸路阙雨州县释杖以下囚。戊辰，诏侍从、台谏两省、卿监、郎官、馆职疏陈阙失及当今急务。辛未，以久不雨诏中外陈朝廷过失及时政利害。壬申，雨。丁丑，诏三省、枢密院择臣僚封事可行者以闻。

六月乙酉朔，日有食之。丁亥，以太上皇后违豫，赦。戊子，太上皇后李氏崩。壬辰，遣赵善义贺金主生辰，吴旰使金告哀。戊申，许及之以母忧去位。

秋七月己未，初御后殿。丁卯，以御史中丞陈自强签书枢密院事。

八月庚寅，以太上皇违豫，赦。辛卯，太上皇崩。甲午，遣李寅仲使金告哀。乙未，日中有黑子。丙申，上大行太上皇后谥曰慈懿皇后。丁酉，京镗薨。壬寅，子坦薨，追封邠王，谥冲温。癸卯，权攒慈懿皇后于临安府南山之修吉寺。

九月乙卯，祔慈懿皇后神主于太庙。甲子，婺州布衣吕祖泰上书，请诛韩侂胄、苏师旦，逐陈自强等，以周必大代之。诏杖祖泰，配钦州牢城。己巳，命谢深甫朝献景灵宫。庚午，命嗣濮王不堂朝飨太庙。辛未，合祭地于明堂。大赦。丙子，遣丁常任为金国遗留国信使。

冬十月丙戌，加韩侂胄太傅。戊子，遣林桷使金贺正旦。庚子，复加安南国王李龙翰保节功臣。辛丑，雨土。

十一月癸丑朔，诏宗子与愿更名严，为福州观察使。己未，皇后

韩氏崩。癸亥,子增生。丙寅,东北地震。上大行太上皇谥曰宪仁
圣哲慈孝皇帝。庙号光宗。乙亥,上大行皇后谥曰恭淑皇后。

十二月癸未朔,子增薨,追封郢王,谥冲英。乙酉,日中有黑子。
辛卯,雨土。权攒宪仁圣哲慈孝皇帝于永崇陵。己亥,金遣乌古论
谊来吊祭。壬寅,权攒恭淑皇后于临安府南山之广孝寺。癸卯,祔
光宗皇帝神主于太庙。遣虞俦使金报谢。诏改明年为嘉泰元年。乙
巳,日中黑子灭。蠲临安、绍兴二府民缘攒宫役者赋。戊申,金遣纥
石烈忠定来贺明年正旦。己酉,加吴曦太尉。庚戌,祔恭淑皇后神
主于太庙。诏罢四川总领所所增关外四州营田租。

是岁,建宁府、徽严衢婺饶信南剑七州水,建康府、常润扬楚通
泰和七州、江阴军旱,振之。

宋史卷三八
本纪第三八

宁宗二

嘉泰元年春正月戊午，申严福建科盐之禁。壬戌，谢深甫等荐士三十有五人，诏籍名中书，以待选擢。丁卯，命路钤按阅诸州兵士，毋受馈遗及擅招军，违者置诸法。庚午，以葛邲配飨光宗庙庭。丙子，金遣完颜充来吊祭。

二月戊子，诏求明历之士。壬辰，开资善堂。遣俞烈使金报谢。癸巳，监察御史施康年劾少傅、观文殿大学士致仕周必大首倡伪学，私植党与，诏降为少保。修《光宗实录》。乙未，续修吏部七司法。己亥，初置教官试于四川。辛丑，雨土。

三月丙寅，雨雹。戊辰，复雨雹。颁庆元宽恤诏令、役法撮要。己巳，雨雹。戊寅，临安大火，四日乃灭。

夏四月辛巳，诏有司振恤被灾居民，死者给钱瘗之。壬午，下诏自责。诏枢密院核禁卫班直及诸军营栅焚毁之数。癸未，避正殿，减膳。甲申，命临安府察奸民纵火者，治以军法。内降钱十六万缗、米六万五千余石，振被灾死亡之家。辛卯，龙州蕃部寇边，遣官军讨之。诏以风俗侈靡，灾后官军营造务遵法制。内出销金铺翠，焚之通衢，禁民无或服用。丁酉，御正殿，复膳。戊戌，以潜邸为开元宫。丙午，诏文武臣无寓居州任厘务官，著为令。

五月戊午，以旱祷于天地、宗庙、社稷，诏大理、三衙、临安府、两浙州县决系囚。癸亥，释诸路杖以下囚。除茶盐赏钱。丁卯，命有司举行宽恤之政十有六条。乙亥,监太平惠民局夏允中请用文彦博故事,以韩侂胄平章军国重事。韩侂胄上疏请致仕,不许。免允中官。丙子,雨。丁丑,雨雹。

六月辛巳,遣陈宗召贺金主生辰。丙午,太白经天。

秋七月乙卯,何澹罢。丁巳,以旱复祷于天地、宗庙、社稷。壬戌,释大理、三衙、临安府及诸路阙雨州县杖以下囚。癸亥,雨雹。甲子,以陈自强参知政事兼同知枢密院事,张釜签书枢密院事。丁卯,复振被火贫民。己巳,以吴曦为兴州都统制兼知兴州。

八月己卯,减奏荐恩。甲申,张釜罢,以陈自强兼知枢密院事,给事中张岩参知政事,右谏议大夫程松同知枢密院事。丙戌,复诏侍从、台谏、两省集议沿江八州行铁利害。

九月辛亥,遣朝臣二人决浙西围田。己未,雨土。辛未,遣李景和使金贺正旦。甲戌,令礼官纂集孝宗一朝典礼。

冬十月甲申,诏免瑞庆节诸道入贡。丙戌,起居郎王容请以韩侂胄定策事迹付史馆,从之。甲午,金遣徒单怀忠来贺瑞庆节。甲辰,编《光宗御集》。

十一月庚申,蠲潭州民旧输黄河铁缆钱。丙寅,太白昼见。

十二月己卯,太白经天。庚寅,复免临安府民身丁钱三年。辛丑,雨土。癸卯,金遣纥石烈真来贺明年正旦。

是岁,浙西、江东、两淮、利州路旱,振之,仍蠲其赋,真里富国献驯象二。

二年春正月癸亥,以知阁门事苏师旦兼枢密都承旨。丁卯,陈自强等上《高宗实录》。

二月甲申,追复赵汝愚资政殿学士。丁亥,修高宗正史、宝训。戊子,颁《治县十二事》以风厉县令。癸巳,禁行私史。

三月辛亥,诏宰执各举可守边郡者二三人。己未,初命诸路提刑以五月按部理囚。己巳,诏诸路帅臣、总领、监举任将帅者与本军主帅列上之。

夏四月庚寅，雨雹。

五月甲辰朔，日有食之。己巳，赐礼部进士傅行简以下四百九十有七人及第、出身。

六月丙子，遣赵不艰贺金主生辰。己卯，临安火。壬午，浚浙西运河。辛卯，禁都民以火说相惊者。庚子，大雨雹。

秋七月辛亥，封子觐为安定郡王。癸亥，以旱释诸路杖以下囚。己巳，命有司举行宽恤之政七条。庚午，祷于天地、宗庙、社稷。复行宽恤四事。

八月丙子，以吏部尚书袁说友同知枢密院事。癸未，建宝谟阁以藏《光宗御集》。己丑，诏作寿慈宫，请太皇太后还内。甲午，谢深甫等上《庆元条法事类》。

九月己酉，朝寿慈宫。甲寅，修《皇帝会要》。壬戌，奉安光宗皇帝、慈懿皇后神御于景灵宫、万寿观。丙寅，嗣秀正伯圭薨，追封崇王，谥曰宪靖。庚午，临安府野蚕成茧。

冬十月乙亥，上寿成惠慈太皇太后尊号曰寿成惠圣慈佑太皇太后。戊子，金遣完颜璃来贺瑞庆节。乙未，遣鲁宜使金贺正旦。是月，追复朱熹焕章阁待制致仕。

十一月甲辰，始御正殿。乙巳，重修《吏部七司法》。庚戌，以陈自强知枢密院事，前同知枢密院事许及之参知政事。丁巳，右文殿楹生芝。

十二月甲戌，日中有黑子。率群臣奉上寿成惠圣慈佑太皇太后册宝于寿慈宫。甲申，立贵妃杨氏为皇后。加韩侂胄太师。庚寅，大阅。

闰月丁未，诏讲官有当开释者，随事开陈。乙卯，以福州观察使畎为威武军节度使，封卫国公。丁卯，金遣徒单公弼来贺明年正旦。是月，复周必大少傅、观文殿大学士。

是冬，子埛生，未逾月薨，追封华王，谥冲穆。

是岁，建宁府、福汀南剑泸四州水，邵州旱，振之。

三年春正月庚辰,谢深甫罢。壬午,置湖南溪洞总首。戊子,龙州蕃部复寇边,遣官军讨之。甲午,张岩罢。丙申,以陈自强兼参知政事。戊戌,幸太学,谒大成殿,御化原堂,命国子祭酒李寅仲讲《尚书》《周官篇》。遂幸武学,谒武成殿。监学官进秩一级,诸生推恩赐帛有差。以袁说友参知政事,权翰林学士、知制诰傅伯寿签书枢密院事,伯寿辞不拜。

二月乙已,御文德殿册皇后。以吏部尚书费士寅签书枢密院事。

三月丁丑,以久雨诏大理、三衙、临安府决系囚。乙酉,幸聚景园。

夏四月己亥朔,日有食之。壬寅,福州瑞麦生。丙午,出封桩库两淮交子一百万,命转运司收民间铁钱。乙卯,陈自强等上《徽宗玉牒》、孝宗光宗《实录》。辛酉,诏宰执、台谏子孙毋就试。

五月戊寅,以陈自强为右丞相,许及之知枢密院事,仍兼参知政事。庚辰,以旱诏大理、三衙、临安府释杖以下囚。癸未,命有司搜访旧闻,修三朝正史,以书来上者赏之。是月,以苏师旦为定江军承宣使。

六月壬寅,遣刘甲贺金主生辰。己酉,减大理、三衙、临安府囚罪一等,释杖以下。癸亥,太白经天。

秋七月辛未,颁《庆元条法事类》。命殿前司造战舰。壬午,权罢同安、汉阳、蕲春三监铸钱。白虹贯日。癸未,禁江、浙州县抑纳逃赋。乙未,加光宗皇帝谥曰循道宪仁明功茂德温文顺武圣哲慈孝皇帝。

八月壬寅,增置襄阳骑军。戊申,置四川提举茶马二员,分治茶马事。丙辰,陈自强等上《皇帝会要》。甲子,诏刑部岁终比较诸路瘐死之数,以为殿最。

九月庚午,袁说友罢。壬申,以宗子希璂为庄文太子嗣,更名揖,授右千牛卫将军。癸酉,命坑冶铁冶司毁私钱改铸。己丑,诏南郊加祀感生帝,太子、庶子星,宋星。遣张孝曾使金贺正旦。

冬十月庚子，诏宥吕祖泰。癸卯，以费士寅参知政事，华文阁学士、知镇江府张孝伯同知枢密院事。丙午，命两淮诸州以仲冬教阅民兵万弩手。丁未，大风。戊申，龙州蕃部出降。壬子，金遣完颜奕来贺瑞庆节。

十一月壬申，上光宗册宝于太庙。癸酉，朝献于景灵宫。甲戌，朝飨于太庙。乙亥，祀天地于圜丘，大赦。癸未，大风。己丑，安定郡王子觌甍。更定选人荐举改官法。庚寅，复置福田、居养院，命诸路提举常平司主之。

十二月丙辰，命四川提举茶马通治茶马事。辛酉，下诏戒敕将帅措克。金遣独吉思忠来贺明年正旦。

是冬，金国多难，惧朝廷乘其隙，沿边聚粮增戍，且禁襄阳榷场。边衅之开，盖自此始。

四年春正月乙亥，大风。浚天长县濠。癸未，日中有黑子。壬辰，雨雹。琼州西浮洞逃军作乱，寇掠文昌县，遣兵讨平之。

二月丁酉，置庄文太子府小学教授。辛亥，命内外诸军射铁帖转资。壬子，蠲临安府逋负酒税。己未，立《试刑法避亲格》。庚申，夜有赤气亘天。

三月丁卯，临安大火，迁太庙，权奉神主于景灵宫。己巳，避正殿。庚午，命临安府振焚室。辛未，诏修太庙。甲戌，下诏罪己。乙亥，诏百官疏陈时政阙失。庚寅，复御正殿。

夏四月甲午朔，立韩世忠庙于镇江府。命内外诸军详度纯队法。甲辰，许及之罢。振恤江西水旱州县。乙巳，以费士寅兼知枢密院，张孝伯参知政事，吏部尚书钱象祖赐出身，同知枢密院事。丙辰，诏革选举之弊。

五月乙亥，诏诸军主帅各举部内将材三人，不如所举者坐之。癸未，追封岳飞为鄂王。

六月癸巳，遣张嗣古贺金主生辰。丙申，置诸军帐前雄效，以军官子孙补之。壬寅，诏侍从、台谏、两省集议裁抑滥赏。壬子，诏诸路监司核实诸州桩积钱米,沿江、四川军帅简练军实。丁已,增庐州强勇军为千人。

秋七月甲子,以旱诏大理、三衙、临安府、两浙及诸路决系囚。戊辰,祷于天地、宗庙、社稷。己巳,命诸路提刑从宜断疑狱。蠲内外诸军逋负营运息钱。辛未,蠲两浙阙雨州县逋租。戊子,命诸路提刑、提举司措置保伍法。

八月己亥,陈自强等上《皇帝玉牒》。癸丑,诏自今以恩赏进秩,岁毋过二官。蠲绍兴府攒宫所在民身丁钱绢绵盐。丙辰,除静江府、昭州折布钱。戊午,张孝伯罢。

九月乙丑,得四圭,有邸玉一,诏藏于太常。壬午,遣邓友龙使金贺正旦。丙戌,戒饬两淮州县遵守宽恤旧法。

冬十月庚子,以资政殿大学士、淮东安抚使张岩参知政事。壬寅,金遣完颜昌来贺瑞庆节。

十一月己未朔,诏两淮、荆襄诸州值荒歉奏请不及者,听先发廪以闻。庚午,封伯㭿为安定郡王。壬申,白气亘天。庚辰,修六合县城。

十二月癸巳,诏总核内外财赋,以陈自强兼国用使,费士寅、张岩同知国用事。己亥,诏改明年为开禧元年。壬寅,禁州县挟私籍没民产。甲辰,再蠲临安府民身丁钱三年。乙卯,金遣乌林答毅来贺明年正旦。

开禧元年春正癸酉,初置澉浦水军。壬午,雨霾。

二月癸巳,夺徐安国三官。癸卯,诏国用司立考核财赋之法。丙午,蠲临安府逋负酒税。

三月庚申,太白昼见。辛未,申严民间生子弃杀之禁,仍令有司月给钱米收养。辛巳,以淮西安抚司所招军为强勇军。癸未,费士寅罢。

夏四月戊子朔,以钱象祖参知政事兼同知枢密院事,吏部尚书刘德秀签书枢密院事。辛卯,以江陵副都统李奕为镇江都统,皇甫斌为江陵副都统兼知襄阳府。戊戌,修《宪圣慈烈皇后圣德事迹》。辛丑,日中有黑子。甲寅,武学生华岳上书,谏朝廷不宜用兵,恐启边衅。以忤韩侂胄,送建宁府编管。乙卯,大风。

五月己巳,赐礼部进士毛自知以下四百三十有三人及第、出身。复淳熙荐举改官法。乙亥,诏以卫国公曮为皇子,进封荣王。甲申,镇江都统戚拱遣忠义人朱裕结弓手李全焚涟水县。是月,金国以边民侵掠及增边戍来责渝盟。

六月戊子,罢广东税场八十一濇。辛卯,诏内外诸军密为行军之计。戊戌,命诸路安抚司教阅禁军。己亥,遣李壁贺金主生辰。庚子,进程松资政殿大学士,为四川制置使。辛丑,淮东安抚郑挺坐擅纳北人牛真及劫涟水军事败,夺二官罢。壬寅,天鸣有声。复同安、汉阳、蕲春三监。己巳,荧惑犯太微右执法。陈自强等上《新修淳熙以后吏部七司法》。壬子,陈自强及侍御史邓友龙等请用本朝故事,以韩侂胄平章军国事。减大理、三衙、临安府囚罪一等,释杖以下。

秋七月庚申,诏韩侂胄平章军国事,立班丞相上,三日一朝,赴都堂治事。命兴元都统司增招战兵。丙寅,以苏师旦为安远军节度使领阁门事。丁卯,诏侍从、两省、台谏、在外待制学士已上及内外文武官,各举将帅边守一二人。戊辰,赠赵汝愚少保。己卯,韩侂胄等上《高宗御集》。壬午,诏诸路提刑、提举司措置保甲。癸未,以韩侂胄兼国用使。以旱诏大理、三衙、临安府、两浙州县及诸路决系囚。

八月丙戌朔,蠲两浙阙雨州县赈赏钱。丁亥,命湖北安抚司增招神劲军。癸巳,雨。乙巳,以殿前副都指挥使郭倪为镇江都统兼知扬州。是月,赠宇文虚中少保,追封刘光世为王。

闰月戊寅,韩侂胄等上《钦宗玉牒》、《宪圣慈烈皇后圣德事迹》。

九月丁亥,刘德秀罢。庚子,诏官吏犯赃追还所受,如旧法。丁未,遣陈景俊使金贺正旦。庚戌,大风。

冬十月甲子,江州守臣陈铸以岁旱图献瑞禾,诏夺一官。丙寅,升嘉定府为嘉庆军。庚午,金遣纥石烈子仁来贺瑞庆节。复置和州马监。

十一月乙酉,置殿前司神武军五千人屯扬州。乙未,申严告讦之禁。

十二月癸丑朔,修孝宗、光宗御集。庚午,诏两淮京西监司、帅守讲行宽恤之政。增刺马军司弩手。癸酉,诏永除两浙身丁钱绢。戊寅,金遣赵之杰来贺明年正旦,入见,礼甚倨。韩侂胄请帝还内,诏使人更以正旦朝见。著作郎朱质上书请斩金使,不报。

是岁,真里富国献瑞象。江浙、福建、二广诸州旱,两淮、京西、湖北诸州水,振之。

二年春正月癸未朔,蠲两浙路身丁紬绵。癸巳,再给军士雪寒钱。发米振给贫民。以金使悖慢,馆伴使、副以下夺官有差。乙未,增太学内舍生为百二十人。辛丑,更名国用司曰国用参计所。己酉,雷,雨雹。辛亥,诏坑户毁钱为铜者不赦,仍籍其家,著为令。是月,雅州蛮高吟师寇边,遣官军讨之。

二月癸丑,寿慈宫火。甲寅,太皇太后移居大内,车驾月四朝。乙卯,以火灾避正殿,撤乐。丁巳,以久雨诏大理、三衙、临安府及诸路决系囚。己卯,复御正殿。

三月癸巳,以程松为四川宣抚使,吴曦为宣抚副使。甲午,颁《开禧重修七司法》。丁酉,诏诸路监司岁十一月按部理囚,如五月之制。己亥,从太皇太后幸聚景园。乙巳,钱象祖罢,以张岩兼知枢密院。丙午,以钱象祖怀奸避事,夺二官,信州居住。己酉,知处州徐邦宪入见,请立太子,因以肆赦弭兵,侍御史徐竑劾罢之。

夏四月己未,雅州蛮作乱,焚硐门砦,官军失利;庚申,四川宣抚司复调御前大军往讨之。甲子,以薛叔似为兵部尚书、湖北京西宣抚使,邓友龙为御史中丞、两淮宣抚使。下纳粟补官之令。戊辰,以吴曦兼陕西、河东路招抚使。己巳,调三衙兵增戍淮东。庚午,追夺秦桧王爵,命礼官改谥。乙亥,以郭倪兼山东、京东路招抚使,鄂州都统赵淳兼京西北路招抚命名,皇甫斌兼京西北路招抚副使。丁丑,吴曦遣其客姚淮源献关外四州于金,求封蜀王。镇江都统制陈孝庆复泗州,江州统制许进复新息县。戊寅,光州忠义人孙成复褒信县。

五月辛巳朔,陈孝庆复虹县。吴兴郡王抦薨,追封沂王,谥曰靖惠。癸未,禁边郡官吏擅离职守。丙戌,江州都统王大节引兵攻蔡州不克,军大溃。丁亥,下诏伐金。癸巳,以伐金告于天地、宗庙、社稷。皇甫斌引兵攻唐州,败绩。兴元都统秦世辅出师至城固县,军大乱。甲午,赐宗室希瞿子名均,命为沂王抦后,补千牛卫将军。以池州副都统统郭倬、主管马军行司公事李汝翼会兵攻宿州,败绩。壬寅,太白昼见。简荆襄、两淮田卒以备战兵。癸卯,郭倬等还至蕲县,金人追而围之,倬执马军司统制田俊迈以与金人,乃得免。

六月壬子,王大节除名,袁州安置,寻徙封州。癸丑,建康都李爽攻寿州,败绩。甲寅,邓友龙罢。以江南东路安抚使丘崈为刑部尚书、两淮宣抚使。乙卯,雅州蛮高吟师出降,官军杀之。丁巳,减大理、三衙、临安府囚罪一等,释杖以下。夺郭倬、李汝翼三官。辛酉,夺皇甫斌三官。甲子,李爽罢。丁卯,曲赦泗州,减杂犯死罪囚,余皆除之,蠲其租税三年。建康副都统田琳复寿春府。戊辰,雅州蛮复寇边。甲戌,夺李爽三官,汀州居住。再夺皇甫斌五官,南安军安置。丙子,夺邓友龙三官,兴化军居住。戊寅,苏师旦罢。是月,命丘崈至扬州部署诸将,悉三衙江上军分守江、淮要害。金人封吴曦为蜀王。

秋七月辛巳,复绍兴边郡赏。夺苏师旦三官,衡州居住,仍籍其家。罢旱伤州军比较租赋一年。诏侍从、台谏、两省、卿监、郎官、监司、郡守、前宰执侍从,各举人材二三人。壬午,雅州蛮出降。庚子,苏师旦除名,韶州安置。癸卯,以张岩知枢密院事,礼部尚书李壁参知政事。乙巳,置沂王府小学教授。

八月丙寅,有司上《开禧刑名例》。斩郭倬于镇江。戊辰,再夺李爽三官,南雄州安置。辛未,诏诸州无证有佐之狱毋奏裁。壬申,以淮东安抚司所招军为御前强勇军。

九月壬午，金兵攻夺和尚原。己丑，朝献于景灵宫。庚寅，朝飨于太庙。辛卯，合祭天地于明堂，大赦。乙巳，赏复泗州功。

冬十月戊申朔，诏内外军帅各举智勇可将帅者二人。辛酉，以将士暴露，罢瑞庆节宴。丙子，金人自清河口渡淮，遂围楚州。

十一月庚辰，命主管殿前司公事郭杲领兵驻真州以援两淮。辛巳，金人破枣阳军。甲申，以丘崈签书枢密院事，督视江、淮军马。金人犯神马坡，江陵副都统魏友谅突围趋襄阳。乙酉，赵淳焚樊城。戊子，金人犯庐州，田琳拒退之。癸巳，以金人犯淮告于天地、宗庙、社稷。乙未，避正殿，减膳。以湖广总领陈谦为湖北、京西宣抚副使。丙申，金人去庐州。丁酉，金人犯旧岷州，守将王喜遁去。戊戌，金人围和州，守将周虎拒之。金人破信阳军。辛丑，金人围襄阳。壬寅，金人破随州。癸丑，太皇太后赐钱一百万缗犒赏军士。诏诸路招填禁军以待调遣。甲辰，金人犯睦州。乙巳，金人破西和州。是月，濠州、安丰军及边屯皆为金人所破。

十二月戊申，金人围德安府，守将李师尹拒之。庚戌，金人破成州，守臣辛樵之遁去。吴曦焚河池县，退屯青野原。辛亥，释大理、三衙、临安府杖以下囚。癸丑，金人去和州。甲寅，金人攻六合县，郭倪遣前军统制郭僎救之，遇于胥浦桥，大败，倪弃扬州走。丁巳，金人破大散关。戊午，荧惑守太微。癸亥，魏友谅军溃于花泉，走江陵。丁卯，金人犯七方关，兴州中军正将李好义拒却之。戊辰，吴曦还兴州。金人自淮南退师，留一军据濠州。己巳，罢郭倪，夺三官，责授果州团练副使，南康军安置。庚午，薛叔似、陈谦罢。以京湖北路安抚使吴猎为湖北、京西宣抚使。复两浙围田，募两淮流民耕种。癸酉，吴曦始自称蜀王。甲戌，以镇江副都统毕再遇为镇江都统、权山东京东路招抚司公事。乙亥，四川宣抚使程松遁。

三年春正月丁丑朔，丘崈罢。己卯，命知枢密院事张岩督视江、淮军马。庚辰，以陈自强兼枢密使，癸未，金人破阶州。丁亥，子坅生。庚寅，诏建康府给淮民装钱，遣归业。辛卯，吴曦招通判兴元府、权大安军事杨震仲，震仲不屈死之。癸巳，命两淮帅守、监司招集流民。甲午，吴曦僭位于兴州。甲辰，夺池州都统陈孝庆三官罢。

二月壬子，以金师退，御正殿，复膳。甲寅，削夺福建路总管兼延祥水军统制商荣官爵，柳州安置。己未，罢程松四川宣抚使，以成都府路安抚使杨辅为四川制置使，沿江制置使叶适兼江、淮制置使。庚申，以旱诏大理、三衙、临安府决系囚。癸亥，子圻薨，追封顺王，谥冲怀。甲子，振给旱伤州县贫民。命诸路提刑司从宜断疑狱。丁卯，罢江、浙、荆湖、福建招军。戊辰，子壔生，金人去襄阳。辛未，以旱祷于天地、宗庙、社稷。命有司举行宽恤之政八条，蠲两淮被兵诸州今年租赋。乙亥，释两浙路杖以下囚。四川宣抚副使司随军转运安丙及兴州中军正将李好义、监四川总领所兴州合江仓杨巨源等共诛吴曦，传首诣行在，献于庙社，枭三日，四川平。并诛曦妻子，家属徙岭南，夺其父挺官。迁吴璘子孙出蜀，存其庙祀，玠子孙免连坐。

三月丙子朔，蠲两淮被兵州郡役钱。丁丑，斩伪四川都转运使徐景望于利州。壬辰，兴州将刘昌国引兵至阶州，金人退去。癸巳，李好义复西和州。丁酉，金人去成州。庚子，诏以杨辅为四川宣抚使，安丙为端明殿学士、四川宣抚副使，起居舍人许奕为四川宣谕使。落程松资政殿大学士，夺六官，筠州安置，忠义统领张翼复凤州。辛丑，曲赦四川，减杂犯死罪囚，释杖以下。壬寅，责授程松顺昌军节度副使，澧州安置。

夏四月戊申，以吴猎兼四川宣谕使。子壔薨，追封申王，谥冲懿。癸丑，赦两淮、湖北、京西被兵诸州，减杂犯死罪囚，释流以下。蠲湖北、京西诸郡今年租赋。四川忠义人复大散关。己未，奉使金国通谢、国信所参议官方信孺发行在。庚申，以兵部尚书宇文绍节知江陵府，权湖北、京西宣抚使。壬戌，诏吴猎与宣抚司议，分兴州都统司军之半屯利州。丁卯，召杨辅诣行在，以吴猎为四川制置使。戊辰，以资政殿学士钱象祖参知政事。己巳，改兴州为沔州。庚午，赠杨震仲官,仍官其子一人。癸酉,金人复破大散关。甲戌,赦西和、阶、成、凤四州。

五月丁丑,赏诛吴曦功。戊寅,用四川宣抚司奏,吴曦党人张伸之等一十六人除名,编配两广及湖南诸州。己丑,以旱祷于天地、宗庙、社稷。辛卯,以太皇太后谢氏有疾,赦,是日崩。四川宣抚副使司参赞军事杨巨源与金人战于长桥,败绩。戊戌,诏四川宣抚、制置司分治兵民。庚子,复置沔州副都统制,以李好义为之。辛丑,李好义袭秦州,败还。

六月甲寅,赏守襄阳功。己未,李好义遇毒死。癸亥,以林拱辰为金国通谢使,遣富琯使金告哀,刘弥正贺金主生辰。癸酉,安丙杀其参议官杨巨源。

秋七月己卯,命不儔为嗣濮王。乙酉,以灾伤下诏罪己。

八月己巳,上大行太皇太后谥曰成肃皇后。

九月丁丑,诏诸路帅臣申儆边备。辛巳,召张岩诣行在。壬午,方信孺以忤韩侂胄,坐用私觌物擅作大臣馈遗金将,夺三官,临江军居住。甲申,减极边官吏举主员。乙酉,权攒成肃皇后于阜陵。丙戌,命淮西转运司措置雄淮军。辛卯,以赵淳为殿前副都指挥使兼江、淮制置使。乙未,张岩罢。辛丑,遣王柟持书赴金国都副元帅府。壬寅,祔成肃皇后神主于太庙。

冬十月乙巳,减临安、绍兴二府囚罪一等,蠲民缘攒宫役者赋。丙午,更殿前司纯队法。乙卯,复珍州遵义军。丙辰,诏以边事谕军民。

十一月甲戌,诏:韩侂胄轻启兵端,罢平章国事;陈自强阿附充位,罢右丞相。乙亥,礼部侍郎史弥远等以密旨命权主管殿前司公事夏震诛韩侂胄于玉津园。以钱象祖兼知枢密院事,李壁兼同知枢密院事。以诛韩侂胄诏天下。丁丑,以夏震为福州观察使、主管殿前司公事,将士行赏有差。夺陈自强三官,永州居住。戊寅,责授苏师旦武泰军节度副使,韶州安置;己卯,斩之。诏:“奸臣窜殛,当首开言路,以来忠说。中外臣僚,各具所见以闻。”辛巳,再夺邓友龙五官,南雄州安置,寻除名行徙循州。乙酉,置御前忠锐军。丙戌,以御史中丞卫泾签书枢密院事兼参知政事。丁亥,诏立皇子荣王㬇为皇太子,更名㮙。戊子,郭倪除名,梅州安置;郭晬除名,连州安置:仍籍其家。夺李壁二官,抚州居住。癸巳,夺张岩二官,徽州居住。己亥,以立皇太子大赦。

十二月癸卯,以丘崈为江、淮制置大使。罢山东、京东招抚司。以许奕为金国通问使。乙巳,太白昼见。丁未,罢京西北路招抚司。己酉,落叶适宝文阁待制。蠲两淮州军税一年。庚戌,夺许及之二官,泉州居住。夺薛叔似二官,福州居住。再夺皇甫斌五官,英德府安置。癸丑,金人复破随州。辛酉,以钱象祖为右丞相兼枢密使,卫泾及给事中雷孝发并参知政事,吏部尚书林大中签书枢密院事。乙丑,以礼部尚书史弥远同知枢密院事。丙寅,赠吕祖俭朝奉郎、直秘阁,官其子一人。丁卯,诏改明年为嘉定元年。

是岁,浙西旱蝗,沿江诸州水。

宋史卷三九

本纪第三九

宁宗三

嘉定元年春正月戊寅，右谏议大夫叶时等请枭韩侂胄首于两淮以谢天下，不报。辛巳，下诏求言。壬午，王柟还自河南，持金人牒，求韩侂胄首。丙戌，叶时等复请枭侂胄首于两淮。戊子，安定郡王伯梾薨。壬辰，以史弥远知枢密院事，以许奕为金国通谢使。

二月戊申，追复赵汝愚观文殿大学士，谥忠定。诏史官改绍熙以来韩侂胄事迹。壬子，诏临安府振给流民。戊午，责授程松果州团练副使，宾州安置。是日，郴州黑风峒寇罗世传作乱，招降之。

三月癸酉，以毛自知首论用兵，夺进士第一人恩例。戊子，下诏戒饬内外群臣。复秦桧王爵、赠谥。己丑，王柟自军前再还行在，议以韩侂胄函首易淮、陕侵地。辛卯，诏枭侂胄首于两淮。

是春，子坦生。

夏四月丙辰，诏后省科别群臣奏疏可行者以闻。赠彭龟年宝谟阁直学士，落李沐宝文阁学士。戊午，再责授陈自强复州团练副使，雷州安置，仍籍其家。

闰月辛未，置拘榷安边钱物所。壬申，雨雹。癸未，子坦薨，追封肃王，谥冲靖。诏大理、三衙、临安府及诸路阙雨州县决系囚，释杖以下。甲申，诏自今视事令皇太子侍立。乙酉，以钱象祖兼太子少傅，卫泾、雷孝友、林大中并兼太子宾客。辛卯，以旱祷于天地、宗庙、祷稷。癸巳，减常膳。乙未，蠲两浙阙雨州县贫民逋赋。命大理、三衢、临安府、两浙州县决系囚。丙申,幸太乙宫、明庆寺社雨。丁酉,以旱诏求言。

五月辛酉,赐礼部进士郑自成以下四百二十有六人及第、出身。甲子,太白经天。乙丑,以飞蝗为灾,减常膳。丁卯,诏侍从、台谏疏奏阙政,监司、守令条上民间利害。

六月庚午,金人归大散关。辛未,金人归濠州。乙亥,卫泾罢。丙子,遣邹应龙贺金主生辰。甲申,林大中薨。乙酉,以蝗祷于天地、社稷。丙戌,诏侍从、两省、台谏举沿边守臣。辛卯,以史弥远兼参知政事。

秋七月辛丑,诏吕祖泰特补上州文学。癸丑,以丘𡒥同知枢密院事。壬戌,以飞蝗为灾,诏三省疏奏宽恤未尽之事。

八月戊辰朔,发米振贫民。辛未,丘𡒥卒。甲戌,命侍从、台谏、两省详议会子折阅利害。辛巳,以礼部尚书娄机同知枢密院事,吏部尚书楼钥签书枢密院事。丙戌,诏礼部侍郎许奕、起居舍人曾从龙考订监司、守令所陈民间利害,择可行者以闻,其未上者趣之。甲午,发米二十万,振枭江、淮流民。

九月辛丑,金使完颜侃、乔宇入见。壬子,出安边所钱一百万缗,命江、淮制置大使司籴米振饥民。己未,诏以和议成谕天下。甲子,遣曾从龙使金贺正旦。乙丑,大风。赦沿边诸州。

冬十月丙子,以钱象祖为左丞相,史弥远为右丞相。雷孝友知枢密院事仍兼参知政事,娄机参知政事,楼钥同知枢密院事。己卯,褒录庆元上书杨宏中等六人。庚辰,封伯柷为安定郡王。辛巳,蔡琏除名,配赣州牢城。癸未,金遣使来贺瑞庆节。

十一月丙辰,金主璟殂。戊午,史弥远以母忧去位。

十二月戊辰,钱象祖罢。庚午,四川初行当五大钱。升嘉兴府为嘉兴军。再夺李沐三官,信州居住。戊寅,改命曾从龙使金吊祭。己卯,黎州蛮畜卜寇边。己丑,遣宇文绍彭使金贺即位。辛卯,蠲两淮州军二税一年。

是岁,江、淮制置司汰雄淮军归农,淮东拣刺八千余人以补镇江大军及武锋军之阙,淮西拣刺二万六千余人以补为御前定武军。

二年春正月庚子,诏内外有司疏陈节用之事。辛丑,金遣裴满正来告哀。丁巳,以楼钥参知政事,御史中丞章良能同知枢密院事,吏部尚书宇文绍节签书枢密院事。庚申,金遣蒲察知刚来献遗留物。诏侍从、两省、台谏各举监司、郡守治行尤异者二三人。

二月己巳,金遣使来告即位。庚午,黎州蛮寇边。壬午,以会子折阅日甚,诏侍从、两省以下各疏奏所见。丁亥,罢法科试经义,复六场旧法。戊子,大风。

三月丙申,雨雹。己酉,诏:民以减会子之直籍没家财者,有司立还之。戊午,禁两淮官吏私卖民田。庚申,命浙西及沿江诸州给流民病者药。辛酉,罢漳泉福三州、兴化军卖废寺田。壬戌,出内库钱十万缗为临安贫民棺椁费。

夏四月乙丑,诏诸路监司督州县捕蝗。戊辰,江、淮制置司言,放庐、濠二州忠义军归农。甲申,赐临安诸军死者棺钱。戊子,赐杨震仲谥曰节毅。

五月丙申,史弥远起复。丁酉,以旱诏诸路监司决系囚,劾守令之贪残者。戊戌,借补训武郎罗日愿谋为变,伏诛。庚子,诏侍从、两省、台谏各举监司、郡守有政绩才望者二人,以补郎官之阙。辛丑,申命州县捕蝗。癸卯,诏两淮、荆襄守令以户口多寡为殿最。乙卯,释大理、三衙、临安府、两浙州县杖以下囚。除茶盐赏钱。己未,以旱诏群臣上封事。庚申,祷于天地、宗庙、社稷。

六月癸亥朔,命浙西诸州谕民种麻豆,毋督其租。诏台省及诸路监司速决滞狱。戊辰,奉安成肃皇后神御于景灵宫。己巳,遣俞应符贺金主生辰。乙酉,复祷雨于天地、宗庙、社稷。己丑,命江西、福建、二广丰稔诸州籴运以给临安,仍偿其费。辛卯,京湖制司言,放诸州新军及忠义人归农。

秋七月癸巳,命有司举行宽恤之政五条。乙未,诏荒歉州县七岁以下男女听异姓收养,著为令。己亥,蠲信阳、荆门、汉阳军民赋。

壬寅，命两淮转运司给诸州民麦种。癸卯，募民以振饥免役。

八月甲子，听两淮诸州民行铁钱于沿江八州。乙丑，以安丙为四川制置大使，罢宣抚司。甲戌，册皇太子。丁丑，皇太子谒于太庙。戊寅，诏皇太子更名询。己卯，黎州蛮复寇边。丙戌，发米十万石振两淮饥民。

九月己亥，朝献于景灵宫。庚子，朝飨于太庙。辛丑，合祭天地于明堂，大赦。丙午，增太学内舍生十员。癸丑，命吏部郎官刘爚等审定中外所陈会子利害，上于朝。己未，遣费培使金贺正旦。

冬十月丁卯，命京湖制置司募逃卒及放散忠义以补厢、禁军阙。丁丑，金遣使来贺瑞庆节。己丑，命两淮转运司给诸州民稻种，减公私房廊白地钱什之三。

十一月辛卯朔，沔州统制张林等谋作乱，事觉，贷死除名，广南羁管。甲午，诏浙西监司募饥民修水利。乙未，以岁饥罢雪宴。是月，郴州黑风峒寇李元砺作乱，众数万，连破吉、郴诸县，诏遣荆、鄂、江、池四州军讨之。

十二月甲子，四川制置大使司调官军讨黎州蛮，败绩。己巳，赐朱熹谥曰文。乙亥，诏诸州毋籴职田租。丙戌，金遣使来贺明年正旦。

是岁，诸路旱蝗，扬、楚、衡、郴、吉五州，南安军盗起。

三年春正月甲辰，下诏招谕群盗。又诏戒饬监司、郡守。丙午，雨土。

二月辛酉，黎州蛮复寇边。庚午，诏楚州武锋军岁给累重钱，如大军例。壬午，以工部侍郎王居安知隆兴府，督捕峒寇。

三月丁酉，蠲都城及荒歉诸州民间逋负。己亥，以湖南转运判官曹彦约知潭州，督捕峒寇。庚子，赐彭龟年谥曰忠肃。甲寅，诛楚州渠贼胡海。丙辰，以久雨释两浙州县系囚。

夏四月癸亥，李元砺犯南雄州，官军大败。乙丑，决临安系囚，释杖以下。丙寅，诏监司、守臣安集泰、吉二州民经贼蹂践者。戊辰，出内库钱二十三万缗赐临安军民。己巳,诏临安府给细民病死者棺椟。

五月乙未,淮东贼悉平,诏宽恤残破州县。甲辰,以去岁旱蝗百官应诏封事,命两省择可行者以闻。乙巳,命沿海诸州督捕海寇。戊申,经理两淮屯田。庚戌,以江陵忠勇军为御前忠勇军。癸丑,以久雨发米振贫民。

六月丁巳朔,日有食之。壬戌,命有司举行宽恤之政十有九条。癸亥,遣黄中贺金主生辰。己卯,加杨次山少保,封永阳郡王。诏三衙、江上、四川诸军主帅核实军籍,欺冒者以赃论。是月,池州副都统许俊、江州副都统刘元鼎与李元砺战于江西,皆不利;知潭州曹彦约又与贼战,亦为所败,贼势愈炽。

秋七月辛卯,申严围田增广之禁。癸卯,定南班为三十员。

八月乙亥,大风拔木。是月,临安府蝗。

九月丙戌朔,诏三衙、江上诸军,升差将校必以材艺年劳;其徇私者,台谏及制置、总领劾之。癸丑,遣钱仲彪使金贺正旦。

冬十月壬申,雷。金遣使来贺瑞庆节。丁丑,推南雄州战殁将士恩。

十一月癸巳,赏楚州平贼功。乙巳,遣朝臣二人往两浙路与提举官议收浮盐。是月,李元砺迫赣州、南安军,诏以重赏募人讨之。

十二月丙辰,诏江、淮诸司严饬守令安集流民。戊午,娄机罢。丙寅,湖南贼罗世传缚李元砺以降,峒寇悉平。辛巳,金遣使来贺明年正旦。黎州蛮请降。

是岁,临安绍兴二府、严衢二州大水,振之,仍蠲其赋。

四年春正月己丑,叙州蛮攻嘉定府利店砦,陷之。甲辰,以四川盐榷钱对减激赏绢一年。丙午,诏:湖南、江西诸州经贼蹂践者,监司、守臣考县令安集之实,第其能否以闻。

二月乙卯,李元砺伏诛。壬戌,罗世传补官,寻复叛。辛巳,罢广西诸州牛税。

闰月丁未,大风。辛亥,诏:诸路帅臣、监司、守令格朝廷振恤之令及盗发不即捕者,重罪之。

三月己未,临安府振给病民,死者赐棺钱。丙子,沔州将刘世雄等谋据仙人原作乱,伏诛。

夏四月甲申,禁两浙、福建州县科折盐酒。己丑,以吴曦没官田租代输关外四州旱伤秋税。丙午,赐黑风峒名曰效忠。戊申,出内库钱瘗疫死者贫民。是月,四川制置大使司置安边司以经制蛮事,命成都路提刑李柄、潼川路安抚许奕共领之。

五月乙亥,赐礼部进士赵建大以下四百六十有五人及第、出身。

六月丁亥,遣余嵘贺金主生辰,会金国有难,不至而还。减京畿囚罪一等,释杖以下。辛丑,更定四川诸军军额。

秋七月壬戌,太白昼见。丙寅,诏四川官吏尝受伪命者自今毋得叙用。丁丑,诏:军兴以来爵赏冒滥者听自陈,除其罪。

九月辛酉,叙州蛮寇边。乙亥,罗世传为其党所杀。丁丑,遣程卓使金贺正旦。诏:附会开边得罪之人,自今毋得叙用。

冬十月甲辰,以金国有难,命江淮、京湖、四川制置司谨边备。

十一月己酉朔,日有食之。癸丑,赏平峒寇功。甲戌,申严诸军升差之制。

十二月辛巳,奉议郎张镃坐扇摇国本除名,象州羁管。癸未,以会子折阅不行,遣官体访江、浙诸州。乙巳,金遣使来贺明年正旦。

是岁,金国有难,贺生辰使不至。

五年春正月己巳,诏诸路通行两浙倍役法,著为令。壬申,赐李好义谥曰忠壮。

二月壬午,罢两淮军兴以来借补官。

三月庚戌,四川制置司遣兵分道讨叙州蛮,其酋米在请降。戊辰,以久雨诏大理、三衙、临安府、两浙州县决系囚。甲戌,以广东、湖南、京西盗平,监司、帅臣进职有差。

夏五月癸酉，安南国王李龙翰卒，以其子昊旵为安南国王。诏：州县见役人毋纳免役钱，役满复输。

六月癸未，遣傅诚贺金主生辰。乙酉，禁铜钱过江。

秋七月庚申，赏降叙州蛮功。戊辰，以雷雨毁太庙屋，避正殿减膳。

八月甲戌朔，御后殿，复膳。

九月丙午，太白昼见。己酉，有司上《续编中兴礼书》。庚戌，遵义砦夷杨焕来献马。辛未，罢沿海诸州海船钱。遣应武使金贺正旦。

冬十月辛巳，诏诸路总领官岁举堪将帅者二三人，安抚、提刑举可备将材者各二人。戊子，金遣使来贺瑞庆节。戊戌，雷。遣使吊祭安南。

十一月庚申，朝献于景灵宫。辛酉，朝飨于太庙。壬戌，祀天地于圜丘，大赦。

十二月丁丑，再蠲濠州租税一年。壬午，诏蠲州县横增税额。己亥，金遣使来贺明年正旦。

六年春正月庚申，宇文绍节卒。诏侍从、台谏、两省官、帅守、监司各举实才二三人。

二月丁丑，太白昼见。丙戌，有司上《嘉定编修吏部条法总类》。乙未，诏宗室毋与胥吏通姻，著为令。

三月癸亥，楼钥罢。

夏四月丙子，以章良能参知政事。甲午，复法科试经义法，杂流进纳人不预。

五月丁卯，以旱命大理、三衙、临安府决系囚。戊辰，修庆元六年以来宽恤诏令。

六月乙亥，诏刑部岁终上诸州未决之狱于尚书省，择其最久者罪之。丁丑，遣董居谊贺金主生辰，会金国乱，不至而还。丁亥，复监司臧否守令及监司、郡守举廉吏所知法。丙申，诏三衙、江上诸军主帅各举堪将帅者二三人。

八月己巳朔，诏诸路监司、帅臣举所部官吏之才行卓绝、绩用章著者。庚午，知思州田宗范谋作乱，夔州路安抚司遣兵讨平之。是月，金人弑其主允济。

九月甲辰，蠲京、湖诸州逋负二十八万余缗。

闰月戊辰朔，诏御史台置考课监司簿。丙戌，以金主新立，命四川谨边备。己丑，诏湖北监司、守令振恤旱伤。癸巳，雷。甲午，史弥远等上《三祖下七世仙源类谱》、《高宗宝训》、《皇帝玉牒》、《会要》。乙未，大雷。丙申，以雷发非时下罪己诏。

冬十月丁酉朔，申严互送之禁。戊申，遣真德秀贺金主即位，会金国乱，不至而还。庚戌，遣李畐使金贺正旦，亦不至而还。甲子，金遣使来告即位。

十一月癸未，虚恨蛮寇嘉定府之中镇砦。

十二月壬寅，蠲琼州丁盐钱。癸亥，金遣使来贺明年正旦。

是岁，两浙诸州大水，振之。

七年春正月丁卯朔，四川制置司遣提举皂郊博马务何九龄率诸将及金人战于秦州城下，败还。丁丑，章良能薨。壬午，沔州都统王大才斩何九龄，枭首境上，以其事闻。

三月丁卯，以安丙同知枢密院事，成都府路安抚使董居谊为四川制置使。庚辰，金国来督二年岁币。戊子，金人来止贺正旦使。

夏四月癸卯，蠲福建沿海诸州贫民纳盐。

五月丁丑，太白经天。乙酉，赐礼部进士袁甫以下五百四人及第、出身。

六月辛丑，以旱命诸路州军祷雨。甲辰，诏诸路监司、守臣速决滞讼。丙午，蠲两浙路诸州赃赏钱。壬子，释大理、三衙及两浙路杖以下囚。丁巳，置嘉定府边丁二千人以备蛮。

秋七月甲子朔，以左谏议大夫郑昭先签书枢密院事兼权参知政事。戊辰，诏省吏毋授参议官。乙亥，金人来告迁于南京。庚寅，以起居舍人真德秀奏，罢金国岁币。是月，夏人以书来四川，议夹攻金人,不报。

八月癸巳朔,罢关外四州所增方田税。乙未,罢四川宣制司所补官。癸卯,复建宗学,置博士、谕各一人,弟子员百人。金国复来督岁币。乙巳,太白经天。禁州县沮坏义役。戊申,诏以安丙为观文殿学士、知潭州。

九月壬戌朔,日有食之,太白昼见。乙丑,史弥远等上《高宗中兴经武要略》。戊寅,调殿前司兵增戍天长县。丙戌,以久雨释大理、三衙、临安府杖以下囚。庚寅,释两浙路杖以下囚。除茶盐赏钱。

冬十月壬辰朔,出内帑钱振临安府贫民。

十一月辛酉朔,遣聂子述使金贺正旦,刑部侍郎刘爚等及太学诸生上章言其不可,不报。丙戌,命浙东监司发常平米振灾伤州县。罢四川制置大使司所开盐井。

十二月甲午,复罢同安监铸钱。丁巳,金遣使来贺明年正旦。

是岁,黎州蛮畜卜始降。

八年春正月辛未,命师禹嗣秀王。诏侍从、两省、台谏各举将材三人。己卯,遣丁猶贺金主生辰。戊子,申严销金铺翠之禁。

二月丙午,雷孝友罢。壬子,蠲平江等五郡逋负米,释其系囚。己未,雨土。

三月辛酉,诏大郡岁举廉吏二人,小郡一人。乙亥,以旱命诸路州县祷雨。丙子,益临安府茶盐赏钱。释两浙诸州系囚。辛巳,应贤良方正能直言极谏科何致,坐妄造事端、营惑众听,配广州牢城。癸未,安定郡王伯杻薨。丙戌,释江、淮阙雨州郡杖以下囚。

夏四月乙未,幸太一宫、明庆寺祷雨。辛丑,避正殿,减膳。壬寅,祷雨于天地、宗庙、社稷。癸卯,诏中外臣民直言时政得失。乙巳,减临安及诸路杂犯死罪以下囚,释杖以下。

五月辛未,雨。己卯,命利州路安抚司招刺忠义人。辛巳,御正殿,复膳。癸未,复命有司祷雨。甲申,诏赃吏毋得减年参选,著为令。乙酉,发米振枭临安府贫民。

六月丙辰，诏两浙、江、淮路谕民杂种粟麦麻豆，有司毋收其赋，田主毋责其租。

秋七月辛酉，以郑昭先参知政事，礼部尚书曾从龙签书枢密院事。壬戌，诏四川立杨巨源庙，名曰褒忠。戊辰，蠲两淮诸州今年秋税并极边五州明年夏税。癸酉，蠲临安、绍兴二府贫民夏税。丙子，发米三十万石振粜江东饥民。庚辰，诏弟㧑更名思正，侄均更名贵和。甲申，诏职田蠲放如民田，违者坐之。

八月己丑，赐张栻谥曰宣。庚子，申严宗子训名法。丁未，权罢旱伤州县比较赏罚。巳酉，禁州县遏籴。是月，兰州盗程彦晖求内附，四川制置使董居谊却之。

九月己巳，朝献于景灵宫。庚午，朝飨于太庙。辛未，合祭天地于明堂，大赦。乙亥，申严两浙围田之禁。甲申，罢四川法科试。

冬十月乙未，命六部各类赦书宽恤事，下诸路监司推行。壬寅，金遣使来贺瑞庆节。

十一月丙辰朔，封伯泽为安定郡王。癸亥。遣施累使金贺正旦。

十二月己丑，诏杨巨源、李好义子孙各进一官。辛亥，金遣使来贺明年正旦。

是岁，两浙、江东西路旱蝗。

九年春正月乙丑，赐吕祖谦谥曰成。置马军司水军。乙亥。遣留筠贺金主生辰。丙子，命诸州招填军籍。辛巳，罢诸路旱蝗州县和籴及四川关外科籴。

二月甲申朔，日有食之。辛亥，东西两川地大震。

三月乙卯，又震。甲子，又震，马湖夷界山崩八十里，江水不通。丁卯，又震。壬申，又震。丁丑，诏侍从、台谏、两省举堪监司者各二人。

夏四月戊戌，秦州人唐进与其徒何进等引众十万来归，四川制置使董居谊拒却之。

五月癸酉，太白昼见。

六月辛卯,西川地震。壬辰,又震。乙未,又震,黎州山崩。戊申,振恤浙西被水州县,宽其租税。

秋七月戊辰,诏边县择才不拘常法,其余并遵三年之制。

九月甲申,诏两浙、江东监司核州县被水最甚者,蠲其租。

冬十月癸亥,西川地震。甲子,又震。丙寅,金遣使来贺瑞庆节。

十一月庚寅,遣陈伯震使金贺正旦。癸卯,以程彦晖攻围巩州,迫及川界,命利州副都统刘昌祖移驻西和州以备之。

十二月丁巳,再给诸军雪寒钱。乙亥,金遣使来贺明年正旦。

宋史卷四〇
本纪第四〇

宁宗四

十年春正月癸巳,雨土。乙未,大风。庚子,遣钱抚贺金主生辰。二月庚申,地震。

夏四月丁未朔,金人犯光州中渡镇,执榷场官盛允升杀之,遂分兵犯樊城。戊申,鄂州、江陵府副都统王守中引兵拒之,金人遂分兵围枣阳、光化军。丙辰,诏江淮制置使李珏、京湖制置使赵方措置调遣,仍听便宜行事。丁巳,命四川制置使董居谊酌量缓急,便宜行事。辛酉,庐州钤辖王辛败金人于光山县之安昌砦,杀其统军完颜掩。壬戌,金兵遁去,徐州、光化皆以捷闻。丁卯,诏出戍官兵全给其家。

五月辛巳,以久雨释大理、三衙、临安府杖以下囚,蠲茶盐赏钱。甲申,赐礼部进士吴潜以下五百二十有三人及第、出身。癸卯,赵方请下诏伐金,遂传檄招谕中原官吏军民。

六月庚戌,太白昼见。戊午,诏厉将士,募京西忠义人进讨。辛未,东川大水。癸酉,太白经天。

秋七月丙子朔,日有食之。戊寅,以旱释诸路杖以下囚。甲申,雅州蛮寇边,焚碉门砦,遣兵讨之。丁亥,嗣濮王不儔薨。庚子,诏诸军将佐有罪者送屯驻州鞫之,罢军士淫刑。

八月乙丑,诏监司、郡守各举威勇才略可将帅者二人。

冬十月乙巳朔,以久雨释大理、三衙、临安府及两浙诸州杖以下囚。癸酉,蠲三衙、江上诸军公私逋负钱。

十一月丁丑,大风。庚辰,太白昼见。甲申,诏浙东提举司发米十万石振给贫民。戊戌,太白经天。

十二月戊申,以军兴募民纳粟补官。乙卯,诏武举人毋复应文举。癸亥,金凤翔副统军完颜赟以步骑万人犯四川。戊辰,迫湫池堡。己巳,破天水军,守臣黄炎孙遁。金人攻白环堡,破之。庚午,迫黄牛堡,统制刘雄弃大散关遁,金人据之。

十一年春正月壬午,京东路忠义李全率众来归,诏以全为京东路总管。戊子,金人围皂郊堡。壬辰,利州将麻仲率忠义人焚秦州永宁砦。乙未,以度僧牒千给四川军费。丁酉,诏四川忠义人立功,赏视官军。金人犯隔牙关,兴元都统李贵遁,官军大溃。

二月甲辰,金人焚大散关而去。乙巳,沔州都统王大才马蹶,死于河池。丙午,金人破皂郊,死者五万人。丁未,金人破湫池堡。戊申,金人围随州、枣阳军,游骑至汉上,均州守臣应谦之弃城走。丙辰,白虹贯日。楚州钤辖梁昭祖焚金人粮舟于大清河,京东忠义副都统沈铎遣兵助之。

三月丁丑,金人焚湫池堡而去。戊子,利州统制王逸等率忠义人复皂郊,金副统军完颜赟包长寿遁去,沔州军士郭雄追斩赟首,长寿仅以身免。己丑,沔州都统刘昌祖至皂郊。辛卯,忠义人十万余出攻秦州,官军继进,至赤谷口,王逸传昌祖之命退师,且放散忠义人,军大溃。癸巳,包长寿合长安、凤翔之众,复攻皂郊,遂趋西州。是日,镇江忠义统制彭惟诚等败于泗州。丙申,刘昌祖焚西和州遁,守臣杨克家弃城去。戊戌,金人破西和州。

夏四月甲辰,刘昌祖焚成州遁,守臣罗仲甲弃城去。是日,金人去西和州。戊申,命四川增印钱引五百万以给军费。阶州守臣侯颐弃城去。是日,金人去成州,戊午,金人复犯大散关,守将王立遁。己未,金人犯黄牛堡,兴元都统吴政拒退之。癸亥,政至大散关,执王立斩之。

五月乙亥。命四川制置司招集忠义人。癸未,蚩尤旗见,其长竟天。丁亥，诏侍从、台谏、两省官集议平戎、御戎、和戎三策。壬辰，申严试法官七等之制。

六月辛酉，诏湖州振恤被水贫民。

秋七月癸酉，夺知天水军黄炎孙三官，辰州居住。乙酉，修孝宗宝训。辛卯，蠲四川关外诸州税役。甲午，蠲光州民兵战死之家税役。

九月己卯，朝献于景灵宫。庚辰，朝飨于太庙。辛巳，合祭天地于明堂，大赦。辛卯，安定郡王伯泽薨。丙申，兴元都统吴政、利州副都统张威各进三官。刘昌祖夺五官，韶州安置。

冬十月丙午，罗仲甲、杨克家、侯颐并夺三官，仲甲常德府、克家道州、颐抚州居住。戊午，大风。壬戌，修盱眙军城。

十一月壬申，金人攻安丰军之黄口滩。是月，陕西人张羽来归。

十二年春正月戊辰朔，召董居谊诣行在。以新利州路安抚使聂子述为四川制置使。庚辰，金人犯湫池堡，守将石宣拒退之。甲申，金人攻白环堡，守将董拒退之。戊子，金人犯茂州，沔州都统张威自西和州退守仙人原。庚寅，金人犯随州、枣阳军，又破信阳军之二砦，京西诸将引兵拒之。辛卯，金人犯西和州，守臣赵彦呐设伏以待之，歼其众乃还。金人犯安丰军，建康都统许俊遣将却之。金人焚成州，犯河池，守将张斌遁去。癸巳，金人围安丰军及光州，攻光化军，破郧山县，进逼均州。甲午，破凤州，守臣雷云弃城去，金人夷其城。乙未，兴元都统吴政及金人战于黄牛堡，死之。金人乘胜攻武休关。

二月戊戌朔，金人破光山县。太白昼见。壬寅，金人围枣阳军，京湖制置使赵方遣统制扈再兴救之，不克进而还。癸卯，金人破武休关，兴元都统李贵遁还，利州路提刑、权兴元府事赵希昔弃城去。丁未，金人破兴元府。戊申，金人攻枣阳军。己酉，遣殿前司军八千人防捍江面。庚戌，以曾从龙同知枢密院事兼江、淮宣抚使，权吏部尚书任希夷签书枢密院事。辛亥，金人破大安军，守臣李文子弃城去。金人犯洋州，守臣蔡晋卿遣兵拒之不克，洋州破。壬子，四川制置使董居谊自利州遁。沔州都统张威遣统制石宣等邀击金人于大安军，大破之，获其将巴土鲁安，金人遂去兴元府。丙辰，金人去洋州。丁巳，京湖制置使赵方遣统制扈再兴等引兵三万余人出攻唐、邓二州，随州忠义统领刘世兴等引兵攻唐州。甲子，金人去枣阳军。乙丑，夏人复以书来四川，议夹攻金人，利州路安抚丁猷许之。

三月己巳，以郑昭先知枢密院事，曾从龙参知政事。癸酉，金人复入洋州，焚其城而去。乙亥，兴元军士权兴等作乱，犯巴州，守臣秦季槱弃城去。鄂州统制刘世荣会兵攻唐州。丁亥，太白昼见。权兴等降。癸巳，雨土。甲午，金人自盱眙退师。

闰月己未，追雷云三官，梅州安置。辛酉，赠吴政为右武大夫、忠州刺史。壬戌，诏抚谕四川官军、忠义人。癸亥，兴元军士张福、莫简等作乱，以红巾为号。

是春，金人围安丰军、滁、濠、光三州。江、淮制置使李珏命池州都统武师道、忠义军统制陈孝忠救之，皆不克进。金人遂分兵自光州犯黄州之麻城，自濠州犯和州之石碛，自盱眙军犯滁州之全椒、来安及扬州之天长、真州之六合。淮南流民渡江避乱，诸城悉闭。金人游骑百至东采石、杨林渡，建康大震。京东总管李全自楚州、忠义总辖季先自涟水军各引兵来援，金人乃解去。全追击，败之于曹家庄，获其贵将。

夏四月庚午，张福入利州，四川制置使聂子述遁，杀总领财赋杨九鼎。丁丑，张福掠阆州，丁亥，掠果州。癸巳，曾从龙罢。以郑昭先兼参知政事，崇信军节度使、开府仪同三司、万寿观使安丙为四川宣抚使。董居谊落职，夺三官。

五月乙未朔，召聂子述诣行在。张福薄遂宁府，潼川府路转运判官、权府事程遇孙弃城遁。丁酉，减两淮、荆襄、湖北、利州路沿边诸州杂犯死罪囚，释流以下，仍蠲今年租税。己亥，太学生何处恬等伏阙上书，以工部尚书胡榘欲和金人，请诛之以谢天下。张福入遂宁府，焚其城。甲寅，四川宣抚司命沔州都统张威引兵捕福。戊午，福入普州,守臣张已之弃城遁。癸亥,诏侍从、两省、台谏各举文武可用之才二三人。

六月戊辰,张福屯普州之茗山。庚午,张威引兵至。丙子,太白昼见。辛巳,西川地震。太白昼见。癸未,张福请降,乙酉,张威执之,归于宣抚司。丁亥,嗣濮王不嫖薨。金国招谕李全等,不听。辛卯,太白经天。癸巳,丁猜复以书约夏国攻金人。

秋七月丙申,张福伏诛。复夺董居谊二官,永州居住。庚子,张威捕贼众一千三百余人诛之,莫简自杀,红巾贼悉平。癸亥,李全引兵至齐州,知州王赟以城降。

八月戊辰,复合利州东、西路为一。

九月丙午,罢江、淮制置司,置沿江、淮东西制置司。以宝文阁待制李大东为沿江制置使,淮南转运判官赵善汀为主管淮西制置司公事,淮东提刑贾涉为主管淮东制置司公事兼节制京东、河北路军马。

十一月辛亥,进封杨次山为会稽郡王。

十二月壬申,京东节制司言复京东、河北二府九州四十县。乙亥,筑兴元府城。丁丑,雅州蛮入卢山县。己卯,四川宣抚司遣兵取洮州,召诸将议出师,招谕中原豪杰。辛巳,蛮焚碉门砦,边丁大败。乙酉,金人犯凤州之长桥。丁亥,四川宣抚司命罢洮州之师。己丑,京湖制置司遣统制扈再兴等引兵六万人,分三道出境。庚寅,赏茗山捕贼功。

十三年春正月丁酉,扈再兴引兵攻邓州,鄂州都统许国攻唐州,不克而还。金人追之,遂攻樊城,赵方督诸将拒退之。己亥,雅州蛮复掠卢山县,遣兵讨之。己酉,命不凌为嗣濮王。戊午,夏人复以书来四川,议夹攻金人。

三月辛卯朔,雨土。丁巳,黎州土丁叛,遣兵讨之。

夏四月庚申朔,淮东制置贾涉招谕山东、两河豪杰。

五月庚寅朔,雅州蛮降。戊戌,史弥远等上《玉牒》及《三祖下第七世宗藩庆系录》。

六月癸酉,赐礼部进士刘渭以下四百七十有五人及第、出身。加安丙少保。以李全为左武卫大将军。壬午,以李先为果州团练使、涟水军忠义副都统,命赴枢密院议事,未至,杀之。

秋七月戊戌,以京东、河北诸州守臣空名官告付京东、河北节制司,以待豪杰之来归者。丙午,以任希夷兼参知政事。丙辰,四川宣抚司招黎人土丁,降之。

八月癸亥,皇太子询薨,谥曰景献。壬申,安丙遗夏人书,定议夹攻金人。癸未,四川宣抚司命利州统制王仕信引兵赴熙、巩州会夏人,遂传檄招谕陕西五路官吏军民。甲申,复海州,以将作监丞徐希稷知州事。盱眙将石圭叛入涟水军,诏以圭为涟水忠义军统辖。

九月辛卯,夏人引兵围巩州,且来趣师。甲午,太白昼见。王仕信引兵发宕昌。乙未,四川宣抚司统制质俊、李寔引兵发下城。戊戌,四川宣抚司命诸将分道进兵:沔州都统张威出天水,利州副都统程信出长道,兴元副都统陈立出大散关,兴元统制田胄为宣抚司帐前都统出子午谷,金州副都统陈昱出上津。己亥,张威下令所部诸将毋得擅进兵。庚子,质俊等克来远镇。辛丑,王仕信克盐川镇。壬寅,质俊等自来远镇进攻定边城,金人来救,俊等击破之。乙巳,程信、王仕信引兵与夏人会于巩州城下。丁未,攻城不克。庚戌,金人犯皂郊堡,沔州统制董焰等与战大败。壬子,程信及夏人攻巩州不克,信引兵趋秦州。丙辰,夏人自安远砦退师。

冬十月丁巳朔,程信邀夏人共攻秦州,夏人不从,信遂自伏羌城引军还,诸将皆罢兵。戊寅,程信以四川宣抚司之命,斩王仕信于西和州。四川宣抚司以张威不进兵,罢其军职。

十一月庚戌,大风。壬子,临安府火。

十二月戊午,大风。壬申,涟水忠义军统辖石圭叛。癸未,镇江副都统翟朝宗以“皇帝恭膺天命之宝”来献。

十四年春正月丙戌朔,以雪寒释大理、三衙、临安、两浙诸州杖以下囚。乙未,地震。以李全还自山东,赐缗钱六万,庚子,立四川运米赏格。

二月戊辰,金人围光州。己巳,金人犯五关。壬申,金人治舟于团风,弗克济,遂围黄州,分兵破诸县,又遣别将犯汉阳军。丁丑,李全弃泗州遁还。甲申,诏淮东、京湖诸路应援淮西,沿江制置司防守江面,权殿前司职事冯木时将兵驻鄂州,京东忠义都统李全将兵救蕲、黄,木时不果行。

三月丙戌朔,鄂州副都统扈再兴引兵攻唐州,丁亥,金人破黄州,淮西提刑知州事何大节弃城遁死。庚寅,长星见。李全自楚州引兵援淮西。癸巳,扈再兴引所部趋蕲州。甲午,太白昼见。乙未,诏京湖制置司趣援蕲、黄。己亥,金人陷蕲州,知州事李诚之及其家人、官属皆死之。癸丑,金人退师,扈再兴邀击,败之于天长镇,甲寅晦,又败之。

夏四月乙卯,复置诸王宫大小学教授。乙丑,命任子帘试于御史台。戊辰,金人渡淮而北,李全遣兵追击,败之。

五月甲申朔,日有食之。壬辰,史弥远等上《孝宗宝训》、《皇帝会要》。丙申,西川地震。乙巳,颁《庆元宽恤诏令》。

六月甲寅朔,初置沿江制置副使司于鄂州。丙寅,诏以侄福州观察使贵和为皇子,更名竑,进封祁国公。丁卯,以立皇子告于天地、宗庙、社稷。乙亥,以太祖十世孙与莒补秉义郎。丙子,减京畿囚罪一等,释杖以下。辛巳,大风。

秋七月辛丑,以赵方为京湖制置大使,贾涉为淮东制置使兼京东、河北路节制使。丁未,修《光宗宝训》。

八月乙卯,赐史弥远家庙。任希夷罢。壬戌,以兵部尚书宣缯同知枢密院,给事中俞应符签书枢密院事。甲子,以秉义郎与莒为右监门卫大将军,赐名贵诚。乙丑,追封史浩为越王,改谥忠定,配享孝宗庙庭。戊寅,以侄右监门卫大将军贵诚为果州团练使。

九月癸未,立贵诚为沂靖惠王后。己丑,朝献于景灵宫。庚寅,朝飨于太庙。辛卯,合祭天地于明堂,大赦。

冬十月癸丑，京东、河北节制司言复沧州，诏以赵泽为河北东路钤辖、知州事。甲寅，复以齐州为济南府，兖州为袭庆府。丙寅，夏人复以书来四川趣会兵。庚午，雷。

十一月己亥，安丙薨。是月，京东安抚张林叛。

十二月庚申，郑昭先薨。

闰月辛巳朔，以宣缯兼参知政事，俞应符兼权参知政事。戊申，以殿前司同正将华岳等谋为变，杀之。

是岁，浙东、江西、福建诸路旱，沔、成、阶、利四州水，振之。

十五年春正月庚戌朔，御大庆殿，受恭膺天命之宝。癸丑，立李诚之庙于蕲州。甲寅，褒赠蕲州死事官吏，录其子孙有差。丁巳，诏抚谕山东河北军民、将帅、官吏。己未，以受宝大赦，文武官各进秩一级，大犒诸军。

二月庚子，罢御史台帘试任子法。

三月丁巳，诏江西提举司振恤旱伤州县。

夏四月壬午，诏蠲蕲州今年租赋。

五月庚戌，太白昼见。甲寅，诏监司虑囚，察州县匿囚者劾之。丁巳，进封子祁国公竑为济国公。己未，以侄果州团练使贵诚为邵州防御使。壬戌，知济南府种赟等攻张林于青州，林遁去。己巳，修《孝宗经武要略》。

六月辛卯，俞应符薨。

秋七月甲子，诏江淮、荆襄、四川制置监司条画营田来上。

八月己卯，命户部详议义役。辛卯，诏文武官毋得归宗，著为令。甲午，有彗星出于氐。

九月辛亥，以宣缯参知政事，给事中程卓同知枢密院事，吏部尚书薛极赐出身，签书枢密院事。癸丑，雷，大雨雹。丁巳，复以随州三关隶德安府，置关使。壬戌，彗星没。辛未，太白昼见。

冬十月丙子，以收复京东州军，犒赏忠义有差。

十一月戊午，赦京东、河北路。

十二月乙亥朔,发米振给临安府贫民。丙子,以雪寒释京畿及两浙诸州杖以下囚。丁亥,以李全为保宁军节度使、右金吾卫上将军、京东路镇抚副使。

十六年春正月戊申,诏命官犯赃毋免约法。己酉,子坻生。辛酉,命淮东制置司振给山东流民。

二月戊子,雨土。己丑,嗣秀王师禹薨,追封和王。戊戌,子坻薨,追封邳王,谥冲美。

三月戊申,张林所部邢德来归,诏进二官,复以为京东东路副总管。丁卯,以道州民饥,诏发米振之。

夏五月甲辰,诏右选试注官如左选之制。戊申,赐礼部进士蒋重珍以下五百四十有九人及第、出身。戊辰,诏复潭州税酒法。

六月丁酉,程卓薨。

秋八月辛巳,诏州县经界毋增绍兴税额。癸未,申严舶船铜钱之禁。

九月庚子朔,日有食之。乙巳,诏江、淮诸司振恤被水贫民。乙卯,雷。

冬十一月辛亥,以太平州大水,诏振恤之。

十二月辛巳,命淮东、西总领及沿江被水州募江西、湖南民入米补官。癸未,嗣濮王不凌薨。壬辰,雷。

十七年春正月戊戌朔,诏补先圣裔孔元用为通直郎,录程颐后。癸亥,命淮东西、湖北路转运司提督营屯田。

二月癸巳,蠲台州逋赋十万余缗。甲午,命临安府振粜贫民。

三月癸丑,雪。是月,金人迫和州,寻引兵还。

夏四月辛卯,诏庐州振粜饥民。乙未,赐李全、彭义斌钱三十万为犒赏战士费。

五月戊戌,诏核实两淮、京湖、四川、江上诸军之数。

六月丁卯朔,太白经天,昼见。癸酉,知西和州尚震午,坐金兵至谋逆,夺三官,岳州居住。壬辰,大名府苏椿等举城来归,诏悉补官,即以其州授之。

秋七月丁酉朔,命福建路监司振恤被水贫民。辛亥,命师嵒嗣秀王。

八月乙亥,罢通州天赐盐场。丙戌,帝不豫。

闰八月乙未朔,申严两浙诸州输苗过取之禁。丁酉,皇帝崩于福宁殿,年五十七。史弥远传遗诏,立侄贵诚为皇子,更名昀,即皇帝位。尊皇后为皇太后,垂帘听政。进封皇子竑为济阳郡王,出居湖州。

宝庆元年正月己丑,谥曰仁文哲武恭孝皇帝,庙号宁宗。三月癸酉,葬于会稽之永茂陵。三年九月,加谥法天备道纯德茂功仁文哲武圣睿恭孝皇帝。

赞曰:宋世内禅者四,宁宗之禅,独当事势之难,能不礼节焉,斯可谓善处矣。初年以旧学辅道之功,召用宿儒,引拔善类,一时守文继体之政,烨然可观。中更侂胄用事,内蓄群奸,至指正人为邪,正学为伪,外挑强邻,流毒淮甸。频岁兵败,乃函侂胄之首,行成于金,国体亏矣。既而弥远擅权,幸帝耄荒,窃弄威福。至于皇储国统,乘机间间,亦得遂其废立之私,他可知也。虽然,宋东都至于仁宗,四传而享国百年,邵雍称为前代所无,南渡至宁宗,亦四传而享国九十有八年,是亦岂偶然哉。惜乎神器授受之际,宁、理之视仁、英,其迹虽同,其情相去远矣。

宋史卷四一
本纪第四一

理宗一

　　理宗建道备德大功复兴烈文仁武圣明安孝皇帝,讳昀,太祖十世孙。父希瓐,追封荣王,家于绍兴府山阴县,母全氏。以开禧元年正月癸亥生于邑中虹桥里第。前一夕,荣王梦一紫衣金帽人来谒,比寤,夜漏未尽十刻,室中五采烂然,赤光属天,如日正中。既诞三日,家人闻户外车马声,亟出,无所睹。幼尝昼寝,人忽见身隐隐如龙鳞。是时,宁宗弟沂靖惠王薨,无嗣,以宗室希瞿子赐名均为沂王后,寻改赐名贵和。嘉定十三年八月,景献太子薨,宁宗以国本未立,选太祖十世孙年十五以上者教育,如高宗择普安、恩平故事,遂以十四年六月丙寅立贵和为皇子,改赐名竑,而以帝嗣沂王。六月乙亥,补秉义郎。八月甲子,授右监门卫大将军,赐名贵诚。十五年五月丁巳,以竑为检校少保,进封济国公。己未,以帝为邵州防御使。帝性凝重寡言,洁修好学,每朝参待漏,或多笑语,帝独俨然。出入殿庭,矩度有常,见者敛容。会济国公竑与丞相史弥远有违言,弥远日谋媒蘖其失于宁宗,属意于帝而未遂。

　　十七年八月丙戌,宁宗违豫,自是不视朝。壬辰,疾笃,弥远称诏以贵诚为皇子,改赐名昀,授武泰军节度使,封成国公。

　　闰月丙申,宁宗疾甚,丁酉,崩于福宁殿。弥远使杨谷、杨石入白杨皇后,称遗旨以皇子竑开府仪同三司,进封济阳郡王,判宁国府,命子昀嗣皇帝位。大赦。尊杨皇后曰皇太后,同听政。封竑为济王,赐第湖州,以醴泉观使就第。癸亥,诏宫中自服三年丧。

九月乙亥,诏褒表老儒,以傅伯成为显谟阁学士,杨简宝谟阁直学士,并提举南京鸿庆宫;柴中行叙复元职,授右文殿修撰,主管南京鸿庆宫。戊寅,诏兄济王妻卫国夫人吴氏封许国夫人。己卯,皇太后、皇帝御便殿垂帘。诏以先圣四十九代孙行可为迪功郎,授判、司、簿、尉;以礼部侍郎程珌、吏部侍郎朱著、中书舍人真德秀兼侍读;工部侍郎葛洪、起居郎乔行简、宗正少卿陈贵谊、军器监王墍兼侍讲。壬午,葛洪权工部尚书,升兼侍读。辛卯,祀明堂,大赦。

冬十月戊戌,诏诸路提点刑狱以十一月按理囚徒。己亥,嗣秀王师嵒薨。壬子,诏百官奉按月给。

十一月甲子,右正言糜漂请承顺东朝,继志述事,壹以孝宗为法,而新政之切者,曰畏天、悦亲、讲学、仁民。上嘉纳焉。癸未,以五月十六日为皇太后寿庆节。丁亥,诏改明年为宝庆元年。戊子,以葛洪为端明殿学士、同签书枢密院事。己丑,诏以生日为天基节。

十二月甲午,雪寒,免京城官私房赁地、门税等钱。自是祥庆、灾异、寒暑皆免。癸丑,开经筵,诏辅臣观讲。诏太后所居殿号曰慈明。辛酉,请大行皇帝谥号于南郊,谥曰仁文哲武恭孝皇帝,庙号曰宁宗。

宝庆元年春正月壬戌朔,诏举贤良。庚午,湖州盗潘壬、潘丙、潘甫谋立济王竑,竑闻变,匿水窦中,盗得之拥至州治,以黄袍加其身,守臣谢周卿率官属入贺。初,壬等伪称李全以精兵二十万助讨史弥远擅废立之罪,比明视之,皆太湖渔人及巡尉兵卒,窦乃遣王元春告于朝而率州兵诛贼。弥远奏遣殿司将彭任讨之,至则盗平,又遣其客秦天锡托宣医治竑疾,谕旨逼竑死,寻诏贬为巴陵郡公。辛未,诏保宁军节度使师弥为检校少保。诏以皇太后弟奉国军节度使杨谷、保宁节度杨石并开府仪同三司。丙戌,济王竑讣闻,特辍视朝。己丑,上宁宗谥册、宝。

二月甲午，诏故太师、武胜定国军节度使、鄂王岳飞谥忠武。丙申，诏师弥检校少师、嗣秀王。丙辰，楚州火。戊午，发廪振在京细民，给犒马步军、皇城司守卫军有差。

三月癸酉，葬宁宗于会稽永茂陵。

夏四月辛卯朔，宁宗祔庙。壬辰，诏皇兄竑赠少师、保静镇潼军节度使，直舍人院王塈等缴奏命，遂寝。丁酉，皇太后手书："多病，自今免垂帘听政。"壬寅，帝两请皇太后垂帘，不允。辛亥，发禀振在京细民。

五月甲子，诏：内外文武大小之臣，于国政有所见闻，封章来上，毋或有隐。壬寅，诏不熄为保康军承宣使、嗣濮王。

六月辛卯，太白昼见。丁未，诏史弥远为太师，依前右丞相兼枢密使，进封魏国公。弥远辞免太师。

秋七月丁丑，滁州大水，诏振恤之。乙酉，诏行大宋元宝钱。

八月壬寅，以司农丞姚子才封事切直，诏进一秩，授秘书郎。癸卯，诏知袁州赵端夫直秘阁、福建提点刑狱，以旌廉吏。丙午，诏侍从、给谏、卿监、郎官，并在外前执政、侍从、帅臣、监司，名举廉吏三人。戊申，诏侍从、两省、台谏、三衙、知阁、御带、环卫官，在外前执政、侍从、帅臣、监司、都副都统制及屯戍主将，其各举堪充将帅三人。己酉，地震。壬子，张九成赠太师，追封崇国公，谥文忠。甲寅，以程颐四世孙源为籍田令。乙卯，莫泽言真德秀舛论纲常，简节上语，曲为济王地。诏德秀焕章阁待制、提举玉隆万寿宫。丁巳，诏戒贪吏。

九月丙寅，著作佐郎陶崇上保业、慎独、谨微、持久四事，帝嘉纳之。

冬十月癸巳，有流星大如太白。甲寅，诏：会稽欑宫所在，税赋尽免折科，山阴县权免三年。

十一月癸亥，宣缯兼同知枢密院事，薛极参知政事，葛洪签书枢密院事。诏："邵州潜藩可升为宝庆府。筠州与御名音相近，改为瑞州。"壬午，雪寒，在京诸军给缗钱有差，出戍之家倍之。自是祥庆、灾异、淫雨、雪寒咸给。甲申,朱端常言魏了翁封章谤讪,真德秀奏札诬诋。诏魏了翁落职,夺三秩,靖州居住;真德秀落职罢祠。

十二月甲辰,诏删修敕令。

是岁,两浙路户一百九十七万五千九百九十六,口二百八十二万二千三十二。福建路户一百七十万四千一百八十六,口三百五十五万三千七十九。

二年春正月癸亥,诏赠沈焕、陆九龄官。焕谥端宪,九龄谥文达。录张九成、吕祖谦、张栻、陆九渊子孙官各有差。癸酉,召布衣李心传赴阙。戊寅,荧惑入氐。壬午,太白、岁星、填星合于女。

二月辛卯,监察御史梁成大言真德秀有大恶五,仅褫职罢祠,罚轻。诏削二秩。

三月癸酉,以久雨诏大理寺、三衙、两浙运司、临安府诸属县榷酒所,凡赃赏等钱,罪已决者,一切勿征,毋锢留妻子。自是霖潦、寒暑皆免。戊寅,诏太常寺建功臣阁,以“昭勋崇德”为名。己卯,蕲州火。

夏四月己丑,诏辅臣奉薄,其以《隆兴格》为制。辛亥,有流星大如太白。

六月丙申,御后殿,赐进士王会龙以下九百八十九人及第、出身有差。壬寅,诏以孔子五十二代孙万春袭封衍圣公。

秋七月戊辰,雷电雨,昼晦,大风。遂安、休宁两县界山裂,洪水坏公宇、民居、田畴。

九月庚申,雷。

冬十月甲申,诏《宁宗御集》阁以“宝章”为名,仍置学士、待制员。辛丑,又雷。辛亥,荧惑、岁星、填星合于女,荧惑犯填星。改湖州为安吉州。

十一月甲寅,修祚德庙,以严程婴、公孙杵臼之祀。丙辰,始御紫宸殿。辛酉,荧惑犯岁星。丙子,日南至,上诣慈明殿。

十二月癸卯,亲享太庙。

三年春正月辛亥朔,上寿明皇太后尊号册、宝于慈明殿。壬子,史弥远进二秩。辛酉,以杨谷、杨石并为少傅。知楚州姚羽中朝辞,奏淮楚忠义军事,上曰:"南北皆吾赤子,何分彼此,卿其为朕抚定之。"己巳,诏:"朕观朱熹注《大学》、《论语》、《孟子》、《中庸》,发挥圣贤蕴奥,有补治道。朕励志讲学,缅怀典刑,可特赠熹太师,追封信国公。"

三月庚戌朔,诏郡县长吏劝农桑,抑末作,戒苛扰。工部侍郎朱在进对,奏人主学问之要,上曰:"先卿《中庸序》言之甚详,朕读之不释手,恨不与同进。"辛亥,以皇太后尊号册、宝礼成,侄孙杨凤孙以下推恩有差。

夏四月戊戌,宣引前丞相谢深甫孙女谢氏诣慈明殿进见。

五月壬子,诏岳珂户部侍郎,依前淮东总领兼制置使。

闰月己卯朔,诏:郡县系囚干实书历,未经结录,守臣辄行特判,宪司其详覆所部狱案,岁月淹延者重置于宪。

六月戊申朔,日有食之。

秋七月乙酉,太阴犯心。丁酉,诏振赡被水郡县,其竹木等税勿征。丙午,史弥远乞归田,诏不允。

八月庚戌,诏谢氏特封通义郡夫人。癸亥,诏:凡试邑两经黜黜,更勿授知县、县令。甲戌,太白、荧惑合于翼。丙子,城太平州,诏知州綦奎进中奉大夫,余推恩有差。

九月癸未,故观文殿大学士、魏国公、赠太师留正谥忠宣。丙午,追上宁宗徽号曰法天备道纯德茂功仁文哲武圣睿恭孝皇帝。

冬十月甲子,右监门卫大将军与爽改赐名贵谦,授宜州观察使,继沂王后。右千牛卫将军孟杓改赐名乃裕,授和州防御使,继景献太子后。甲戌,赵范江东提刑兼知池州,节制防江水步军、池州都统司军马。

十一月戊寅,奉上宁宗徽号册、宝于太庙。辛巳,日南至,郊,大赦。改明年为绍定元年。

十二月己酉,日旁有如珥。壬申,发廪振赡京城细民。大元兵破关外诸隘,四川制置郑损弃三关。

绍定元年春正月丙子朔,上寿明慈明皇太后尊号册、宝于慈明殿。杨谷、杨石并升少师。

六月壬寅朔,日有食之。己酉,流星昼陨。

秋七月戊戌,荧惑犯南斗。

冬十月戊申,荧惑犯壁垒阵星。丁巳,荧惑、填星合于危。甲子,荧惑犯填星。

十一癸酉,荧惑入羽林。庚辰,雷。丁酉,诏申严皇城司给符之制,照兰入法。

十二月辛亥,以薛极知枢密院事兼参知政事,葛洪参知政事,袁韶同知枢密院事,郑清之端明殿学士、签书枢密院事。

二年春正月庚辰,大理司直张衍上检验、推鞠四事。诏:刑狱人命所关,其今有司究行之。丁亥,荧惑、岁星合于娄。

二月庚戌,诏岁举廉吏或犯奸赃,保任同坐,监司守臣其申严觉察。

三月辛卯,诏:郡县系囚多瘐死狱中,宪司其具狱官姓名以闻,黜罢之。

夏四月庚申,诏:郡县官阙,毋令艺术人、豪民、罢吏借补权摄。

五月,诏:成都、潼川路岁旱民歉,制司、监司其亟振恤,仍察郡县奉令勤惰以闻。辛巳,赐进士黄朴以下五百五十七人及第、出身有差。诏:户绝者许立嗣,毋妄籍没。

六月丁巳,诏通义郡夫人谢氏进封美人。

九月丁卯,台州大水。壬辰,有流星大如太白。

冬十月壬戌,诏:台州水灾,除民田租及茶、盐、酒酤诸杂税,郡县抑纳者监司察之。

十一月己丑,荧惑入氐。

三年春正月甲申,诏故皇子缉赠保信、奉国军节度使,开府仪同三司,追封永王,谥冲安。壬辰,知枣阳军史嵩之创置屯田,以劳赏官两转。

二月丙申,日有背气。戊戌,诏:汀、赣、吉、建昌蛮獠窃发,经扰郡县复赋税一年。庚戌,诏赵范起复,依前知镇江府、节制防江水步并本州在砦军马;赵葵起复,依前知滁州、节制本州屯戍军马。壬子,诏:故皇子绎赐忠正、保宁军节度使,开府仪同三司,追封昭王,谥冲纯。

闰月癸酉,逃卒穆椿夜窃入皇城,烧毁甲仗,卫士捕得之,诏磔于市。乙酉,太白、岁星合于毕。

三月丁酉,雨土。申奉国军节度使不佟薨,赠少傅,追封乐平郡王。

夏四月己卯,漳州、连城盗起,知龙岩县庄梦说、尉钟自强不能效死守土,诏各削二秩罢。

五月甲寅,检校少保李全授彰化保康军节度使,开府仪同三司、京东镇抚使,依旧京东忠义诸军都统制。戊午,李全左右金吾卫上将军,职任仍旧。

六月乙酉,岁星入井。

秋七月丁酉,汀州宁化县曾氏寡妇晏给军粮御漳寇有功,又全活乡民数万人,诏封恭人,赐冠帔,官其子承信郎。

九月辛丑,祀明堂,大赦。丙午,美人谢氏进封贵妃。

冬十月己巳,荧惑、填星合于室。

十一月丁酉,有星孛于天市垣。丁未,流星昼陨。

十二月庚申,诏录用孔子四十九代孙补官。李全叛,壬戌,淮东官兵王青力战,死之,赠右武大夫、蕲州防御使。甲子,诏:"逆贼李全,反形日著,今乃肆为不道,已敕江、淮制臣率兵进讨,有能擒斩全以降者,加以不次之赏。"乙丑,诏免明年元会礼。以郑清之参知政事兼签书枢密院事,乔行简端明殿学士、同签书枢密院事,诏:

"史弥远敷奏精敏,气体向安,朕未欲劳以朝谒,可十日一赴都堂治事。"丁卯,册命贵妃谢氏为皇后。己卯,慈明殿出缗钱百五十万犒诸军,振赡在京细民。癸未,上寿明仁福慈睿皇太后尊号册、宝。

四年春正月戊子,皇太后年七十有五,上诣慈明殿行庆寿礼,大赦,史弥远以下进秩有差。赐李心传同进士出身。壬寅,赵范、赵葵等诛李全于新塘,诏各进两秩,余推恩有差。

二月戊午朔,诏:雄边军统制、总辖范胜谷汝砺等诛逆著劳,各官五转,将士立功者,趣具等第、姓名来上。丙子,诏起复孟珙从义郎、京西路分,枣阳军驻扎。

夏四月戊辰,赵范、赵葵并进中大夫、右文殿修撰,赐紫章服、金带。丁丑,以郑清之兼同知枢密院事;乔行简签书枢密院事、赵善湘兵部尚书、江淮制置大使、知建康府,依旧安抚使;赵范权兵部侍郎、淮东安抚副使、知扬州兼江淮制司参谋官;赵葵换福州观察使、右骁卫大将军、淮东提刑、知滁州兼大使司参议官。

五月丙午,宗室司正检校少傅、安德军节度使、天水郡公,加食邑五百户;贵谦承宣使;乃裕观察使。

六月己未,诏魏了翁、真德秀、尤并叙复元官职祠录。

七月己丑,日生承气。丁酉,贾涉女侍后宫,诏封文安郡夫人。庚戌,葛洪资政殿学士、知绍兴府,有流星大如太白。

八月己未,大元兵破武休,入兴元,攻仙人关。辛酉,洪咨夔叙复元官祠录。辛未,文安郡夫人贾氏封才人。

九月丙戌夜,临安火,延及太庙,统制徐仪、统领马振远坐救焚不力,贬削有差。上素服视朝,减膳撤乐,庚子,建昌军火。甲辰,流星昼陨。

冬十月戊午,太常少卿度正、国史院编修官李心传各疏言:宗庙之制,未合于古,兹缘灾异,宜举行之,诏两省、侍从、台谏集议以闻。甲子,以余天锡为户部侍郎兼知临安府、浙西安抚使。癸酉,大元兵破蜀口诸郡,御前中军统制张宣战青野原有功,诏授沔州都统。戊寅，以李直为焕章阁直学士、四川制置使、知成都府，赵彦呐直龙图阁、四川安抚制置副使、知兴元府、利路安抚使，安癸仲户部郎中、总领四川财赋。

十一月乙酉，忠义总管田遂力战而殁，赠武节大夫、忠州刺史，加封立庙。

十二月乙亥，以史嵩之为大理少卿兼京湖制置副使。

五年春正月己丑，以孟珙为京西路兵马钤辖，枣阳军驻。庚寅，诏："李全之叛，淮东提刑司检法吴澄等出泰州城谒贼，各追官勒停。其不出见贼者高梦月、刘宾云循升二资。骂贼而死者海陵簿吴嘉，特赠朝奉郎，官其一子将仕郎。"壬辰，史嵩之进大理卿、权刑部侍郎、京湖安抚制置使、知襄阳府。壬寅，作太庙成。

二月癸丑，帝谒太庙。

三月乙酉，诏京城内外免征商三月。丁酉，日生抱气、承气。

夏四月癸亥，以宝章阁直学士桂如渊顷帅蜀日，北兵攻城，不能合谋死守而遁，致军民罹殃，反以捷闻，诏褫职罢祠。丁卯，起魏了翁，以集英殿修撰知遂宁府。

五月己丑，诏："昨郁攸为灾，延及太室，罪在朕躬，而二三执政，引咎去职。今宗庙崇成，神御妥安，薛极、郑清之、乔行简并复元官。"辛卯，臣僚言："积阴霖淫，历夏徂秋，疑必有致咎之征。比闻蕲州进士冯杰，本儒家，都大坑冶司抑为炉户，诛求日增，杰妻以忧死，其女继之，弟大声因赴死于道路，杰知不免，毒其二子一妾，举火自经而死。民冤至此，岂不上干阴阳之和？"诏都大坑冶魏岘罢职。癸巳，太白经天，昼见。戊戌，诏："今后齐民有罪，监司、守臣毋辄籍没其家，必具闻俟命。"

六月乙丑，荧惑、填星合于娄，荧惑顺行犯填星。丙子，诏诸狱官不理他务。

秋七月甲申，诏："近岁北兵再入利、阆，迫近顺庆，承奉郎胡元琰摄郡事，能收散卒，定居民，谕叛将，以全阆郡，以功特转官之资。

太白入井。丙戌，监楚州大军仓富起宗军变死难，诏赠宣教郎，官一子文林郎。张焕同时被创，害及其家，诏转官一资。丁酉，以吴潜为太府少卿、总领淮西财赋，陈贵谊端明殿学士、同签书枢密院事。

八月乙卯，起真德秀为徽猷阁待制、知泉州。丁巳，泗州路分刘虎、副都统董琳焚断盱泗桥遏金兵。己未，魏了翁以宝章阁待制、潼川安抚使知泸州。乙丑，赐进士徐元杰等四百九十三人及第、出身有差。壬申，太白、岁星合于张。甲戌，新作玉牒殿，奉安累朝玉牒，

九月乙巳，雨雹，雷。

闰月己酉，有流星大如太白。庚戌，彗星出于角。戊辰，史弥远乞归田里，诏不允。

冬十月戊子，以星变大赦。金将以盱眙军来降，赦盱眙，改为招信军。

十一月己巳，乔行简累疏乞归田，诏不允。

十二月丙子朔，进封才人贾氏为贵妃。辛巳，皇太后不豫。壬午，大赦。皇太后崩。癸卯，群臣凡七表请听政，从之，诏：外朝大殿，不敢轻改，宫中自服三年丧。时宋与大元兵合围汴京，金主奔归德府，寻奔蔡州，大元再遣使议攻金，史嵩之以邹伸之报谢。

六年春正月己酉，以少傅、保宁军节度使、嗣秀王师弥判大宗正事，赵善湘光禄大夫、江淮制置大使兼知建康府、行宫留守，加食邑四百户。戊辰，史弥远加食邑千户。

二月丁丑，上大行皇太后谥曰恭圣仁烈皇后。以赵范为工部侍郎兼中书门下省检正公事，赵葵秘书监兼侍讲，余天锡礼部侍郎兼侍读。癸卯，荧惑犯东井。

三月丙辰，大雨雹。

夏四月壬寅，葬恭圣仁烈皇后于永茂陵。

五月庚戌，太白、荧惑合于柳。邓州移剌以城来降。

六月丁酉，史嵩之刑部侍郎、兼京湖安抚制置使兼知襄阳府。

秋七月，败武仙于浙江。

八月,拔唐州。

九月壬寅朔,日有食之。辛亥,祀明堂,大赦。辛酉,经筵官请以御制敬天、法祖、事亲、齐家四十八条及缉熙殿榜、殿记宣付史馆。

冬十月,江海领襄军从大元兵合围金主蔡州。甲申,史宅之太府少卿,史宇之将作少监,并赐同进士出身。丙戌,史弥远进太师、左丞相兼枢密使、鲁国公,加食邑一千户;郑清之光禄大夫、右丞相兼枢密使,加食邑一千户。丁亥,史弥远保宁、昭信军节度使,充醴泉观使,进封会稽郡王,仍奉朝请,加食邑封。以薛极为枢密使,乔行简参知政事兼同知枢密院事,陈贵谊参知政事兼签书枢密院事。诏:"史弥远有定策大功,勤劳王室,今以疾解政,宜加优礼。长子宅之权户部侍郎兼崇政殿说书,次子宇之直华文阁、枢密院副都承旨,长孙同卿直宝章阁,次孙绍卿、良卿、会卿、晋卿并承事郎,女夫赵汝禖军器少监,孙女夫赵崇梓官一转。"己丑,诏崔与之、李直、郑性之赴阙。庚寅,以显谟阁待制、知福州真德秀兼福建安抚使。乙未,史弥远薨,赠中书令,追封卫王,谥忠献。诏戒贪吏。

十一月乙巳,给事中莫泽等言,差提举千秋鸿禧观梁成大暴狠贪婪,苟贱无耻,诏夺成大祠禄,丙午,诏改明年为端平元年,己未,以魏了翁为华文阁待制、知泸州、潼川安抚使,赐金带。癸亥,进赵葵兵部侍郎、淮东制置使兼知扬州。甲子,台臣劾刑部尚书莫泽贪淫忮害,罢之。丙寅,权工部尚书赵范言:"宣和海上之盟,厥初甚坚,迄以取祸,其事不可不鉴。"帝嘉纳之。丁卯,诏赵葵任责防御。戊辰,礼部郎中洪咨夔进对:今日急务,进君子,退小人,如真德秀、魏了翁当聚之于朝。帝是其言,命咨夔泊王遂同为监察御史。己巳,赵葵入见,帝问以金事,对曰:"今国家兵力未赡,姑从和议,俟根既壮,雪二帝之耻,以复中原。"

十二月戊寅,史宅之缴纳赐第,诏给赐本家,仍奉家庙。庚辰,以薛极为观文殿学士、知绍兴府兼浙东安抚使。甲申,吴潜太府卿,仍淮西总领财赋,暂兼沿江制置、知建康府。戊申,洪咨夔言:"资政

殿学士、提举洞霄宫袁韶，仇视善类，谄附弥远，险忮倾危。"诏袁韶
夺职罢祠禄。壬辰。台臣言："赵善湘、陈晐、郑损纳赂弥远，怙势肆
奸，失江淮、荆襄、蜀汉人心，罪状显著。"诏赵善湘有讨李全功，特
寝免；陈晐与祠，郑损落职与祠。

　　端平元年春正月庚子朔，诏求直言。侍从、卿监、郎官，在外执
政、从官，举堪为监司、守令者各二人；三衙、统帅、知阃、御带、环卫
官，在外总管、军帅，举堪为将帅者各二人。鍾震、陈公益、李性传、
张虙并兼侍读。徐清叟、黄朴、李大同、叶味道并兼崇政殿说书。辛
丑，赵范依前沿江制置副使，权移司知黄州，史嵩之权京湖安抚制
置使兼知襄阳府，陈韡华文阁待制，仍知隆兴府、江西安抚使。诏：
德安三关使彭哲，去年十月北兵至，弃关遁，削二秩勒停。乙巳，赐
故少傅、权参知政事任希夷谥宣宪。丙午，诏赵范兼淮西制置副使，
任责防御。太白、荧惑合在斗。戊申，金主完颜守绪传位于宗室承
麟。己酉，城破，守绪自经死，承麟为乱兵所杀，执其参知政事张天
纲。丙寅，诏："太师、中书令荣王已进王爵，宜封三代，曾祖子奭赠
太师、吴国公，祖伯旿赠太师、益国公，父师意赠太师、越国公。"戊
辰，以枢密院言：诏："京西忠顺统制江海、枣阳同统制郭胜，向因所
部兵行地，坐不发觉除名，广州拘管。遇赦还军前自效有功，并叙复
元受军职。"史嵩之露布告金亡，谨遣郭春按循故壤，诣奉先县汛扫
祖宗诸陵。还师屯信阳。命王旻守随州，王安国守枣阳，蒋成守光
化，杨恢守均，并益兵饬备，经理唐、邓屯田。

　　二月辛未，监察御史洪咨夔言："上亲政之始，斥逐李知孝、梁
成大，其谄事权奸，党私罔上，倡淫骏贷，罪大罚轻。"诏李知孝削一
秩，罢祠；梁成大削两秩。壬申，以赵彦呐为四川安抚制置使兼知兴
元府。丁亥，诏：端平元年正月以前诸命官贬窜物故者，许令归葬。

　　三月己酉，以贾涉子似道为籍田令。辛酉，诏遣太常寺主簿朱
扬祖、阁门祗候林拓诣洛阳省谒八陵。

　　四月辛未，诏遣朱复之诣八陵，相度修奉。丁丑，诏："比年宗亲

贫婆,或致失所,甚非国家睦族之意。大宗正司、南外西外宗正司,其申严郡郡,以时赡给,违者有刑。"监察御史王遂言:"史嵩之本不知兵,矜功自侈,谋身诡秘,欺君误国,留之襄阳一日,则有一日之忧。"不报。戊寅,岁星守太微垣上相星。壬午,监察御史洪咨夔言:"今残金虽灭,邻国方强,益严守备犹恐不逮,岂可动色相贺,涣然解体,以重方来之忧?"上嘉纳。甲申,日生赤晕。丙戌,以灭金获其主完颜守绪遗骨告太庙,其玉宝、法物并俘囚张天纲、完颜好海等命有司审实以闻。庚寅,诏授孟珙带御器械,京、襄部押官属陈一荐、江海官两转,余论功行赏。金降人夹谷奴婢改姓同名鼎,王闻显、呼延实、来伯友、石天瑞、白华各授官有差。丁酉,臣僚言:"江淮、荆襄诸路都大提点坑冶吴渊,恃才贪虐,籍人家赀以数百万计,掩为己有,其弟潜违道干誉,任用非类。"诏吴渊落右文殿修撰,吴潜落秘阁修撰,并放罢。

五月庚子,薛极卒,赠少师。戊申,太平州螟。己酉,太阴入氐。乙卯,诏李知孝瑞州居住,梁成大潮州居住,莫泽南康军居住,并再授官,寻尽追爵秩。诏魏了翁赴阙。丙辰,以赵范为两淮制置使、节制军马兼沿江制置副使。壬戌,以崔与之为端明殿学士、提举西京嵩山崇福宫,陈韡权工部尚书、知隆兴府、江西安抚使。丙寅,诏:"黄干、李燔、李道传、陈宓、楼昉、徐宣、胡梦昱皆厄於权奸,而各行其志,没齿无怨,其赐谥、复官、存恤,仍各录用其子,以旌忠义。戴埴,其复元资,以励士风。"建阳县盗发,众数千人,焚却邵武、麻沙、长平。

六月戊辰朔,郑清之等进奏选德殿柱有金书六字曰:"毋不敬,思无邪。"上曰:"此坐右铭也。"庚午,荧惑、填星合于胃。壬申,诏蠲漳、泉、兴化三州丁米钱。丙子,以李鸣复为侍御史兼侍讲,戊寅,以乔行简知枢密院事,曾从龙参知政事,郑性之签书枢密院事,陈贵谊兼同知枢密院事。己卯,诏:"故巴陵县公可尽复本身官爵,有司其检视墓域,以时致祭。妻吴,昨自请为尼,特赐慧净法空大师,绍兴府月给衣资缗钱。"诏殿司选精锐千人,命统制娄拱、统领杨辛讨捕建阳县盗。辛巳,诏故端明殿学士、开府仪同三司史弥远赠资政殿大学士,谥忠宣。荧惑犯填星。丙戌,有星大如太白,戊子,日晕不匝,生格气。癸巳,史嵩之进兵部尚书。禁毁铜钱作器用并贸易下海。

秋七月乙巳,诏嘉兴县王临年百二岁,补迪功郎致仕。

八月癸酉,诏:"河南新复郡县,久废播种,民甚艰食,江、淮制司其发米麦百万石往济归附军民,仍榜谕开封、应天、河南三京。"甲戌,朱扬祖、林拓朝谒八陵回,以图进,上问诸陵相去几何及陵前涧水新复,扬祖悉对,上忍涕太息。乙亥,以赵范为京河关陕宣抚使、知开封府、东京留守,赵葵京河制置使、知应天府、南京留守,全子才关陕制置使、知河南府、西京留守。甲午,权邵武军王埜以平建阳寇有功,官两转,余推赏有差。

九月庚子,赵范依旧京西、湖北安抚制置大使,知襄阳府。辛丑,荧惑入井。壬寅,赵范言:"赵葵、全子才轻遣偏师复西京,赵楷、刘子澄参赞失计,师退无律,致后阵败覆。"诏:赵葵削一秩,措置河南、京东营田边备全子才削一秩,措置唐、邓、息管田边备;刘子澄、赵楷并削三秩放罢。又言:"杨义一军之败皆由徐敏子、范用吉怠於赴援,致不能支。"诏范用吉降武翼郎,徐敏子削三秩放罢,杨义削四秩,勒停自效。己酉,真德秀言:权臣罔上,讲筵官亦傅会其言,今承其弊,有当虑者五事,并及泉漳寇盗、盐法之弊。帝嘉纳之。诏:进士何霆编类朱熹解注文字,有补经筵,授上文学。

冬十月己卯,真德秀进《大学衍义》。辛卯,陈贵谊薨,赠少保。

十一月壬子,京、湖制司创镇北军,诏以襄阳府驻扎御前忠卫军为名。壬戌,太白经天。

十二月己卯,大元遣王楫来。戊子,王楫辞于后殿。辛卯,遣邹伸之、李复礼、乔仕安、刘溥报谢,各进二秩。

宋史卷四二
本纪第四二

理宗二

端平二年正月丁酉,太阴行犯太白。甲寅,诏议胡瑗、孙明复、邵雍、欧阳修、周敦颐、司马光、张载、程颢、程颐等十人从祀孔子庙廷,升孔伋,十哲。丙辰,诏主管侍卫马军孟珙黄州驻扎,措置边防。丁巳,孟珙入见。辛酉,以御前宁淮军统制、借和州防御使程芾为大元通好使,从义郎王全副之,寻以武功郎杜显为添差通好副使。

二月甲子朔,日当亏不亏。癸酉,岁星守氏。壬午,太白、填星合于胃。

三月乙未,诏:太学生陈均编《宋长编纲目》,进士陈文蔚注《尚书解》,并补迪功郎。丁酉,杨谷、杨石并升太师,寻辞免。乙巳,曾从龙兼同知枢密院事,真德秀参知政事,兼给事中、兼侍读陈卓同签枢密院事。

夏四月甲子,诏:"前四川制置郑损,城池失守,且盗陕西五路府库财钜万,削官二秩,谪居温州,簿录其家。"丁卯,都城火。丁亥,太白昼见。戊子,大阅。有流星大如太白。

五月乙未,雨雹。军民交哄,御前诸都统赵胜削三秩,罢,命韩昱代之。丙申,大雨雹。甲辰,真德秀薨,赠银青光禄大夫,谥文忠。庚戌,以乔行简兼参知政事。

六月壬申,太阴入氏。戊寅,以郑清之为特进、左丞相兼枢密使,乔行简金紫光禄大夫、右丞相兼枢密使。己卯,葛洪资政殿大学士,予祠禄。庚辰,流星昼陨。祈雨。壬午,以曾从龙知枢密院事兼参知政事,崔与之参知政事,郑性之同知枢密院事,陈卓签书枢密院事。赐进士吴叔告以下四百五十四人及第、出身有差。己丑,荧惑入太微垣。庚寅,诏郑损更削两秩,窜南剑州。

秋七月丁酉,有流星大如太白。戊戌,太白经天。辛丑,流星昼陨。丙午,太白入东井。庚申,礼部尚书魏了翁上十事,不报。

闰七月戊寅,诏录开禧蜀难死事之臣,大安知军杨震仲孙忠孙补下州文学;利州路常平干官刘当可母王氏义不降曦,投江而死,追赠和义郡夫人,当可与升官差除。乙酉,赐少师、特进银青光禄大夫赵方谥忠肃。丙戌,故保宁军节度使鲁国公安丙谥忠定。丁亥,全子才、刘子澄坐唐州之役弃兵宵遁,子才削二秩,谪居衡州,子澄削二秩,谪居瑞州。

八月癸巳,岁星入氐。乙卯,以太师赵汝愚配享宁宗庙庭,仍图像于昭勋崇德之阁。丁巳,太白犯太微垣右执法。

九月癸未,崇国公主薨。

冬十月辛卯,有流星大如太白。己未,填星犯毕,岁星、太白合于心。

十一月乙丑,以曾从龙为枢密使、督视江淮军马,魏了翁同签书枢密院事、督视京湖军马,郑性之兼权参知政事。戊辰,诏两督府各给金千两、银五万两、度牒千、缗钱五百万,为随军资。台臣李鸣复论曾从龙、魏了翁督府事,不允。戊子,安南国贡方物。

十二月庚寅,曾从龙六疏乞寝枢密使命,依旧知枢密院事、督视江淮军马。诏许辞枢密使。以魏了翁兼督视江淮军马。癸巳,四川制置司遣将斩叛军首贼蒲世兴于万州。己亥,填星守天街星。庚子,诏官告院修武郎以下告身给督视府。太阴入井。壬寅,魏了翁陛辞,诏事干机速,许宜行之。吴潜枢密都承旨、督府参谋官,赵善瀚、马光祖督府参议官。甲辰,曾从龙薨,赠少师。余嵘同签书枢密院事。庚戌,故参知政事李壁谥文懿。辛亥,雷。

三年春正月己未朔，以星行失度，雷发非时，罢天基节宴。诏劝农桑。赐安南国王封爵、袭衣、金带。丁卯，填星犯毕。壬申，大元兵连攻洪山，张顺、翁大成等以兵捍御之。

二月甲午，诏以大元兵攻江陵，统制李复明奋勇战没，其赠三秩，仍官其二子，死伤士卒，趣具姓名来上。壬寅，诏侍从、台谏、给舍条具边防事宜。甲辰，起居郎吴泳上疏论淮、蜀、京、襄捍御十事，不报。诏魏了翁依旧端明殿学士、签书枢密院事，其速赴阙。诏史嵩之淮西制置使兼副使。辛亥，日晕周匝。甲寅，左曹郎官赵以夫上备边十策。

三月乙亥，吴潜赴阙。是月，襄阳北军主将王旻、李伯渊焚城郭仓库，相继降北。时城中官民四万七千有奇，其财粟三十万、军器二十四库皆亡，金银盐钞不与焉。南军主将李虎乘火纵掠，襄阳为空。制置使赵范坐失抚御，致南北军交争造乱，诏削官三秩，落龙图阁学士，姑仍制置职任。阶、岷、叠、宕十八族降。有谍者以檄招曹友闻军降，友闻斩之以闻。

夏四月丙申，太阴入太微垣。己酉，魏了翁乞归田里，诏不允，以资政殿学士知潭州。癸丑，诏悔开边，责己，其京湖、兴沔州军县镇见系囚情理轻者释之。

五月戊寅，提举万寿观洪咨夔依旧兼侍读。己卯，有流星出心，大如太白。辛巳，太阴入毕。甲申，赵葵华文阁直学士、淮东安抚制置使兼知州。

六月丁亥，流星夕陨。己亥，洪咨夔卒，诏与执政恩例，赠二秩，谥忠文。癸卯，荧惑、填星合于毕。丙午，荧惑犯填星。庚戌，大雨雹。

秋七月丁巳，祈晴。诏：权徐州国安用力战而没，已赠顺昌军节度使，仍官其子国兴承节郎。庚申，以赵范失襄城，罪重罚轻，诏罢职奉祠。辛酉，太阴入氏。丁卯，以郑性之参知政事，李鸣复签书枢密院事。戊辰，监察御史杜范、吴昌裔以言事不报，上疏乞罢官，诏改授范太常少卿，昌裔太常卿。庚午，荧惑入井。戊寅，太阴入东井。

甲申,雨血。

八月丙戌,诏赵范更削两秩,谪居建宁府,李虎削三秩,落刺史,罢御器械,各令任责捍御自效。癸卯,诏前龙图阁学士、光禄大夫、赠开府仪同三司傅伯成谥忠简。

九月庚申,太白、岁星合于尾。庚午,雷。辛未,祀明堂,大赦。雷雨。乙亥,左丞相兼枢密使郑清之罢为观文殿学士、醴泉观使兼侍读。乔行简罢为观文殿大学士、醴泉观使兼侍读。以崔与之为右丞相兼枢密使。壬午,骁卫大将军、利州驻扎御前诸军统制曹友闻与大元兵大战于大安军阳平关,兵败之,死之,诏赠龙图阁学士、大中大夫,谥毅节,立庙曰褒忠,官其二子承务郎。

冬十月乙酉,诏:“殿前司将胡文斌,暴死邵武之寇,赠武节大夫,有司为立後授官,因旧庙赐额。皇室师昇死尤溪之战,赠武节郎,官其一子进义校尉,立庙林岭。”甲午,诏:“沿江制置使陈应援淮东,授淮西制置使兼沿江制置副使史嵩之应援江陵、峡州江面上流。”壬寅,大元兵破固始县,淮西将吕文信、杜林率溃兵数万叛,六安、霍丘皆群盗所据。丙午,安南国贡方物,诏授金紫光禄大夫、静海军节度、观察等使,赐袭衣、金银带。大元太子阔端兵离成都,大元兵破文州,守臣刘锐通判赵汝乡死之。

十一月戊午,诏嗣秀王师弥授少师。丙寅,以乔行简为特进、左丞相兼枢密使,封肃国公。大元兵围光州,诏史嵩之援光,赵葵援合肥,陈𬛗遏和州,为淮西声援。戊辰,魏了翁依旧资政殿学士、知绍兴府、浙东安抚使吴潜、袁甫、徐清叟赴阙。壬申,诏侍从、两省、台谏、卿监、宰掾、枢属、郎官、钤辖,各陈防边方略。甲戌,太阴入太微垣。戊寅,复成都府。

十二月戊戌,以吴渊户部侍郎、淮东总领财赋兼知镇江府。壬寅,诏改明年为嘉熙元年。癸卯,郑清之辞免观文殿大学士、醴泉观使兼侍读,诏仍旧观文殿大学士、提举洞霄宫。丁未,宣缯薨,以定策功,赠太师,谥忠靖。甲寅,池州都统赵邦永以援滁州功,诏邦永转左武大夫,其余立功将士具等第、姓名推赏。

嘉熙元年春正月乙卯，以魏了翁知福州兼福建安抚使。丁巳，诏京西兵马都监、随州驻扎程再遇官三转，带行阁门宣赞舍人、京西钤辖兼知随州，赏其洪山战功，余有功将士趣以名上。辛酉，以李𡊮同知枢密院事、四川宣抚使。甲子，诏："两淮、荆襄之民，避地江南，沿江州县，间有招集振恤，尚虑恩惠不周，流离失所，江阴、镇江、建宁、太平、池、江、兴国、鄂、岳、江陵境内流民，其计口给米，期十日竣事以闻。"癸酉，荧惑守鬼宿。壬午，流星大如太白。

二月癸未朔，以郑性之知枢密院事兼参知政事，邹应龙端明殿学士、签书枢密院事，李宗勉同签书枢密院事。李鸣复罢，以资政殿学士知绍兴府。乙酉，葛洪薨。壬寅，雨雹。丙申，诏："忠义选锋张顺、屈伸等，以舟师战公安县之巴芒有功，各官一转，余推恩有差。"癸卯，诏以朱熹《通鉴纲目》下国子监，并进经筵。已酉，太白昼见，日晕周匝。

三月癸亥，日生背气。已巳，诏陈韡、史嵩之、赵葵各官两转。乙亥，魏了翁薨，赠少师，赐谥文靖。以孟珙为忠州团练使、知江陵府、京西湖北安抚副使，别之杰宝章阁待制、知太平州。

夏四月壬子朔，以李𡊮同知枢密院事、四川宣抚使、知成都府。壬辰，弟贵谦保康军节度使，仍奉朝请，进封天水郡开国侯，加食邑，与芮武康军节度使、提举万寿观，仍奉朝请，进封开国子。丙申，诏："两淮策应军战宣化，两军杀伤相当，阵亡将校李仙、王海、李雄、廖雷各赠武翼大夫，余赠官有差。"庚子，荧惑犯权星。丙午，诏："沔州诸镇将帅，昨以大元兵压境，皆弃官遁。夔路钤辖、知恩州田兴隆，独自大安德胜堡至漳州，逆战数合，虽兵寡不敌，而忠可尚，特与官一转。"

五月丙辰，袁韶薨。太阴犯荧惑。壬申，京城大火。丙子，荧惑犯将星。

六月壬辰，诏赏蕲州都统制万文胜、知州徐㮚守城之功，将士在行间者，论功补官有差。癸巳，以邹应龙为资政殿学士、知庆元府、沿海制置使。乙未，太白、填星合于井。甲辰，祈雨。丙午，以吴潜为工部侍郎、知庆元府兼沿海制置使。知黄州兼淮西安抚使、本路提刑李寿朋，被命三月，不即便途之官，遂还私舍，诏削三秩，送建昌军居住。诏建内小学，择宗子十岁以下资质美者二三人，置师教之。

秋七月壬子，湖北提举董槐朝辞，奏楮币物价重轻之弊。己未，枢密院言："大元兵自光州、信阳抵合肥，制司参议官李曾伯、庐州守臣赵胜、都统王福战守，俱有劳效。"诏曾伯等十一人各官一转。辛酉，太阴犯岁星、填星入井。庚午，岁星守建星。壬申，日生背气。癸酉，太阴入井。

八月甲申，太师、秦国公汝愚追封福王。乙酉，填星犯井。癸巳，以李鸣复参知政事，李宗勉签书枢密院事。甲辰，诏：蜀鸡冠隘都统王宣战殁，其总管吴桂弃所守走，又从部伍剽劫，削三官勒停。

九月壬子，填星留于井。癸丑，有流星出七公西星，至浊没。丁巳，雷。

冬十戊戌，有流星大如桃。

十一月戊辰，诏陈𣗥、史嵩之、赵葵于沿江、淮、汉州军，备舟师战具，防遏冲要堡隘。辛未，太史言十二月朔日食将既，日与金、木、水、火四星俱缠于斗。诏损膳避朝，庶图消弭，其令有司检会故实以闻。

十二月戊寅朔，日有食之。

二年春正月戊申朔，诏令侍从、台谏、卿监、郎官、帅臣、监司、前宰执侍从举晓畅兵财各二人，三衙、诸军统制举将才二人。己未，诏史嵩之、赵葵应援黄州、安丰，其立功将士等第，亟具名以闻；光州、信阳二城，共图克复。辛酉，诏：史嵩之进端明殿学士，视执政恩数；赵葵刑部尚书，制置并如旧；余玠知招信军兼淮东制置司参议官，进三秩；孟珙宁远军承宣使，依旧带御器械。史嵩之端明殿学士，依旧京湖安抚制置使兼沿江制置副使、兼知鄂州，召赴阙。甲子,两浙转运判官王埜察访江面还,进对,劾吴潜知平江府不法厉民数事。诏埜直华文阁、知建宁府。

二月甲申,大理少卿朱扬祖充押伴使,借章服、金鱼。庚寅,诏史嵩之以参知政事督视京西、荆湖南北路、江西军马,置司鄂州。癸巳,大宗正丞贾似道奏言:"北使将至,地界、名称、岁例,宜有成说。"又奏:"裕财之道,莫急于去赃吏,艺祖治赃吏杖杀朝堂,孝宗真决刺面,今日行之,则财自裕。"戊戌诏:"近览李𡎺奏,知蜀渐次收复,然创残之余,绥抚为急,宜施荡宥之泽。淮西被兵,恩泽亦如之。其降德音,谕朕轸恤之意。"大元再遣王楫来。辛丑,楫还,以朱扬祖充送伴使。癸卯,以孟珙为京湖安抚制置使,置司松滋县。

三月己丑,命将作监周次说为大元通好使。壬子,以李心传为秘书少监、史馆修撰,修高宗、孝宗、兴宗、宁宗四朝国史、实录。癸丑,以高定子为中书舍人、京湖江西督视参赞军事。庚申,诏史嵩之兼督视光、蕲、黄、夔、施州军马。戊辰,发行都会子二百万、并湖广九百万。下都督参政行府辖师。乙亥,诏四川被兵州、军、府、县、镇并转输劳役之所,见禁囚人情理轻者释之。诏四川帅臣招集流民复业,给种与牛,优与振赡。

夏四月癸未,以李𡎺同签书枢密院事,督视江淮、京湖军马。己酉,雨土。太阴入太微。闰月丁未太阴入井。甲子,有流星大如太白。壬申,赐礼部进士周坦以下四百二十二人及第、出身有差。

五月辛巳,太白昼见。癸未,以李鸣复知枢密院事,李宗勉参知政事,余天锡签书枢密院事。甲申,乔行简请"以兵事委李鸣复,财用委李宗勉,楮币委余天锡,当会议者,臣则参酌行之"。诏允所请。诏:严州布衣钱时、成忠郎吴如愚以隐居著书,并选为秘阁校勘。丙辰,诏崔与之提举洞霄宫,任便居住,李鸣复复参知政事。壬寅,岁星犯壁垒阵。

六月甲辰朔,流星昼陨,戊申,吴渊知太平州,措置采石江防。以吴潜为淮东总领财赋、知镇江府。丙寅,李𡎺薨,特赠资政殿大学士。

秋七月壬午，以霖雨不止，烈风大作，诏避殿、减膳、撤乐，合中外之臣极言阙失。辛卯，有流星大如太白。壬寅，荧惑犯鬼，积尸气。

八月辛酉，太白昼见经天。癸亥，流星昼陨。

九月壬午，荧惑犯权星，子维生。甲申，封宫人谢氏为永宁郡夫人。乙未，有流星大如太白。

冬十月庚戌，雷。丁卯，吴潜言："宗子赵时暊真、滁、丰、濠四郡流民十余万，团结十七砦。其强壮二万可籍为兵，近调五百援合肥，宜补时暊官。又沙上芦场田可得二十万亩，卖之以赡流民，以佐砦兵。"从之。荧惑入太微垣。戊辰，太白入于氏。已巳，日生黑子。辛未，复光州。

十一月甲申，子维薨，追封祁王，谥冲昭。

十二月丙午，光州守臣董喜臣伏诛，司户柳臣举配雷州。乙卯，诏：四川诸州县盐酒榷额，自明年始更减免三年，其四路合发总所纲运者亦免。戊辰，诏：诸路和籴给时直，平概量，毋科抑，申严收租苛取之禁。已巳，出祠牒、会子共七百万纸，给四川制司为三年生券。

三年春正月癸酉，以乔行简为少傅、平章军国重事，封益国公；李宗勉为左丞相兼枢密使；史嵩之右丞相兼枢密使，督视两淮、四川、京湖军马；余天锡参知政事；游侣同签书枢密院事。

二月丙午，诏史嵩之依旧兼都督江西、湖南军马。丁卯，又命嵩之都督江淮、京湖、四川军马。已巳，窜赵邦永，坐救滁不进兵。

三月辛未朔，以吴潜为敷文阁直学士、沿海制置使兼知庆元府。甲戌，以别之杰权兵部尚书，依旧沿江制置安抚使兼都督行府参赞军事，李曾伯兼都督行府参议官，孟珙兼都督行府参议官，流星昼陨。辛卯，雨土。

夏四月壬寅，祈雨。癸卯，以吴渊权工部尚书、沿江制置副使、知江州。

五月辛未，荧惑犯太微垣执法星。戊寅，以吴潜为兵部尚书、浙西制置使,知镇江府。辛卯,乔行简五疏乞罢机政,诏不允。

秋七月庚午,以董槐知江州兼都督行府参议官。甲申,以吴渊兼都督行府参赞军事。

八月戊戌朔,以浙江潮患,告天地、宗庙、社稷。以游倡参知政事,许应龙签书枢密院事,林略同签书枢密院事。己亥,荧惑入氐。辛丑,太阴入氐。有流星大如太白。丁亥,荧惑犯房宿。

九月辛巳,祀明堂,大赦。壬午,淮西敢勇将官陆旺、李威特与官三转,同出战二百人官两转,以赏庐州磨店北之功,其阵没者优与抚恤。

冬十月丁未,故太师鲁王谢深甫赐谥惠正。己未,出祠牒百给济处州。秉义郎李良守鄂州长寿县,没于战阵,诏赠官三转。癸亥,荧惑、太白合于斗。乙丑,虹见。

十一月丙子,以范钟签书枢密院事。

十二月己未,观文殿大学士崔与之薨,赠少师,谥清献。辛酉,太白昼见。甲子,复夔州,录荆鄂都统张顺、孟璋等将士战功。

四年春正月辛未,彗星出营室。庚辰,以星变下诏罪己。辛巳,有流星大如太白。甲午,彗星犯王良第二星。

二月丙申朔,日生背气。戊戌,大赦。辛丑,流星昼陨。白虹贯日。丁未,太白昼见。癸丑,以孟珙为四川宣抚使兼知夔州,节制归、峡、鼎、澧州军马。丙辰,白气亘天。

三月辛未,诏四川安抚制置使彭大雅削三秩。彗星消伏。乙酉,流星昼陨。

夏四月壬寅,前潼川运判吴申进封,因论蜀事,为上言:“郑损弃边郡不守,桂如渊启溃卒为乱,赵彦呐忌忠勇不救,彭大雅险谲变诈,殊费关防。宜进孟珙夔门。夔事力固乏,东南能助之,则夔足以自立。”又言:“张祥有保全赵彦呐、杨恢两制置之功,敌人惮其果毅,宜见录用。”上嘉纳之。乙巳,诏史嵩之进三秩,依前右丞相兼枢密使,即日,撤部都督局。

五月庚午,太阴入太微垣,岁星、太白合于娄,甲戌,太阴入氐。乙亥,子寿国公死。戊子,命吴潜兼侍读,李性传兼侍讲。

六月甲午朔,江、浙、福建大旱,蝗。乙未,祈雨。己亥,太白犯毕。辛丑,追封阆州签厅陈承己妻彭氏为恭人,赐庙阆州,以强寇入奉国县市,承己为贼所创,彭骂贼死之。辛亥,追赠儒林郎王巩为通直郎,官其一子为文学,以丙申蜀破,巩阖门死于兵。癸丑,太白犯天斗星。戊午,有流星大如太白。

秋七月乙丑,诏:"今夏六月恒阳,飞蝗为孽,朕德未修,民瘼尤甚,中外臣僚其直言阙失毋隐。"又诏有司振灾恤刑。太白入井。甲戌,太白、荧惑合于井。己丑,荧惑、太白合于鬼。

八月己酉,荧惑、填星合于柳,太白犯权星大星。癸丑,荧惑犯填星。

九月己丑,诏余玠进三秩,直华文阁,淮东提刑、节制招信军屯戍军马。以玠昨帅舟师溯淮入河抵泗,所向有功,全师而还。至是,论功定赏,是役将士趣以名上所司议推恩。

冬十月癸巳,诏改明年为淳祐元年。丁巳,命余玠兼节制应天府、泗、宿、永、海、邳、徐、涟水屯戍军马。

十一月甲子,荧惑入太微垣。己巳,荧惑犯太微垣左执法星。癸酉,诏:武功大夫、荆鄂都统制张顺,以私钱招襄、汉溃卒,创忠义、虎翼两军及援安庆、池州有功,特与官两转。丙子,与芮妻钱氏封安康郡夫人。辛巳,荧惑犯太微上相垣。

十二月甲辰,奉国军节度使、提举万寿观多谟薨。丙辰,地震。己未,诏求直言。

闰十二月丙寅,李忠勉薨,赠少师,赐谥文清。以游侣知枢密院事兼参知政事,范钟参知政事,徐荣叟签书枢密院事。庚午,诏系囚情理轻者释之。乙亥,诏民间赋输仍用钱会中半,其会半以十八界直纳,半以十七界纽纳。戊寅,以吴潜为福建安抚使,史宅之为浙东安抚史。

淳祐元年春正月庚寅朔,诏举武才。庚子,雷。甲辰,诏:"朕惟孔子之道,自孟轲后不得其传,至我朝周惇颐、张载、程颢、程颐,真见实践,深探圣域,千载绝学,始有指归。中兴以来,又得朱熹精思明辨,表里混融,使《大学》、《论》、《孟》、《中庸》之书,本末洞彻,孔子之道,益以大明于世。朕每观王臣论著,启沃良多,今视学有日,其令学官列诸从祀,以示崇奖之意。"寻以王安石谓"天命不足畏,祖宗不足法,人言不足恤"为万世罪人,岂宜从祀孔子庙廷,黜之。丙午,封周惇颐为汝南伯,张载郿伯,程颢河南伯,程颐伊阳伯。丁未,太阴入氐。戊申,幸太学谒孔子,遂御崇化堂,命祭酒曹豳讲《礼记大学》篇,监学官各进一秩,诸生推恩赐帛有差。制《道统十三赞》,就赐国子监宣示诸生。

二月戊寅,日生晕。壬午,乔行简薨,谥文惠。

夏四月丁丑,诏以与芮为开府仪同三司、万寿观使、嗣荣王。贵谦开府仪同三司、嗣沂王。辛巳,以贾似道为太府少卿、湖广总领财赋。

五月庚寅,以少师、保宁军节度使、判大宗正事、嗣秀王师弥为太子少保,奉国军节度使、充万寿观使师贡为少师。己亥,诏沿江淮西制置使别之杰任责边防。戊申,赐礼部进士徐俨夫以下三百六十七人及第、出身有差。

六月庚申,太白昼见。螟。癸酉,有流星大如太白。己卯,流星昼陨。丙戌,荧惑入氐。

秋七月壬辰,祈雨。

八月辛巳,杨石薨,赠太师。

冬十月庚辰,太白入氐。

十一月戊戌,太白昼见。己亥,淮东提刑余玠以舟师解安丰之围。己巳,太白经天昼见。

十二月丁卯,余天锡薨,赠太师,赐谥忠惠。丁丑,侍御史金渊言:彭大雅贪黩残忍,蜀人衔怨,罪重罚轻,乞更窜责。诏除名,赣州居住。

二年春正月甲申朔，诏作新吏治。戊戌，右丞相史嵩之等进玉牒及《中兴四朝国史》、《孝宗经武要略》、宁宗玉牒日历会要实录。

二月甲戌，以游侣知绍兴府、浙东安抚使，请祠禄，诏提举洞霄宫。范钟知枢密院事。兼参知政事，徐荣叟参知政事，赵葵赐进士出身，同知枢密院事，别之杰签书枢密院事。

三月戊子，诏和州、无为军、安庆府，并听沿江制置司节制。诏今后州县官有罪，诸帅司毋辄加杖责。

夏四月申寅，白气亘天。壬申，雨雹。

五月己亥，淮东制置副使余玠进对。戊申，台臣言知建宁府吴潜有三罪，诏夺职，罢新任。己酉，以赵葵为湖南安抚使、知潭州。

六月壬子朔，徐荣叟乞归田里，从之。丁巳，诏以余玠为四川宣谕使，事干机速，许同制臣共议措置，先行后奏，仍给金字符、黄榜各十，以备招抚。丙寅，以别之杰，同知枢密院事兼权参知政事，高定子签书枢密院事，杜范同签书枢密院事。是月，盛夏积雨，浙右大水。丁丑，岁星犯井。

秋七月辛巳朔，常、润、建康大水，两淮尤甚。

八月丁卯，诏：淮东先锋马军邓淳、李海等扬州挞扒店之战，宣劳居多，各官两转，余推恩有差。

九月庚辰朔，日有食之。己丑，雷。辛卯，祀明堂，大赦。癸巳，诏："淮东忠勇军统领王温等二十四人战天长县东，众寡不敌，皆没于阵。赠温武翼大夫、吉州刺史，其子兴国补保义郎，更官其一子承信郎，厚赐其家。余人恤典有差。"

冬十月甲寅，史嵩之进封永国公。乙丑，大元兵大入通州。

十一月辛卯，诏谕两淮节制李曾伯，毋以通州被兵之故，不安厥职，其督励诸将，勉图后功。己亥，日南至，雷电交作，诏殿减膳，求直言。癸卯，诏决中外系囚。

十二月己未，诏："通州守臣杜霆，兵至弃城弗守，载其私币渡江以遁，遂致民被屠戮，虽已夺三秩，厥罚犹轻。其追毁出身以来文字,窜南雄州。"壬戌,太白昼见。癸亥,大元兵连攻叙州,帐前都统杨大全等水陆并进,自卯至午战十数合,殁于行伍。诏赠武节大夫、眉州防御使,官其二子承节郎。丙寅,以孟珙为检校少保,依旧宁武军节度使、京湖安抚制置大使、夔路策应大使,余玠权资政殿学士、湖南安抚大使兼知潭州,赵葵资政殿大学士、福建安抚使、知福州。

三年春正月戊寅朔,以高定子兼参知政事。庚辰,荧惑入氐。乙未,以李曾伯为华文阁待制,依旧淮东西制置使、知扬州;杜杲敷文阁学士,依旧沿江制置使、知建康府;董槐秘阁修撰,依旧沿江制置副使、知江州、主管江西安抚司事。辛丑,诏安南国王陈日煚元赐功臣号,特增"守义"二字。

二月乙丑,以吕文德为福州观察使、侍卫马军副都指挥使,总统两淮出战军马,捍御边陲。庚午,以郢州推官黄从龙死节,诏赠通直郎,一子补下州文学。

三月丁丑朔,日有食之。

夏四月癸丑,左武卫中郎将、濠州措置捍御王烈,阁门宣赞、淮西路钤王杰,阁门祗候、江东路钤李季实,往马帅王鉴军前议事,遇大元兵战死,赠官,仍各官其二子。乙卯,嘉定守臣程立之固守,诏官一转。丙辰,安丰军统领陈友直以王家埚战功,与官两转。壬申,布衣王与之进所著《周礼订议》,补下州文学。

五月庚子,诏施州创筑郡城及关隘六十余所,本州将士及忠州戍卒执役三年者,各补转一官。

六月甲戌,有流星大如太白出于氐。

秋七月丁亥,诏海州屯驻借补保义郎申政,密州之役先登陷阵,后以战没,特赠保义郎,官其子进勇副尉。太白入井。壬辰,四川制司言:大元兵破大安军,忠义副总管杨世威坚守鱼孔隘,孤垒不降,有特立之操,可任责边防。诏以世威就知大安军。甲午,日生格气。己亥,太白经天昼见。

八月乙卯,流星昼陨。癸亥,诏福州延祥、荻卢两砦,并置武济水军,摘本州厢禁习水者充,千五百人为额。

闰月丁丑,四川总领余玠言,知巴州向佺、钤辖谭渊,白土坪等战有功。诏佺等十八人各官三转,余转官有差;其中创人各给缗钱百,阵没者趣上姓名,赠恤其家。太白犯权星。壬寅,太白填星合于翼。

九月壬申,诏蠲高邮民耕荒田租。

冬十月丙戌,太白入于氐。

十二月己丑,史嵩之五请祠,不允。

宋史卷四三
本纪第四三

理宗三

　　四年春正月壬寅朔，诏边将毋擅兴暴掠，虐杀无辜，以慰中原遗黎之望。帝制《训廉》、《谨刑》二铭，戒饬中外。以李鸣复参知政事；杜范同知枢密院事；刘伯正签书枢密院事；余玠华文阁待制，依旧四川安抚制置使、知重庆府兼四川总领财赋；李曾伯宝章阁直学士，依旧淮东安抚制置使、知扬州兼淮西制置使。戊午，枢密院言：“四川帅臣余玠，大小三十六战，多有劳效，宜第功行赏。”诏玠趣上立功将士姓名等第，即与推恩。庚申，以余玠兼四川屯田使。

　　二月癸酉，出封桩库缗钱各十万，命两淮、京湖、四川制司收瘗频年交兵遗骸，立为义冢。

　　夏四月丁丑，有流星大如太白，出于尾。癸未，填星守太微垣。乙未，祈雨。

　　五月庚戌，余玠言：“利阆城大获山、蓬州城营山，渠州城大良平，嘉定城旧治，泸州城神臂山，诸城工役，次第就绪。神臂山城成，知泸州曹致大厥功可嘉，乞推赏以励其余。”诏致大带行遥郡刺史。丁巳，武功大夫、雄威军都统制杨价世守南边，连年调戍播州，捍御勤瘁，诏价转右武大夫、文州刺史。午戊，大元兵围寿春府，吕文德节制水陆诸军解围有功，诏赴枢密院禀议，发缗钱百万，诣两淮制司犒师。庚申，守阙进勇副尉桂虎、进义副尉楚富、吐浑将虞候郑蔡，捍御寿春，俱有劳效，诏各官资两转，给缗钱千。乙丑，前签书枢密院事邹应龙薨,赠少保、监察御史,胡清献劾淮西提刑徐敏子三罪,诏削两秩,送江州居住。

六月庚午朔,吕文德依旧侍卫马军副都指挥使兼淮西招抚使、知濠州。乙亥,赐礼部进士留梦炎以下四百二十四人及第、出身有差。壬午,诏:安丰军策应解寿春围将士补转官资有差。诏:寿春一军先涉大海,捣山东胶、密诸州有功,今大元兵围城,能守城不隳,其立功将士皆补转有差。乙未,有流星大如太白出于毕。丙申,吴潜提举隆兴府玉隆万寿宫,任便居住。

秋七月己亥朔,祈雨。乙卯,招收沿淮失业壮丁为武胜军,以五千人为额。辛酉,盗发永州东安县,飞虎军正将吴龙、统制郑存等讨捕有功,诏补转官资有差。甲子,诏:"故直龙图阁项安世正学直节,先朝名儒,可特赠集英殿修撰。"

八月壬辰,太白昼见。

九月癸卯,右丞相史嵩之以父病谒告,许之,诏范锺、刘伯正暂领相事。甲辰,史弥忠卒,赠少师,封郑国公,赐谥文靖。诏史嵩之起复右丞相兼枢密使。癸丑,荧惑、填星合于轸。甲寅,京湖制司言,诸将李福等破申州、蔡州西平县城壁及马家等砦,诏将士各补官推赏有差。己未,将作监徐元杰上疏论史嵩之起复,宜许其举执政自代。帝不允,遂求去,帝曰:"经筵赖卿规益,何事相去邪?"癸亥,太白犯斗宿距星。乙丑,雷。丁卯,雷。台臣言严州及绍兴、萧山等县,征商烦苛,诏亟罢之。

冬十月甲戌,诏庆元府守臣敦谕史嵩之赴阙,嵩之控辞,不允。壬辰,杜范、游侣提举万寿观兼侍讲。

十一月辛丑,诏趣游侣、杜范赴阙。戊申,雷。庚戌,诏陈铧李性传赴阙。

十二月庚午,以范锺为左丞相兼枢密使,杜范为右丞相兼枢密使,游侣知枢密院事,刘伯正参知政事兼签书枢密院事。诏戒饬百官。许右丞相史嵩之终丧。甲戌,以赵葵同知枢密院事。乙亥,郑清之授少保,依旧观文殿大学士、醴泉观使兼侍读,仍奉朝请,进封卫国公。

五年春正月丁酉朔，诏更新庶政，绥抚中原遗民。丙午，杜范辞免右丞相，不允。己酉，雷。乙卯，以李性传签书枢密院事兼权参知政事。

二月丙寅朔，雨土。甲戌，复五河，诏：吕文德进三秩，羊洪进二秩，余有战功者推赏，其阵没人，具姓名赠恤。丁丑，范锺等上玉牒、日历及孝宗光宗御集、《经武要略》、《宁宗实录》。壬辰，太白昼见经天。

三月庚子，诏严赃吏法，仍命有司举行彭大雅、程以升、吴淇、徐敏子纳贿之罪。准淳熙故事，戒吏贪虐、预借、抑配、重催、取赢。以缗钱百万犒淮东师。

夏四月甲申，填星犯上相星。丙戌，杜范薨，赠少傅，谥清献。戊子，余介言权巴州何震之守城死于兵，诏进赠官三秩，一子与下州文学。京湖制司言：钤辖王云等袭邓州镇平县灵山，战顺阳铁撅峪，皆有劳效，野战数十合，云等六人被重创死，路钤于江一军力战。"诏：王云赠三秩，仍官其二子为承信郎，王宽、王立、田秀、董亮、董玉各加赠恤，于江等各转一官资。"诏李曾伯、余玠、董槐、孟珙、王鉴职事修举，曾伯、玠升阁职，槐、珙、鉴转官，并因其任。

五月丁酉，吕文福、夏贵上战功，诏贵官两转，文福带行阁职。丁未，诏："沿江、湖南、江西、湖广、两浙制帅漕司及许浦水军司，共造轻捷战船千艘，置游击军壮士三万人，分备捍御。"戊申，日生赤黄背气。辛亥，诏董槐赴阙。丁巳，淮东制置使李曾伯辞免焕章阁学士，从之。

六月甲申，祈雨。丙戌，工部侍郎徐元杰暴卒，赠四秩。置诏狱。

秋七月癸巳朔，日有食之。旱。辛丑，镇江、常州亢旱，诏监司、守臣及沿江诸郡安集流民。甲辰，祈雨。乙卯，诏给徐元杰、刘汉弼官田五百亩、缗钱五千，恤其家。丁巳，京湖制司言总制亢国用师众战裕州拐河，战黑山，战大神山，皆有劳效。诏国用官两转，李山等四十七人官一转。吕文德言与大元兵战五河隘口,又战于濠州,大元兵还。诏文德:屯驻诸军战守将士,推恩有差。

八月庚辰,范锺再乞归田,不允。

九月甲辰,京湖制置司言:"刘整等率精锐以云梯四面登镇平县城,入城巷战,焚城中仓库、糗粮、器甲,路将武胜等四人死之;略广阳,焚列屯、砦栅、庐舍凡二十余所;还抵灵山,又力战有功。"诏整官两转,同行蔡贵等二百二十人各官一转。辛亥,祀明堂,奉太祖、太宗、宁宗并侑,大赦。

冬十一月乙未,郑清之乞归田,不允。丙申,诏:师弥典司属籍,职事修举,授太傅,加食邑,依前判大宗正事,嗣秀王。壬子,诏:大元兵入蜀,权成都府冯有硕、权汉州王骧、权成都县杨兑、权资州刘永、权潼川府魏霭死于官守,其各赠官三转,仍官其一子。癸丑,诏:将领关贵、统制白傅才率众复洋州,还遇大元兵交战,将士百五十三人皆阵没,已稞飨闵忠庙,赡恤其家。关贵、白傅才各赠承节郎,官其一子进勇副尉。

十二月甲戌,诏寿春守臣刘雄飞等以大元兵围城捍御有功,雄飞及吕文福、林子嵓等十一人各官三转,刘用等补转官资有差。己卯,以游侣为右丞相兼枢密使;郑清之为少师奉国军节度使,依前醴泉观使兼侍读,仍奉朝请赐玉带及赐第行在。兄与欢换授安德军节度使、开府仪同三司、万寿观使,仍奉朝请;弟嗣沂王贵谦、嗣荣王与芮并加授少保。以赵葵知枢密院事兼参知政事,李性传同知枢密院事,陈铧兼参知政事。壬午,太史奏来岁正旦日当食,诏以是月二十一日避殿减膳,命百司讲行阙政,凡可以消弭灾变者,直言毋隐。

六年春正月辛卯朔,日有食之。置国用所,命赵与懃为提领官。

二月戊辰,范锺再乞归田里,诏官三转,观文殿大学士、醴泉观使兼侍读。己巳,范锺再辞,诏提举洞霄宫,任便居住。庚午,以刘雄飞知寿春府,节制屯田军马。

三月癸巳,日晕周匝,珥气。

夏四月辛酉,太白昼见。壬戌,太阴犯太白。甲戌,以丘岳兼两淮屯田副使,贾似道兼蕲、黄屯田副使。丁丑,日晕周匝。戊寅,诏:"朱熹门人胡安之、吕焘、蔡模并迪功郎,本州州学教授。给札录其著述,并条具所欲言者以闻。"

闰四月辛卯,李曾伯以台谏论,诏落职予祠,寻罢祠禄。戊戌,吕文德言:"今春北兵攻两淮,统制汪怀忠等逆战赵家园,拔还俘获人民;路钤夏贵,知州王成、倪政等,帅舟师援安丰军,所至数战,将士阵亡者众。"诏:"倪政赠官三转,官一子承信郎,许通、夏珏、孙才、江德仙各赠官两转,官其一子下班祗应,给缗钱恤其家;余立功将士恩赏有差。"辛丑,月晕五重。癸卯,余玠言:北兵分四道入蜀,将士捍御有功者,辄以便宜推赏,具立功等第补转官资以闻。诏从之。

五月庚申,诏贾似道措置淮西山砦城筑。壬戌,太白犯权星。己卯,诏诸镇募兵、造舟、置马,帅臣其务奖激将士,以严边防。

六月甲午,保信军节度使希丞薨。丙午,祈雨。壬子,以陈韡参知政事兼同知枢密院事。乙卯,台臣言李鸣复、刘伯正进则害善类,退则蠹州里。诏鸣复落职罢宫观,伯正削一秩。

秋七月壬戌,泉州岁饥,其民谢应瑞非因有司劝分,自出私钱四十余万籴米以振乡井,所全活甚众,诏补进义校尉。丁卯,太阴犯斗。己巳,吕文德言:"北兵围寿春城,州师至黄家穴,总管孙琦、吕文信、夏贵等战龙堽,有功。"诏文德官一转,余依等第转补;其阵没董先等二十二人,伤者四百三十七人,赠恤恩赏有差。癸酉,有流星出自室,大如太白。

八月辛卯,太阴犯房。己酉,赐文士刘克庄进士出身,以为秘书少监兼国史编修官,实录院检讨官。壬子,太白昼见。癸丑,以刘克庄兼崇政殿说书。枢密院言:"前知普州何叔丁、签书判官杨仁举,淳祐元年冬北兵攻城,两家二十余人死于难,叔丁孙嗣祖、仁举幼子肖翁被俘逃归。"诏叔丁等赠官恤后有差。

九月甲子,有流星出于斗,大如太白。戊辰,以贾似道为敷文阁直学士、京湖制置使、知江陵府兼夔路策应使。太白昼见。癸酉,孟珙薨,赠少师。

冬十月己丑,少保、嗣荣王与芮之子赐名孟启,授贵州刺史。乙未,填星、岁星、荧惑合于亢。己酉,太白入氐。

十一月癸亥,岁星入氐。甲戌,右丞相游似五请归田里,诏不允。辛巳,诏:"北兵入蜀,前四川制置使陈隆之阖家数百口罹害,死不易节,其特赐徽猷阁待制,官其二子,赐谥立庙。死事史季俭、杨戬子各赐官两转,官一子。"

十二月乙未,诏史嵩之依所乞守金紫光禄大夫、观文殿大学士、永国公致仕。台谏论史嵩之无父无君,丑声秽行,律以无将之法,罪不余诛,乞寝宫祠,削官远窜。

七年春正月乙卯朔,诏:"间者绌逐非才,收召众正,史嵩之已令致事,示不复用。咨尔二三大臣,其一乃心,务举实政,以辑宁我邦家。若辞浮于实,玩愒岁月,朕何赖焉。"建资善堂,授孟启宜州观察使,就内小学。

二月庚寅,诏:"淮安主簿周子镕,久俘于北,数遣蜡书谍报边事,今遂生还,可改朝奉郎,优与升擢。"己亥,贵妃贾氏薨。戊申,日晕周匝。壬子,诏改潜邸为龙翔宫。

三月庚午,祈雨。

夏四月丁亥,填星犯亢。庚子,以王伯大签书枢密院事,吴潜同签书枢密院事。辛丑,以郑清之为太傅、右丞相兼枢密使,封越国公;游似罢为观文殿大学士、醴泉观使兼侍读;赵葵为枢密使兼参知政事,督视江淮、京西、湖北军马;陈铧知枢密院事、湖南安抚大使、知潭州。甲辰,赵葵兼知建康府、行宫留守、江东安抚使,应军行调度并听便宜行事;赵希塈礼部尚书、督视行府参赞军事。庚戌,出缗钱千万、银十五万两、祠牒千、绢万,并户部银五千万两,付督视行府赵葵调用。

五月甲寅，宁淮军统制张忠戍浮山，手搏北将，俱溺水死，赠武略大夫，官一子承信郎，缗钱五千给其家。祈雨。壬申，以吴潜兼权参知政事。乙亥，御集英殿策士，诏求直言弭旱。

六月癸巳，赐礼部进士张渊微以下五百二十七人及第、出身有差。丙申，以旱避殿减膳。诏中外臣僚士民直陈过失，毋有所讳。戊申，诏："旱势未释，两淮、襄、蜀及江、闽内地，曾经兵州县遗骼暴露，感伤和气，所属有司收瘗之。"

秋七月己未，太阴犯心。乙丑，吴潜罢。丁卯，以别之杰参知政事，郑寀同签书枢密院事。己卯，吴潜依旧端明殿学士、知福州、福建安抚使。

八月甲申，郑寀罢。辛卯，雨。辛丑，前彭州守臣宇文景讷死事，诏赠官，进三秩，官一子下州文学。壬寅，诏监司、守臣议荒政以振乏绝，租税合蠲减者具实来上。甲辰，高定子薨。赠少保。丙午，蔡抗进其父沈《尚书解》。

九月丙辰，有流星出于室。癸酉，雷。

冬十月辛巳，太白昼见。己酉，台臣言添差、摄局、须入、奏辟、改任、荐举、借补、旷职、匿过十弊。

十一月丁巳，诏："茶陵知县事黄端卿为郴寇所害，进官三秩，官一子将仕郎，立庙衡州。"

十二月辛巳，李鸣复卒，壬辰，诏："太学生程九万自北脱身来归，且条上边事，赐迪功郎。"

八年春二月丁亥，赵葵言吕文德洎诸将解泗州之围有功，诏补转推赏有差。戊子，太阴生黄白晕。癸巳，雨雹。乙未，福州福安县民罗母年过百岁，特封孺人，复其家，敕有司岁时存问，以厚风化。辛丑，赵葵表："招、泗断桥，将士用命，兵退。陈奕、谭涓玉、王成等战涡河、龟山有劳，闻其步兵多山东人，遂调史用政等袭胶州，复袭高密县，以牵制侵淮之师。"诏趣上立功将士等第、姓名推赏。乙丑，雨雹。甲戌，诏："先锋军统制田智润泗州潮河坝之战，父子俱死于

兵,赠智润修武郎,子承节郎,更官其一子承信郎,给缗钱五千恤其
家。"

夏四月庚辰,诏淮东制置司于泗州立庙,祠夏皋及张忠、田智
润父子,赐额以旌忠节。丁亥,赠朝奉郎程克己妻王氏同没王事,进
赠安人。

五月癸亥,赵葵进三秩。

六月乙酉,日生赤黄晕周匝。戊戌,以徐鹿卿为枢密使兼参知
政事兼侍讲。甲辰,有流星出河鼓,大如太白。

秋七月戊申,太白入井。辛亥,以王伯大参知政事,应繇同知枢
密院事,谢方叔签书枢密院事,史宅之同签书枢密院事,赵与䔍资
政殿学士,依旧知临安府.浙西安抚使。癸酉,王伯大罢为资政殿学
士、知建宁府。

九月辛酉,祀明堂,大赦。雷。

冬十月甲戌朔,别之杰三疏乞归田里,诏以资政殿大学士知绍
兴府。乙亥,应繇、谢方叔并兼参知政事。己卯,余玠言:"都统张实
等以战功,承制便宜与官三转,给刺史象符、金银器二百两、银三百
两、缗钱一万,余将士依等第转官,给金银符、钱帛有差。"诏命词、
给告身付之。

九年春正月乙巳,孟启授庆远军节度使,进封益国公。庚申,诏
周世宗八世孙柴彦颖补承务郎,袭封崇义公。辛酉,诏:"两淮、京湖
沿江旷土,军民从便耕种,秋成日官不分收,制帅严劝谕觉察。"癸
亥,诏给官田五百亩,命临安府创慈幼局,收养道路遗弃初生婴儿,
仍置药局疗贫民疾病。乙丑,雨雹。丁卯,许应龙薨。己巳,范锺薨,
赠少保,谥文肃。辛未,诏以官田三百亩给表忠观,旌钱氏功德,仍
禁樵采。

闰二月甲辰,以郑清之为太师、左丞相兼枢密使,进封魏国公;
赵葵为右丞相兼枢密使;应繇、谢方叔并参知政事;史宅之同知枢
密院事。乙卯,郑清之五辞免太师,许之。

三月癸未，以贾似道为宝文阁学士、京湖安抚制置大使。乙酉，程元凤江、淮等等路都大提点坑冶铸钱公事兼知饶州。丁亥，诏以四月朔日食，自二十一日避殿减膳撤乐。

夏四月壬寅朔，日有食之。庚戌，赵葵四辞免右丞相兼枢密使，诏不允。

五月己丑，赵葵乞归田里，又不允。甲午，郑寀薨。

六月壬戌昼，南方有星，急流至蜀没，大如太白。丙寅，诏边郡各立庙一，赐额曰“褒忠”，凡没于王事忠节显著者，并祠焉，守臣春秋致祀。

秋七月壬辰，诏知吉州李义山更削三秩，监赃钱银纳安边所。癸酉，太白犯进贤星。

八月己酉，以吴潜为资政殿学士、知绍兴府、浙东安抚使。辛亥，诏趣赵葵治事，命吴渊宣谕赴阙。

九月丙子，诏赵与𥲅提领户部财用，置新仓，积贮百二十万，名淳祐仓，许辟官四人。乙未，册命婉容阎氏为贵妃。

冬十月辛丑，太白入氐。丁卯，谏臣周坦言：知建宁府杨栋任成都制幕时，尽载激赏库珍宝先遁，陷丁黼于死，致全蜀生灵涂。炭诏褫栋阁职，罢新任。

十一月辛未，太白入氐，壬申，有流星出织女星。丙子，赵与𥲅资政殿学士、提领国用、浙西安抚使，癸未，应徭乞归田里，诏以资政殿学士知平江府。

十二月己亥，以董槐兼侍读。乙巳，以吴潜同知枢密院事兼参知政事，徐清叟签书枢密院事。戊申，太白昼见。戊午，史宅之薨，赠少师。

十年春正月甲午，应徭三乞归田里，与祠禄。

二月乙卯，雨土。

三月癸未，赵葵辞，以为观文殿大学士、醴泉观使兼侍读，奉朝请。庚寅，以贾似道为端明殿学士、两淮制置大使、淮东安抚使、知扬州;余玠龙图阁学士,职任依旧;李曾伯徽猷阁学士、京湖安抚制置使、知江陵府。丙申,有流星夕陨。

夏四月己酉,幸龙翔宫。

五月丙寅朔,以福州观察使、提举佑神观善珝为保康军节度使、提举万寿观、嗣濮王;吴渊资政殿学士,依旧职任,与执政恩数。癸未,贾似道言王登浚筑江陵城濠有劳,诏登初官选人,减举主三员。

八月甲寅,台州大水。

九月甲子朔,贾似道兼淮西安抚使。己巳,赐礼部进士方梦魁以下五百一十三人及第、出身有差。甲戌,进士第一名方梦魁改赐名逢辰。戊寅,以严州水,复民田租。

冬十月丁酉,诏郡邑间有水患,其被灾细民,随处发义仓振之。辛酉,诏诸主兵官,今后行刑,毋杖脊以伤人命。

十一月壬申,赵葵授特进,依旧观文殿大学士、判潭州、湖南安抚大使。壬午,雷。癸未,以雷震非时,自二十四日避殿减膳。诏:"公卿大夫百执事各扬乃职,禋朕不逮。"参知政事谢方叔吴潜、签书枢密院事徐清叟并乞解机政,诏不允。

十二月壬辰朔,郑清之乞归田里,诏不允。戊戌,太白、岁星合于危。丁巳,虹见。

十一年春正月丁卯,诏孟启改赐名孜,依前庆远军节度使,进封建安郡王。己丑,诏沿海沿江州郡,申严水军之制。监察御史程元凤言,资善堂宜先用重厚笃实之士,上嘉纳之。

二月乙未,左丞相郑清之等上玉牒、日历、会要及光宗宁宗宝训、《宁宗经武要略》。丁酉,诏清之等各进秩有差。庚子,游侣乞致仕,诏依旧观文殿大学士,进二秩。甲寅,太白犯昴。乙卯,太白昼见。

三月丁卯,少保、保宁军节度使、嗣濮王不擅薨,赠少师,追封新兴郡王。乙亥,雨土。戊寅,以谢方叔知枢密院、参知政事,吴潜参知政事,徐清叟同知枢密院事。辛巳,城宝应,诏移一军戍守,李庭芝进一秩,将士推恩有差。俞兴升成都安抚副使、知嘉定府,任责威、茂、黎、雅边防。

夏四月戊戌,潭州民林符三世孝行,一门义居,福州陈氏,笄年守志,寿逾九秩,诏皆旌表其门。丁未,进《淳祐条法事类》凡四百三十篇,郑清之等各进二秩。

六月甲午,四川余玠奏进北马五百,诏立功将士趣上姓名推恩。丙申,高达带行遥郡刺史、权知襄阳府、管内安抚,节制屯戍军马。乙巳,诏求遗书并山林之士有著述者,许上进。

秋七月癸亥,太白昼见。丙寅,太阴入氏。壬申,太白入井。丁丑,有流星出于毕,大如太白。庚辰,前签书枢密院事陈卓薨,赠少师。

八月己丑朔,星夕陨。癸巳,太阴入氏。丁酉,荧惑入井。丁未,命吕文福庐州驻扎御前府诸军都统制。庚戌,诏以故直龙图阁楼昉所著《中兴小传》百篇、《宋十朝纲目》并《撮要》二书,付史馆誊写,昉追赠龙图阁待制。辛亥,诏:"比览林光世《易范》,明《易》推星配象演义,有司其以礼津遣赴阙。"

九月辛未,祀明堂,大赦。

闰十月癸亥,太白入氏。癸酉,吴潜五疏乞罢机政,不允。

十一月丙申,京湖制司表都统高达等复襄、樊,诏立功将士三万二千七百有二人各官一转,以缗钱三百五十万犒师。甲辰,郑清之乞解机政,诏依前太傅、保宁军节度使充醴泉观使,封齐国公,仍奉朝请。己酉,诏:"承信郎陈思献书籍,赐官一转。庚戌,太师郑清之薨,赠尚书令,追封魏郡王,谥忠定。甲寅,以谢方叔为左丞相,吴潜为右丞相。乙卯,以徐清叟参知政事兼同知枢密院事,董槐端明殿学士、签书枢密院事。

十二月戊辰,诏以八事训饬在廷,曰肃纪纲、用正人、救楮币、固边陲、清吏道、淑士气、定军制、结人心。己卯,游佀薨,赠少师,谥清献。

十二年春正月癸巳，武功大夫王坚以复兴元功，转遥郡团练使。辛丑，太学录杨懋卿以孝行卓异，诏表其门，以其事宣付史馆。癸丑，诏宰执议立方田，开沟浍，自近圻始。创置游击军，水步各半。

二月乙卯朔，日有食之。己未，诏陈显伯资善堂翊善，蔡抗资善堂赞读，翁甫资善堂直讲。壬午，诏襄、郢新复州县，赋税复三年。大元兵数万攻随、郢、安、复，京西马步军副总管马荣率将士战严窦山。癸未，再战铜冶坪。

三月丁亥，又战子陵大脊山。诏：荣兵不满千，能御大难，赏官两转，进州钤，带行阁门祗候，赐金带。诸将王成、杨进各官两转升迁，余推恩有差。丁未，守三汊口诸将焚北屯积蓄，断其浮梁。

夏四月庚申，有流星出自角、亢，大如太白。戊辰，诏襄、郢新复州郡，耕屯为急，以缗钱百万，命京阃措置，给种与牛。壬申，荧惑犯权星。乙亥，蔡抗兼侍立修注官。丙子，置池州游击水军。

五月甲申朔，祈雨。壬辰，诏申儆江防，每岁以葺战舰、练舟师勤惰为殿最赏罚。乙巳，盗起信州玉山县。罢诸郡经界。戊申，太阴犯毕。

六月癸亥，发米三万石振衢、信饥。玉山寇平。丙寅，严、衢、婺、台、处、上饶、建宁、南剑、邵武大水，遣使分行振恤存问，除今年田租。

秋七月庚寅，太白、荧惑合于轸。

八月己未，诏来年省试仍旧用二月一日，殿试用四月十五日以前，庶免滞留远方士子。己巳，诏以缗钱四十万振恤在京军民。丁丑，诏行会天历。辛巳，诏改明年为宝祐元年。

九月丁亥，少师、保康军节度使、嗣沂王贵谦薨，赠太傅，追封申王。戊戌，太白、填星合于箕。丙午，太白犯斗。

冬十月癸丑，以徐清叟参知政事，董槐同知枢密院事。嗣濮王善瘹薨，赠少师、追封咸宁郡王。戊午，濮安懿王长孙善奂授福州观察使、提举佑神观、嗣濮王。壬申，诏襄、樊已复，其务措置屯田，修渠堰。

十一月庚寅,吴潜罢。丙申夜,临安火;丁酉夜,火乃熄。戊戌,诏避殿减膳。壬寅,诏求直言。

十二月乙卯,以吴潜为观文殿大学士、提举江州太平兴国宫。己未,诏追录彭大雅创城渝州功,复承议郎,官其子。癸亥,诏海神为大祀,春秋遣从臣奉命往祠,奉常其条具典礼来上。壬申,太阴入氐。丁丑,立春,雷。

宝祐元年春正月庚寅朔,诏以艺祖嫡系十一世孙嗣荣王与芮之子建安郡王孜为皇子,改赐名禥,授崇庆军节度使,进封永嘉郡王。制《资善堂记》赐皇子。戊戌,日生戴气。癸卯,大元兵渡汉江,屯万州,入西柳关。高达调将士扼河关,上山大战,至鳖坑、石碑港而还。诏高达、程大元、李和各官两转,余恩赏有差。

二月己酉朔,日有食之。戊辰,陈垓贪赃不法,窜潮州。辛未,罢尚书省,创置呈白房。

三月戊子,与芮授少师,加食邑七百户;希逊检校少傅,加食邑五百户;与欢授少保,加食邑七百户;乃裕保康军节度使,加食邑五百户。丙申,别之杰薨,赠少师。

夏四月丁巳,有流星大如太白。

五月甲午,诏余玠赴阙。乙未,诏侍从、台谏、给舍、制司各举帅才二人。丁酉,荧惑、岁星合在昴。己亥,赐礼部进士姚勉以下及第、出身有差。

六月戊申朔,江、湖、闽、广旱。庚戌,四川制司言余玠疾革,诏玠资政殿学士,与执政恩数。辛亥,以贾似道为资政殿大学士,李曾伯端明殿学士,职任依旧。庚申,以余晦为司农卿、四川宣谕使。祈雨。

秋七月壬午,王伯大薨。丙戌,蔡抗兼资善堂翊善,施退翁兼资善堂直讲。庚寅,温、台、处三郡大水,诏发丰储仓米并各州义廪振之。癸巳,诏余玠以兴元归附之兵,分录本路诸州都统,务抚存之,仍各给良田,制司济以钱粟。甲午,余玠卒,赠官五转。庚子,以董槐兼参知政事。癸卯,诏抚谕四川官吏军民。

八月丁未朔,以马光祖为司农卿、淮西总领财赋。甲寅,起居郎萧泰来出知隆兴府。先是,起居舍人牟子才与泰来并除,子才四疏辞,极陈泰来奸险淹秽,耻与为伍,泰来不得已请祠,遂予郡。丙辰,以余晦权刑部侍郎、四川安抚制置使、知重庆府兼四川总领财赋。乙丑,行皇宋元宝钱。

九月壬午,程元凤升兼侍读,牟子才升兼侍讲。壬辰,城夔门。太阴入毕。

冬十月丙午朔,诏出缗钱二百万,振恤京城军民。

十一月丙子朔,诏奖谕襄阳守臣高达。己丑,贾似道献所获良马,赐诏褒嘉,其将士增秩赏赉有差。

十二月乙卯,册瑞国公主。庚申,刘伯正薨,赠五秩。

宋史卷四四

本纪第四四

理宗四

　　二年春正月乙亥朔，大元城利州、阆州。诏湘潭县民陈克良孝行，表其门。

　　二月甲辰朔，诏太常厘正秦桧谥，因谕辅臣曰："谥'缪狠'可也"。荧惑犯权星。乙巳，诏：利州统制吕达战没，赠官四转，官一子承信郎，一子下班祗应。己酉，余晦兼四川屯田使。庚申，诏：饶州布衣饶鲁，不事科举，一意经学，补迪功郎、饶州教授。辛酉，日晕击匦。戊辰，故直华文阁李燔，先儒朱熹门人，赐谥文定。

　　三月壬午，王元善使大元，留七年来归。戊子，雪。诏蠲江、淮今年二税。己丑，诏录襄城功，高达带行环卫官、遥郡团练使，职任依旧；王登行军器监丞、制司参议官；程大元、李和以下将士六千六百一十三人补转官资有差。甲午，城东海，贾似道以图来上。

　　夏四月辛亥，诏：边兵贫困可闵，闲田甚多，择其近便者分给耕种，制司守臣治之。乙丑，以徐清叟知枢密院兼参知政事，董槐参知政事。

　　六月壬寅朔，罢临安府临平镇税场。甲辰，四川制司言：合州、广安军北兵入境，王坚、曹世雄等战御有功。诏坚官两转，余各补转官资。甲寅，侍御史吴燧等论故蜀帅余玠聚敛罔利七罪，玠死，其子如孙尽窃帑庾之积以归。诏簿录玠家财。以李曾伯为资政殿学士，依旧节制四川。丙辰，利州王佐坚守孤垒，降将南永忠以兵薄城下，佐骂之，永忠流涕而退。初，隆庆教授郑炳孙不从南永忠降，先缢杀其妻女，亦朝服自缢。诏奖谕：佐进官一秩；炳孙赠朝奉郎、直秘阁，仍访其子官以文资。王伯大乞致仕，诏进一秩，允所请。丁巳，以贾似道同知枢密院事，职任依旧。庚午，诏余晦赴阙。

闰六月壬申，董槐疏：蜀事孔棘，愿假臣宣抚之名，置司夔门，以通荆、蜀。上优诏答曰："士大夫以事功自勉者鲜，卿请帅蜀，足见忠壮；然经理西事，当在庙堂，宜竭谋猷，以副委任。"诏蒲择之暂权四川制置司事。甲戌，录嘉定战功。先是，大元兵围城五旬，帅守俞兴、元用等夜开关力战而围解。诏俞兴等十六人各官五转，将士补转有差。以包恢提点浙西刑狱，招捕获浦盐寇。乙亥，台州海寇积年，民罹其害，路分董枀泪进士周自中等擒获，诏枀官一转，余推赏有差。壬午，以李曾伯为四川宣抚使兼京湖制置大使，进司夔路，诏赐曾伯同进士出身。罢江湾浮盐局。戊戌，大元使离扬州北归。

秋七月己酉，诏："前蜀帅余玠，镇抚无状，兵苦于征戍，民困于征求，兹俾其家输所取蜀财，犒师振民；并边诸田租，其复三年。"诏：思、播两州，连年扞御，其守臣田应庚、杨文各官一转，余推恩。诏贾似道开阃，以枢密行府为名。庚戌，有流星大如太白。甲寅，故光禄大夫贾涉谥忠肃。壬戌，复安西堡。己巳，获浦海寇平，包恢进直龙图阁，刘达授横行带遥郡。李性传赴阙，以王坚为兴元都统兼知合州。

八月乙亥，诏以前知阆州兼利西安抚王惟忠付大理狱，寻命台臣监鞫。辛巳，徐清叟乞罢机务，诏不允。癸巳，谢方叔等上玉牒、日历、会要及《七朝经武要略》、中兴四朝志传，诏方叔、徐清叟、董槐等各进秩。戊戌，籍王惟忠家财。

九月辛亥，祀明堂，大赦。辛酉，诏诣西太一宫，为国祈祥，起居郎牟子才再疏谏而止。丙寅，诏戒外戚毋干请。诏：山阴、萧山、诸暨、会稽四县水，其除今年田租。丁卯，太白昼见。

冬十月庚午朔，谢方叔等进宝祐编《吏部七司续降条令》。癸酉，皇子禥进封忠王。甲午，斩王惟忠于都市。丁酉，追削余玠资政殿学士,夺其子晦刑部侍郎告身。戊戌,段元鉴上隆庆堡战功。

十一月壬寅,日南至。忠王冠。丁未,大元城光化旧治。

十二月庚午,排保甲,行自实法。癸未,雷。四川苦竹隘捷至。甲午,隆庆部兵周荣被获归北,密约段元鉴入隘解围,事觉就禽,不屈而死,马徽、白端战殁。诏四川宣抚司为之立庙,安西堡受攻五月,将士力战解围,居民以资粮助军实。诏四川宣抚司具名推恩,在城人普赏一资,复租赋五年。余玠男如孙征所认钱三千万将足,诏如孙削三秩,勒停。

三年春正月己未,迅雷。巴州捷至。庚申,城均州龙山。起居郎牟子才上疏言:“元夜张灯侈靡,倡优下贱,奇技献笑,铢污清禁,上累圣德。今因震霆示威,臣愿圣明觉悟,天意可回。”帝纳其言。壬戌,诏宗正寺所拟宗子名,以用、宜、季、次、绍五字,续大、由、友、嗣、甫之下。

二月乙亥,诏右千牛卫上将军乃猷授蕲州防御使,奉沂靖惠王祠事。兼给事中王爚言:“国家与大元本无深仇,而兵连祸结,皆原于入洛之师轻启兵端。二三狂妄如赵楷、全子才、刘子澄辈,轻而无谋,遂致双轮不返。全子才诞妄惨毒,今乃援刘子澄例,自陈改正,乞寝二人之命,罢其祠禄,以为丧师误国之戒。”从之。己卯,复广陵堡城,贾似道以图来上,壬午,诏发缗钱二百万,给四川调度。己酉,诏以告身、祠牒、新会、香、盐,命临安府守臣马光祖收换两界旧敝会子。

三月己酉,诏:沿边耕屯,课入登羡,管屯田官推赏,荆襄、两淮及山砦如之。庚戌,邵武寇平。癸丑,诏自实法宜宽期限,监司守臣其严辑吏奸,毋烦扰民。以吴渊为观文殿学士、京湖制置使、知江陵府。己未,雨土。

夏四月乙酉,以江万里知福州、福建安抚使。

五月,久雨。丁未,以监司、州郡辟书冗滥,诏申严禁止。己酉,李性传薨。辛酉,太阴入毕。嘉定大雨雹,与叙南同日地震;浙西大水。

六月辛未，大风。甲戌，太阴入氐。丙戌，李全子松寿葺旧海城，窥海道，贾似道调兵败之，敕书奖谕，趣上立功等第、姓名推赏。戊子，洪天锡劾内官卢允叔、董宋臣，疏不报，竟去，诏迁太常少卿。辛卯，王埜以御史胡大昌言罢给事中，依旧端明殿学士、提举洞霄宫。

秋七月辛丑，太阴入氐。癸丑，以吕文德知鄂州，节制鼎、澧、辰、沅、靖五州。丙辰，谢方叔、徐清叟以御史朱应元言罢。辛酉，有流星大如太白。诏三省枢府机政，令董槐、程元凤轮日判事取旨。壬戌，以谢方叔为观文殿大学士、提举临安府洞霄宫。

八月乙丑朔，以董槐为右丞相兼枢密使，程元凤签书枢密院事、权参知政事，蔡抗为端明殿学士、同签书枢密院事，徐清叟资政殿学士、提举玉隆万寿宫，任便居住。丁卯，岁星、荧惑在柳。己巳，太阴在氐。马光祖兼节制和州、无为、安庆三郡屯田使。丙子，郑性之薨。庚寅，福建安抚江万里，以台臣李衢言罢新命，提举武夷山冲佑观，辛卯，应徭死。

九月甲午朔，雷。丙午，以徐清叟为资政殿学士提举洞霄宫。丙辰，陈显伯兼资善堂翊善，皮龙荣兼资善堂赞读。壬戌，权中书舍人陈大方言：“刘子澄端平入洛之师，贾勇赞决，北兵方入唐州界，子澄已率先遁逃，一败涂地，二十年来，为国家患者，皆原于此，宜投之四裔。”诏罢子澄祠禄。

冬十月甲戌，太白昼见。丁丑，有流星出自毕。

十一月丁巳，荧惑犯太微垣、上相星。

十二月乙丑，嗣濮王善奂薨。丙子，少傅、节度使与欢薨，赠少师，追封奉化郡王。

四年春正月乙未，诏谢方叔夺职罢祠，谢修削三秩勒停。乙巳，太阴犯岁星。己酉，太阴犯荧惑。辛亥，以吴渊为京湖制置使兼夔路策应使，军马急切，便宜行事。庚申，蜀阃奏捷。辛酉，诏史嵩之观文殿学士，依前金紫光禄大夫、永国公致仕。

二月戊辰，雨雹。丙子，诏袭封衍圣公孙孔洙添差通判吉州，不厘务。

三月壬寅，以少师、嗣荣王与芮为太傅。乙卯，日晕周匝。丙辰，帝制《字民训》，赐改秩亲民官。

夏四月庚午，月晕周匝。癸未，以程元凤参知政事；蔡抗同知枢密院事；贾似道参知政事，职任依旧；李曾伯资政殿大学士、福建安抚使；吴渊进二秩，职任依旧；吴潜沿海制置使、判庆元府；马光祖焕章阁直学士，职任依旧。

五月甲午，孙梦观兼资善堂赞读，章鉴兼资善堂直讲。先圣五十代孙孔元龙赐迪功郎，授初品官。甲辰，罗氏鬼国遣报思、播言：大元兵屯大理国，取道西南，将大入边。诏以银万两，使思、播结约罗鬼为援。徐清叟夺资政殿大学士，罢祠，王埜夺端明殿学士，罢祠，仍褫执政恩数。丁未，太白昼见。诏申严老鼠隘防戍。襄、樊阃臣奏捷。甲寅，赐礼部进士文天祥以下六百一人及第、出身有差。

六月甲戌，朱禩孙太府寺簿、知泸州兼潼川路安抚，任责泸、叙、长宁边防。浙江堤成。癸未，董槐罢。台臣丁大全既累疏击之，辞极诋毁，且以台牒役隔兵夜半迫槐出关，物论殊骇；三学生屡上书以为言，诏以槐为观文殿学士、提举临安府洞霄宫。诏程元凤、蔡抗可论日判事，军国重务取旨。丁亥，太白入井。

秋七月甲寅，知叙州史俊调舟师与大元兵战，凡十二合，诏俊官三转，仍带阁门行宣赞舍人。乙卯，以程元凤为右丞相兼枢密使，蔡抗参知政事，张磻端明殿学士、签书枢密院事。

八月甲子，程元凤上疏言正心、待臣、进贤、爱民、备边、守法、谨微、审令八事。

九月壬辰，西南蕃吕告蛮目宁名天兄弟慕义与乌苏蛮合力为国御难，诏各补承信郎。丙申，知亶州程荩，以贪暴诏削二秩，罢之。甲寅，监察御史朱熠言："境土蹙而赋敛日繁，官吏增而调度日广，景德、庆历时以三百二十余郡之财赋，供一万余员之奉禄；今日以一百余郡之事力，赡二万四千余员之冗官，边郡则有科降支移，内地则欠经常纳解。欲宽民力,必汰冗员。"帝纳焉。

冬十月壬戌,太阴犯斗。

十一月戊子朔,荆、襄阃臣以功状来上,诏推赏将士。戊戌,京湖继上战功。诏:"蜀罹兵革,吾民重困,所当劳来抚摩,使之乐业。比闻官吏乃肆诛求,殊失培植邦本之意。自今四川制司戒饬属郡,违者罪无赦,御史台其严觉察。"乙巳,以监察御史吴衍、翁应弼劾太学、武学生刘黻等八人不率,诏拘管江西、湖南州军,宗学生与磨等七人并削籍,拘管外宗正司。癸丑,以张磏同知枢密院事,丁大全端明殿学士、签书枢密院事,马天骥端明殿学士、同签书枢密院事。诏戒群臣洗心饬行,毋纵于贷贿,其或不悛,举行淳熙成法。又开国以来勋臣之裔,有能世济其美而不世其禄者,所在州郡以闻。参知政事蔡抗辄去国,勉留不返,诏授职予祠,寻以林存言,寝其命。

十二月戊午朔,荧惑犯填星。庚申,大元城枣阳。乙丑,以张磏兼参知政事。甲戌,奖谕荆阃吴渊,其有功将士,趣上姓名、等第推赏。

五年春正月丁亥朔,以赵葵为少保、宁远军节度使、京湖宣抚使、判江陵府兼夔路策应大使,进封卫国公;贾似道进知枢密院事、职任依旧;吴渊参知政事;李曾伯荆湖南路安抚使兼知潭州;吴潜、赵与𥱼各官一转。乙巳,雷。丙午,禁奸民作白衣会,监司、郡县官等失觉察者坐罪。辛亥,吴渊薨,赠少师,谥庄敏。

二月戊午,四川嘉定上战功。以似道为两淮安抚使。辛酉,命赵葵兼湖广总领财赋,余晦淮西总领财赋。壬戌,筑思州三隘。丁丑,布衣余一飞、高杞陈襄阳备御策,诏命赵葵行之。

夏四月丁卯,诏襄阳安抚高达以白河战功,转行右武大夫带遥郡防御使;王登以沮河督战官一转,升直秘阁职任依旧。己卯,大兵攻苦竹隘,诏京湖调兵应援。

闰四月己丑,程元凤等进玉牒、日历、会要、《经武要略》及《中兴四朝志传》。甲午,诏徐敏子严防扈、宜。己酉,以吕文德知靖州,职任依旧。祈雨。

五月庚申,雨。丁卯,城荆山,置怀远军荆山县。诏贾似道官两转。戊寅,诏京湖、沿江、海道,严备舟师防遏。辛巳,复剑门垒,赏蒲择之官两转,朱禩孙、蒲黼杨大渊、韩勇各官四转。壬午,夏贵正任吉州刺史、带御器械、镇江驻扎都统制、知怀远军。

六月丙戌,太白、岁星合于翼。辛卯,太阴入氐。丁酉,祈雨。马天骥以台臣言罢,诏依旧端明殿学士、提举临安洞霄宫。

秋七月丙辰,祈雨。戊午,雨。己未,太白昼见。丁卯,有流星大如桃。丙子,太阴入井。

八月丙戌,光化军奏捷。台州火。癸巳,诏谢方叔仍旧职,蔡抗以资政殿学士并领祠在京。甲午,给事中邵泽等言谢方叔罪状,诏寝祠命。丙申,京城火。庚子,以张磉参知政事,丁大全同知枢密院事兼权参知政事。己酉,史嵩之薨,赠少师,谥庄肃。

九月壬子朔,诏今后台臣迁他职,辄出关,以违制论,仍著为令。辛酉,祀明堂,大赦。

冬十月庚寅,张磉薨,赠少师。癸巳,雷。甲午,虹见。丁酉,以林存签书枢密院事。庚子,诏皇子忠王禥授镇南、遂安军节度使,皇女进封升国公主。

十一月丙辰,李曾伯兼节制广南,任责边防。乙丑,奖谕安南国,赐金器币、香茗。乙亥,诏京湖帅臣,黄平、清浪、平溪分置屯戍。庚辰,诏三边郡县官毋擅离职守,诸制帅臣其严纠察。

十二月壬午,李曾伯依旧资政殿学士、湖南安抚使兼广南制置使,移司静江府。丁未,荧惑入氐。

六年春正月辛亥朔,以丁大全参知政事兼同知枢密院事,林存兼权参知政事。癸亥,诏出封桩库银万两付蜀阃。辛未,诏授成穆皇后弟太师郭师禹孙善庸承务郎,仍免铨注差。癸酉,罢李曾广西经略,以广南制置大使兼知静江府,其经略司官属,改充制司官属。甲戌,诏枢密院编修官吕逢年诣蜀阃,趣办关隘、屯栅、粮饷,相度黄平、思、播诸处险要缓急事宜,具工役以闻。戊寅,雷。

二月辛巳朔,以马光祖为端明殿学士、京湖制置使、知江陵府,兼夔路策应、湖广总领财赋并屯田事。壬辰,雨土。

三月辛亥朔,祈雨。丙辰,马光祖请以吕文德、王鉴、王登、汪立信等充制司参议官及辟制司准备差使等官,诏光祖开阃之初,姑从所请。戊辰,以马光祖兼荆湖北路安抚使。庚午,荧惑退入氐。甲戌,诏湖北提点刑狱文复之移司江陵,兼京湖制司参议官。

夏四月庚辰朔,诏:自冬徂春,天久不雨,民失东作,自四月一日始,避殿减膳,仰答谴告。癸未,程元凤等以久旱乞解机务,诏不允,甲申,大雨。丙申,群臣三表请正殿,从之。丁酉,诏田应己思州驻札御前忠胜军副都统制,往播州共筑关隘防御。己亥,台臣朱习劾沿江制置副使吕好问,黄州之役贪酷误事,诏褫职。乙巳,程元凤罢,以观文殿学士判福州,寻提举洞霄宫。丙午,赵葵三辞免福建安抚使,诏授体泉观使兼侍读。丁未,以丁大全为右丞相,林存同知枢密院事兼权参知政事,朱习端明殿学士、签书枢密院事。

五月庚戌朔,诏:"襄、樊解围,高达、程大元应援,李和城守,皆有劳绩,将士用命,深可嘉尚,其亟议行赏激。"癸丑,诏怀远、涟水相继奏功,夏贵官两转,兼河南安抚使,毛兴转右武大夫,并依旧任。丁巳,李曾伯言:"广西多荒田,民增赋不耕,乞许耕者复三年租,后两年减其租之半,守令劝垦辟多者赏之。"奏可。丙寅,命嗣荣王与芮判大宗正事。丁卯,嗣秀王师弥薨。

六月癸巳,台臣戴庆可劾淮东总领赵与訔,夺职镌秩。

秋七月庚戌,城凌霄山,诏朱禩孙进一秩,易士英带行阁门宣赞,余转官有差。癸丑,荧惑犯房宿。戊午,赵葵四辞免醴泉观使兼侍读,乞外祠,从之。戊辰,蜀郡刘整上捷,诏推恩赏。癸酉,知平江余晦,以台臣戴庆可言,襄败绩于蜀,误国欺君,诏夺宝章阁待制,罢任,追冒支官钱。甲戌,诏前福建漕臣高斯得已夺职镌官,其赃百余万严限征赏,以惩贪吏。乙亥,吕文德入播州,诏京湖给银万两。

八月癸未,太阴行犯荧惑。戊戌,诏上流锁江防御。癸卯,诏申严倭船入界之禁。

九月壬子，诏蜀、广、海道申严防遏。甲寅，诏安南情状叵测，申饬边防。戊辰，安丰上战功。有流星透霞。

冬十月丙子朔，诏："蜀中将帅虽未克复成都，而暴露日久，战功亦多，宜与序升，其亟条具以闻。"丁丑，以俞兴为四川制置副使、知嘉定府兼成都安抚副使。乙酉，诏知隆庆府杨礼守安西堡有功，官两转。戊子，大元兵攻通、泰州。庚寅，广南刘雄飞奏横山之功，诏雄飞官三转，部兵将校官两转。辛卯，诏常州、江阴、镇江发米振赡淮民。

十一月己酉，林存罢，以资政殿学士知建宁府。癸丑，颍州上战功，诏亟推赏，以示激厉。诏追复余玠官职。甲寅，筑黄平，赐名镇远州，吕逢年进一秩。诏抚谕沿边将士。丙辰，给事中张镇言：徐敏子暴帅广右，嗜杀黩货，流毒桂府。诏仍旧羁管隆兴府。丁巳，叶梦鼎依旧职知隆兴府。壬戌，以朱习同知枢密使、两淮宣抚使。甲子，太阴犯权星。丁卯，东海失守，贾似道抗章引咎，诏令以功自赎，特与放罪。甲戌，淮东帅臣奏大元兵退。填星、荧惑在危。

十二月戊寅，诏改来年为开庆元年。庚辰，大元兵渡马湖入蜀，诏马光祖时暂移司峡州，六郡镇抚向士璧移司绍庆府，以便策应。癸未，房州上战功。丙戌，诏置横山屯。丁亥，向士璧不俟朝命进师归州，捐赏百万以供军费；马光祖不待奏请招兵万人，捐奉银万两以募壮士，遂有房州之功。诏士璧、光祖各进一秩。辛丑，诏李曾伯城筑关隘，训练民兵峒丁，申严防遏。填星、太白、荧惑合于室。

开庆元年春正月乙巳朔，诏饬中外奉公法，图实政。马光祖与执政恩数。李曾伯进观文殿学士。己酉，大元兵攻忠、涪，渐薄夔境，诏蒲择之、马光祖，战守调遣，便宜行事。辛亥，诏："戍蜀将士，频年战御，暴露可闵。今申命蒲择之从优犒师，春防毕日即与更戍，其辄逃归者从军令。"癸丑，诏：吕文德城黄平，深入蛮地，抚辑有方，与官三转。庚申，诏："知宾州吕振龙，知象州奚必胜，兵至闻风先遁，兵退乃返，并追毁出身文字，窜远郡。横州守臣刘清卿设隘坚守，与官一转。"壬戌，监察御史章士元言谢方叔帅蜀误国，诏方叔更与镌秩，其子修窜广南。癸亥，左司谏沈炎言余晦坏蜀，幕属李卓、王克已济恶敛怨，诏晦、卓、克各夺两官。丙寅，印应飞依旧职知鄂州兼湖北转运使。丁卯，贾似道以枢密使为京西湖南北四川宣抚大使、都大提举两淮兵甲、湖广总领、知江陵府。蜀帅蒲择之以重兵攻成都，不克。大元兵破利州、隆庆、顺庆诸郡，阆、广安守将相继纳降，又造浮梁于涪州之蔺市。戊辰，以李庭芝权知扬州。

二月乙亥朔，诏："京西提刑王登提兵援蜀，功未及成，赍志以殁，赠官五转，致仕恩外，仍官一子。"庚辰，以赵与𥲅为观文殿学士、两淮安抚制置使兼知扬州。乙酉，出内库缗钱三千万助边用。丙戌，以马光祖为资政殿学士、沿江制置使、江东安抚、知建康府、行宫留守。己丑，诏蠲建康、太平、宁国、池州、广德等处沙田租。壬辰，诏蠲涟水军制司所收屯田租。乙未，发平籴仓米三万，减直振在京民。辛丑，涪州报大元兵退。

三月庚戌，诏印应雷、黄梦桂赴都堂禀议。命有司县重赏募将士，毁蔺市浮梁。癸丑，诏：蜀死节臣、云顶山诸处将士，咸褒录其后。丁巳，以吕文德为保康军节度使、四川制置副使兼知重庆府。庚申，马光祖奏大元兵自乌江还北。辛酉，雨土。

夏四月甲戌朔，以段元鉴、杨礼坚守城壁，殁于王事，诏各赠奉国军节度使，封"二字"侯，立庙赐额，致仕恩外，更官一子成忠郎。丁丑，以向士璧为湖北安抚副使、知峡州，兼归、峡、施、珍、南平军、绍庆府镇抚使。甲申，诏：守合州王坚婴城固守，百战弥厉，节义为蜀列城之冠，诏赏典加厚。乙酉，知施州谢昌元自备缗钱百万，米麦千石，筑郡城有功，诏官一转。乙未，诏赐夏贵溧阳田三十顷。丙申，以吕文德兼四川总领财赋。

五月甲辰朔，城金州、开州。辛亥，雨雹。乙卯，达州上吕文德等战功，诏迁补有功将士。丁巳，诏：湖北诸郡，去年旱潦饥疫，令江陵、常、澧、岳、寿诸州，发义仓米振粜，仍严缉吏弊，务令惠及细民。

乙丑,行开庆通宝钱。辛未,赐礼部进士周震炎以下四百四十二人及第、出身有差。婺州大水,发义仓米振之。

六月甲戌,吕文德兵入重庆。诏谕四川军民共奋忠勇,效死勿去,有功行赏,靡间迩遐,有能效顺来归,悉当宥过加恤。仍奖吕文德断桥通道之功,命兼领马军行司。辛巳,以朱习参知政事,饶虎臣同知枢密院事。丙戌,南平来报战功。戊戌,诏申严海道防御。己亥,诏奖谕贾似道。壬寅,以李庭芝直宝谟阁、湖北安抚副使兼知峡州。太白昼见。

秋七月辛亥,太白入井。癸亥,蔡抗薨,赠少保,谥文肃。以知播州杨文、知思州田应庚守御勤劳,诏各官一转。

八月甲申,以濠州统制张斌柘塘之战,殁于王事,赠官三转,仍与一子下班祗应。乙酉,降人来言:大元宪宗皇帝崩于军。戊子,诏吴潜开阃海道,勤劳三年,屡疏求退,依旧观文殿大学士、判宁国府、特进、崇国公。辛卯,命吕文德兼湖北安抚使。庚子,太白犯权星、荧惑。

九月壬子,贾似道表言大元兵自黄州沙武口渡江,中外震动。己未,嗣濮王善腾薨。庚申,以吴潜兼侍读、奉朝请,戴庆可端明殿学士、签书枢密院事。下诏责己,勉谕诸阃进兵。壬戌,诏出内府缗钱千万、银五万两、帛五万匹给宣司,缗钱五百万,银三万两,帛三万匹给沿江副司犒师。诏:已命御史陈寅趣淮东调兵五万,应援上流。癸亥,赵葵特进、观文殿大学士,封卫国公,判庆元府,沿海制置使。命侍御史沈炎往沿江制置副司趣兵援鄂渚。再出内库缗钱五百万、银二万两、帛二万匹给两淮制司,缗钱二百万、银万两、帛万匹给沿江制司,以备军赏。戊辰,太白犯荧惑。己巳,诏贾似道兼节制江西、二广人马,通融应援上流。庚午,合州解围,诏王坚宁远军节度使,依前左领军卫上将军、兴元府驻札御前诸军都统制兼知合州,节制军马,进封清水县开国伯。

冬十月辛未朔,丁大全罢,以观文殿大学士判镇江府。壬申,以吴潜为左丞相兼枢密使,进封相国公;贾似道为右丞相兼枢密使,进封茂国公,宣抚大使等如旧。癸酉,命赵葵为江东宣抚使,马光祖移司江州应援鄂州,史岩之沿江制置副使移司寿昌军应援鄂州。丙子,改封吴潜为庆国公。丁丑,诏给还浙西提举常平司岁收上亭户沙地租二百万,永勿复征。庚辰,诏:合州围解,宣阃制臣及二三大将之功,宜加优赏。吕文德授检校少师,李遇龙进三秩、权刑部侍郎,各赐金币;将佐以下,进秩、赐金有差。诏自今月十一日始,避殿减膳撤乐。又诏:"比者蜀道稍宁,然干戈之余,疮痍未复,流离荡析,生聚何资。咨尔旬宣之寄,牧守之臣,轻徭薄赋,一意抚摩,恤军劳民,庶底兴复。其被兵百姓,迁入城郭,无以自存者,三省下各郡以财粟振之。"壬午,御史陈寅言:知江州袁介赃不悛,残贼州邑。诏削介五秩,窜南雄州。癸未,丁大全落职,罢新任。乙酉,雷。丙戌,以赵葵为沿江、江东宣抚使,置司建康,任责捍御。癸巳,向士璧权兵部侍郎、湖南安抚使兼知潭州,任责广西边防。

十一月壬寅,以朱熠权知枢密院事,饶虎臣、戴庆可并权参知政事。癸卯,吕文福带遥郡防御使、河南诏抚使、知淮安军。诏追毁袁介出身以来文字,除名不叙,移万安军。戊申,诏求直言。辛亥,舟师战浒黄洲。乙卯,诏赵葵授少保、观文殿大学士、江东西宣抚使,进封益国公,其饶、信、袁、临、抚、吉、隆兴官军民兵,并听节制调遣,咨访、罢行、黜陟皆得便宜行事。以缗钱五百万、银五万两给其用。丙辰,诏选精锐招信、泗州千人,扬州拱卫军千人,安丰、濠州各千五百人,赴京听调遣。庚申,夏贵入见,帝抚劳甚至。

闰十一月甲戌,诏出内帑缗钱五千万犒内外诸军。丁丑,以向士璧为湖南制置副使,余职仍旧,赐金带。己卯,荧惑入氏。癸未,诸将陶林、文通进兵有功,诏林带行遥郡刺史,文通转武功大夫,赐银有差。甲申,以印应雷为军器监、淮西总领财赋兼江东转运判官,吕文德检校少傅、京西湖北安抚使兼制置使、知鄂州兼侍卫马军都指挥使。己丑,皮龙荣兼资善堂翊善。庚寅,陶林奏沼山寺战功。癸巳,向士璧连以功状来上。诏降周震炎第四甲出身。丙申,贾似道表:大战数合皆有功。

十二月己亥朔,贾似道言鄂州围解,诏论功行赏。丁未,荧惑犯房宿、钩钤星。辛亥,诏改来年为景定元年。壬子,改封吴潜为许国公,贾似道为肃国公。

宋史卷四五
本纪第四五

理宗五

景定元年春正月丙子,诏奖贾似道功。庚辰,岁星、荧惑合在尾。壬辰,诏:"知涪州赵佟,聚粮不运饷兵士,遂为北有,已削一秩,罚轻,再削两秩。"乙未,潼川城仙侣山。贾似道言:"高达守鄂州城,凡三月,大元师北还。"

二月丙午,诏贾似道以缗钱三千万犒师,并示赏功之典。己酉,以高达为宁江军承宣使,右金吾卫上将军,赐缗钱五十万;吕文德赐缗钱百万,浙西良田百顷;鄂州战守将士,赐缗钱三千万;王鉴、孙虎臣、苏刘义等各官十转。高达迁湖北安抚副使、知江陵府兼夔路策应使,陈奕、阮思聪并正任防御使。江西、湖南帅司言:大元兵破瑞州、临江军城。兴国、寿昌、洪、抚、全、永、衡诸郡民皆被兵,存者奔窜它所。甲寅,诏:"临江守臣陈元桂死节,官五转,赠宝章阁待制;与一子京官,一子选人恩泽;给缗钱十万治葬,立庙死所,谥曰正节。瑞州守臣陈昌世治郡虽有善政,兵至民拥之以逃,以弃城失守,削三秩勒停。"乙卯,诏孙虎臣和州防御使,张世杰以下十三人各官五转;立功将士并补两官资,赐银绢。庚申,雨雹。辛酉,大元遣偏师自大理由广南抵衡州,向士璧合刘雄飞逆战于道,俘民获还者甚众。诏雄飞升保康军承宣使,余转官、赐银钱。贾似道赐金器千两、币千匹,命国子监主簿刘锡趣召赴阙。向士璧迁兵部侍郎,职任依旧。吕文德、高达、陈奕等各赐金、币有差。丙寅,大元军过分宁、武宁二县,河湖砦都监权巡检张兴宗死之,诏赠武翼郎,官一子承信郎,以缗钱三万给其家。湖南诸将温和转左武大夫、带行遥郡刺史,李虎官三转、带行阁门宣赞,邓进带行复州团练使,各赐银绢,旌其守御之功。

三月戊辰朔,日有食之。庚午,命夏贵兼黄、寿策应使,总舟师。癸酉,以横山之战将士效节,多死行阵,总管张世雄、沈彦雄、陈喜、秦安、李孝信、郑俊、李安国各赠十官资,赐缗钱万恤其家。甲戌,赏夏贵鸿宿州、白鹿矶战功,迁福州观察使,职任仍旧。将士推赏。乙亥,诏:全、岳、永、衡、柳、象、瑞、兴国、南康、隆兴、江州、临江、潭州诸县经兵,农民失业,应开庆元年以前二税尽除之。癸未,贾似道奏类草坪大战,进至黄州。乙酉,诏范文虎转左武大夫、环卫官、黄州武定诸军都统制,张世杰环卫官、职任依旧。鄂州统制张胜,死于汉阳战阵,赠官五转,官其子焕进武校尉。丙戌,贾似道言,自鄂趋黄,与北朝回军相遇,诸将用命捍御。诏孙虎臣、范文虎、张世杰以下各赐金帛。

夏四月戊戌朔,侍御史沈炎疏吴潜过失,以“忠王之立,人心所属,潜独不然。章汝钧对馆职策,乞为济邸立后,潜乐闻其论,授汝钧正字,奸谋叵测。请速诏贾似道正位鼎轴”。诏朱习、戴庆可轮日判事,大政则共议以闻。己亥,贾似道表言夏贵等战新生洲,进至白鹿矶,皆身自督战有功。诏赴阙。庚子,以王坚为侍卫步军司都指挥使。戊申,以刘整知泸州兼潼川安抚副使。己酉,扬州大火。吴潜以观文殿学士提举临安府洞霄宫。癸丑,进贾似道少师,依前右丞相兼枢密使,进封卫国公;朱习知枢密院事兼参知政事,钱虎臣参知政事,戴庆炯同知枢密院事兼参知政事;皮龙荣端明殿学士签书枢密院使。己未,以夏贵为保康军承宣使、左金吾卫上将军、知淮安州兼淮东安抚副使、京东招抚使,赐金器币、溧阳田三十顷。壬戌,进马光祖资政殿大学士,职任依旧。癸亥,以吕文德兼夔路策应使。丙寅,命马光祖兼淮西总领财赋。

五月戊辰朔,诏赵葵依旧少保、两淮宣抚使、判扬州,进封鲁国

公；徐清叟观文殿大学士、知建宁府。饶虎臣罢。壬申，李曾伯、史
岩之并落职解官：曾伯坐岭南闭城自守，不能备御；岩之坐鄂州围
解，大元兵已渡江北还，然后出兵，又命程帯任事，以致败绩。甲戌，
诏赠吕文信宁远军承宣使，立庙赐额，子师宪带行阁职，更与两子
承信郎；辅周和州防御使，录其白鹿矶死事。乙亥，诏李虎驭军无
律，贷命追夺，窜郁林州。丁丑，赐贾似道玉带。庚辰，戴庆炯卒，赠
资政殿大学士。壬午，荧惑犯斗。癸未，以皮龙荣兼权参知政事；沈
炎端明殿学士、同签书枢密院事；马塈鄂州都统制，驻札江陵府。甲
申，祈雨。戊子，诏饶虎臣以资政殿学士提举临安府洞霄宫，任便居
住。杨栋，召赴阙。壬辰，以姚希得为敷文阁待制、知庆元府兼沿海
制置使。乙未，诏李庭芝起复秘阁修撰、主管两淮安抚制置司公事
兼知扬州。

六月丁酉朔，夏贵奏淮安战功。庚子，窜丁大全于南康军。壬
寅，诏立皇子忠王禥为皇太子，赐字长源。戊申，王埜卒。壬子，赐
李遇龙金带。陈奕带御器械，依旧镇江驻札御前诸军都统制，赐田
三十顷。诏升巢县为镇巢军。甲寅，杨栋、叶梦鼎并太子詹事。乙
卯，陈辉进一秩，福建安抚使知福州；徐清叟观文殿学士、知泉州。

秋七月丁卯朔，皇太子入东宫，行册礼，大赦。壬申，贵妃阎氏
薨，赐谥惠昭。东南有星如太白。丁亥，命皇太子昕朝侍立。戊子，
上谓宰执曰："北朝使来，事体当议。"贾似道奏："和出彼谋，岂容一
切轻徇？倘以交邻国之道来，当令入见。"己丑，侍御史何梦然劾丁
大全、吴潜欺君之罪。庚寅，贾似道兼太子少师，朱习、皮龙荣、沈炎
并兼宾客。辛卯，诏丁大全削三秩，谪居南安军；吴潜夺观文殿大学
士，罢祠，削二秩，谪居建昌军。癸巳，诏举孝廉。

八月壬寅，以程元凤为淮、浙发运使，判平江府。己酉，太阴犯
填星。诏：皇太子受册毕，贾似道、朱习、皮龙荣、沈炎各进一秩，东
宫官吏诸军兵等官一转，余皆推恩。壬子，与籛薨，赠少师，谥忠宪。
太白犯房。壬戌，李曾伯、史岩之各削二秩。甲子，饶虎臣削二秩，
夺资政殿学士，罢祠。

九月癸酉，守泸州刘整以功来上。丁丑，知潼川节制屯戍军马洪天锡言，援例创辟干官一员，报行军机密文字，奏可。辛巳，祀明堂，大赦。丙戌，荧惑犯壁。戊子，李松寿犯淮安。

冬十月乙未朔，诏申严边防。甲辰，诏：“党丁大全、吴潜者，台谏其严觉察举劾以闻，当置于罪，以为同恶相济者之戒。”时似道专政，台谏何梦然、孙附凤、桂锡孙、刘应龙承顺风指，凡为似道所恶者无贤否皆斥，帝弗悟其奸，为下是诏。戊申，李松寿修南城，诏趣淮阃调兵毁之。壬子，破李松寿兵于涟水城下，夷南城旧址。乙卯，有星自东北急流向太阴。壬戌，窜吴潜于潮州。

十一月丙寅，诏内侍何时修削二秩，永罢不叙。洪焘知临安府兼浙西安抚使。壬午，以中军统制、知简州马千权兴州都统兼知合州。戊子，荧惑与填星顺行，太阴犯房。

十二月甲午朔，诏：华亭奉宸庄，其禄外廷助军饷。包恢叙复元官职，知常州。辛丑，建阳县嘉禾生，一本十五穗，诏改建阳为嘉禾县。甲寅，吕文德上夔路战功。乙卯，少师、庐陵郡王思正薨，谥简惠。印应雷直徽猷阁、知江州、主管江西安抚司公事，节制蕲、黄、兴国三郡。庚申，以监察御史桂锡孙言，追寝全子才叙复之命。

二年春正月癸亥朔，诏：“监司率半岁具劾去赃吏之数来上，视多寡为殿最，行赏罚。守臣助监司所不及，以一岁为殿最，定赏罚。本路、州无所劾，而台谏论列，则监司守臣皆以殿定罚。有治状廉声者，摭实以闻。”乙丑，城安庆。诏马光祖进二秩。丁丑，命皇太子谒拜孔子于太学。己卯，福建安抚使陈𣏌累疏请老，诏进一秩，守观文殿学士致仕。以董槐判福州、福建安抚使。乙酉，诏封张栻为华阳伯，吕祖谦开封伯，从祀孔子庙庭。

二月丙申，孙虎臣战邛州，全师而归。癸卯，诏诸路监司申严伪会赏罚之令。甲寅，进封周国公主。

三月壬戌朔，日有食之。乙亥，故宁远军承宣使张祥、都统制阎忠进，以援蜀之功，祥赠节度使，忠进赠复州团练，除恩泽外，各更官一子承信郎,赐缗钱二万。戊寅,贾似道等上玉牒、日历、会要、《经武要略》及孝宗、光宗、宁宗实录,诏似道、皮龙荣、朱习、沈炎各进二秩。

夏四月癸巳朔,余恩忠追毁出身文字,除名勒停,窜新州。乙未,以皮龙荣参知政事,沈炎同知枢密院事兼权参知政事,何梦然签书枢密院事,俞兴保康军承宣使、四川安抚制置使。丙申,吕文德超授太尉、京湖安抚制置屯田使、夔路策应使兼知鄂州,李庭芝右文殿修撰、枢密都承旨、两淮安抚制置副使、知扬州。己亥,诏申严江防。壬寅,吕文德兼湖广总领财赋。乙巳,马光骥资政殿学士、知福州、福建安抚使,吕文福带御器械、淮西安抚副使兼知庐州,官一转。戊申,马光祖进观文殿学士,职任依旧。乙卯,窜吴潜于循州。丙辰,窜丁大全于贵州,追削二秩。丁巳,杨镇授左领军卫将军、驸马都尉,高达知庐州、淮西安抚副使。

五月癸亥,贾似道请祠禄,诏不允。庚午,谢方叔叙复观文殿大学士致仕。戊寅,以刘雄飞知夔州、夔路安抚使。乙酉,王坚迁左金吾卫上将军、湖北安抚使兼知江陵府。

六月乙未,诏霖雨为沴,避殿减膳撤乐。乙巳,诏近畿水灾,安吉为甚,亟讲行荒政。辛亥,以范文虎为左领军卫大将军,主管侍卫步军司兼马军司。

秋七月甲子,蜀帅俞兴奏守泸州刘整率所部兵北降,由兴构隙致变也。至是,兴移檄讨整。辛未,制置使蒲择之坐密通蜡书叛贼罗显,诏窜万安军。太阴犯斗。乙亥,以厉文翁为资政殿学士、沿海制置使、知庆元府。戊寅,王淮忠家讼冤,诏夺谢方叔合得恩数。丁大全责授新州团练使,贵州安置。台臣吴燧夺职罢祠,陈大方、胡大昌皆镌官。壬午,陈韡卒,赠少师,谥忠肃。丙戌,吴潜责授化州团练使,循州安置。

八月壬辰,命韩宣兼常德、辰、沅、澧、靖五郡镇抚使,吕文德兼四川宣抚使,范文虎以白鹿矶之功赏七官,以五官转行遥郡防御使,余官给凭。丁酉,诏夺向士璧从官恩数,穷竟侵盗掩匿之罪。时以兵退，遣官会计边费，似道忌功，欲以污茂一时阃臣，士璧及赵葵、史岩之、杜庶皆责征偿。信州谢枋得，以赵葵檄给钱粟募民兵守御，至是，自偿万缗。壬寅，筑周国公主馆于安济桥。乙巳，以江万里为端明殿学士、同签书枢密院事，依执政恩数。

九月辛酉，诏湖、秀二郡水灾，守令其亟劝分，监司申严荒政。乙亥，李庭芝言李松寿已通。大元使郝经久留真州，帝趣与锡赉。经之留，谋出贾似道，帝惑其言不悟。盖似道在鄂时，值我世祖皇帝归正大位撤兵，似道自诡有再造之功，讳言岁币及讲和之事，故不使经入见。

冬十月癸巳，吕文德言已复泸州外堡，拟即对江垒石为城，以示持久之计，从之。戊戌，雷电。甲申，诏申奖贾似道鄂州之功。丙午，以何梦然同知枢密院事兼参知政事。癸丑，程元凤授特进、观文殿大学士、醴泉观使兼侍读。甲寅，皇太子择配，帝诏其母族全昭孙之女择日入见。宝祐中，昭孙没于王事，全氏见上，上曰："尔父死可念。"对曰："臣妾父固可念，淮、湖百姓尤可念。"上曰："即此语可母天下。"迨开庆丁大全用事，以京尹顾嵒女为议，大全败，故有是命。丙辰，沈炎资政殿学士，提举临安府洞霄宫，任便居住。

十一月己朔，刘雄飞和州防御使、枢密副都承旨、四川安抚制置副使兼知重庆府、四川总领、夔路转运使。庚申，周国公主馆成，诏董宋臣、李忠辅各官一转。甲戌，资政殿学士致仕汝腾卒，赠官四转，谥忠清。安南国贡象二。丁丑，马光祖提领户部财用兼知临安府、浙西安抚使。下嫁周国公主于杨镇。己卯，以镇为宜州观宗使，赐玉带，寻升庆远军承宣使。诏："驸马都尉杨镇家合有赏典，杨蕃孙官两转，杨铎、杨鉴官一转，并直秘阁，余转官进封有差。"癸未，封全氏永嘉郡夫人。

十二月庚寅，改窜蒲择之于南康军。辛卯，宰臣奏："太子语臣等言："近奉圣训，夫妇之道，王化之基，男女正位，天地大义。平日所讲修身齐家之道，当真履实践，勿为口耳之学。"请宣付史馆，永为世程法。"从之。甲午，以皮龙荣兼权知枢密院事，何梦然参知政事兼太子宾客，马光祖同知枢密院事兼太子宾客、知临安府。已亥，太阴犯五车。壬寅，江万里依旧端明殿学士、提举临安府洞霄宫，任便居住。癸卯，册永嘉郡夫人全氏为皇太子妃。

三年春正月戊子朔，诏申饬百官尽言。诏量移丁大全、吴潜党人，并永不录用。壬戌，诏："陈垲等耆年奉祠，宜示崇奖：陈垲端明殿学士，林彬之宝章阁待制，史季温直华文阁，丁仁直宝谟阁，仍并予祠禄。"甲子，福建路安抚使马天骥进资政殿大学士，职任依旧。乙丑，诏谕西蜀郡县等官，已授遇阙，毋遥受虚批月日，违期不赴。丁卯，以善谞嗣濮王。戊辰，周国公主进封周、汉国公主。庚午，赐贾似道第宅于集芳园，给缗钱百万，就建家庙。甲戌，诏权知梁山军李鉴守城有功，带行阁门宣赞舍人，就知梁山军。复泸州，改为江安军，吕文德进开府仪同三司。

二月丁亥朔，临安、安吉、嘉兴属邑水，民溺死者众，诏守臣给槥瘗之。诏奖谕制置司，其立功参赞将士，进秩、升职、犒给有差。乃裕授检校少保。以皮龙荣为资政殿大学士、知潭州、湖南安抚使。乙巳，太阴入氐。戊申，诏省试中选士人覆试于御史台，为定制。庚戌，李璮以涟、海三城叛大元来归，献山东郡县。诏改涟水为安东州，授璮保信宁武军节度使、督视京东河北等路军马、齐郡王，复其父李全官爵。璮即松寿。

三月乙丑，以孙附凤为端明殿学士、签书枢密院事兼太子宾客。辛未，诏升海州东海县为东海军。丁丑，汪立信升直华文阁、知江州、主管江西安抚司公事，节制蕲、黄、兴国三郡军马。庚辰，吕文福依旧职差知濠州兼淮西招抚使。

夏四月庚寅，太白昼见。庚子，荧惑与岁星合在危。甲辰，有流星大如杯。

五月壬戌，荧惑犯壁垒阵。丙寅，雨雹。已巳，诏："广西静江屯田，小试有效，其邕、钦、宜、融、柳、象、浔诸州守臣任责措置，经略、安抚以课殿最，仍条具来上。"辛未，马光祖以病请祠，诏知福州兼福建安抚使。丁丑，赐礼部进士方山京以下六百三十七人及第、出身。庚辰，夏贵上蕲县战功。

六月戊子，诏：李璮受围，给银五万两，下益都府犒师，遣青阳梦炎率师援之。庚寅，以孙附凤兼权参知政事端明殿学士、同签书枢密院事兼太子宾客。壬辰，吴潜没于循州，诏许归葬。己亥，董槐乞致仕，诏授特进。戊申，诏：青阳梦炎援李璮，不俟解围，辄提援兵南归，谕制置司劾之。己酉，有流星大如荧惑。庚戌，南国王日煚上表乞世袭，诏授检校太师、安南国王，加食邑，男威晃授静海军节度观察处置使、检校太尉兼御史大夫、上柱国、安南国王、效忠顺化功臣，仍赐金带、器币、鞍马。癸丑，诏应谪臣僚终于贬所者，许令归葬。

秋七月丙辰，诏州县官廪禄不时给者，御史台觉察，或以他物折支，计赃论罪。壬戌，董槐薨，赠少师，谥文清。庚午，周、汉国公主薨，赐谥端孝。壬申，江州都统聂世兴调遣入蜀，托疾惮行，诏夺二秩，押往京湖制司自效。戊寅，侍御史范纯父言："前四川制置使俞兴妒功启戎，罢任镌秩，罚轻，乞更褫夺，以纾众怒。"奏可。辛巳，诏重修《吏部七司条法》。癸未，诏申严诸路郡县苛取苗米之禁。甲申，夜有白气亘天。

八月甲午，海州石湫堰成，诏知州张汉英带行遥郡刺史、马步军副总管、带行环卫官。丁酉，筑蕲州城。知州王益落阶官，正任高州刺史；制置使汪立信上《新城图》，诏奖谕。戊戌，李璮兵败为大元所诛，事闻，诏沿边诸郡严边防。汪立信升直敷文阁、主管沿江制置司公事、知江州、主管江西安抚司公事。癸卯，太阴犯昴。乙巳，沿江制置使姚希得进宝章阁学士，职任依旧。

九月壬申，召陈奕赴枢密院禀议。丙子，有流星大如太白。丁丑，温州布衣李元老，读书安贫，不事科举，今已百四岁，诏补迪功郎致仕，本郡给奉。

闰九月甲申朔，太白昼见。丙戌，流星透霞，大如太白。戊戌，诏刑部长贰、大理卿、少卿，岁终无评事可举，即举在京三狱官。庚子，有流星大如太白。丙午，诏应知县罪罢，虽经赦，毋注紧、望阙，著为令。戊申，诏："绍兴府火，给贷居民钱，今及二载，民贫可悯，悉除勿征。"

冬十月乙卯，诏蠲四川制总、州县盐酒榷额。己未，太阴犯岁星。甲子，以杨栋签书枢密院事、兼权参知政事兼太子宾客，叶梦鼎端明殿学士、同签书枢密院事兼太子宾客。丁卯，吕文德言遣将校御敌，多逗遛不进，且奏功失实，具姓名上闻。诏：吕文焕、王达、赵真削两秩，马塈王甫削一秩，余贬降有差。太阴犯五车星。庚午，太白入氐。甲戌，归化州岑从毅纳士输赋，献丁壮为王臣。诏改归化为来安州，从毅进秩修武郎、知州事，令世袭。丙子，诏安丰六安县升军使。

十一月壬辰，丁大全窜贵州，招游手，立将校，置弓矢舟楫，纵仆隶淫虐军民，诏夺大全贵州团练使，移置新州。癸巳，马光祖乞祠禄，诏提举临安府洞霄宫，任便居住。丙申，徐清叟薨，赠少师，谥忠简。丁酉，资阳砦主万户小哥及其子众家奴叛来降，诏小哥赐姓王，名永坚，补武翼大夫、夔路副总管，重庆府驻札。戊戌，以夏贵知庐州、淮西安抚副使。丁未，皇孙容州观察使封资国公焯薨，赠保静军节度使、广国公。荧惑、填星合在娄。

十二月辛巳，吕文德累疏辞兼四川宣抚，诏仍兼四川策应使。

四年春正月壬午朔，诏侍从、台谏、给舍、卿监、郎官以上及制总、监司各举所知，不拘员限，不如所举，行连坐法。戊子，林希逸言蒲阳布衣林亦之、陈藻有道之士，林公遇幼承父泽，奉亲不仕。诏林亦之、陈藻赠迪功郎，林公遇元官上进赠一官。诏董宋臣同提举奉安符宝所，仍奉祠禄。己亥，严州火。丙午，诏革词诉改送之弊。

二月癸丑，诏：吴潜、丁大全党人迁谪已久，远者量移，近者还本贯，并不复用。丁大全溺死藤州，诏许归葬。诏俞兴往岁失陷泸城，更削一秩。丁巳，置官田所，以刘良贵为提领，陈耆为检阅。戊午，日晕周匝。乙亥，吕文德浚筑鄂州、常、澧城池讫事，诏奖之，守臣韩宣转遥郡承宣使，苏刘义吉州刺史。

三月丁亥，以吕文德为宁武、保康军节度使，职任依旧；刘雄飞枢密都承旨、四川安抚制置使兼知重庆府、四川总领财赋、夔路转运使。加授姚希得刑部尚书，李庭芝兵部侍郎，朱禩孙太府卿，汪立信太府少卿，并依旧任。壬辰，太阳赤黄晕。丁酉，以王坚知和州兼管内安抚使，吕思望知濠州兼淮西招抚使。庚子，以何梦然兼权知枢密院事。丁未，诏知宁国府赵汝櫜推行经界，不扰而办，职事修举，升直华文阁，依旧任。戊申，忠州防御使贵杰授福州观察使。

夏四月乙卯，太阴犯权星。丙寅，官田所言，知嘉兴县段浚、知宜兴县叶哲佐卖公田不遵元制，诏罢之。戊辰，太阳赤黄晕，不匝。

五月庚寅，太阴入氐。丁酉，婺州布衣何基，建宁府布衣徐几，皆得理学之传。诏各补迪功郎，何基婺州教授兼丽泽书院山长，徐几建宁府教授兼建安书院山长。戊戌，四川制司言：二月甲寅，大元兵攻嘉定城，马塈出战御之。诏马塈援夔迁延削一秩，令以所转四官理作叙复。流星出自角宿距星。

六月壬子，祈雨。乙卯，京城火。丙辰，诏饶虎臣叙复元官。依旧提举太平兴国宫。庚申，诏：平江、江阴、安吉、嘉兴、常州、镇江六郡已卖公田三百五十余万亩，今秋成在迩，其荆湖、江西诸道，仍旧和籴。丙寅，诏公田竣事，刘良贵官两转，陈訔、廖邦杰洎六郡官进秩有差。丁卯，流星出自河鼓。庚午，宰执进玉牒、日历、会要、《经武要略》及《徽宗长编》、《宁宗实录》，诏贾似道以下官两转。

秋七月壬辰，敕令所进《宁宗以来宽恤诏令》。戊戌，以董宋臣为入内内侍省押班。

八月甲寅，董宋臣以病乞收回恩命，请祠，诏赐告五月。乙卯，流星出自天仓星。

九月甲申，诏赵汝楳为太府少卿、淮东总领财赋。辛卯，祀明堂，大赦。甲午，签书枢密院事。

冬十月己未，诏发缗钱百四十万，命浙西六郡置公田庄。甲子，命张珏兴元府驻札御前诸军都统制兼知合州。

十一月己亥，福州火。

十二月丁未朔，诏皇太子宫讲官詹事以下，日轮一员，辰入酉出，专讲读，备咨问，以称辅导之实。己未，诏：在京置窠栅、私系囚并非法狱具，台宪其严禁戢，违者有刑。辛未，太白、岁星顺行。

五年春正月丁丑朔，诏崇经术，考德行。癸巳，出奉宸库珠、香、象、犀等货下务场贷易，助收币楮。庚子，太子右谕德汤汉三乞休致，授秘阁修撰、知福州、福建安抚使。

二月壬戌，流星出自毕。甲子，太阴犯房。丁卯，太阴犯斗。辛未，雨土。

三月辛巳，王坚卒，赐谥忠壮。马光祖依旧观文殿学士、沿江制置使、知建康府、江东安抚使、行宫留守。己丑，日晕周匝。

夏四月丙午，诏：管景模妻孥陷没，效忠愈坚，平时所得奉入，率以抚恤将士，遂至空乏，特赐缗钱三十万。寻赐金带。丁未，以夏贵为枢密都承旨、四川安抚制置使，兼知重庆府、四川总领、夔路转运使。辛亥，诏郡邑行乡饮酒礼。癸丑，太阴入太微垣。乙卯，信阳军将领余元友等提兵防护春耕有功，补转两官资。戊午，太白昼见。乙丑，何梦然、马天骥以台臣劾罢。己巳，江万里以资政殿大学士知建宁府，李曾伯以观文殿学士知庆元府、沿海制置使。庚午，太白、岁星合于娄。

五月庚辰，何梦然以资政殿学士知建宁府。辛卯，以杨栋参知政事，叶梦鼎同知枢密院事兼权参知政事，姚希得端明殿学士、同签书枢密院事，马天骥提举洞霄宫。甲午，流星出自河鼓，大如太白。乙未，安南国奉表谢恩，进方物，诏却之，仍赐金帛，以奖恭顺。己亥，太白经天昼见。

六月甲辰朔，知衢州谢墍，因寇焚掠常山县，弃城遁，诏削三秩，褫职不叙。台臣言衢州詹沔之变，乃谢墍任都吏徐信苟取激之，墍罪重罚轻。诏斩信，籍其家，墍再削两秩勒停。丁未，诏饶虎臣叙复资政殿学士，依前通奉大夫，差遣如故。甲寅，加授李庭芝宝章阁直学士，依旧任，朱禩孙右文殿修撰、知静江府、广西经略使，汪立信秘阁修撰、枢密副都承旨、沿江制置副使兼知江州、江西安抚使。诏吕文德职事修举,与官一转。太阴犯心。戊午,祈雨。太白犯天关星。乙丑,命董宋臣兼主管御前马院、御前酒库。戊辰,荧惑、岁星并行。己巳,太白、太阴并行入井。庚午,太阳赤黄晕。

秋七月甲戌,彗星出柳。丁丑,诏避殿减膳,应中外臣僚许直言朝政阙失。己卯,流星出自右摄提星,彗星退于鬼。辛巳,彗星退于井。甲戌,京城大火。癸巳,谢奕昌卒,赠少保,追封临海郡王,谥庄宪。甲午,填星守毕。乙未,马天骥以台臣劾其贪赃,夺职罢祠,其子时桢削一秩,罢新任。丙申,知嘉定府洪涛言:"新繁县御容殿前枯木再荣,殿有画太祖像;又顺化人杨嗣光等奉太宗、真宗、仁宗、英宗、神宗像来归,令椟藏府中天庆观。"诏本府选差武臣迎奉赴行在所,嗣光补武阶两资。祈雨。台臣言太子宾客杨栋指彗为蚩尤旗,欺天罔君,诏栋罢职予祠。戊戌,彗星退于参。

八月壬寅朔,荧惑与填星合。丙午,以杨栋知建宁府。戊午,彗星消伏。甲子,彗星复见于参。辛未,彗星化为霞气。

九月己丑,日生格气。癸巳,内侍李忠辅以台臣劾其贪肆欺罔,削两秩放罢。乙未,建宁府教授谢枋得校文宣城及建康漕闱,发策十余问,言权奸误国,赵氏必亡。左司谏舒有开劾其怨望腾谤,大不敬,窜兴国军。

冬十月丙午,太阴犯斗。辛亥,诏十七界会浸轻,并以十八界会易之,限一月止。乙丑,诏行关子铜钱法,每百作七十七文足,以一准十八界会之三。帝有疾不视朝。丙寅,大赦。丁卯,帝崩。遗诏皇太子禥即皇帝位。咸淳元年三月甲申,葬于会稽之永穆陵。二年十二月丙戌,谥曰建道备德大功复兴烈文仁武圣明安孝皇帝,庙号理宗。

赞曰:理宗享国久长,与仁宗同。然仁宗之世,贤相相继,理宗四十年之间,若李宗勉、崔与之、吴潜之贤,皆弗究于用;而史弥远、丁大全、贾似道窃弄威福,与相始终。治效之不及庆历、嘉祐,宜也。

　　蔡州之役，幸依大朝以定夹攻之策，及函守绪遗骨，俘宰臣天纲，归献朝社，亦可以刷会稽之耻，复齐襄之仇矣；顾乃贪地弃盟，入洛之师，事衅随起，兵连祸结，境土日蹙。郝经来使，似道讳言其纳币请和，蒙蔽抑塞，拘留不报，自速灭亡，吁，可惜哉！由其中年嗜欲既多，怠於政事，权移奸臣，经筵性命之讲，徒资虚谈，固无益也。

　　虽然，宋嘉定以来，正邪贸乱，国是靡定，自帝继统，首黜王安石孔庙从祀，升濂、洛九儒，表章朱熹《四书》，丕变士习，视前朝奸党之碑、伪学之禁，岂不大有径庭也哉！身当季运，弗获大效，后世有以理学复古帝王之治者，考论匡直辅翼之功，实自帝始焉。庙号曰“理”，其殆庶乎。

宋史卷四六
本纪第四六

度　宗

　　度宗端文明武景孝皇帝，讳禥，太祖十一世孙。父嗣荣王与芮，理宗母弟也。嘉熙四年四月九日生于绍兴府荣邸。初，荣文恭王夫人全氏梦神言："帝命汝孙，然非汝家所有。"嗣荣王夫人钱氏梦日光照东室，是夕，齐国夫人黄氏亦梦神人采衣拥一龙纳怀中，已而有娠。及生，室有赤光。资识内慧，七岁始言，言必合度，理宗奇之。及在位岁久，无子，乃属意托神器焉。

　　淳祐六年十月己丑，赐名孟启，以皇侄授贵州刺史，入内小学。七年正月乙卯，授宜州观察使，就王邸训习。九年正月乙巳，授庆远军节度使，封益国公。十一年正月壬戌，改赐名孜，进封建安郡王。宝祐元年正月庚辰，诏立为皇子，改赐今名。癸未，授崇庆军节度使、开府仪同三司，进封永嘉郡王，二年七月，以宗正少卿蔡抗兼翊善。时资善堂初建，理宗制《堂记》，书以赐王。十月癸酉，进封忠王。十一月壬寅，加元服，赐字邦寿。五年十月庚子，授镇南、遂安军节度使。

　　景定元年六月壬寅，立为皇太子，赐安长源，命杨栋、叶梦鼎为太子詹事。七月丁卯，太子入东宫。癸未，行册礼。时理宗家教甚严，鸡初鸣问安，再鸣回宫，三鸣往会议所参决庶事。退入讲堂，讲官讲经，次讲史，终日手不释卷。将晡，复至榻前起居，率为常。理宗问今日讲何经，答之是，则赐坐赐茶；否则为之反覆剖析；又不通,则继以怒,明日须更覆讲。二年正月丁丑,谒孔子于太学,请以张栻、吕祖谦列从祀。十二月癸卯,册永嘉郡夫人全氏为皇太子妃。

五年十月丁卯,理宗崩,受遗诏,太子即皇帝位。戊辰,尊皇后谢氏曰皇太后,生日为寿崇节。庚午,宰执、文武百官诣祥曦殿表请听政,不允。辛未,大赦。

十一月壬申,宰执以下日表请视朝,不允。丁丑,凡七表始从。丙戌,帝初听政,御后殿,命马廷鸾、留梦炎兼侍读,李伯玉、陈宗礼、范东叟兼侍讲,何基、徐几兼崇政殿说书。诏求直言。又诏先朝旧臣赵葵、谢方叔、程元凤、马光祖、李曾伯各上言以匡不逮。召江万里、王爚、洪天锡、汤汉等赴阙。诏躬行三年丧。复济王竑元赠少师、节度使,追封镇王,谥昭肃,有司讨论坟制增修之。加封嗣荣王与芮武康、宁江军节度使,依前太师、判宗正事。诏抚劳边防将士。监察御史劾宦官李忠辅、何舜卿等赃罪,并窜远方。戊戌,诏儒臣日侍经筵,辅臣观讲。乙未,命洪天锡以侍御史兼侍读。

十二月辛丑,诏改明年为咸淳元年,行铜钱关子,率贯以七百七十文足。壬寅,戒赃吏绝贡羡余。甲辰,诏以生日为乾会节。初开经筵,讲殿以熙明为名。礼部尚书马廷鸾进读《大学衍义序》,陈心法之要。

是岁,两浙、江东西、湖南北、广东西、福建、成都、京西、潼川、夔、利路户五百六十九万六千九百八十九,口一千三百二万六千五百三十二。大理寺奏大辟三十三人。

咸淳元年春正月辛未朔,日有食之。丞相贾似道请为总护山陵使,不允,寻下诏奖谕。癸酉,直学士院留梦炎疏留似道。甲戌,谏议大夫朱扱孙等亦请改命,不报。诏临安免征商三月。丙子,京湖制置使吕文德辞免,不允。

二月庚申,置籍中书,记谏官、御史言事,岁终以考成绩。

三月癸酉,似道乞解机政,不允。壬午,京湖制司创招镇边军。甲申,葬理宗于永穆陵。

夏四月壬寅,赏四川都统辖万寿云顶山、金堂峡之功,及其将士。丁未,寿崇节,免征临安官私房僦地钱。戊申,乾会节,如上免征,再免在京征商三月。自是祥庆、灾异、寒署皆免。戊午,贾似道特授太师。己未,幸景灵宫,发米八万石赡京城民。夔路都统王胜,以李市、沙平之战获功。转官两资,将士效力者,上其名推赏。

五月己巳,追命史弥远为公忠翊运定策元勋。

闰月乙巳,久雨,京城减直粜米三万石。自是米价高即发廪平粜,以为常。丁未,发钱二十万赡在京小民,钱二十万赐殿、步、马司军人,钱二万三千赐宿卫。自是行庆、恤灾、或遇淫雨雪寒,咸赐如上数。以江万里参知政事,王熵同知枢密院事、权参知政事,马廷鸾端明殿学士、签书枢密院事。丁巳,以钱三十万命临安府通变平物贾。丁卯,故成都马步军总管张顺殁于王事,诏特赠官五转,其子与八官恩泽。

六月乙酉,名理宗御制之阁曰显文,置学士、直学士、待制、直阁等官。戊子,沿海制置使叶梦鼎三辞免,不允。己丑,名理宗原庙殿曰章熙。

秋七月丁酉,太白昼见。初命迪功郎邓道为韶州相江书院山长,主祀先儒周悰惇颐。壬寅,参知政事江万里乞归田里,不允。戊申,夔路安抚徐宗武城开、达石城,乞推恩,从之。壬戌,督州县严钱法,禁民间用牌帖。癸亥,以谅阴,命宰执类试,阮登炳以下,依廷试例出身。禁在京置窠栅,私系囚。

八月庚辰,命陈奕沿江按阅军防,赐钱二十万给用。丁亥,诏:“有司收民田租,或掊克无艺,监司其严禁戢,违者有刑。”甲午,大元元帅阿术帅大军至庐州及安庆,诸路统制范胜、统领张林、正将高兴、副将孟兴逆战,没于阵,诏胜等各官其一子进勇副尉。

九月乙酉,以洪天锡为工部侍郎兼侍读。壬子,命宰执访司马光、苏轼、朱熹后人,贤者能者,各上其名录用。癸丑,吕文德言京湖制、帅、策应三司官属,乞推恩,诏各进一秩。庚申,吏部侍郎李常上七事,曰崇廉耻、严乡举、择守令、黜贪污、谳疑狱、任儒师、修役法。

冬十月壬申，减四川州县盐酒课，始自景定四年正月一日，再免征三年。乙亥，减田契税钱什四。庚辰，江安州、潼川安抚司以攻怀、简小砦战图来上，诏优答以赏。

十一月乙未，兄少保、保宁军节度使致仕乃裕薨，赠少傅，追封临川郡王。

二年春正月癸丑，江万里四请归田、乞祠禄，不允，以为湖南安抚使兼知潭州。

二月乙巳，侍讲范东叟奏正心之要有三：曰进德，曰立政，曰事天。上嘉纳焉。戊寅，诏免湖南漕司积年运上峡米耗折逋直。辛卯，诏左、右史循旧制立侍御坐前。

三月庚子，赏夔路总管张喜等防护开、达军功，将士进官有差。乙巳，诏郡守两年为任，方别授官。戊申，赐敕书奖谕吕文德。

夏四月乙丑，洪天锡三请祠，不允，以显文阁待制、知潭州兼湖南安抚使。甲申，侍御史程元岳上言：“帝王致寿之道在修德，后世忧邪说以求之，往辙可鉴。修德之目有三，曰清心，曰寡欲，曰崇俭，皆致寿之原。”上嘉纳之。丁亥，授信州布衣徐直方史馆编校。

五月癸丑，诏诸节制将帅讨军实，节浮费，毋占役兵士，致妨训练。

六月丁丑，给罗鬼国化州印。壬午，以衢州饥，命守、令劝分诸藩邸发廪助之。

秋七月壬辰，祈雨。诏以来年正月一日郊。壬寅，礼部侍郎李伯玉言：“人材贵乎善养，不贵速成，请罢童子科，息奔竞，以保幼稚良心。”诏自咸淳三年为始罢之。

八月甲申，安南国遣使贺登位，献方物。

九月丙辰，浙西安抚使李帟以台臣黄万石等言，削两秩免。

冬十一月辛丑，两淮制置使李庭芝立城，屯驻武锐一军，以工役费用及图来上。诏奖劳之。乙卯，少师致仕赵葵薨，赠太傅，赐谥忠靖。丁巳，利东安抚使、知合州张珏调统制史炤、监军王世昌等复广安大梁城,诏推爵赏有差。

十二月丁丑,申严戢贪之令。甲申,以请先帝谥祭告天地、宗庙、社稷。丙戌,奉册、宝请于南郊,上谥曰建道备德大功复兴烈文仁武圣明安孝皇帝,庙号理宗。大理寺奏岁终大辟三十五人。

三年春正月己丑朔,郊,大赦。丁酉,奉皇太后宝,上尊号曰寿和。辛丑,寿和太后册、宝礼成,谢堂等二十七人各进一秩,高平郡夫人谢氏等二十二人各进封特封有差。癸卯,册命妃全氏为皇后。戊申,帝诣太学谒孔子,行舍菜礼,以颜渊、曾参、孔伋、孟轲配享,颛孙师升十哲,邵雍、司马光升列从祀,雍封新安伯。礼部尚书陈宗礼、国子祭酒宜中进读《中庸》。己酉,执经官宗礼、讲经官宜中各进一秩,宜中赐紫章服。太学、武学、宗学、国子学、宗正寺官若医官、监书库、门、庖等,各进一秩,诸斋长谕及起居学生,推恩有差。乙卯,寿和太后亲属谢奕修、郭自中、黄兴在等二十八人各升补一秩。

二月己未,克复广安军,诏改为宁西军。庚申,马光祖再乞致仕,不允。乙丑,诏贾似道太师、平章军国重事,一月三赴经筵,三日一期,治事都堂。丙子,枢密院言:知夔州、夔路安抚徐宗武创立卧龙山保圉,诏宗武带行遥郡团练使,以旌其劳。

三月癸卯,知房州李鉴及将校杜汝隆、夏喜战龙光砦有功,优与旌赏。

夏四月庚申,寿和太后两次册宝,族兄弟谢奕实等十五人、族侄谢在达等四十七人、族侄孙谢镛等十四人,各锡银十两、帛十疋。诏:太中大夫全清夫儒科发身,恳陈换班,靖退可尚,特授清远军承宣使、提举佑神观,仍奉朝请。乙酉,张珏护合州春耕,战款龙溪,以状言功,诏趣上立功将士姓名。

五月丁亥朔,日有食之。戊申,诏曰:“比尝命有司按月给百官奉,惟官愈卑,去民愈亲,仍闻过期弗予,是吏奉吾命不虔也,诸路监司其严纠劾。”

六月壬戌,加授吕文德少傅,马光祖参知政事,李庭芝兵部尚书，职任仍旧。皇后受册推恩，弟全清夫以下十五人官一转，全必檷以下十七人补承信郎。癸酉，美人杨氏进封淑妃。戊寅，诏荣王族姻与莱等三十四人各转官有差。

秋七月丁亥，张珏授正任团练、带行左领军卫大将军，赐金带。壬辰，枢密院言：“右武大夫权鄂州都统汪政鄂城战御，又焚光化城外积聚，及攻真阳城，皆有功，该转十二官。”诏转横行遥郡。甲午，四川都统昝万寿调统制赵宝、杨立等率舟师护粮达渠城，以功推赏。己酉，权黎州张午，招谕大青羌主归义，乞用两林西蕃瑜林例，赐予加优，从之。

八月辛酉，遣步帅陈奕率马军舟师巡逻江防。壬戌，边报警急，诏谕吕文德等申严防遏。乙丑，太师、武康宁江军节度使、判大宗正事嗣荣王与芮进封福王，主荣王祀事。壬申，久雨，命在京三狱、赤县、直司、签厅择官审决狱讼，毋滞。

九月乙未，诏郡县折收民田租，毋厚直取赢，违者论罪。癸卯，知邕州总统谭渊、李旺、周胜等由特磨行大理界，率兵攻建水州，禽其知州阿㞘以下三百余人，获马二百余，焚谷米、器甲、庐舍。师还论功，各转官三资，军校补转有差。

冬十月庚申，复开州，赐四川策应司钱百万劳军。甲戌，大雷电。

十一月丙申，故左丞相吴潜追复光禄大夫。壬寅，赏知房州李鉴调遣路将夏喜、统领冯兴等均州武阳坝战功。

十二月丙辰，吕文焕依旧带行御器械，改知襄阳府兼京西安抚副使。丁卯，台臣言叙复元官观文殿学士、提举洞霄宫皮龙荣贪私倾险，尝朋附丁大全，乞寝新命。诏予祠禄。

四年春正月癸未，赐吕师夔紫章服、金带。己丑，吕文德言知襄阳府兼京西安抚副使吕文焕、荆鄂都统制唐永坚蜡书报白河口、万山、鹿门山北帅兴筑城堡，檄知郢州翟贵、两淮都统张世杰申严备御。癸巳，故守合州王坚，赐庙额曰报忠。癸卯，沔州驻札潼川安抚副使昝万寿,特升右武大夫、带行左骁卫大将军,赐金带。己酉,印应雷改知庆元府兼沿海制置使。庚戌,诏曰:"迩年近臣无谓引去以为高,勉留再三,弗近益远,往往相尚,有知其非义也。亦由一二大臣尝勇去以为众望,相踵至今。孟子於齐王不遇,故去,是未尝有君臣之情也,然独三宿出昼,庶几改之。儒者家法,无亦取此乎。朕于诸贤,允谓无负,其弗高尚,使人疑于负朕。"

闰月庚午,赐夏贵金带。

夏四月壬午,汤汉三辞免刑部侍郎、福建安抚使。庚寅,乾会节,帝御紫宸殿,群臣称贺。上曰:"谢方叔托名进香,擅进金器诸物,且以先帝手泽,每系之跋,率多包藏,至以先帝行事为己功,殊失大臣体,宜镌一秩。"於是卢钺等相继论列方叔昨蜀、广败事,误国殄民,今又违制擅进,削一秩罚轻。诏削四秩,夺观文殿大学士、惠国公,罢宰臣恩数,仍追《宝奎录》并系跋真本来上。丙申,右正言黄镛言:"今守边急务,非兵农合一不可。一曰屯田,二曰民兵。川蜀屯田为先,民兵次之,淮、襄民兵为先,屯田次之,此足食足兵良策也。"不报。丁酉,诏故修武郎姚济死节,立庙,赐额曰忠壮。

五月辛酉,枢密都承旨高达再辞侍卫都虞候,乞归田里,命孙虎臣代之。壬申,赐陈文龙以下六百六十四人进士及第、出身。丙子,贾似道乞骸骨,不允。

六月辛巳,叶梦鼎再乞归田里,不允。诏罢浙西诸州公田庄官,募民自耕输租,租减什三,毋私相易田,违制以盗卖官田论。

秋七月戊午,有星出氐宿,西北急流入骑官星没。己未,淑妃杨氏亲属杨幼节以下百三十四人推恩进秩。

八月壬寅,奉安《宁宗实录》、《理宗实录》御集、日历、会要、玉牒、《经武要略》、咸淳日历、玉牒,贾似道、叶梦鼎、马廷鸾各转两官,诸局官若吏推恩有差。

九月癸未,白昼见。大元兵筑白河城,始围襄、樊。

冬十月戊寅朔,日有食之,子宪生。参知政事常挺六乞归田里,诏予郡。己亥,已减四川州县盐酒课,诏自咸淳四年始,再免征三年。

十一月癸丑，枢密院言："南平、绍庆六郡镇抚使韩宣城渝、嘉、开、达、常、武诸州有劳，由峡州至江陵水陆措置，尽瘁以死，宜视没于王事加恩。"诏宣守本官致仕，任一子承节郎，仍赠正任承宣使。丁巳，诏：知江陵府陈奕、裨将周全、王德等战西山、南谷口、田家山有功，各以等第推赏。戊午，子镗生。丙寅，福建安抚使汤汉再辞免，乞祠禄，诏别授职。辛未，以文武官在选，困于部吏，隆寒旅琐可闵，诏吏部长贰、郎官日趣铨注，小有未备，特与放行，违者有刑。自是隆寒盛署，申严诫饬。常挺卒，赠少保。壬申，行义役法。

十二月卒卯，以夏贵为沿江制置副使兼知黄州。癸巳，史馆状《理宗实录》接续起修。张九成孙象先力学饬行，不坠家声，其免一解示表厉。命建康府建南轩书院，祠先儒张栻。戊戌，汪立信知潭州兼湖南安抚使，职任依旧。乙巳，诏赏京湖总管张喜、赵万等石门坂堰战功。

五年春正月丁未，以李庭芝为两淮安抚制置大使兼知扬州。壬子，京湖策应司参谋呼延德领诸将张喜等，遇北兵战于蛮河。癸亥，叶梦鼎累章请老，留之，固辞，依前少保、判福州、福建安抚使，封信国公。以马廷鸾参知政事兼同知枢密院事。甲戌，以江万里参知政事。

二月戊子，江万里辞免参知政事，不允。

三月丙午，北帅阿术自白河以兵围樊城。甲寅，叶梦鼎辞免判福州、福建安抚使，诏不允。乙卯，皇后归宁，族姻推恩，保信军节度使全清夫以下五十六人各进一秩，咸安郡夫人全氏以下三十二人各特封有差。大元兵城鹿门。己未，诏浙西六郡公田设官督租有差。辛酉，京湖都统张世杰率马步舟师援襄、樊，战于赤滩圃。戊辰，以江万里为左丞相，马廷鸾为右丞相兼枢密使。己巳，以马光祖知枢密院事兼参知政事，吴革沿江制置使。

夏四月丙子，赏张世杰战功。辛巳，江万里、马廷鸾辞免，诏不允。壬午，知渠州张资上蓬州界白土、神山、蒲渡等处今年春战功。丙戌，以安西都统张朝宝、利东路安抚张珏领兵护钱粟饷宁西军，还至水砲头，战有功，诏推赏。己丑，刘雄飞依旧枢密都承旨、知沅州兼常德、澧、靖五郡镇抚使。癸巳，李庭芝特进一秩。高邮县夏世贤七世义居，诏署其门。

五月己酉，马光祖依旧观文殿学士、提举洞霄宫。乙卯，程元凤薨，赠少师。庚申，有星自斗宿距星东北急流向抽牛宿，至蜀没。壬戌，诏：信阳诸将娄安邦、朱兴战千石畈，吕文焕、呼延德战福山，杨青、李忠战石湫，俱有劳效，推赏有差。壬申，京湖制司言：故夔路安抚徐宗武没于王事，乞优加赠恤。诏致仕恩外，特官其一子承节郎。

六月庚辰，以吕文福为复州团练使、知濠州兼淮西安抚副使。甲申，皇子昺生。辛卯，家铉翁辞免新命，诏别授职。庚子，李庭芝辞免兼淮东提举，不允。

秋七月己酉，观文殿学士马光祖乞守本官致仕，诏允所请。庚申，祈雨。壬戌，东南有星自河鼓距星西北急流，至蜀没。

八月戊寅，诏郡县收民田租，毋巧计取赢，毋厚直折纳，转运司申严按劾。诏襄、樊将士战御宣力，以钱二百万犒师，趣上其立功姓名补转官资。

九月丙午，祈晴。辛酉，祀明堂，大赦。丙寅，明堂礼成，加上寿和圣福皇太后尊号册、宝，太师、判大宗正事、福王、主荣王祀事与芮加食邑一千户。

冬十月甲申，子宪授检校太尉、武安军节度使，封益国公。己丑，吕文德进封崇国公，加食邑七户。以汤汉为显文阁直学士、提举玉隆万寿宫兼象山书院山长。

十一月戊辰，少傅文德乞致仕，诏特授少师，进封卫国公，依所请致仕。

十二月癸酉，文德卒，赠太傅，赐谥武忠。己卯，以范文虎为殿前副都指挥使。寿和圣福皇太后尊号册、宝礼成，侄谢堂、侄孙光孙等二十八人各转一官，余姻推恩有差。甲申，以钱二百万命京湖帅

臣给犒襄、郢等处水陆戍士。戊子，诏安南国王父陈日煚、国王陈威
晃并加食邑一千户。大元兵筑南新城。

六年春正月壬寅，以李庭芝为京湖安抚制置使兼夔路策应使，
印应雷两淮安抚制置使。己酉，以钱二百万赐夔路策应司备御赏
给。庚戌，以高达为湖北安抚使、知鄂州，孙虎臣起复淮东安抚副
使、知淮安州。辛酉，行《成天历》。丁卯，制《字民》、《牧民》二训，以
戒百官。戊辰，以江万里为福建安抚使。

二月辛未，检校少保、安德军节度使与莱加食邑五百户。丁亥，
陈宜中经筵进讲《春秋》终篇，赐象简、金御仙花带、鞍马。丁酉，以
吕文福为淮西安抚副使兼知庐州。己亥，朱禩孙权兵部尚书，仍四
川安抚制置、总领夔路转运、知重庆府。

三月庚子朔，日有食之。癸丑，诏曰：“吏以廉称，自古有之，今
绝不闻，岂不自章显而壅于上闻欤？其令侍从、卿监、郎官，各举廉
吏，将显擢焉。”癸亥，诏：“赣、吉、南安境数被寇，虽有砦卒，寇出没
无时，莫能相救。宜即要冲立四砦，砦屯兵百，使地势联络，御寇为
便，从三郡择将官领之。”

夏四月戊寅，以文天祥兼崇政殿说书。

五月辛丑，以吴革为沿江制置宣抚使。

六月庚午，诏《太极图说》、《西铭》、《易传序》、《春秋传序》，天
下士子宜肄其文。戊寅，贾似道托疾辞退，疏十数上，上留益坚，礼
异之，曰师相而不名。马廷鸾洎省、部台谏、学、馆、诸司，连章请留
似道。庚辰，子宪薨。庚寅，诏以襄、郢水陆屯戍将士隆署露处，出
钱二百万，命京湖制司给赐。

秋七月，复开州，己亥，更铸印给之。

八月甲申，瑞安府乐清县嘉禾生，诏荐士增四名。壬辰，诏：郡
县行推排法，虚加寡弱户田租，害民为甚，其令各路监司询访，亟除
其弊。诏精择监司、守令，监司察郡守，郡守察县令，置籍考核，岁终
第其治状来上，癸巳，以夏贵能举职事，进一秩，诏似道十日一朝。

九月庚戌，以黄万石为沿海制置使。壬子，台州大水。

冬十月丁丑，遣范文虎总统殿司、两淮诸军，往襄、樊会合备御，赐钱百五十万犒师。己卯，诏台州发义仓米四千石并发丰储仓米三万石，振遭水家。甲申，以陈宗礼、赵顺孙兼权参知政事，依旧同提举编修敕令、《经武要略》。

闰十月己酉，安吉州水，免公田租四万四千八十石。戊午，诏：殿、步、马诸军贫乏阵没孤遗者多，方此隆寒，其赐钱二十万、米万石振之。

十一月丁丑，嘉兴、华亭两县水，免公田租五万一千石，民田租千八百一十石。庚辰，诏：襄、郢屯戍将士隆寒可悯，其赐钱二百万犒师。己丑，都统张世杰领兵江防。乙未，诏陈宗礼进一秩，为资政殿学士，依所请守兼参知政事致仕。

十二月戊戌，陈宗礼卒，赠七秩。己亥，诏：唐全、张兴祖等赉蜡书入襄阳，往复甚艰，各补转三官，赐钱二千缗。大元兵筑万山城。

七年春正月乙丑，子昰授左卫上将军，进封建国公。诏汤汉、洪天赐赴阙。诏戒贪吏。辛未，绍兴府诸暨县湖田水，免租二千八百石有奇。

三月戊寅，发屯田租谷十万石，振和州、无为、镇巢、安庆诸州饥。辛巳，日晕，赤黄周匝。乙酉，平江府饥，发官仓米六万石，吉州饥，发和籴米十万石，皆减直振粜。丙戌，诏减内外百司吏额。戊子，发米一万石，往建德府济粜。诏临江军宣圣四十七代孙延之子孙，与放国子监试。

夏四月辛亥，免广东提举司盐箩银叁万两。甲寅，礼部侍郎陈宜中再乞补外，以显文阁待制知福州建路安抚使。

五月乙酉，赐礼部进士张镇孙以下五百二人及第、出身。壬辰，发米二万石，诣衢州振粜。

六月癸巳，以钱百万、银五千两命知嘉定府昝万寿修城浚壕，缮甲兵，备御遏。以韩震带行御器械、知江安州兼潼川东路安抚副使,马方带行御器械、知咸淳府,节制涪、万州。台臣劾朱善孙督纲运受赃四万五千,诏特贷死,配三千里,禁锢不赦。乙未,诏以蜀阃调度浩繁,赐钱二百万给用。丙申,诸暨县大雨、暴风、雷电,发米振遭水家。瑞州民及流徙者饥乏食,发义仓米一万八千石,减直振粜。己亥,诏以陆九渊孙溥补上州文学。己酉,镇江府转输米十万石于五河新城积贮。癸丑,以隆署给钱二百万赐襄、郢屯戍将士。丙辰,抚州黄震言:"本州振荒劝分,前谷城县尉饶立积米二百万,靳不发廪,虽尝监贷,宜正遏籴之罪。"诏饶立削两秩,武冈军居住。洪天锡三辞召命,诏守臣勉谕赴阙。戊午,绍兴府饥,振粮万石。己未,两淮五河筑城具完,赐名安淮军。大元会兵围襄阳。

秋七月辛未,枢密院言吴信、周旺赍蜡书入襄城,往复效劳,诏各补官三转。丁丑,湖南转运司访求先儒张栻后人义伦以闻,诏补将仕郎。壬午,四川制置使朱禩孙言:"夏五以来,江水凡三泛溢,自嘉而渝,漂荡城壁,楼橹圮坏;又嘉定地震者再,被灾害为甚,乞赐黜罢,上答天谴。"诏不允。癸未,诏:城五河,淮东制置印应雷具有劳绩,进一秩,宣劳官属将士皆推恩。

八月壬辰朔,日有食之。甲午,以钱三百万,遣京湖制置李庭芝诣郢州调遣犒师。丁未,命沿江制置副使夏贵会合策应,以钱二百万随军给用。

九月乙亥,显文阁学士汤汉、显文阁直学士洪天锡各五辞召命,诏并升华文阁学士,仍予祠禄。己丑,子显生。

冬十月丙申,少傅、嗣秀王与泽薨,诏赠少师,追封郡王。癸丑,从政郎朱鉴孙进《群经要略》。己未,诏殿、步、马诸军贫乏阵没孤遗者,方此隆寒,其赐钱二十万、米万石振之。

十一月癸亥,诏民有以孝弟闻于乡者,守、令其名上闻,将旌异劳赐焉。己巳,诏汤汉官一转,端明殿学士,依所请致仕。

十二月甲午,诏:诸路监司循按刑狱,儳从扰民,御史台申严觉察。丙午,以钱三十万命四川制司下渠洋开州、宁西镇抚使张朝宝创司犒师。己亥,淮东统领兼知镇江府赵溍乞祠禄,不允。谢方叔特叙复元官职,惠国公致仕。辛亥,初置士籍。戊午,诏举廉能材堪县令者,侍从、台谏、给舍各举十人,卿监、郎官各举五人,制帅、监司各举六人,知州、军、监各举二人。

八年春正月庚申,诏:"朕惟崇俭必自宫禁始,自今宫禁敢以珠翠销金为首饰服用,必罚无贷。臣庶之家,咸宜体悉,工匠犯者,亦如景祐制,必从重典。"又诏:"有虞之世,三载考绩,三考黜陟幽明。汉之为吏者长子孙,则其遗意也。比年吏习偷薄,人怀一切,计日待迁,事未克究,又望而之他。吏胥狎玩,窃弄官政,吾民奚赖焉。继自今内之郎曹,外之牧守以上,更不数易,有治状昭著,自宜奖异。"辛未,子珫生。己丑,汤汉卒,赐谥文清。

二月癸巳,谢方叔卒,赠少师。前知台州赵子寅殁,无所归,特赠直秘阁,给没官宅一区、田三百亩,养其孤遗,以旌廉吏。丙午,以钱二百万给犒襄、郢水陆战戍将士。

三月丙子,同知枢密院事兼权参知政事赵顺孙授中大夫。

夏四月戊子,知合州、利路安抚张珏创筑宜胜山城。

五月己巳,王爚除观文殿学士,提举万寿观兼侍读。大元兵久围襄、樊,援兵厄关险不克进,诏荆、襄将帅移驻新郢,遣部辖张顺、张贵将死士三千人自上流夜半轻舟转战。比明达襄城,收军阅视,失张顺。

六月丙申,皮龙荣徙衡州。丁酉,以章鉴为端明殿学士、同签书枢密院事、同提举《经武要略》。以钱千万命京湖制司籴米百万石,转输襄阳府积贮。乙巳,以家铉翁兼权知绍兴府、浙东安抚提举司事,以唐震为浙西提点刑狱。王爚乞寝新命,不允,勉谕赴阙。辛亥,台臣言江西推排田结局已,旧设都官、团长等虚名尚在,占吝常役,为害无穷;又言广东运司银场病民。诏俱罢之。癸丑,以钱五百万缗命四川制司诣湖北籴运上峡入夔米五十万石。

秋七月辛未,知静江府、广西经略安抚使兼计度转运使胡颖乞祠禄,诏勋一转,依所乞宫观。

八月丙戌朔，日有食之。辛丑，诏家铉翁赴阙。丁未，绍兴府六邑水，发米振遭水家。壬子，王爚辞免明堂大礼陪祠。乙卯，诏：福建安抚陈宜中克举厥职，升宝谟阁待制。

九月丁卯，诏洪天锡转端明殿学士，允所请致仕。辛未，明堂礼成，祀景灵宫，还遇大雨，改乘逍遥辇入和宁门，肆赦。庚辰，诏以朱禩孙兼四川屯田使。乙酉，洪天锡卒，赠五官，谥文毅。

冬十月己亥，绍兴府言八月一日会稽、余姚、上虞、诸暨、萧山五县大山，诏减田租有差。丁未，以章鉴兼权参知政事。右丞相马廷鸾十疏乞骸骨，诏不允。庚戌，以秋雨水溢诏减钱塘、仁和两县民田租什二，会稽湖田租什三，诸暨湖田租尽除之。辛亥，陈宜中兼给事中。

十一月乙卯，右丞相马廷鸾累疏乞骸骨，授观文殿学士、知饶州。诏以隆寒，殿、步、马司诸军贫羸并阵没孤遗者，振以钱粟。丙辰，陈奕以殿前都指挥使摄侍卫步军司、马军司。己未，马廷鸾辞免知饶州，乞祠禄，诏允所请，以观文殿大学士、鄱阳郡公提举洞霄宫。壬戌，命阮思聪赴枢密院禀议。己巳，诏明堂礼成，安南国王陈日煚、陈威晃各加食邑一千户，赐鞭、鞍、马等物。

十二月甲寅，以叶梦鼎为少傅、右丞相兼枢密使。

九年春正月乙丑，樊城破，范天顺、牛富死之。癸未，诏定安丰统制金文彪、朱文广、王文显、盛全河、吉河、泉河、珉河等处战功行赏。

二月甲申，诏：鄂州左水军统制张顺，没身战阵，赠宁远军承宣使，官其二子承信郎，立庙京湖，赐额曰忠显。甲午，朱禩孙抚绥备御，义不辞难，敕书奖谕。丁未，以夏贵检校少保。庚戌，吕文焕以襄阳府归大元。癸丑，以朱涧寺战功推赏来归人马宣、沿江都统王喜等将士千五百七十余人。

三月庚申，贾似道言边遽日闻，请身督师以励将帅。诏不允。四川制司言："近出师成都，刘整故吏罗鉴自北复还，上整书稿一帙，有取江南二策:其一曰先取全蜀,蜀平,江南可定;其二曰清口、桃源,河、淮要冲,宜先城其地,屯山东军以图进取。"帝览奏,亟诏淮制东司往清口,择利城筑以备之。叶梦鼎辞免右丞相,诏不允。庚午,遣金吾卫上将军阮思聪由平江、镇江及黄州行视城池,凡合缮修增易者亟条奏。丙子,来归人方德秀补成忠郎,栗勇、杨林、胡巨川补保义郎,刘全补承信郎。戊寅,贾似道始奏李庭芝表言襄帅吕文焕以城降大元。己卯,加督万寿宁远军承宣使,职任仍旧。庚辰,夏贵辞免检校少保,不允。壬午,诏建机速房,以革枢密院漏泄兵事、稽违边报之弊。贾似道累疏请身督师,诏勉留。

夏四月,诏褒襄城死节,右领卫将军范天顺赠静江军承宣使,右武大夫马司统制牛富赠金州观察使,各官其二子承信郎,赐土田、金币恤其家。甲申,汪立信权兵部尚书、京湖安抚制置使、知江陵府、夔路策应使、湖广总领,不许辞免,以钱二百万给立信开阃犒师。叶梦鼎乞致仕,遣官勉谕赴都堂治事。辛卯,以赵溍为淮西总领兼沿江制置、建康留守。诏黄万石赴阙。壬辰,诏:"襄阳六年之守,一旦而失,军民离散,痛切朕心。今年乾会节其免集英殿宴,以钱六十万给沿江制置赵溍江防捍御。"癸巳,知招信军陈岩乞祠禄。诏曰:"乃者边吏弗戒,致有襄难,将士频岁暴露,边民荡析离居,盡伤朕心。尔阃臣专征方面,宜身率诸将,宣扬国威,以赏戮用命不用命。尔守臣有土有民,宜申儆国人,保固封守。尔诸将尚迪果毅,一乃心力,各以其兵,敌王所愾。今朕多诰,尔其悉听明训,毋懈毋愒,习于故常,功多有厚赏,尔不克用劝,罚固不得私也。又如中外小大臣僚,有材识超卓、明控御之宜、怀攻守之略者,密具以闻,一如端拱二年制书,朕当虚心以听。"李庭芝乞解罢,诏赴阙。壬寅,诏复置枢密院都统,制、副都统制各一员。丁未,以高达为宁江军节度使、湖北安抚使、知峡州。诏忠州潜藩已升咸淳府,刺史王达改授高州刺史。李庭芝辞召赴阙,诏与祠。己酉,诏:"南归人复有战功者予优赏,杨春、薛聚成、陈君谟、周海、周兴名补成忠郎,萧成、侯喜、丁甫、刘铸、郑归各补承信郎。"以夏贵兼侍卫马军都指挥使。庚戌,诏

汪立信赏罚调用悉听便宜行事。辛亥,吕师夔言:比贾似道得乞庭
芝书,报臣叔父文焕以襄城降,臣闻之陨越无地,不能顷刻自安。请
以经略安抚、转运、静江府印委次官护之,席槁俟命,容臣归省偏
亲,誓当趋事赴功,毁家纾难,以赎门户之愆,以报君父之造。"诏不
允。

五月乙卯,以黄万石权户部尚书兼知临安府、浙西安抚使。四
川制司朱禩孙言:"所部诸县除正辟文臣外,诸郡属邑,许令本司不
拘外县一体选辟文臣,以幸蜀之士民。"奏可。丙辰,知庐州吕文福
言:"从兄文焕以襄阳降,为其玷辱,何颜以任边寄,乞放罢归田
里。"诏不允。吕师夔五疏乞罢任,诏赴阙。丁卯,申禁奸民妄立经
会,私创庵舍,以避征徭,保伍容庀不觉察坐之。辛未,刘雄飞乞致
仕。戊寅,孝感县丞关应庚上书言边防二十事,诏授武当军节度推
官兼司法,京湖制司量材任使。庚辰,马军司统制王仙昔在襄、樊缘
战陷阵,今复来归,特与官五转,充殿前司正额统制,赐钱一万。布
衣林椿年等上书言边防十数事,诏诸人上书凡言请以丞相似道督
视者不允,余付机速房。

六月,刑部尚书兼给事中陈宜中言,樊城之溃,牛富死节尤著,
以职卑赠恤下范天顺一阶,未惬舆情。诏加赠富宁远军承宣使,乃
赐土田、金币恤其家。前四川宣抚司参议官张梦发诣贾似道上书陈
危急三策,曰镇汉江口岸,曰城荆门军当阳界之玉泉山,曰峡州宜
都而下联置堡砦,以保聚流民,且守且耕,并图上城筑形势。贾似道
不以上闻,下京湖制司审度可否,事竟不行。成都安抚使昝万寿去
冬调将士攻毁成都大城,今春战碉门,五月遣统制杨国宝领兵至雅
州,统领赵忠领兵至眉州,两路捍御有劳,诏具将士宣力等第、姓名
以闻。吕文福言文焕为人扶拥,以襄阳降非由己心。诏与李庭芝元
陈异同,其审核以闻。庭芝表:"向在京湖,来归人吴旺等备言文焕
父子降状,先纳管钥,旋献襄城,且陈策攻郢州,请自为先锋,言人
人同,制司案辞可征,非敢加诬人罪。"诏文福勉力捍御,毋坠家声。
京湖制司言:"去年冬间,探司总管刘仪、盛聪,总制赵铎,领精锐至

均州文龙崖立砦。吕文焕既降，均城受敌，知郡刘懋偕刘仪等扞御宣劳。"诏懋升右武大夫、带行左卫大将军，乃旧职，仪添差荆湖北路兵马钤辖，聪添差鄂州兵马钤辖，各官三转将士官两转。左藏东库塞材望上书言边事大可忧者七，急当为者五。不报。丙戌，刘雄飞卒，特赠一官。戊子，京湖制司请给器械，诏内军器库选犀利者赐之，仍赠钱百万备修缮。四川制置朱禩孙言月奉银计万两，愿以犒师，向后月免请。诏常禄勿辞。己丑，给事中陈宜中言，乞正范文虎不力援襄之罚，诏文虎降一官，依旧知安庆府。安南国进方物，特赐金五百两、帛百疋。癸卯，汪立信言："臣奉命分阃，延见吏民，皆痛哭流涕而言襄、樊之祸，皆由范文虎及俞兴父子。文虎以三衙长闻难怯战，仅从薄罚，独子天顺守节不屈，独或可以少赎其愆。兴奴仆庸材，器量褊浅，务复私仇，激成刘整之祸，流毒至今，其子大忠挟多资为父行贿，且自希荣进，今虽寸斩，未足以快天下之忿，乞置重典，则人心兴起，事功可图。"诏俞大忠追毁出身文字，除名，循州拘管。又言守关进义副尉童明，襄阳破拔身来归，且尝立功开州，乞补转四官。诏特与官两转。

闰月辛亥，命殿前指挥使陈奕总统舟师备鄂州、黄州江防。癸丑，来归人郭珍补成忠郎，张进、张春、张德林、向德成、王全、娄德、王兴各补承信郎。丙辰，朝散郎师显行进注《皇朝文鉴》。前临安府司法梁炎午陈攻守之要五事，不报。命大理寺丞锺蜚英点视沿江堡隘兵舡。戊辰，知叙州郭汉杰言，马湖蛮王汝作、鹿巫蛮王沐丘，帅蛮兵五百余助官军民义阻险马湖，捍御有功。诏赏汝作、沐丘金帛及其部兵有差，叙州总管曹顺一军，凡在战阵者，趣具立功等第来上。

秋七月丁亥，权绍兴府节制紫城军义文荣鼎及将校赵居敬、丁福、孟青、蒲祥、白贵、史用、罗宜、王繁等九人，成都之役不没于兵，各追赠官秩，仍官其子。癸巳，知达州赵章、知开州鲜汝忠、知渠州张资等复洋州。戊戌，张珏等复马骏山。

八月癸丑，权知均州徐鼎、总管盛聪，战房州胡师峪、板仓。乙卯,知房州李鉴调权竹山县王国材、统制熊权、总辖马宗明,战落马坪、白羊山,诏有司各以劳效论赏。

九月辛巳,以章鉴签书枢密院事兼参知政事,陈宜中同签书枢密院事。成都安抚使昝万寿城嘉定乌尤山。乙未,以洪焘为浙东安抚使。丙申,以黄万石为湖南安抚使。

冬十月己酉,来归人汪福、许文政各官五转。癸丑,镇巢军、和州、太平州诸将查文、李文政、孟浩等十一人,以射湖闸、万岁岭、后港及焦湖北岸战功,咸赐爵赏。癸亥,雷。四川制司言何炎向失洋州,调知达州赵章等率诸部军义复之;七月又复洋州、吴胜堡两城,权檄统辖谢益知洋州,总制赵桂楫知巴州,俾任责吴胜堡战守之事。至是以功来上,且以二州摄事守臣请命于朝,诏与正授。丁丑,两淮制置使印应雷告老,进二秩致仕。李庭芝两淮安抚制置使,赐钱二百万激犒备御。

十一月壬午,子㬎授左卫上将军,封嘉国公。戊子,知泰州龚准遣其将王大显等捍御水砦有功,又获俘民以还,诏水步两军将校凡用命者赏激有差。甲午,以夏贵为淮西制置使兼知庐州,陈奕沿江制置使兼知黄州,吕文福知阁门事。诏从李庭芝请分淮东、西制置为两司,就命庭芝交割淮东,仍兼淮西策应使。乙未,以夏贵为淮西安抚制置使,赐钱百万激犒备御。李庭芝辞免淮西策应使,不允。知安丰军陈万以舟师自城西大涧口抵正阳城,遇北兵力战,诏旌其劳。

十二月甲子,以马廷鸾为浙东安抚使、知绍兴府。丙寅,权参知政事章鉴再乞解机政,不允。丁丑,沿江制置使所辖四郡夏秋旱涝,免屯田租二十五万石。

十年春正月壬午,城鄂州汉口堡。权总制施忠、部将熊伯明、知泰州龚准以天长县东横山、秦潼湖、青蒲口等处战功推赏。戊子,江万里以疾辞职任,诏依旧观文殿大学士、提举洞霄宫。乙丑,以留梦炎知潭州兼湖南安抚使。庚寅,城鄂州沌口西岸堡。京湖制司言襄

阳勇信中军钤辖吴信随吕文焕北往，今并妻子冒险来归。诏吴信赴
阙，制司仍存恤其家。丙申，江东沙圩租米，以咸淳九年水灾，诏减
什四。乙巳，雨土。

二月己酉，以赵顺孙为福建安抚使。辛酉，诏诸制阃就任升除
恩数，其告命、衣带、鞍马，阁门勿差人给赐，往要厚赂，以失优宠制
臣之意，违者有刑。

三月己卯，免郡县侵负义仓米七十四万八千余石。

夏四月乙卯，子瑺授左卫上将军，进封永国公。诏赏沿江都统
王达、黄俣战黄连寺之功。戊午，以吕文福为常德、辰、沅、澧、靖五
郡镇抚使，知沅州。辛酉，诏赏光州守陈岩、路分李全许彦德、总管
何成、路钤仰子虎等牛市畈、丁家庄战功。乌苏蛮王诣云南军前纳
款大元。

五月丁亥，以高世杰为湖北安抚副使兼知岳州，总统出戍军
马。辛丑，马廷鸾辞免观文殿大学士、知绍兴府、浙东安抚使，诏不
允。壬寅，张珏表请城马骏、虎头两山，或先筑其一，以据险要。

六月戊午，以银二万两命寿春府措置边防。

秋七月壬午，汪立信乞致仕，不允。癸未，帝崩于福宁殿，遗诏
太子㬎即皇帝位。甲申，台臣劾内医蔡幼习，诏夺五秩，送五百里州
军居住，二子并罢阁门职。

八月己酉，上大行皇帝谥曰端文明武景孝皇帝，庙号度宗。德
祐元年正月壬午，葬于永绍陵。

赞曰：宋至理宗，疆宇日蹙，贾似道执国命。度宗继统，虽无大
失德，而拱手权奸，衰敝浸甚。考其当时事势，非有雄才睿略之主，
岂能振起其坠绪哉！历数有归，宋祚寻讫，亡国不于其身，幸矣。

宋史卷四七
本纪第四七

瀛国公 二王附

　　瀛国公名㬎,度宗皇帝子也,母曰全皇后,咸淳七年九月己丑,生于临安府之大内。九年十一月授左卫上将军,封嘉国公。

　　十年七月癸未,度宗崩,奉遗诏即皇帝位于柩前,年四岁,谢太后临朝称诏。甲申,兄昰保康军节度使、开府仪同三司,进封吉王,加食邑一千户;弟昺保宁军节度使、开府仪同三司,进封信王,加食一千户。命平章贾似道依文彦博故事,独班起居。丙戌,上皇太后尊号曰寿和圣福太皇太后,皇后曰皇太后。又诏以生日为天瑞节。戊子,命临安府振赡细民。辛卯,以朱禩孙为京湖、四川宣抚使兼知江陵府。壬寅,诏抚三边将士。命州郡举遗逸。除浙西安抚司、两浙转运司、临安府见追赃赏钱。诏求言。

　　八月甲辰,诏乞言于老臣江万里、叶梦鼎、马廷鸾、留梦炎、赵顺孙、王爚。李庭芝筑清河城,以图来上,诏庭芝进一秩,宣劳将士,具名推赏。加知鄂州李雷应守军器监,知太平州孟之缙尚书兵部员外郎,知江州钱真孙直宝章阁,知镇江军洪起畏直敷文阁。癸丑,大霖雨,天目山崩,水涌流,安吉、临安、余杭民溺死者亡算。甲寅,太皇太后以老不能御正衙,命暂以慈元殿为后殿。辛酉,作度宗庙。戊辰,以全清夫为昭信军节度使,谢堂检校少保,谢垕保康军节度使。马廷鸾乞骸骨归田里,诏趣之任。

　　九月丁丑,资政殿大学士、光禄大夫王爚乞致仕,诏不允。戊寅,发米振余杭、临安两县水灾。余杭灾甚,再给米二千石。已卯,似道乞免答拜,从之。辛巳,覆试文武举士人。壬午,覆试文武举士人。癸未,大元兵大会于襄阳。丙戌,丞相伯颜将一军趣郢州,元帅唆都将一军入淮,翟招讨将一军徇荆南。丁亥,大元军薄郢州。戊子,免被水州县今年田租。甲午,初开经筵。丁酉,天瑞节,免征临安府公私房贷钱十日。以金符十三、银符百给夏贵激赏奇功。已亥,试正奏名进士,赐王龙泽以下出身有差。壬寅,有星见西方,委曲如蚓。复州副将翟国荣遇大元兵,战泥湖死之。闽中旱。

冬十月丙午,知达州赵章复洋州,加右骁骑尉中郎将。大元兵破渠州礼义城,知州张资自杀。丁未,饶州布衣董声应进《诸史纂约》、《兵鉴》、《刑鉴》,诏声应充史馆编校文字。癸丑,上度宗谥。广西经略司权参议官邢友龙击潮州、漳州寇,破之。乙卯,令州县行义田、义役。丁巳,友龙以下诸将各转官有差。大元兵攻郢州,都统制张世杰力战御之,遂去,由藤湖入汉。戊午,郢州副都统赵文义追战全子湖死,恤其家。庚申,赠翟国荣复州团练使,官其二子,立庙复州。壬戌,以钱百万给郢城屯戍将士。甲子,诏以明年为德祐元年。乙丑,以章鉴同知枢密院事兼权参知政事,陈宜中签书枢密院事兼权参知政事。大元兵徇沙洋城,京湖宣抚司遣总管王虎臣援之。丙寅,城破,虎臣与守隘官王大用皆被执。荧惑犯镇星。大元兵至新城。戊辰,总制黄顺出降。已巳,副总制仁宁出降。都统制边居义力战,城破赴火死。知复州翟贵以城降。闽中地震。

十一月癸酉,以朱禩孙为京湖、四川宣抚使。丁丑,命沿江制置使赵溍巡江策应,赐钱百万激赏战功。戊寅,马廷鸾力辞浙东安抚使、知绍兴府,诏依旧观文殿大学士、提举洞霄宫。赐赵文义清远军节度使,与其兄威武军节度使文亮共立庙扬州,赐名傅忠。庚辰,以陆秀夫为淮东安抚制置司参议官。壬午,削诸班直溢额人。癸未至乙酉,覆试特奏名士人。丙戌,以王爚为左丞相,章鉴为右丞相,并兼枢密使。似道自九月乞命左右丞相,至是从之。以张晏然兼京湖、四川宣抚司参议官。已丑至庚寅,覆试特奏名士人。壬辰至癸巳,

如上覆试。甲午,括邸第戚畹及御前寺观田,令输租。丁酉,加安南
国王陈日煚宁远功臣,其子威晃奉正功臣。

十二月癸卯朔,命建康府、太平州、池州振避兵淮民。以隆寒,
劳赐京湖及沿江戍守将士。甲辰,诏:淮西四郡水旱,去年屯田未输
之租其勿征。丁未,提举兴国宫吕师夔请募兵江州,诏知州钱真孙
同募,尚书省以钱米给之。癸丑,大元兵攻阳逻堡,夏贵以兵力守,
武定军都统制王达战死。乙卯,大元兵夜以偏师乘雪渡青山矶。丙
辰,都统程鹏飞鏖战,被重创归鄂州,都统高邦宪屯马家渡,弃舟走
被执。大元兵复攻夏贵于阳堡,都统制刘成以定海水军战死,贵败,
沿江纵兵大掠,归庐州。朱禩孙将兵至鄂州,闻鄂兵败,夜奔江陵
府。己未,权知汉阳军王仪以城降。吕文焕以北兵攻鄂州。庚申,
程鹏飞及权守张晏然以城降。幕僚张山翁不屈,诸将欲杀之,丞相
伯颜曰:“义士也,释之。”诏钱塘、仁和两县民年七十至九十已上
者,赐帛及酒米。癸亥,诏似道都督诸路军马,以步军指挥使孙虎臣
总统诸军,所辟官属皆先命后奏。诏天下勤王。甲子,起李芾为湖
南提刑。乙丑,以高达为湖北制置使兼安抚知江陵府。诏:边费浩
繁,吾民重困,贵戚释道,田连阡陌,安居暇食,有司核其租税收之。
赠王达清远军承宣使。庚午,度宗梓宫发引至浙江上,俟潮涨绝江,
潮失期,日晡不至。程鹏飞以北兵徇黄州,知州陈奕遣人请降于寿
昌军。李庭芝以兵勤王。辛未,命州郡节制驻戍经从兵。

德祐元年春正月癸酉朔,大元兵入黄州。甲戌,陈奕遣人下蕲
州并招其子严于安东州。丁丑,知蕲州管景模遣人请降于黄州。戊
寅,诏浙东邸第出米,减价粜民。壬午,葬度宗于永绍陵。大元兵入
蕲州。癸未,似道以吕师夔权刑部尚书、都督府参赞军事,任中流调
遣。乙酉,以陈宜中同知枢密院事兼参知政事。吕师夔、钱真孙遣
人请降于蕲州。丙戌,大元兵徇江州。知安东州陈严夜遁。邳州降。
知寿昌军胡梦麟寓治于江州,丁亥,自杀。戊子,知南康军叶阊遣人
请降于江州。似道出师。知德安府来兴国以城降。夔路安抚张起
岩与其将弋德攻开州,复取之。己丑,知安庆府范文虎遣人以酒馔

如江州迎师。乙未，祔祭度宗神主于新宫。以孙虎臣为宁武军节度使。戊戌，赦京畿罪。池州都统张林遣人请降于江州。大元兵入安庆，范文虎降，通判夏椅仰药死。是月，知达州鲜汝忠以城降。

二月癸卯，似道以宋京为都督府计议官，使大元军中。甲辰，以黄万石为江南西路制置使，加湖北制置副使高达检校少保。庚戌，大元兵入池州，权守赵卯发自经死。宋京如军中，请称臣、奉岁币，不得请而还。辛亥，赠刘成清远军承宣使。乙卯，五郡镇抚吕文福遣所部淮兵入卫，降诏褒之。丙辰，诏劳贾似道，命都督府岁举改官如史嵩之故事。己未，加张起岩福州观察使，弋德以下各转五官。庚申，虎臣与大元兵战于丁家洲败绩，奔鲁港，夏贵不战而去。似道、虎臣以单舸奔扬州，诸军尽溃，翁应龙以都督府印奔临安。壬戌，大元兵徇饶州，知州唐震死之，故相江万里赴水死，通判万道同以城降。沿江制置大使赵溍、知镇江府洪起畏、知宁国府赵与可、知隆兴府吴益皆弃城遁。知和州王喜以城降。建康都统翁福出迎大元兵。甲子，大元兵至临江军，民尽去，知军鲍廉死之。似道上书请迁都。乙丑，下公卿杂议，王爚言己不能与大计，遂去。张世杰将兵入卫临安，道饶州，复取之，其将谢元、王海、李旺、袁恩、吕再兴皆战死。江西提刑文天祥起兵勤王。丙寅，以天祥为江西安抚副使、知赣州，趣入卫。诏募兵。以谢堂为两浙镇抚使，谢至保宁军节度使，全永坚、谢垕并检校少保。戊辰，征两浙、福建诸郡厢禁兵之半入卫。湖南提刑李芾以兵勤王。知江阴军郑嬅弃城遁，知无为军刘权、知太平州孟之缙皆以城降。己巳，大元兵攻嘉定九顶山，都统侯兴战死。以陈宜中知枢密院事兼参知政事，曾渊子同知枢密院事、两浙安抚制置大使兼知临安府，文及翁签书枢密院事，倪普同签书枢密院事。召王爚为浙西、江东宣抚招抚大使，使居京师，以备咨遣。遣大元国信使郝经等归。庚午，加夏贵开府仪同三司，令以所部兵入卫。令长吏给经过兵民钱米，一切勿征税。应编配、拘锁人，除伪造关会、强劫盗放火者，余悉纵之。放免浙西公田逋米及诸处见监赃，诸文武官在谪籍者，并放自便与叙复改正，放参亲民。加张珏宁远军节度使，畚万寿保康军节度使，张世杰和州防御使，令将兵入卫。陈宜中乞诛似道，诏罢似道平章、都督，予祠。赵与可除名，令临安府捕案之。招似道溃兵。辛未，右丞相章鉴遁。

三月壬申朔，诏复茶盐市舶法。似道诸不恤民之政，次第除之，以公田给佃主，令率其租户为兵。殿前指挥使韩震请迁都，陈宜中杀之。震所部兵叛，攻嘉会门，射火箭至大内，急发兵捕之，皆散走。癸酉，都统徐旺荣迎大元兵入建康府，镇江统制石祖忠请降于建康。命浙西提刑司准备差遣刘经戍吴江，两浙转运司准备差遣罗林、浙西安抚司参议官张濡戍独松关，山阴县丞徐垓、正将郁天兴戍四安镇，起赵淮为太府寺丞，戍银树东坝。湖北安抚司计议官吴继明攻通城县，复取之，执县令以归。遣使召章鉴还朝。甲戌，以似道为醴泉观使。大元兵至无锡县，知县阮应得出战，一军皆没，应得赴水死。诏发兵戍吴江。乙亥，发兵戍独松岭、铜岭。诏谕吕文焕、陈奕、范文虎使通和议息兵。以王爚为左丞相兼枢密使。闽中地大震。丙子，下诏罪己。以陈宜中为特进、右丞相兼枢密使。罢章鉴官，予祠。侍御史陈过请窜贾似道并治其党人翁应龙等，不俟报而去。监察御史潘文卿、季可乞从过所请，乃命捕应龙下临安府狱。罢廖莹中、王庭、刘良贵、游汶、朱浚、陈伯大、董朴。贵洪起畏镇江自效。丁丑，知滁州王应龙以城降。己卯，杖翁应龙，刺配吉阳军。命王爚、陈宜中并都督诸路军马。加吕文福州观察使。庚申，赠唐震华文阁待制。削万道同三官，罢之。壬午，复吴潜、向士璧官。知常州赵与鉴闻兵至遁，常民钱訾以城降。甲申，大元兵至西海州，安抚丁顺降。乙酉，知东海州施居文乞降于西海州。知平江府潜说友，通判胡玉、林镗以城降。加张世杰保康军承宣使，总都督府诸军。丙戌，知广德军令狐概以城降，徙浙西提点刑狱司于平江府。张世杰遣其将阎顺、李存进军广德，谢洪永进军平江，李山进军常州。丁亥，张德以下各转官有差。谢元等赠十官。有星二斗于中天，顷之，一星陨。己丑，滁人执王应龙归于扬州，杀之。加吕文福保康军承宣使，趣入卫。文福至饶州，杀使者，入江州降大元。庚寅，左司谏潘文卿、右正言季可、同知枢密院曾渊子、两浙转运副使许自、浙东安抚王霖龙相继皆遁。签书枢密院文及翁、同签书枢密院倪普讽台臣劾己章未上，亟出关遁。知安东州孙嗣武以城降。雨土。辛卯，命在京文武官并转两官，其畔官而遁者，令御史台觉察以闻。阎顺战安吉县，复取凤平，张濡部曲害大元行人严忠范于独松关，执廉希贤至临安，重创死，壬辰，岳州安抚高世杰军洞庭中，大元兵攻之，世杰降。癸巳，攻岳州，总制孟之绍以城降。甲午，诏褒谕张世杰，阎顺，诸将各转官有差，乙未，免安吉县今年夏田租，有战没者，县令、丞恤之。丙申，顾顺攻广德军，复取之。以陈合同签书枢密院事。丁酉，赠边居谊利州观察使。戊戌，赦边城降将罪，能自拔而归者，录之，复一州者予知州，复一县者予知县，所部僚吏将卒及土豪立功者同赏。罢章鉴祠官并夺宰辅恩数，曾渊子削两官，夺执政恩数，陈过、陈坚、徐卿孙各削两官，夺侍从恩数。赵与鉴追两官罢之，遇赦永不收叙。罢许自、王霖龙。令淮东制置司用标由。庚子，从淮东总领所于江阴军。加吴继明阁门宣赞舍人。

四月壬寅朔，赠赵卯发华文阁待制。贬陈过平江府。雄江军统制洪福率众复镇巢军。甲辰，赠江万里太师，谥文忠，辍视朝二日。乙巳，大元兵入广德县，知县王汝翼与寓居官赵时晦率义兵战斗山，路分孟唐老与其二子皆死，汝翼被执至建康死之。王大用赠三官，王虎臣赠两官，官其二子。丙午，大元兵破沙市城，都统孟纪死之，监镇司马梦求自经死。戊申，京湖宣抚朱禩孙、湖北制置副使高达以江陵降，京湖北路相继皆下。张起岩提兵保飞山。己酉，命刘师勇戍平江府。辛亥，顾顺诸将各转三官，孟唐老赠三官。壬子，以高斯得签书枢密院事兼权参知政事。总统张敏与大元兵战丰城死之，癸丑，赠五官，官其一子。阮应得赠十官。乙卯，以福王与芮为武康、宁江军节度使、判绍兴府。丙辰，王燨来，令如文彦博故事，自朝参起居外并免拜。以枢密院使召夏贵提兵入卫。丁巳，总制霍祖胜攻溧阳县，复取之。戊午，赠张资眉州防御使，侯兴复州团练使。乙未，文及翁、倪普并削一官，夺执政恩数；潜说友削三官，夺侍从恩数。庚申，令狐概除名，配郁林州牢城，籍其家。知金坛县李成大率义局官含山县尉胡传心、阳春主簿潘大同、濠梁主簿潘大楣、进士潘文孙潘应奎攻金坛县取之。镇江统制侯岩、县尉赵嗣滨复助大元兵来战，成大二子及大同等皆死，执成大以归。壬戌，大元兵攻真州，知州苗再成、宗子赵孟锦率兵大战于老鹳觜。癸亥，加知思州田谨贤、知播州杨邦宪并复州团练使，趣兵入卫。有大星自心东北流入浊没。乙丑，荧惑犯天江。提举太平兴国宫常楙请立济王後。丁卯，加李庭芝参知政事。戊辰，诏宜兴、溧阳民兵助战有功，特免今年田租；江阴民被兵，其租勿收责。庚午，大元兵至扬子桥，扬州都拨发官雷大震出战死。是月，常德、鼎、澧皆降。

五月辛未朔，命宰执日赴朝堂治事。旌德县城守有功，免其民今年田租。癸酉，大元兵至宁国县，知县赵与穜出战死。甲戌，淮安总制李宗荣、知庆远府仇子真将兵来勤王。乙亥，加苗再成濠州团练使，赵孟锦扬州都统司主议官。以洪福知镇巢军。丁丑，诏赵潜统军民船屯江阴。刘师勇攻常州，复取之，执安抚戴之泰，司户赵必偗、总管陆春战死。戊寅，淮东兵钤辖阮克己将兵来勤王，加左骁骑中郎将。己卯，赐婺州士何基谥文定，王柏承事朗。张珏检校少保、四川制置副使、知重庆府。庚辰，赠潘大震保康军节度使。辛巳，加刘师勇濠州团练使，其将刘圭以下各转官有差。戊子，赠潘大同等官，余有功人并转两官。辛卯，贬潜说友南安军，吴益汀州，并籍其家。罢李珏，送婺州。籍吕文焕、孟之缙、陈奕、范文虎家。甲午，饶、信州饥，令民入粟补官。罢市舶分司，令通判任舶事。淮东、西官民兵各转一官。丙申，诏张世杰、张彦、阮克己、仇子真四道出兵，遣使告天地、宗庙、社稷、诸陵、宫观。己亥，劳军。吴继明复蒲圻、通城、崇阳三县，加带行御器械、权知鄂州，令择险为寓治。赠鲍廉直华文阁，官其一子；赵与穜直华文阁。

六月庚子朔，日有食之，既，昼晦如夜。昝万寿以嘉定及三龟、九顶、紫云城降。知叙州李演将兵援嘉定府，遂解归，战羊雅江，兵败被执。辛丑，太皇太后诏削尊号"圣福"字以应天戒。复魏克愚官，太学生萧规、唐棣并补承信郎。知嘉兴府余安裕坐闻兵求去，贻书朝中，语涉不道，削一官送徽州。徐卿孙削一官贬吉州。命侍从官已上各举才堪文武者五人，余廷臣各举三人，虽在谪籍，亦听举之。丙午，王应麟言：“开庆之祸，始於丁大全，请凡大全之党，在谪籍者皆勿宥。”从之。己酉，免广德军今年田租及诸郡县未纳纲解。王应麟缴还章鉴、曾渊子录黄，言韩震为逆，二人实庇之；且渊子庇翁应龙致有逸罚，又尝窃府库金以遗。庚戌，命削一官，放归田里，渊子再削一官，从吉州，诛翁应龙，籍其家。辛亥，铨试。甲寅，留梦炎入朝，王爚请相梦炎，乞以经筵备顾问，陈宜中请相梦炎，乞祠，诏二相毋籍此求闲。以爚为平章军国重事，一月两赴经筵，五日一朝；宜中左丞相兼枢密使，都督诸路兵；梦炎右丞相兼枢密使，都督诸路兵。乙卯，诏求言。知叙州郭汉杰以城降。丙辰，疏决在京罪人。免引见。戊午，知泸州梅应春以城降。己未，以李庭芝知枢密院事兼参知政事。庚申，知富顺监王宗义以城降。王应麟复缴还曾渊子贬吉州录黄，癸亥，贬韶州。丙寅，吴继明诸将各转官有差。丁卯，朱禩孙除名，籍其家。

秋七月庚午朔，江西制置黄石移治抚州，诏还隆兴府。辛未，张世杰诸军战焦山下，败绩。甲戌，从似道居婺州，廖莹中除名贬昭州，王庭除名贬梅州，徙曾渊子雷州。宁国吏杨义忠率义兵出战死，乙亥，赠武功大夫。丁丑，从似道建宁府。太白入东井。庚申，加知高邮军褚一正阁门宣赞舍人，知怀远军金之才带御器械，知安淮军高福阁门祗候，知泗州谭兴阁门宣赞舍人，知濠州孙立右卫大将军，赏守边功。壬午，太白昼见。诏饶州被兵，令免今年田租。路钤刘用调兵入靖州，知州康玉劫之，通判张起岩入杀玉，复靖州。癸未，拘内司局钱饷兵。丙戌，令权籴公田今年租，每石以钱十贯给佃主，十贯种户，其镇江、常州、江阴被兵者勿籴。庚寅，谪似道为高州团练副使，贬循州，籍其家。籴浙西邸第、寺观田米十之三。追复皮龙荣官。监司、郡守避事不即到官者，令御史台觉察以闻。辛卯，王棣子嗾京学生刘九皋等伏阙上书言：宜中擅权，党似道，茈赵溍、潜说友,使门客子弟交通关节,其误国将甚于似道。宜中去,遣使四辈召之,皆不至。谢堂乞罢两浙镇抚司,不从。张世杰乞济师,不报。壬辰,下刘九皋等临安狱,罢王爚为醴泉观使。癸巳,以夏贵知扬州、朱焕知庐州。甲午,遣使召宜中还朝。乙未,以陈文龙同签书枢密院事兼权参知政事。通判婺州张镇孙闻兵遁,罢其官。贬胡玉连州、林镗韶州,并除名。沿江招讨大使汪立信卒。丙申,削李珏两官,贬潮州。以开庆兵祸,追罪史嵩之,夺其谥。戊戌,遣使召宜中还朝。

八月己亥朔,总制毛献忠将衢州兵入卫。辛丑,疏决临安府罪人。壬寅,右正言徐直方遁。加夏贵枢密副使、两淮宣抚大使,李芾湖南镇抚大使。总制戴虎破大南砦,转三官。加张起岩太府寺丞、知靖州,刘用以下立功人各转官有差。大元兵驻巴陵县黄沙。乙巳,吴继明复平江县。戊申,试太学上舍生。己酉,拘阎贵妃集庆寺、贾贵妃演福寺田,还安边所。庚戌,刘师勇攻吕城,破之。癸丑,复嘉定七同法。丁巳,遣使召宜中还朝。加张世杰神龙卫四厢都指挥使,总都督府诸兵。戊午,加刘师勇和州防御使。荧惑犯南斗。赵淇除大理少卿,王应麟封还录黄,言昔内外以宝玉献似道,淇兄弟为甚,己未,遂罢之。甲子,以文天祥为浙西、江东制置使兼知平江府。乙丑,扬州文武官转两官。加吴继明湖北招讨使,朱旺诸将军转三官。

九月己巳,陈宜中授观文殿大学士、醴泉观使兼侍读。左司谏陈景行请令讲官坐讲陪宿直,从之。辛未,加田谨贤福州观察使,杨邦宪利州观察使,趣入卫。己卯,陈宜中乞任海防,不允。辛巳,有事于明堂,赦。李成大被执,不屈死,壬午,赠五官。丙戌,命文天祥为都督府参赞官,总三路兵。会稽县尉郑虎臣部送似道之贬所,至漳州杀之。大元兵至泰州,知州孙虎臣自杀,庚寅,赠太尉。免靖州今年田租。辛卯,从李珏梧州。乙未,刘良贵再削两官,贬信州。张彦与大兵战败被执,以城降。

冬十月己亥,加张世杰沿江招讨使,刘师勇福州观察使,总统出戍兵。壬寅,宜中来。癸卯,玉牒殿灾。丁未,以梦炎为左丞相,宜中为右丞相并兼枢密使、都督。城临安。辛亥,以张世杰为沿江制置副使、兼知江阴军兼浙西策应使。丁巳，太白会填星。戊午，领户部财用常楙、中书舍人王应麟请立济王后。赠夏椅直秘阁。征绍兴府处士陆应月为史馆编校文字。壬戌，大元兵发建康，参政阿剌罕、四万户总管奥鲁赤将右军出四安镇趣独松关，参政董文炳、范文虎将左军出江入江阴军，丞相伯颜将中军入常州。荧惑犯垒辟阵。癸亥，张全、尹玉、麻士龙援常州，士龙战虞桥死，全奔五牧。朱焕至庐州，贵不内，焕归，复以为淮东制置副使。陈合坐匿廖莹中家资，夺执政恩数。甲子，尹玉战五牧死之，张全不战遁。丙寅，趣赵潜、赵与可、郑端所募兵。诏中外官有习兵略者，各以书来上。是月，李世修以江阴降。

十一月丁卯朔，铜关将贝宝、胡岩起攻溧水死，赠宝武翼郎，岩起朝奉郎。庚午，以陈文龙同知枢密院事兼权参知政事，黄镛同签书枢密院。命诸制司各举才堪将帅者十人，不限偏裨士卒，如不录军中者，许投匦自荐。辛未，起居舍人曾唯辞官不允，去。癸酉，赠尹玉濠州团练使、麻士龙高州刺史，免张全、朱华临阵退师罪。丁丑，诏被俘将士能率众来归者，以人数补官，能立功者予节钺；诸阃以下官，以所招人多寡行赏。戊寅，大元兵破广德军。己卯，破四安镇，正将胡明等死之。召文天祥入卫。辛巳，曾唯削一官免。太白犯房。壬午，大元兵至隆兴府，黄万石弃抚州遁，转运判官刘槃以隆兴降。癸未，大元兵破兴化县，知县胡拱辰自杀。甲申，中书舍人王应麟辞免兼给事中，不允。大元兵至常州，招降不听，攻二日，破之，屠其城。知州姚訔、通判陈炤、都统王安节皆死，刘师勇溃围奔平江。乙酉，改宜兴县为南兴军。礼部侍郎陈景行辞官不允，去。丙戌，赠济王太师、尚书令，进封镇王，谥昭肃，令福王与芮择后奉祀，赠田万亩。丁亥，独松关告急，趣文天祥入卫。戊子，调民兵出守余杭、钱塘。己丑，独松关破，冯骥死之，张濡遁，邻邑望风皆遁。通判平江府郑畴遁，庚寅，通判王矩之、都统制王邦杰遣人迎降于常州。辛卯，大元兵趋抚州，都统密佑逆战于壁壁邪，兵败死之。癸巳，以张世杰为浙西制置副使兼知平江府。甲午，权礼部尚书王应麟遁，黄万石提兵走建昌军。乙未,左丞相梦炎遁。丙申,遣使召梦炎还朝。赐余杭、武康、长兴县民钱,并免今年田租。郑畴降一官,罢通判。抚州施至道以城降。

十二月丁酉朔,诏许似道归葬,以其祖田庐还之。戊戌,复赵与可为都督府参议官,放李珏自便。己亥,赠王汝翼朝奉郎。庚子,以吴坚签书枢密院事,黄镛兼权参知政事。遣柳岳奉书诣大军中,称盗杀廉尚书,乞班师修好。癸卯,以陈文龙为参知政事兼权知枢密院事,赐谢堂同进士出身,同知枢密院事。甲辰,赠姚訔龙图阁待制,其父希得赠太师,陈炤直宝章阁,冯骥集英殿修撰。嘉兴府告急,给封桩库钱为兵备。命赵与㑹戍缙云县。复季可官,令如龙泉县募兵。乙巳,以陈景行为浙东安抚副使,戍处州。起方逢辰戍淳安县。丙午,追封吕文德和义郡王。丁未,出安边封桩库金付浙东诸郡为兵备。大元兵入平江府。起吴君擢为太府少卿,提点临平民兵。遣使召梦炎、应麟,皆不至。戊申,张世杰入卫,加检校少保,降诏奖谕。王爚薨,辍视朝二日。乙酉,括临安符州县马。庚戌,柳岳还。癸丑,遣宗正少卿陆秀夫、刑部尚书夏士林、兵部侍郎吕师孟使军前。诏吕文焕、赵孟桂通好。己未,方兴、丁广、赵文礼兵皆败归。庚申,以柳岳为工部侍郎,洪雷震为右正言,使燕祈请。大元兵破大洪山,知随州朱端履降。权吏部尚书丁应奎、左侍郎徐宗仁遁。癸亥,遣使召梦炎不至。

德祐二年春正月丁卯朔,大元兵自元年十月围潭州,湖南安抚兼知州李芾拒守三月,大小战数十合,力尽将破,芾阖门死,郡人知衡州尹谷亦举家自焚,帅司参议杨霆及幕属陈意孙、颜应焱等皆从死。守将吴继明、刘孝忠以城降。宝庆降,通判曾如骥死之。陆秀夫等至大元军中,求称侄纳币,不从;称侄孙,不从。戊辰,还,太皇太后命用臣礼。己巳,嘉兴守刘汉杰以城降。庚午,同签书枢密院事黄镛、参知政事陈文龙遁。以谢堂为两浙镇抚大使,文天祥知临安府,全永坚浙东抚谕使。辛未,命吴坚为丞相兼枢密使,常楙参知

政事。日午宣麻慈元殿，文班止六人。诸关兵尽溃。遣监察御史刘
岊奉表称臣，上大元皇帝尊号曰仁明神武皇帝，岁奉银绢二十五
万，乞存境土以奉蒸尝。癸酉，左司谏陈孟虎、监察御史孔应得遁。
荧惑犯木星。甲戌，大元至瑞州，知州姚岩弃城去。乙亥，以贾余庆
知临安府。丙子，命吉王、信王出镇。丁丑，以夏士林签书枢密院事。
己卯，加全永坚太尉。参知政事常楙遁。三学生誓死不去，特与放
释褐出身。以杨亮节为福州观察使，提举吉王府行事；俞如为环卫
官、提举信王府行事。大元兵入安吉州，知州赵良淳自经死。月晕
东井。庚辰，签书枢密院夏士林遁。辛巳，祀太乙宫。癸未，升封吉
王为益王，判福州、福建安抚大使；信王为广王，判泉州兼判南外宗
正事。以留梦炎为江东西、湖南北宣抚大使。甲申，大元兵至皋亭
山，遣监察御史杨应奎上传国玺降，其表曰："宋国主臣㬎谨百拜奉
表言，臣眇然幼冲，遭家多难，权奸似道背盟误国，至勤兴师问罪。
臣非不能迁避，以求苟全，今天命有归，臣将焉往。谨奉太皇太后
命，削去帝号，以两浙、福建、江东西、湖南、二广、两淮、四川见存州
郡，悉上圣朝，为宗社生灵祈哀请命。伏望圣慈垂念，不忍臣三百余
年宗社遽至陨绝，曲赐存全，则赵氏子孙，世世有赖，不敢弭忘。"是
夜，丞相陈宜中遁，张世杰、苏刘义、刘师勇各以所部兵去。乙酉，以
文天祥为右丞相兼枢密使、都督。丙戌，命天祥同吴坚使大元军。赐
家铉翁进士出身，签书枢密院事，贾余庆同签书枢密院事、知临安
府。戊子，知建德军方回、知婺州刘怡、知处州梁椅、知台州杨必大
皆降。是月，知临江军滕岩瞻遁。

　　二月丁酉朔，日中有黑子相荡，如鹅卵。辛丑，率百官拜表祥曦
殿，诏谕郡县使降。大元使者入临安府，封府库，收史馆、礼寺图书
及百司符印、告敕，罢官府及侍卫军。壬寅，犹遣贾余庆、吴坚、谢
堂、刘岊、家铉翁充祈请使。是日，大元军军钱塘江沙上，潮三日不
至。

　　三月丁丑，入朝。

　　五月丙申，朝于上都。降封开府仪同三司、瀛国公。是月，陈宜

中等立昰于福州,后二年四月殂于硇洲,陆秀夫等复立卫王昺,后三年始平之。

赞曰:司马迁论秦、赵世系同出伯益。夫稷、契、伯益其子孙皆有天下,至于运祚短长,亦系其功德之厚薄焉。赵宋起于用武,功成治定之后,以仁传家,视秦宜有间矣。然仁之敝失于弱,即文之敝失于僿也。中世有欲自强,以革其敝,用乖其方,驯致炀扰。建炎而後,土宇分裂,犹能六主百五十年而亡,岂非礼义足以维持君子之志,恩惠足以固结黎庶之心欤?瀛国四岁即位,而天兵渡江,六岁而群臣奉之入朝。汉刘向言:"孔子论《诗》至'殷士肤敏,祼将于京。'喟然叹曰:大哉天命,善不可不传于后嗣,是以富贵无常。"至哉言乎!我皇元之平宋也,吴越之民,市不易肆。世祖皇帝命征南之帅,辄以宋祖戒曹彬勿杀之言训之。《书》曰:"大哉王言,一哉王心。"我元一天下之本,其在于兹。

二王者,度宗庶子也。长建国公昰,母淑妃杨氏;季永国公昺,母修容俞氏。度宗崩,谢太后召贾似道等入宫议所立,众以为昰长当立,似道主立嫡,乃立昺而封昰为吉王,昺信王。德祐二年正月,文天祥尹临安,请以二王镇闽、广,不从,始命二王出阁。大元兵迫临安,宗亲复以请,乃徙封昰为益王、判福州、福建安抚大使,昺为广王、判泉州兼判南外宗正,以驸马都尉杨镇及杨亮节、俞如玗为提举。

大元兵至高山,镇等奉之走婺州。丞相伯颜入临安,遣范文虎将兵趣婺,召镇以王还,镇得报即去,曰:"我将就死於彼,以缓追兵。"亮节等遂负王从步匿山中七日,其将张全以兵数十人始追及之,遂同走温州,陆秀夫、苏刘义继追及於道。遣人召陈宜中于清澳,宜中来谒,复召张世杰于定海,世杰亦以所部兵来温之江心寺。高宗南奔时尝至是,有御座在寺中,众相率哭座下,奉昰为天下兵马都元帅,昺副之。乃发兵除吏,以秀王与罖为福建察访使兼安抚、知西外宗正,赵吉甫知南宗正兼福建同提刑,先入闽抚吏民,谕同姓。太皇太后寻遣二宦者以兵八人召王于温,宜中等沈其兵江中,遂入闽。时汀、建诸州方欲从黄万石降,闻昰将至,即闭城,却使者,万石将刘俊、宋彰、周文英辈亦多来归。

五月乙未朔,宜中等乃立昰于福州,以为宋主,改元景炎,册杨淑妃为太后,同听政。封信王昺为卫王。宜中为左丞相兼都督,李庭芝为右丞相,陈文龙、刘黻为参知政事,张世杰为枢密院副使,陆秀夫为签书枢密院事。命吴浚、赵溍、傅卓、李珏、翟国秀等分道出兵。改福州为福安府,温州为瑞安府。郊赦。是日黎明,有大声出府中,众皆惊仆。文天祥自镇江亡归,庚辰,以为右丞相兼知枢密院事。遣其将吕武入江、淮招豪杰,杜浒如温州募兵。广东经略使徐直谅遣梁雄飞请降于隆兴帅府,乃假雄飞招讨使,使徇广州。既而直谅闻昰立,命权通判李性道、摧锋军将黄俊等拒雄飞于石门,性道不战,俊战败奔广州,直谅弃城遁。

六月丙子,雄飞入广州,诸降将皆授以官,俊独不受,遂为众所杀。吴浚聚兵于广昌,取南丰、宜黄、宁都三县。翟国秀取秀山,傅卓至卫、信诸县,民多应之者。命文天祥为同都督。

七月丁酉,进兵南剑州,欲取江西。是月,吴浚兵败于南丰,翟国秀闻兵至,遂引还。傅卓兵败,诣江西元帅府降。平章阿里海牙破严关,马暨退保静江府。

八月,漳州乱,命陈文龙为闽、广宣抚使以讨之。甲戌,秀王与翟围婺州。丙子,闻大兵至,遂解归。以王积翁为福建提刑、招捕使,知南剑州,备御上三郡。黄恮为同提刑、招捕使,知漳州,备御下三郡。张世杰遣兵助吴浚与元帅李战兜零,兵败奔宁都。兴化石手军乱。

九月,复以陈文龙知兴化军。东莞人熊飞为黄世杰守潮、惠二州,闻赵溍至,即以兵应之,攻雄飞于广州。壬寅,雄飞遁,熊飞遂复韶州。新会令曾逢龙亦帅兵至广州,李性道出迎谒,飞与逢龙执而杀之。衢州守将魏福兴出战福星桥死。壬子,赵溍入广州。是月,招讨也的迷失会东省兵于福州。元帅吕师夔、张荣实将兵入梅岭。

十月壬戌朔,文天祥入汀州。赵溍遣曾逢龙就熊飞御大军于南雄,逢龙战死,熊飞奔韶州。大军围韶州,守将刘自立以城降,飞率兵巷战,兵败赴水死。

十有一月,参政阿剌罕、董文炳将兵至处州,杨珏以城降。甲辰,秀王与鹬逆战于瑞安,观察使李世达死之。与罨及其弟与虑、子孟备、监军赵由、察访使林温被执皆死。阿剌罕兵至建宁府,执守臣赵崇铠,知邵武军赵时赏、知南剑州王积翁皆弃城去。乙巳,昺入海。癸丑,大军至福安府,知府王刚中以城降。欲入泉州,招抚蒲寿庚有异志。初,寿庚提举泉州舶司,擅蕃舶利者三十年。舟至泉,寿庚来谒,请驻跸,张世杰不可。或劝世杰留寿庚,则凡海舶不令自随,世杰不从,纵之归。继而舟不足,乃掠其舟并没其赀,寿庚乃怒杀诸宗室及士大夫与淮兵之在泉者。昺移潮州。是月,福、兴化皆降。英德守臣凌弥坚、徐梦得等亦降。

十二月辛酉朔,赵溍弃广州遁。乙丑,制置方兴亦遁,吴浚退走入瑞金。戊辰,蒲寿庚及知泉州田真子以城降。知兴化军陈文龙婴城不下,乙酉,通判曹澄孙以城降,文龙被执,不屈死。昺次甲子门。

至元十四年正月,大军破汀关。癸巳,知循州刘兴降。壬寅,吴浚弃瑞金遁,镇抚孔遵入瑞金,文天祥走漳州,浚寻还汀州降。戊甲,知潮州马发及其通判戚继祖降,癸丑,复来归。丁巳,权知梅州钱荣之以城降。

二月,大军至广州,县人赵若冈以城降。广东诸郡皆降。

三月,文天祥取梅州,陈文龙从子瓒举兵杀守将林华,据兴化军。

四月,文天祥取兴国县,广东制置使张镇孙袭广州取之,梁雄飞等弃城走韶州。

五月,张世杰将兵取潮州,文天祥提兵自梅州出江西入会昌县,淮民张德兴亦起兵杀太湖县丞王德,据司空山,攻下黄州、寿昌军。丁巳,遇宣慰郑鼎战樊口,鼎坠水死。

六月辛酉,文天祥取雩都。已卯,入兴国县。

七月,遣兵取吉、赣诸县,围赣州。衡山人赵璠、抚州人何时皆起兵应之。乙巳,张世杰围泉州,遣将高日新复邵武。淮兵在福州者,欲杀王积翁以应世杰,皆为积翁所戮。江西宣慰李桓遣兵援赣州,而自将兵入兴国。

八月,文天祥诸将兵皆败,乃引兵即邹㵢于永丰,㵢兵亦溃。已巳,荧惑掩月,天色赤。壬申,文天祥兵败于兴国。已卯,大军破司空山,张德兴败,亡走。甲申,天祥至空坑,兵尽溃,遂挺身走循州,诸将皆被执。

九月,元帅唆都援泉州。戊申,张杨继归浅湾。左丞塔出将兵入大庾岭,参政也的迷失将兵复取邵武入福州。

十月甲辰,唆都破兴化军,陈瓒死之。进攻潮州,马发拒之,乃去攻惠州。

十一月,塔出围广州。庚寅,张镇孙以城降。元帅刘深以舟师攻昺于浅湾,昺走秀山。陈宜中入占城,遂不反。

十二月丙子,昺至井澳,飓风坏舟几溺死,遂成疾。旬余,诸兵士始稍来集,死者十四五。丁丑,刘深追昺至七州洋,执俞如珪以归。

十五年正月,大军夷广州城。张世杰遣兵攻雷州,不克。已酉,大军克涪州,执守将王明。

二月,大军破潮州,马发死之。

三月,文天祥取惠州,广州都统凌震、转运判官王道夫取广州。欲往居占城不果,遂驻硇洲。遣兵取雷州。曾渊子自雷州来,以为参知政事、广西宣谕使。

四月戊辰,昺殂于硇洲,其臣号之曰端宗。庚午,众又立卫王昺为主。以陆秀夫为左丞相。是月,有黄龙见海中。

五月癸未朔,改元祥兴。乙酉,升硇洲为翔龙县。遣张应科、王用取雷州,应科三战皆不利,用因降。

　　六月丁巳，应科再战雷州，遂死之。知高州李象祖降。己未，昺徙居厓山，升广州为翔龙府。己巳，有大星东南流，坠海中，小星千余随之，声如雷，数刻乃已。己卯，都元帅张弘范、李恒征厓山。

　　十月，赵与珞与谢明、谢富守琼州，阿里海牙遣马成旺招之，与珞率兵拒于白沙口。

　　十一月癸巳，州民执与珞以降。

　　闰月庚戌，王道夫弃广州遁。壬戌，凌震遁。癸亥，大军入广州。

　　十二月壬午，王道夫攻广州，兵败被执。凌震兵继至亦败。文天祥走海丰，壬寅，被执于五坡岭。震兵又败于茭塘。大军破南安县，守将李梓发死之。

　　十六年正月壬戌，张弘范兵至崖山。庚午，李恒兵亦来会。世杰以舟师碇海中，基结巨舰千余艘，中舻外舳，贯以大索，四周起楼棚如城堞，居昺其中。大军攻之，舰坚不动。又以舟载茅，沃以膏脂，乘风纵火焚之。舰皆涂泥，缚长木以拒火舟，火不能爇。

　　二月戊寅朔，世杰部将陈宝降。己卯，都统张达以夜袭大军营，亡失甚众。癸未，有黑气出山西。李恒乘早潮退攻其北，世杰以淮兵殊死战。至午潮上，张弘范攻其南，南北受敌，兵士皆疲不能战。俄有一舟樯旗仆，诸舟之樯旗遂皆仆。世杰知事去，乃抽精兵入中军。诸军溃，翟国秀及团练使刘俊等解甲降。大军至中军，会暮且风雨，昏雾四塞，咫尺不相辨。世杰乃与苏刘义断维，以十余舟夺港而去，陆秀夫走卫王舟，王舟大，且诸舟环结，度不得出走，乃负昺投海中，后宫及诸臣多从死者，七日，浮尸出于海十余万人。杨太后闻昺死，抚膺大恸曰："我忍死艰关至此者，正为赵氏一块肉尔，今无望矣！"遂赴海死，世杰葬之海滨，已而世杰亦自溺死。宋遂亡。

　　赞曰：宋之亡征，已非一日。历数有归，真主御世，而宋之遗臣，区区奉二王为海上之谋，可谓不知天命也已。然人臣忠于所事而至于斯，其亦可悲也夫！

宋史卷四八
志第一

天文一

仪象　极度　黄赤道　中星　土圭

　　夫不言而信,天之道也。天于人君有告戒之道焉,示之以象而已。故自上古以来,天文有世掌之官,唐虞羲、和,夏昆吾,商巫咸,周史佚、甘德、石申之流。居是官者,专察天象之常变,而述天心告戒之意,进言于其君,以致交修之儆焉。《易》曰"天垂象,现吉凶,圣人则之",又曰"观乎天文,以察时变"是也。然考《尧典》,中星不过正人时以兴民事。夏仲康之世,《胤征》之篇:"乃季秋月朔,辰不集于房。"然后日食之变昉见于《书》。观其数羲、和以"俶扰天纪"、"昏迷天象"之罪而讨之,则知先王克谨天戒,所以责成于司天之官者,岂轻任哉!

　　箕子《洪范》论休咎之征曰:"王省惟岁,卿士惟月,师尹惟日。""庶民惟星,星有好风,星有好雨。"《礼记》言体信达顺之效,则以天降膏露先之。至于周《诗》,屡言天变,所谓"旻天疾威,敷于下土",又所谓"雨无其极,伤我稼穑","正月繁霜,我心忧伤",以及"彼月而微,此日而微","烨烨震电,不宁不令"。孔子删《诗》而存之,以示戒也。它日约鲁史而作《春秋》,则日食、星变屡书而不为烦。圣人以天道戒谨后世之旨,昭然可睹矣。于是司马迁《史记》而下,历代皆志天文。第以羲、和既远,官乏世掌,赖世以有专门之学焉。然其说三家:曰周髀,曰宣夜,曰浑天。宣夜先绝,周髀多差,浑天之学遭秦而灭,洛下闳、耿寿昌晚出,始物色得之。故自魏、晋以至隋、唐,精天文之学者荦荦名世,岂非难得其人欤!

宋之初兴,近臣如楚昭辅,文臣如窦仪,号知天文。太宗之世,召天下伎术有能明天文者,试隶司天台;匿不以闻者,罪论死。既而张思训、韩显符辈以推步进。其后学士大夫如沈括之议,苏颂之作,亦皆底于幼眇。靖康之变,测验之器尽归金人。高宗南渡,至绍兴十三年,始因秘书丞严抑之请,命太史局重创浑仪。自是厥后,窥测占候盖不废焉尔。宁宗庆元四年九月,太史言月食于昼,草泽上书言食于夜。及验视,如草泽言。乃更造《统天历》,命秘书正字冯履参定。以是推之,民间天文之学盖有精于太史者,则太宗召试之法亦岂徒哉!

今东都旧史所书天文祯祥、日月薄蚀、五纬凌犯、彗孛飞流、晕珥虹霓、精祲云气等事,其言时日灾祥之应,分野休咎之别,视南渡后史有详略焉。盖东都之日,海内为一人,君遇变修德,无或他诿。南渡土宇分裂,太史所上必谨星野之书;且君臣恐惧修省之余,故于天文休咎之应有不容不缕述而申言之者,是亦时势使然,未可以言星翁、日官之术有精确敬怠之不同也。今合累朝史臣所录为一志,而取欧阳修《新唐书》、《五代史记》为法,凡征验之说有涉于傅会,咸削而不书,归于传信而已矣。

历象以授四时,玑衡以齐七政,二者本相因而成。故玑衡之设,史谓起于帝喾,或谓作于宓牺。又云璇玑玉衡乃羲、和旧器,非舜创为也。汉马融有云:"上天之体不可得知,测天之事现于经者,惟有玑衡一事。玑衡者,即今之浑仪也。"宋王蕃之论亦云:"浑仪之制,置天梁、地平以定天体,为四游仪以缀赤道者,此谓玑也。置望筒横箫于游仪中,以窥七曜之行,而知其躔离之次者,此谓衡也。"若六合仪、三辰仪与四游仪并列为三重者,唐李淳风所作。而黄道仪者,一行所增也。如张衡祖洛下闳、耿寿昌之法,别为浑象,置诸密室,以漏水转之，以合璇玑所加星度，则浑象本别为一器。唐李淳风、梁令瓒祖之，始与浑仪并用。

太平兴国四年正月，巴中人张思训创作以献。太宗召工造于禁中，逾年而成，诏置于文明殿东鼓楼下。其制：起楼高丈余，机隐于内，规天矩地。下设地轮、地足；又为横轮、侧轮、斜轮、定身关、中关、小关、天柱；七直神，左摇铃，右扣钟，中击鼓，以定刻数，每一昼夜，周而复始，又以木为十二神，各直一时，至其时则自执辰牌，循环而出，随刻数以定昼夜短长；上有天顶、天牙、天关、天指、天抱、天束、天条，布三百六十五度，为日、月、五星、紫微宫、列宿、斗建、黄赤道，以日行度定寒暑进退。开元遗法，运转以水，至冬中凝冻迟涩，遂至疏略，寒暑无准。今以水银代之，则无差失。冬至之日，日在黄道表，去北极最远，为小寒，昼短夜长。夏至之日，日在赤道里，去北极最近，为小暑，昼长夜短。春秋二分，日在两交，春和秋凉，昼夜平分。寒暑进退，皆由于此。并著日月象，皆取仰视。按旧法，日月昼夜行度皆人所运行。新制成于自然，尤为精妙。以思训为司天浑仪丞。

铜候仪，司天冬官正韩显符所造，其要本淳风及僧一行之遗法。显符自著经十卷上之书府。铜仪之制有九：

一曰双规，皆径六尺一寸三分，围一丈八尺三寸九分，广四寸五分，上刻周天三百六十五度，南北并立，置水臬以为准，得出地三十五度，乃北极出地之度也。以钎贯之，四面皆七十二度，属紫微宫，星凡三十七座，一百七十又五星，四时常见，谓之上规。中一百一十度，四面二百二十度，属黄赤道内外官，星二百四十六座，一千二百八十九星，近日而隐，远而见，谓之中规。置臬之下，绕南极七十二度，险老人星外，四时常隐，谓之下规。

二曰游规，径五尺二寸，围一丈五尺六寸，广一寸二分，厚四分，上亦刻周天，以钎贯于双规巅轴之上，令得左右运转。凡置管测验之法，众星远近，随天周偏。

三曰直规二，各长四尺八寸，阔一寸二分，厚四分，于两极之间用夹窥管，中置关轴，令其游规运。

四曰窥管一，长四尺八寸，广一寸二分，关轴在直规中。

五曰平准轮，在水臬之上，径六尺一寸三分，围一丈八尺三寸九分，上刻八卦、十干、十二辰、二十四气、七十二候于其中，定四维日辰，正昼夜百刻。

六曰黄道，南北各去赤道二十四度，东西交于卯酉，以为日行盈缩、月行九道之限。凡冬至日行南极，去北极一百一十五度，故影长而寒；夏至日在赤道北二十四度，去北极六十七度，故影短而暑。月有九道之行，岁匝十二辰，正交出入黄道，远不过六度。五星顺、留、伏、逆行度之常数也。

七曰赤道，与黄道等，带天之弦以隔黄道，去两极各九十一度强。黄道之交也，按经东交角宿五度少，西交奎宿一十四度强，日出于赤道外，远不过二十四度，冬至之日行斗宿；日入于赤道内，亦不过二十四度，夏至之日行井宿；及昼夜分，炎凉等。日、月、五星阴阳进退盈缩之常数也。

八曰龙柱四，各高五尺五寸，立于平准轮下。

九曰水臬，十字为之，其水平满，北辰正。以置四隅，各长七尺五寸，高三寸半，深一寸。四隅水平，则天地准。

唐贞观初，李淳风于浚仪县古岳台测北极出地高三十四度八分，差阳城九。今测定北极高三十五度以为常准。

熙宁七年七月，沈括上《浑仪》、《浮漏》、《景表》三议。

《浑仪议》曰：

五星之行有疾舒，日月之交有见匿，求其次舍经劘之会，其法一寓于日。冬至之日，日之端南者也。日行周天而复集于表锐，凡三百六十又五日四分日之几一，而谓之岁。周天之体，日别之谓度。度之离，其数有二：日行则舒则疾，会而均，别之曰赤道度；日行自南而北，升降四十又八度而迤，别之曰黄道之度。度不可见，其可见者星也。日、月、五星之所由，有星焉。

当度之画者凡二十又八,而谓之舍。舍所以絜度,度所以生数也。度在天者也,为之玑衡,则度在器。度在器,则日月五星可搏乎器中,而天无所预也。天无所预,则在天者不为难知也。自汉以前,为历者必有玑衡以自验迹。其后虽有玑衡,而不为历作;为历者亦不复以器自考,气朔星纬,皆莫能知其必当之数。至唐僧一行改《大衍历法》,始复用浑仪参实,故其术所得,比诸家为多。

臣尝历考古今仪象之法,《虞书》所谓璇玑玉衡,唯郑康成粗记其法;至洛下闳制圆仪,贾逵又加黄道,其详皆不存于书。其后张衡为铜仪于密室中,以水转之,盖所谓浑象,非古之玑衡也。吴孙氏时王蕃、陆绩皆尝为仪及象,其说以谓旧以二分为一度,而患星辰稠概;张衡改用四分,而复推重难运。故蕃以三分为度,周丈有九寸五分寸之三,而具黄赤道焉。绩之说以天形如鸟卵小椭,而黄赤道短长相害,不能应法。至刘曜时,南阳孔定制铜仪,有双规,规正距子午以象天;有横规,判仪之中以象地;有特规,斜络天腹以候赤道;南北植干,以法二极;其中乃为游规、窥管,刘曜太史令晁崇、斛兰皆尝为铁仪,其规有六,四常定,以象地,一象赤道,其二象二极,乃是定所谓双规者也。其制与定法大同,唯南北柱曲抱双规,下有纵衡水平,以银错星度,小变旧法。而皆不言有黄道,疑其失传也。唐李淳风为圆仪三重:其外曰六合,有天经双规、金浑纬规、金常规;次曰三辰,转于六合之内,圆径八尺,有璇玑规、月游规,所谓璇玑者,黄、赤道属焉;又次曰四游,南北为天枢,中为游筒可以升降游转,别为月道,傍列二百四十九交以携月游。一行以为难用,而其法亦亡。其后率府兵曹梁令瓒更以木为游仪,因淳风之法而稍附新意,诏与一行杂校得失,改铸铜仪,古今称其详确。至道中,初铸浑天仪于司天监,多因斛兰、晁崇之法。皇祐中,改铸铜仪于天文院,姑用令瓒、一行之论,而去取交有失得。

臣今辑古今之说以求数象，有不合者十又三事：

其一，旧说以谓今中国于地为东南，当令西北望极星，置天极不当中北。又曰："天常倾西北，极星不得居中。臣谓以中国规观之，天常北倚可也，谓极星偏西则不然。所谓东西南北者，何从而得之？岂不以日之所出者为东，日之所入者为西乎？臣观古之候天者，自安南都护府至浚仪大岳台才六千里，而北极之差凡十五度，稍北不已，庸讵知极星之不直人上也？臣尝读黄帝《素书》："立于午而面子，立于子而面午，至于自卯而望酉，自酉而望卯，皆曰北面。立于卯而负酉，立于酉而负卯，至于自午而望南，自子而望北，则皆曰南面。"臣始不谕其理，逮今思之，乃常以天中为北也。常以天中为北，则盖以极星常居天中也。《素问》尤为善言天者。今南北才五百里，则北极辄差一度以上；而东西南北数千里间，日分之时候之，日未尝不出于卯半而入于酉半，则又知天枢既中，则日之所出者定为东，日之所入者定为西，天枢则常为北无疑矣。以衡窥之，日分之时，以浑仪抵极星以候日之出没，则常在卯酉之半稍北。此殆放乎四海而同者，何从而知中国之为东南也？彼徒见中国东南皆际海而为是说也。臣以谓极星之果中，果非中，皆无足论者。彼北极之出地六千里之间所差者已如是，又安知其茫昧几千万里之外耶？今当据建邦之地，人目之所及者，裁以为法；不足为法者，宜置而勿议可也。

其二曰：纮平设以象地体，今浑仪置于崇台之上，下瞰日月之所出，则纮不与地际相当者。臣详此说虽粗有理，然天地之广大，不为一台之高下有所推迁。盖浑仪考天地之体，有实数，有准数。所谓实者，此数即彼数也，此移赤彼亦移赤之谓也。所谓准者，以此准彼，此之一分，则准彼之几千里也之谓也。今台之高下乃所谓实数，一台之高不过数丈，彼之所差者亦不过此，天地之大岂数丈足累其高下？若衡之低昂，则所谓准数者也。衡移一分，则彼不知其几千里，则衡之低昂当审，而台之高下非所当恤也。

其三曰：月行之道，过交则入黄道六度而稍却，复交则出于黄道之南亦如之。月行周于黄道，如绳之绕木，故月交而行日之阴，则日为之亏；入蚀法而不亏者，行日之阳也。每月退交，二百四十九周有奇然后复会。今月道既不能环绕黄道，又退交之渐当每日之差池，今必候月终而顿移，亦终不能附会天度，当省去月环。其候月之出入，专以历法步之。

其四，衡上下二端皆径一度有半，用日之径也。若衡端不能全容日月之体，则无由审日月定次。欲日月正满上衡之端，不可动移，此其所以用一度有半为法也。下端亦一度有半，则不然。若人目迫下端之东以以窥上端之西，则差几三度。凡求星之法，必令所求之星正当穿之中心。今两端既等。则人目游动，无因知其正中。今以勾股法求之，下径三分，上径一度有半，则两窍相覆，大小略等。人目不摇，则所察自正。

其五，前世皆以极星为天中，自祖日恒以玑衡窥考天极之不动处，乃在极星之末犹一度有余。今铜仪天枢内径一度有半，乃谬以衡端之度为率。若玑衡端平，则极星常游天枢之外；玑衡小偏，则极星乍出乍入。令瓒旧法，天枢乃径二度有半，盖欲使极星游于枢中也。臣考验极星更三月，而后知天中不动处远极星乃三度有余，则祖日恒窥考犹为未审。今当为大枢径七度，使人目切南枢望之，星正循北极。枢里周常现不隐，天体方正。

其六，令瓒以辰刻、十干、八卦皆刻于纮，然纮平正而黄道斜运，当子午之间，则日径度而道促；卯酉之际，则日迤行而道舒。如此，辰刻不能无谬。新铜仪则移刻于纬，四游均平，辰刻不失。然令瓒天中单环，直中国人顶之上，而新铜仪纬斜络南北极之中，与赤道相直。旧法设之无用，新仪移之为是。然当侧窥如车轮之牙，而不当衡规如鼓陶，其旁迫狭，难赋辰刻，而又蔽映星度。

　　其七,司天铜仪,黄赤道与纮合铸,不可转移,虽与天运不符,至于窥测之时,先以距度星考定三辰所舍,复运游仪抵本宿度,乃求出入黄道与去极度,所得无以异于令瓒之术。其法本于晁崇、斛兰之旧制,虽不甚精缛,而颇为简易。李淳风尝谓斛兰所作铁仪,赤道不动,乃如胶柱,以考月行,差或至十七度,少不减十度。此正谓直以赤道候月行,其差如此。今黄赤道度,再连游仪抵所舍宿度求之,而月行则以月历每日去极度算率之,不可谓之谬也。新法定宿而变黄道,此定黄道而变宿,但可赋三百六十五日度而不能具余分,此其为略也。

　　其八,令瓒旧法,黄道设于月道之上,赤道又次月道,而玑最处其下,每月移交,则黄赤道辄变。今当省去月道,徙玑于赤道之上,而黄道居赤道之下,则二道与衡端相迫,而星度易审。

　　其九,旧法规环一面刻周天度,一面加银丁。所以施银丁者,夜候天晦,不可目察,则以手切之也。古之人以璇为之,璇者珠之属也。今司天监三辰仪,设齿于环背,不与横箫会,当移列两旁,以便参察。

　　其十,旧法重玑皆广四寸,厚四分。其它规轴,椎重扑拙,不可旋运。今小损其制,使之轻利。

　　其十一,古之人知黄道岁易,不知赤道与之因变也。黄道之度,与赤道之度相偶者也。黄道徙而西,则赤道不得独谬。今当变赤道与黄道同法。

　　其十二,旧法黄赤道平设,正当天度,掩蔽人目,不可占察。其后乃别加钻孔,尤为拙谬。今当侧置稍偏,使天度出北际之外,自不凌蔽。

　　其十三,旧法地纮正络正经之半,凡候三辰出入,则地际正为地纮所伏。今当徙纮稍下,使地际与纮之上际相直。候三辰伏现,专以纮际为率,自当默与天合。

　　又言浑仪制器:

　　浑仪之为器,其属有二,相因为用。其在外者曰体,以立四方上下之定位；其次曰象，以法天之运行，常与天随；其在内玑衡，之玑以察纬，衡以察经。求天地端极三明匿现者，体为之用；察黄道降陟辰刻运徙者，象为之用；四方上下无所不属者，玑衡为之用。

体之为器，为圆规者四。其规之别：一曰经，经之规二并峙，正抵子午，其车轮之植。二规相距四寸，夹规为齿，以别去极之度。北极出纮之上三十又四度十分度之八强，南极下纮亦如之。对衔二钮，联二规以为一，钮中容枢。二曰纬，纬之规一，与经交于二极之中，若车轮之倚，南北距极皆九十一度强。夹规为齿，以别周天之度。三曰纮，纮之规一，上际当经之半，若车轮之仆，以考地际，周赋十二辰，以定八方。纮之下有跌，从一衡一，刻沟受水以为平。中沟为地，以受注水。四末建跌，为升龙四以负纮。凡浑仪之属皆属焉。龙吭为纲维之四楗以为固。

象之为器，为圆规者四。其规之别：一曰玑，玑之规二并峙，相距如经之度。夹规为齿，对衔二钮，钮中容枢，皆如经之率。设之亦如经，其异者经胶而玑可旋。二曰赤道，赤道之规一，刻玑十分寸之三以衔赤道。赤道设之如纬，其异者纬胶于经，而赤道衔于玑，有时而移，度穿一窍，以移岁差。三曰黄道，黄道之规一，刻赤道十分寸之二以衔黄道，其南出赤道之北际二十又四度，其北入赤道亦如之。交于奎、角，度穿一窍，以铜编属于赤道。岁差盈度，则并赤道徙而西。黄赤道夹规为齿，以别均迤之度。

玑衡之为器，为圆规二，曰玑，对峙，相距如象玑之度，夹规为齿，皆如象玑。其异者，象玑对衔二钮，而玑对衔二枢，贯于象玑天经之钮中。三物相重，而不相胶，为间十分寸之三，无使相切，所以利旋也。为横箫二，两端夹枢，属于玑，其中挟衡为横一，栖于横箫之间。中衡为辖，以贯横箫，两末入于玑之鐏而可旋。玑可以左右，以察四方之祥；衡可以低昂，以察上下之祥。

《浮漏议》曰：

播水之壶三，而受水之壶一。曰求壶、废壶，方中皆圆尺有八寸，尺有四寸五分以深，其食二斛，为积分四百六十六万六千四百六十。曰复壶，如求壶之度，中离以为二，元一斛介八斗，而中有达。曰建壶。方尺植三尺有五寸，其食斛有半。求壶之水，复壶之所求也。壶盈则水骏，壶虚则水凝。复壶之胁为枝渠，以为水节。求壶进水暴，则流怒以摇，复以壶，又折以为介。复为枝渠，达其滥溢。枝渠之委，所谓废壶也，以受废水。三壶皆所以播水，为水制也。自复壶之介，以玉权酾于建壶，建壶所以受水为刻者也。建壶一易箭，则发土室以泻之。求、复、建壶之泄，皆欲迫下，水所趋也。玉权下水之概寸矫而上之然后发，则水挠而不躁也。复壶之达半求壶之注，玉权半复壶之达。枝渠博皆分，高如其博，平方如砥，以为水概。壶皆为之幂，无使秽游，则水道不慧。求壶之幂龙纽，以其出水不穷也。复壶士纽，士所以生法者，复壶制法之器也。废壶鲵纽，止水之沈，鲵所伏也。铜史令刻，执漏政也。冬设煴燎，以泽凝也。注水以龙喝直颈附于壶体，直则易浚，附于壶体则难败。复壶玉为之喙，衔于龙喝，谓之权，所以权其盈虚也。建壶之执室瓶涂而弥之以重帛，室则不吐也。管之善利者，水所溲也，非玉则不能坚良以久。权之所出高则源轻，源轻则其委不悍而溲物不利。箭不效于玑衡，则易权、洗箭而改画，覆以玑衡，谓之常不弊之术。今之下漏者，始尝甚密，久复先天者管渤也。管渤而器皆弊者，无权也。弊而不可复寿者，术固也。察日之晷以玑衡，而制箭以日之晷迹，一刻之度，以赋余刻，刻有不均者，建壶有眚也，赘者磨之，创者补之，百刻一度，其壶乃善。昼夜已复，而箭有余才者，权鄙也。昼夜未复，而壶吐者，权沃也。如是，则调其权，此制器之法也。

下漏必用甘泉，恶其堃之为壶眚也。必用一源，泉之冽者，权之而重,重则敏于行,而为箭之情慄;泉之卤者,权之而轻,轻则椎于行,而为箭之情驽。一井不可它汲,数汲则泉浊。陈水不可再注,再注则行利。此下漏之法也。

箭一如建壶之长,广寸有五寸,三分去二以为之厚,其阳为百刻,为十二辰。博牒二十又一,如箭之长,广五分,去半以为之厚。阳为五更,为二十又五筹;阴刻消长之衰。三分箭之广,其中刻契以容牒。夜算差一刻,则因箭易牒。镣鲍,箭舟也。其虚五升,重一镒有半。锻而赤柔者金之美者也,然后渍而不墨,墨者其久必蚀。银之有铜则墨,铜之有锡则屑,特铜久潴则腹败而饮,皆工之所不材也。

《影表议》曰:

步影之法,惟定南北为难。古法置执为规,识日出之影,与日入之影。昼参诸日中之影,夜考之极星。极星不当天中,而候影之法取晨夕影之最长者规之,两表枏去中折以参验,最短之影为日中。然测影之地,百里之间,地之高下东西不能无偏;其间又有邑屋山林之蔽,倘在人目之外,则与浊气相杂,莫能知其所蔽;而浊氛又系其日之明晦风雨,人间烟气尘坌变作不常。臣在本局候影,入浊出浊之节,日日不同,此又不足以考见出没之实,则晨夕影之短长未能得其极数。

参考旧闻,别立新术。候影之表二,其崇八尺,博三寸三分,杀一以为厚者。圭首剡其南使偏锐。其跌方厚各二尺,环跌刻渠受水以为准。以铜为之。表四方志墨以为中刻之,缀四绳,垂以铜丸,各当一方之墨。先约定四方,以三表南北相去,令跌相切,表别重二尺,各使端直。四绳皆附墨,三珍相去左右上下以度量之,令相重如一。自日初出,则量西影三表相去之度,又量三表之端影之所至,各别记之。至日欲入,候东影亦如之。长短同,相去之疏密又同,则以东西影端。随表影规之,半折以求最短之影。五者皆合,则半折最短之影为北,表南墨之下为南,东西影端为东西。五候一有不合,未足以为正。既

得四方,则惟设一表,方首,表下为石席以水平之,植表于席之
南端。席广三尺,长如九服。冬至之影,自表趺刻以为分,分积
为寸,寸积为尺。为密室以栖表,当极为溜,以下午影使当表
端。副表并趺崇四寸,趺博二寸,厚五分,方首,剡其南,以铜为
之。凡影表影簿不可辨,即以表副之,则影墨而易度。

元祐间苏颂更作者,上置浑仪,中设浑象,旁设昏晓更筹,激水
以运之。三器一机,吻合躔度,最为奇巧。宣和间,又尝更作之。而
此五仪者悉归于金。

中兴更谋制作,绍兴三年正月,工部员外袁正功献浑仪木样,
太史局令丁师仁始请募工铸造,且言:"东京旧仪用铜二万斤,今请
折半用八千斤有奇。"已而不就,盖在廷诸臣罕通其所制度者。乃召
苏颂子携取颂遗书,考质旧法,而携亦不能通也。至十四年,乃命宰
臣秦桧提进举铸浑仪,而以内侍邵谔专领其事,久而仪成。三十二
年,始出其二置太史。局而高宗先自为一仪置诸宫中,以测天象,其
制差小,而邵谔所铸盖祖是焉,后在钟鼓院者是也。

清台之仪,后其一在秘书省。按仪制度,表里凡三重:其第一重
曰六合仪,阳经径四尺九寸六分,阔三寸二分,厚五分。南北正位,
两面各列周天度数,南北极出入地皆三十一度少,度阔三分,阴纬
单环大小如阳经,阔三寸二分,厚一寸八分。上置水平池,阔九分,
深四分,沿环通流,亦如旧制。内外八干、十二枝、画艮、巽、坤、乾卦
于四维。第二重曰三辰仪,径四尺三分,阔二寸二分,厚五分。钅丑钅刃
刻画如阳经。赤道单环,径四尺一寸四分,阔一寸径二分,厚五分。
上列二十八宿,均天度数,阔二分七厘。黄道单环,径四尺一寸四
分,阔一寸二分,厚五分,上列七十二候;均分卦策,与赤道相交,出
入各二十四度弱。百刻单环,径四尺五寸六分,阔一寸二分,厚五
分,上列昼夜刻数。第三重曰四游仪,径三尺九寸,阔一寸九公,厚
五分。钅丑钅刃刻画如璇玑,度阔二分半,望筒长三尺六寸五分,内圆外
方,中通孔窍,四面阔一寸四分七厘,窥眼阔三分,夹窥径五尺三
分。鳌云以负龙柱,龙柱各高五尺二寸。十字平水台高一尺一寸七

分,长五尺七寸,阔五寸二分。水槽阔七分,深一寸二分。若水运之法与夫浑象,则不复设。

其后朱熹家有浑仪,颇考水运制度,卒不可得。苏颂之书虽在,大抵于浑象以为详,而其尺寸多不载,是以难遽复云。旧制有白道仪以考月行,在望筒之旁。自熙宁沈括以为无益而去之,南渡更造,亦不复设焉。

极度。极星之在紫垣,为七曜、三垣、二十八宿众星所拱,是谓北极,为天之正中。而自唐以来,历家以仪象考测,则中国南北极之正,实去极星之北一度有半,此盖中原地势之度数也。中兴更造浑仪,而太史令丁师仁乃言:"临安府地势向南,于北极高下当量行移易。"局官吕璨言:"浑天无量行更易之制,若用于临安与天参合,移之它往必有差忒。"遂罢议。后十余年邵谔铸仪,则果用临安北极高下为之。以清台仪校之,实去极星四度有奇也。

黄赤道。占天之法,以二十八宿为纲维,分列四方,南北去极各九十又一度有奇,南低而北昂,去地各三十又六度,一定不易者,名之曰赤道。以日躔半在赤道内,半在赤道外,出入内外极远者皆之二十又四度,以其行赤道之中者名之曰黄道。凡五纬皆随日由黄道行,惟月之行有九道,四时交会归于黄道而转变焉。故有青、黑、白、赤四者之异名。

夫赤道终古不移,则星舍宜无盈缩矣。然自唐一行作《大衍历》,以仪揆测之,得毕、觜、参、鬼四宿,分度与古不同。皇祐初,日官周琮以新仪测候,与唐一行尤异。绍圣二年,清台以赤道度数有差,复命考正。惟牛、尾、室.柳四宿与旧法合,其它二十四宿躔度或多或寡。盖天度之不齐,古人特纪其大纲,后世渐极于精密也。

若夫黄道横络天体,列宿躔度自随岁差而增减。中兴以来,用《统元》、《纪元》及《乾道》、《淳熙》、《开禧》、《统天》、《会元》,每一历更一黄道,其多寡之异有不可胜载者,而步占家亦随各历之躔度焉。

中星。四时中星见于《尧典》，盖圣人南面而治天下，即日行而定四时，虚、鸟、火、昴之度在天，夷隩析因之候在人，故《书》首载之，以见授时为政之大也。而后世考验冬至之日《尧》、时躔虚，至于三代则躔则于女，春秋时在牛，至后汉元已在斗矣。大略六十余年辄差一度。开禧占测已在箕宿，校之尧时几退四十余度。盖自汉太初至今，已差一气有余。而太阳之躔十二次，大约中气前后，乃得本月宫次。盖太阳日行一度，近岁《纪元历》定岁差，约退一分四十余秒。盖太阳日行一度而微迟缓，一年周天而微差，积累分秒而躔度见焉。历家考之，万五千年之后，所差半周天，寒暑将易位，世未有知其说者焉。

土圭。《周官》大司徒以土圭之法正日影，以求地中。而冯相氏春夏致日，秋冬致月，以辨四时之叙。汉之造历必先定东西，立晷仪，唐诏太史测天下之晷，盖校定日影，推验气节，必先乎此也。宋朝测影在浚仪之岳台，崇宁间姚舜辅造《纪元历》，求岳台晷影，冬至后初限六十二日二十二分。盖立八尺之表，俟圭尺上正八尺之影去冬至多寡日辰，立为初限，用减二至得一百二十日十二分为夏至后初限，以为后法。盖冬至之影，长短实与岁差相应，而地里远近古今亦不同焉。中兴后，清台亦立晷圭，如汴京之制，冬至必测验焉。《统天历》、《开禧历》亦皆以六十二日数分为冬至初限，而议者谓临安之晷影当与岳台异。或谓当立八尺之表，俟圭影上八尺之影在四十九日有奇。当用四十九日五分为临安冬至后初限，用减二至限，得一百三十三日有奇为夏至后初限。参合天道，其法为密焉。然土圭之法本以致日影，求地中，而表影不应，灾祥系焉。占家知之，而亦不能知其所以然也。

宋史卷四九
志第二

天文二

紫微垣　太微垣　天市垣

　　紫微垣东蕃八星,西蕃七星,在北斗北,左右环列,翊卫之象
也。一曰大帝之座,天子之常居也,主命、主度也。东蕃近阊阖门第
一星为左枢,第二星为上帝,三星曰少宰,四星曰上弼,一曰上辅。
五星为少弼,一曰少辅。六星为上卫,七星为少卫,八星为少丞。或
曰少丞。其西蕃近阊阖门第一星为右枢,第二星为少尉,第三星为
上辅,第四星为少辅,第五星为上卫,第六星为少卫,第七星为上
丞。其占,欲均明,大小有常,则内辅盛;垣直,天子自将出征;门开,
兵起宫垣。两蕃正南开如门,曰阊阖。有流星自门出四野者,当有
中使衔命,视其所往分野论之;不依门出入者,外蕃国使也。太阴、
岁星犯紫微垣,有丧。太白、辰星犯之,改世。荧惑守宫,君失位。客
星守,有不臣,国易政。国皇星,兵。彗星犯,有异王立。流星犯之,
为兵、丧,水旱不调。使星入北方,兵起。石氏云:东西两蕃总十六
星,西蕃亦八星,一右枢,二上尉,三少尉,四上辅,五少辅,六上卫,
七少卫,八少丞。上宰一星,上辅二星,三公也。少宰一星,少辅二
星,三孤也。此三公、三孤在朝者也。左右枢、上少丞,疑丞辅弼,四
邻之谓也。尉二星,卫四星,六军大副尉,四卫将军也。
　　北极五星在紫微宫中,北辰最尊者也,其纽星为天枢,天运无

穷，三光迭耀，而极星不移，故曰"居其所而众星共之"。枢星在天心，四方去极各九十一度。贾逵、张衡、蔡邕、王蕃、陆绩皆以北极纽星之枢，是不动处。在纽星末犹一度有余。今清台则云去极四度半。第一星主月，太子也；二星主日，帝王也，亦太一之座，谓最赤明也；第三星主五行，庶子也。《乾象新星书》曰："第三星主五行，第四星主诸王，第五星为后宫。"闵云："北极五星，初一曰帝，次二曰后，次三曰妃，次四曰太子，次五曰庶子。"四曰太子者，最赤明者也。后四星勾曲以抱之者，帝星也。太公望以为北辰，以为耀魄宝，以为帝极者是也。或以勾陈口中一星为耀魄宝者，非是。北极中星不明，主不用事；右星不明，太子忧；左星不明，庶子忧；明大动摇，主好出游；色青微者，凶。客星入，为兵、丧。彗入，为易位。流星入，兵起地动。

北斗七星在太微北，杓携龙角，衡殷南斗，魁枕参首，是为帝车，运于中央，临制四海，以建为四时、均五行、移节度、定诸纪，乃七政之枢机，阴阳之元本也。魁第一星曰天枢，正星，主天，又曰枢为天，主阳德，天子象。其分为秦，《汉志》主徐州。《天象占》曰："天子不恭宗庙，不敬鬼神，则不明，变色。"二曰璇，法星，主地，又曰璇为地，主阴刑，女主象。其分为楚，《汉志》主益州。《天象占》曰："若广营宫室，妄凿山陵，则不明，变色。"三曰玑，为人，主火，为令星，主中祸。其分为梁，《汉志》主冀州。若王者不恤民，骤征役，则不明，变色。四曰权，为时，主水，为伐星，主天理，伐无道。其分为吴，《汉志》主荆州。若号令不顺四时，则不明，变色。五曰玉衡，为音，主土，为杀星，主中央，助四方，杀有罪。其分为燕，《汉志》主兖州。若废正乐，务淫声，则不明，变色。六曰闿阳，为律。主木，为危星，主天仓、五谷。其分为赵，《汉志》主扬州。若不劝农桑，峻刑法，退贤能，则不明，变色。七曰摇光，为星，主金，为部星，为应星，主兵。其分为齐，《汉志》主豫州。王者聚金宝，不修德，则不明，变色。又曰一至四为魁，魁为璇玑；五至七为杓，杓为玉衡：是为七政，星明其国昌。第八曰弼星，在第七星右，不现，《汉志》主幽州。第九曰辅星，在第六星左,常现,《汉志》主并州。《晋志》,辅星傅乎阊阳,所以佐斗成功,丞相之象也。其色在春青黄,在夏赤黄,秋为白黄,冬为黑黄。变常则国有兵殃,明则臣强。斗旁欲多星则安,斗中星少则人恐。太阴犯之,为兵、丧、大赦。白晕贯三星,王者恶之。星勃于北斗,主危。彗星犯,为易主,流星犯,主客兵。客星犯,为兵。五星犯之,国乱易主。

按北斗与辅星为八,而《汉志》云九星,武密及杨维德皆采用之。《史记索引》云:"北斗星间相去各九千里。其二阴星不现者,相去八千里。"而丹元子《步天歌》亦云九星,《汉书》必有所本矣。

勾陈六星,在紫宫中,五帝之后宫也,太帝之正妃也,大帝之帝居也。《乐纬》曰:"主后宫。"巫咸曰:"主天子护军。"《荆州占》:"主大司马。"或曰主六军将军。或曰主三公、三师,为万物之母。六星比陈,象六宫之化,其端大星曰元始,余星乘之曰庶妾,在北极配六辅。甘氏曰:勾陈在辰极左,是为钩陈卫六军将军。或以为后宫,非是。勾陈口中一星为阳德,天皇大帝内座。或即以为天皇大帝,非是。其占,色不欲甚明,明即女主恶之。星盛,则辅强;主不用谏,佞人在侧,则不现。客星入之,色苍白,将有忧;白,为立将;赤黑,将死。客星出而色赤,战有功;守之,后宫有女使欲谋。彗星犯之,后宫有谋,近臣忧。流星入,为迫主。青气入,大将忧。

天皇大帝一星,在勾陈口中,其神曰耀魄宝,主御群灵,执万神图,大人之象也。客星犯之,为除旧布新。彗孛犯,大臣叛。流星犯,国有忧。云气入之,润泽,吉。黄白气入,连大帝座,臣献美女;出天皇上者,改立王。

四辅四星,又名四弼,在极星侧,是曰帝之四邻,所以辅佐北极,而出度授政也。去极星各四度。闳云:"四辅一名中斗。"或以为后宫,非是。武密曰:"光浮而动,凶;明小,吉;暗,则不理。"客星犯之,大臣忧。彗孛犯,权臣死,流星犯,大臣黜。黄白气入。四辅有喜。白气入,相失位。

五帝内座五星,在华盖下,设叙顺,帝所居也。色正,吉;变色,为灾。客星犯紫宫中座,占为大臣犯主。彗、孛犯之,民饥,大臣忧,三年有兵起。流星犯,为兵起、臣叛;出,为有诛戮。云气入,色黄,太子即位,期六十日;赤黄,人君有异。

六甲六星,在华盖杠旁,主分阴阳,配节候,故在帝旁,所以布政教、授农时也。明,则阴阳和;不明,则寒暑易节;星亡,水旱不时。客星犯之,色赤,为旱;黑,为水;白,则人多疫;彗、孛犯,女主出政令。流星犯,为水旱,术士诛。云气犯,色黄,术士兴。苍白,史官受爵。

柱史一星,在北极东,主记过,左右史之象。一云在天柱前,司上帝之言动。星明,为史官得人;不明,反是。客星犯之,史官有黜者。彗.孛犯,太子忧,若百官黜。流星犯,君有咎。云气犯,色黄,史有爵禄。苍白气入,左右史死。

女史一星,在柱史北,妇人之微者,主传漏。

天柱五星,在东垣下,一云在五帝左稍前,主建政教。一曰法五行,主晦朔、昼夜之职。明正,则吉,人安,阴阳调;不然,则司历过。客星犯之,国中有贼。彗、孛犯,宗庙不安,君忧,一曰三公当之。云气赤黄,君喜;黑,三公死。

女御四星,在大帝北,一云在勾陈腹,一云在帝座东北,御妻之象也。星明,多内宠。客星犯之,后宫有谋,一云自戮。孛、彗犯,后宫有诛。流星犯,后宫有出者,一云外国进美女。云气化黄,为后宫有子喜。苍白,多病。

尚书五星,在紫微东蕃内,大理东北,《晋志》在东南维,一云在天柱右稍前,主纳言,夙夜咨谋,龙作纳言之象。彗、孛犯之,官有叛,或太子忧。流星若出,则尚书出使;犯之,谏官黜,八坐忧。云气入,黄,为喜;黄而赤,尚书出镇;黑,尚书有坐罪者。

大理二星,在宫门左,一云在尚书前,主平刑断狱。明,则刑宪平;不明,则狱有冤酷。客星犯之,贵臣下狱;色黄,赦;白,受戮;赤黄,无罪;守之,则刑狱冤滞,或刑官有黜。彗犯,狱官忧;流星,占同,云气入,黄白,为赦;黑,法官黜。

阴德二星,巫咸图有之,在尚书西,甘氏云:"阴德外座在尚书右,阴德外犯在阴德右,太阴太阳入垣翊卫也。"《天官书》则以"前列直斗口三星,随北专锐,若现若不现,曰阴德。"谓施德不欲人知也。主周急赈抚。明,则立太子,或女主治天下。客星犯之,为旱、饥;守之,发粟赈给。彗、孛犯,后宫有逆谋。流星犯,君令不行。云气入,黄,为喜;青黑,为忧。

天床六星,在紫微垣南门外,主寝舍解息燕休。一曰在二枢之间,备幸之所也。陶隐居云:"倾则天王失位。"客星入宫中,有刺客,或内侍忧。彗、孛犯之,主忧,大臣失位。流星犯,后妃叛,女主立,或人君易位。云气入,色黄,天子得美女,后宫喜有子;苍白,主不安,青黑,忧;白,凶。

华盖七星,杠九星如盖有柄下垂,以覆大帝之座也,在紫微宫临勾陈之上。正,吉;倾,则凶。客星犯之,王室有忧,兵起。彗、孛犯,兵起,国易政。流星犯,兵起宫内,以赦解之;贯华盖,三公灾,云气入,黄白,主喜;赤黄,侯王喜。

传舍九星,在华盖上,近河,宾客之馆,主北使入中国。客星犯,邦有忧;一曰客星守之,备奸使;亦曰北地兵起。彗、孛犯,守之,亦为北兵。黑云气入,北兵侵中国。

八谷八星,在华盖西,五车北,一曰在诸王西。武密曰:"主候岁丰俭,一稻、二黍、三大麦、四小麦、五大豆、六小豆、七粟、八麻。"甘氏曰:"八谷在宫北门之右,司亲耕,司候岁,司尚食。"星明,吉;一星亡,一谷不登;八星不现,大饥。客星入,谷贵。彗星入,为水。黑云气犯之,八谷不收。

内阶六星,在文昌东北,天皇之阶也。一曰上帝幸文馆之内阶也。明,吉;倾动,忧。彗、孛、客、流星犯之,人君逊避之象。

文昌六星,在北斗魁前紫微垣西,天之六府也,主集计天道。一曰上将、大将军,建威武;二曰次将、尚书,正左右;三曰贵相、大常,理文绪;四曰司禄、司中、司隶,赏功进;五曰司命、司怪、太史,主灭咎;六曰司事寇、大理,佐理宝。所谓一者,起北斗魁前近内阶者也。

明润色黄,大小齐,天瑞臻,四海安;青黑微细,则多所残害;动摇,三公黜。月晕其宿,大赦。岁星守之,兵起。荧惑守之,将凶。太白守之,兵兴。填星守,国安。客星守,大臣叛。彗、孛犯,大乱。流星犯,宫内乱。

三公三星,在北斗杓南,及魁第一星西,一云在斗柄东,为太尉、司徒、司空之象。在魁西者名三师,占与三公同,皆主宣德化,调七政,和阴阳之官也。移徙,不吉;居常,则安;一星亡,天下危;二星亡,天下乱;三星不现,天下不治。客星犯,三公忧。慧、及流星犯之,三公死。

天牢六星,在北斗魁下,贵人之牢也,主绳愆禁暴。甘氏云:"贱人之牢也。"月晕入,多盗。荧惑犯之,民相食,国有败兵。太白、岁星守,国多犯法。客星、彗星犯之,三公下狱,或将相忧。流星犯之,有赦宥之令。

势四星,在太阳守西北,一曰在玑星北。势,腐形人也,主助宣王命,内常侍官也。以不明为吉,明则阉人擅权。

天理四星,在北斗魁中,贵人之牢也。星不欲明,其中有星则贵人下狱。客星犯,多狱。彗、孛犯之,国危。赤云气犯之,兵大起,将相行兵。

相一星,在北斗第四星南,总百司,集众事,掌邦典,以佐帝王。一曰在中斗文昌之南,在朝少师行大宰者。明吉;暗,凶;亡,则相黜。

太阳守一星,在相星西北,斗第三星西南,大将大臣之象,主设武备以戒不虞。一曰在下台北,太尉之官也,在朝少傅行大司马者。明吉;暗,凶。客、彗、孛犯之,为易政,将相忧,兵乱。云气入,黄,为喜;苍的,将死;赤,大臣忧。

内厨二星,在紫微垣西南外,主六宫之内饮食,及后妃夫人与太子燕饮。彗、孛或流星犯之,饮食有毒。

天厨六星,在扶筐北,一曰在东北维外,主盛馔,今光禄厨也。星亡,则饥;不现,为凶。客星、流星犯之,亦为饥。

天一一星,在紫微宫右星南,天帝之神也,主战斗,知吉凶。明,则阴阳和,万物盛,人君吉;亡,则天下乱。客星犯,五谷贵。彗、孛犯之,臣叛。流星犯,兵起,民流。云气犯,黄,君臣和;黑,宰相黜。

太一一星,在天一南相近一度,亦天帝神也,主使十六神,知风雨、水旱、兵革、饥馑、疾疫、灾害所在之国也。明,吉;暗,凶;离位,有水旱。客星犯,兵起,民流,火灾,水旱,饥馑。彗、孛犯,兵、丧。流星犯,宰相;史官黜。云气犯,黄白,百官受赐;赤为旱、兵;苍白,民多疫。

天枪三星,在北斗杓东。一曰天钺,天之武备也,故在紫微宫门左右,所以御难也。明,吉;暗、小,兵败;芒角动,兵起。客星、彗星、流星犯,皆为兵、饥。

天棓五星,在女床北,天子先驱也,主分争与刑罚藏兵,亦所以御难,备非常也。一星不具,其国兵起;明,有忧;细微,吉。客星入,兵、丧。彗星守,兵起。流星犯,诸侯多争。云气犯,苍白、黑,为凶。

天戈一星,又名玄戈,在招摇北,主北方。芒角、动摇,则北兵起。客星守之,北兵败。彗、孛、流星犯之,占同。云气犯,黑,为北兵退;苍白,北人病。

太尊一星,在中台北,贵戚也。不现,为忧。客、彗、流星犯之,并为贵戚将败之征。

按《步天歌》载,中宫紫微垣经星常宿可名者三十五座,积数一百六十又四。而《晋志》所载太尊、天戈、天枪,天棓皆属太微垣,八谷八星在天市垣,与《步天歌》不同。

太微垣十星,《汉志》曰:"南宫朱鸟,权、衡。"《晋志》曰:"天子庭也,五帝之座也,十二诸侯之府也。其外番,九卿也。一曰太微为衡,衡主平也;又为天庭,理法平辞,监升授德,列宿受符,诸神考节,舒情稽疑也。南蕃中二星间曰端门。东曰左执法,廷尉之象。西曰右执法,御史大夫之象。执法所以举刺凶邪。左执法东,左掖门也。右执法西,右掖门也。东蕃四星:南第一曰上相,其北东太阴门也;第二曰次相,其北中华东门也;第三曰次将,其北东太阳门也;第四曰上将,所谓四辅也。西蕃四星:南第一曰上将,其北西太阳门也;第二曰次将,其北中华西门也;第三曰次相,其北西太阴门也;第四曰上相,亦曰四辅也。"《汉志》:"环卫十二星,蕃臣:西,将;东,相,南四星,执法;中,端门;左右,掖门。"《乾象新书》:十星,东西各五,在翼、轸北。其西蕃北星为上相,南门右为右执法。东西蕃有芒及动摇者,诸侯谋上。执法移,刑罚尤急。月、五星,入太微轨道,吉;其所犯中座,成刑。月犯太微垣,辅臣恶之,又君弱臣强,四方兵不制;犯执法,《海中占》云:"将相有免者期三年。"月入东西门、左右掖门,而南出端门,有叛臣,君忧;入西门,出东门,君忧,大臣假主威。月中犯乘守四辅,为臣失礼,辅臣有诛。月晕,天子以兵自卫。一月三晕太微,有赦。月食太微,大臣忧,王者恶之。岁星入,有赦;犯之,执法臣有忧;入东门,天下有急兵;守之,将、相、执法宪臣死;入端门,守天庭,大祸至;入南门,出东门,旱;入南门,逆出西门,国有丧;逆行入东门,出西门,国破亡。填星、荧惑犯之,逆行入,为兵、丧;犯上将,上将忧;守端门,国破亡,或三公谋上,有戮臣;犯西上将,天子战于野,上相死;入太微,色白无芒,天下饥;退行不正,有大狱;犯太微门,左右将死;入天庭左屏星南,出左掖门左将死,右掖门右将死,直出端门无咎;入太微,凌犯、留止,为兵,入二十日廷尉当之,留天庭十日有赦;犯太微东南陬,岁饥,执法大臣忧;犯上相,大臣忧。填星犯入太微,有德令,女主执政。若逆行执法、四辅,守之,有忧;守太微,国破;守西蕃,王者忧。太白犯入太微,为兵,大臣相杀;留守,有兵、丧;与填星犯太微中,王者恶之;入右掖门,从端门出,贵人夺势;昼见太微,国有兵、丧。月掩太白于端门,外国受兵。辰星犯太微,天子当之,有内乱;入天庭,后宫忧,大水;守左右执法,入,兵起,有赦;入西门,后宫灾,大水;入西门,出东门,为兵、丧、水灾。客星犯入太微,色苍白,天子喜;出入端门,国有忧;左掖门,旱;右掖门,国乱;出天庭,有苛令,兵起;入太微三十日,有赦;犯四辅,辅臣凶。彗星犯太微,天下易;出太微,宫中忧,火灾;犯执法,执法者黜;犯天庭,王者有立;孛于翼,近太微上将,为、兵、丧;孛于西蕃,主革命;孛五帝,亡国杀君。流星出太微,大臣有外事;出南门甚众,贵人有死者;纵横太微宫,主弱臣强;由端门入翼,光照地有声,有立王。云气出入,色微青,君失位。青白黑云气入左右掖,为丧;出,无咎。赤气入东掖门,内兵起。黄白云气入太微垣,人主喜,年寿长。入左右掖门,天子有德令。黑及苍白气入,天子忧,出则无咎。黑气如蛇入垣门,有丧。

内五帝座五星,内一星在太微中,黄帝座,含枢纽之神也。天子动得天度,只得地意,从容中道则明以光,不明则人主当求贤以辅法;不则夺势。四帝夹黄帝座,四方各去二度。东方,苍帝灵威仰之神也。南方,赤帝赤熛怒之神也。西方,白帝白招拒之神也。北方,黑帝叶光纪之神。黄帝座明,天子寿,威令行;小,则反是,势在臣下;若亡,大人当之。月出座北,祸大;出座南,祸小;出近之,大臣诛,或饥;犯黄帝座,有乱臣。抵帝座,有土功事。月晕帝座,有赦。《海中占》:月犯帝座,人主恶之。五星守黄帝座,大人忧。荧惑;太白入,有强臣。岁星犯。有非其主立。荧惑犯,兵乱。入天庭,至帝座,有赦。太白入之,兵在宫中。填逆行,守黄帝座,亡君之戒。五星入,色白,为乱。客星色黄白抵帝座,臣献美女,彗星入,宫乱;抵帝座,或如粉絮,兵、丧并起。流星犯之,大臣忧;抵四帝座,辅臣忧,人多死。苍白气抵帝座,天子有丧;青赤,近臣欲谋其主;黄白,天子有子孙喜。月犯四帝,天下有丧,诸侯有忧。五星犯四帝,为忧。

太子一星,在帝座北,帝储也。储有德,则星明润。云气入,黄为喜,黑为忧。太白,荧惑、客星、流星守犯,皆为忧。一云金、火守之,或入,太子不废则为篡逆之事。

内五诸侯五星,在九卿西,内侍天子,不之国也。《乾象新书》:在郎位南,辟雍礼得,则星明;亡,则诸侯黜。

从官一星,在太子北,侍臣也。以不现为安,一曰不现则帝不安,如常则吉。

幸臣一星,在帝座东北,常侍太子,以暗为吉。《新书》:在太子东,青赤入之,近臣谋君不成。

内屏四星,在端门内,近右执法。屏者所以拥蔽帝庭也。

左右执法各一星,在端门两旁,左为廷尉之象,右为御史大夫之象,主举刺凶奸。君臣有礼,则光明润泽。《乾象新书》:在中台南,明,则法令平。月、五星及客星犯守,则君臣失礼,辅臣黜。荧惑、太白入,为兵。流星犯之,尚书忧。

郎位十五星,在帝座东北,一曰依鸟郎府也。周之元士,汉之光禄、中散、谏议、议郎、郎中是其职,主卫守也。其星不具,后妃灾,幸臣诛。星明大,或客星入之,大臣为乱,元士忧。彗、孛犯,郎官失势。彗星、枉矢出其次,郎佐谋叛。荧惑守之,兵、丧。赤气入,兵起;黄白,吉;黑,凶。

郎将一星,在郎位北,主阅具,以为武备也。若今之左右中郎将。《新书》曰:在太微垣东北。明,大臣叛。客星犯守,郎将诛。黄白气入,则受赐。流星犯,将军忧。

常陈七星,如毕状,在帝座北,天子宿卫虎贲之士,以设强御也。星摇动,天子自出将;明,则武兵用;微,则弱。客星犯,王者行诛。

九卿三星,在三公北,主治万事,今九卿之象也。《乾象新书》:在内五诸侯南,占与天纪同。

三公三星,在谒者东北,内1朝会之所居也。《乾象新书》:在九卿南,其占与紫垣三公同。

谒者一星,在左执法东北,主赞宾客,辨疑惑。《乾象新书》:在太微垣门内,左执法北。明盛,则四夷朝贡。

三台六星,两两而居,起文昌,列抵太微。一曰天柱,三公之位也。在人曰三公,在天曰三台,主开德宣符。西近文昌二星,曰上台,为司命,主寿;次二星曰中台,为司中,主宗室;东二星曰下台,为司禄,主兵;所以昭德塞违也。又曰三台为天阶,太一蹑以上下。一曰泰阶,上阶上星为天子,下星为女主;中阶上星为诸侯三公,下星为卿大夫;下阶上星为士,下星为庶人;所以和阴阳而理万物也。又曰上台，上星主衮、豫，下星主荆、扬；中台上星主梁、雍，下星主冀；下台上星主青，下星主徐。人主好兵，则上阶上星疏而色赤。修宫广囿，肆声色，则上阶合而横。君弱则上阶迫而色暗。公侯背叛，率部动兵，则中阶上星赤。外夷来侵，边国骚动，则中阶下星疏而横，色白。卿大夫废正向邪，则中阶下星疏而色赤，民不从令。犯刑为盗，则上阶下星色黑。去本就末，奢侈相尚，则下阶上星阔而横，色白，君臣有道，赋省刑清，则上阶为之戚。诸侯贡聘，公卿尽忠。则中阶为之比。庶人奉化，徭役有叙，则下阶为之密。若主奢欲，数夺民时，则上阶为之夺。诸侯僭强，公卿专贪，则中阶为之疏。士庶逐末，豪杰相凌，则下阶为之阔。三阶平，则阴阳和，风雨时，谷丰世泰；不平，则反是，三台不具，天下失计。色明齐等，君臣和而政令行，微细，反是。一曰天柱不现，王者恶之。司命星亡，春不得耕。司中不具，夏不得耨。司禄不具，秋不得获。一曰三台色青，天下疾；赤，为兵；黄润，为德；白，为丧；黑，为忧，月入，君忧，臣乱，公族叛。月入而晕，三公下狱。客星入之，贵臣赐爵邑；出而色苍，臣夺爵；守之，大臣黜，或贵臣多病。彗星犯，三公黜。流星入，天下兵将忧；抵中台，将相忧；人主恶之。云气入，苍白，民多伤，黄白润泽，民安君喜；黄，将相喜；赤为忧青黑，忧，在三公；苍白，三公黜。

　　按上台二星在柳北，其北星入柳六度。中台二星其北入张二度。下台二星在太微垣西蕃北，其北星入翼二度。武密书：三台属鬼，又属柳、属张。《乾象新书》：上台属柳，中台属张，下台属翼。

　　长垣四星，在少微星南，主界域，及北方。荧惑入之，北从中国。太白入，九卿谋，边将叛。彗、孛犯之，北地不安。流星入，北方兵起，将入中国。

　　少微四星，在太微西，士大夫之位也。一名处士，亦天子副主，或曰博士官，一曰主卫掖门。南第一星处士，第二星议士，第三星博士，第四星大夫。明大而黄，则贤士举。月五星犯守处士，女主忧，宰相易。岁犯，小人用，忠臣危。火犯，贤德退。土犯，宰相易，女主忧。金犯，大臣诛，又曰以所居主占之。客星、孛星犯之，王者忧，奸臣众。彗星犯，功臣有罪，一曰法令臣诛。流星出，贤良进，道术用。云气入，苍白，贤士忧，大臣黜。

灵台三星，在明堂西，神之精明曰灵，四方而高曰台，主观云物，察符瑞，候灾变也。武密曰：与司怪占同。

虎贲一星，以下台星南，一曰在太微西蕃北，下台南，静室旄头之骑官也。明，则臣顺，与车骑星同占，

明堂三星，在太微西南角外，天子布政之宫。明吉，暗凶。五星、客星及彗星犯之，主不安其宫。

右上元太微宫常星一十九座，积数七十又八，而《晋志》所载，少微、长垣各四星，属天市垣，与《步天歌》不同。

天市垣二十二星，在氐、房、心、尾箕、斗内宫之内。东蕃十一星：南一曰宋，二曰南海，三曰燕，四曰东海，五曰徐，六曰吴越、七曰齐，八曰中山、九曰九河、十曰赵、十一曰魏。西蕃十一星、南一曰韩，二曰楚，三曰梁，四曰巴，五曰蜀，六曰秦，七曰周，八曰郑，九曰晋，十曰河间，十一曰河中。象天王在上，诸侯朝王，王出皋门大朝会，西方诸侯在应门左，东方诸侯在应门右。其率诸侯幸都市也亦然，一曰在房，心东北，主权衡，主聚众。又曰天旗庭，主斩戮事。《乾象新书》曰：市中星众润泽，则岁实。荧惑守之，戮不忠之臣。彗星扫之，为徙市易都。客星入，为兵起，出，为贵丧。《天文录》曰：天子之市，天下所会也。星明大，则市吏急，商人无利；小，则反是；忽然不明，籴贵；中多小星，则民富。月入天市，易政更弊，近臣有抵罪，兵起。月守其中，女主忧，大臣灾。五星入，将相忧，五官灾；守之，主市惊更弊。又曰：五星入，兵起。荧惑守，大饥，火灾。或芒角色赤如血，市臣叛。填星守，籴贵。太白入，起兵，籴贵，辰星守，蛮夷君死，客星守，度量不平；星色白，市乱；出天市，有丧。彗星守，谷贵；出天市，豪杰起，徙易市都；扫帝座，出天市，除旧布新。流星入，色苍白，物贵；赤，火灾，民疫。一曰出天市，为外兵，云气入，色白，民多疾；苍黑，物贵；出，物贱；黄白，物贱；黑，为啬夫死。

帝座一星,在天市中,天皇大帝外座也。光而润泽,主吉,威令行;微小,大人忧,月犯之,人主忧。五星犯,臣谋主,下有叛;荧惑,尤甚。客星入,色赤,有兵;守之,大臣为乱。彗、孛犯,人民乱,宫庙徙。流星犯,诸侯兵起,臣谋主,贵人更令。

候一星,在帝座东北,候一作后。主司阴阳也。明大,辅臣强,细微,国安;亡,则主失位;移,则不安居。太阴犯之,辅臣忧。客、彗守之,辅臣黜。孛犯,臣谋叛。

宦者四星,在帝座南侍,主刑余之臣也。星微,吉;失常,宦者有忧。

斗五星,在宦者南,主平量。《乾象新书》:在帝座酉,覆则岁熟,仰则荒。客、彗犯,为饥。

斛四星,在斗南,主度量、分铢、算数。其星不明,凶;亡,则年饥。一曰在市楼北,名天斛。

列肆二星,在斛西北,主货金、玉、珠、玑。

屠肆二星,在帛度东北,主屠宰、烹杀。《乾象新书》、在天市垣内十五度。

车肆二星,在天市门中,主百货,星不明,则车盖尽行;明,则吉。客星、彗星守之,天下兵车尽发。《乾象新书》:在天市垣南门偏东。

宗正二星,在帝座东南,宗大夫也。武密曰:主司宗得失之官,《乾象新书》:在宗人西。彗星守之,若失色,宗正有事。客星守之,更号令也;犯之,主不亲宗庙。星孛,其分宗正黜。

宗人四星,在宗正东,主录亲疏享祀。宗族有序,则星如绮文而明正;动,则天子亲属有变。客星守之,贵人死。

宗星二星,在候星东,宗室之象,帝辅血脉之臣。《乾象新书》:在宗人之北。客星守之,宗支不和;暗,则宗支弱。

帛度二星,在宗星东北,主度量买卖平货易者。《乾象新书》:在屠肆南。星明大,尺量平,商人不欺。客星、彗星守之,丝绵大贵。

市楼六星,在天市中,临箕星之上,市府也。主市贾律度。其阳为金钱,阴为珠玉,变现各以其所占之。《乾象新书》:主阛阓,度律制令,在天市中。星明,吉;暗,则市吏不理。彗星、客星守之,市门多闭。

七公七星,在招摇东,为天相,三公之象也,主七政。明,则辅佐强;大而动,为兵;齐政,则国法平;庚,则狱多囚;连贯索,则世乱;入河中,粜贵,民饥。太白守之,天下乱,兵起。客星守,岁饥,主危。流星出,其分主将黜。

贯索九星,在七公星前,贱人之牢也。一曰连索,一曰连营,一曰天牢,主法律,禁强暴。牢口一星为门,欲其开也。星在天市垣北。星皆明,天下狱繁;七星现,小赦;五星、六星,大赦;动,则斧锧用;中空,改元。石申曰:一星亡,则有赐爵;三星亡,大赦,远期八十日,入河中,为饥;中星众,则囚多。辰星犯之,主水,米贵。彗星出,其分中外豪杰起。客星入,有枉死者;色苍,诸侯献地;青,为忧;赤,为兵;白,乃为吉。流星入,女主忧,或赦;出,则贵女死。云气入,色苍白,天子亡地;青,兵起;黑,狱多枉死;白,天子喜。

天纪九星,在贯索东,九卿之象,万事纲纪,主狱讼。星明,则天下多讼。亡,则政理坏,国纪乱;散绝,则地震山崩;与女床合,则君失礼,女谒行。客星守之,主危,民饥。客星犯,诸侯举兵。彗、孛犯之,地震。客星、彗星合守,天下狱讼不理。

女床三星,在天纪北,后宫御女侍从官也,主女事。明,则宫人恣;舒,则妾代女主;不动,则吉;不现,女子多疾。客星、彗星守之,宫人谋上。客星入,女子忧,后宫恣动,女谒行。云气出,色黄,后宫有福;白,为丧;黑,凶;青,女多疾。

右天市垣常星可名者一十七座,积数八十又八。而市楼、天斛、列肆、车肆、斗、帛、度、屠肆等星,《晋志》皆不载,《隋志》有之,属天市垣,与《步天歌》合,又贯索、七公、女床、天纪,《晋志》属太微垣。按《乾象新书》:天纪在天市垣北,女床属箕宿,贯索属房宿,七公属氐宿。武密以七公属房,又属尾、贯索属房,又属氐、属新;女床属于尾、箕。说皆不同。

宋史卷五〇
志第三

天文三

二八舍上

东方

角宿二星,为天关,其间天门也,其内天庭也。故黄道经其中,七曜之所行也。左角为天田,为理,主刑。其南为太阳道。右角为将,主兵。其北为太阴道。盖天之三门,犹房之四表。星明大,吉,王道太平,贤者在朝;动摇、移徙,王者行;左角赤明,狱平;暗而微小,王道失。陶隐居曰:"左角天津,右角天门,中为天关。"日食角宿,王者恶之;晕于角内,有阴谋,阴国用兵得地,又主大赦。月犯角,大臣忧狱事,法官忧黜,又占忧在宫中。月晕,其分兵起;右角,右将灾;左,亦然,或曰主水;色黄,有大赦。月晕三重,入天门及两角,兵起,将失利。岁星犯,为饥。荧惑犯之,国衰,兵败;犯左角,有赦,右角,兵起,守之。谗臣进,政事急;居阳,有喜。填星犯角为丧,一曰兵起,太白犯角,群臣有异谋,辰星犯,为小兵;守之,大水,客星犯,兵起,五谷伤;守左角,色赤,为旱;守右角,大水。彗星犯之,色白,为兵;赤,所指破军,出角;天下兵乱,星孛于角,白,为兵;赤,军败;入天市,兵丧。流星犯之,外国使来;入犯左角,兵起。云气黄白入右角,得地;赤入左,有兵;入右,战胜;黑白气入于右,兵将败。

按汉永元铜仪,以角为十三度;而唐开元游仪,角二星十二度。

旧经去极九十一度，今测九十三度半。距星正当赤道，其黄道在赤道南，不经角中；今测角在赤道南二度半，黄道复经角中，即与天象合。景祐测验，角二星十二度，距南星去极九十七度，在赤道外六度，与《乾象新书》合，今从《新书》为正。

南门二星，在库楼南，天之外门也，主守兵禁。星明，则远方来贡；暗，则夷叛；中有小星，兵动。客、彗守之，兵起。

库楼十星，六大星库也，南四星楼也，在角宿南。一曰天库，兵车之府也。旁十五星，三三而聚者柱也，中央四小星衡也。芒角，兵起；星亡，臣下逆；动，则将行；实，为吉；虚，乃凶。岁星犯之，主兵。荧惑犯之，为兵、旱。月入库楼，为兵。彗、孛入，兵、饥。客星入，夷兵起。流星入，兵尽出。赤云气入，内外不安。天库生角，有兵。

平星二星，在库楼北，角南，主平天下法狱，廷尉之象。正，则狱讼平；月晕，狱官忧。荧惑犯之，兵起，有赦。彗星犯，政不行，执法者黜。

平道二星，在角宿间，主平道之官，武密云："天子八达之衢，主辙轼。"明正，吉；动摇，法驾有虞。岁星守之，天下治。荧惑、太白守，为乱。客星守，车驾出行。流星守，去贤用奸。

天田二星，在角北，主畿内封域。武密曰："天子籍田也。"岁星守之，谷稔。荧惑守之，为旱。太白守，谷伤。辰星守，为水灾。客星守，旱，蝗。

天门二星，在平星北，武密曰："在左角南，朝聘待客之所。"星明，万方归化；暗，则外兵至。月晕其外，兵起。荧惑入，关梁不通；守之，失礼。太白守，有伏兵。客星犯，有谋上者。

进贤一星，在平道西，主卿相举逸材。明，则贤人用；暗，则邪臣进。太阴、岁星犯之，大臣死。荧惑犯，为丧，贤人隐。太白犯之，贤者退。岁星、太白、填星、辰星合守之，其占为天子求贤。黄白紫气贯之，草泽贤人出。

周鼎三星，在角宿上，主流亡。星明，国安；不现，则运不昌；动摇，国将移。《乾象新书》引郑廙定鼎事，以周衰秦无道鼎沦泗水，其精上为星。李太异曰："商巫咸《星图》已有周鼎,盖在秦前数百年矣。"

按《步天歌》,库楼十星,柱十五星,衡四星,平星、平道、天田、天门各二星,进贤一星,周鼎三星,俱属角宿。而《晋志》以左角为天田,别不载天田二星,《隋志》有之。平道、进贤、周鼎《晋志》皆属太微垣,库楼并衡星、柱星、南门、天门、平星皆在二十八宿之外。唐武密及景祐书乃与《步天歌》合。

亢宿四星,为天子内朝,总摄天下奏事。听讼、理狱、录功。一曰疏庙,主疾疫。星明大,辅忠民安;动,则多疾。为天子正座,为天符。秋分不现,则谷伤籴贵。太阳犯之,诸侯谋国,君忧。日晕,其分大臣凶,多雨,民饥,疫。月犯之,君忧或大臣当之;左为水,右为兵。月晕,其分先起兵者胜;在冬,大人忧。岁星犯之,有赦,谷有成;守之,有兵,人多病;留三十日以上,有赦;又曰:"犯则逆臣为乱。"荧惑犯,居阳,为喜;阴,为忧;有芒角,大人恶之;守之久,民忧,多雨水,又为兵。填星犯,谷伤,民亡;逆行,女专政,逆臣;守之,有水旱灾,或为丧。辰星犯之,为水,又为大兵;守之,米贵,民疾,岁旱,盗起,民相恶。客星犯,国不安;色赤为兵、旱,黄为土功;青黑,使者忧;守之谷伤,一云有赦令;黑,民流。彗犯,国灾;出,则有水、兵、疫、臣叛;白,为丧。孛星犯,国危,为水,为兵;入,则民流;出,则其国饥。流星入,外国使来,谷熟;出,为天子遣使,赦令出。李淳风曰:"流星入亢,幸臣死。"云气犯之,色苍,民疫;白,为土功;黑,水;赤,兵。一云白,民虐疾;黄,土功。

右亢宿四星,汉永元铜仪十度,唐开元游仪九度。旧去极八十九度,今九十一度半。景祐测验,亢九度,距南第二星去极九十五度。

大角一星,在摄提间,天王座也。又为天栋,正经纪也。光明润泽,为吉;青,为忧;赤,为兵;白,为丧;黑,为疾;色黄而静,民安;动,则人主好游。月犯之,大臣忧,王者恶之。月晕,其分人主有服。五星犯之,臣某主,有兵。太白守之,为兵。彗星出,其分主更改,或为兵。天子失仁则守之。孛星犯，为兵；守之，主忧；客星犯守，臣谋上；出，则人主受制。流星入，王者恶之；犯之，边兵起。云气青，主忧；白，为丧；黄气出，有喜。折威七星，在亢南，主斩杀，断军狱。月犯之，天子忧。五星犯，将军叛。彗、孛犯，边将死。云气犯，苍白，兵乱；赤，臣叛主；黄白，为和亲；出，则有赦；黑气入，人主恶之。

摄提六星，左右各三，直斗杓南，主建时节，伺机祥。其星为楯，以夹拥帝座，主九卿。星明大，三公恣，主弱；色温不明，天下安；近大角，近戚有谋。太阴入。主受制。月食，其分主恶之。荧惑、太白守，兵起，天下更主。彗、孛入，主自将兵；出，主受制。流星入，有兵；出，有使者出；犯之，公卿不安。云气入。赤，为兵，九卿忧；色黄，喜；黑，大臣戮。

阳门二星，在库楼东北，主守隘塞，御外寇。五星入，五兵藏。彗星守之，外夷犯塞，兵起，赤云气入，主用兵。

顿顽二星，在折威东南，主考囚情状，察诈伪也。星明，无咎；暗，则刑滥。彗星犯之，贵人下狱。

按《步天歌》大角一星，折威七星，左右摄提总六星，顿顽、阳门各二星，俱属角宿。而《晋志》以大角、摄提属太微垣，折威、顿顽二十八宿之外。阳门则见于《隋志》，而《晋史》不载。武密书以摄提、折威、阳门皆属角、亢。《乾象新书》以右摄提属角，左摄提属亢，余与武密书同。景祐测验，乃以大角、摄提、顿顽、阳门皆属于亢，其说不同。

氐宿四星，为天子舍室，后妃之府，休解之房。前二星适也，后二星妾也。又为天根，主疫。后二星大，则臣奉度，主安；小，则臣失势；动，则徭役起。日食，其分卿相有逆谋，一曰王者后妃恶之，大臣忧。日晕，女主恣，一曰国有忧，日下兴师。月食其宿，大臣凶，后妃恶之，一曰籴贵。月晕，大将凶，人疫；在冬，为水，主危，以赦解之。月犯，左右郎将有诛，一曰有兵、盗。犯右星，主水；掩之，有阴谋，军当之。岁星犯，有赦，或立后；守之，地动，年丰；逆行，为兵。荧惑犯之，臣僭上，一云将军忧；守，有赦。填星犯，左右郎将有诛；守之，有赦；色黄，后喜，或册太子；留舍，天下有兵；齐明，赦。太白犯之，郎将诛；入，其分疾疫；或云犯之，拜将；乘右星，水灾。辰星犯，贵臣暴忧；守之，为水，为旱，为兵；入守，贵人有狱；乘左星，天子自将。客星犯，牛马贵；色黄白，为喜，有赦，或曰边兵起，后宫乱；五十日不去，有刺客。彗星犯，有大赦，籴贵；灭之，大疫；入，有小兵，一云主不安。孛星犯，籴贵；出，则有赦；入，为小兵；或云犯之，臣干主。流星犯，秘阁官有事；在冬夏，为水、旱；《乙巳占》，后宫有喜；色赤黑，后宫不安。云气入，黄为土功；黑主水；赤为兵；苍白为疾疫；白，后宫忧。

按汉永元铜仪，唐开元游仪，氐宿十六度，去极九十四度。景祐测验与《乾象新书》皆九十八度。

天乳一星，在氐东北，当赤道中，明，则甘露降。彗、客入，天雨。

将军一星，骑将也。在骑官东南，总领车骑军将、部阵行列。色动摇，兵外行，太白、荧惑、客星犯之，大兵出，天下乱。

招摇一星，在梗河北，主北兵。芒角、变动，则兵大行；明，则兵起；若与栋星、梗河、北斗相直，则北方当来受命中国。又占：动，则近臣恣；离次，则库兵；发。色青，为忧；白，为君怒；赤，为兵；黑，为军破；黄，则天下安，彗星犯，北边兵动；出，其分夷兵大起。孛犯，蛮夷乱。客星出，蛮夷来贡，一云北地有兵、丧。流星出，有兵。云气犯，色黄白，相死；赤，为内兵乱；色黄，兵罢；白，大人忧。

帝席三星，在大角北，主宴献酬酢。星明，王公灾；暗，天下安；星、亡，大人失位；动摇，主危。彗犯，主忧，有乱兵。客星犯，主危。

亢池六星，在亢宿北。亢，舟也；池，水也。主渡水，往来送迎。微细，凶；散，则天下不通；移徙不居其度中，则宗庙有怪。五星犯之，川溢。客星犯，水，虫多死。武密云：“主断军狱，掌弃市杀戮。”与旧史异说。

骑官二十七星，在氐南，天子虎贲也，主宿卫。星众，天下安；稀，则骑士叛；不现，兵起。五星犯，为兵。客星守之，将出有忧，士卒发。流星入，兵起；色苍白，将死。

梗河三星，在帝席北，天矛也，一曰天锋，主北边兵，又主丧，故其变动应以兵、丧。星亡，国有兵谋。彗星犯之，北兵败。客星入，兵出，阴阳不和；一云北兵侵中国。流星出，为兵。赤云气犯，兵败；苍白，将死。

车骑三星，在骑官南，总车骑将，主部阵行列。变色动摇，则兵行。太白、荧惑、客星犯之，大兵出，天下乱。

阵军三星，在氐南，一云在骑官东北，革车也。太白、荧惑守之，主车骑满野，内兵无禁。

天辐二星，在房西斜列，主乘舆，若《周官》巾车官也。近尾，天下有福。五星、客、彗犯之，则辇毂有变。一作天福。

按《步天歌》，已上诸星俱属氐宿。《乾象新书》以帝席属角，亢池属亢；武密与《步天歌》合，皆属氐，而以梗河属亢。《占天录》又以阵车属于亢，《乾象新书》属氐，余皆与《步天歌》合。

房宿四星，为明堂，天子布政之官也，亦四辅也。下第一星，上将也；次，次将也；次，次相也；上星，上相也。南二星君位，北二星夫人位。又为四表，中为天衢、为天关，黄道之所经也；南间曰阳环，其南曰太阳；北间曰阴环，其北曰太阴。七曜由乎天衢，则天下和平；由阳道，则旱、丧；由阴道，则水、兵。亦曰天驷，为天马，主车驾。南星曰左骖，次左服，次右服，次右骖。亦曰天厩，又主开闭，为畜藏之所由。星明，则王者明；骖大，则兵起；星离，则民流；左骖、服亡，则东南方不可举兵；右亡，则西北不可举兵。日食，其分为兵，大臣专权。日晕，亦为兵，君臣失政，女主忧。月食其宿，大臣忧，又为王者昏，大臣专政。月晕，为兵；三宿，主赦，及五舍不出百日赦。太阴犯阳道，为旱；阴道，为雨；中道，岁稔。又占上将诛。当天门、天驷、谷熟。岁星犯之，更政令，又为兵，为饥，民流；守之，大赦，天下和平，一云良马出。荧惑犯，马贵，人主忧。色青，为丧；赤，为兵；黑，将相灾；白芒，火灾；守之，有赦令；十日勾巳者，臣叛。填星犯之，女主忧；勾巳，相有诛；守之，土功兴，一曰旱、兵，一曰有赦，太白犯，四边合从；守之，为土功；出入，霜雨不时。辰星犯，有殃；守之，水灾，一云北兵起,将军为乱。客星犯,历阳道,为旱、阴道为水,国空,民饥;色白,有攻战;入,为粂贵。彗星犯,国危,人乱,其分恶之。孛星犯,有兵,民饥,国灾。流星犯之,在春夏,为土功;秋冬,相忧;入,有丧。《乙巳占》:出,其分天子恤民,下德令。云气入,赤黄,吉;如人形,后有子;色赤,宫乱;苍白气出,将相忧。

按汉永元铜仪,唐开元游仪,房宿五度,旧去极百八度。今百八度半。景祐测验,房距南第二星去极百十五度,在赤道外二十三度。《乾象新书》在赤道外二十四度。

键闭一星,在房东北,主关龠。明,吉;暗,则宫门不禁。月犯之,大臣忧,火灾。岁星守之,王不宜出。填星占同。太白犯,将相忧。荧惑犯。主忧。彗星、客星守之,道路阻,兵起,一云兵满野。

钩铃二星,在房北,房之铃键,天之管龠。王者至孝则明、又曰明而近房,天下同心。房、钩铃间有星及疏拆,则地动,河清。月犯之,大人忧,车驾行。月食,其分将军死。岁星守之,为饥;去其宿三寸,王失政,近臣起乱。荧惑守之,有德令。太白守,喉舌忧。填星守,王失土。彗星犯,宫廷失业。客星、流星犯,王有奔马之败。

东咸西咸各四星,东咸在心北,西咸在房西北,日、月、五星之道也。为房之户,以防淫泆也。明,则信吉。东咸近钩铃,有谗臣入。西咸近上及动,有知星者入。月、五星犯之,有阴谋,又为女主失礼,民饥。荧惑犯之,臣谋上。与太白同犯,兵起。岁星、填星犯之,有阴谋。流星犯,后妃恣,王有忧。客星犯,主失礼,后妃恣。

罚三星,在东、西咸正南,主受金罚赎。曲而斜列,则刑罚不中。彗星、客星犯之,国无政令,忧多,枉法。

日一星,在房宿南,太阳之精,主昭明令德。明大,则君有德令。月犯之,下谋上。岁星守,王得忠臣,阴阳和,四夷宾,五谷丰。太白、荧惑犯之,主有忧。客星、彗星犯上,主失位。

从官二星,在房宿西南,主疾病巫医。明大,则巫者擅权。彗、孛犯之,巫臣作乱。云气犯,黑,为巫神戮;黄,则受爵。

按《步天歌》,以上诸星俱属在房。日一星,《晋》、《隋志》皆不载，以它书考之，虽在房宿南，实入氐十二度半。武密书及《乾象新书》惟以东咸属心，西咸属房，与《步天歌》不同，余皆吻合。

心宿三星，天王正位也。中星曰明堂，天子位，为大辰，主天下之赏罚；前星为太子，后星为庶子。星直，则王失势。明大，天下同心；天下变动，心星见祥；摇动，则兵离民流。日食，其分刑罚不中，将相疑，民饥，兵、丧。日晕，王者忧之。月食其宿，王者恶之，三公忧，下有丧。月晕，为旱，谷贵，虫生，将凶。与五星合，大凶。太阴犯之，大臣忧；犯中央及前后星，主恶；出心大星北，国旱；出南，君忧，兵起。岁星犯之，有庆贺事，谷丰，华夷奉化；色不明，有丧旱。荧惑犯之，大臣忧；贯心，为饥；与太白俱守，为丧。又曰荧惑居其阳，为喜；阴，为忧。又曰守之，主易政；犯，为民流，大臣恶之；守星南，为水；北，为旱；逆行，大臣乱。填星犯之，大臣喜，谷丰；守之，有土功；留舍三十日有赦；居久，人主贤；中犯明堂，火灾；逆行，女主干政。太白犯，籴贵，将军忧，有水灾，不出一年有大兵；舍之，色不明，为丧；逆行环绕，大人恶之。辰星犯明堂，则大臣当之，在阳为燕，在阴为塞北，不则地动、大雨；守之，为水，为盗。客星犯之，为旱；守之，为火灾；舍之，则籴贵，民饥。彗星犯之，大臣相疑；守之而出为蝗、饥，又曰为兵。星孛，其分有兵、丧，民流。流星犯，臣叛；入之，外国使来；色青，为兵，为忧；黄，有土功；黑，为凶。云气入，色黄，子孙喜；白，乱臣在侧；黑，太子有罪。

按汉永元铜仪，唐开元游仪，心三星皆五度，去极百八度。景祐测验，心三星五度，距西第一星去极百十四度。

积卒十二星，在房西南，五营军士之象，主卫士扫除不祥。星小，为吉；明，则有兵；一星亡，兵少出；二星亡，兵半出；三星亡，兵尽出。五星守之，兵起；不则近臣诛。彗星、客星守之，禁兵大出，天子自将。云气犯之，青赤，为大臣持政，欲论兵事。

按《步天歌》，积卒十二星属心，《晋志》在二十八宿之外，唐武密书与《步天歌》合。《乾象新书》乃以积卒属房宿为不同，今两存共说。

尾宿九星，为天子后宫，亦主后妃之位。上第一星，后也；次三星，夫人；次星，嫔妾也。亦为九子。均明，大小相承，则后宫有序，子孙蕃昌。明，则后有喜，谷熟；不明，则后有忧，谷荒。日食，其分将有疾，在燕风沙，兵、丧，后宫有忧，人君戒出。日晕，女主丧，将相忧。月食，其分贵臣犯刑，后宫有忧。月晕，有疫，大赦，将相忧，其分有水灾，后妃忧，太阴犯之，臣不和，将有忧。岁星犯，谷贵；入之，妾为嫡，臣专政；守之，旱，火灾。荧惑犯之，有兵；留二十日，水灾；留三月，客兵聚；入之，人相食，又云宫内乱。填星犯之，色黄，后妃有喜；入，为兵、饥、盗贼；逆行，妾为女主；守之而有芒角，更姓易政。太白犯入，大臣起兵；久留，为水灾；出、入、舍、守，籴贵，兵起；后宫忧，失行，军破城亡。辰星犯守，为水灾、民疾，后宫有罪者，兵起；入则万物不成，民疫。客星犯入，宫人恶之；守之，贱女暴贵；出，则为风，为水，后宫恶之，兵罢，民饥多死。彗星犯，后惑主，宫人出，兵起，宫门多土功；出入，贵臣诛。有水灾。孛犯，多土功，大臣诛；守之，宫人出；出，为大水，民饥。流星入犯，色青，旧臣归；在春夏，后宫有口舌；秋冬，贤良用事；出，则后宫有喜，有子孙；色白，后宫妾死；出入，风雨时，谷熟；入，后族进禄；青黑，则后妃丧。云气入，色青，外国来降；出，则臣有乱。赤气入，有使来言兵。黑气入，有诸侯客来。

按汉永元铜仪，尾宿十八度，唐开元游仪同。旧去极百二十度，一云百四十度；今百二十四度。景祐测验，亦十八度，距西行从西第二星去极百二十八度，在赤道外二十二度。《乾象新书》二十七度。

神宫一星，在尾宿第三星旁。解前之内室也。

天江四星，在尾宿北，主太阴。明动，为水，兵起；星不具，则津梁不通；参差，马贵。月犯，为兵。为臣强，河津不通。荧惑犯，大旱；守之，有立主。太白犯，暴水。彗星犯，为大兵。客星入，河津不通。流星犯，为水，为饥。赤云气犯，车骑出；青，为多水；黄白，天子用事，兵起；入，则兵罢。

傅说一星，在尾后河中，主章祝官也，一曰后宫女巫也，司天王之内祭祀，以祈子孙。明大，则吉，王者多子孙，辅佐出；不明，则天下多祷祠；亡，则社稷无主；入尾下，多祝诅。《左氏传》"天策焞焞"，即此星也。彗、客星守之，天子不享宗庙。赤云气入，巫祝官有诛者。

鱼一星，在尾后河中，主阴事，知云雨之期。明大，则河海水出；不明，则阴阳和，多鱼；亡，则鱼少；动摇，则大水暴出；出，则河大鱼多死。月晕或犯之，则旱，鱼死。荧惑犯其阳，为旱；阴，为水。填星守之，为旱。赤云气犯出，兵起，将忧；入，兵罢；黄白气出，兵起。

龟五星，在尾南，主卜，以占吉凶。星明，君臣和；不明，则上下乖。荧惑犯，为旱；守，为火。客星入，为水忧。流星出，色赤黄，为兵；青黑，为水，各以其国言之。赤云气出，卜祝官忧。

按神宫、傅说、鱼各一星，天江四星，龟五星，《步天歌》与它书皆属尾。而《晋志》列天江于天市垣，以傅说、鱼、龟在二十八宿之外，其说不同。

箕宿四星，为后宫妃后之府，亦曰天津，一曰天鸡，主八风，又主口舌，主蛮夷。星明大，谷熟；不正，为兵；离徙，天下不安；中星众亦然，籴贵。凡日月宿在箕、壁、翼、轸者，皆为风起；舌动，三日大风。日犯或食其宿，将疾，佞臣害忠良，皇后忧，大风沙。日晕，国有妖言。月食，为风，为水、旱，为饥，后恶之。月晕，为风，谷贵，大将易，又王者纳后。月犯，多风，籴贵，为旱，女主忧，君将死，后宫干政。岁星入，宫内口舌，岁熟；在箕南，为旱；在北，为有年；守之，多恶风，谷贵，民饥死。荧惑犯，地动；入，为旱；出，则有赦；久守，为水；逆行，诸侯相谋，人主恶之。填星犯，女主忧；久留，有赦；守之，后喜，有土功；色黄光润，则太后喜；又占，守，有水；守九十日，人流，兵起，蝗。太白犯，女主喜；入，则有赦；出，为土功，籴贵；守之，为旱，为风，民疾；出入留箕，五谷不登，多蝗。辰星犯，有赦；守，则为旱；动摇；色青，臣自戮，有又占为水溢、旱、火灾、谷不成。客星入犯，有土功，宫女不安，民流；守之，为饥；色赤，为兵；守其北，小熟；东，大熟；南，小饥；西，大饥；出，其分民饥，大臣有弃者；一云守之，秋冬水灾。彗星犯守，东夷自灭；出，则为旱，为兵，北方乱。孛犯，为外夷乱，籴贵；守之，外夷灾；出，为谷贵，民死，流亡；春夏犯之，金玉贵；秋冬，土功兴；入，则多风雨；色黄，外夷来贡。云气出，色苍白，国灾除；入，则亦夷来见；出而色黄，有使者；出箕口，敛，为雨；开，为多风少雨。

按汉永元铜仪，箕宿十度，唐开元游仪十一度。旧去极百八十度，今百二十度。景祐测验，箕四星十度，距西北第一星去极百二十三度。

糠一星，在箕舌前，杵西北。明，则丰熟；暗则民饥，流亡。杵三星在箕南，主给庖舂。动，则人失釜甑；纵，则丰；横，则大饥；亡，则岁荒；移徙，则人失业。荧惑守，民流。客星犯守，岁饥。彗、孛犯，天下有急兵。

按《晋志》，糠一星、杵三星在二十八宿之外。《乾象新书》与《步天歌》皆属箕宿。

北方

南斗六星，天之赏禄府，主天子寿算，为宰相爵禄之位，传曰天庙也。丞相太宰之位，襃贤进士，禀受爵禄，又主兵。一曰天机。南二星魁，天之梁也。中央二星，天相也。北二星，天府廷也。又谓南星者魁星也；北星，杓也，第一星曰北亭，一曰天开，一曰铁锁。石申曰："魁第一主吴，二会稽，三丹阳，四豫章，五庐江，六九江。"星明盛，则王道和平，帝王长龄，将相同心；不明，则大小失次；芒角；动摇，国失忠臣，兵起，民愁。日食在斗，将相忧，兵起，皇后灾，吴分有兵。日晕，宰相忧，宗庙不安。月食，其分国饥，小兵，后、夫人忧。月晕，大将死，谷不生。月犯，将臣黜，风雨不时，大臣诛；一岁三入，大赦；又占：入，不女主忧，赵、魏有兵；色恶，相死。岁星犯，有赦；久守，水灾，谷贵；守及百日，兵用，大臣死。荧惑犯，有赦，破军杀将，火灾；入二十日，籴贵；四十日，有德令；守之，为兵、盗；久守，灾甚，出斗上行，天下忧；不行，臣忧；入，内外有谋；守七日，太子疾。填星犯，为乱；入，则为火，大臣叛。孛犯入，下谋上，有乱兵；出，则失地；

逆行,地动;出、入、留二十日,有大丧;守之,大臣叛;又占:逆行,先水后旱;守之,国多义士。太白犯之,有兵,臣叛;留守之,破军杀将;与火俱入,白烁,臣子为逆;久,则祸大。辰星犯,水,谷不成,有兵;守之,兵、丧。客星犯,兵起,国乱;入,则诸侯相攻,多盗,大旱,宫庙火,谷贵;七日不去,有赦。彗星犯,国主忧;出,则其分有谋,又为水灾,宫中火,下谋上,有乱兵;入,则为火,大臣叛。孛犯入,下谋上,有乱兵;出,则为兵,为疾,国忧。流星入,蛮夷来贡;犯之,宰相忧。在春天子寿,夏为水,秋则相黜,冬大臣逆;色赤而出斗者,大臣死。云气入,苍白,多风;赤,旱;出,有兵起,宫庙火;入有两赤气,兵;黑,主病。

按汉永元铜仪,斗二十四度四分度之一;唐开元游仪,二十六度。去极百十六度,今百十九度。景祐测验,亦二十六度,距魁第四星去极百二十二度。

鳖十四星,在南,斗南,主水族,不居汉中,川有易者。荧惑守之,为旱。辰星守,为火。客星守,为水。流星出,色青黑,为水;黄,为旱。云气占同。一曰有星守之,白衣会,主有水。

天渊十星,一曰天池,一曰天泉,一曰天海,在鳖星东南九坎间,又名太阴,主灌溉沟渠。五星守之,大水,河决。荧惑入,为旱。客星入,海鱼出,彗星守之,川溢伤人。

狗二星,在南斗魁前,主吠守,以不居常处为灾。荧惑犯之,为旱。客星入,多土功,北边饥;守之,守御之臣作乱。

建六星,在南斗魁东北,临黄道一曰天旗,天之都关。为谋事,为天鼓,为天马。南二星天库也。中二星,市也。钛锧也。上二星,为旗跗。斗建之间,三光道也,主司七曜行度得失,十一月甲子天政冬至,大历所起宿也。星动,人劳役。月犯之,臣更天子法;掩之,有降兵。月食,其分皇后姊侄当黜。月晕,大将死,五谷不成,蛟龙现,牛马疫。月与五星犯之,大臣相赞有谋,亦为关梁不通,大水。岁星守,为旱,籴贵,死者众,诸侯有谋;入,则有兵。荧惑守之,臣有黜者。诸侯有谋,籴贵,入则关梁不通,马贵,守旗跗三十日,有兵。填星守之，王者有谋。太白守，外国使来。辰星守，为水灾，米贵，多病。彗、孛、客星犯之，王失道，忠臣黜。客星守之，道路不通，多盗。流星入，下有谋；色赤，昌。

天弁九星，弁一作辨。在建星北，市官之长，主列肆、阛阓、市籍之事，以知市珍也。明盛，则万物昌；不明及彗、客犯之，籴贵；久守之，囚徒起兵。

天鸡二星，在牛西，一在狗国北，主异，鸡一曰主候时。荧惑舍之，为旱，鸡多夜鸣。太白、荧惑犯之，为兵。填星犯之，民流亡。客星犯，水旱失时；入，为大水。

狗国四星，在建星东南，主三韩、鲜卑、乌桓、猃狁、沃且之属。星不具，天下有盗；不明，则安；明，则边寇起。月犯之，乌桓、鲜卑等国乱。荧惑守之，外夷兵起。太白守之，鲜卑受攻。客星守，其王来中国。

天籥八星，在南斗杓第二星西，主开闭门户。明，则吉；不备，则关籥无禁。客星、彗星守之，关梁闭塞。

农丈人一星，在南斗西南，老农主稼墙者，又主先农、农正官。星明，岁丰；暗，则民失业；移徙，岁饥。客星、彗星守之，民失耕，岁荒。

按《步天歌》，以上诸星皆属南斗。《晋志》以狗国、天鸡、天弁、天籥、建星皆属天市垣，余在二十八宿之外。《乾象新书》以天籥、农丈人属箕，武密又以天籥属尾，互有不同。

牛宿六星，天之关梁，主牺牲事。其北二星，一曰即路，一曰聚火。又曰上一星主道路，次二星主关梁，次三星主南越。明大，则王道昌，关梁通，牛贵；怒，则马贵；动，则牛灾，多死；始出而色黄，大豆贱；赤，则豆有虫；青，则大豆贵；星直，籴贱；曲，则贵。日食，其分兵起；晕，为阴国忧，兵起。月食，有兵；晕，为水灾，女子贵，五谷不成，牛多暴死，小儿多疾。月晕在冬三月，百四十日外有赦；晕中央大星，大将被戮。月犯之，有水，牛多死，其国有忧。岁星入犯，则诸侯失期；留守，则牛多疫，五谷伤；在牛东，不利小儿；西，主风雪；

北,为民流;逆行,宫中有火;居三十日至九十日,天下和平,道德明。荧惑犯之,诸侯多疾,臣谋主;守,则谷不成;兵起;入或出守斗南,赦。填星犯之,有土功;守之,雨雪,民人、牛马病。太白犯之,诸侯不通;守,则国有兵起;入,则为兵谋,人多死。辰星犯,败军移将,臣谋主。客星犯守之,牛马贵,越地起兵;出,牛多死,地动,马贵。彗星犯之,吴分兵起;出,为籴贵,牛死。孛犯,改元易号,籴贵,牛多死,吴、越兵起,下当有自立者。流星犯之,王欲改事;春夏,谷熟;秋冬,谷贵;色黑,牛马昌,关梁入贡。云气苍白横贯,有兵、丧;赤,亦为兵;黄白气入,牛蕃息;黑,则牛死。

按汉永元铜仪,以牵牛为七度;唐开元游仪八度。旧去极百六度。今百四度。景祐测验,牛六星八度,距中央大星去极百十度半。

天田九星,在斗南,一曰在牛东南,天子畿内之田。其占与角北天田同。客星犯之,天下忧。彗、孛犯守之,农夫失业。

河鼓三星,在牵牛西北,主天鼓,盖天子及将军鼓也。一曰三鼓,主天子三军,中央大星为大将军,左星为左将军,右星为右将军。左星南星也,所以备关梁而拒难也,设守险阻,知谋微也。鼓欲正直而明,色黄光泽,将吉;不正,为兵、忧;星怒,则马贵;动,则兵起;曲,则将失计夺势;有芒角,将军凶猛象也;动摇,差度乱,兵起。月犯之,军败亡。五星犯之,兵。彗星、客星犯,将军被戮。流星犯,诸侯作乱。黄白云气入之,天子喜;赤,为兵起;出,则战胜;黑,为将死。青气入之,将忧;出,则祸除。

左旗九星,在河鼓左旁,右旗九星在牵牛北、河鼓西南,天之鼓旗旌表也。主声音、设险、知敌谋。旗星明大,将吉。五星犯守,兵起。

织女三星,在天市垣东北,一曰在天纪东,天女也,主果蓏、丝帛、珍宝。王者至孝,神祇咸喜,则星俱明,天下和平;星怒而角,布帛贵。陶隐居曰:“常以十月朔至六七日晨现东方。”色赤精明者,女工善;星亡,兵起,女子为候。织女足常向扶筐,则吉;不向,则丝绵大贵。月晕,其分兵起。荧惑守之,公主忧,丝帛贵,兵起。彗星犯,后族忧。星孛，则有女丧。客星入，色青，为饥；赤，为兵；黄，为旱；白，为丧；黑，为水.流星入，有水、盗，女主忧。云气入，苍白，女子忧；赤，则为女子兵死；色黄，女有进者。

渐台四星，在织女东南，临水之台也，主晷漏、律吕事。明，则阴阳调，而律吕和；不明，则常漏不定。客星、彗星犯之，阴阴反戾。

辇道五星，在织女西，主王者游嬉之道。汉辇道通南北宫，其象也。太白、荧惑守之，御路兵起。

九坎九星，在牵牛南，主沟渠、导引泉源、疏泻盈溢，又主水旱。星明，为水灾；微小，吉。月晕，为水；五星犯之，水溢。客星入，天下忧。云气入，青，为旱；黑，为水溢。

罗堰三星，在牵牛星东，拒马也，主堤塘，壅蓄水源以灌溉也。星明大，则水泛溢。

天桴四星，在牵牛东北横列，一曰在左旗端，鼓桴也，主漏刻。暗，则刻漏失时。武密曰："主桴鼓之用。"动摇，则军鼓用；前近河鼓，若桴鼓相直，皆为桴鼓用。太白、荧惑守之，兵鼓起。客星犯之，主刻漏失时。

按《步天歌》，以上诸星俱牛宿。《晋志》以织女、渐台、辇道皆属太微垣，以河鼓、左旗、右旗、天桴属天市垣，余在二十八宿之外。武密以左旗属箕属斗，右旗亦属斗，渐台属斗，又属牛，余与《步天歌》同，《乾象新书》则又以左旗、织女、渐台、辇道、九坎皆属于斗。

须女四星，天下少府，贱妾之称，妇职之卑者也，主布帛裁制、嫁娶。星明，天下丰，女巧，国富；小而不明，反是。日食在女，戒在巫祝、后妃祷祠，又占越分饥，后妃疾。日晕，后宫及女主忧。月食，为兵、旱、国有忧，月晕，有兵谋不成；两重三重，女主死。月犯之，有女惑，有兵不战而降，又曰将军死。岁星犯之，后妃喜，外国进女；守之，多水，国饥，丧，籴贵，民大灾。荧惑犯之，大臣、皇后忧，布帛贵，民大灾；守之，土人不安，五谷不熟，民疾，有女丧，又为兵；入，则籴贵。逆行犯守，大臣忧；居阳，喜；阴，为忧。填星犯守，有苛政，山水出，坏民舍，女谒行，后专政，多妖女；留五十日，民流亡。太白犯之，布帛贵,兵起,天下多寡女,留守,有女丧,军发。辰星犯,国饥,民疾;守之,天下水,有赦,南地火,北地水,又兵起,布帛贵。客星犯,兵起,女人为乱;守之宫人忧,诸侯有兵,江淮不通,籴贵。彗星犯,兵起,女为乱;出,为兵乱,有水灾,米盐贵。星孛,其分兵起,女为乱,有奇女来进;出入,国有忧,王者恶之。流星犯,天子纳美女,又曰有贵女下狱;抵须女,女主死。《乙巳占》:出入而色黄润,立妃后;白,为后宫妾死。云气入,黄白,有嫁女事;白,为女多病;黑,为女多死;赤,则妇人多兵死者。

按汉永元游铜仪,以须女为十一度。景祐测验,十二度,距西南星去极百五度,在赤道外十四度。

十二国十六星,在牛女南,近九坎,各分土居列国之象。九坎之东一星曰齐,齐北二星曰赵,赵北一星曰郑,郑北一星曰越,越东二星曰周,周东南北列二星曰秦,秦南二星,曰代,代西一星曰晋,晋北一星曰韩,韩北一星曰魏,魏西一星曰楚,楚南一星曰燕,有变动各以其国占之。陶隐居曰:"越星在婺女南,郑一星在越北,赵二星在郑南,周二星在越东,楚一星在魏西南,燕一星在楚南,韩一星在晋北,晋一星在代北,代二星在秦南,齐一星在燕东。"

离珠五星,在须女北,须女之藏府,女子之星也。又曰主天子旒珠,后、夫人环佩。去阳,旱;去阴,潦。客星犯之,后宫有忧。

奚仲四星,在天津北,主帝车之官,凡太白、荧惑守之,为兵祥。

天津九星,在虚宿北,横河中,一曰天汉,一曰天江,主四,渎津梁,所以度神通四方也。一星不备,津梁不通;明,则兵起;参差,马贵;大,则水灾,移,则水溢。彗、孛犯之,津败,道路有贼。客星犯,桥梁不修;守之,水道不通,船贵。流星出,必有使出,随分野占之。赤云气入,为旱;黄白,天子有德令;黑,为大水;色苍,为水,为忧;出,则祸除。

败瓜五星,在匏瓜星南,主修瓜果之职,与匏瓜同占。

匏瓜五星一作瓠瓜。在离珠北,天子果园也,其西觜星主后宫,不明,则后失势;不具或动摇,为盗;光明,则岁丰;暗,则果实不登。

彗、孛犯之，近臣僭，有戮死者。客星守之，鱼盐贵，山谷多水；犯之，有游兵不战。苍白云气入之，果不可食；青，为天子攻城邑；黄，则天子赐诸侯果；黑，为天子食果而致疾。

扶筐七星，为盛桑之器，主劝蚕也，一曰供奉后与夫人之亲蚕。明，吉；暗，凶；移徙，则女工失业。彗星犯，将叛。流星犯，丝绵大贵。

按《步天歌》，以上诸星俱属须女，而十二国及奚仲匏瓜、败瓜等星，《晋志》不载，《隋志》有之。《晋志》又以离珠、天津属天市垣，扶筐属太微垣。《乾象新书》以周、越、齐、赵属牛，秦、代、韩、魏、燕、晋、楚、郑属女。武密以离珠、匏瓜属牛又属女，以奚仲属危。《乾象新书》以离珠、匏瓜属牛，败瓜属斗又属牛，以天津西一星属斗，中属牛，东五星属女。

虚宿二星，为虚堂，冢宰之官也，主死丧哭泣，又主北方邑居、庙堂祭祀祝祷事。宋均曰："危上一星高，旁两星下，似盖屋也。"盖屋之下，中无人，但空虚似乎殡宫，主哭泣也。明，则天下安；不明，为旱；斜上下不正，享祀不恭；动，将有丧。日食，其分，其邦有丧。日晕，民饥，后妃多丧。月食，主刀剑官有忧，国有丧。月晕，有兵谋，风起则不成，又为民饥。月犯之，宗庙兵动，又国忧，将死。岁星犯，民饥；守之，失色，天王改服；与填星同守，水旱不时。荧惑犯之，流血满野；守之，为旱，民饥，军叛；入，为火灾，功成见逐；或勾巳，大人战不利。填星犯之，有急令；行疾，有客兵；入，则有赦，谷不成，人不安；守之，风雨不时，为旱，米贵，大人欲危宗庙，有客兵。太白犯，下多孤寡，兵，丧；出，则政急；守之，臣叛君；入，则大臣下狱。辰星犯，春秋有水；守之，亦为水灾，在东方为春水，南为夏水，西为秋水，北冬有雷雨、水。客星犯，籴贵；守之，兵起，近期一年，远则二年，有哭泣事；出，为兵、丧。彗星犯之，国凶，有叛臣；出，为野战流血；出入，有兵起，芒焰所指国必亡，星孛其宿，有哭泣事，出，则野战流血，国有叛臣。流星犯，光润出入，则冢宰受赏，有赦令；色黑，大臣死；入而色青，有哭泣事；黄白，有受赐者；出，则贵人求医药。云气黄入，为喜；苍为哭；赤，火，黑，水；白，有币客来。

按汉永元铜仪,以虚为十度,唐开元游仪同。旧去极百四度,今百一度。景祐测验,距南星去极百三度,在赤道外十二度。

司命二星,在虚北,主举过、行罚、灭不祥,又主死亡。逢星出司命,王者忧疾,一曰宜防袄惑。

司禄二星,在司命北,主增年延德,又主掌;功赏、食料、官爵。

司危二星,在司禄北,主矫失正下,又主楼阁台榭、死丧、流亡。

司非二星,在司危北,主司候内外,察愆尤,主过失。《乾象新书》:命、禄、危、非八星主天子以下寿命、爵禄、安危、是非之事。明大,为灾;居常,为吉。

哭二星,在虚南,主哭泣、死丧。月、五星、彗、孛犯之,为丧。

泣二星在哭星东,与哭同占。

天垒城十三星,在泣南,环如大钱,形若贯索,主鬼方、北边丁零类,所以候兴败存亡。荧惑入守,夷人犯塞。客星入,北方侵。赤云气掩之,北方惊灭,有疾疫。

离瑜三星,在十二国东,《乾象新书》在天垒城南。离,圭衣也;瑜,玉饰:皆妇人见舅姑衣服也。微,则后宫俭约;明,则妇人奢纵。客星、彗星入之,后宫无禁。

败白四星,在虚、危南,两两相对,主败亡、灾害。石申曰:"一星不具,民卖甀釜;不现,民去其乡。"五星入,除旧布新。客星、彗星犯之,民饥,流亡。黑气入,主忧。

按《步天歌》,以上诸星俱属虚宿。司命、司禄、司危、司非、离瑜、败白,《晋志》不载,《隋志》有之。《乾象新书》以司命、司禄、司危、司非属须女;泣星、败白属危。武密书与《步天歌》合。

危宿三星,在天津东南,为天子宗庙祭祀,又为天子土功,又主天府、天市、架屋、受藏之事。不明,客有诛,土功兴;动或暗,营宫室,有兵事。日食,陵庙摧,有大丧,有叛臣。日晕,有丧。月食,大臣忧,有丧。宫殿圮,月晕,有兵,丧,先用兵者败。月犯之,宫殿陷,臣叛,来岁籴贵,有大丧,岁星犯守,为兵、役徭,多土功,有哭泣事,又多盗。荧惑犯之,有赦;守之,人多疾,兵动,诸侯谋叛,宫中火灾;

守上星人民死,中星诸侯死,下星大臣死,各期百日十日;守三十日,东兵起,岁旱,近臣叛;入,为兵,有变更之令。填星守之,为旱,民疾,土功兴,国大战;犯之,皇后忧,兵,丧;出、入、留、舍,国亡地,有流血;入,则大乱,贼臣起。太白犯之,为兵,一曰无兵兵起,有兵兵罢,五谷不成,多火灾;守之,将忧,又为旱,为火;舍之,有急事。辰星犯之,大臣诛,法官忧,国多灾;守之,臣下叛,一云皇后疾,兵、丧起。客星犯,有哭泣,一曰多雨水,谷不收;入之,有土功,或三日有赦;出,则多雨水,五谷不登;守之,国败,民饥。彗星犯之,下有叛臣兵起;出,则将军出国,易政,大水,民饥。孛犯,国有叛者兵起。流星犯之,春夏为水灾,秋冬为口舌;入,则下谋上;抵危,北地交兵。《乙巳占》:流星出入色黄润,人民安,谷熟,土功兴;色黑,为水,大臣灾。云气入,苍白,为土功;青,为国忧;黑,为水,为丧;赤,为火;白;为忧,为兵;黄出入,为喜。

按汉永元铜仪,以危为十六度;唐开元游仪,十七度。旧去极九十七度,距南星去极九十八度,在赤道外七度。

虚梁四星,在危宿南,主园陵寝庙、祷祝。非人所处,故曰虚梁。一曰宫宅屋帏帐寝。太白、荧惑犯之,为兵。彗、孛犯,兵起,宗庙改易。

天钱十星,在北落师门西北,主钱帛所聚,为军府藏。明,则库盈;暗,为虚。太白、荧惑守之,盗起。彗、孛犯之,库藏有贼。

坟墓四星,在危南,主山陵;悲惨、死丧、哭泣。大曰坟,小曰墓。五星守犯,为人主哭泣之事。

杵三星,在人星东,一云白星北,主春军粮。不具。则民卖甑釜。

臼四星,在杵星下,一在危东,杵臼不明,则民饥;星众,则岁乐;疏,为饥;动摇,亦为饥;杵直下对臼,则吉;不相当,则军粮绝;纵,则吉;横,则荒;又臼星覆,岁饥;仰,则岁熟。彗星犯之,民饥,兵起,天下急。客星守之,天下聚会米粟。

盖屋二星,在危宿南九度,主治宫室。五星犯之,兵起。彗、孛犯守,兵灾尤甚。

造父五星，在传舍南，一曰在腾蛇北，御官也。一曰司马，或曰伯乐，主御营马厩、马乘、辔勒。移处，兵起，马贵；星亡，马大贵。彗、客入之，仆御谋主，有斩死者，一曰兵起；守之，兵动，厩马出。

人五星，在虚北，车府东，如人形，一曰主万民，柔远能迩；又曰卧星，主夜行，以防淫人。星亡，则有诈作诏者，又为妇人之乱；星不具，王子有忧。客、彗守犯，人多疾疫。

车府七星，在天津东，近河，东西列，主车府之官，又主宾客之馆。星光明，润泽，必有外宾，车驾华洁。荧惑守之，兵动。彗、客犯之，兵车出。

钩九星，在造父西河中，如钩状。星直，则地动；它星守，占同。一曰主辇舆、服饰。明，则服饰正。

按《步天歌》，以上诸星俱属危宿。《晋志》不载人星、车府，《隋志》有之。杵臼星，《晋》、《隋志》皆无。造父、钩星，《晋志》属紫薇垣，盖屋、虚梁、天钱在二十八宿外。《乾象新书》以车府西四星属虚，东三星属危。武密书以造父属危又属室，余皆与《步天歌》合。按《乾象新书》又有天纲一星在危宿南，入危八度，去极百三十二度，在赤道外四十一度。《晋》、《隋志》及诸家星书皆不载，只载危、室二星间与北落师门相近者。近世天文乃载此一星，在鬼、柳间，与外厨、天纪相近。然《新书》两天纲虽同在危度，其说不同，今姑附于此。

营室二星，天子之宫，一曰玄宫，一曰清庙，又为军粮之府，主土功事。一曰室一星为天子宫，一星为太庙，为王者三军之廪，故置羽林以卫；又为离宫阁道，故有离宫六星在其侧。一曰定室，诗曰：“定之方中。”也。星明，国昌；不明而小，祠祀鬼神不享；动，则有土功事；不具，忧子孙；无芒，不动，天下安。日食在室，国君忧，王者将兵，一曰军绝粮，士卒亡。日晕，国忧，女主忧黜。月食，其分有土功，岁饥。月晕，为水，为火，为风。月犯之，为土功，有哭泣事。岁星犯之，有急而为兵；入，天子有赦，爵禄及下；舍室东，民多死；舍北，民忧；又曰守之，宫中多火灾，主不安，民疫。荧惑犯，岁不登；守之，有小灾，为旱，为火，籴贵；逆行守之，臣谋叛；入则创改宫室；成勾巳者,主失宫。填星犯,为兵;守之,天下不安,人主徙宫,后、夫人忧,关梁不通,贵人多死;久守,大人恶之,以赦解,吉;逆行,女主出入恣;留六十日,土功兴。太白犯五寸许,天子政令不行;守,则兵大忌之,以赦令解;一曰太子、后妃有谋;若乘守勾巳、逆行往来,主废后妃,有大丧,宫人恣;去室一尺,威令不行;留六十日将死;入则有暴兵。辰星犯之,为水;入,则后有忧,诸侯发动于西北。客星犯入,天子有兵事,军饥,将离,外兵来;出于室,兵先起者败。彗星出,占同;或犯之,则弱不能战;出入犯之,则先起兵者胜,一曰出室为大水。孛犯或出入,先起兵者胜;出,有小灾,后宫乱。武密曰:"孛出,其分有兵、丧;道藏所载,室专主兵。"流星犯,军乏粮,在春夏将军贬,秋冬水溢。《乙巳占》曰:"流星出入色黄润,军粮丰,五谷成,国安则民乐。"云气入,黄,为土功;苍白,大人恶之;赤,为兵,民疫;黑则大人忧。

按汉永元铜仪,营室十八度;唐开游仪,十六度。旧去极八十五度。景祐测验,室十六度,距南星去极八十五度在赤道外六度。

雷电六星,在室南,明动,则雷电作。

离宫六星,两两相对为一座,夹附室宿上星,天子之别宫也,主隐藏止息之所。动摇,为土功;不具,天子忧。太白、荧惑入,兵起;犯或勾巳环绕,为后妃咎。彗星犯之,有修除之事。

垒壁阵十二星,一作壁垒。在羽林北,羽林之垣垒,主天军营。星明,国安;移动,兵起;不现,兵尽出,将死。五星入犯,皆主兵。太白、辰星,尤甚。客星入,兵大起,将吏忧。流星入南,色青,后忧;入北,诸侯忧;色赤黑,入东,后有谋;入西,太子忧;黄白,为吉。

腾蛇二十二星,在室宿北,主水虫,居河滨。明而微,国安;移向南,则旱;向北,大水。彗、孛犯之,水道不通。客星犯,水物不成。

土功吏二星,在壁宿南,一曰在危东北,主营造宫室,起土之官。动摇,则版筑事起。

北落师门一星,在羽林军南,北宿在北方,落者天军之藩落也,师门犹军门。长安城北门曰"北落门",象此也。主非常以候兵。星明大,安;微小;芒角,有大兵起。岁星犯之,吉。荧惑入,兵弱不可用。客星犯之,光芒相及,为兵,大将死;守之,边人入塞。流星出而色黄,天子使出;入,则天子喜;出而色赤,或犯之,皆为兵起。云气入,苍白,为疾疫;赤,为兵;黄白,喜;黑云气入,边将死。

八魁九星,在北落东南,主捕张禽兽之官也。客、彗入,多盗贼,兵起。太白、荧惑入守,占同。

天纲一星,在北落西南,一曰在危南,主武帐宫舍,天子游猎所会。客、彗入。为兵起,一云义兵。

羽林军四十五星,三三而散聚,出垒壁之南,一曰在营室之南,东西布列,北第一行主天军,军骑翼卫之象。星众,则国安;稀,则兵动;羽林中无星,则兵尽出,天下乱。月犯之,兵起。岁星入,诸侯悉发兵,臣下谋叛,必败伏诛。太白入,兵起。填星入,大水。五星入,为兵。荧惑、太白经过,天子以兵自守。荧惑入而芒赤,兴兵者亡。客星入,色黄白,为喜;赤,为臣叛。流星入南,色青,后有疾;入北,诸侯忧;入东而赤黑,后有谋;入西,太子忧。云气苍白入南,后有忧;北,诸侯忧;黑,太子诸侯忌之;出,则祸除;黄白,吉。

斧钺三星,在北落师门东,斐刘之具也,主斩刍稿以饲牛马。明,则牛马肥腯。动摇而暗,或不现,牛马死。《隋志》、《通志》皆在八魁西北,主行诛、拒难、斩伐奸谋。明大。用兵将忧;暗,则不用;移动,兵起。月入,大臣诛。岁星犯,相诛。荧惑犯,大臣戮。填星入,大臣忧。太白入,将诛。客、彗犯,斧钺用;又占:客犯,外兵被擒,士卒死伤,外国降;色青,忧;赤,兵;黄白,吉。

按《步天歌》,以上诸侯皆属营室。雷电、土功吏、斧钺、《晋志》皆不载,《隋志》有之。垒壁阵、北落师门、天纲、羽林军、《晋志》在二十八宿外,腾蛇属天市垣。武密书以腾蛇属营室,又属壁宿。《乾象新书》以西十六星属尾、属危,东六星属室;羽林军西六星属危,东三十九星属室;以天纲属危,斧钺属奎。《通占录》又以斧钺属壁、属奎,说皆不同。

壁宿二星,主文章,天下图书之秘府。明大。则王者兴。道术行,国多君子;星失色,大小不同,王者好武,经术不用,图书废;星动,则有土功。日食于壁,阳消阴坏,男女多伤,国不用贤。日晕,名士忧。月食,其分大臣忧,文章士废,民多疫。月晕,为风、水,其分有忧。月犯之,国有忧,为饥,卫地有兵。岁星犯之,水伤五谷;久守或凌犯、勾已,有兵起。荧惑犯之,卫地忧;守之,国旱,民饥,贤不用;一占:王有大灾。填星犯守。图书兴。国王寿,天下丰,国用贤;一占:物不成,民多病;逆行成勾已者,有土功;六十日,天下立王。太白犯之一二寸许,则诸侯用命;守之,文武并用,一曰有军不战,一曰有兵丧,一曰水灾,多风雨;一曰犯之,多火灾。辰星犯,国有盖藏保守之事,王者刑法急;守之,近臣忧,一曰其分有丧,有兵,奸臣有谋;逆行守之,桥梁不通。客星犯之,文章士死,一曰有丧;入,为土功,有水;守之,岁多风雨;舍,则牛马多死。彗星犯之,为兵,为火,一曰大水,民流。孛犯,为兵,有火水灾。流星犯,文章废;《乙巳占》曰:"若色黄白,天下文章士用。"赤云气入之,为兵;黑,其下国破;黄,则外国贡献,一曰天下有烈士立。

　　按汉永元铜仪,东壁二星九度。旧去极八十六度。景祐测验,壁二星九度,距南星去极八十五度。

　　天厩十星,在东壁之北,主马之官,若今驿亭也。主传令置驿,逐漏驰骛,谓其急疾与晷漏竞驰也。月犯之,兵马归。彗星入,马厩火。客星入,马出行。流星入,天下有惊。

　　霹雳五星,在云雨北,一曰在雷电南,一曰在土功西,主阳气大盛,击碎万物。与五星合,有霹雳之应。

　　云雨四星在雷电东,一云在霹雳南,主雨泽,成万物。星明,则多雨水。辰星守之,有大水;一占:主阴谋杀事,孳生万物。

　　铁锧五星,在天仓西南,刈具也。主斩刍饲牛马。明,则牛马肥;微暗,则牛马饥饿。

　　按《步天歌》,壁宿下有铁锧五星,《晋》、《隋志》皆不载。《隋志》八魁西北三星曰铁锧,又曰铁钺,其占与《步天歌》室宿内斧钺略同,恐即是此误重出之。霹雳五星、云雨四星,《晋志》无之,《隋

志》有之,武密书以云雨属室宿,天厩十星《晋志》属天市垣,其说皆
不同。